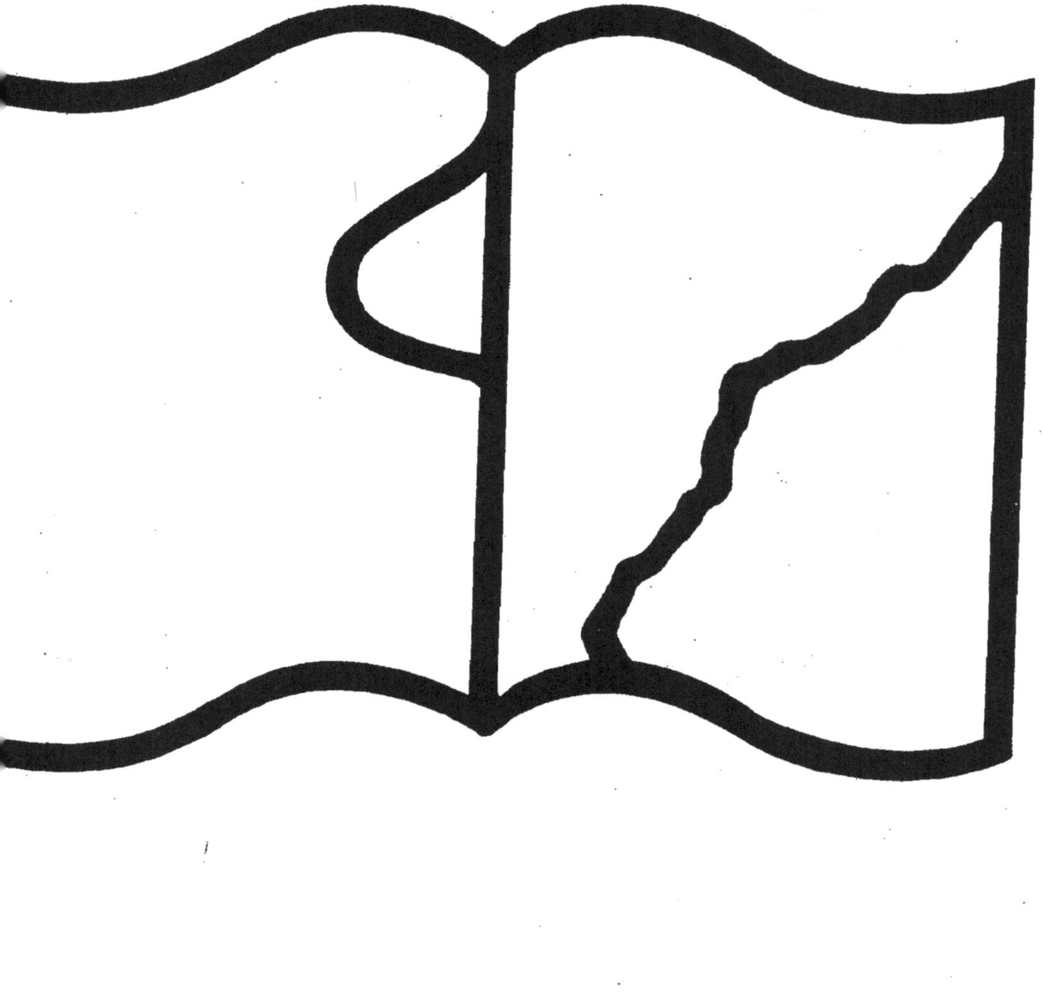

Texte détérioré — reliure défectueuse

NF Z 43-120-11

A
B

ŒUVRES
DE FEU
M. COCHIN,
ÉCUYER,
AVOCAT AU PARLEMENT,

CONTENANT

LE RECUEIL DE SES MÉMOIRES ET CONSULTATIONS.

NOUVELLE ÉDITION.

TOME SIXIEME.

A PARIS,

Chez CELLOT, Libraire-Imprimeur, rue Dauphine.

M. DCC. LXXV.

AVEC APPROBATION ET PRIVILEGE DU ROI.

TABLE

DES CAUSES, INSTANCES, PROCÈS

ET CONSULTATIONS.

TABLE.

Fin de la Table.

ŒUVRES

ŒUVRES DE MONSIEUR COCHIN.

CXLV. CAUSE EN LA GRAND'CHAMBRE.

POUR M. le Duc de Richelieu, Héritier ſubſtitué de M. le Cardinal de Richelieu ſon grand-oncle, Demandeur.

CONTRE *M. de Chuberé, Conſeiller honoraire au Parlement ; M. Payen, Maître des Comptes, & Conſorts ; M. le Préſident Gilbert & Conſorts ; la veuve Gobert & Conſorts ; M. Hurſon, Conſeiller au Parlement & Conſorts ; M. le Marquis de Languetot ; la Dame de Ricarville, & le Sieur Lambert, Défendeurs.*

QUESTION.

Si biens ſubſtitués ont été valablement aliénés.

UN bien ſubſtitué ne peut être vendu au préjudice de ceux qui ſont appellés pour le recueillir ; la Loi qui veille à leurs intérêts pendant qu'ils ne peuvent les défendre eux-mêmes, ne laiſſe point impunie la fraude qui les dépouille, & leur ouvre au contraire une route facile pour rentrer dans la propriété qui leur eſt acquiſe, & qu'une diſpoſition injuſte leur a enlevée.

C'est sur ces principes qu'est fondée l'action qu'exerce aujourd'hui M. le Duc de Richelieu, les biens qu'il réclame faisoient partie de la substitution la plus solemnelle; ils ont été alienés sans cause, sans formalités, sans emploi légitime; des Entrepreneurs avides ont profité de la facilité de l'héritier institué pour se faire ceder à vil prix des biens précieux, & que le Testateur avoit destinés à porter des charges qui intéressoient la gloire de son nom : tant de moyens réunis ne peuvent être impuissans, la Loi qui les administre, s'intéresse elle-même à leur succès.

Faits généraux concernant l substitution de M. le Cardinal de Richelieu.

Le Cardinal de Richelieu qui avoit rendu son nom célebre par la gloire de son Ministere, crut devoir prendre les précautions les plus sûres pour conserver dans sa Maison les dignités & les biens dont ses services avoient été récompensés.

Ce fut dans cet esprit qu'il fit son testament à Narbonne le 23 Mai 1642. Pour entendre les dispositions qu'il renferme, il faut observer que M. le Cardinal de Richelieu avoit eu deux sœurs mariées, Françoise du Plessis, qui avoit épousé Réné de Vignerot, Marquis du Pont de Courlay, & Nicole du Plessis, mariée à Urbain de Maillé, Marquis de Brezé, depuis Maréchal de France.

Du mariage de l'aînée étoient nés deux enfans; savoir, François de Vignerot, Marquis du Pont de Courlay, & Marie-Madeleine de Vignerot, Duchesse d'Aiguillon : du mariage de la seconde étoient venus aussi deux enfans; savoir Armand de Maillé, Duc de Brezé, & Claire-Clémence de Maillé, qui fut mariée à M. le Duc d'Enguyen.

Tel étoit l'état de la famille de M. le Cardinal de Richelieu lorsqu'il fit les dispositions dont il s'agit de rendre compte.

Il légua à M. le Duc de Brezé le Duché-Pairie de Fronsac, le Marquisat de Graville, le Comté de Beaufort, la Baronnie de Treves, 300000 liv. qu'il avoit dans le Château de Saumur, & la Ferme des Poids de Normandie.

Pour Madame la Duchesse d'Enguyen, sœur de M. le Duc de Brezé, M. le Cardinal de Richelieu ne fit aucune disposition en sa faveur : elle avoit renoncé par son contrat de mariage à la succession de son oncle, au moyen de la dot qu'il lui avoit constituée.

Après avoir ainsi reglé les droits des enfans de sa sœur puînée, M. le Cardinal de Richelieu vint aux enfans de l'aînée. Il donne à Madame la Duchesse d'Aiguillon sa niece, le petit Luxembourg, où elle demeuroit, la Maison & Terre de Ruel, le Domaine de Pontoise, une rente de 60000 liv. par an sur les cinq grosses fermes & plusieurs meubles précieux. Il donne à François de Vignerot son neveu, frere de Madame la Duchesse d'Aiguillon, une somme de 200000 liv. outre 30000 liv. de pension viagere, qu'il charge dans la suite son héritier & légataire universel de lui payer.

Enfin il institue son héritier Armand de Vignerot, son petit-neveu, fils aîné de François, & lui donne spécialement le Duché-Pairie de Richelieu, la Baronnie de Barbésieux, la Principauté de Mortagne, le Comté de Conac, les Baronnies de Coze, Saugeon & Alvert, la Terre de la Ferté Bernard, & le domaine d'Hiers. Les dispositions suivantes méritent une grande attention, parce qu'elles ont une application plus particuliere à la cause présente : il faut les rapporter en propres termes.

Item, *je lui donne & legue l'Hôtel de Richelieu, que j'ai ordonné, & veux être bâti joignant le Palais Cardinal, aux conditions d'institutions & substitutions qui seront ci-après déclarées.*

Item, *je lui donne & legue ma tapisserie de l'histoire de Lucrece, ensemble toutes les figures, statues, bustes, tableaux, cristaux, cabinets, tables & autres meubles qui sont à présent dans les sept chambres de la Conciergerie du Palais Cardinal & dans la petite galerie qui en dépend, pour meubler & orner ledit Hôtel de Richelieu, lorsqu'il sera bâti ; voulant & entendant que toutes les choses susdites demeurent perpétuellement attachées audit Hôtel de Richelieu, comme appartenances & dépendances d'icelui.*

Item, *je lui donne & legue tous mes autres biens, tant meubles, qu'immeubles, droits sur le Roi ou de ses domaines que je possede par engagement, & généralement tous les biens que j'aurai au jour de mon décès.*

Enfin il legue spécialement à son héritier sa bibliotheque ; il veut que l'on fasse un inventaire après sa mort, dont il sera fait un récollement tous les ans par deux Docteurs de Sorbone ; qu'il y ait un Bibliothécaire aux gages de 1000 liv. par an, qui seront pris *par préférence à toutes autres charges, de quartier en quartier & par avance, sur le revenu des arrentemens des maisons bâties & à bâtir à l'entour du Palais Cardinal.* Le Bibliothécaire, chargé de donner l'entrée à certaines heures du jour aux hommes de lettres & d'érudition, pour y voir les livres & en prendre communication dans la bibliotheque, sans les transporter ailleurs ; il veut que pour le choix du Bibliothécaire la Sorbone nomme trois sujets à celui qui sera Duc de Richelieu, pour choisir celui des trois qu'il jugera le plus à propos ; enfin il ordonne que sur le même revenu *des arrentemens des maisons qui ont été ou seront bâties autour du Palais Cardinal*, il soit pris 1000 liv. par an pour achat de livres, & 400 liv. pour les gages d'un homme qui sera chargé de nettoyer & balayer la Bibliotheque.

Comme l'héritier institué étoit mineur, M. le Cardinal de Richelieu nomme Madame la Duchesse d'Aiguillon pour administrer sa personne & ses biens.

Enfin il établit une double substitution dans la descendance masculine, tant d'Armand de Vignerot son héritier, que de M. le Duc de Brezé, à qui il avoit fait de si grands avantages; & même au défaut des mâles d'une branche, il appelle les mâles de l'autre : substitution masculine, graduelle & réciproque.

M. le Cardinal de Richelieu avoit des dettes, il faisoit des legs particuliers, & avoit entrepris les bâtimens de la Sorbone. Pour satisfaire à ces charges, il ordonna que pendant trois ans ses Exécuteurs testamentaires & Madame la Duchesse d'Aiguillon y emploieroient les deux tiers de tous ses revenus.

Ces dispositions ne découvrent pas seulement les vues que ce grand Ministre avoit pour la gloire de son nom, & pour en conserver l'éclat dans les siecles à venir, mais encore le zele pour le bien public dont il étoit animé, en sacrifiant une partie de son bien pour achever & perfectionner les bâtimens de la Sorbone, en formant une Bibliotheque publique, & prenant toutes les mesures qui convenoient pour son entretien & pour son augmentation.

Tout répondit à ses vues après sa mort; Armand de Vignerot, depuis Duc de Richelieu, fut reconnu pour l'héritier universel sous l'administration de Madame la Duchesse d'Aiguillon sa tante. L'exécution du testament fut consentie par toutes les Parties intéressées, dans une transaction de 1643. Le Duc de Brezé entra en possession des biens qui lui étoient légués : il mourut quelques années après sans enfans. La substitution dont il étoit grévé, se trouva ouverte par son décès au profit de M. le Duc de Richelieu; elle fut contestée par la Maison de Condé; mais après de longues contestations elle fut obligée de céder à M. le Duc de Richelieu le Duché-Pairie de Fronsac, le Comté de Beaufort & le petit Luxembourg, outre une somme de 300000 liv. en argent, qui fut payée pour restitutions de fruits.

M. le Duc de Richelieu a continué la jouissance de tous les biens qu'il avoit recueillis jusqu'en 1715 qu'il est décédé, laissant un fils unique, qui remplit aujourd'hui le premier degré de la substitution.

Mais en quel état l'a-t'il trouvée ? La Terre de Barbesieux & la Principauté de Mortagne, les Comtés de Conac & de Coze, les Terres d'Arvert, de Saugeon & le petit Luxembourg avoient été vendus ou engagés ; cette quantité de meubles précieux qui devoient être *perpétuellement attachés à l'Hôtel de Richelieu*, avoit disparu ; les bois de haute-futaye avoient été coupés sans remplacement ; en un mot, il ne restoit que de foibles débris d'une substitution qui devoit répondre à la magnificence de son auteur.

Mais pour se réduire à l'objet particulier de la Cause, on a vu dans le testament de M. le Cardinal de Richelieu, qu'il avoit commencé à faire bâtir un Hôtel près du Palais Royal, qu'il l'avoit légué à feu M. le Duc de Richelieu, qu'il vouloit qu'on y plaçât sa Bibliotheque, & qu'elle y fût un monument éternel de son goût pour faire fleurir les Sciences dans le Royaume ; qu'il vouloit qu'elle fût entretenue avec soin, & même augmentée sur le revenu des arrentemens des maisons bâties & à bâtir autour du Palais Royal. Lorsque M. le Duc de Richelieu est entré en possession de la substitution, il n'a trouvé ni Hôtel de Richelieu, ni bibliotheque, ni maison, ni rentes à prendre sur les autres maisons bâties autour du Palais Royal.

Une pareille dissipation exigeoit d'un substitué qu'il prît les mesures nécessaires pour la réparer : il a fallu donc faire de grandes recherches pour recouvrer les titres anciens, & les appliquer à l'état présent des lieux, consulter la suite des Propriétaires, & connoître ceux à qui on pouvoit s'adresser. On comprendra sans peine que cela exige beaucoup de temps & de travail, ce qui a obligé de suspendre l'action ; mais enfin voici ce que l'on a découvert par tant de recherches.

Faits particuliers concernant le Palais Royal.

M. le Cardinal de Richelieu s'étant proposé de bâtir le Palais Cardinal, acheta un vaste terrein, dont il destina la plus grande partie à l'emplacement que devoient occuper les cours, bâtimens & jardins qui lui étoient nécessaires ; le surplus lui devenant inutile, il le distribua en quarante cinq places propres à former autant de maisons ou pavillons qui seroient bâtis autour du jardin de son Palais.

Mais comme il ne lui convenoit pas de faire construire lui-même tant de maisons, il se réserva seulement trois places, & donna le surplus à rente à Louis le Barbier par contrat du 17 Mars 1636. Il y est dit que les quarante-deux places données à rente sont de sept toises de largeur sur sept toises de profondeur ; que la rente fonciere réservée sur chacune est de 250 livres, ce qui fait pour les quarante-deux places 10500 liv. la rente est stipulée rachetable au denier vingt-quatre, c'est-à-dire, moyennant 255000 liv. Les trois places réservées étoient destinées à conserver trois sorties du jardin ; l'une à l'extrêmité dans la rue Neuve des Petits-Champs ; l'autre vers le milieu dans la rue de Richelieu, & la derniere vis-à-vis celle-ci dans la rue Neuve des Bons-Enfans.

Dans la suite M. le Cardinal de Richelieu ayant fait au Roi une donation entre-vifs de son Palais, se proposa de faire construire un Hôtel pour la demeure de celui qu'il institueroit son héritier, & qui seroit après lui Duc de Richelieu ; il avoit besoin pour cela d'une partie du terrein qu'il avoit donné à rente : cela donna lieu à un second contrat, qui fut passé avec Louis le Barbier le 20 Mai 1641, par lequel le Barbier retrocéda à M. le Cardinal de Richelieu sept places, faisant partie des quarante-deux qu'il avoit prises à rente, au moyen de quoi il ne lui en resta que trente-cinq chargées de 8208 liv. 6 s. 8 den. toujours rachetable au denier vingt-quatre.

Lorsque M. le Cardinal de Richelieu mourut, il étoit donc Propriétaire de dix places, & créancier d'une rente fonciere de 8208 liv. 6 s. 8 den. à prendre sur les trente-cinq autres places.

Outre tout le terrein dont on vient de parler, M. le Cardinal de Richelieu étoit Propriétaire de trois maisons qu'il avoit achetées aux environs du Palais Royal ; savoir, la maison de l'Ours, située rue Saint-Honoré, entre le Palais Royal & la rue de Richelieu, qu'il avoit acquise par deux contrats des 17 Mars 1634 & 9 Novembre 1641, moyennant 73000 livres ; l'Hôtel des Mousquetaires, situé rue Neuve des Bons-Enfans, qui étoit appellé ainsi, parce qu'il étoit occupé par les Mousquetaires de M. le Cardinal de Richelieu ? enfin une maison, appellée des Bons-Enfans, située même rue.

Aussi-tôt que M. le Cardinal de Richelieu fut décédé, le Roi fut demeurer avec toute sa Cour au Palais Royal. Les meubles qui y étoient auparavant, furent transportés dans l'Hôtel des Mousquetaires, & Madame la Duchesse d'Aiguillon, comme Administratrice des biens de M. le Duc de Richelieu, entra en possession tant des trois maisons que des dix places réservées, & de la rente qui étoit à prendre sur les trente-cinq autres places.

Louis le Barbier, Propriétaire de ces trente-cinq places, en avoit aliéné plusieurs, sur lesquelles on avoit bâti dix-sept maisons qui se trouvoient chargées de 3714 liv. 2 sols de rente, faisant partie de celle de 8208 l. 6 s. 8 d. dûe à la substitution, & qui étoient même tenues solidairement du surplus suivant le contrat de 1641, pour être bâties ; on y avoit en effet élevé dix-sept maisons sur la totalité de l'emplacement donné à rente.

Tel étoit l'état de la substitution par rapport à ce qui environnoit le Palais Royal, lorsque M. le Duc de Richelieu a fait les aliénations dont les substitués sont obligés de se plaindre aujourd'hui.

Le premier contrat est du 29 Mai 1655 ; il est passé entre M. le Duc de Richelieu, qui étoit encore mineur, & Charles Flacour. On y expose que M. le Duc de Richelieu vouloit faire bâtir l'Hôtel de Richelieu sur l'emplacement que M. le Cardinal de Richelieu y avoit destiné. Que pour cette construction M. le Duc de Richelieu avoit fait prix avec Lepine & Boileau, moyennant 154000 liv. Pour fournir à cette dépense, M. le Duc de Richelieu vend à Flacour la maison de l'Ours située rue Saint-Honoré, 3714 livres 2 sols de rente fonciere à prendre sur les dix-sept maisons bâties, & tout ce qui restoit des quarante-cinq places qui environnoient le Palais Royal, n'en réservant que trois pour l'Hôtel de Richelieu. Il est dit que ce terrein est partagé en cinq places ; mais il ne faut plus entendre par cette expression, des places de sept toises de largeur sur sept de profondeur, telles que celles qui avoient été données à rente à le Barbier ; ces cinq places dont il est parlé dans le contrat de 1655 avoient beaucoup plus d'étendue, comme il résulte de la désignation du contrat ; elles comprenoient tout le vuide que laissoient entr'elles les dix-sept maisons bâties par le Barbier ou par ses représentants, & comme il y avoit cinq vuides, s'il est permis de parler ainsi, on les a désignées dans le contrat de 1655 par le terme de cinq places.

Quoi qu'il en soit, le prix de la vente fut de 154000 liv. c'est-à-dire, de la même somme dont on étoit convenu avec Lepine & Boileau pour la construction de l'Hôtel ; aussi fut-il stipulé qu'il leur seroit payé en vingt-quatre payemens de mois en mois pendant le cours de deux années, ce qui étoit bien facile, parce que Flacour, Lepine & Boileau étoient associés tant dans l'acquisition faite sous le nom de Flacour, que dans l'entreprise de l'Hôtel faite sous le nom de Lépine & Boileau.

Ce contrat n'eut aucune exécution, c'est-à-dire, que Flacour ne paya point le prix convenu aux Entrepreneurs, & que les Entrepreneurs ne firent point travailler à l'Hôtel de Richelieu ; ce fut ce qui donna lieu à un second contrat du 30 Janvier 1658, par lequel ſuppoſant que les créanciers de la ſubſtitution faiſoient des pourſuites pour être payés, & qu'il étoit néceſſaire d'y pourvoir, M. le Duc de Richelieu déchargea Flacour, Lepine & Boileau de la conſtruction de l'Hôtel, & leur vendit l'Hôtel des Mouſquetaires & la maiſon des Bons-Enfans pour la ſomme de 38000 livres, ce qui faiſoit avec les 154000 livres, prix du premier contrat, 192000 livres; mais comme les Acquéreurs prétendirent qu'ils avoient commencé à faire tranſporter des matériaux pour la conſtruction de l'Hôtel de Richelieu, & qu'ils avoient fait faire quelques travaux, ils demanderent des dommages & intérêts pour la dépenſe qu'on leur avoit fait faire, & qui devenoit inutile; ces dommages & intérêts furent fixés à 4000 livres, qui furent déduits ſur le prix; il ne reſta plus que 188000 livres, que les Acquéreurs furent chargés de payer, ſavoir, 56000 livres à la Dame Marquiſe de Laval, pour reſte du prix de la Baronnie de Treves en Anjou, qu'elle avoit vendue à M. le Cardinal de Richelieu, & le ſurplus aux plus anciens créanciers de la ſucceſſion de M. le Cardinal de Richelieu, dont l'état ſeroit fourni aux Acquéreurs.

Il y eut un troiſieme contrat de vente fait le 17 Février 1660 par M. le Duc de Richelieu aux mêmes Flacour, Lepine & Boileau, de l'emplacement qui avoit été réſervé, tant par M. le Cardinal que par M. le Duc de Richelieu pour la conſtruction de l'Hôtel de Richelieu & pour la Bibliotheque: le prix de ce dernier contrat fut de 120000 liv. mais il ne s'agit point de cette aliénation dans la Cauſe préſente par les raiſons que l'on expliquera dans la ſuite.

Il faut donc ſe renfermer dans les deux premiers contrats de 1655 & 1658, par leſquels ſe trouve aliené tout ce qui appartenoit à la ſubſtitution autour du Palais Royal pour un prix modique de 192000 livres; on verra dans la ſuite toute la lézion que renferme une pareille aliénation, & les raiſons qui ont engagé le Vendeur & l'Acquéreur de négliger toutes les formalités néceſſaires dans une vente faite par un mineur, & grevé de ſubſtitution.

Pour la connoiſſance exacte des faits, il reſte à examiner l'emploi qui a été fait de ce prix; c'eſt ce que les Détenteurs doivent juſtifier par la repréſentation des quittances; tout ce que l'on en ſçait, quant à préſent, eſt qu'au moins une grande partie du prix a été diſſipée ſans aucun avantage pour la ſubſtitution, comme on va l'expliquer. Par un compte qui fut fait entre M. le Duc de

Richelieu

Richelieu & les Acquéreurs le 29 Avril 1669; on réduit le prix des deux acquisitions faites en 1655 & 1658 par Flacour, Lepine & Boileau, à 188000 livres, à cause des 4000 liv. de dommages & intérêts accordés par le contrat de 1658 : on y alloue pour 181896 liv. 13 s. 3 den. de paiemens, au moyen de quoi les Acquéreurs ne se trouvent redevoir que 6103 liv. 6 s. 3 den. Mais il y a bien des observations à faire sur ce compte, indépendamment de celles que doivent fournir les quittances des paiemens qui y sont énoncées, lorsqu'on les représentera.

1°. On diminue sur le prix d'un fonds substitué 4000 livres de dommages & intérêts dûs par le grevé de substitution personnellement, ce qui ne peut jamais faire une dépense que les appellés à la substitution soient obligés d'allouer.

2°. On y déduit 10000 liv. payées à feu M. le Duc de Richelieu lorsque le contrat du 17 Février 1660 fut passé; il n'y a eu aucun emploi de cette somme, elle n'a point tourné au profit de la substitution; ainsi c'est un objet à retrancher.

3°. On y alloue 5000 livres de dépens que l'on suppose être dûs aux Acquéreurs par M. le Duc de Richelieu; c'est encore une dette personnelle du grevé de substitution, qui ne peut point être prise sur un bien substitué.

4°. On y passe en dépense beaucoup d'intérêts payés à des créanciers, intérêts qui étoient encore la dette personnelle de M. le Duc de Richelieu. Par exemple, le premier article est de 54213 livres payées à la Dame Marquise de Laval, à qui il ne restoit dû que 36000 liv. de principal. Le surplus n'est composé que de 2000 liv. de frais & d'intérêts, ce qui fait 18213 liv. à retrancher : il y a de même un grand nombre d'articles pour frais & pour intérêts.

5°. Il y a pour plus de 6000 liv. de sommes allouées pour avances de paiemens, c'est ce qui compose le troisieme chapitre de dépense. Il est évident que cette somme ne libere pas la substitution; enfin on y trouve des doubles emplois. Par exemple, on alloue dans le premier chapitre une somme de 1000 livres pour une servitude prétendue par M. de la Vrilliere sur une place vendue par Flacour, Lepine & Boileau au sieur Ballain; & dans le second chapitre on alloue encore 1300 liv. pour la même servitude. On alloue encore un autre article de 4000 l. payé, dit-on, au sieur de Lepine, quoique ce fût la même somme de 4000 liv. déjà déduite sur le prix des acquisitions, ensorte qu'elle se trouve déduite deux fois; en un mot, une grande partie du prix se trouve consumée sans qu'il en revienne rien à la décharge de la substitution, & l'on ne voit pas même si les capitaux payés à quelques créanciers, provenoient des dettes de M. le Cardinal de Richelieu, & pouvoient être regardés comme charges de la substitution.

Cependant les Parties ayant demandé de concert l'homologation de ce compte, pour donner, s'il étoit possible, quelque appui à un acte si vicieux, elle fut prononcée par défaut avec quelques créanciers qui n'avoient ni qualité ni intérêt de la combattre, par un Arrêt du 28 Mars 1676, lors duquel il ne fut pas même question des contrats de vente que l'on n'a jamais entrepris de faire autoriser. Il restoit dû, suivant le compte de 1669, 6103 liv. avec les intérêts, qui furent fixés à 4857 liv. 13 f. 3 den. à quoi joignant une somme de 9957 livres 10 f. qui avoit été consignée le dernier Septembre 1662, & qui avoit été allouée dans la dépense du compte, cela composoit 20918 liv. 13 f. sur quoi il fut ordonné que le Receveur des Consignations seroit payé d'une somme de 9870 livres pour le contenu en une obligation qui lui avoit été passée le 17 Août 1661, & de 6529 liv. 10 f. 8 den. pour intérêts, & le sieur Flagis de 1168 liv. 2 f. pour reste d'intérêts à lui dûs par la succession du Cardinal de Richelieu. Ces différentes sommes n'étoient point encore à la charge de la substitution, on ne pouvoit les regarder que comme dettes personnelles de feu M. le Duc de Richelieu; ainsi c'est encore un emploi qui ne peut être alloué par les substitués.

C'est cependant par ces différentes opérations que s'est dissipé un fonds précieux qui valoit plus de 300000 liv., & dont à peine trouve-t-on 100000 liv. employées à payer des capitaux, sans que l'on sache même s'ils étoient dûs par la succession de M. le Cardinal de Richelieu, auteur de la substitution.

Ces faits ainsi éclaircis, M. le Duc de Richelieu n'a pas cru qu'il lui fût permis d'abandonner les droits d'une substitution que le Cardinal de Richelieu avoit formée pour soutenir la gloire de son nom. Il s'est cru obligé d'en ramasser les débris, & de réparer, autant qu'il est en lui, les pertes énormes qu'elle a souffertes; c'est un devoir que la loi lui impose, & qu'il doit remplir avec d'autant plus de fidélité, qu'il en est comptable à la mémoire d'un grand Ministre, qui l'a chargé de faire exécuter ses intentions.

La maison de l'Ours en 1735 s'est trouvée partagée en trois maisons; l'une appartenante à M. de Chuberé, ci-devant Conseiller en la Cour; l'autre au sieur Lambert, & la troisieme au sieur Gobert : ils ont été assignés en desistement les 26 & 27 Mai 1735.

La maison appellée des Bons-Enfans, étoit possedée par M. Hurson, Conseiller en la Cour, & par Demoiselle Elisabeth-Angélique Hardouin ; ils ont été assignés aux mêmes fins les 17 & 19 Août de la même année.

Enfin la maison appellée autrefois l'Hôtel des Mousquetaires, s'est trouvée partagée en trois portions distinctes ; l'une possedée par M. Payen, Maître des Comptes, & ses freres & sœurs ; la seconde, par M. le Président Gilbert & ses enfans ; & la troisieme par M. le Marquis de Languetot & la Dame de Ricarville : ils ont été pareillement assignés aux mois d'Août, de Septembre & de Décembre 1735.

Toutes les Parties ont fourni d'exceptions au Grand Conseil ; Ils ont demandé des communications de pieces, on y a satisfait : enfin ils ont fourni de défenses en la Cour, où la Cause a été évoquée par M. le Duc d'Orléans.

Les Propriétaires, justement alarmés du vice de leur titre, ont engagé le Conseil de ce Prince à prendre part à la contestation ; ils lui ont fait entendre que l'éviction dont ils étoient menacés, pourroit aussi entraîner une partie du terrein & des bâtimens qui composent actuellement le Palais-Royal, & que si M. le Duc de Richelieu, comme substitué, n'étoit point obligé d'exécuter les contrats de 1655 & 1658, il pourroit prétendre dans la suite qu'il n'est point engagé non plus par le contrat de 1660, qui contient l'aliénation de ce que possede aujourd'hui M. le Duc d'Orléans. Son Conseil auroit pu se tranquilliser, & rejetter de pareilles inquiétudes. Il est vrai que, par le contrat de 1660, feu M. le Duc de Richelieu avoit aliéné un fonds de la substitution ; mais le Roi ayant jugé que cet emplacement étoit nécessaire pour aggrandir un Palais qu'il occupoit actuellement, se fit subroger au lieu & place des Acquéreurs, par un Arrêt de son Conseil de la même année, & fit réunir le terrein aliéné au Palais Royal ; on y a fait depuis de magnifiques bâtimens, qui sont nécessaires pour le logement de M. le Duc d'Orléans, & des Princes & Princesses de sa Maison.

Dans de pareilles circonstances, on juge bien que M. le Duc de Richelieu ne pouvoit pas même penser à évincer M. le Duc d'Orléans ; on sçait quel est le privilege des Maisons Royales, & que les Particuliers dont on a pris les fonds pour les aggrandir, ne peuvent jamais avoir d'action que pour le prix; cependant le Conseil de M. le Duc d'Orléans a cru devoir porter son zele & sa vigilance jusqu'à le faire intervenir dans la Cause, & la porter en la Cour en vertu de son privilege. M. le Duc de Richelieu a déféré à l'autorité du nom auguste que l'on a employé contre lui ; mais il ne reconnoîtra jamais M. le Duc d'Orléans pour sa Partie.

Il n'y a donc de véritables Parties dans l'Instance, que les Propriétaires des trois maisons aliénées en 1655 & 1658 ; savoir, la maison de l'Ours, celle appellée des Bons-Enfans, & celle appellée l'Hôtel des Mousquetaires. Il est vrai que, par les mêmes contrats, on a aliéné ce qui appartenoit à la substitution sur les places données à rente par M. le Cardinal de Richelieu ; mais la substitution ne pouvant prétendre que ce qui appartenoit à M. le Cardinal de Richelieu au jour de son décès, ne paroît en état de réclamer que la rente de 8208 liv. 6 f. 8 den. qui lui restoit due, aux termes du contrat de 1641 ; ce qui est bien éloigné de l'idée qu'on a affecté de répandre, que M. le Duc de Richelieu vouloit envahir toutes les maisons qui entourent le Jardin du Palais Royal.

Si la substitution avoit des droits si vastes, on ne pourroit se dispenser de les reconnoître, & de les adjuger à M. le Duc de Richelieu. Jamais substitution n'a été plus solemnelle ni plus connue ; elle est d'ailleurs revêtue des formes prescrites par les Ordonnances, pour constituer les Acquéreurs en mauvaise foi : ainsi, plus la substitution auroit été dépouillée, & plus il seroit juste de la rétablir dans tous ses droits ; mais heureusement pour les Propriétaires de ces maisons, le fonds en avoit été aliéné par M. le Cardinal de Richelieu, sous la réserve d'une simple rente fonciere rachetable au denier vingt-quatre. M. le Duc de Richelieu ne prétend rentrer que dans ce qui appartenoit à M. le Cardinal de Richelieu au jour de son décès, & par conséquent doit se contenter de la rente sur tout ce qui se trouvoit aliéné par l'auteur de la substitution.

La Cause renfermée dans ses véritables objets, ne paroît susceptible d'aucune difficulté. Quatre moyens concourent pour la soutenir.

1°. On a aliéné un bien substitué, sans aucune nécessité, & chargé d'une condition particuliere de la part du testateur.

2°. On l'a aliéné à vil prix.

3°. Le prix n'a point été employé au profit de la substitution.

4°. On n'a observé aucune des formalités prescrites pour de pareilles aliénations.

Avant que d'établir ces différens moyens, il convient de rappeller d'abord les principes les plus constans dans cette matiere. *Principes.*

Quoique l'héritier chargé de rendre, soit propriétaire jusqu'au tems de l'ouverture du fidéicommis, cependant il faut convenir qu'il n'a que l'administration des biens qui lui sont confiés, & qu'il ne peut faire aucune aliénation au préjudice du substitué; la Loi 3, au Code *Communia de Legatis*, y est formelle: *Nemo itaque hæres ea quæ restitui aliis disposita sunt, vel substitutioni supposita, secundùm veterem dispositionem, puta in posterùm alienanda; sed sciat hoc quod alienum est, non ei licere, utpotè sui patrimonii exiens alieno juri applicare, quia satis absurdum est & irrationabile, rem quam in suis bonis non purè possidet, eam ad alios posse transferre.*

Le §. *Sin autem* déclare ces aliénations nulles dans le principe: *Sciat quod conditione impleta ab initio, Causa ad irritum devocetur, & sic intelligenda est quasi nec scripto, nec penitùs fuerit celebrata, ut nec usucapiones longi temporis præscriptio contrà legatarium vel fideicommissarium procedat in his omninò casibus, legatario quidem vel fideicommissario omnis licentia pateat rem vindicare & sibi assignare, nullo obstaculo ei à detentatoribus opponendo.*

Ainsi la Loi prononce en même tems & la nullité de l'aliénation, & le droit du substitué de réclamer les biens aliénés contre les Acquéreurs; quelqu'ancienne que soit leur possession avant l'ouverture du fidéicommis, elle ne peut les mettre à l'abri de l'éviction: la loi prend sous sa protection les biens substitués, & ne permet pas qu'on les enleve à ceux à qui ils sont destinés; elle fait cesser en leur faveur ces regles générales qu'elle a établies pour la tranquillité de ceux qui se reposent sur une longue & paisible possession; en un mot, les substitués doivent retrouver les biens au même état qu'ils ont été laissés par l'auteur de la substitution.

C'est sur le fondement de ces principes que tous les Docteurs établissent comme une regle constante, que les decrets ne purgent point les droits d'une substitution, ni même un decret volontaire fait sur un second acquéreur; que l'on ne peut prescrire des biens substitués; que les tiers-acquéreurs même ne peuvent prescrire par dix ans entre présens, & vingt ans entre absens; en un mot, que rien ne peut empêcher l'effet d'un fidéicommis: il y en a deux raisons invincibles. La premiere est que ces decrets ou cette prescription prennent toujours leur ſource dans une aliénation de biens ſubſtitués, & par conſéquent dans un titre dont la Loi prononce la nullité. La ſeconde, que la ſubſtitution étant connue par la publication qui en a été faite, les acquéreurs & détenteurs ſont néceſſairement en mauvaiſe foi, & ne peuvent par conſéquent ſe prévaloir des ſecours que la Loi a introduits en faveur de ceux qui ont ignoré les droits qu'on leur oppoſe. Ces principes ſont établis dans le Traité des Subſtitutions de Ricard, ch. 13; dans les Obſervations de Bretonnier ſur Henrys, tome 2, liv. 4, ch. 6; dans le Traité de la Vente des Immeubles, ch. 4; & dans une infinité d'autres.

Ce n'eſt pas que toute ſorte d'aliénations ſoit interdite à l'héritier grevé; comme il a l'adminiſtration des biens ſubſtitués, il peut faire ce qu'un homme ſage & qu'un bon pere de famille feroit lui-même pour ſa propre utilité; mais comme l'héritier grevé pourroit abuſer de cette liberté, il faut, pour ſoutenir les aliénations qu'il auroit pu faire, que toutes les circonſtances qui les accompagnent les mettent à l'abri d'une juſte critique : il faut qu'une cauſe légitime l'ait obligé à vendre, qu'il ait porté le prix à la juſte valeur du bien aliéné, qu'il en ait fait un emploi utile à la ſubſtitution, & que tout cela ſoit juſtifié par des procédures & des formalités qui répandent un jour ſi pur ſur la conduite de l'héritier, qu'elle ne puiſſe devenir ſuſpecte ni de faute, ni de négligence conſidérable.

C'eſt ce qui a engagé les Docteurs à s'étendre en diſſertations pour fixer les cas dans leſquels le grevé de ſubſtitution pouvoit aliéner; mais pour les cauſes même les plus légitimes, ſi on vend le bien le plus précieux, en conſervant celui qui eſt moins utile & moins convenable à la ſubſtitution, c'en eſt aſſez pour révoquer l'aliénation comme nulle & frauduleuſe. C'eſt le ſentiment de Peregrinus, art. 39, n. 11 : *Secundo limitor cùm alienatio fuit facta bonâ fide, non in fraudem & præjudicium fideicommiſſi, veluti quia gravatus meliores & digniores res ex hæreditate alienaſſet, retentis infructuoſis & minus utilibus; nam ejuſmodi alienatio, uti res fraudulenta, per fideicommiſſarium de jure revocari poſſet.*

Ce même Auteur ajoute que, quand le fils doit retenir ſa légitime ſur les biens ſubſtitués, il ne doit prendre ni les meilleurs, ni les plus mauvais, *uti bonus vir*. En un mot, un grevé de ſubſtitution ne doit jamais paſſer les bornes d'une adminiſtration ſage & meſurée ſur l'intérêt de ceux qui ſont appellés après lui; il eſt en quelque maniere leur tuteur pendant le tems de sa jouissance, & s'il dissipe le bien qu'il est chargé de rendre, ou qu'il fasse quelque préjudice à ceux à qui il est obligé de le transmettre, tous ces actes sont nuls, & ne peuvent se soutenir contre les plaintes légitimes des substitués.

Suivant ces principes, il est aisé de juger de la nullité des aliénations contre lesquelles M. le Duc de Richelieu est obligé de réclamer, & de la solidité des moyens que l'on vient d'annoncer.

M. le Cardinal de Richelieu avoit laissé sa succession chargée de quelques dépenses; mais il y avoit pourvu par son testament, en ordonnant que, pendant trois ans, on emploieroit les deux tiers des revenus à acquitter ces charges : il n'étoit donc pas permis à son héritier de vendre les fonds, ni aux autres de les acquérir, même pour payer des dettes, sans avoir connu auparavant si l'emploi d'une partie des revenus avoit été fait suivant ce qui étoit prescrit par le testament, & principalement un bien que le testateur avoit destiné pour supporter les charges qui intéressoient l'utilité publique, & la décoration de ceux qui devoient porter son nom, objet dont il avoit été si occupé dans son testament. Les dettes & legs du testateur étoient devenus des dettes personnelles de l'héritier, jusqu'à concurrence de ce que le testateur avoit retranché de sa jouissance; en consumant la portion des revenus destinés au paiement des dettes, l'héritier devenoit chargé personnellement de les acquitter, & par conséquent ne pouvoit pas se faire un prétexte de ces mêmes dettes pour aliéner les fonds. I. MOYEN. *Aliénation sans cause.*

Il ne faut donc pas appliquer dans cette Cause la regle générale, que l'héritier grevé peut vendre une partie des biens substitués pour acquitter les charges de la substitution; cette regle cesse lorsque le testateur a voulu que les dettes fussent payées sur les revenus, & que l'héritier se contentât du surplus; ce qui est précisément l'espece singuliere dans laquelle nous nous trouvons.

Il est vrai que cette loi imposée par le testateur, ne lie pas les mains aux créanciers, & ne les empêche pas de poursuivre leur paiement, tant sur les fonds que sur les revenus; mais, en premier lieu, ce qui n'est pas une loi pour les créanciers, en est une pour les légataires particuliers, parce que le même testament qui fait leur titre, les assujettit à ne poursuivre leur paiement que sur les revenus seuls, & qu'ils ne peuvent pas diviser le titre dont ils tirent tout leur droit : or les legs particuliers formoient l'objet le plus important des charges qui étoient à acquitter : on ne pouvoit donc jamais vendre les biens de la ſubſtitution pour les payer. En ſecond lieu, les créanciers pouvoient facilement être payés ſur les revenus, quand on ne les auroit diſtraits à leur profit que pendant les délais qui ont été donnés aux acquéreurs pour payer le prix de leurs acquiſitions ; puiſqu'ils ont attendu tranquillement les paiemens que les acquéreurs leur ont faits, ils auroient attendu de même l'échéance des revenus : ce n'eſt donc pas l'intérêt des créanciers qui a déterminé la vente, ce n'eſt pas leur empreſſement qui a forcé de diſſiper les fonds, ce n'eſt que l'intérêt ſeul de l'héritier, qui ne voulant pas diminuer ſa jouiſſance, a aliéné les fonds, au mépris de la loi qui lui étoit impoſée par le teſtament. Enfin il faut obſerver que ce ſont ici des ventes volontaires, & que les acquéreurs ont dû conſulter l'état de leur vendeur, & le droit qui lui étoit acquis par le teſtament, qu'il a lui-même repréſenté comme le titre de ſa propriété, & de celle qu'il tranſmettoit aux acquéreurs : ils ont donc été obligés d'en étudier les diſpoſitions, & de les regarder comme des loix dont leur ſort devoit dépendre abſolument. Ces diſpoſitions les condamnent aujourd'hui ; elles établiſſent qu'il n'y avoit ni néceſſité ni cauſe légitime d'aliéner, & que par conſéquent leur propriété ne peut ſe ſoutenir.

Ajoutons que s'il avoit été permis de vendre quelques fonds de la ſubſtitution, le choix ne devoit jamais tomber ſur les biens qui ont été vendus par les contrats de 1655 & 1658. On a vu que le Cardinal de Richelieu avoit choiſi un emplacement près du Palais Royal, pour y conſtruire un Hôtel deſtiné à celui qui ſeroit dans la ſuite Duc de Richelieu, & pour placer une Bibliotheque publique qui ſeroit ouverte à tous les Sçavans ; qu'il avoit preſcrit des regles pour le choix du Bibliothécaire, qu'il lui avoit fixé 1000 livres d'appointemens par an, & 400 livres à un homme qui ſeroit chargé de tenir la Bibliotheque dans un état propre & décent ; qu'il avoit auſſi deſtiné une ſomme par an pour l'achat des Livres & pour l'augmentation de la Bibliotheque : toutes ces ſommes étoient affectées ſpécialement ſur les arrentemens des maiſons bâties & à bâtir autour du Palais Royal ; c'étoit donc un bien conſacré au Public, & réſervé pour éterniſer la mémoire du Cardinal de Richelieu ; étoit-il permis d'aliéner ce bien par préférence à tant d'autres qui n'avoient pas une deſtination ſi privilégiée ? L'intérêt

térêt public ne réclame pas moins contre une pareille aliénation que celui des Substitués.

Par les contrats de 1655 & 1658, on a vendu trois maisons qui appartenoient à M. le Cardinal de Richelieu au jour de son décès; la maison de l'Ours qui avoit été achetée 73000 liv. par les contrats de 1634 & 1641, l'Hôtel des Mousquetaires & la maison des Bons-Enfans, qui pendant la minorité de M. le Duc de Richelieu, & pendant que Paris étoit affligé des plus cruelles dissentions, étoient louées 2000 livres par an. Ces premiers objets ne pouvoient être estimés moins de 40000 écus. On a compris dans la même aliénation les vingt-cinq places qui avoient été données à rente à le Barbier moyennant 8208 livres 6 sols 8 deniers par an, ou la rente sur ces mêmes places; cette rente étoit solidaire jusqu'à ce que toutes les maisons fussent bâties, & il y en avoit déjà dix-sept qui l'étoient, ensorte qu'il n'y avoit pas un revenu plus clair ni plus solide. Cette rente n'étoit stipulée rachetable qu'au denier vingt-quatre, ce qui faisoit un capital de près de 197000 livres. Enfin on a aliéné par les mêmes contrats une partie des places que M. le Cardinal de Richelieu s'étoit réservées: il en possédoit dix à sa mort, on n'en a retenu que trois, le surplus a été compris dans la vente; c'est encore un objet très-considérable, & qui pouvoit monter à plus de 40000 liv. cependant tous les articles réunis qui font plus de 350000 liv. ont été donnés pour 192000 liv.

Second Moyen. Vilité du prix.

Quand il y auroit eu des causes légitimes de vendre, le grevé de substitution ne l'auroit pu faire à un prix si disproportionné de la juste valeur; il y a une lézion de près de moitié du juste prix; est-ce donc-là cette administration sage, confiée à l'héritier chargé de substitution? Est-ce là une aliénation faite en bon pere de famille, *ut vir bonus?* C'est au contraire une dissipation outrée, dont il n'est pas juste que les Substitués soient les victimes.

Il ne peut pas y avoir de difficulté sur la véritable valeur. Pour la maison de l'Ours, les contrats de 1634 & 1641 sont rapportés; elle a coûté 73000 livres, elle valoit au moins la même somme en 1655.

Les maisons des Bons-enfans & des Mousquetaires étoient louées 2000 livres par an, & par conséquent elles valoient plus de 40000 livres; la rente de 8208 livres 6 sols 8 deniers étoit rachetable au denier vingt-quatre, & par conséquent elle ne pouvoit être rachetée que pour 197000 livres; enfin les ſept places vendues avoient été données à rente pour 250 livres chacune avant que M. le Cardinal de Richelieu les eût retirées, & cette rente étoit de même rachetable au denier vingt-quatre, ce qui faiſoit 6000 livres pour chacune; les ſept valoient donc 42000 livres, tout cela montoit à plus de 350000 livres, cependant tout eſt donné pour 192000 livres, la léſion eſt énorme, elle eſt évidente.

Le prix total de 192000 livres n'égaloit pas le capital ſeul de la rente de 8208 livres 6 ſols 8 deniers qui étoit de 197000 livres, on a donc perdu l'excédent, & l'on a donné pour rien trois maiſons bâties & ſept places à bâtir. Ce calcul ſimple établi par titres, met dans une évidence ſenſible la nullité radicale de l'aliénation, & l'intérêt eſſentiel que les Subſtitués ont de réclamer.

Troiſieme Moyen. La ſubſtitution n'a pas profité du prix.

Le prix, comme on l'a dit, étoit de 192000 liv. la plus grande partie a été diſſipée ſans aucune utilité, ſans aucun emploi pour la ſubſtitution.

1°. L'héritier grevé a commencé par diminuer 4000 livres de dommages & intérêts qu'il a accordés aux Acquéreurs, pour de prétendues dépenſes que l'on a ſuppoſé qu'ils avoient faites pour commencer l'Hôtel de Richelieu; mais, ſi feu M. le Duc de Richelieu avoit fait commencer un ouvrage qu'il ait depuis fait ceſſer, s'il devoit pour cela des dommages & intérêts aux Acquéreurs, c'étoit une dette perſonnelle & abſolument étrangere à la ſubſtitution, il n'étoit pas permis de l'acquitter aux dépens d'un fonds de la ſubſtitution.

2°. On a auſſi diminué ſur le prix une ſomme de 10000 livres, que les Acquéreurs avoient donnés pour pot-de-vin à M. le Duc de Richelieu lors du troiſieme contrat de 1660, & qui a été imputée ſur les deux contrats de 1655 & 1658; jamais il n'y a eu aucun emploi de cette ſomme, & par conſéquent c'eſt encore une perte de 10000 liv. ſur le prix.

3°. On a paſſé aux Acquéreurs dans la dépenſe de leur compte 5000 livres de dépens, dont on a prétendu que M. le Duc de Richelieu étoit tenu; mais ſi l'héritier a donné lieu à des dépens de la part des Acquéreurs, c'eſt ſa dette perſonnelle, & non point celle de la ſubſtitution; il étoit facile aux Acquéreurs de s'en faire payer, ſoit ſur les biens libres, ſoit ſur les revenus des biens ſubſtitués, & il ne falloit pas pour cela ſe venger ſur le fonds même de la ſubſtitution; ce n'étoit pas-là un emploi légitime pour les Acquéreurs, ni qui puisse être passé par les Substitués.

4°. On a alloué en dépense sur le prix des sommes très-considérables pour intérêts dûs à des créanciers ou légataires. Dans le seul payement fait à la Dame Marquise de Laval, qui est de 54213 liv. il y a pour 18213 liv. d'intérêts & frais, puisqu'il ne lui restoit dû que 36000 liv. de capital. Il y a beaucoup d'autres payements dans le même cas.

5°. On passe aux Acquéreurs 6000 liv. pour avances de payements; ce n'est point encore là une charge de la substitution. Il est vrai qu'on pourroit dire que le fonds avoit été vendu plus cher en considération de ce que les payemens stipulés avoient été retardés par le contrat de vente, & que l'anticipation des payements dût être regardée comme une diminution du prix; mais si cela est, les biens substitués n'ont plus été vendus que 186000 liv. au lieu de 192000 liv. ce qui fournit un nouveau moyen de lézion. On a déjà prouvé qu'il y avoit une lézion de près de moitié dans le prix porté à 192000 liv. elle devient encore plus forte quand le prix se trouve réduit à 186000 liv.

D'ailleurs on ne voit point que ces avances de payement soient justifiées; des 188000 liv. il y en avoit 56000 liv. qui devoient être payées comptant à la Dame Marquise de Laval; le surplus devoit être acquitté en huit payements, de trois mois en trois mois chacun; & loin qu'on les ait anticipés, il paroît au contraire qu'il y en a eu beaucoup de reculés, ensorte que c'est une fausse dépense; mais quand elle auroit quelque prétexte, elle ne concerneroit jamais la substitution.

6°. On a passé en dépense de doubles emplois; on avoit déduit sur les 192000 livres, prix des deux acquisitions, 4000 livres de dommages & intérêts, & on n'a plus compté que sur le pied de 188000 livres, cependant on alloue encore une somme de 4000 livres pour le sieur Lepine, un des Acquéreurs, ce qui ne peut être que la même somme déjà déduite; on alloue 1000 livres pour une servitude prétendue par M. de la Vrilliere sur une place vendue au sieur Ballain; & dans un autre chapitre on alloue encore 1300 liv. pour la même servitude.

Enfin, on alloue 9870 liv. payées au Receveur des Consignations, somme qui n'étoit point dûe par la substitution, & qui ne pouvoit provenir que du fait personnel de l'héritier, s'il n'avoit pas été exact à acquitter les dettes de la substitution.

Toutes ces réflexions qui se présentent à la seule inspection du compte qui a été rendu par les Acquéreurs à feu M. le Duc de Richelieu, & qui forment déjà un objet de plus de 60000 liv. ne sont peut-être que la plus foible partie des critiques que la substitution a droit de former sur l'emploi du prix dont il s'agit; on n'a encore eu aucune communication des quittances des payements faits par les Acquéreurs, & qui, suivant le même compte sont restées entre leurs mains; c'est aux Détenteurs qui sont actuellement en cause, & qui sont aux droits des Acquéreurs, à représenter ses quittances s'ils veulent justifier que la substitution ait profité du prix des biens vendus; mais on est persuadé que par cette communication on trouvera bien d'autres articles à relever, & qu'il se trouvera encore bien des sommes employées à payer des créanciers personnels de M. le Duc de Richelieu. Mais quand on seroit réduit aux seuls moyens qui viennent d'être établis, la dissipation d'un bien précieux & substitué, ne seroit-elle pas dans le plus grand jour? Un bien de plus de 350000 liv. vendu 192000 liv. plus de 60000 liv. de ce prix constamment employées à éteindre des dettes étrangeres à la substitution. La substitution pourroit-elle s'empêcher de réclamer contre des actes si funestes? La Justice pourroit-elle les protéger?

Quatrième Moyen. Nulles formalités observées dans l'aliénation.

Comme le grevé de substitution n'a pas une propriété libre, il ne peut pas aussi vendre librement & sans forme. Pour le faire d'une maniere solide, il faut qu'il fasse créer & qu'il appelle un Tuteur à la substitution, qui devienne son contradicteur dans le marché & dans l'emploi, pour sçavoir si les intérêts de la substitution sont conservés: il faut qu'avec ce Tuteur on fasse procéder à l'estimation des biens, afin qu'ils ne soient pas vendus à vil prix; il faut qu'il soit présent à l'emploi, afin qu'on ne dissipe pas le prix des biens substitués, ou qu'on ne le détourne pas à d'autres usages, en un mot, l'héritier grevé n'est pas propriétaire libre, le droit réside dans le corps de la substitution. Que les ventes forcées puissent être faites sur un substitué, qu'il puisse recevoir des remboursemens nécessaires, c'est ce qu'on ne conteste pas, parce qu'en ce cas ce n'est pas lui qui aliene, il n'y a rien de son fait, il ne fait que donner son nom à une administration forcée; mais pour des ventes purement volontaires, & pour tout ce qui en est la suite, il ne peut rien faire seul & sans formalités, autrement rien ne pourroit conserver le droit des Substitués, qui est presque toujours fort différent de celui de l'héritier grevé.

Or dans le fait, il n'y a eu ni Tuteur créé à la substitution, ni estimation des biens, ni avis de parens, ni personne qui ait veillé à l'emploi ; de pareils actes ne peuvent donc jamais se soutenir. Et en effet, si on avoit suivi ces formes si usitées dans la vente des biens substitués, on ne seroit pas tombé dans toutes les fautes que l'on vient de relever, & la substitution n'auroit pas souffert tant de pertes. Un Tuteur attentif auroit fait exécuter le testament de M. le Cardinal de Richelieu, en demandant que les dettes fussent payées sur les revenus ; s'il avoit été absolument nécessaire de vendre des fonds, il en auroit indiqué de moins précieux, il auroit du moins fait estimer ceux que l'on vouloit vendre, & auroit fait voir qu'ils valoient le double du prix que l'on en a donné ; enfin il auroit veillé à l'emploi, & auroit empêché que l'on ne le fît servir à payer des dettes personnelles du grevé de substitution.

Mais les Acquéreurs qui avoient intérêt d'acquérir à vil prix, & de s'enrichir aux dépens de la substitution, n'ont eu garde de s'assujettir à toutes ces regles. La bonté & la facilité de feu M. le Duc de Richelieu leur ouvroit une route bien plus commode ; à l'appas de quelques dettes dont ils le débarrassoient, ils l'engageoient sans peine à se prêter à toutes leurs vues ; c'est ainsi qu'ils lui ont fait faire une infinité de démarches dans lesquelles il n'auroit point été précipité s'il avoit été soutenu par un Curateur & un avis de parens, qui lui eût découvert ses véritables intérêts & ceux de la substitution dont il n'étoit que le dépositaire.

Ce n'est point ici le cas des créanciers qui ont toujours droit de poursuivre leur payement sur le bien de leur débiteur, sans être gênés par les loix d'une substitution qui leur est étrangere ; ce sont des Architectes qui forment des entreprises dans des vues de cupidité, mais qui n'ont pu acquérir un bien substitué qu'en s'assujettissant aux regles les plus austeres, & qui les ayant violées au préjudice du droit des Substitués, ne peuvent jamais se défendre d'une éviction fondée sur les principes les plus constants. Ils hazardoient une somme modique dont ils devoient se dédommager pendant une longue jouissance que la minorité de M. le Duc de Richelieu leur faisoit espérer, & que l'événement a justifié. M. le Duc de Richelieu se débarrassoit de dettes personnelles, & se procuroit d'autres avantages aux dépens de la substitution : ce ne sont pas-là des actes que la Justice puisse jamais autoriser.

Il est temps de réparer enfin tant d'injustices, & de rétablir la substitution dans tous ses droits ; plus l'aliénation est ancienne ; & plus les Acquéreurs ont profité du fruit de leurs artifices : si les biens ont passé entre les mains des Détenteurs de bonne foi, ils ont un recours assuré contre ceux qui avoient acquis originairement ou contre leurs représentants ; ce ne sont pas les titres des Possesseurs actuels qu'il faut considérer, la regle est de remonter au titre primordial qui a dépouillé la substitution ; quand le vice en est établi, rien ne peut empêcher les Substitués de réclamer & de rentrer dans des biens que la Loi se charge de leur conserver & de leur transmettre sans aucune altération.

Ce sont ces regles salutaires qu'invoque M. le Duc de Richelieu ; il a pour lui un titre auguste & solemnel dans le testament de M. le Cardinal de Richelieu, titre précieux non-seulement à sa Maison, mais encore à toute la France, par les vues d'utilité publique qui en ont dicté les dispositions. Tout se trouve anéanti par des contrats dans lesquels on a sacrifié de si grands intérêts à la cupidité de quelques Particuliers qui ont abusé de la facilité de M. le Duc de Richelieu pour acquérir à vil prix des biens substitués qu'ils ont fait vendre sans cause, sans formalités, & même pour la plus grande partie sans emploi légitime. La Justice ne peut donc être insensible aux plaintes d'une substitution si distinguée, & qui a reçu de si vives atteintes.

Testament de M. le Cardinal Duc de Richelieu.

PARDEVANT Pierre Falconis, Notaire Royal en la Ville de Narbonne : fut présent en sa personne, Eminentissime Armand-Jean du Plessis, Cardinal, Duc de Richelieu & de Fronsac, Pair de France, Commandeur de l'Ordre du Saint-Esprit, Grand-Maître, Chef & Surintendant général de la Navigation & Commerce de ce Royaume, Gouverneur & Lieutenant général pour le Roi en Bretagne : lequel a fait entendre audit Notaire, l'avoir mandé en l'Hôtel de la Vicomté de ladite Ville, où il est à présent en son lit malade, pour recevoir son Testament & Ordonnance de derniere volonté en la maniere qui s'ensuit.

Je, Armand-Jean du Plessis de Richelieu, Cardinal de la Sainte Eglise Romaine, déclare : qu'ayant plu à Dieu, dans la grande maladie, en laquelle il a permis que je sois tombé, de me laisser l'esprit & le jugement aussi sains que je les aye jamais eus ;

je me suis résolu de faire mon Testament & Ordonnance de derniere volonté.

Premierement, je supplie sa divine bonté de n'entrer point en jugement avec moi, & de me pardonner mes fautes, par l'application du précieux sang de Jesus-Christ son Fils, mort en Croix pour la Rédemption des hommes, par l'intercession de la Sainte Vierge sa Mere, & de tous les Saints, qui, après avoir vécu en l'Eglise Catholique, Apostolique & Romaine, en laquelle seule on peut faire son salut, sont maintenant glorieux en Paradis.

Lorsque mon ame sera séparée de mon corps, je desire & ordonne qu'il soit enterré dans la nouvelle Eglise de la Sorbone de Paris, laissant aux Exécuteurs de mon Testament ci-après nommés, de faire mon enterrement & funérailles, ainsi qu'ils l'estimeront plus à propos.

Je veux & ordonne que tout l'or & l'argent monnoyé que je laisserai lors de mon décès, en quelque lieu qu'il puisse être, soit mis ès mains de Madame la Duchesse d'Aiguillon ma niece, & de Monsieur de Noyers, Conseiller du Roi en son Conseil d'Etat, Secrétaire de ses Commandemens; fors & excepté la somme de quinze cens mille livres, que j'entends & veux être mise entre les mains de Sa Majesté, incontinent après mon décès, ainsi que je l'ordonnerai ci-après.

Je prie Madame la Duchesse d'Aiguillon, ma niece, & M. de Noyers, aussi-tôt après mon décès, de payer & acquitter mes dettes, si aucunes se trouvent lors, des deniers que j'ordonne ci-dessus être mis entre leurs mains; & mes dettes payées, sur les sommes qui resteront, faire des œuvres de piété utiles au Public, ainsi que je leur ai fait entendre, & à M. Lescot, nommé par Sa Majesté à l'Evêché de Chartres, mon Confesseur, déclarant que je ne veux qu'ils rendent aucun compte à mes héritiers, ni autres, des sommes qui leur auront été mises entre les mains, & dont ils auront disposé.

Je déclare que par Contrat du   j'ai donné à la Couronne mon grand Hôtel, que j'ai bâti sous le nom du Palais Cardinal; ma Chapelle d'or enrichie de diamans, mon grand Buffet d'argent cizelé, & un grand diamant que j'ai acheté de Lopes. Toutes lesquelles choses le Roi a eu agréable par sa bonté d'accepter, à ma très-humble & très-instante supplication, que je lui fais encore par ce présent Testament, & d'ordonner que le Contrat soit exécuté en tous ses points.

Je supplie très-humblement Sa Majesté d'avoir agréable huit tentures de tapisseries, & trois lits, que je prie Madame la Duchesse d'Aiguillon, ma niece, & M. de Noyers, de choisir entre mes meubles, pour servir à une partie des ameublemens des principaux appartemens dudit Palais Cardinal.

Comme aussi je la supplie d'agréer la donation que je lui fais en outre de l'Hôtel qui est devant le Palais Cardinal, lequel j'ai acquis de feu M. le Commandeur de Sillery, pour & au lieu d'icelui faire une Place au-devant dudit Palais Cardinal.

Je supplie très-humblement Sa Majesté de trouver bon que l'on lui mette entre les mains la somme de quinze cens mille livres, dont j'ai fait mention ci-dessus, de laquelle somme je puis dire avec vérité m'être servi utilement aux plus grandes affaires de son Etat, ensorte que si je n'eusse eu cet argent en ma disposition, quelques affaires qui ont bien succedé, eussent apparemment mal réussi : ce qui me donne sujet d'oser supplier Sa Majesté de destiner cette somme que je lui laisse pour employer en diverses occasions, qui ne peuvent souffrir la longueur des formes des Finances.

Et pour le surplus de tous & chacuns mes biens présens & à venir, de quelque nature qu'ils soient, je veux & ordonne qu'ils soient partagés & divisés, ainsi qu'il s'ensuit.

Je donne & légue à Armand de Maillé, mon neveu & filleul, fils d'Urbain de Maillé, Marquis de Brezé, Maréchal de France, & de Nicole du Plessis, ma seconde sœur, & en ce je l'institue mon héritier pour tous les droits qu'il pourroit prétendre en toutes les terres, & autres biens qui se trouveront en ma succession lors de mon décès, ce qui s'ensuit.

Premierement, je lui donne & légue mon Duché & Pairie de Fronsac & Caumont, y joint ensemble tout ce qui en dépend, & qui sera joint, & en dépendra, lorsqu'il plaira à Dieu disposer de moi.

Plus, je lui donne la Terre & Marquisat de Graville, ses appartenances & dépendances.

Item. Je lui donne & légue le Comté de Beaufort en Vallée.

Item. Je lui donne & légue la Terre & Baronnie de Tresves, sise au Pays d'Anjou, que j'ai acquise du Marquis de Lezé par contrat pardevant Parque & Guerreau, Notaires au Châtelet de Paris.

Item. Je lui donne & légue la somme de trois cens mille livres qui est au Château de Saumur, laquelle somme je veux & ordonne donné être employée en acquisition de Terres nobles, en titre du moins de Châtellenie, pour jouir par mondit neveu desdites Terres, aux conditions d'institution & substitution, qui seront ci-après apposées en ce mien testament.

Item. Je lui donne & legue la Ferme des Poids de Normandie, qui est présentement affermée à cinquante mille livres par an ou environ.

Je veux & entends que mondit neveu Armand de Maillé laisse à M. le Maréchal de Brezé son pere, la jouissance de ladite Terre & Baronnie de Treves sa vie durant.

Je veux & entends que la décharge que j'ai ci-devant donnée audit sieur Maréchal de Brezé, par acte passé pardevant Guerreau & Parque, Notaires, le 30 Août 1632, de tout ce qu'il me pourra devoir lors de mon décès, ait lieu & soit exécutée fidélement, ne voulant pas que mondit neveu Armand de Maillé, fils dudit sieur Maréchal, ses freres & sœurs, & autres qui auront part en ma succession, puissent lui en rien demander, tant en principal qu'arrérages de rentes & intérêts des sommes que j'ai payées aux créanciers de la Maison de Brezé, dont j'ai les droits cédés, voulant seulement que les biens de la Maison de Brezé demeurent affectés & hypothéqués au principal & arrérages desdites dettes qui sont échues & qui écherront ci-après au profit des enfans dudit sieur Maréchal de Brezé & de madite sœur sa femme, & de leurs descendans, ainsi qu'il est déjà porté par le susdit acte, sans que ladite affectation & retenue d'hypotheque puissent empêcher ledit sieur Maréchal de Brezé de jouir desdits biens sa vie durant.

Je donne & legue à Madame la Duchesse d'Aiguillon, ma niece, fille de défunt René Wignerot & de dame Françoise du Plessis, ma sœur aînée, pour tous les droits qu'elle pourroit avoir & prétendre en tous les biens de ma succession, outre ce que je lui ai donné par son contrat de mariage, & en ce je l'institue mon héritiere; savoir, la maison où elle loge à présent, vulgairement appellée le Petit-Luxembourg, sise au Fauxbourg Saint-Germain, joignant le Palais de la Reine mere du Roi; ma Maison & Terre de Ruel, & tout le bien en fonds de terre & droits sur le Roi, que j'ai & aurai audit lieu lors de mon décès, tant de celui que j'avois, il y a quelques années, que de tout ce que j'ai acquis par échange de M. l'Abbé & des Religieux de Saint-Denis en France, à la charge qu'après son décès madite maison de Ruel avec ses appartenances & lesdits droits sur le Roi reviendront à celui des enfans mâles de mon neveu du Pont-de-Courlay, qui sera mon héritier, & qui portera le nom & les armes de Richelieu, à la charge des institutions & substitutions qui seront ci-après apposées ; & quant à la maison dite vulgairement le Petit-Luxembourg, elle appartiendra, après le décès de madite niece la Duchesse d'Aiguillon, à celui qui sera Duc de Fronsac, aux conditions d'institution & substitution qui seront ci-après apposées.

Item. Je lui donne le domaine de Pontoise & autres droits que je pourrai avoir en ladite Ville lors de mon décès.

Item. Je lui donne la rente que j'ai à prendre sur les cinq grosses fermes de France, qui monte à soixante mille livres par an ou environ, laquelle après le décès de madite niece reviendra à mondit neveu du Pont-de-Courlay, qui sera mon héritier, si ladite rente se trouve pour-lors en nature ; & en cas qu'elle ait été rachetée, les deniers en provenant ou les fonds ou rentes, auxquelles ils auront été employés, appartiendront à mondit neveu.

Item. Je donne & legue à madite niece la Duchesse d'Aiguillon tous les crystaux, tableaux ou autres pieces qui sont à présent ou pourront être ci-après, lors de mon décès, dans le cabinet principal de ladite maison, vulgairement dite le Petit-Luxembourg, & qui servent comme d'ornement, sans y comprendre l'argenterie du buffet, dont j'ai déjà disposé, qui y pourroit être lors de mon décès.

Je lui donne aussi toutes mes bagues & pierreries, à l'exception seulement de ce que j'ai laissé ci-dessus à la Couronne ; ensemble un buffet d'argent vermeil-doré neuf, pesant cinq cens trente-cinq marcs quatre gros, contenu en deux coffres faits exprès.

Je donne & legue à François de Wignerot, sieur du Pont-de-Courlay, mon neveu, & en ce l'institue mon héritier; sçavoir, la somme de deux cens mille livres qui lui seront payées par l'ordre des exécuteurs de mon testament, à la charge qu'il les employera à l'acquisition d'une Terre, pour en jouir par lui sa vie durant, & après son décès appartenir à Armand de Wignerot, son fils aîné ou à celui qui après lui sera Duc de Richelieu, aux conditions d'institution & substitution ci-après déclarées.

Je donne & legue audit Armand de Wignerot, & en ce je l'institue mon héritier ; sçavoir, mon Duché & Pairie de Richelieu, ses appartenances & dépendances, avec toutes les Terres que j'ai fait ou pourrai faire uni icelui avant mon décès.

Item. Je lui donne la Terre & Baronnie de Barbezieux, que j'ai acquise de Monsieur & Madame Vignier.

Item. Je lui donne la Terre & Principauté de Mortagne, que j'ai acquise de M. de Lomenie, Secretaire d'Etat.

Item. Je lui donne & legue le Comté de Cosnac, les Baronnies de Coze, de Saugeon & d'Alvert.

Item. Je lui donne & legue la Terre de la Ferté-Bernard, que j'ai acquise par decret de M. le Duc de Villars.

Item. Je lui donne & legue le domaine d'Hiers en Brouage, dont je jouis par engagement.

Item. » Je lui donne & legue l'Hôtel de Richelieu, que j'ai or» donné & veux être bâti joignant le Palais Cardinal, aux condi» tions d'institution & substitution qui seront ci-après déclarées.

Item. » Je lui donne & legue ma tapisserie de l'histoire de Lu» crece, que j'ai achetée de M. le Duc de Chevreuse, ensemble » toutes les figures, statues, bustes, tableaux, crystaux, cabinets, » tables & autres meubles qui sont à présent dans sept chambres » de la conciergerie du Palais Cardinal, & dans la petite galerie » qui en dépend, pour meubler & orner ledit Hôtel de Richelieu, » lorsqu'il sera bâti; voulant & entendant que toutes les choses » susdites demeurent perpétuellement attachées audit Hôtel de » Richelieu, comme appartenances & dépendances d'icelui.

Item. Je lui donne & legue, outre ce que dessus, tous mes autres biens, tant meubles qu'immeubles, droits sur le Roi ou de ses domaines que je possede par engagement, & généralement tous les biens que j'aurai lors de mon décès, de quelque nature & qualité qu'ils puissent être, dont je n'aurois disposé par le présent testament; le tout aux conditions d'institution & substitution qui seront ci-après apposées.

Et pour cet effet je veux & ordonne qu'après mon décès il soit fait un inventaire par mes Exécuteurs testamentaires, *ou par telles autres personnes qu'ils estimeront à propos, de tous mes meubles qui se trouveront, tant en l'Hôtel de Richelieu & Palais Cardinal, qu'en ma maison de Richelieu, dont celui qui sera Duc de Richelieu se chargera.*

Je veux & entends que tous legs que j'ai ci-dessus faits audit Armand de Wignerot, mon petit-neveu, soient à la charge & condition expresse qu'il prendra le seul nom du Plessis de Richelieu; & que mondit neveu ni ses descendans qui viendront à ma succession en vertu de ce présent testament, ne pourront prendre & porter autre nom, ni écarteler les armes de la Maison du Plessis de Richelieu, à peine de déchéance de l'institution & substitution que je fais en leur faveur.

Je veux & entends qu'Armand de Wignerot, ou celui de mes petits-neveux, enfans de François de Wignerot, mon neveu, qui viendra à ma succession en vertu de ce mien testament, donne par chacun an audit François de Wignerot, leur pere, la somme de trente mille livres sa vie durant, à prendre sur tous les biens que je leur ai ci-dessus légués; à la charge que ledit sieur François de Wignerot, Sieur du Pont-de-Courlay, mon neveu, ne jouira desdites trente mille livres de rente qu'aux termes & conditions ci-après déclarées, pour le temps que mes héritiers commenceront à jouir entierement de mes biens; & que le payement desdites trente mille livres lui sera fait par l'ordre de ceux qui auront la direction desdits biens, en attendant que sondit fils soit majeur, ou par l'ordre de sondit fils, lorsqu'il sera en âge.

Item. » Je donne & legue audit Armand de Wignerot mon petit-» neveu, aux clauses & conditions des institutions & substitutions » qui seront ci-après apposées, ma Bibliotheque, non-seulement » en l'état auquel elle est à présent, mais en celui auquel elle sera » lors de mon décès, déclarant que je veux qu'elle demeure au lieu » où j'ai commencé à la faire bâtir dans l'Hôtel de Richelieu, joi-» gnant le Palais Cardinal; & d'autant que mon dessein est de » rendre ma Bibliotheque la plus accomplie que je pourrai, & la » mettre en état, qu'elle puisse non-seulement servir à ma famille, » mais encore au Public; je veux & ordonne qu'il en soit fait un » inventaire général lors de mon décès, par telles personnes que » mes Exécuteurs testamentaires jugeront à propos, y appellant » deux Docteurs de la Sorbone qui seront députés par leur Corps » pour être présens à la confection dudit inventaire; lequel étant » fait, je veux qu'il en soit mis une copie en ma Bibliotheque, » signée de mesdits Exécuteurs testamentaires & desdits Docteurs » de Sorbone; & qu'une autre copie soit pareillement mise en » ladite Maison de Sorbone, signée ainsi que dessus.

» Et afin que ladite Bibliotheque soit conservée en son entier, » je veux & ordonne que ledit inventaire soit récolé & vérifié tous » les ans par deux Docteurs qui seront députés de la Sorbone, & » qu'il y ait un Bibliothécaire qui en ait la charge, aux gages de » mille livres par chacun an; lesquels gages & appointemens je » veux être pris par chacun an, par préférence à toutes autres » charges, de quartier en quartier & par avance, sur le revenu » des arrentemens des maisons bâties & à bâtir à l'entour du Palais

» Cardinal, lesquelles ne sont point partie dudit Palais; & je » veux & entends que moyennant lesdites mille livres d'appoin» temens il soit tenu de conserver ladite Bibliotheque, de la tenir » en bon état, & y donner l'entrée à certaines heures du jour aux » hommes de Lettres & d'érudition, pour voir les Livres & en » prendre communication dans le lieu de ladite Bibliotheque, sans » transporter les Livres ailleurs; & en cas qu'il n'y eût aucun Bi» bliothecaire lors de mon décès, je veux & ordonne que la Sor» bone en nomme trois audit Armand de Wignerot, & à ses suc» cesseurs qui seront Ducs de Richelieu, pour choisir celui des » trois qu'ils jugeront plus à propos: ce qui sera toujours ob» servé, lorsqu'il sera nécessaire de mettre un nouveau Biblio» thécaire.

» Et d'autant que pour la conservation du lieu & des Livres de » ladite Bibliotheque il sera besoin de la nettoyer souvent, j'en» tends qu'il soit choisi par mondit neveu un homme propre à cet » effet, qui sera obligé de balayer tous les jours une fois ladite » Bibliotheque, & d'essuyer les Livres, ou les armoires dans les» quelles ils seront; & pour lui donner moyen de s'entretenir, & » de fournir les balais & autres choses nécessaires pour ledit net» toyement, je veux qu'il ait quatre cens livres de gages par an, à » prendre sur le même fonds que ceux dudit Bibliothécaire, & en » la même forme: ce qui sera fait, ainsi que ce qui concerne ledit » Bibliothécaire, par les soins & par l'autorité de mondit neveu » & de ses successeurs en la possession dudit Hôtel de Richelieu.

» Et d'autant qu'il est nécessaire, pour maintenir une Bibliothe» que dans sa perfection, d'y mettre de temps en temps les bons Li» vres qui seront imprimés de nouveau, ou ceux des anciens qui » y peuvent manquer, je veux & ordonne qu'il soit employé la » somme de mille livres par chacun an, en achat de Livres, par » l'avis des Docteurs qui seront députés tous les ans par la Sor» bone pour faire l'inventaire de ladite Bibliotheque, laquelle » somme de mille livres sera pareillement prise, par préférence à » toutes les autres charges, excepté celles des deux articles ci» dessus, sur ledit revenu des arrentemens des maisons qui ont » été & seront bâties à l'entour dudit Parc du Palais Cardinal. »

Je déclare que mon intention & volonté est, en cas que lors de mon décès ledit Armand de Wignerot, ou celui de ses freres, à son défaut, qui viendra à ma succession en vertu de ce mien testament, ne soit encore majeur, que ma Niece la Duchesse d'Aiguillon ait l'administration & conduite, tant de sa personne que desdits biens que je lui donne, jusqu'à ce qu'il soit venu en âge de majorité; sans que madite niece la Duchesse d'Aiguillon soit tenue d'en rendre aucun compte audit Armand de Wignerot, ni à quelqu'autre personne que ce soit.

Et en cas que madite niece la Duchesse d'Aiguillon fût décédée avant moi, ou qu'elle décédât avant la majorité dudit Armand de Wignerot, ou de celui de ses freres qui sera mon héritier, je veux & ordonne que lesdits biens soient administrés par mes Exécuteurs testamentaires, sans qu'ils soient aussi tenus d'en rendre compte à qui que ce soit.

Item. Je donne & legue audit Armand de Wignerot, mon petit-neveu, la somme de quatre cens quarante & tant de mille livres, que j'ai prêtée par contrat de constitution de rente à mon neveu du Pont-de-Courlay, son pere, pour acquitter les dettes par lui contractées; ensemble tout ce que ledit sieur du Pont, mon neveu, me devra, tant à cause des arrérages desdites constitutions de rente, que pour quelqu'autre cause que ce soit, & à quelque somme que lesdites dettes se trouveront revenir lors de mon décès, à la charge & condition néanmoins que mondit neveu ne pourra faire aucune demande desdites sommes, tant en principal qu'intérêts, audit sieur du Pont-de-Courlay, son pere, pendant son vivant, ains se réservera à se pourvoir sur ses Terres après son décès, si ce n'est que les Terres & biens dudit sieur du Pont-de Courlay, mon neveu, soient de son vivant saisis & mis en decret à la requête de ses créanciers; auquel cas je veux & entends que ledit Armand de Wignerot, mon petit-neveu, puisse s'opposer aux biens saisis, & même s'en rendre adjudicataire, s'il le juge ainsi à propos; & en cas qu'il se rende adjudicataire desdits biens, ou qu'étant vendus il soit mis en ordre sur les deniers provenans de la vente d'iceux, je veux & entends que mondit neveu du Pont-de-Courlay jouisse, sa vie durant, du revenu desdits biens, dont il sera rendu adjudicataire, ou de l'intérêt des sommes dont mon petit-neveu aura été mis en ordre.

Et d'autant qu'il a plu à Dieu de bénir mes travaux, & les faire considérer par le Roi, mon bon Maître, en les reconnoissant par sa munificence royale, au-dessus de ce que je pouvois espérer, j'ai estimé, en faisant ma disposition présente, devoir obliger mes héritiers à conserver l'établissement que j'ai fait en ma famille, en sorte qu'elle se puisse maintenir longuement en la dignité & splendeur qu'il a plu au Roi lui donner, afin que la postérité connoisse, que si j'ai servi fidélement, il a sçu, par une vertu toute royale, m'aimer & me combler de ses bienfaits.

Pour cet effet, je déclare & entends que tous les biens que j'ai ci-dessus légués & donnés, soient à la charge des substitutions, ainsi qu'il ensuit:

Premierement, je substitue à Armand de Wignerot, mon petit-neveu, fils de François de Wignerot, Sieur du Pont-de-Courlay, mon neveu, en tous les biens, tant meubles qu'immeubles, que je lui ai ci-dessus légués, son fils aîné, & audit fils aîné je substitue l'aîné des mâles de ladite famille, & d'aîné en aîné, gardant toujours l'ordre & prérogative d'aînesse.

Et en cas que ledit Armand de Wignerot décede sans enfans mâles, ou que la ligne masculine vienne à manquer en ses enfans, je lui substitue celui de ses freres qui sera l'aîné en la famille, ou à son défaut l'aîné des enfans mâles dudit frere, selon l'ordre de primogéniture, & gardant toujours la prérogative d'aînesse. Et en cas que ledit frere ou ses enfans mâles décedent sans enfans mâles, & que la ligne masculine vienne à manquer, je lui substitue celui de ses freres ou de ses neveux qui sera l'aîné des mâles en la famille, & d'aîné en aîné, gardant toujours l'ordre de primogéniture d'aînesse, tant que la ligne masculine de François de Wignerot, Sieur du Pont-de-Courlay, durera.

Je déclare que je veux & entends que celui des enfans mâles de mon neveu du Pont-de-Courlay, ou de ses descendans qui sera Ecclésiastique, s'il est *in Sacris*, ne soit compris en l'institution & substitution ci-dessus faite, pour jouir d'icelle, encore qu'il fût plus âgé; mais je veux & ordonne qu'en tous les dégrés d'institution & substitution, celui qui se trouvera le plus âgé & aîné de la famille, après celui qui sera Ecclésiastique & *in Sacris* lors de l'ouverture de la substitution, jouisse en son lieu des droits d'institution & de substitution, selon l'ordre de primogéniture.

Et en cas qu'il n'y eût plus aucun descendant mâle de mondit neveu du Pont-de-Courlay, & que la ligne masculine venant de lui vînt à manquer en la famille, j'appelle à ladite substitution Armand de Maillé, mon neveu, ou celui de ses descendans mâles par les mâles, qui sera Duc de Fronsac, par augmentation des biens institués & substitués, & pour sortir même nature, & aux mêmes conditions, institutions & substitutions que les autres biens que je lui ai légués, le tout à la charge que mondit neveu Armand de Maillé & ses descendans qui viendront à ladite substitution, prendront le seul nom de du Plessis de Richelieu, avec les

Armes pleines de ladite Maison de du Plessis de Richelieu, sans adjonctions d'autres.

Item. Je substitue audit Armand de Maillé en tous les biens que je lui ai ci-dessus légués, le fils aîné qui viendra de lui en loyal mariage, & audit fils aîné je substitue l'aîné des mâles issus de lui, & d'aîné en aîné, à l'exclusion de ceux qui seront Ecclésiastiques *in Sacris*, ainsi que j'ai dit ci-dessus.

Et en cas que mondit neveu Armand de Maillé vînt à décéder sans enfans mâles, ou qu'il n'y eût aucuns descendans mâles de lui, & que la ligne masculine venant de lui vînt à manquer en sa famille, j'appelle à ladite substitution Armand de Wignerot, mon petit-neveu, ou celui de ses descendans mâles, qui sera lors Duc de Richelieu; & à faute d'hoirs mâles descendans par les mâles dudit Armand de Wignerot, j'appelle à ladite substitution l'aîné des mâles de la famille de mondit neveu du Pont-de-Courlay, descendans de lui par les mâles, selon l'ordre de primogéniture, par augmentation de biens institués & substitués, & pour sortir même nature & aux mêmes conditions, institutions & substitutions que les autres biens que je leur ai légués.

Et en cas que la ligne masculine de mondit neveu du Pont-de-Courlay & d'Armand de Maillé, mon neveu, vienne à manquer, en sorte qu'en toutes les deux familles il n'y ait plus aucuns enfans mâles descendans des enfans mâles en légitime mariage, pour venir à ma succession, selon l'ordre ci-dessus prescrit, j'appelle à la substitution des biens auxquels j'ai institué Armand de Wignerot, mon petit-neveu, le fils aîné de la fille aînée venant de l'aîné, ou celui qui le représentera, & puis l'aînée des filles venant des puînés, selon l'ordre de primogéniture de mâles, à l'exclusion de ceux qui seront *in Sacris*.

Et en cas, ainsi qu'il est dit ci-dessus, que la ligne vienne à manquer, tant en la famille d'Armand de Maillé, mon neveu, qu'en celle de mondit neveu du Pont-de-Courlay, j'appelle à la substitution des biens auxquels j'ai institué ledit Armand de Maillé, mon neveu, le fils aîné de sa fille aînée, puis des puînés, ou celui des mâles qui les représentera, & de mâle en mâle, à l'exclusion de ceux qui seront constitués *in Sacris*, gardant toujours de dégré en dégré la primogéniture des mâles, & aux mêmes charges, conditions, institutions, substitutions, ainsi qu'il est dit ci-dessus.

Et s'il arrivoit que tous les mâles descendans des filles de mondit neveu du Pont-de-Courlay décédassent sans enfans mâles, je

leur

leur substitue celui de mes successeurs qui sera Duc de Fronsac, en vertu de mon testament, par augmentation d'institution & substitution : & en cas que tous les mâles descendans des filles, venant d'Armand de Maillé mon neveu, décédassent sans enfans mâles, je leur substitue celui de mes successeurs qui possédera lors, en vertu de mon testament, le Duché de Richelieu, par augmentation d'institution ou de substitution.

Je prie ceux des familles de Wignerot & de Maillé, auxquels les biens que je substitue écheront, de vouloir renouveller, en tant que besoin seroit, lesdites institutions & substitutions, selon mon intention ci-dessus; ce que je crois qu'ils feront volontairement, tant en considération des grands biens qu'ils auront reçus de moi, que pour l'honneur de leur famille.

Et comme mon intention est, que les Terres des Duchés & Pairies de Richelieu, de Fronsac & Caumont, leurs appartenances & dépendances, soient conservées entières en ma famille sans être divisées ; pour cette considération, je prohibe autant que je puis, à mondit petit-neveu Armand de Wignerot, & Armand de Maillé mon neveu, & leurs descendans, & à tous autres qui viendront à la succession desdites Terres, tant par institution que substitution, en vertu du présent Testament, toute distraction de quarte, légitime, douaire ou autrement, en quelque maniere que ce soit, sur lesdites Terres, Duchés & Pairies, voulant que lesdites Terres & Seigneuries demeurent entieres à celui qui se trouvera substitué en son ordre, sans qu'elles puissent être démembrées, ni divisées pour quelque cause que ce soit.

Je veux & entends, que mon neveu du Pont de Courlay se contente, pour tous droits qu'il pourroit prétendre en ma succession, de la somme de deux cens mille livres que je lui ai ci-dessus leguée, & des trente mille livres que je lui ai aussi leguées, à prendre par chacun an sur tous les biens que j'ai légués par ce mien Testament, à Armand de Wignerot mon petit-neveu, son fils, ensemble de la jouissance des sommes de deniers qu'il me doit, ainsi que j'en ai disposé ci-dessus.

Item. Je déclare, qu'en cas que mondit neveu François de Wignerot, Sieur du Pont-de Courlay, conteste cette mienne disposition, & que le Duché de Richelieu lui fût adjugé pour la part & portion dont je n'aurois pu disposer ; en ce cas, je révoque ladite donation de 200000 l. faite en sa faveur ; & en outre, je révoque toutes les institutions que j'ai faites dudit Duché de Richelieu en faveur d'Armand de Wignerot son fils, & de ceux de la famille de

Wignerot, & veux & entends qu'Armand de Maillé, mon neveu; soit appellé à la substitution dudit Duché après le décès dudit François de Wignerot, Sieur du Pont-de-Courlay, mon neveu, à l'exclusion de tous les descendans de mondit neveu du Pont-de-Courlay, & qu'il jouisse, lors de l'ouverture de ma succession, des parts & portions dudit Duché, dont je puis disposer : & en tant que besoin est, en cas que ledit François de Wignerot, mon neveu, conteste ce mien Testament, je donne à Armand de Maillé lesdites parts & portions dont je puis disposer, avec l'Hôtel de Richelieu, que j'ai ordonné être bâti joignant le Palais Cardinal; ensemble tous les meubles qui se trouveront lors de mon décès, tant en la maison de mon Duché de Richelieu, qu'au Palais Cardinal & audit Hôtel de Richelieu, & ce par augmentation d'institution, substitution, & pour sortir même nature, & aux mêmes conditions, institutions & substitutions, que les autres biens à lui ci-dessus legués, & à la charge qu'il prendra le seul nom & les seules armes de la Maison du Plessis de Richelieu, ainsi qu'il est dit ci-dessus.

Et quant aux autres biens, tant meubles qu'immeubles, dont j'ai disposé ci-dessus en faveur d'Armand de Wignerot, mon petit-neveu, je veux & entends qu'il en jouisse, ainsi que j'ai ordonné ci-dessus, aux conditions d'institutions & substitutions apposées ci-dessus, à la charge néanmoins que cette derniere disposition n'aura lieu, qu'en cas que mondit neveu François de Wignerot, Sieur du Pont-de-Courlay, conteste mon Testament.

Et d'autant que dans les biens, dont j'ai ci-dessus disposé, il y en aura peut-être du Domaine du Roi, & d'autres biens & rentes qui pourroient être rachetés, je veux & entends, qu'en cas de rachat de tout ou de partie des biens de cette nature, soit ceux institués ou substitués, le prix en provenant soit remplacé par celui auquel le rachat sera fait en acquisition d'héritages, pour tenir lieu & place desdits biens rachetés, aux mêmes conditions, institutions & substitutions auxquelles je les ai donnés & legués ci-dessus, & ce dans six mois du jour du remboursement qui en sera fait, si l'on peut trouver à faire ledit remploi : au défaut de quoi, les deniers provenans desdits rachats & remboursemens seront mis ès mains de personnes solvables, jusqu'à ce que le remploi en soit fait, avec le consentement de celui qui sera le plus proche appellé à la substitution desdites choses.

Je ne fais aucune mention en ce mien Testament de ma niéce la Duchesse d'Enguien, d'autant que par son contrat de mariage elle a renoncé à ma succession, moyennant ce que je lui ai donné en dot, dont je veux & ordonne qu'elle se contente.

Mon intention est, que les Exécuteurs de mon Testament, & madite niéce la Duchesse d'Aiguillon aient le maniement durant trois ans, à compter du jour qu'il aura plu à Dieu de disposer de moi, *des deux tiers du revenu de tout mon bien, l'autre tiers demeurant à mesdits héritiers, chacun en ce qui leur concerne, pour être lesdits deux tiers employés au paiement de ce qui pourroit rester à acquitter de mes dettes, de mes legs, & à la dépense des bâtimens que j'ai ordonné être faits & achevés ; Sçavoir de l'Eglise de la Sorbone de Paris, ornemens & ameublemens d'icelle, de ma sépulture que je veux être faite en ladite Eglise, suivant le dessein qui en sera arrêté par ma niéce la Duchesse d'Aiguillon & M. de Noyers ; du Collége de Sorbone, suivant le dessein que j'en ai arrêté avec M. de Noyers & le sieur Mercier Architecte, à l'achat des places nécessaires, tant pour l'édification dudit Collége, que pour le jardin de la Sorbonne, suivant les prisées & estimations qui en ont été faites ; comme encore à la dépense de l'Hôtel de Richelieu, que j'ai ordonné être fait joignant le Palais Cardinal & la Bibliotheque dudit Hôtel, dont les fondations sont jettées, laquelle je prie M. de Noyers de faire soigneusement achever, suivant le dernier dessein & devis arrêté avec Tiriot, Maître Maçon, & de faire acheter tous les Livres qui y manqueront :* Je le prie aussi de faire réparer, accommoder & orner la maison des Peres de la Mission, que j'ai fondée à Richelieu, & de leur faire acheter un jardin dans l'enclos de la Ville de Richelieu, le plus proche de leur maison que faire se pourra, de la grandeur que j'ai donnée ; comme aussi de faire achever les fontaines & autres accommodemens commencés & nécessaires pour la perfection de mes bâtimens & jardins de Richelieu ; le tout sur lesdits deux tiers du revenu de mondit bien, comme dit est, sans que de toutes les dépenses ci-dessus, madite niéce, ni M. de Noyers, soient tenus de rendre compte à qui que ce puisse être. Et bien que j'aye déjà suffisamment fondé audit Richelieu, lesdits Prêtres de la Mission, pour entretenir vingt Prêtres, afin de s'employer aux Missions dans le Poitou, suivant leur Institut : je leur donne encore la somme de soixante mille livres, afin qu'ils aient d'autant plus de moyen de vaquer auxdites Missions, & qu'ils soient obligés à prier Dieu pour le repos de mon ame, à la charge d'employer ladite somme de soixante mille livres en achat d'héritages, pour être de même nature que les autres biens de leur Fondation.

Je défends à mes héritiers de prendre alliance en des Maisons ; qui ne soient pas vraiment nobles, les laissant assez à leur aise pour avoir plus d'égard à la naissance & à la vertu, qu'aux commodités & aux biens.

Et d'autant que l'expérience nous fait connoître que les héritiers ne suivent pas toujours la trace de ceux dont ils sont successeurs; desirant avoir plus de soin de la conservation de l'honneur que je laisse aux miens, que de celle de leur bien, je recommande absolument auxdits Armand de Wignerot, & Armand de Maillé, & à tous ceux qui jouiront après eux desdits Duchés & Pairies, & biens que je leur ai ci-dessus substitués, de ne se départir jamais de l'obéissance qu'ils doivent au Roi & à ses Successeurs, quelque prétexte de mécontentement qu'ils puissent prendre pour un si mauvais sujet ; & déclare en ma conscience, que si je prévoyois qu'aucun d'eux dût tomber en telle faute, je ne lui laisserois aucune part en ma succession.

Je donne & legue au sieur Duplessis de Civray, mon cousin, la somme de soixante mille livres qui m'est due par M. le Comte de Charost, Capitaine des Gardes du Corps du Roi, auquel j'entends que ledit sieur Duplessis de Civray, ni aucun de mes héritiers ne puissent demander aucune chose pour les intérêts de ladite somme de soixante mille livres, mais seulement que ledit sieur de Civray se puisse faire payer du principal d'icelle dans l'an de mon décès.

Pour marque de la satisfaction que j'ai des services qui m'ont été rendus par mes Domestiques & Serviteurs, je donne au

Sieur Didier, mon Aumônier, quinze cens livres.
Au Sieur de Bar, dix mille livres.
Au Sieur de Mans, six mille livres.
Au Sieur de Belesbar, parce que je ne lui ai encore rien donné, dix mille livres.
A Beaugency, trois mille livres.
A Estoublon, trois mille livres.
Au Sieur de Marsal, trois mille livres.
Au Sieur de Palvoisin, parce que je ne lui ai jusqu'ici rien donné, douze mille livres.
A Genille, deux mille livres.
Au Sieur Cytois, six mille livres.
Au Sieur Renaudot, deux mille livres.
A Bertereau, six mille livres.
A Blouyn, six mille livres.

A Desbournais, mon Valet-de-Chambre, six mille livres, & je desire qu'il demeure Concierge, sous mon petit-neveu du Pont-de-Courlay, dans le Palais Cardinal.

Au Cousin six mille livres.

A l'Espolette & à Prevost, chacun trois mille livres.

Au Sieur Evienat, mon Argentier, quatre mille livres.

A mon Maître d'Hôtel, six mille livres.

A Picot, six mille livres.

A Robert, trois mille livres.

Aux Sieurs de Grave & de S. Leger, mes Ecuyers, chacun trois mille livres, & en outre mes deux Carrosses avec les deux attelages de chevaux, ma Litiere & les trois mulets qui y servent, pour être partagés également entre mesdits deux Ecuyers.

A Chamarante & du Plessis, chacun trois mille livres.

A Vilandry, quinze cens livres.

A de Roques, dix-huit chevaux d'école, après que les douze meilleurs de mon écurie auront été choisis pour mes parens.

Au Sieur de Fort, Ecuyer, six mille livres.

A Grand-Pré, Capitaine de Richelieu, trois mille livres.

A la Jeunesse, Concierge de Richelieu, trois mille livres.

Au petit Mulot, qui écrit sous le sieur Charpentier mon Secretaire, quinze cens livres.

A la Garde, trois mille livres.

A mon premier Cuisinier, deux mille livres.

A mon premier Crédencier, deux mille livres.

A mon premier Cocher, quinze cens livres.

A mon premier Muletier, douze cens livres.

A chacun de mes Valets-de-pied, six cens livres.

Et généralement à tous les autres Officiers de ma Maison; sçavoir, de la Cuisine, Sommellerie & Ecuries, chacun six années de leurs gages, outre ce qui leur sera dû jusqu'au jour de mon décès.

Je ne donne rien au sieur Charpentier, mon Sécretaire, parce que j'ai eu soin de lui faire du bien pendant ma vie : mais je veux rendre ce témoignage de lui, que durant le long tems qu'il m'a servi, je n'ai point connu de plus homme de bien, ni de plus loyal & plus sincere Serviteur. Je ne donne rien aussi au sieur Cheré, mon autre Sécretaire, parce que je le laisse assez accommodé, étant néanmoins satisfait des services qu'il m'a rendus.

Je donne au Baron de Broye, héritier du feu sieur Barbin, que j'ai sçu être en nécessité, la somme de trente mille livres.

Je prie mon frere le Cardinal de Lyon, de donner au ſieur de Sacilly le Prieuré de Couſſay, que je poſſede préſentement, & lequel eſt à ſa nomination.

Et pour exécuter le préſent teſtament, & tout ce qui en dépend, j'ai nommé & élu M. le Chancelier, & Meſſieurs Bouthilier, Sur-Intendant, & de Noyers, Sécretaire d'Etat, ou ceux d'eux qui les ſurvivront, voulant qu'ils aient un ſoin particulier, que rien ne ſoit obmis de tout ce que deſſus, qui eſt mon Teſtament & Ordonnance de ma derniere volonté, laquelle j'ai faite, (ainſi qu'il eſt dit ci-deſſus) après y avoir mûrement penſé pluſieurs fois; parce que la plus grande part de mon bien étant venue des gratifications que j'ai reçues de leurs Majeſtés, en les ſervant fidélement, & mon épargne; il m'eſt libre d'en uſer comme bon me ſemble. Joint que je laiſſe à chacun de mes héritiers légitimes beaucoup plus de bien qu'il ne leur appartiendroit de ce qui m'eſt arrivé de la ſucceſſion de ma Maiſon. Et afin qu'il n'y ait point de différends entr'eux, que cette mienne volonté & ordonnance derniere ſoit pleinement exécutée, je veux & ordonne, qu'au cas que quelqu'un de meſdits héritiers ou légataires prétendît qu'il y eût de l'ambiguité ou obſcurité en ce mien préſent Teſtament, que mon frere le Cardinal de Lyon, & mes Exécuteurs Teſtamentaires tous enſemble, ou ceux d'eux qui ſeront lors vivans, expliquent mon intention, & jugent définitivement du differend qui pourroit naître ſur le ſujet du préſent Teſtament, & que meſdits héritiers ou légataires ſoient tenus d'acquieſcer à leur jugement, ſur peine d'être privés de la part que je leur donne & laiſſe, laquelle ſera en ce cas pour ceux qui obéiront au jugement donné par les ſuſdits.

Je ſupplie très-humblement le Roi de vouloir traiter mes parens, qui auront l'honneur de le ſervir aux occaſions qui s'en préſenteront, ſelon la grandeur de ſon cœur vraiment Royal, & de témoigner en cela l'eſtime qu'il fera de la mémoire d'une créature qui n'a jamais rien eu en ſi ſinguliere recommandation que ſon ſervice. Et je ne puis que je ne diſe pour la ſatisfaction de ma conſcience, qu'après avoir vécu dans une ſanté languiſſante, ſervi aſſez heureuſement dans des tems difficiles & des affaires très-épineuſes, & expérimenté la bonne & mauvaiſe fortune en diverſes occaſions, en rendant au Roi ce à quoi ſa bonté & ma naiſſance m'ont obligé particulierement; je n'ai jamais manqué à ce que j'ai dû à la Reine ſa mere, quelques calomnies que l'on m'ait voulu impoſer ſur ce ſujet.

J'ai voulu, pour plus grande sûreté de ce mien Testament, déclarer que je révoque tous autres que je pourrois avoir faits ci-devant, & ne vouloir aussi, en cas qu'il s'en trouve ci-après quelqu'autre de date postérieure, qui révoque celui-ci, que l'on n'y ait aucun égard, s'il n'est tout écrit de ma main, & reconnu de Notaires, & que les mots suivans, *Satiabor cum apparuerit gloria tua*, ne soient insérés à la fin & immédiatement avant mon seing.

Et d'autant qu'à cause de madite maladie, & des abscès survenus sur mon bras droit, je ne puis écrire ni signer; j'ai fait écrire & signer mon présent Testament contenant seize feuillets & la présente page, par ledit Pierre Falconis, Notaire Royal, après m'en être fait faire lecture distinctement & intelligiblement. Fait audit Hôtel de la Vicomté, le vingt-troisieme jour du mois de Mai, l'an mil six cent quarante-deux, après midi. *Signé*, FALCONIS, avec paraphe.

L'AN mil six cent quarante-deux, & le vingt-troisieme jour de Mai, après midi, dans l'Hôtel de la Vicomté de Narbonne, regnant très-Chrétien Prince Louis XIII. Roi de France & de Navarre : devant moi Notaire, fut présent en sa personne, Monseigneur Armand-Jean du Plessis, Cardinal de la Sainte Eglise Romaine, Duc de Richelieu & de Fronsac, Pair de France, Commandeur de l'Ordre du Saint Esprit, Grand-Maître, Chef & Sur-Intendant général de la Navigation & Commerce de ce Royaume, Gouverneur & Lieutenant Général pour Sa Majesté en Bretagne; lequel détenu de maladie, & sain d'entendement, a dit & déclaré avoir fait écrire dans les seize feuillets & demi de papier écrits, fermés & cachetés du cachet de ses Armes, avec cire d'Espagne, par moi Notaire, son Testament & Acte de derniere volonté; lequel moi Notaire ai signé, mondit Seigneur le Cardinal n'ayant pu écrire ni signer sondit Testament de sa main, à cause de sa maladie & des abscès survenus sur son bras droit : Tout le contenu duquel Testament, Son Eminence veut valoir par droit de Testament, clos & solemnel, Codicille, Donation à cause de mort, & par toute & telle autre forme que de droit pourra mieux valoir, nonobstant toutes observations de Droit écrit, auxquelles le lieu où se trouve présentement Son Eminence pourroit l'astreindre, & toutes autres Loix & Coutumes à ce contraires; & a prié les Témoins bas nommés d'attester sondit présent Testament, & moi Notaire lui en donner le préſent acte, concédé en préſence de Monſeigneur l'Eminentiſſime Cardinal Mazarini, Meſſieurs l'Eſcot, nommé par Sa Majeſté à l'Evêché de Chartres ; d'Aumont, l'Abbé d'Uzerches ; de Perefixe, Maître-de-Chambre de mondit Seigneur le Cardinal Duc ; de la Barde, Sécretaire du Cabinet du Roi, & Tréſorier de France à Paris ; le Roi, Sécretaire de Sa Majeſté, Maiſon & Couronne de France, & de Remefort, Abbé de la Clairté-Dieu, ſouſſignés, & moi dit Notaire, avec iceux Témoins, mondit Seigneur le Cardinal Duc n'ayant pu ſigner le préſent Acte, à cauſe de ſadite maladie. *Ainſi ſigné*, le Cardinal Mazarini, J. l'Eſcot, R. d'Aumont, J. de la Barde, Denis de Remefort, le Roy, Hardouin de Perefixe, Falconis.

CXLVI. CAUSE A LA GRAND'CHAMBRE.

POUR Messire Denis-Michel de Montboissier-Beaufort-Canillac, Marquis du Pont-du-Château, Appellant.

CONTRE la Dame Marquise du Pont-du-Château son épouse, Intimée.

QUESTION.

Y ayant eu séparation volontaire, demande en séparation de biens, dont la femme a été déboutée, & Arrêt qui l'a condamnée à retourner chez son mari, est-elle recevable, sans nouveaux faits, à demander séparation d'habitation?

IL y a plus de six ans que la Marquise du Pont-du-Château fatigue son mari par des procès; comme il n'y en a pas un seul qu'elle n'ait perdu tant en premiere instance que sur l'appel, il y avoit lieu de croire qu'elle se dégoûteroit enfin, & que plus jalouse de sa propre tranquillité, elle fermeroit l'oreille aux conseils pernicieux qui lui avoient fait faire tant de fausses démarches. Mais il est aisé de reconnoître dans la nouvelle demande qu'elle vient de former, que ces mauvais succès n'ont fait qu'animer de plus en plus ceux qui cherchent à entretenir la division entre le mari & la femme, & à la précipiter elle-même dans de nouveaux égaremens. Elle demande à être séparée de corps & d'habitation; elle articule des faits & demande permission d'en faire preuve; mais indépendamment des moyens qui doivent au fond faire échouer cette tentative, des fins de non-recevoir si victorieuses s'élevent pour la combattre, que la Cour ne souffrira jamais qu'on engage une contestation si téméraire, & qu'elle se déterminera au contraire à l'étouffer dans son principe.

FAIT. Le Marquis du Pont-du-Château avoit passé plusieurs années dans la Province de la Marche auprès de la Dame Gedoin son ayeule; elle mourut au mois de Janvier 1714, & institua le Marquis du Pont-du-Château son unique héritier. Sur les ordres du Comte de Canillac son oncle, il se rendit à Paris au mois de Juin de la même année, & fut demeurer chez lui. Il y apprit qu'on avoit arrêté son mariage avec la Demoiselle Ferrand, fille de M. Ferrand, Conseiller d'État, & niece de la Comtesse de Canillac. Comme il ne doutoit pas que son oncle n'eût fait un choix convenable, il ne balança pas à se soumettre à ce qu'il desiroit. Il ne connoissoit ni la Demoiselle Ferrand, ni sa fortune; ainsi il n'y a pas même de prétexte à lui reprocher qu'il se soit déterminé à ce mariage par des vues intéressées.

Le mariage fut fait le 24 Juillet 1714. Le Marquis du Pont-du-Château croit avoir rempli tous les devoirs d'un homme qui sait ce qu'il se doit à lui-même & à sa femme. Jamais il n'a rien épargné pour soutenir la Dame du Pont-du-Château avec la dignité qui convenoit à sa naissance; elle a toujours été logée & meublée honorablement, grand nombre de Domestiques, bonne table, où elle recevoit & invitoit qui elle vouloit. Il lui donnoit d'abord 3000 livres par an pour son entretien, ce qu'il a porté ensuite jusqu'à 4000 livres. Il a toujours habité avec elle, & n'a manqué à aucun des égards & des complaisances que l'on peut attendre d'un homme véritablement attaché à son épouse.

Aussi a-t-il toujours reçu des témoignages d'estime & de reconnoissance de la famille de la Dame du Pont du-Château. Il a vécu dans une parfaite union avec M. Ferrand, Doyen du Parlement, & avec la Comtesse de Canillac, oncle & tante de la Dame du Pont-du-Château; & s'il y a eu quelque refroidissement entre lui & M. Ferrand son beau-pere, il n'a été occasionné que par le second mariage de M. Ferrand; on sait que ces événemens ne fomentent pas l'union dans les familles.

La Dame du Pont-du-Château auroit pu continuer de jouir des douceurs & des agrémens qu'elle trouvoit dans la maison de son mari; mais une Femme de chambre, qui étoit entrée chez elle en 1717, ayant pris sur elle un empire dont il n'y a point d'exemple, sa famille en fut offensée, & en porta ses plaintes au Marquis du Pont-du-Château, qui ne voulut point se charger d'en parler à sa femme. Il partit peu de tems après pour ses Terres d'Auvergne; mais les libertés que se donnoit cette Femme de chambre avec toutes les personnes qui venoient voir la Dame du Pont-du-Château, indisposerent sa famille à un tel excès, que les remontrances qui furent faites à la Maîtresse n'ayant rien produit, M. Ferrand écrivit à son gendre qu'il falloit absolument qu'il chassât ce Domestique. Le Marquis du Pont-du-Château ne put résister au vœu de toute la famille ; il en écrivit à la Dame du Pont-du-Château, qui fut enfin obligée en 1720 d'abandonner sa favorite.

Son goût pour elle n'en subsistoit pas moins, toutes celles qui entrerent depuis à son service ne pouvoient plus lui convenir ; elle se plaignoit toujours à sa famille de ce qu'on ne vouloit pas qu'elle reprît celle qu'elle avoit renvoyée. La Dame Comtesse de Canillac se laissa toucher, elle en parla au Marquis du Pont-du-Château, qui céda avec la même facilité pour la reprendre, qu'il en avoit apporté pour la faire renvoyer.

Cette Femme de chambre fut donc reprise en 1726, elle rentra dans la maison comme dans un Pays de conquête ; loin de se contenir, elle ne chercha qu'à aigrir, qu'à indisposer sa Maîtresse contre le Marquis du Pont-du-Château ; ce qui l'obligea à faire de nouvelles mais d'inutiles instances auprès de la Dame du Pont-du-Château, pour qu'elle voulût bien la renvoyer une seconde fois. Loin de déférer à cette priere, la Dame du Pont-du-Château engagea la Comtesse de Canillac sa tante, à proposer au Marquis du Pont-du-Château une séparation volontaire. Comme il ne s'attendoit pas à une pareille proposition, il en témoigna sa surprise, & demanda du tems pour se consulter.

Pendant cet intervalle la Marquise du Pont-du-Château ayant sans doute réfléchi sur l'éclat d'une pareille démarche, alla trouver un Avocat célèbre, & l'engagea de voir le Marquis du Pont-du-Château, pour le prier d'oublier le passé. Il n'eut pas besoin de ses talens pour réussir dans la négociation ; le Marquis du Pont-du-Château n'avoit appris qu'avec peine la résolution de la Dame du Pont-du-Château ; il promit de ne plus penser à ce qui avoit été dit, & la situation de la maison parut reprendre plus de calme pendant quelques mois.

Mais, dans le tems qu'il s'y attendoit le moins, la Dame du Pont-du-Château lui fit renouveller la proposition de se retirer par l'Abbé de Canillac, aujourd'hui Auditeur de Rote. Le Marquis du Pont-du-Château, fatigué de ces propositions, ne trouva point d'autre expédient pour les faire cesser, que d'y donner son consentement ; l'acte de séparation volontaire fut signé le 30

Octobre 1730. Le Marquis du Pont-du-Château délivra dans l'instant pour 14717 livres de meubles, il s'engagea de donner 12000 livres de pension à la Dame son épouse, & lui remit comptant une somme de 3000 liv.

Quoiqu'ils ayent vécu depuis dans différentes maisons, il n'a jamais cessé de donner à la Dame du Pont-du-Château des marques de la considération qu'il avoit pour elle. Après la mort de M. Ferrand, Conseiller d'État, son pere, il apprit qu'elle desiroit une tapisserie qui se trouvoit dans la succession, il se la fit adjuger pour 2800 livres & l'envoya à la Dame du Pont-du-Château. M. Ferrand, Doyen du Parlement, étant mort, il abandonna à Madame du Pont-du-Château la jouissance d'une rente qui lui étoit échue, laquelle jointe aux rentes qui lui avoient été déléguées, augmentoit sa pension de 4 ou 500 livres; elle toucha outre celà 6000 livres du prix de la vente des meubles. On ne reconnoît point à tous ces traits un mari féroce, qui ne respire que haine & que mépris pour sa femme.

Quoi qu'il en soit, voilà la conduite que le Marquis du Pont-du-Château a tenue, voici maintenant de quelle maniere ces procédés ont été reconnus; les faits qui suivent demandent une extrême attention, parce que ce sont ceux qui administrent au Marquis du Pont-du-Château les fins de non-recevoir dans lesquelles il renferme sa défense.

Au mois de Mai 1736, la Marquise du Pont-du-Château le fit assigner au Châtelet, pour voir dire qu'elle demeureroit séparée de biens d'avec lui, & qu'il seroit tenu de lui restituer tout ce qu'il avoit reçu de ses biens. Pour soutenir cette demande, qui fut appointée, la Marquise du Pont-du-Château ne s'est pas contentée de représenter son mari comme un dissipateur outré, qui, après avoir mangé son bien, avoit encore entamé celui de sa femme pour de folles dépenses; elle a encore expliqué les causes de la séparation volontaire qui avoit été faite entr'eux : on verra dans la suite si elles se concilient avec les fables dont on a composé la plainte & la demande de 1742.

Pour combattre l'idée de dissipation reprochée au Marquis du Pont-du-Château, il est entré de sa part dans le plus grand détail de sa fortune & de celle de sa femme dans tous les tems. Il a fait voir que, malgré les dépenses inévitables qu'entraîne un mariage dans lequel il avoit apporté peu de biens, le Service militaire, & la nécessité de soutenir son rang & sa naissance, non-seulement tout le bien de sa femme étoit très-assuré, mais qu'il avoit augmenté le sien propre. Aussi, après une ample instruction & d'amples Mémoires imprimés répandus de part & d'autre, Sentence est intervenue sur productions respectives des Parties le 21 Août 1737, par laquelle la Dame Marquise du Pont-du-Château a été déboutée de sa demande en séparation, & condamnée aux frais de la Sentence.

La Dame Marquise du Pont-du-Château ne s'est point rendue à ce premier Jugement, elle en a interjetté appel; mais, après deux années d'instruction, la Sentence a été confirmée par Arrêt du 27 Janvier 1740. Il y avoit lieu d'espérer qu'après un pareil événement, la Marquise du Pont-du-Château rentreroit en elle-même, & qu'elle chercheroit à réparer la faute qu'on lui avoit fait faire, par des procédés dignes des sentimens qui sont dans son cœur; mais les mauvais conseils ont prévalu, & elle n'a répondu aux prévenances du Marquis du Pont-du-Château, que par une résistance affectée aux démarches les plus justes & les plus nécessaires.

Il a fallu procéder à un nouveau partage de la succession de M. Ferrand, Doyen du Parlement, avec la Demoiselle Ferrand, dont l'état avoit été reconnu par un Arrêt de 1738. Tous les cohéritiers étoient d'accord de celui qui étoit dressé, la Dame Marquise du Pont-du-Château a seule refusé de le signer. La Demoiselle Ferrand a été obligée de faire saisir tous les biens de la succession; mais la Dame Marquise du Pont-du-Château, toujours bien payée de sa pension de 12000 livres, n'a point été touchée de ces saisies, qui ne troubloient que la jouissance personnelle de son mari, & depuis près de quatre ans ces saisies subsistent sur la part de la Dame du Pont-du-Château, parce qu'elle est la seule qui ne veuille pas signer un acte que la Comtesse de Canillac, que M. de la Faluere, & que le Marquis du Pont-du-Château ont signé d'un commun accord.

M. le Duc de Rochechouart a fait un remboursement de 20000 livres à la Dame du Pont-du-Château; mais n'ayant voulu accepter aucun remploi, les deniers sont restés en dépôt chez Froard, Notaire; on n'en a tiré que 5000 livres pour payer la Demoiselle Ferrand, le surplus demeure stérile depuis plus de quatre ans, par le fait de la Dame du Pont-du-Château; elle compte pour rien la perte de ce revenu, qui ne tombe que sur son mari seul.

Une résistance si injuste força le Marquis du Pont-du-Château en 1741, à demander que sa femme fût tenue de venir demeurer avec lui, ou de se retirer dans un Convent, dans l'espérance que plus écartée de ceux qui la séduisent, elle entendroit enfin raison, & concourroit avec son mari à l'arrangement de ses propres affaires; elle préféra le parti du Convent, & ne disputa que sur le plus ou le moins de la pension. Par Arrêt du 10 Mars 1741, il lui fut donné acte de sa déclaration qu'elle s'étoit retirée dans un Convent, & il fut ordonné qu'elle toucheroit les arrérages de quelques rentes sur la Ville, qu'elle avoit saisies.

Cet asyle ne lui a pas inspiré des sentimens plus modérés. Dès le mois de Mars 1742, elle fit un nouveau procès au Suppliant: elle demanda qu'il fût tenu d'augmenter de 10000 livres par an la pension de 12000 livres qu'il avoit bien voulu lui accorder. Cette nouvelle demande fit sentir au Marquis du Pont-du-Château qu'il n'auroit jamais de repos tant qu'il laisseroit la Dame sa femme vivre séparément d'avec lui. Il se détermina donc à donner une requête le 27 Avril suivant, par laquelle il demanda acte de ce qu'il révoquoit le consentement qu'il avoit donné à la séparation volontaire; en conséquence, qu'il fût ordonné que dans le jour de la signification de l'Arrêt, elle seroit tenue de venir demeurer dans sa maison, où il lui avoit fait meubler un appartement convenable, & qu'elle seroit tenue de faire apporter les meubles & autres effets à elle délaissés lors de l'acte de séparation volontaire.

Il n'y a point d'efforts que la Dame Marquise du Pont-du-Château n'ait faits pour parer à cette demande. Comme elle n'avoit point de moyens pour autoriser une séparation forcée, elle a fait valoir le consentement donné par son mari en 1730. Elle a exagéré l'autorité de cet acte, soutenue d'une exécution de douze années; mais comme une séparation, qui n'est pas fondée sur des causes légitimes, & qui n'emprunte sa force que du consentement des Parties, ne peut jamais subsister, la Cour, par Arrêt du 26 Juin 1742, a ordonné que dans un mois pour tout délai, à compter du jour de la signification de l'Arrêt, la Dame du Pont-du-Château seroit tenue de retourner en la maison de son mari, & d'y faire apporter les meubles & effets à elle abandonnés par l'acte du 20 Octobre 1730.

Cet Arrêt a été signifié le 4 Juillet suivant: mais quelle a été la surprise du Marquis du Pont-du-Château, lorsque dans le tems qu'il se préparoit à recevoir la Dame son épouse, on l'a fait assigner au Châtelet le 17 dudit même mois, p ourvoir dire que la Dame Marquise du Pont-du-Château seroit & demeureroit séparée d'habitation d'avec lui; qu'en cas de déni des faits par elle articulés, il lui seroit permis d'en faire preuve, & que cependant il lui seroit adjugé 40000 liv. de provision. Quand tout étoit fini, quand tout étoit consommé par les Arrêts de la Cour qui régloient le sort du mari & de la femme, on voit revivre un nouveau procès, qui remet en question tout ce qui est jugé. Jamais il n'y a eu d'exemple d'une entreprise si téméraire.

Cependant, par la Sentence du Châtelet du 31 Août 1742, la Dame Marquise du Pont-du-Château a été admise à la preuve des faits portés par sa Requête; c'est de l'appel de cette Sentence que la Cour est saisie. On soutient que la Dame Marquise du Pont-du-Château doit être déclarée non-recevable dans sa demande; tout l'objet de la contestation se réduit-là.

Fins de non-recevoir.

Il n'y a point de femme qui formant une demande en séparation, ne fasse un portrait affreux du caractère & des procédés de son mari; il n'y en a point qui n'articule des faits graves, & souvent circonstanciés, & qui ne demande permission d'en faire preuve. Quand le mari s'oppose à la preuve, on ne manque jamais de s'écrier que c'est un éclaircissement innocent, que les faits sont vrais ou qu'ils sont faux; que s'ils sont faux, les enquêtes doivent faire le triomphe du mari, & couvrir la femme de confusion; que s'ils sont vrais, il seroit souverainement injuste de refuser à la femme la liberté d'en faire preuve, & d'en tirer les avantages qui doivent affermir son repos, & la mettre à l'abri des persécutions auxquelles elle est exposée. Mais ces vains prétextes n'en imposent point à la Justice. Elle sent l'inconvénient d'admettre trop légerement de pareilles preuves, soit par le danger de cette preuve en elle-même, soit parce qu'elle perpétue une division funeste & scandaleuse par les longueurs qu'elle entraîne, soit enfin parce qu'il se trouve souvent des fins de non-recevoir, qui ne permettent plus d'écouter les plaintes affectées d'une femme qui n'aspire qu'à l'indépendance.

Danger d'admettre la femme à la preuve des faits qu'elle articule en demande en séparation.

C'est ainsi que la Dame Rapailly, qui articuloit les faits les plus graves & les plus circonstanciés, qui se plaignoit que son mari l'avoit presque égorgée, & ne lui avoit laissé qu'un reste de vie pour s'échapper de sa maison, & pour implorer le secours de la Justice, fut cependant déboutée de sa demande à fin de permiſſion de faire preuve d'un événement ſi cruel ; c'eſt ainſi que la Dame de Marchainville & la Dame d'Ervillé, & pluſieurs autres ont été auſſi déboutées de pareilles demandes, la Cour n'ayant pas témoigné moins de réſerve pour admettre des preuves de cette qualité, que pour prononcer définitivement des ſéparations qui offenſent toujours l'honnêteté publique, & qui préſentent à la ſociété les exemples les plus dangereux & les plus funeſtes. C'eſt par les circonſtances, c'eſt par les fins de non-recevoir que la Cour ſe détermine à rejetter de pareilles preuves ; mais il ne s'en eſt jamais préſenté de plus victorieuſes que dans la queſtion qui eſt à juger. Tout s'éleve contre la vaine tentative de la Marquiſe du Pont-du-Château.

Premierement, les Sieur & Dame du Pont-du-Château ont été mariés en 1714, la ſéparation volontaire n'a été faite qu'en 1730, c'eſt-à-dire, qu'ils ont habité enſemble pendant ſeize ans ; ſi la Dame du Pont-du-Château *avoit été expoſée à tous les ſévices & mauvais traitemens d'un mari qui n'écoute que ſa fureur, & que la férocité de ſon caractère emporte perpétuellement aux plus grands excès ;* ſi ſon mari *l'avoit traitée comme une miſérable & indigne de lui, comme la derniere des ſervantes, la menaçant à chaque moment de lui donner des coups de pied & de la chaſſer de la maiſon ;* ſi *ces ſévices n'avoient jamais diſcontinué, & avoient été renouvellés à chaque jour & à chaque inſtant, s'il avoit attaqué ouvertement ſon honneur & ſa réputation dans le monde & auprès de ſa famille ;* s'il *avoit dit publiquement que ſes Laquais avoient de mauvais commerces avec elle ;* enfin, *ſi attaqué d'un mal honteux il l'avoit communiqué à ſa femme,* (car c'eſt la ſubſtance des faits contenus dans la requête de la Dame du Pont-du-Château) ſeroit-elle demeurée tranquillement pendant ſeize ans avec un mari, qu'elle auroit dû regarder comme un monſtre ? N'auroit-elle pas dû rompre avec éclat tout commerce, toute relation, au haſard de ce qui en pouvoit arriver ? Cependant, durant le cours de tant d'années, non-ſeulement on ne voit aucune plainte de ſa part, mais on n'a jamais entendu parler d'aucun murmure. Une ſi longue, une ſi tranquille cohabitation ne ſuffit-elle pas pour faire rejetter des faits ſi vagues & ſi outrés ? Et qui plus eſt, deux circonſtances donnent une force invincible à cette fin de non-recevoir.

La premiere eſt que, ſuivant la requête de la Dame du Pont-du-Château, ce n'eſt pas elle qui a voulu ſortir de la maiſon de ſon mari, & aller demeurer ſéparément. Si on l'en croit,

le

le Marquis du Pont-du-Château, absolument résolu de la mettre hors de sa maison, conçut le dessein de l'y forcer par famine. En partant pour Nemours il rompit le ménage, & la laissa avec peu de domestiques. Il est vrai qu'il rentra en lui-même, & rétabli le ménage, *mais il ne perdit jamais le dessein de forcer la Dame sa femme à sortir de la maison.* Si ce dessein, qu'on prête gratuitement au Marquis du Pont-du-Château, avoit eu quelque réalité, pourquoi la dame du Pont-du-Château, traitée chaque jour & à chaque instant avec tant d'inhumanité, n'en profitoit-elle pas, & ne saisissoit-elle pas avec empressement une voie si facile de recouvrer sa liberté & son repos? C'est elle qui ne vouloit pas sortir, nous dit-elle, il a fallu que le Marquis du Pont-du-Château employât toutes sortes de voies pour lui faire prendre ce parti. Si cela est, elle n'étoit donc pas traitée indignement, comme elle le suppose; elle se trouvoit donc bien, elle se trouvoit donc convenablement dans cette maison qu'elle ne vouloit pas abandonner. Après un pareil aveu on ne peut plus écouter les fables qu'elle débite, & qu'elle détruit aussi-tôt par une circonstance importante qui suffit pour les effacer.

La seconde est qu'il y a déjà quelques années que la dame du Pont-du-Château a rendu compte à la Justice & au Public de la situation dans laquelle elle s'étoit trouvée pendant tout le temps qu'elle a vécu avec son mari. On va voir dans un de ses Mémoires imprimés, donné en 1737, sur la demande en séparation de biens qui étoit alors pendante au Châtelet, qu'elle rend justice aux procédés de son mari par rapport à elle, & qu'elle ne lui reproche que quelques affections étrangeres qui n'ont jamais formé des moyens de séparation, & qui trouvent leur excuse dans la tyrannie des passions qu'il est si difficile de calmer à un certain âge. Après avoir étalé les grands biens qu'elle avoit apportés au Marquis du Pont-de-Château, les Charges militaires qu'elle lui avoit procurées, elle prétend qu'il a vendu une partie de ses biens sans en faire aucun remploi; & pour indiquer ce qu'il avoit précipité dans ce goût de dissipation, elle ajoute qu'*il avoit dès-lors de ces attachemens passagers que la corruption du siecle traite de galanterie & d'amusement; qu'elle espéroit que les dépenses excessives, les infidélités & les autres inconvéniens de ces sortes d'inclinations, pourroient le dégoûter, & lui faire préférer à la fin l'intérieur d'une maison gracieuse & réglée, au poids énorme de cette espece d'engagement; mais qu'elle eut le malheur en 1729 de se voir enlever les affections &*

Affections étrangeres du mari ne sont moyens de séparation.

la personne même de son mari, & de le voir se précipiter dans une dissipation encore plus outrée.

Arrêtons-nous à cet exposé, c'est la dame Marquise du Pont-du-Château qui parle; il n'y a rien-là qui puisse être suspect, ni qu'elle puisse désavouer. Elle suppose donc que le Marquis du Pont-du-Château a eu quelques attachemens passagers. Si cela étoit, ce seroit un reproche que sa conscience devroit lui faire, mais ce ne seroit pas assurément un moyen de séparation en faveur de la femme. Nous ne portons pas la rigidité des mœurs à cet excès, & la religion qui condamneroit le mari, ne pardonneroit pas à la femme, si elle s'en faisoit un prétexte pour se séparer d'avec lui. La dame du Pont-du-Château ajoute qu'elle espéroit que son mari se dégoûteroit, & préféreroit *l'intérieur d'une maison gracieuse & réglée, à de pareils engagemens*; elle reconnoît donc que l'intérieur de sa maison étoit gracieux, & capable de tenter le Marquis du Pont-du-Château. Mais pouvoit-on parler ainsi d'une maison dans laquelle les sévices, les mauvais traitemens du mari contre la femme se renouvelloient à chaque instant? Pouvoit-on espérer qu'un mari que la férocité de son caractere emportoit perpétuellement aux plus grands excès, fût sensible aux plaisirs d'une maison gracieuse & réglée? Que la dame Marquise du Pont-du-Château s'accorde donc, s'il est possible, avec elle-même.

Enfin elle dit dans son Mémoire de 1737, que ce fut en 1729 qu'*elle eut le malheur de se voir enlever les affections & la personne même de son mari.* Cette époque est remarquable. La dame Marquise du Pont-du-Château a été mariée en 1714; c'est en 1730 que la séparation volontaire a été faite, &, selon elle, ce ne fut qu'en 1729 qu'elle eut le malheur de se voir enlever l'affection de son mari. De seize ans qu'ils ont vécu ensemble, il y en a donc eu quinze, pendant lesquels elle a eu la satisfaction de jouir de tous les témoignages de l'affection de son mari, en faut-il davantage pour rejetter tous les faits de la plainte & de la requête de la dame Marquise du Pont-du-Château, faits dans lesquels elle le représente depuis le premier moment du mariage, comme un homme féroce, inhumain, & qui a porté contre elle l'indignité aux derniers excès? Lui permettra-t'on de faire preuve des faits qu'elle a elle-même combattus & détruits par avance? Quel témoignage dans cette matiere pourroit prévaloir sur le sien propre?

Mais du moins dans la derniere année le Marquis du Pont-du-Château n'aura-t'il point donné lieu aux reproches que lui fait aujourd'hui la dame du Pont-du-Château? N'aura-t'il point fait paroître alors le caractere de haine, de fureur qu'on lui impute? Ecoutons encore la dame Marquise du Pont-du-Château dans ce même Mémoire.

Le dérangement dans ses affaires lui fut moins sensible que celui des mœurs de son mari (c'est un sentiment plein de religion qu'on doit assurément respecter) ; *les complaisances qu'elle avoit toujours eues pour lui, lui avoient conservé les témoignages extérieurs d'une politesse & d'une urbanité qu'il a naturellement.* C'est-à-dire que malgré l'affection étrangere qu'on attribue au Marquis du Pont-du-Château, il se signaloit toujours par des témoignages de politesse & d'urbanité à l'égard de sa femme : le fond du cœur étoit changé, selon elle; elle l'avoit perdu en 1729, mais les dehors étoient les mêmes, parce que cette politesse & cette urbanité est naturelle au Marquis du Pont-du-Château. On le répete, c'est la dame Marquise du Pont-du-Château qui parle. Mais comment ne sera-t'on pas révolté après cela de lui entendre soutenir au contraire que depuis son mariage elle a été traitée comme une misérable & comme la derniere des servantes; qu'elle a langui dans la plus cruelle servitude; que les sévices & les mauvais traitemens se renouvelloient chaque jour, & que son mari avoit la noirceur de l'accuser d'avoir de mauvais commerces avec ses Laquais? Voilà sans doute une étrange urbanité.

Enfin la dame du Pont-du-Château termine le récit des faits qui ont conduit à la séparation volontaire, en disant qu'*elle ne put pas souffrir sous ses yeux une préférence marquée en tout par son mari pour sa nouvelle inclination; que le droit qu'elle avoit de s'en plaindre, rendit sa présence importune & sa personne odieuse; que le Marquis du Pont-du-Château ne le fit que trop ressentir à sa femme en une infinité d'occasions dont elle éprouva toute l'amertume; que comme sa religion ne lui permettoit pas de voir avec indifférence un dérangement si marqué, sur la seule proposition qu'elle fit de ne pouvoir en demeurer plus long-temps spectatrice, le Marquis du Pont-du-Château saisit avec avidité cette occasion de consentir qu'elle se retirât avec une pension.*

Nous ne dissimulons pas ce que la dame du Pont-du-Château a dit dans ce Mémoire contre son mari; mais il est évident qu'il ne s'agit plus de ces fureurs, de ces emportemens, de ces traitemens indignes qui ont continué, suivant la plainte, depuis le mariage jusqu'à la séparation volontaire. Tous ces faits si odieux disparoissent; au contraire l'affection du mari n'a souffert aucune atteinte jusqu'en 1729. Depuis ayant perdu ce sentiment si profondément gravé dans son cœur, il s'en est tenu aux témoignages extérieurs d'une politesse & d'une urbanité qu'il a naturellement; mais malgré cela il y avoit une passion dominante : la présence de sa femme est devenue incommode. Elle a cru que sa religion exigeoit qu'elle ne fût pas témoin d'un pareil dérangement; elle a demandé à se retirer, le mari y a consenti : voilà l'histoire en abrégé, telle qu'il a plu à la Marquise du Pont-du-Château de nous la donner elle-même.

Mais faut-il autre chose pour combattre les fables grossieres répandues dans la plainte de la dame Marquise du Pont-du-Château, & peut-on après cela l'admettre à la preuve de ses faits? Elle veut faire entendre des témoins, mais nous n'en voulons point d'autre qu'elle même. Elle a parlé dans un temps non suspect, c'est-à-dire, lorsqu'elle plaidoit contre son mari sur la séparation de biens. On ne dira pas qu'elle ait cherché alors à le ménager; cependant elle y convient qu'elle a eu toute son affection jusqu'en 1729; que depuis, l'extérieur a toujours été poli & marqué au coin de l'urbanité même. Il est vrai qu'elle s'est piquée d'une inclination étrangere; elle a voulu se séparer, son mari s'est prêté à ce qu'elle exigeoit: voilà tout ce qu'elle nous dit elle-même. Pourquoi chercherions-nous d'autres témoins? Son propre témoignage suffit, & la condamne.

Ce n'est pas que le Marquis du Pont-du-Château convienne de l'attachement qu'on lui reproche; mais il ne s'agit pas aujourd'hui de faire une information de vie & mœurs, il s'agit de sçavoir, si pendant tout le cours de la co-habitation le Marquis du Pont-du-Château a fait éclater un mépris, une haine implacable contre sa femme; s'il l'a traitée comme une misérable, s'il l'a battue, outragée, insultée jusqu'à dire hautement, qu'elle avoit de mauvais commerces avec ses Laquais : voilà les faits qu'on veut prouver. Mais si on est en état d'opposer à la dame du Pont-du-Château son propre témoignage à elle-même, s'il la condamne, vingt témoins qu'elle feroit entendre aujourd'hui, pourroient-ils prévaloir?

Peut-on offrir de prouver des faits contraires à ceux que l'on a soi-même reconnus?

Qu'elle se réduise à ce qu'elle a dit dans son Mémoire de 1737; qu'elle propose pour tout moyen de séparation que son mari a eu une inclination, que la présence de la femme est devenue importune & même odieuse ; qu'elle ajoute, si elle veut, que le Marquis du Pont-du-Château le lui a fait sentir en plusieurs occasions & avec amertume ; qu'enfin sa religion, & non la dureté de sa situation, lui a fait faire la proposition de se retirer, & que le Marquis du Pont-du-Château a cédé sans peine ; & nous verrons si de pareils faits sont assez graves pour fonder une demande en séparation, & si la Justice se portera à les admettre. La dame Marquise du Pont du-Château ne le pense pas elle-même, c'est pourquoi on a changé toute l'histoire dans sa plainte. On a imaginé ce qu'il y a de plus noir, de plus affreux, de plus propre à exciter l'indignation contre le mari ; mais on n'avoit plus alors une mémoire heureuse, on ne se souvenoit pas que la dame du Pont-du-Château avoit elle-même déposé tout le contraire dans un Mémoire public. Aujourd'hui que la vérité se trouve manifestée par son propre témoignage, ceux qui abusent de sa confiance, ne doivent-ils pas être couverts de confusion ? & la fin de non-recevoir qui s'éleve contre la preuve demandée, peut elle souffrir quelque réponse ?

Secondement, la dame du Pont du-Château a formé en 1736 une demande en séparation de biens, il n'y a point d'efforts qu'elle n'ait fait pour y réussir. Après avoir perdu sa cause au Châtelet en 1737, elle a tenté le secours de l'appel, & le procès a été instruit en la Cour avec toute l'étendue qu'on pouvoit lui donner : il n'a été jugé que par l'Arrêt de 1740, qui a confirmé la Sentence ; mais après cela la dame du Pont-du-Château est-elle recevable à former une demande en séparation d'habitation ?

Si la dame du Pont-du-Château avoit vécu pendant seize ans dans l'état d'oppression & d'esclavage qu'elle nous peint dans sa Requête ; si elle avoit été insultée, outragée, traitée avec la plus grande indignité, comme elle le prétend, il ne falloit pas se borner à la séparation de biens, il falloit tout-d'un-coup en venir à la séparation de corps ; se réduire à l'une, c'est renoncer à l'autre, & reconnoître qu'on n'a aucun moyen pour l'entreprendre, d'autant plus que par la séparation de corps elle parvenoit à la séparation de biens ; ainsi elle auroit eu deux moyens, celui des sévices & des mauvais traitemens, & celui de la dissipation. Pourquoi s'est-elle réduite au dernier seulement, si elle avoit pu faire usage du premier ? N'est-il pas évident que bien convaincue qu'il n'y avoit aucun prétexte à la séparation de corps, elle n'a pas osé en

La femme qui a échoué sur une demande en séparation de biens, est-elle recevable à demander séparation d'habitation?

parler ; mais cette reconnoiſſance de ſa part ne forme-t'elle pas contr'elle une fin de non-recevoir invincible ? Celui qui avoit deux moyens pour ſoutenir ſa demande, & qui n'en a propoſé qu'un, n'eſt plus recevable à revenir à l'autre pour renouveller ſa prétention. Il n'eſt donc pas poſſible d'écouter la dame du Pont-du-Château dans la nouvelle action qu'elle intente, après avoir ſuccombé dans la premiere.

On ne dira pas que c'eſt par ménagement pour ſon mari qu'elle n'a point demandé alors la ſéparation de corps; car quand on en vient à une rupture ouverte, il n'eſt plus queſtion de ménagement, & les écrits de la dame du Pont-du-Château dans l'inſtance de ſéparation de biens, en fourniſſent une preuve complette. Le Marquis du Pont-du-Château y eſt attaqué ſans ménagement ſur l'excès de ſes diſſipations ; on vient de voir qu'on en attribue la cauſe à de prétendus engagemens criminels qui bleſſoient la religion de la dame du Pont-du-Château. Quand une fois une femme croit pouvoir ſe déchaîner à ce point contre ſon mari, on ne perſuadera jamais que pour le ménager elle ait refuſé d'employer un moyen déciſif qu'elle auroit eu en main pour parvenir à ſon objet.

Mais, dira-t'on, la dame du Pont-du-Château étoit ſéparée de corps par un acte volontaire, elle n'avoit rien à demander à cet égard ; il ne lui reſtoit qu'à tenter la ſéparation de biens, il n'eſt pas extraordinaire qu'elle s'y ſoit renfermée. Cette défaite ne peut ſervir de reſſource à la dame du Pont-du-Château ; car outre qu'un acte volontaire ne forme jamais une véritable ſéparation, la dame du Pont-du Château avoit un intérêt eſſentiel de ne ſe pas contenter de cet acte, & de faire valoir les prétendus ſévices, non-ſeulement pour affermir la ſéparation de corps, mais encore pour obtenir celle de biens. Ainſi, non-ſeulement, en ſe réduiſant à la ſéparation de biens, elle a renoncé à demander celle de corps, mais elle a reconnu qu'elle n'avoit aucun moyen pour y parvenir, ce qui la rend abſolument non-recevable à l'intenter.

En un mot, il n'y a point d'exemple dans l'ordre judiciaire qu'une femme, après avoir demandé la ſéparation de biens, & y avoir ſuccombé, puiſſe revenir à la ſéparation de corps ſur des faits tous antérieurs à l'action en ſéparation de biens ; c'eſt multiplier les procès ſans prétexte, c'eſt fatiguer & les Parties & la Juſtice contre toutes les regles. Aujourd'hui une femme demanderoit que son mari lui payât une pension ; quand elle auroit été déboutée de cette demande, elle en formeroit une autre pour la séparation de biens ; après cela elle demanderoit à se retirer dans un Convent ; enfin elle demanderoit à être séparée de corps. La regle ne s'accorde point avec ces prétendus tempérammens. On est obligé d'abord de former toutes ses demandes ; & quand on s'est réduit à un objet, on ne peut pas, après avoir perdu sa cause, étendre ses prétentions pour faire de nouveaux procès : ainsi une femme qui n'a pas pu réussir dans une demande en séparation de biens, ne peut plus demander la séparation de corps ; elle y a renoncé par sa premiere action, & ne peut plus être écoutée.

Danger de recevoir dans une demande en séparation de corps, celle qui a été déboutée d'une demande en séparation de biens.

Troisiemement la demande que forme la dame du Pont-du-Château est jugée par un Arrêt contradictoire entre son mari & elle : c'est de toutes les fins de non-recevoir la plus forte & la plus décisive. On a observé dans le fait, qu'au mois de Mars 1742 la dame du Pont-du-Château avoit formé une demande contre son mari, à ce qu'il fût tenu d'augmenter sa pension de 10000 livres par an. Le Marquis du Pont-du-Château, fatigué de tant de procès que lui faisoit sa femme, demanda acte de sa part de ce qu'il révoquoit le consentement qu'il avoit donné à ce que sa femme eût une habitation séparée, & conclut à ce qu'elle fût tenue de venir demeurer avec lui. La dame du Pont-du-Château a défendu à cette demande, & a soutenu qu'elle devoit être autorisée à vivre séparément de son mari. Ce procès soutenu avec beaucoup de chaleur, instruit par des Mémoires imprimés de part & d'autre, a enfin été jugé par Arrêt contradictoire du 26 Juin 1742, par lequel la Cour *a donné acte au Marquis du Pont-du-Château de ce qu'il révoquoit tout acte portant consentement de séparation volontaire ; en conséquence a ordonné que dans un mois pour tout délai la dame du Pont-du-Château seroit tenue de retourner en la maison de son mari.*

C'est quinze jours ou environ après la signification de cet Arrêt que la dame du Pont-du-Château demande qu'au lieu de retourner dans la maison de son mari, il lui soit permis de vivre séparément, car voilà l'unique objet sur lequel il s'agit aujourd'hui de prononcer ; mais n'est-ce pas individuellement la même question jugée par l'Arrêt du 26 Juin dernier, & peut-on sans attaquer cet Arrêt, sans le détruire, espérer de faire ordonner précisément le contraire de ce qu'il prononce ? Par l'Arrêt du 26 Juin la dame du Pont-du-Château est condamnée à retourner dans la maison de son mari, & à vivre avec lui; par celui qu'elle voudroit obtenir, elle feroit ordonner qu'elle ne retourneroit point dans sa maison, & qu'elle en demeureroit séparée: comment concilier deux Arrêts, qui prononceroient des choses si contradictoires? L'un condamneroit la femme à revenir dans la maison de son mari; l'autre la déchargeroit de cette condamnation; l'un jugeroit qu'elle ne peut se choisir une habitation séparée; l'autre prononceroit la séparation: peut-on se soustraire ainsi à l'autorité de la chose jugée, & ne forme-t'elle pas un obstacle invincible contre une pareille demande?

D'autant plus qu'elle n'est pas fondée sur des faits nouveaux & postérieurs à l'Arrêt du 26 Juin, tout ce qu'elle allegue, est antérieur de douze années à cet Arrêt; le fait le plus moderne qu'elle propose, est de 1730. Ces faits, qui n'ont pas empêché que par l'Arrêt de 1742 elle n'ait été condamnée à revenir avec son mari, peuvent-ils en 1743 lui procurer plus de liberté & plus d'indépendance? La fin de non-recevoir est donc dans tout son jour.

Quelles sont les objections contre cette fin de non-recevoir? On nous dit, en premier lieu, qu'avant l'Arrêt de 1742 la dame du Pont-du-Château n'avoit pas formé sa demande en séparation, & qu'ainsi cette demande n'étant pas jugée, rien n'empêche aujourd'hui la dame du Pont-du-Château de la former, ni la Cour d'y avoir égard.

Si lorsque le mari demande que sa femme retourne chez lui, & qu'elle défend, c'est procès de séparation?

Mais, 1°. c'est une pure équivoque que cette objection. Il est vrai que les questions de séparation commencent ordinairement par une demande formée de la part de la femme, à ce qu'elle soit séparée d'avec son mari; mais pourquoi? Parce qu'ordinairement & presque toujours la femme vivant avec son mari est obligée d'en venir à cette action pour obtenir sa liberté. C'est elle qui est Demanderesse, parce que c'est-elle qui veut rompre une union qui subsiste; mais quand dans le fait les deux conjoints vivoient séparément, en sorte que pour faire cesser cette séparation, c'est le mari qui demande que sa femme revienne avec lui, & que la femme s'oppose de toutes ses forces à cette demande, en est-ce moins un procès de séparation d'habitation? Il est indifférent que ce soit le mari ou la femme qui ait attaqué le premier, & qui soit Demandeur, pourvu que la demande forme toujours un procès de séparation.

Le

Le Marquis du Pont-du-Château a demandé que sa femme revînt avec lui : la Dame du Pont-du-Château a demandé que son mari fût débouté de sa demande ; voilà donc la question de séparation bien formée, bien agitée, & par conséquent elle est jugée irrévocablement par l'Arrêt qui y a prononcé. D'autant plus qu'il est de principe que celui qui défend à une demande, en cela même est censé former la demande contraire *excipiendo reus fit actor*. Ainsi la Dame du Pont-du-Château en défendant à la demande à ce qu'elle fût tenue de retourner avec son mari, étoit réellement Demanderesse en séparation. Nous n'avons point parmi nous ces formules d'action si religieusement prescrites parmi les Romains ; il suffit qu'une question ait été agitée & jugée entre les Parties, pour qu'elle fixe leur sort irrévocablement.

2°. Si pour combattre la demande du Marquis du Pont-du-Château il falloit former une demande en séparation, que la Dame du Pont-du-Château ne la formoit-elle ? Peut-on après qu'un Arrêt a prononcé sur une demande, venir dire, je n'ai été condamnée, que parce que je n'ai pas formé une demande qui auroit fait tomber la vôtre ? Si une Partie s'est mal défendue ; si elle n'a pas pris les précautions nécessaires pour empêcher sa condamnation ; si elle n'a pas formé les demandes, produit les pieces qui devoient faire échouer l'action intentée contre elle, elle ne doit s'en prendre qu'à elle même, mais l'autorité de la chose jugée n'en subsiste pas moins.

Celui qui a été condamné par un Arrêt contradictoire au payement d'un billet, peut-il ensuite prendre des Lettres de rescision contre ce billet, & en demander l'entérinement ? Et quand on lui opposera la fin de non-recevoir résultante de l'Arrêt, en sera-t-il quitte pour dire, oh ! mais, je n'avois pas pris des Lettres de rescision avant l'Arrêt, c'est une demande nouvelle, je croyois pouvoir me défendre sans cela ; mais puisqu'on a jugé ma défense insuffisante, j'agis aujourd'hui en rescision, & c'est une demande toute neuve : il n'y a personne qui ne fût révolté contre une pareille proposition. De même celui qui aura été condamné à payer le prix d'une Terre qu'il a acquise, pourra-t-il après l'Arrêt former sa demande en résolution du contrat de vente ? On lui répondroit avec succès : que ne formiez-vous cette demande avant l'Arrêt : aujourd'hui que vous êtes condamné, vous ne pouvez plus former de demande qui tende à faire tomber votre condamnation.

Partie condamnée par Arrêt est non-recevable dans toute demande qui va à faire tomber l'Arrêt.

Disons de même à la Dame du Pont-du-Château : votre mari a demandé que, sans avoir égard à l'acte de séparation volontaire qu'il révoquoit, vous fussiez tenue de venir demeurer avec lui; vous y avez été condamnée, pouvez-vous après cela demander votre séparation? Il falloit vous pourvoir en séparation avant l'Arrêt, si c'étoit une défense nécessaire; mais si vous avez négligé cette défense, ne vous en prenez qu'à vous-même; la cause n'en est pas moins jugée, & les décisions de la Justice sont irréfragables: il est donc impossible d'échapper à la fin de non-recevoir.

On oppose en second lieu, que l'unique question agitée avant l'Arrêt, étoit de sçavoir si le Marquis du Pont-du-Château pouvoit révoquer le consentement qu'il avoit donné à la séparation volontaire. On a jugé, dit-on, qu'il le pouvoit; mais il reste à sçavoir si la Dame du Pont-du-Château n'a pas des moyens pour obtenir une séparation forcée: c'est une question toute nouvelle, & sur laquelle l'Arrêt ne peut influer.

Mais ce raisonnement n'a pas plus de force ni plus de solidité que le premier. Le Marquis du Pont-du-Château a demandé que sa femme fût tenue de venir demeurer avec lui, voilà l'unique demande sur laquelle il fut question de prononcer: s'il a révoqué le consentement donné à la séparation volontaire, ce n'étoit que pour lever l'obstacle qu'auroit pu apporter ce consentement; mais la demande ne se bornoit pas à cette révocation, ou plutôt ce n'étoit pas-là ce qui formoit la demande, il n'y en avoit point d'autre que celle qui tendoit à ce que la Dame du Pont-du-Château fût tenue de venir demeurer avec lui.

La Dame du Pont-du-Château, pour défendre à cette demande, pouvoit proposer deux moyens: elle pouvoit soutenir que le consentement donné à la séparation volontaire étoit irrévocable: elle pouvoit ajouter qu'indépendamment de ce consentement elle avoit des raisons pour ne plus vivre, pour ne plus habiter avec son mari, fondées sur les sévices & les mauvais traitements exercés à son égard: si elle s'est contentée de proposer le premier moyen, la Cause n'en est pas moins jugée, & elle n'est plus recevable à proposer le second. Il ne s'agit donc pas de sçavoir quelle est la question qui a été agitée dans la discussion des moyens; une Partie peut se renfermer dans un seul moyen, quoiqu'elle en ait plusieurs; elle peut n'agiter qu'une question, quoiqu'elle pût encore en proposer d'autres. Chacun se défend comme il juge à propos; mais la défense plus ou moins étendue n'empêche pas que la Cause ne soit jugée définitivement & sans retour.

Il n'en seroit pas de même si l'Arrêt étoit intervenu contre un mineur, il pourroit dire : on n'a proposé qu'une telle défense pour moi, & il y en avoit un autre à ajouter ; on s'est contenté de soutenir que le consentement étoit irrévocable ; il falloit ajouter qu'indépendamment de ce consentement il y avoit des moyens victorieux de séparation ; je n'ai pas été valablement défendu. Alors, on en convient, le mineur devroit être écouté par le privilege attaché à la foiblesse de son âge. Encore faudroit-il pour cela qu'il se pourvût par Requête civile, & qu'il la fît entériner, sans quoi il ne seroit pas permis d'avoir égard à sa nouvelle demande. Mais à l'égard d'un majeur, on n'a jamais oui dire qu'après sa condamnation il puisse, pour la rendre inutile, alléguer qu'il ne s'est pas bien défendu, qu'il a omis de former une demande nécessaire, qu'il s'est renfermé dans un seul moyen, dans une seule question, pendant qu'il avoit une autre voie qui lui auroit réussi. Ce raisonnement ne suffiroit pas même pour faire entériner la Requête civile à son égard ; comment sans l'obtenir, sans attaquer, sans détruire l'Arrêt, peut-il se flatter de faire juger tout le contraire de ce qui a été prononcé ?

Il n'est donc pas possible que la Dame du Pont-du-Château échappe à cette fin de non-recevoir. Que l'on ait dit, ou que l'on n'ait pas dit lors de l'Arrêt du 26 Juin tout ce qui étoit nécessaire à sa défense, cela est indifférent ; elle est condamnée à venir demeurer avec son mari, il faut que l'Arrêt soit exécuté ; & tant qu'il ne surviendra pas de faits nouveaux qui puissent donner lieu à une demande en séparation, elle ne peut pas être écoutée.

Mais tout ce qu'on a jugé est qu'une femme qui ne demandoit pas sa séparation, étoit obligée de retourner avec son mari. Ce raisonnement est aussi faux que tous les précédents. 1°. Ce n'est pas là ce qu'on a jugé, on a jugé que la Dame du Pont-du-Château devoit revenir dans la maison de son mari ; cette disposition est pure & simple. L'Arrêt ne dit pas que faute d'avoir formé sa demande en séparation, elle retournera avec lui ; il ne dit pas qu'elle y retournera, sauf à former sa demande en séparation ; il ne dit pas que quant à présent elle sera tenue de retourner : tous ces correctifs, toutes ces réserves qui pourroient seules autoriser la nouvelle demande, ne se trouvent point dans l'Arrêt ; il est pur & simple, il est absolu : on ne peut donc rien admettre de contraire. 2°. Celui qui auroit été condamné à payer le contenu dans un billet, & qui après l'Arrêt prendroit des Lettres de rescision contre ce billet, pourroit-il être écouté, en disant : tout ce qu'on a jugé est que celui qui n'attaquoit point son billet, devoit être condamné à le payer? Je peux donc l'attaquer aujourd'hui. Ce raisonnement seroit absurde; celui de la Dame du Pont-du-Château est précisément le même.

On croit donc avoir démontré par des fins de non-recevoir invincibles que sa demande en séparation doit être rejettée. Elle accuse son mari des traits les plus noirs & les plus odieux; mais elle l'a elle-même justifié, & a fait l'apologie de ses procédés & de ses sentimens dans un Mémoire imprimé six ans après toutes les fables qu'elle débite aujourd'hui, son propre témoignage la condamne. Elle ne l'a attaqué qu'en séparation de biens; elle a donc reconnu qu'elle n'avoit aucun prétexte pour demander une séparation d'habitation; enfin son mari l'a fait condamner par un Arrêt contradictoire à revenir avec lui : il n'est donc plus possible d'écouter une demande en séparation directement contraire à la disposition de l'Arrêt.

La Justice toujours sévere sur ce qui intéresse l'ordre public, l'union & la tranquillité des mariages, ne passera pas sans doute sur des obstacles si insurmontables; elle s'empressera au contraire à resserrer des nœuds que la religion a formés, & à faire cesser une division qu'on ne peut imputer qu'aux conseils pernicieux que la Dame du Pont-du-Château a eu la facilité d'entendre & de goûter trop légérement.

CXLVII. INSTANCE A LA GR. CHAMBRE.

POUR Jean-Baptiste-Louis de Clermont d'Amboise, Marquis de Reynel, Maréchal des Camps & Armées du Roi, Gouverneur & Grand Bailli de Chaumont en Baffigny, Lieutenant-Général pour le Roi du Blaisois & Vendômois, Appellant.

CONTRE *Alexandre-Nicolas-Joseph Marquis de Beaujeu, tant en son nom que comme Tuteur d'Eugene-Frédéric de Beaujeu, Intimé.*

QUESTION.

Si les rentes constituées qui appartiennent aux Mineurs sont valablement remboursées entre les mains de leurs Tuteurs, sans avis de Parens, Sentence du Juge, &c.

LES principes de Droit & les titres singuliers condamnent également la prétention des sieurs de Beaujeu. Dans le Droit les Tuteurs ont qualité pour recevoir le remboursement des rentes constituées dûes à leurs pupilles, parce que c'est un remboursement forcé d'une somme purement mobiliaire. Dans le fait, le pere des sieurs de Beaujeu étoit spécialement autorisé par l'avis de parens qui lui avoit déféré la tutelle de ses enfans, à recevoir toutes les sommes de deniers à eux appartenant. Enfin les sieurs de Beaujeu n'ont renoncé à la succession de leur pere, qu'en se réservant sur ses biens la répétition des sommes qu'il avoit reçues pour eux pendant la tutelle, & ne justifient point de l'insuffisance de ses biens.

Un seul de ces moyens suffiroit pour écarter l'action en recours qu'ils exercent contre le Marquis de Clermont d'Amboise; comment ont-ils pu la hazarder, quand tant d'obstacles se réunissent contre leur prétention?

FAIT. Nicolas de Beaujeu vendit en 1698, au feu sieur Marquis de Reynel, pere du Marquis de Clermont d'Amboise, les Terres d'Epison & de Chambroncour, moyennant 25000 livres, dont il lui fut constitué une rente de 1250 livres : c'étoit donc une simple rente constituée pour un prix stipulé en argent ; & les sieurs de Beaujeu sont convenus expressément qu'on ne pouvoit pas la regarder comme rente fonciere. Ce même Nicolas de Beaujeu fit en 1716 une donation entre-vifs aux sieurs de Beaujeu ses neveux, de la rente de 1250 livres, au principal de 25000 livres, & d'autres rentes sur la Ville & sur des Communautés, le tout formant ensemble un capital de 58675 livres, dont il se réserva l'usufruit ; depuis par son testament il fit encore quelques dispositions en leur faveur.

Le Comte de Beaujeu étant mort en 1718, il fallut nommer un Tuteur aux Donataires. On prévoyoit que les remboursemens alloient devenir fréquens ; c'est pourquoi par la Sentence qui fut rendue le 22 Septembre 1718 sur l'avis des parens, le sieur de Beaujeu, pere des mineurs, fut nommé leur Tuteur, & il fut spécialement autorisé à recevoir les sommes de deniers appartenant aux mineurs, tant en vertu du testament de Nicolas de Beaujeu, que de la donation entre-vifs qu'il leur avoit faite ; c'est en vertu de cette Sentence qu'il a reçu en 1719 le remboursement des rentes sur la Ville & sur Communautés.

Celle de 1250 livres étoit dûe alors par le Marquis de Clermont d'Amboise, qui avoit succédé au Marquis de Reynel son pere ; il étoit mineur, & sous la tutelle du sieur Catherinet, qui ayant reçu plusieurs remboursements, crut ne pouvoir en faire un meilleur emploi, qu'en remboursant aussi la rente de 1250 liv. au principal de 25000 livres dûe au sieur de Beaujeu. Il s'adressa pour cela au sieur de Beaujeu leur pere & leur Tuteur, qui reçut les 25000 livres & en donna quittance devant Notaires le 8 Mars 1720.

On n'a plus entendu parler de cette créance éteinte par le remboursement jusqu'en qu'Alexandre-Nicolas-Joseph, Marquis de Beaujeu, tant en son nom que comme Tuteur d'Eugene-Frédéric de Beaujeu son frere, a fait assigner le Marquis de Clermont d'Amboise au Châtelet, pour être condamné à payer les arrérages de la rente de 1250 livres depuis l'année 1720, & continuer à l'avenir. Sur cette demande il a obtenu une Sentence par défaut : le Marquis de Clermont d'Amboise pour accélérer le Jugement, en a interjetté appel, & c'est sur cet appel qu'il s'agit de prononcer.

Quoique sa défense contre les sieurs de Beaujeu ne puisse souffrir aucune difficulté, cependant pour ne rien négliger dans une affaire qui présente un objet si intéressant, il a dénoncé la demande à Me Catherinet, Substitut de M. le Procureur Général, fils du feu sieur Catherinet son Tuteur, qui a fait le remboursement, & a demandé qu'il fût tenu de faire valoir la quittance, sinon de l'acquitter de la demande des sieurs de Beaujeu. Il n'est pas douteux qu'un Tuteur ne soit garant du paiement qu'il fait pour son mineur. Tant qu'il n'est pas contesté, on peut l'allouer dans ses comptes; mais si après cela le créancier soutient que la quittance est nulle, & que la dette subsiste, c'est au Tuteur à faire valoir la décharge qu'il a prétendu avoir procurée à son mineur. On n'imagine pas que cela puisse faire la matiere d'une question.

Mais il faut convenir que ce recours surabondant exercé contre le sieur Catherinet, ne doit pas l'inquiéter, puisque le paiement est fait dans toutes les regles, & qu'il n'y a pas de prétexte dans la demande formée par les sieurs de Beaujeu.

MOYENS.

Les sieurs de Beaujeu s'élevent contre une quittance donnée par leur pere & Tuteur. Quand on ne considereroit que la premiere qualité, elle suffiroit pour faire tomber leur action, puisque comme enfans, & comme héritiers de droit de leur pere, ils sont tenus de ses faits, obligés de faire valoir les engagemens qu'il a contractés, & la quittance qu'il a donnée.

Pour faire cesser cette difficulté, les sieurs de Beaujeu ont répondu que leur dernier Tuteur, en vertu d'un avis des parens homologué en Justice par Sentence du premier Mars 1735, a renoncé pour eux à la succession de leur pere; mais comme on les a pressés de rapporter cet avis des parens, & qu'ils l'ont enfin produit, on a vu qu'ils avoient renoncé d'un côté à la succession de leur pere; de l'autre ils ne l'avoient fait, que pour répéter sur cette même succession les sommes que leur pere avoit touchées comme Tuteur, & en particulier les sommes provenant du remboursement des rentes qui leur appartenoient.

De cette observation résultent deux conséquences décisives contre leur demande; la premiere est, qu'on a reconnu que leur pere, comme leur Tuteur, avoit eu qualité pour recevoir ces remboursemens, & que la famille les a regardés comme valables & légitimes; la seconde est, que les sieurs de Beaujeu ayant de quoi se remplir de leurs créances sur les biens de leur pere, ne peuvent conserver aucune action contre le Marquis de Clermont d'Amboise. Il est vrai qu'on a refusé de communiquer l'inventaire fait après la mort du sieur de Beaujeu pere, mais ce refus même prouve que les biens sont suffisans ; car s'il n'y avoit pas eu de quoi acquitter ce qui étoit dû aux deux enfans, on n'auroit pas manqué d'étaler cette insuffisance, & de s'en faire un moyen.

Malgré cette rétention affectée, il est toujours prouvé qu'on a reconnu les remboursemens valables, & que la famille a jugé que les enfans devoient se venger sur les biens de leur pere pour s'en faire faire raison ; & cela suffit pour que l'action contre le Marquis de Clermont d'Amboise tombe d'elle-même. Mais indépendamment de ce moyen, & quand on ne considéreroit dans la personne du feu Comte de Beaujeu que sa qualité de Tuteur, la demande de ses enfans n'auroit pas plus de fondement, soit parce qu'en général tout Tuteur a qualité pour recevoir le remboursement d'une rente constituée, soit parce qu'en particulier le Comte de Beaujeu étoit spécialement autorisé à recevoir toutes les sommes de deniers appartenant à ses enfans, en vertu de la donation de Nicolas de Beaujeu, leur oncle, dont la somme de 25000 liv. faisoit partie.

Tuteur Procureur général du Propriétaire a le même pouvoir que lui, mais pour faire son avantage.

On dit d'abord que tout Tuteur a qualité pour recevoir le remboursement des rentes constituées à ses mineurs ; on ne devroit pas être réduit à prouver une pareille proposition, & les sieurs de Beaujeu peuvent se vanter d'être les premiers qui ayent eu le courage de la contester. En effet un Tuteur est établi, ou par la Loi, ou par le Magistrat, pour représenter le mineur, & pour faire en son nom tout ce que la foiblesse de l'âge ne permet pas au mineur de faire par lui-même ; la Sentence qui le nomme Tuteur est en quelque maniere une procuration générale qui lui communique tous les pouvoirs du véritable propriétaire, & ce qu'il fait est censé fait par le mineur lui-même, mais par le mineur soutenu d'un conseil sur lequel se reposent & la famille & la Justice.

Il est vrai que le pouvoir du Tuteur n'est pas sans bornes, & qu'il ne peut rien faire de ce qui peut être contraire à l'intérêt du mineur ; ainsi il ne peut pas vendre ses immeubles, ni lui faire contracter des engagemens qui lui fassent préjudice : mais dans tous les actes où le mineur n'est pas lesé, le fait du Tuteur oblige nécessairement son pupille qui ne peut ni s'en plaindre, ni le désavouer.

Ainsi le tuteur peut recevoir toutes les sommes de deniers appartenans à ses mineurs, non-seulement leurs revenus, mais les sommes principales qui leur sont dûes par billets, obligations ou autres titres; ils peuvent affermer les terres, compter avec les Fermiers, faire faire des réparations ordinaires, recevoir des déclarations, faire les actes de foi & hommage, sans prendre aucun avis de parens pour tous ces actes, ni se faire autoriser par le Magistrat: tout cela est naturellement attaché à sa qualité de tuteur, & dépend du caractere dont il est revêtu.

Il peut de même recevoir le remboursement des rentes constituées à ses mineurs; pour s'en convaincre, il suffit d'observer que c'est un remboursement nécessaire, dans lequel le mineur ne peut être lésé, & qu'on ne rembourse qu'une somme purement mobiliaire de sa nature. C'est un principe qui n'est ignoré de personne, que les rentes constituées sont nécessairement rachetables. La liberté qu'a le débiteur de rendre le capital pour lequel il payoit des arrérages, est de l'essence même de la constitution, & il n'y a point de clause par laquelle on puisse ni lui interdire, ni même gêner cette faculté; en sorte que toutes les fois qu'il offre le remboursement au créancier, il ne peut être refusé. Le tuteur, en donnant quittance, ne fait rien de contraire à l'intérêt de son pupille, puisque le pupille seroit lui-même obligé de recevoir s'il étoit majeur; il ne lui manque pendant sa minorité que le pouvoir de décharger par lui-même, mais le tuteur supplée à l'impuissance du mineur: il a donc qualité pour recevoir, d'autant plus qu'il ne reçoit qu'une somme purement mobiliaire.

Rentes constituées sont nécessairement rachetables, comme mobiliaires de leur nature.

Si la rente constituée est réputée immeuble parmi nous, ce n'est qu'une fiction que plusieurs Coutumes même n'ont point admise; mais cette fiction, dans la Coutume de Paris & autres semblables, ne dure que jusqu'au rachat, ce sont les termes de l'article 94 de notre Coutume: en sorte qu'au moment du rachat la fiction cesse, la qualité d'immeuble s'évanouit, & il ne reste qu'une créance purement mobiliaire dont le tuteur reçoit le paiement.

Rentes constituées ne sont immeubles que par une fiction qui cesse au rachat.

Que l'on consulte ce que nous avons de plus éclairé dans notre Jurisprudence, & l'on trouvera tous les sentimens réunis en faveur du tuteur. Dumoulin, dans son Traité des Intérêts & Usures, décide formellement qu'il peut recevoir le remboursement des rentes constituées, & en donner une décharge valable: *Si tutorem vel curatorem habeat minor, nulla alia solemnitas requiritur;*

ſed tutò licet redimere à tutore vel curatore, dummodo bonâ fide, & aliàs non ſit manifeſtè ſuſpectus. Sa quittance ſeule eſt donc valable; on peut le rembourſer avec pleine ſûreté, *tutò redimere licet à tutore vel curatore ;* il ne faut pour cela ni avis de parens, ni Sentence du Juge, *nulla alia ſolemnitas requiritur.*

Chopin établit la même doctrine ſur la Coutume d'Anjou, Livre 3, chap. 2, tit. 2. Lemaiſtre ſur la Coutume de Paris, qui a ſuppoſé que le mari ne pouvoit pas ſeul recevoir le rembourſement des rentes dûes à ſa femme, convient cependant que le tuteur a ce pouvoir. En un mot, c'eſt un principe univerſellement reconnu, & ſur lequel les ſieurs de Beaujeu n'ont pas pu trouver un ſeul ſuffrage qui leur fût favorable.

Les raiſonnemens dans leſquels ils ſe ſont retranchés, méritent à peine d'être relevés, après ce que l'on vient d'établir. Ils diſent que la rente conſtituée eſt un immeuble, que les deniers du rembourſement ſont le prix d'un immeuble, & qu'ainſi le tuteur ſeul ne les peut pas recevoir, lui qui ne peut diſpoſer des immeubles de ſes mineurs; qu'il faut donc qu'il ſoit autoriſé par un avis de parens & par une Sentence du Juge; qu'il faut même que le débiteur qui veut ſe libérer, faſſe faire un emploi; enfin, qu'on ne pourroit pas rembourſer au mineur, qu'on ne peut donc pas rembourſer à ſon tuteur.

On convient que dans quelques Coutumes les rentes conſtituées ſont réputées immeubles; mais elles n'ont ce caractere que juſqu'au rachat, ſuivant le texte même de l'article 94 de la Coutume de Paris: ainſi au moment du rembourſement on ne peut plus dire qu'il y ait d'immeuble, même fictif, ce ne ſont plus que des deniers reçus auparavant par le débiteur, & qu'il reſtitue.

Deniers de rembourſement d'une rente conſtituée ne ſont le prix d'un immeuble.

Il n'eſt pas même vrai que les deniers qui compoſent le rembourſement ſoient le prix d'un imm uble; le débiteur qui n'avoit reçu que des deniers pour leſquels il avoit conſtitué la rente, ne fait que rendre, que reſtituer la même ſomme, & ne reçoit aucun immeuble dont cette ſomme ſoit le prix: c'eſt donc une ſomme purement mobiliaire, qui ne procede que d'un prêt en deniers. Ainſi toutes les idées que l'on préſente ſont également contraires à la nature & à l'eſſence des rentes conſtituées.

Que ſert-il après cela de dire que le tuteur ne peut pas diſpoſer des immeubles de ſes mineurs? Dans le rembourſement d'une rente conſtituée, il ne diſpoſe d'aucun immeuble; c'eſt le débiteur de la rente qui, en offrant le rembourſement, éteint la rente

& fait diſparoître l'immeuble ; c'eſt lui qui le convertit en deniers, ſans le fait, ſans la participation, ſans le conſentement même du tuteur ; & le tuteur, en recevant, ne fait qu'accepter une ſomme purement mobiliaire. Ce n'eſt pas là diſpoſer d'un immeuble, c'eſt ſouffrir une diſpoſition qu'on ne peut pas empêcher, & ſubir une loi néceſſaire.

Comment après cela imaginer que pour donner quittance le tuteur ait beſoin ou d'un avis de parens, ou d'une Sentence du Juge ? Que propoſeroit-il aux parens ? De ſavoir s'il recevra ou s'il ne recevra pas ; mais cette queſtion n'eſt pas ſoumiſe à la délibération de la famille, puiſque le rembourſement ne ſe peut pas refuſer. Que demanderoit-il aux Juges ? Un pouvoir pour accepter ; mais il en eſt revêtu par la qualité même de tuteur dont le Juge l'a revêtu. Il n'y a donc point de ſolemnités à remplir, puiſque c'eſt un conſentement forcé qu'il eſt obligé de prêter.

Mais il faudroit, dit-on, un emploi au profit des mineurs, & c'eſt au débiteur qui rembourſe à y veiller. Mais qu'on nous indique donc ſur quoi on peut fonder cette maxime. Le débiteur qui a emprunté d'un majeur des deniers pour leſquels il lui a conſtitué une rente, a ſtipulé expreſſément qu'il ſeroit toujours le maître de rendre la même ſomme, & d'éteindre par-là la rente dont il ſe charge ; c'eſt même une faculté qui lui appartient de droit & ſans aucune ſtipulation. Il ne s'eſt point impoſé, il n'auroit pas pu s'impoſer la charge de ſuivre les deniers, & d'en faire faire l'emploi au profit de ſon créancier ; ſa condition ne peut pas changer. Si la rente paſſe à des mineurs, il eſt toujours le maître d'offrir le rembourſement, de réduire la dette en deniers, & de ſe libérer par le paiement.

Faculté de rembourſer ſe ſupplée de droit en tout contrat de conſtitution.

L'obligation de faire un emploi ne regarde que le tuteur. Pour le débiteur de la rente, qui n'eſt pas chargé des intérêts du mineur, qui n'eſt point obligé de veiller à la conſervation de ſon bien, l'emploi ne le regarde pas ; la Loi & la Juſtice lui indiquent dans la perſonne du tuteur celui à qui il doit s'adreſſer, celui qui eſt chargé des intérêts du mineur ; en lui remettant les deniers, il ſuit la foi publique, il paie de l'autorité du Magiſtrat, & par conſéquent il paie ſûrement, *tutò redimere licet à tutore :* il n'a donc point de précaution à prendre, puiſqu'il a une décharge valable, & que les intérêts du mineur lui ſont abſolument étrangers.

Autrement il faudroit dire qu'il n'y auroit point de différence entre le rembourſement fait au tuteur, & celui qui ſeroit fait au mineur lui-même; car il eſt bien certain que ſi on rembourſe au mineur, & qu'on lui faſſe faire un emploi, le débiteur de la rente eſt bien libéré, puiſqu'il n'y a point de léſion : n'y auroit-il donc aucune différence dans le rembourſement, quand il eſt fait à celui qui a qualité pour recevoir, & faudroit-il encore faire un emploi, comme ſi on rembourſoit au mineur lui-même ? Cela eſt abſurde.

Enfin ſi le débiteur qui rembourſe étoit obligé de veiller à l'emploi, il faudroit qu'il fît faire un emploi ſolide, & qu'il en demeurât garant; car ce n'eſt pas le nom d'emploi qu'on demande, mais une ſûreté pleine & entiere pour le mineur. Mais ſi cela eſt le débiteur ne ſera pas libéré, quoiqu'il ſoit de l'eſſence d'une conſtitution de rente d'en être pleinement déchargé en rembourſant. Il aura rendu les deniers par lui reçus, & cependant la rente ſubſiſtera toujours, ou, ce qui opere le même effet, il ſera tenu de faire payer la rente ſur l'emploi qui aura été fait, ſinon de payer lui-même; ce qui détruiroit la Loi primitive des conſtitutions de rentes, qui eſt la liberté de s'en libérer en rendant les deniers purement & ſimplement.

C'eſt une illuſion de dire que parce qu'on ne pourroit pas rembourſer au mineur lui-même purement & ſimplement, on ne peut pas rembourſer non plus entre les mains du tuteur. Le mineur n'a pas qualité pour recevoir, ainſi le rembourſement ſeroit nul, s'il n'étoit ſoutenu par un bon emploi; mais le tuteur a qualité, il a un pouvoir qui lui eſt déféré par le Magiſtrat: on peut donc payer entre ſes mains avec toute ſûreté. Aucune parité entre le tuteur & ſon mineur, entre le paiement fait à l'un & le payement fait à l'autre. La Loi défend de payer à l'un, & par conſéquent ſi on lui délivre les deniers ſans emploi, on ne peut être déchargé; mais la Loi permet de payer à l'autre, & par conſéquent la quittance qu'il donne opere la pleine libération du débiteur.

Ces principes s'appliquent indiſtinctement à tous les tuteurs; auſſi les ſieurs de Beaujeu ſe défendent-ils moins par les principes que par le fait; ils n'ont pas même entrepris de répondre au ſentiment unanime de tous les Juriſconſultes, qui reconnoiſſent le pouvoir du tuteur pour recevoir le rembourſement des rentes conſtituées; mais ils ont imaginé que dans la Sentence qui nommoit le sieur de Beaujeu tuteur de ses enfans, son pouvoir avoit été limité. Mais cette Sentence même va fournir un nouveau moyen au Marquis de Clermont d'Amboise, comme on l'a déja annoncé.

Cette Sentence est du 22 Septembre 1718, elle nomme le sieur de Beaujeu tuteur de deux de ses enfans, Alexandre-Nicolas-Joseph & Eugene-Frédéric de Beaujeu, qui n'avoient d'autre bien que celui qu'ils tenoient de la libéralité de Nicolas de Beaujeu leur oncle; elle l'autorise à retirer des mains de Me Largentiere tous les titres & papiers qui avoient été inventoriés après la mort de Nicolas de Beaujeu, le compte d'exécution testamentaire, & les pieces justificatives de ce compte, & à recevoir les sommes de deniers appartenans aux mineurs, tant en vertu du testament du Comte de Beaujeu leur oncle, que de la donation entre-vifs qu'il leur avoit faite.

Ce pouvoir ne pouvoit être plus étendu, il comprend généralement tout ce qui pouvoit intéresser les mineurs. Donataires & légataires du Comte de Beaujeu, ils n'avoient que ce qui procédoit de sa libéralité; on autorise donc le pere à recevoir comme tuteur, toutes les sommes de deniers appartenans aux mineurs en vertu du testament & de la donation. On ne restreint son pouvoir à aucun égard; toutes les sommes appartenant aux mineurs en vertu des titres dont ils tiroient tout leur droit, toutes ces sommes seront reçues par leur pere & tuteur.

Or les 25000 livres, formant le capital de la rente qui leur avoit été donnée par le Comte de Beaujeu, étoit une somme de deniers qui appartenoit aux mineurs en vertu de la donation; leur pere en qualité de tuteur avoit donc droit de la recevoir, il y étoit autorisé par la Sentence du Juge & par l'avis des parens, & par conséquent le paiement qui lui a été fait, a été fait à un tuteur qui avoit qualité, & même qui avoit un pouvoir spécial pour recevoir.

Mais, dit-on, la Sentence qui parle de sommes de deniers appartenant aux mineurs en vertu de la donation, ne doit s'entendre que de sommes purement mobiliaires, comme arrérages de rente, sommes exigibles par billets & obligations, & non du capital de la rente. Un pareil raisonnement est directement contraire au texte de la Sentence. Quand on parle en général de sommes de deniers appartenans aux mineurs, on entend tout ce qui leur revient en deniers, tout ce qui peut leur être payé en deniers, & par conséquent on entend le capital même de la rente comme les arrérages, puisqu'on est en droit de leur rendre le capital en deniers; la Sentence ne distingue point, ne limite point le pouvoir du tuteur; tout ce qui appartient au mineur, tout ce qui doit être payé en deniers, sera reçu par le tuteur.

Si on avoit voulu exclure le capital, on auroit dit que le tuteur recevroit les arrérages des rentes comprises dans la donation, puisque le Comte de Beaujeu n'avoit donné entre-vifs en 1716 que des rentes constituées; mais comme le pouvoir du tuteur devoit être indéfini, on dit en général qu'il pourra recevoir les sommes de deniers appartenans à ses mineurs en vertu de la donation; il peut donc également recevoir & le capital & les rentes.

C'est une illusion de dire que le capital de la rente n'appartenoit pas alors aux mineurs; car ce capital ne pouvoit appartenir qu'à eux, puisqu'ils en étoient les propriétaires & les créanciers. Il est vrai qu'il n'étoit pas exigible, mais la Sentence ne parle pas de sommes exigibles; elle parle de sommes de deniers appartenans aux mineurs, & ce capital leur appartenoit. On ne dira pas sans doute que le tuteur ne pouvoit pas recevoir les arrérages de la rente qui ne devoit écheoir que quelques années après; elle ne s'entend pas par conséquent de sommes dûes alors aux mineurs, exigibles alors, mais de tout ce qui étoit dû & de tout ce qui pourroit être dû dans la suite en vertu de la donation: on ne peut donc jamais en excepter le remboursement du capital qui appartenoit aux mineurs en vertu de la donation, & qui ne pouvoit être dû qu'à ce titre.

C'est aussi ce que la famille des mineurs a expressément reconnu, lorsqu'elle fut assemblée en 1735, pour leur nommer un tuteur à l'effet de renoncer à la succession de leur pere; il y est dit que par acte du 6 Mai 1716, le Comte de Beaujeu leur oncle leur avoit donné pour 58675 livres de capitaux de rente sur Particuliers, sur Communautés & sur la Ville; qu'après son décès arrivé en 1718, le sieur de Beaujeu leur pere avoit été élu leur tuteur, à l'effet *de recevoir les remboursemens offerts desdites rentes, qu'il les avoit reçu en effet, sans en faire emploi, & qu'il en devoit la restitution aux mineurs*. On ne peut rien de plus clair ni de plus formel; la famille reconnoît que le sieur de Beaujeu avoit été élu tuteur à l'effet de recevoir les remboursemens: elle a donc entendu elle-même que les capitaux des rentes étoient compris dans les termes de la Sentence de 1718, qui autorise le sieur de Beaujeu à recevoir toutes les sommes de deniers appartenans aux mineurs en vertu de la donation ; elle n'a pas imaginé que ce pouvoir fût réduit aux seuls arrérages, & le Magistrat qui avoit rendu la Sentence de tutelle de 1718, l'a entendu lui-même ainsi, en homologuant l'avis des parens de 1735.

Il est donc évident que la fausse interprétation donnée par les sieurs de Beaujeu à la Sentence de 1718, est non-seulement contraire au dispositif même de la Sentence, mais encore à l'esprit de la famille & du Juge qui l'avoit rendue, comme il paroît par l'avis de parens de 1735, & par le Jugement qui l'homologue. Après cela, on ne croit pas qu'il puisse rester le moindre doute sur la validité du remboursement, ni que les sieurs de Beaujeu puissent soutenir la demande qu'ils ont formée, ni la Sentence par défaut qu'ils ont obtenue.

CXLVIII. PROCÈS A LA TR. DES ENQUESTES.

POUR Georges Gougenon, Tuteur onéraire de M. le Prince de Condé, Intimé.

CONTRE *la Dame de Francé, & les Directeurs des Créanciers du Sieur Bernard Pajot, Baron de Francé, Appellans.*

QUESTION.

Promesse de vendre vaut-elle contrat quand le bien est en Bail judiciaire ?

LEs Directeurs des Créanciers du sieur Pajot de Francé demandent à M. le Prince de Condé le paiement d'une somme de quatre cens mille livres pour prix d'une vente qu'ils supposent avoir été faite à feu M. le Duc, sous le nom de M. Gluc de Saint-Port, par acte sous seing-privé du 15 Janvier 1720 ; mais cet acte qui n'a point par lui-même les caracteres d'une vente parfaite, n'a jamais eu d'exécution par le fait des sieur & dame de Fruncé, & de leurs créanciers.

Le sieur de Fruncé dépossédé par une saisie-réelle & par des baux judiciaires ne pouvoit pas disposer, l'Acquéreur n'a point été mis en possession; au contraire, les biens sont demeurés sous la main de la Justice par des baux judiciaires qui se sont succédés les uns aux autres pendant dix ans. La maison que l'on suppose vendue & ses dépendances, ont totalement dépéri pendant ces poursuites. Les créanciers privilégiés ont demandé à y rentrer; & après de longues procédures, ils ont obtenu une Sentence passée en force de chose jugée qui le leur a permis. Pouvoit-on imaginer qu'un projet abandonné pendant tant d'années, & détruit par tant de démarches contraires, pût revivre, pour rendre M. le Duc débiteur d'une somme immense, prix chimérique d'un fonds qui ne lui a jamais été livré, & pour exiger aujourd'hui en argent ce qui n'avoit été acheté qu'en effets de 1720? Tous les principes & toutes les circonstances se réunissent pour combattre cette prétention, déjà proscrite par la Sentence dont est appel.

Le sieur Pajot de Fruncé étoit propriétaire d'une maison située à Paris, rue des Vieilles-Thuilleries; elle fut saisie réellement en 1716 avec d'autres immeubles qui lui appartenoient; la saisie-réelle à laquelle survinrent beaucoup d'oppositions, fut portée aux Requêtes de l'Hôtel.

La dame de Fruncé qui étoit séparée de biens & créanciere pour la restitution de sa dot, demanda par une Requête du 23 Juin 1719, que tous les biens saisis réellement lui fussent abandonnés, aux offres de payer les créanciers privilégiés, ceux qui étoient antérieurs à elle, & ceux auxquels elle étoit obligée.

Les choses étoient en cet état, lorsque les sieur & dame de Fruncé proposerent à feu M. le Duc de lui vendre la maison rue des Vieilles-Thuilleries. M. le Duc chargea M. Gluc de Saint-Port, Conseiller au Grand-Conseil, de traiter avec les sieur & dame de Fruncé. La saisie-réelle apportoit un grand obstacle; on crut qu'on pourroit le surmonter: dans cette espérance, on passa, le 15 Janvier 1720, un acte sous seing-privé entre les sieur & dame de Fruncé d'une part, & M. de Saint-Port de l'autre, par lequel les sieur & dame de Fruncé vendirent & promirent de passer contrat à M. de Saint-Port de la maison en question, moyennant quatre cens mille livres de de prix principal, & six mille livres de pot-de-vin.

On stipule que M. de Saint-Port entrera en jouissance à la fête de S. Jean de la même année 1720, & que cependant dès le jour de Pâques M. de Saint-Port, ou la personne qu'il indiquera, jouira de la totalité du jardin, pour y mettre des pierres & matériaux, & y faire les fouilles & constructions qu'il jugeroit à propos. On convient que le sieur Pajot donnera toutes les sûretés nécessaires pour la vente, le prix de laquelle sera payé ainsi qu'il sera convenu dans le contrat, qui sera passé au plus tard dans le jour de Pâques prochain.

Cet écrit, comme on le voit, ne contenoit pas une convention parfaite, puisqu'on ne savoit pas encore quelles sûretés on pourroit fournir à l'acquéreur, & qu'on réservoit à régler dans la suite de quelle maniere le prix seroit payé, objets infiniment intéressans dans une vente, & sans lesquels on ne peut pas dire qu'il y ait de marché.

Les Sieur & Dame de Fruncé tenterent sans doute différens moyens pour procurer les sûretés promises; mais ne pouvant y parvenir, ils imaginerent un expédient. La maison rue des vieilles Thuileries leur avoit été vendue en 1715 par les Sieur & Dame Gluc, pere & mere de M. de Saint-Port, & de M. Gluc, Conseiller au Parlement. Sur le prix de cent dix mille livres ils avoient payé aux Sieur & Dame Gluc la somme de cinquante-six mille livres qu'ils avoient empruntés de M. le Duc de Lausun, & étoient demeurés débiteurs des cinquante-quatre mille livres restans. Pour se rendre les maîtres de disposer de la maison, ils firent passer un acte sous seing privé le 26 Février 1720 à la Dame Gluc, alors veuve, & aux Sieurs Gluc ses fils, contenant pouvoir à un Procureur au Parlement, dont le nom fut laissé en blanc, de demander pour eux aux Requêtes de l'Hôtel que la maison leur fût délaissée, comme créanciers privilégiés, en déduction de ce qui leur restoit dû, aux offres de payer M. le Duc de Lausun & autres créanciers privilégiés, s'il y en avoit. Au bas de ce pouvoir la Dame Gluc & ses fils déclarerent qu'ils n'entendoient point se prévaloir de ce qui seroit fait en conséquence de ce pouvoir, n'ayant été obtenu qu'à la réquisition & pour faire plaisir aux Sieur & Dame de Fruncé, & sans préjudice à l'écrit fait double entr'eux & M. de Saint-Port, qui seroit exécuté.

Il est évident que ce pouvoir n'avoit été donné que pour mettre les Sieur & Dame de Fruncé en état de remplir ce qu'ils avoient promis par l'acte du 15 Janvier, qui étoit de donner *les sûretés nécessaires à l'acquéreur.* Pour cela il falloit faire tomber la saisie réelle de la maison, & l'on croyoit y parvenir en faisant demander le délaissement sous le nom d'un créancier privilégié ; mais comme c'étoit aux Sieur & Dame de Fruncé à procurer les sûretés, c'est aussi à eux que le pouvoir est donné, le nom du Procureur en blanc ; c'est à leur réquisition & pour leur faire plaisir : aussi sont-ils ceux qui se chargent de poursuivre la demande pour procurer les sûretés qu'ils avoient promises.

On ne voit pas qu'ils ayent fait aucun usage de ce pouvoir ; ils comprirent sans doute que les créanciers saisissans & opposans pourroient faire échouer la demande, si elle étoit formée, n'étant pas juste que dans un temps où cette maison pouvoit être vendue un prix excessif, on laissât rentrer un créancier privilégié pour le prix qu'elle avoit été vendue en 1715. Quoi qu'il en soit, la demande ne fut point formée ; le jour de Pâques arriva sans qu'on fît passer le contrat de vente, comme on étoit convenu : on ne pouvoit pas en effet le passer, les Sieur & Dame de Fruncé ne pouvant donner aucunes sûretés.

Les choses ne se trouverent pas plus avancées au jour de Saint Jean-Baptiste, en sorte que M. de Saint-Port, ou M. le Duc pour qui il avoit traité, ne purent être mis en jouissance de la maison, comme il avoit été dit dans l'écrit du 15 Janvier ; en un mot, rien ne fut exécuté de ce qui pouvoit rendre la vente parfaite.

Cependant il étoit juste que M. Gluc de Saint-Port, qui avoit signé l'acte du 15 Janvier, fût déchargé par M. le Duc pour qui il avoit traité ; c'est ce qui l'engagea à faire sa déclaration à M. le Duc, par acte passé devant Notaires le 26 Octobre 1720, dans laquelle il reconnoît que la vente qui lui a été faite est pour & au profit de M. le Duc, par l'ordre duquel il l'a acceptée, pour lui faire plaisir & lui prêter son nom. M. le Duc accepte cette déclaration, s'oblige au payement du prix, conformément à l'écrit du 15 Janvier, en sorte que M. de Saint-Port n'en puisse être inquiété ni recherché. Cette déclaration fut signifiée aux Sieur & Dame de Fruncé le 29 du même mois.

Comme cet acte n'est passé qu'entre M. le Duc & M. de Saint-Port, les Sieur & Dame de Fruncé ne peuvent s'en prévaloir, ni s'en former un titre en leur faveur ni en faveur de leurs créanciers ; M. le Duc ne traite point avec eux, & ne contracte aucun engagement à leur égard. Tout l'objet de l'acte est d'assurer la décharge de M. de Saint-Port, & d'engager M. le Duc à prendre tous les évenemens sur lui-même, en sorte qu'il n'en puisse jamais rien retomber sur celui qui lui avoit prêté son nom; ainsi quand il s'oblige de payer le prix, ce n'est que relativement à M. de Saint-Port, & pour qu'il ne demeure exposé à aucune action pour raison de ce même prix. D'ailleurs il ne s'oblige à payer que *conformément* à l'écrit du 15 Janvier, & par conséquent ce n'est qu'autant que cet écrit pourroit être obligatoire: par-là on n'ajoute rien au premier acte; & s'il est ou défectueux en lui-même, ou caduc par son inexécution, l'acte du 26 Octobre n'a pour objet ni de le réparer ni de le faire revivre, mais seulement de mettre M. de Saint-Port à l'abri de toutes recherches.

Quoi qu'il en soit, les Sieur & Dame de Fruncé ne se formerent pas eux-mêmes une idée plus avantageuse de l'écrit du 26 Octobre; s'ils avoient été en droit d'exiger de M. le Duc quatre cens six mille livres en argent, l'ordre se rétablissoit dans leurs affaires; ils avoient de quoi payer leurs créanciers, en conservant encore une grande partie de leur fortune & de leurs immeubles; mais ils étoient trop convaincus qu'une pareille prétention ne se pouvoit soutenir, pour oser même la proposer: ils regarderent donc la convention du 15 Janvier 1720 comme nulle & caduque.

C'est ce qui obligea la Dame de Fruncé de prendre toutes ses mesures pour faire réussir la demande qu'elle avoit formée dès 1719, afin que la maison lui fût délaissée en déduction de ses créances. Pour cela elle commença par payer M. le Duc de Lausun, créancier privilégié; le Comte de Roye, M. Doublet de Persan, & quelques autres; elle produisit les pieces justificatives des subrogations qu'elle avoit obtenues à leurs créances, & conclut par une nouvelle Requête du 3 Octobre 1722, à ce que la maison lui fût délaissée, tant comme créanciere pour raison de sa dot, que comme subrogée aux droits de ces différens créanciers. Cette demande, qui fut contestée par les autres créanciers, n'eut pas un succès favorable, la Dame de Fruncé en fut déboutée par Sentence rendue sur productions des Parties le 15 Septembre 1723, & condamnée aux dépens. Mais il résulte toujours de ce Procès qu'on étoit bien éloigné de regarder la maison comme vendue à M. le Duc, puisque non-seulement on ne faisoit aucune démarche pour le mettre en possession ni pour le faire payer, mais qu'au contraire on faisoit tous les efforts possibles pour en faire adjuger la propriété à un autre.

Aussi les poursuites sur la saisie réelle ont-elles continué sans interruption, & les baux judiciaires commencés en 1716, renouvellés jusqu'à trois fois depuis 1720. Les nouveaux baux judiciaires sont des 17 Juillet 1721, 30 Septembre 1723, & 22 Août 1726, ce qui a porté la jouissance des fermiers jusqu'en 1730. Le nombre des opposans s'est augmenté pendant cet intervalle; il y en avoit soixante-dix-neuf en 1721. Par les nouvelles oppositions survenues depuis, en 1724, & dans les années suivantes, jusques & compris 1729, on voit qu'il y avoit alors près de cent oppositions subsistantes. Tant de procédures, tant de poursuites pendant un grand nombre d'années, peuvent-elles se concilier avec l'idée d'une vente parfaite en 1720, qui devoit procurer un si grand soulagement au débiteur & à ses créanciers?

Pendant que tous les créanciers concouroient à faire vendre la maison en Justice, MM. Gluc, créanciers privilégiés, comme on l'a dit, de 54000 liv. de principal, pour reste du prix de la vente faite par leurs pere & mere en 1715, crurent devoir prendre une route plus courte pour se faire payer. Comme bailleurs de fonds, ils demanderent à rentrer faute de payement, & que la maison leur fût abandonnée suivant l'estimation. Cette demande formée par une Requête du 3 Décembre 1723, n'étoit point, comme on veut le faire entendre, la suite du pouvoir qu'ils avoient donné de la former le 26 Février 1720. Ce pouvoir avoit été donné aux Sieur & Dame de Fruncé, à leur réquisition, pour pouvoir obtenir main-levée de la saisie réelle, & les mettre en état d'exécuter l'écrit du 15 Janvier; mais depuis tout avoit changé de face, la maison n'avoit point été livrée à l'acquéreur, le prix n'avoit pas pu en être payé dans les effets qui seuls avoient déterminé à le porter à un si grand excès. M. de Saint-Port avoit fait sa déclaration à M. le Duc, qui l'avoit acceptée, & cette déclaration avoit été signifiée; en sorte que s'il avoit encore été question de l'écrit du 15 Janvier, on ne pouvoit agir que de concert avec M. le Duc: enfin les baux judiciaires avoient été renouvellés jusqu'à deux fois, & la Dame de Fruncé avoit poursuivi elle-même l'adjudication de la maison à son profit.

Quand MM. Gluc, à la fin de 1723, ont demandé à rentrer, ils ont donc agi de leur chef & pour leur propre intérêt, qui n'étoit que trop réel; ce ne sont pas les Sieur & Dame de Fruncé qui ont formé cette demande sous le nom de MM. Gluc, en vertu du pouvoir du vingt-six Février 1720. La suite confirmera parfaitement cette vérité. Quoi qu'il en soit, les créanciers s'opposerent vivement à cette demande, ce qui a fait la matiere d'une nouvelle Instance appointée, qui n'a été jugée que par Sentence du 30 Mars 1730. MM. Gluc furent plus heureux que la Dame de Fruncé, la maison leur fut adjugée en déduction de leurs créances pour le prix de l'estimation qui en seroit faite. Comme il n'y eut point d'appel de cette Sentence, MM. Gluc obtinrent le 4 Août suivant une Ordonnance de M. de Pontcarré, qui leur permit d'assigner les Parties pour convenir d'Experts.

Tout paroissoit ainsi consommé lorsque les Sieur & Dame de Fruncé s'aviserent d'un détour qu'il étoit alors difficile d'imaginer, ils prétendirent qu'il étoit inutile de faire faire une estimation, parce que la maison étoit vendue il y avoit plus de dix ans à M. de Saint-Port, qui étoit un de ceux qui venoient d'obtenir la Sentence : ils voulurent donc faire revivre l'écrit du 15 Janvier 1720, & sur ce fondement ils formerent opposition à l'Ordonnance du 4 Août, sans appeller de la Sentence du 30 Mars qui adjugeoit la maison aux deux freres.

Cette nouvelle contestation fut appointée en 1731, on y fit intervenir les créanciers opposans, qui s'étoient unis par un contrat du 14 Mai 1722, dans lequel les Sieur & Dame de Fruncé, au lieu de leur abandonner la maison, leur avoient abandonné les 406000 liv. prix porté par l'écrit du 15 Janvier 1720. MM. Gluc n'eurent pas de peine à faire sentir toute la chimere d'une pareille prétention ; cependant comme l'écrit du 15 Janvier 1720 ne pouvoit pas même les regarder depuis la déclaration que M. de Saint-Port, qui étoit seul Partie, avoit passée au profit de M. le Duc, déclaration acceptée par ce Prince, & signifiée aux Sieur & Dame de Fruncé ; ils dénoncerent à ce Prince la demande formée contre eux, & le firent assigner pour la faire cesser.

M. le Duc prenant le fait & cause de MM. Gluc intervint dans l'Instance, & soutint comme eux qu'il n'étoit pas possible de faire usage de l'écrit de 1720, demeuré imparfait & sans exécution depuis tant d'années. En effet, par la Sentence du 7 Mai 1737, sans s'arrêter aux oppositions formées à l'Ordonnance du 4 Août ni aux demandes des créanciers, il a été ordonné que la Sentence du 30 Mars & l'Ordonnance du 4 Août seroient exécutées, & qu'il feroit paffé outre à l'eftimation ordonnée.

C'eft fur l'appel de cette Sentence qu'il s'agit de prononcer. Les créanciers depuis l'appel ont donné une Requête le 18 Mai 1741, par laquelle ils ont demandé qu'en les recevant oppofans à l'Ordonnance du 4 Août, il leur fût donné acte de ce qu'ils confentoient l'exécution des actes des 15 Janvier & 26 Février 1720, & qu'où les actes des 26 Octobre 1720 & 10 Octobre 1722 feroient regardés comme fimulés, ils confentoient que la Sentence du 30 Mars 1730 fût exécutée en ce qui regarde le délaiffement de la maifon fait à MM. Gluc; ce faifant, qu'ils fuffent condamnés à payer les 406000 livres de principal & les intérêts depuis le même jour 30 Mars 1730. Et où au contraire ces actes feroient regardés comme férieux, qu'il leur fût donné acte de ce qu'ils confentoient que cette Sentence fût exécutée au profit de M. le Duc, & en conféquence le condamner à payer le principal de 406000 liv. & les intérêts. Enfin ils ont demandé, qu'attendu que M. le Duc avoit foutenu que l'écrit du 15 Janvier étoit caduc faute d'exécution, il leur fût donné acte de ce qu'ils dénonçoient cette prétention à MM. Gluc, à ce qu'ils euffent à la faire ceffer, finon qu'ils fuffent condamnés à payer la même fomme. Tel eft l'état de la conteftation où il paroît évident que les Sieur & Dame de Fruncé, & leurs créanciers, font également non-recevables & mal fondés.

MOYENS. Dans le récit que l'on vient de faire de la Procédure, on découvre d'abord une fin de non-recevoir invincible. M. Gluc de Saint-Port, Confeiller au Grand-Confeil, & M. Gluc fon frere, Confeiller en la Cour, comme héritiers de leur pere & mere, ont demandé dès 1723 à rentrer dans la propriété de la maifon dont il s'agit pour les 54000 livres qui leur reftoient dûes du prix de la vente de 1715 : par la Sentence du 31 Mars 1730 la maifon leur a été délaiffée en déduction de leurs créances, fuivant l'eftimation qui en feroit faite; non-feulement il n'y a jamais eu d'appel de cette Sentence rendue il y a plus de dix ans, mais les Sieur & Dame de Fruncé & leurs créanciers y ont formellement acquiefcé : MM. Gluc font donc propriétaires de la maifon. Ils ont un titre public émané de l'autorité de la Juftice, qui leur affure irrévocablement cette propriété, rien ne peut les en dépouiller. Non-feulement ils font propriétaires, mais ils le font en qualité de créanciers privilégiés pour refte du prix de la vente de 1715, qui fera déduit ou compenfé fur l'eftimation ordonnée. Leur état eft immuable, il eft établi fur l'autorité de la chose jugée, qui ne peut plus recevoir d'atteinte.

Mais, si cela est ainsi, comment peut-on demander, ou que M. de Saint-Port seul, ou que M. le Duc, comme ayant droit par la déclaration de M. de Saint-Port, soit tenu d'exécuter la prétendue vente portée en l'écrit du 15 Janvier 1720, & de payer le prix qui y est stipulé? La propriété du même fonds ne peut pas appartenir à différentes personnes en même-tems; suivant la Sentence du 31 Mars 1730, qui n'est point attaquée, & qui ne peut l'être; ce sont MM. Gluc qui sont propriétaires pour le prix de l'estimation, & ce prix doit être compensé avec leur créance de 54000 livres & avec les intérêts; suivant la prétention des Sieur & Dame de Fruncé & de leurs créanciers, c'est M. de Saint-Port seul ou M. le Prince de Condé au lieu & place de M. le Duc, qui doit être propriétaire en payant les 406000 livres: comment concilier cette prétention avec la Sentence qui subsiste? Par la Sentence, le droit de propriété est acquis à M. Gluc, Conseiller en la Cour, qui n'a aucune part à l'écrit du 15 Janvier 1720, ni à tout ce qui peut y avoir quelque rapport; comment perdroit-il cette propriété, quand son titre subsiste nécessairement? On ne conçoit rien à la prétention des Appellans.

Plusieurs ne peuvent être en même-temps propriétaires pour le tout.

C'est une illusion de prétendre que la demande de MM. Gluc formée en 1723, n'étoit qu'une voie détournée pour parvenir à l'exécution de l'écrit du 15 Janvier, & que la Sentence qui a autorisé cette demande ne doit avoir que le même effet; que tout cela est une suite de l'écrit du 26 Février, dans lequel MM. Gluc sont également Parties: car si au mois de Février 1720, on croyoit pouvoir se servir du nom de MM. Gluc pour faciliter l'exécution de l'écrit du 15 Janvier précédent, il est évident que ce secours, que cette voie oblique & détournée, auroit été inutile en 1723. Au mois de Février 1720 on pouvoit craindre quelque obstacle de la part des créanciers. Si l'on avoit fait paroître l'écrit du 15 Janvier, ils se seroient vus exposés à ne recevoir leur paiement qu'en papier, ce qui leur auroit fait tenter toutes sortes de moyens pour s'en défendre; on crut donc alors pouvoir se servir du nom de MM. Gluc, & du droit qu'ils avoient comme bailleurs de fonds, pour faire cesser la saisie-réelle de la maison, & ce fut l'objet du pouvoir qu'on fit donner à MM. Gluc le 26 Février. Mais au mois de Décembre 1723, si l'on avoit imaginé que l'écrit du 15 Janvier pouvoit encore subsister, & exiger en argent le paiement de 406000 livres, il n'y auroit pas eu un seul créancier qui n'eût adopté la vente, & qui n'eût consenti l'exécution comme ils ont fait en 1732. Il ne falloit donc plus employer la voie oblique d'une demande à fin de rentrer sous le nom de MM. Gluc.

La conséquence qui résulte de cette observation est que la demande formée par MM. Gluc en 1723, est une demande très-sérieuse, qui n'avoit pas pour objet de faire exécuter l'écrit du 15 Janvier ; une demande qui n'avoit aucun rapport au pouvoir du 26 Février ; en un mot, une demande absolument indépendante de la prétendue vente faite à M. le Duc sous le nom de M. de Saint-Port. Aussi cette demande a-t-elle été formée & poursuivie par MM. Gluc de leur chef, & non par les Sieur & Dame de Fruncé, à qui le pouvoir du 26 Février 1720 avoit été confié, & qui devoient en faire usage sous le nom de MM. Gluc. Cette demande a été contestée très-sérieusement pendant près de sept années. Elle a été instruite dans toutes les formes. Elle a été jugée sur productions respectives des Parties : est-il permis après cela de la présenter comme une comédie qui n'avoit point d'objet sérieux, & qui ne tendoit indirectement qu'à faire exécuter un acte dont il n'étoit point question dans le Procès ?

En un mot, la Sentence subsiste, elle adjuge la maison à MM. Gluc comme créanciers privilégiés, en vertu de la vente de 1715, elle l'adjuge pour le prix de l'estimation & en déduction de leurs créances : ce titre ne peut être enlevé à M. Gluc, Conseiller en la Cour ; & de propriétaire qu'il est par indivis avec Monsieur son frere, on ne peut le réduire à une simple créance en deniers à prendre sur le prix qu'on suppose dû par M. le Prince de Condé.

Mais quand cette fin de non-recevoir n'apporteroit pas un obstacle invincible à la demande des créanciers, leur prétention au fond n'en seroit pas moins insoutenable : 1°. parce que l'écrit du 15 Janvier 1720 n'étoit qu'un simple projet, & ne peut former par lui-même un titre obligatoire. 2°. Parce qu'il n'a point été exécuté. 3°. Parce qu'au contraire la vente judiciaire a été poursuivie ; enfin, parce que l'état des choses étoit tellement changé lorsqu'on en a demandé l'exécution, qu'il n'étoit plus possible de l'ordonner sans tomber dans une injustice évidente. Reprenons ces différens moyens, & faisons voir qu'ils sont tous également décisifs.

1°. L'écrit du 15 Janvier 1720 n'étoit qu'un simple projet, & ne formoit pas par lui-même un titre obligatoire. On convient que

que souvent une promesse de vendre opere le même effet qu'une vente parfaite; mais il faut pour cela que tout ce qui est essentiel à la vente soit convenu dans la promesse, & qu'il n'y manque que la forme extérieure du contrat; il faut d'ailleurs que la promesse soit pure & simple, il faut que les conditions en soient fixes & immuables. Ces principes sont connus, ainsi on ne croit pas qu'il soit nécessaire de les établir.

Promesse de vendre est vente, quand il n'y manque que l'authenticité.

Mais tout cela se trouve-t-il dans l'écrit du 15 Janvier? On n'y voit au contraire qu'un projet ébauché & qui étoit bien loin de sa perfection. On promet de vendre à M. de Saint-Port la maison rue des vieilles Thuilleries, moyennant 400000 livres, & 6000 livres de pot-de-vin; mais comme la maison étoit saisie réellement, & que les Sieur & Dame de Fruncé ne pouvoient pas vendre, il est dit qu'ils donneront les sûretés nécessaires à l'Acquéreur. Et quelles devoient être ces sûretés? C'est sur quoi on n'étoit point d'accord. En falloit-il davantage pour réduire l'acte aux termes d'un simple projet? Car enfin qu'y a-t-il de plus essentiel dans une vente que de procurer les sûretés nécessaires pour rendre la propriété solide dans la personne de l'Acquéreur? Sans cela il est impossible de supposer une vente. On peut bien convenir de vendre, convenir de vendre à un certain prix; mais quand on n'est pas encore convenu des sûretés qu'on pourra donner, on n'a encore rien fait, puisque ce ne sont que ces sûretés qui peuvent faire la base de l'engagement.

En vain opposeroit-on que ce sera à la Justice à décider si les sûretés offertes sont suffisantes: car ce n'est point à la Justice, dans une vente volontaire, à prescrire des Loix aux Parties; ce n'est point à elle à régler les conditions de la vente, quand les Parties n'en sont pas convenues. Le ministere des Juges est de faire exécuter les engagements tels qu'ils sont, & non pas de les former arbitrairement. Ainsi dès que sur les sûretés de la vente, & pour sçavoir si elles sont suffisantes, il faudroit recourir à la Justice, cette nécessité même est une preuve qu'il n'y a point de vente parfaite.

Justice fait exécuter les engagemens, & ne les forme point.

Pour achever de mettre cette vérité dans tout son jour, une seule objection suffit. Il faut que la promesse renferme tellement ce qui est essentiel à la vente, qu'en rédigeant un contrat en forme, on pût se contenter d'y mettre ce qui est écrit dans la promesse. Or, pourroit-on passer un contrat devant Notaire dans lequel le vendeur promettroit en termes vagues de donner les sûretés nécessaires à l'Acquéreur, un Officier public

Promesse de vendre est obligatoire, quand il ne s'agit plus que de la transformer en contrat.

le voudroit-il recevoir en cette forme? Et ne diroit-il pas aux Parties : commencez par convenir des sûretés nécessaires, sans cela, je ne puis recevoir un acte aussi imparfait que celui que vous me présentez? Supposons même que le Notaire eût la facilité de recevoir une pareille convention, seroit-elle obligatoire? Tant qu'il reste quelque chose à régler & à convenir, il n'y a point de vente; ainsi une promesse qui renferme une pareille clause ne présente qu'un acte imparfait, qu'un projet inutile, & qui ne peut lier les Parties irrévocablement.

Ajoutons que dans la promesse dont il s'agit il est dit, *que le prix sera payé ainsi qu'il sera convenu entre les Parties lors de la passation du contrat*. Il y avoit donc encore des conventions à faire entre les Parties, & l'on renvoye à un autre temps pour les régler : quand cela est, peut-on dire que la vente soit parfaite? Le prix ne consiste pas seulement dans la somme qu'il faut payer, mais encore dans les temps, dans la maniere de la payer, & dans la nature des effets qui doivent servir au payement; si tout cela n'est pas fixé, si on réserve même à le fixer dans la suite, il est évident qu'il n'y a point encore de vente parfaite. Il faut donc convenir que l'écrit du 15 Janvier 1720 n'étoit qu'un projet très-imparfait; les sûretés si nécessaires à l'Acquéreur sont promises, sans sçavoir en quoi elles pourront consister; la maniere de payer le prix demeure incertain, & on se réserve à le régler dans la suite; ce n'est pas-là une vente, & par conséquent cet écrit ne peut former un titre obligatoire.

2°. Si c'étoit une vente, elle seroit caduque par son inexécution. Le vendeur n'a point livré la chose & n'a pas pu la livrer, ce qui est le premier & le plus essentiel de tous ses engagemens. Suivant la promesse, l'Acquéreur devoit entrer en possession & jouissance du jardin au jour de Pâques 1720, pour y faire conduire des matériaux, & y faire faire les fouilles & constructions qu'il jugeroit à propos; il devoit de même entrer en jouissance de la maison au jour de Saint Jean : mais cela n'a point été fait, les Sieur & Dame de Francé ont continué d'occuper la maison, cour & jardin en entier, ils y demeuroient encore tranquillement au mois d'Octobre 1720, lorsque la Déclaration du 26 du même mois leur fut signifiée, & ils y sont toujours restés depuis comme Adjudicataires des baux judiciaires. Non-seulement en cela ils n'ont point exécuté la premiere condition de la vente, mais ils ont mis M. le Duc hors d'état de payer le prix dans la nature d'effets qui avoient cours alors, quoiqu'il soit évident que l'engagement n'ait été formé qu'eu égard à la qualité des effets avec lesquels il devoit être payé. Si M. le Duc n'a pas pu entrer en possession pendant l'année 1720, il a encore été moins en état de jouir dans les années suivantes, dans lesquelles les baux judiciaires ont été renouvellés jusqu'en 1730. Ainsi la chose vendue n'a point été livrée, & par conséquent l'engagement, s'il y en avoit un, ne pourroit jamais subsister.

Il y a plus, car les Sieur & Dame de Fruncé ne pouvoient pas même livrer la maison ni faire jouir M. le Duc. La maison étoit saisie réellement & en bail judiciaire dès 1716, on ne pouvoit donc pas en disposer sans le consentement des créanciers, & sans l'autorité de la Justice. La Partie saisie est dans l'interdiction de vendre, son bien est sous la main de la Justice, elle est dépossédée par le bail judiciaire, elle ne peut transmettre la propriété ni même la possession. Comment donc l'écrit du 15 Janvier 1720 pouvoit-il avoir son exécution?

Fonds en bail judiciaire n'est à la disposition de la Partie saisie.

Aussi n'avoit-il été passé que sous la condition de fournir les sûretés nécessaires à l'Acquéreur, ce qui tomboit principalement sur la main-levée de la saisie-réelle & des oppositions. Il falloit donc commencer par obtenir cette main-levée; mais les Sieur & Dame de Fruncé désespérant d'y réussir ne l'ont pas même tenté, on n'a pris aucune mesure pour y parvenir. Ainsi, soit par négligence, soit par impuissance, les Sieur & Dame de Fruncé ont mis eux-mêmes un obstacle invincible à l'exécution de l'écrit.

Il est vrai qu'ils avoient eu l'idée de faire tomber la saisie-réelle, en formant sous le nom de Messieurs Gluc une demande à fin de rentrer, faute de payement des cinquante-quatre mille livres qui leur restoient dûes par privilége; mais cette idée a été abandonnée, ils n'ont point agi en vertu du pouvoir qu'on leur avoit remis; ils n'ont donc rien fait de tout ce qui étoit nécessaire pour l'exécution de l'écrit du 15 Janvier, & par conséquent cet écrit est demeuré caduc.

3°. La simple inexécution de cet écrit suffiroit pour faire tomber la demande des Sieur & Dame de Fruncé & de leurs créanciers; mais ce qui est encore plus décisif, est que l'on a agi directement contre l'engagement que l'on avoit pris par cet Acte. Si M. le Duc étoit devenu Acquéreur, s'il étoit propriétaire de la maison & débiteur du prix, il n'étoit plus permis de souffrir qu'on fît des baux judiciaires de cette maison; les revenus appartenoient à M. le Duc, & les créanciers des Sieur & Dame de

Fruncé n'avoient aucun droit d'en poursuivre le bail en Justice sur leur débiteur : c'est cependant ce qui a été fait en 1721 ; en 1723 & en 1726. Les Sieur & Dame de Fruncé l'ont souffert, ils n'ont point réclamé la vente prétendue dont ils veulent aujourd'hui se faire un titre : ils y ont donc formellement contrevenu, & par conséquent il ne leur est plus permis de la réclamer.

D'ailleurs la Dame de Fruncé a demandé expressément que la propriété de la maison dont il s'agit lui fût adjugée en déduction de ses créances, & aux offres de payer celles qui étoient antérieures. Il est vrai qu'elle en avoit fait la premiere demande avant l'écrit du 15 Janvier, mais elle l'a poursuivie depuis ; elle a donné une grande Requête imprimée en 1722, dans laquelle elle a exposé toutes les créances qu'elle avoit acquittées & auxquelles elle étoit subrogée, & a demandé de nouveau que la propriété lui fût adjugée en vertu de ses subrogations ; par-là, loin d'exécuter la convention faite avec M. le Duc, elle a fait tous ses efforts pour obtenir un titre contraire. Qu'elle ait réussi ou qu'elle n'ait pas réussi, il n'en est pas moins constant qu'elle a détruit elle-même l'engagement pris avec M. le Duc, s'il pouvoit subsister.

Enfin, Messieurs Gluc ont à leur tour demandé que la maison leur fût adjugée en déduction de leurs créances ; ils ont soutenu pendant sept ans un Procès par écrit sur cette prétention. Les créanciers des Sieur & Dame de Fruncé ont combattu la demande, ils ont soutenu qu'il falloit passer outre à l'adjudication par décret, & faire vendre la maison au plus offrant & dernier enchérisseur : & par la Sentence définitive, la maison a été adjugée à MM. Gluc pour le prix de l'estimation ; ensorte que non-seulement toutes les Parties ont poursuivi la vente, les uns d'une maniere, les autres d'une autre, sans que personne ait réclamé l'exécution de l'écrit du 15 Janvier 1720 ; mais la vente & l'adjudication a été réellement prononcée en faveur de Messieurs Gluc.

Dans de pareilles circonstances, a-t-il été permis d'aller rechercher en 1730 cet écrit obscur du 15 Janvier 1720 demeuré sans exécution, abandonné depuis si long-tems, détruit par tant de procédures & de Jugemens contraires ? C'est une idée chimérique qui blesse également toutes les régles, & de l'ordre judiciaire, & de la bonne foi. Quand on a vendu sérieusement, il faut livrer la chose, & faire passer aussi-tôt la propriété & la possession sur la tête de l'Acquéreur. Mais loin de tenir cette conduite de la part des Sieur & Dame de Fruncé, tout s'est réduit de leur part à ensevelir dans les ténébres le prétendu acte de vente, & à laisser subsister la saisie-réelle avec toutes les suites qu'elle entraîne, baux judiciaires, oppositions, poursuites pour l'adjudication, Instances appointées, Jugements sur ces différentes Instances. Quelle absurdité d'imaginer, dix ans après, que tout cela n'est qu'un jeu de théatre, & qu'il en faut revenir à une prétendue vente volontaire qui doit faire tomber tout ce cahos de procédures?

4°. Dans quel temps s'avise-t-on, pour la premiere fois, de demander l'exécution de l'écrit du 15 Janvier 1720? C'est au mois d'Août 1730: dans le temps que d'un côté la maison est totalement dépérie, & que de l'autre il n'est plus possible de payer avec les effets sur la valeur desquels le prix avoit été convenu. Que la maison fût absolument dépérie, c'est ce qu'on ne peut pas révoquer en doute, pour peu que l'on considere qu'en 1730, il y avoit quinze ans qu'elle étoit saisie réellement & en bail judiciaire. On sçait quel est le sort des biens ainsi abandonnés; personne ne veille à l'entretien ni aux réparations, les dégradations augmentent & se multiplient chaque jour, souvent même on apporte ce qu'il y a de plus précieux & l'on peut dire que tout est en quelque maniere au pillage. Aussi après le cours d'une longue saisie-réelle, voit-on tous les jours les biens se vendre à vil prix par la nécessité où est un Adjudicataire de tout rétablir. L'effet n'étoit donc plus le même en 1730, lorsqu'on l'a offert à M. de Saint-Port ou à M. le Duc, qu'il étoit en 1720, lors du projet de vente.

Désastre des fonds en saisie-réelle.

Cependant, quel est le prix qu'on a demandé à M. le Duc? Quatre cents six mille livres en especes sonnantes qui seules avoient cours en 1730, comme elles ont encore seules cours aujourd'hui; prix qui pouvoit convenir en 1720, eu égard aux circonstances du temps, mais qui auroit excédé plus de quatre fois la valeur du fonds, s'il avoit été question de payer en argent. La maison n'avoit été vendue aux Sieur & Dame de Fruncé en 1715 que cent dix mille livres; pourquoi donc en porte-t-on la valeur en 1720 à quatre cents six mille livres, si ce n'est parce qu'on devoit payer dans les effets qui avoient cours alors? Mais si c'est-là la condition essentielle du marché, peut-on avec pudeur proposer de payer la même somme en 1730 en especes sonnantes?

On ne dira pas que ce soit par le fait de M. le Duc que l'exécution de la vente ait été retardée, il étoit d'accord du prix, le fonds ne lui manquoit pas pour payer en 1720, mais les Sieur & Dame de Fruncé n'ont pas livré la maison ni donné des sûretés, il falloit pour cela obtenir main-levée de la saisie-réelle; s'ils ne l'ont pas fait, qu'ils n'imputent donc qu'à eux-mêmes l'inexécution de la vente. Et ce retardement n'étant que de leur fait, seroit-il juste, seroit-il même proposable que M. le Duc ou M. le Prince de Condé en devînt la victime, & qu'il fût obligé de payer en argent un prix excessif qui n'avoit été promis que parce qu'il devoit être payé en papier?

Ce moyen seul suffiroit pour faire tomber la demande des créanciers du sieur de Fruncé; car enfin il est des premiers principes de l'équité, que personne ne doit souffrir du fait d'autrui: or, M. le Prince de Condé souffriroit une perte énorme, si pour un fonds qui ne valoit pas en 1730, à beaucoup près cinquante mille livres, il étoit obligé de payer quatre cents six mille livres de prix principal avec les intérêts, & cela parce que les Sieur & Dame de Fruncé, après avoir vendu au mois de Janvier 1720, & avoir promis de faire entrer en jouissance à la Saint Jean de la même année, auroient été dix ans entiers sans pouvoir exécuter leur engagement. On ne croit pas qu'une pareille prétention, contraire aux premiers principes de l'équité naturelle, puisse trouver quelqu'accès dans aucun Tribunal.

Réponses aux Objections.

Les créanciers ont avancé deux propositions; la premiere que la vente étoit valable dans son principe, & que les créanciers qui auroient été seuls capables de la critiquer, l'ayant *perpétuellement* approuvée, l'exception tirée de la circonstance de la saisie-réelle n'est pas proposable; la seconde, que cette vente n'a été ni abandonnée ni résolue, comme on le suppose.

Quant à la premiere proposition, on a déja fait voir que bien loin que la vente fût parfaite, ce n'étoit au contraire qu'un projet à peine ébauché. D'un côté on s'engageoit de la part des Sieur & Dame de Fruncé à donner les sûretés nécessaires, on ne les donnoit donc pas encore, & on ne sçavoit pas même quelles sûretés on pourroit donner, on n'étoit pas d'accord de ces sûretés; où est donc ici le véritable engagement quand il reste à convenir d'un point si essentiel? Le consentement est ce qui forme la vente, mais nul consentement sur les sûretés nécessaires à l'Acquéreur: on ne trouve donc point ici le *consensus*.

Vente se forme par le consentement.

Le prix n'étoit pas non plus absolument réglé. Il est vrai qu'on étoit convenu en général de quatre cent six mille livres; mais pour la maniere de payer, on dit que cela sera convenu entre les Parties lors de la passation du contrat : peut-on dire après cela que l'acte renferme une convention parfaite, ni même que le prix soit certain? On ne trouve donc dans l'acte dont il s'agit, *nec consensum, nec pretium;* & c'est-là ce qu'on veut nous faire regarder comme une vente parfaite! Il y a plus, le Vendeur ne pouvoit pas donner un consentement valable, puisqu'il étoit dans les liens d'une saisie-réelle, & qu'il ne pouvoit agir que de concert avec ses créanciers & avec le concours de la Justice. C'est là, nous dit-on, un moyen relatif aux créanciers, & dont l'Acquéreur ne peut pas profiter.

Mais en premier lieu, il n'est pas vrai que l'Acquéreur ne puisse pas exciper de ce moyen, car quand la vente est faite par celui qui n'a pas droit de vendre, il est certain que l'Acquéreur qui n'a aucune sûreté, n'est point obligé d'exécuter le contrat même le plus solemnel; or celui dont le bien est saisi réellement ne peut vendre, donc l'Acquéreur n'est point tenu d'exécuter la vente, & par conséquent il peut exciper du défaut de pouvoir dans la personne du Vendeur. Ce qui fortifie cette réponse est que l'acte du 15 Janvier est fait sous la condition de fournir les sûretés à l'Acquéreur, & que la premiere de toutes les sûretés étoit la main-levée de la saisie-réelle, l'Acquéreur à qui on n'a point fourni cette main-levée a donc été en droit de regarder la vente comme nulle.

En second lieu, quand le moyen seroit uniquement relatif aux créanciers, tout ce qu'on en pourroit conclure, est que si les créanciers avoient approuvé la vente, l'Acquéreur n'auroit pas pu refuser de l'exécuter; c'est aussi pour cela qu'on avance dans le Mémoire des créanciers qu'ils ont *perpétuellement* approuvé la vente : mais le fait est-il vrai, l'ont-ils approuvé en 1720? Qu'on nous indique dans quel acte & par quelle voie, c'est ce qui est absolument impossible. Si ce consentement de leur part avoit paru, dans l'instant M. le Duc auroit payé les quatre cens six mille livres & seroit entré en possession de la maison, il n'auroit eu ni prétexte, ni intérêt de s'y refuser. Mais les créanciers n'ont donné aucun signe de consentement, ils ne le pouvoient pas, puisque les Sieur & Dame de Francé ne leur ont donné aucune connoissance de la vente; & ils n'y auroient pas consenti s'ils l'avoient connue, parce qu'ils auroient été obligés de recevoir leur payement en papier, au lieu que par les longueurs inévitables d'une saisie-réelle ils espéroient le recevoir en argent. Quoi qu'il en soit, ce consentement n'a point été donné, c'étoit aux Sieur & Dame de Fruncé à l'obtenir, il n'en a pas fallu davantage pour décharger l'Acquéreur.

Loin de donner ce consentement dans les années suivantes, la Dame de Fruncé ayant demandé que la maison & les autres biens de son mari lui fussent adjugés pour ses créances, les créanciers ont contesté formellement cette demande & l'en ont fait débouter, non pas en disant que la vente étoit faite à M. le Duc & qu'elle leur étoit plus avantageuse, mais en soutenant qu'il falloit passer outre à l'adjudication par décret. Sur ce fondement ils ont fait faire jusqu'à trois baux judiciaires en 1721, 1723 & 1726; pouvoit-on faire quelque démarche plus contraire à la vente & à son approbation? C'est donc une supposition manifeste de dire qu'ils l'ont perpetuellement approuvée.

Mais, dit-on, ils ont consenti à son exécution en 1732 dès qu'ils l'ont connue; mais étoit-il temps alors de donner ce consentement, quand la vente demeurée sans exécution pendant douze ans ne pouvoit plus avoir d'effet? Il falloit le faire donner ce consentement en 1720, & tout auroit été bientôt consommé; mais on n'ose pas le demander quand on voit que les créanciers seront en droit de refuser le papier qu'on veut leur donner, on prend d'autres mesures pour faire adjuger le bien à la femme; & quand on a échoué dans cette tentative, & qu'on voit un créancier privilégié prêt à rentrer pour le prix de l'estimation, alors on fait paroître le traité abandonné, devenu caduc depuis douze ans, & on fait consentir les créanciers à recevoir en argent un prix porté au quadruple, parce qu'il devoit être payé en papier: n'est-ce pas une dérision que de nous donner ce consentement venu à tard, pour un acquiescement *perpétuel* à la vente ou au projet de vente?

La seconde proposition n'est ni plus juste ni plus réfléchie. La vente, dit-on, n'a été ni résolue ni abandonnée; elle n'a point été résolue, où est le titre, où est le Jugement qui la détruise? Elle n'a point été abandonnée de la part du sieur de Fruncé. Il est vrai que M. le Duc débouté de son acquisition l'a abandonnée, mais le dégoût de l'Acquéreur n'a pas pu faire perdre au Vendeur le droit qui lui étoit acquis. A tous ces discours il suffit de répondre, en un mot, qu'un acte est détruit & abandonné de la part du Vendeur, quand il ne l'exécute pas, & qu'il ne se met pas même en devoir de l'exécuter. Le sieur de Fruncé n'a point

point exécuté l'acte du 15 Janvier 1720, puisqu'il n'a point livré la maison, puisqu'il a continué de l'occuper depuis que l'Acquéreur devoit entrer en possession, puisqu'il n'a point donné de sûretés, quoique cela fût expressément stipulé, puisqu'il n'a obtenu ni le consentement des créanciers, ni la main-levée & radiation de la saisie-réelle. Une pareille contravention ne détruit-elle pas l'engagement avec plus de force que le titre le plus formel & le plus authentique? A t'on-exécuté la vente quand on a laissé renouveller des baux judiciaires pendant dix ans? C'est donc de la part du sieur de Frunçé, & non de la part de M. le Duc, que la vente a été abandonnée.

On ne dira pas sans doute que c'étoit à M. le Duc à se mettre en possession de la maison, quand elle étoit saisie réellement, ni à obtenir la main-levée de la saisie-réelle; c'est au Vendeur à livrer la chose & à lever tous les obstacles qui s'y opposent. L'inexécution de la vente est donc du fait du Vendeur, qui ne peut plus ni par lui-même, ni par ses créanciers, avoir aucune action contre l'Acquéreur.

Mais, dit-on, Messieurs Gluc & M. le Duc ont encore approuvé la vente par les actes des 26 & 29 Octobre 1720, dans lesquels Messieurs Gluc ont fait leur déclaration que dans l'écrit du 15 Janvier ils n'avoient fait que prêter leur nom à M. le Duc, & dans lesquels M. le Duc, en acceptant cette déclaration, promet de payer les 406000 livres, conformément à cet écrit. Il y a plus, dit-on: M. le Duc accepte le transport de la créance privilégiée de Messieurs Gluc sur la maison vendue. Voilà donc une confirmation de la vente neuf mois après qu'elle a été faite.

Passons pour un moment, & le raisonnement en lui-même, & la conséquence qu'on en tire. M. le Duc a approuvé la vente le 26 Octobre 1720; mais si cette vente expressément approuvée par M. le Duc n'a point été exécutée de la part du sieur de Frunçé, s'il n'a point livré la maison vendue, s'il n'a point été en état de la livrer, la vente en subsistera-t'elle davantage? On prouvera à la vérité que M. le Duc a eu toute la bonne volonté qu'on pouvoit attendre de lui; mais sa bonne volonté a été inutile dès que le Vendeur n'a rien exécuté de sa part.

D'ailleurs, n'imputons pas à M. le Duc d'avoir cru que la vente pût encore s'exécuter le 26 Octobre 1720; il suffisoit que M. de Saint-Port, & non pas Messieurs Gluc, comme on le dit toujours dans le Mémoire des Créanciers, lui eût prêté son nom en signant l'écrit du 15 Janvier, il suffisoit que M. de Saint-Port, en vertu de cet écrit, fût exposé à quelqu'action, quelque téméraire qu'elle fût, pour qu'il fût de la justice de M. le Duc d'accepter la déclaration de M. de Saint-Port, & de prendre les événemens sur lui-même, ensorte que M. de Saint-Port n'en pût jamais être inquiété ni recherché, & c'est l'unique objet de l'acte du 26 Octobre. Car si M. le Duc s'oblige de payer les 406000 livres, ce n'est que relativement à M. de Saint-Port, avec qui seul il contracte, ce n'est qu'autant que M. de Saint-Port en seroit tenu lui même, ce n'est enfin que pour assurer sa pleine & entiere décharge. Aussi ne s'y engage-t'il que conformément à l'écrit du 15 Janvier, c'est-à-dire, qu'autant que cet écrit pourroit subsister. Ce n'est donc pas une approbation de la vente pour le temps dans lequel se passe la déclaration : & si elle a été signifiée au sieur de Fruncé, ce n'a été que pour lui interdire toute action contre M. de Saint-Port, & lui faire connoître qu'il ne pouvoit avoir d'autre partie que M. même le Duc.

Mais tout cela ne peut pas réparer le vice primitif qui se trouve dans l'acte du 15 Janvier, ni empêcher qu'il ne soit devenu caduc par son inexécution de la part du sieur de Fruncé, & par l'impossibilité où il étoit même de l'exécuter.

On ne répondra pas sérieusement à un trait hasardé dans le Mémoire des créanciers, sur le préjudice que les sieur & dame de Fruncé ont souffert de leur fidélité à exécuter de leur part l'écrit du 15 Janvier 1720. S'ils n'avoient pas été liés par cet engagement, dit-on, ils auroient trouvé dans le mois suivant un million de leur maison, ce qui les auroit remis dans leur premier lustre ; mais fideles à leur promesse, ils n'ont pas pu en profiter, est-il juste après cela de leur envier une somme modique de 400000 livres ?

Il faut avouer qu'il y a bien de la modération de la part des sieur & dame de Fruncé à ne point demander de dommages & intérêts contre la succession de M. le Duc, pour une perte si énorme. Ce qu'ils avoient acheté en 1715 cent quinze mille liv. ils le vendent en 1720 quatre cents six mille livres, mais ils en pouvoient trouver un million, c'est-à-dire, dix fois le prix qu'ils en avoient payé cinq ans auparavant : quel sacrifice ! On sent bien cependant ce qu'on doit penser de pareilles chimeres. D'ailleurs, si les sieur & dame de Fruncé n'ont pas pu faire agréer le marché par les créanciers, s'ils n'ont pas trouvé d'expédient pour le faire réussir, ils auroient encore trouvé plus d'obstacle dans un autre traité, dont le prix encore plus excessif n'auroit servi qu'à faire sentir de plus en plus le discrédit des effets avec lesquels on vouloit payer : mais pourquoi combattre des idées que l'imagination seule a enfantées, & qui ne peuvent fournir aucun prétexte pour soutenir l'acte imparfait, dont on demande l'exécution ?

Cet acte par lui-même n'a jamais pu former un titre obligatoire, parce qu'il y avoit encore des articles essentiels à régler; cet acte n'a point été exécuté par le fait des sieur & dame de Francé, tout ce qui s'est passé dans le cours de dix années, le détruit nécessairement. Si on a essayé après cela de le retirer de la poussiere & des ténebres, il est juste qu'il y rentre pour jamais, comme un titre informe, proscrit, abandonné, & qui ne peut jamais être revêtu d'aucun caractere d'autorité.

REPONSE.

QUAND on pourroit regarder l'acte du 15 Janvier 1720 comme une vente parfaite, les circonstances qui l'ont accompagné & suivi pendant dix années entieres, ne permettoient pas de douter qu'elle ne fût pleinement résiliée. On avoit promis d'en passer le contrat à Pâques 1720, & de mettre l'acquéreur en possession à la Saint Jean de la même année, ce qui n'a point été fait. La saisie-réelle qui mettoit un obstacle invincible à la vente, a toujours subsisté, les baux judiciaires ont été renouvellés jusqu'à trois fois, & ont continué jusqu'en 1730 : enfin la maison a été adjugée à un étranger pour le prix de l'estimation qui en seroit faite par Experts; après cela peut-on concevoir que le Vendeur & ses créanciers osent demander l'exécution de cet écrit, non-seulement abandonné & demeuré sans exécution pendant dix ans, mais encore détruit par tant d'actes, de procédures & de jugemens qui lui sont directement opposés ? Peut-on concevoir qu'on demande sérieusement à la succession de M. le Duc plus de six cens mille livres en deniers comptans, pour une maison dont on ne l'a jamais fait jouir, & dont il n'avoit porté le prix en 1720 à 400000 livres qu'eu égard à la qualité des effets avec lesquels il devoit alors se libérer ?

Il y a dans la prétention des créanciers de Francé une iniquité qui révolte; cependant par leur dernier Mémoire il semble qu'ils proposent le parti le plus simple, le plus raisonnable & le plus nécessaire. Nous demandons, disent-ils, l'exécution d'une vente parfaite, d'une vente qui n'a jamais trouvé d'obstacle, & qui lie irrévocablement M. le Duc & sa succession. Mais c'est en substituant au sens naturel de tous les actes & à la vérité la plus publique & la plus constante, des idées chimériques, des vues indirectes, des sens arbitraires, qu'on bâtit le systême de leur défense ; on identifie des personnes différentes, des demandes toutes contraires les unes aux autres ; on veut qu'une action qui a un objet certain en présente un autre tout différent : en un mot, on crée, on invente, on suppose au gré de son imagination ; & avec un pareil artifice on dénature toute l'affaire. Rappellons les créanciers du sieur de Fruncé à la vérité simple qui résulte des titres, en suivant les réflexions qu'ils proposent pour les combattre.

Ils annoncent d'abord quatre vérités principales. *Premiere vérité.* La vente, disent-ils, a été parfaite dans son principe, la saisie-réelle n'y a fait aucun obstacle, parce que, d'un côté, ce moyen n'est que relatif aux créanciers, & que, de l'autre, l'Acquéreur étoit lui-même opposant à la saisie-réelle & par conséquent saisissant. Ce que l'on appelle une premiere vérité, est une premiere supposition. La vente n'a point été parfaite dans son principe, puisque ni les sûretés nécessaires à l'Acquéreur n'étoient point réglées, & que la maniere de payer le prix n'étoit point convenue, les Parties ayant renvoyé à en convenir, lorsqu'ils passeroient le contrat. La saisie-réelle formoit un obstacle invincible, jusqu'à ce que les créanciers eussent consenti à la vente, ou que la Justice en eût ordonné l'exécution, ce qui n'a point été fait ; & quoique l'acquéreur fût opposant, comme il ne pouvoit pas disposer du droit des autres créanciers, cette circonstance étoit absolument indifférente.

Seconde vérité. Les sûretés, qui aux termes de l'écrit du 15 Janvier, étoient restées seules à régler, l'ont été dans les deux écrits du 26 Février. Par le premier, on est convenu de prendre une Sentence de délaissement au profit de l'Acquéreur en vertu de son privilege comme ancien Vendeur du fonds. Par le second, on se réservoit l'exécution de l'acte du 15 Janvier. Ce qu'il y a de vrai dans cette seconde proposition, est que les sûretés, sans lesquelles il ne pouvoit y avoir de rente, *étoient restées à régler*, & que par conséquent la vente n'étoit pas parfaite ; car, comment peut-il y avoir une vente, quand on n'a pas encore réglé les sûretés, dont l'Acquéreur veut bien se contenter ? Mais ce qui est supposé, est que ces sûretés ayent été fournies par l'écrit du 26 Février.

On y trace bien la route qu'il faut prendre, mais elle n'a point été prise, & le plan n'a point été exécuté, puisqu'on n'a point fait délaisser la maison à l'Acquéreur en vertu de son ancien privilege, ce que le Vendeur s'étoit chargé de faire par l'écrit du 26 Février.

Troisieme vérité. M. le Duc a ratifié ces écrits par les actes du 26 Octobre, & par la signification qui en a été faite le 29, en s'obligeant personnellement de payer au Baron de Fruncé les 406000 livres, & acceptant le transport des 54000 livres dûes à Messieurs Gluc, pour se faire adjuger la maison sous leur nom. Mais ce qu'on appelle ici une vérité, n'est qu'une équivoque. La vente ne pouvoit plus s'exécuter; cependant il n'étoit pas juste que M. de Saint-Port, qui avoit prêté son nom à M. le Duc, fût exposé à aucune action de la part du sieur de Fruncé; c'est pourquoi M. le Duc reconnoît que c'est pour lui que M. de Saint-Port a traité, il prend sur lui tout l'engagement, & on le signifie au sieur de Fruncé. Cet acte passé entre M. le Duc & M. de Saint-Port ne peut rien changer à la condition du sieur de Fruncé par rapport à M. le Duc; le sieur de Fruncé n'y est point partie, & par conséquent il n'a rien acquis ni pu acquérir par cet écrit.

Quatrieme vérité. Depuis ces actes il n'est survenu ni consentement contraire, ni changement de volonté entre le Vendeur & l'Acquéreur; les Gens d'affaires de M. le Duc, qui avoient toujours supposé une résolution de contrat, conviennent aujourd'hui qu'il n'y en a point. Disons encore que cette quatrieme vérité prétendue, n'est autre chose qu'un faux raisonnement. Il y a deux manieres de résoudre un marché, l'une par le fait, & l'autre par un écrit; elles ne sont pas moins puissantes l'une que l'autre. Résoudre un marché par le fait, c'est agir directement de part & d'autre contre ce qui a été convenu : ainsi celui qui a vendu un meuble, non-seulement ne le livre pas, mais il le donne, mais il en dispose en faveur d'un autre. La vente n'est-elle pas résolue, & peut-il en demander l'exécution? C'est ce qui est arrivé à la convention portée par l'écrit du 15 Janvier; on avoit promis de passer le contrat de vente à Pâques, on ne l'a point fait; on avoit promis de mettre l'Acquéreur en possession à la Saint Jean; on ne l'a point fait; on avoit promis de faire cesser la saisie-réelle; non-seulement on ne l'a point fait, mais elle a subsisté & subsiste encore; les baux judiciaires ont continué pendant dix ans; un tiers a demandé que la maison lui

Résolution d'un contrat non moins forte par les faits que par des écrits.

fût adjugée pour le prix de l'estimation, & l'adjudication lui en a été faite, ce titre n'est point attaqué. Voilà donc une longue suite de faits directement contraires à la convention, & par conséquent la prétendue vente est résiliée.

Les Gens d'affaires de M. le Duc n'ont donc point varié; ils ont toujours soutenu & soutiennent encore que la vente a été résolue; il est vrai qu'elle ne l'a pas été par un écrit exprès, mais elle l'a été par le fait qui est plus fort que tous les écrits. Après la discussion de ces prétendues vérités, passons à l'examen de la fin de non-recevoir, & des moyens de M. le Prince de Condé, que les créanciers du sieur de Fruncé essayent de combattre.

Fin de non-recevoir.

On demande à la succession de M. le Duc une somme immense pour le prix d'une maison qu'on prétend lui avoir été vendue; mais cette maison saisie réellement avant l'écrit du 15 Janvier a été adjugée en 1730 à Messieurs Gluc pour le prix de l'estimation qui en seroit faite, & cette Sentence n'est point attaquée : ce sont donc Messieurs Gluc qui sont propriétaires pour un prix qui sera réglé par les Experts. M. le Duc ne pouvant avoir la même propriété, comment veut-on qu'il en paye le prix?

Rien de si facile à concilier, répondent les créanciers; car la demande de Messieurs Gluc & la Sentence de 1730 ne sont autre chose que l'accomplissement & l'exécution des arrangemens ou de sûretés qui avoient été arrêtés entre les Parties par l'écrit du 26 Février. C'est-à-dire, si l'on en croit cette réponse, que Messieurs Gluc ont demandé que la maison leur fût adjugée, & que l'adjudication leur en a été faite; mais que par Messieurs Gluc il faut entendre M. le Duc, en sorte que c'est ce Prince qui est adjudicataire & non Messieurs Gluc. Mais peut-on ainsi métamorphoser les jugemens suivant son intérêt, & appliquer à une partie ce qui est ordonné en faveur d'une autre? Si cela est, il n'y a plus rien de stable dans les jugemens.

Ajoutons que l'adjudication est faite à Messieurs Gluc pour le prix de l'estimation. Nous dira-t'on encore que cela veut dire que l'adjudication est faite à M. le Duc pour quatre cents six mille livres? C'est bien en effet ce que prétendent les créanciers, mais la Sentence ne prononce-t'elle pas directement le contraire? Et comment faire payer les quatre cens six mille livres tant qu'elle subsistera? Un pareil systême ne peut pas même se concevoir.

Au surplus il est vrai que par l'écrit du 26 Février 1720, Messieurs Gluc avoient consenti que le sieur de Fruncé formât sous leur nom la demande à fin de permission de rentrer dans la maison comme bailleurs de fonds, & cela pour mettre le sieur de Fruncé en état d'exécuter le projet de vente avec M. le Duc; mais le sieur de Fruncé n'a fait aucun usage du pouvoir que Messieurs Gluc lui avoient donné, & n'a formé aucune demande en conséquence; au contraire la dame de Fruncé, pour ses créances & pour celles qu'elle avoit acquises, & auxquelles elle étoit subrogée, a demandé pour elle-même que la maison lui fût adjugée pour le prix de l'estimation, ce qui a fait la matiere d'une instance appointée aux Requêtes de l'Hôtel, & qui n'a été jugée que par une Sentence de 1722, qui l'a débouté de sa demande; en sorte que comme le projet de vente à M. le Duc s'étoit évanoui, la voie qu'on avoit voulu prendre pour y parvenir, a été aussi abandonnée, & le pouvoir donné par Messieurs Gluc est demeuré sans force & sans exécution.

Si après cela Messieurs Gluc, voyant que l'on continuoit la saisie-réelle, ont formé eux-mêmes la demande à fin de rentrer dans la maison que leur pere avoit vendue, cette action n'a aucun trait, aucun rapport avec l'écrit du 26 Février 1720. Par cet écrit ils avoient donné un pouvoir en blanc au sieur de Fruncé pour agir sous leur nom; mais en 1723 ils ont agi ouvertement pour eux-mêmes. Les idées qu'on avoit eues en 1720, les mesures qu'on avoit prises, tout étoit évanoui; la poursuite de la saisie-réelle avoit repris son cours, de nouveaux baux judiciaires avoient été faits en 1721 & en 1723; Messieurs Gluc, créanciers privilégiés, ont donc pensé sérieusement à faire valoir leurs droits, ce qui a formé l'instance jugée à leur profit en 1730.

C'est donc vouloir confondre tous les objets, d'imaginer que leur demande n'a été autre chose que l'exécution de l'écrit du 26 Février 1720, & n'a eu pour objet que de procurer les moyens de consommer la vente projettée avec M. le Duc. A qui veut-on persuader que ce Prince fût jaloux alors d'avoir cette maison pour 406000 livres, c'est-à-dire, d'en payer cinq ou six fois la valeur? S'il avoit voulu, il n'avoit pas besoin de prendre une voie détournée, ni d'employer le nom & le privilege de Messieurs Gluc, il n'avoit qu'à se présenter ouvertement & offrir un prix si excessif, il n'y a pas un seul créancier qui n'eût dans l'instant même donné son consentement.

Ainsi il ne s'agissoit plus de la vente faite à M. le Duc, il ne s'agissoit plus d'employer les mesures concertées dans l'écrit du 26 Février, cela est d'une évidence sensible, Messieurs

Gluc n'agiſſoient que pour eux-mêmes ; & par conſéquent on ne peut pas, par une fauſſe interprétation, empêcher l'effet de la Sentence de 1730, en identifiant M. le Duc avec Meſſieurs Gluc, ni rapprocher & réunir des actes ſi éloignés l'un de l'autre, & dans l'intervalle deſquels tout étoit changé. On voit donc que la Sentence de 1730 ſubſiſtant & n'étant point attaquée, il n'eſt pas poſſible d'écouter la demande formée contre M. le Duc, à ce que comme Acquéreur dès 1720 il ſoit condamné à payer les 406000 liv.

Moyens du fond. On a dit d'abord, pour le Tuteur de M. le Prince de Condé, que l'écrit du 15 Janvier ne contenoit point une vente parfaite. Pour le prouver on a obſervé que dans cet écrit le ſieur de Fruncé promettoit de donner toutes les ſûretés néceſſaires pour la vente, le prix de laquelle ſeroit payé, ainſi qu'il ſeroit convenu dans le contrat qui ſeroit paſſé. Ainſi, d'un côté, on promettoit des ſûretés ſans les régler ; &, de l'autre, on renvoyoit à un autre tems à fixer de quelle maniere le prix ſeroit payé ; en ſorte que ce qu'il y avoit de plus eſſentiel dans les conditions du marché, demeuroit incertain ; eſt-ce donc-là une vente parfaite ?

Subſtance de la vente. On répond pour les créanciers, qu'il n'y a que trois caracteres ſubſtantiels d'une vente, le conſentement, la choſe & le prix ; que tout cela ſe trouve dans l'écrit du 15 Janvier, & que par conſéquent la vente eſt parfaite ; que les ſûretés de l'Acquéreur ne forment pas un quatrieme caractere exigé par la loi ; que cela vient en exécution de la vente, mais n'entre pas dans la vente même.

Conſentir ſous des conditions qui ſeront réglées par la ſuite, n'eſt pas conſentir. On convient que pour la perfection de la vente il ne faut que trois choſes, le conſentement, la choſe & le prix ; mais il faut que ce conſentement ait un objet certain ; car quand on conſentira à acheter ſous des conditions qui ſeront réglées dans la ſuite, ce n'eſt pas conſentir, puiſque pour conſentir il faut connoître à quoi l'on conſent, & qu'on ne peut pas connoître ce qui eſt encore incertain, ce qui eſt encore à régler. Tel eſt cependant le prétendu conſentement que l'on trouve dans l'écrit du 15 Janvier : on ſtipule que le ſieur de Fruncé fournira les ſûretés néceſſaires, mais quelles ſuretés ? C'eſt ce qu'on réſerve à fixer dans la ſuite ; M. le Duc n'achete qu'en ſtipulant les ſûretés en général. Quelle ſorte de conſentement peut-on attacher à une ſtipulation ?

Mais, dit-on, les ſûretés viennent dans l'exécution. Si l'Acquéreur eſt troublé, c'eſt au Vendeur à le faire jouir ; mais cela n'empêche n'empêche pas que la vente ne soit parfaite. C'est encore éluder la difficulté que de la proposer sous ce point de vue. Lorsque l'on a passé l'écrit du 15 Janvier 1720, on n'ignoroit pas que la maison étoit saisie réellement; c'est pourquoi M. le Duc ne vouloit pas acheter sous une promesse vague de garantie, telle qu'elle s'employe dans les contrats ordinaires; il stipule au contraire expressément qu'on lui fournira les sûretés nécessaires; il ne veut pas être réduit à une action de recours, il veut des sûretés présentes & actuelles avant que de consommer son marché. C'est pour cela qu'on donna un tems pour passer le contrat, afin que tout fût en regle auparavant : il ne s'agit donc point ici de ces sûretés qui ne viennent qu'en exécution de la vente, parce qu'on a acheté purement & simplement, mais de sûretés qui doivent précéder la vente, & sans lesquelles on ne veut point acheter.

Conditions préalables, & conditions à remplir dans l'exécution.

L'Acquéreur est le maître de ne point consentir à moins qu'on ne lui donne actuellement, & en passant le contrat, les sûretés nécessaires; c'est pour cela que M. le Duc ne veut point s'engager à moins qu'on ne lui fournisse ces sûretés : il n'y a donc pas de consentement, ni par conséquent de vente. En vain se sert-on de ces termes, vendons par ces présentes; ce n'est pas là ce qui fait la vente parfaite, il faut des conditions fixes & agréées par l'Acheteur; tant qu'elles ne sont qu'en espérance, & que l'Acquéreur exige par préalable qu'on les lui fournisse, il n'y a point de marché, il n'y a point de consentement.

Mais, dit-on, ces sûretés ont été reglées par les deux écrits du 26 Février. A cela on a déjà répondu qu'à la vérité on avoit pris des mesures pour les fournir, mais ces mesures ne dépendoient pas du sieur de Francé; il falloit agir contre les créanciers, & obtenir un Jugement; on ne l'a pas même tenté, & par conséquent on n'a rien consommé. L'écrit du 15 Janvier ne dit pas qu'on reglera les sûretés nécessaires, mais qu'on les *donnera*; quand on les aura données, M. le Duc, sous le nom du sieur de Saint-Port, veut bien acquérir; jusques-là il ne veut rien, & par conséquent il ne consent point.

Au surplus, les créanciers ne répondent point à la seconde circonstance qui prouve que la vente n'a point été parfaite. Il est dit dans l'écrit du 15 Janvier *que le prix sera payable ainsi qu'il sera convenu dans le contrat qui sera passé*; personne n'ignore que la maniere de payer fait partie du prix même, & l'augmente ou le diminue suivant la convention. Cela étoit même bien plus

Maniere de payer fait partie du prix, l'augmente ou le diminue.

important en 1720 que dans un autre tems, par les révolutions qui arrivoient chaque jour sur les effets qui avoient cours dans les paiemens. Ainsi on pouvoit stipuler que le prix ne seroit payable qu'en Billets, sur le pied de ce qu'ils valoient actuellement, quelque changement qui fût introduit par les Arrêts du Conseil; on pouvoit stipuler que le prix seroit déposé en quelque nature d'effets que ce fût aux risques du Vendeur; on pouvoit stipuler des termes fort éloignés & sans intérêts jusqu'aux échéances: en un mot, tout étoit arbitraire dans cette convention, & on ne vouloit la faire qu'en passant le contrat. Le prix même n'étoit donc pas certain, puisqu'il ne devoit être reglé que dans la suite: & si le prix n'étoit pas fixé, où étoit le consentement? Voilà donc deux caracteres substantiels de la vente qui manquent absolument. Que pouvoit-on répondre à une vérité si sensible? Aussi s'est-on renfermé dans un silence profond à cet égard.

Le sieur Gougenot a ajouté que cette prétendue vente seroit d'ailleurs devenue caduque par son inexécution, par tout ce qui s'est passé depuis qui détruisoit absolument la vente. En effet la saisie-réelle a subsisté, les baux judiciaires ont été continués pendant dix ans, la Dame de Fruncé a demandé que la maison lui fût adjugée, Messieurs Gluc l'ont demandé depuis, & l'ont obtenu: comment supposer pendant tout ce tems-là une vente subsistante au profit de M. le Duc? Comment le supposer débiteur du prix?

Cependant, si on en croit les créanciers de Fruncé, ce ne sont là que des mots qui ne signifient rien; il n'y a que trois manieres, disent-ils, de résoudre une vente, un consentement contraire, trente ans de prescription, ou la vente faite à un second Acquéreur plus diligent & qui s'est mis en possession. Mais ils se trompent, l'inexécution du marché, & principalement l'impossibilité de livrer la chose vendue, operent nécessairement la nullité de la vente, & la résolution du contrat le plus solemnel. Le premier engagement du Vendeur est de livrer la chose vendue, & de la délivrer sans délai, en sorte que l'Acheteur ne souffre aucun préjudice du retardement: *La délivrance doit être faite*, dit l'Auteur des Loix Civiles, *au tems reglé par le contrat; & si le contrat n'en exprime rien, le Vendeur doit délivrer sans délai.*

Inexécution des contrats de vente les résoud, & surtout le défaut de tradition.

Dans l'écrit du 15 Janvier 1720, la délivrance du jardin devoit être faite à Pâques, & celle de la maison à la Saint Jean;

les Sieur & Dame de Fruncé non-seulement n'ont pas satisfait à cet engagement, mais pendant plus de dix ans la maison est demeurée en saisie-réelle, & sous la main de la Justice, on en a fait trois baux judiciaires; le Vendeur n'a donc pas satisfait à ses engagemens, la vente a donc été résolue par son fait; car, comme l'observe le même Auteur, le défaut de délivrance ne produit pas seulement des dommages & intérêts à l'Acquéreur, *mais c'est encore une peine du Vendeur qui manque de délivrer, que la vente soit résolue.*

Quand il n'y auroit même que des dommages & intérêts à prétendre de la part de l'Acquéreur, en quoi pourroient-ils ici consister? Il est évident que, comme M. le Duc pouvoit payer en billets à la Saint Jean, il faudroit le dédommager de toute la différence qu'il y auroit de l'argent dans le tems présent aux billets, c'est-à-dire, à des effets de nulle valeur, ce qui entraîneroit la destruction totale du contrat; il faudroit le dédommager du dépérissement de la maison pendant tout le cours de la saisie-réelle. En un mot, les dommages-intérêts opéreroient autant que la résolution même de la vente; mais ce n'est pas à quoi se borne l'inexécution du marché de la part du Vendeur & le défaut de délivrance, elle opere la résolution même du contrat, & à plus forte raison d'un simple projet abandonné.

Mais, dit-on, l'Acquéreur savoit que la maison étoit saisie réellement, *sciens emit;* cela est vrai, & c'est par cette raison qu'il n'a voulu acheter & passer le contrat qu'après qu'on lui auroit donné les sûretés nécessaires, & à condition qu'on lui livreroit la maison dans un tems fixe; ce qui n'ayant pas été fait, il n'y a plus de vente.

Mais, ajoute-t-on, la délivrance en matiere d'immeubles, c'est de mettre l'Acquéreur en situation de pouvoir ou se mettre en possession, ou se les faire délivrer en Justice, *habere licere.* Or l'Acquéreur a été le maître d'obtenir cette délivrance, & l'a en effet obtenue par la Sentence de 1730. Quel raisonnement! C'est au Vendeur à délivrer la chose vendue; s'il faut pour cela obtenir main-levée d'une saisie-réelle, obtenir une Sentence de délaissement, c'est à lui à procurer ses titres à l'Acquéreur. L'Acquéreur devient-il donc l'homme d'affaires du Vendeur pour entreprendre des Procès, soutenir des Instances, solliciter & poursuivre des Jugemens qui lui procurent la possession des choses vendues? Il y a de l'absurdité à débiter de pareils paradoxes. Mais dans le fait l'écrit du 15 Janvier porte expressément

C'est au vendeur à faire la tradition, & à lever les obstacles.

que le sieur de Fruncé donnera les sûretés nécessaires : c'étoit donc à lui à procurer les mains-levées, les Jugemens dont on avoit besoin, d'autant plus qu'il s'étoit obligé de livrer la maison à la Saint Jean : il étoit donc obligé de faire tout ce qui étoit nécessaire pour y parvenir.

La Loi 51, au *Dig. de act. empti & venditi*, porte, dit-on, que si la faute est égale de la part du Vendeur & de l'Acquéreur, s'ils sont également en demeure, l'Acquéreur doit se l'imputer. Mais, que peut servir une citation si étrangere à notre espece? Il n'y a ici aucune faute, aucun retardement de la part de l'Acquéreur; il n'avoit rien à faire, c'étoit au Vendeur à donner les sûretés, à livrer la chose à la Saint Jean; il ne l'a pas fait, il ne peut donc pas soutenir un écrit auquel il a seul contrevenu.

Enfin, dit-on, le retard du Vendeur ne produit que des dommages & intérêts : *Si res vendita non tradatur, in id quod interest contrà emptorem agitur*. On a déjà prévenu cette objection, en faisant voir que l'Acquéreur peut bien demander des dommages & intérêts, mais qu'il n'est pas réduit à cette action seule, & qu'il peut outre cela demander la résolution du marché qui ne lui convient plus; d'ailleurs les créanciers de Fruncé n'y gagneroient rien, puisqu'à titre de dommages & intérêts, la différence des espèces qui ont été substituées aux billets, réduiroit le prix presque à rien, indépendamment du dépérissement total de la chose vendue arrivé pendant le cours de la saisie-réelle.

Mais, dit-on, le changement des especes dans l'intervalle de la vente & du paiement, n'a jamais été un moyen résolutif de la vente. D'ailleurs M. le Duc a toujours été le maître de payer, le sieur de Fruncé & ses créanciers ayant toujours été prêts à recevoir. Enfin M. le Duc ne comptoit pas payer en billets, lorsqu'il s'est obligé de payer le 26 Octobre 1720. Ces raisonnemens péchent également & dans le fait & dans le droit.

On convient qu'en général le changement d'especes depuis la vente, n'est pas un moyen suffisant pour la résoudre; mais il pourroit être un moyen de dommages & intérêts, si par la faute, & à plus forte raison par la malice du Vendeur, l'Acquéreur n'avoit pas pu se libérer dans les espèces qui avoient cours lors de la vente, parce que la premiere de toutes les regles de droit, & celle qui est la source de toutes les autres, est que personne ne doit souffrir par la faute d'autrui; mais nous sommes dans un cas bien plus fort. M. le Duc achete, si l'on veut, en 1720, dans un

Dommages & intérêts, quand par la faute du vendeur, l'acquéreur souffre une perte pour n'avoir pu se libérer.

tems où le prix des fonds étoit porté cinq ou six fois au-delà de leur valeur ordinaire, il est évident qu'il n'achete que parce qu'il compte payer avec un papier caduc & périssable qui avoit cours dans le commerce : aussi a-t-il soin de stipuler que la chose lui sera livrée incessamment, afin de pouvoir payer avec cette monnoie légere. Mais, qu'arrive-t-il? Le Vendeur obligé de lui fournir ses sûretés, & de livrer la chose à la Saint Jean, ne satisfait à aucun de ses engagemens; & quand le cours du papier est fini, il vient demander son prix en argent. Peut-on penser de bonne foi que M. le Duc doive être la victime d'une pareille conduite? Non-seulement la révolution arrivée dans les especes, devient alors un titre pour obtenir des dommages & intérêts, mais elle produit seule un moyen légitime pour résoudre la vente, puisque sans cela M. le Duc payeroit un prix cinq ou six fois plus fort que celui qu'il avoit promis. Il y a des circonstances d'une espece singuliere, que les Loix, que les Jurisconsultes n'ont pu prévoir, & dans lesquelles l'équité suprême exigeroit de nouvelles regles, s'il étoit nécessaire.

Circonstances où les loix ne s'appliquent point.

Mais il ne faut pas se borner ici au changement arrivé dans les especes, comme si c'étoit sur ce moyen principal que fût fondée la résolution de la vente. Ce qui l'établit invinciblement, est qu'elle est demeurée sans exécution, c'est que le Vendeur n'a ni livré ni pû livrer la chose, c'est que la Justice & les créanciers sont demeurés saisis de leur gage, c'est que la vente en a été poursuivie pendant dix ans, qu'on en a fait trois baux judiciaires, ensorte que la prétendue vente à M. le Duc en est demeurée aux termes d'un simple projet qui s'est évanoui; voilà ce qui a opéré la résolution de la vente. Et quand on joint à cela le changement total des especes dans lesquelles on devoit payer, & de celles dans lesquelles le paiement est demandé, on reconnoît de plus en plus l'injustice évidente d'une pareille prétention.

C'est une supposition manifeste de dire que M. le Duc pouvoit payer en 1720, & que les créanciers étoient prêts à recevoir. Pour que M. le Duc pût payer, il falloit que la vente fût homologuée avec tous les créanciers, & que la main-levée de la saisie-réelle fût prononcée; il falloit que la maison fût livrée à M. le Duc, & qu'il fût en état de se mettre en possession : c'étoit aux Vendeurs à lui procurer tous ses avantages, sans cela il étoit impossible de faire aucun paiement; mais les Vendeurs n'ont rien fait de ce qu'ils devoient; il n'a donc pas été au pouvoir de M. le Duc de se libérer. Comment peut-on avancer froidement le contraire, sans se reprocher à soi-même une pareille supposition?

Si dans l'acte du 26 Octobre 1720 M. le Duc a accepté la déclararion de M. de Saint-Port, & a promis de payer, on a déjà dit que cela étoit étranger aux Sieur & Dame de Fruncé & à leurs créanciers, l'unique objet de cet acte étant de mettre M. de Saint-Port à l'abri de toute inquiétude; mais par-là M. le Duc n'a point traité avec le sieur de Fruncé, & n'a contracté aucun engagement à son égard. On peut même ajouter que le papier ayant encore son cours daus le commerce, M. le Duc auroit pu se prêter à consommer la vente, si tout avoit été prêt pour cela; mais on a laissé passer & le tems qui restoit à écouler & dix années au-delà, on a laissé subsister la saisie-réelle, continuer les baux judiciaires, & même faire l'adjudication à un autre; & ce n'est qu'après tant d'événemens directement contraires au projet de vente, qu'on s'avise de vouloir le réaliser, & d'en demander l'exécution: on ne peut rien imaginer de plus contraire ni aux regles, ni à la bonne foi.

Mais, dit-on, si la saisie réelle a continué, si l'on a fait plusieurs baux judiciaires, on ne peut rien imputer au Baron de Fruncé, qui étoit la Partie souffrante, ni aux créanciers qui ont ignoré jusqu'en 1730 l'écrit du 15 Janvier 1720. Aussi-tôt qu'ils l'ont connu, ils y ont adhéré, & ont persévéré depuis dans leur consentement. Si l'écrit de 1720 est demeuré sans exécution, on ne peut l'imputer, dit-on, ni au Baron de Fruncé, ni à ses créanciers. Mais à qui donc doit-on s'en prendre? Etoit-ce à M. le Duc à faire homologuer l'écrit du 15 Janvier, à obtenir la main-levée de la saisie réelle, & à demander contre les créanciers que cet écrit fût exécuté? C'est au Vendeur à livrer la chose, c'est à lui à *donner* les suretés, il les avoit promises par l'écrit du 15 Janvier; s'il est demeuré dans l'inaction, par-là il a lui-même déchargé l'Acquéreur, & la vente a été résolue.

Peut-être n'y a-t-il aucune faute de la part des créanciers, au moins depuis la chûte du papier; mais, comme ils veulent profiter du fait du Vendeur, en demandant l'exécution de l'écrit du 15 Janvier, il faut aussi qu'ils souffrent de sa faute. M. le Duc n'a point traité avec eux, il n'a traité qu'avec le sieur de Fruncé, il ne connoît que lui; si les créanciers viennent de leur chef, ils n'ont rien à prétendre; s'ils viennent du chef du sieur de Fruncé, en adoptant son traité, alors tout ce qu'on peut opposer au sieur de Fruncé, on peut l'opposer à eux-mêmes. C'est une maniere de raisonner bien singuliere & bien nouvelle, que celle qu'on hasarde pour ces créanciers. Notre débiteur a fait une vente, disent-ils, nous en demandons l'exécution : il est vrai qu'il n'a satisfait à aucun de ses engagemens, & qu'il y a directement contrevenu ; mais c'est sa faute, & non pas la nôtre ; ainsi nous prenons ce qui nous est avantageux dans ce qu'il a fait, & nous écartons ce qui nous est contraire. Voilà un systême admirable & qui s'accorde merveilleusement avec la droiture & avec l'équité !

Les créanciers, dit-on, ont perpétuellement approuvé la vente, il est vrai qu'ils ne l'ont connue qu'en 1730, & qu'ils n'ont pas pu l'approuver auparavant, mais au moins ils l'ont perpétuellement approuvée depuis ; c'est-à-dire, qu'ils ont perpétuellement approuvé la vente depuis qu'elle ne subsistoit plus, depuis qu'elle étoit résolue : voilà sans doute une approbation bien utile & bien efficace.

Ce qu'ils répondent aux poursuites qu'a faites la Dame de Fruncé en 1721 & 1722, est de la même force. Le fait de la Dame de Fruncé, disent-ils, est indifférent, car elle n'étoit que caution de son mari. Mais cette demande soutenue pendant deux ans en est-elle moins, soit de sa part, soit de celle de son mari, une contravention formelle à la vente ? Qu'importe après cela qu'elle ne fût que caution. La demande, ajoute-t-on, étoit formée dès 1718, M. de Saint-Port ne l'ignoroit pas. Cela est vrai, mais la Dame de Fruncé avoit abandonné cette demande en signant l'écrit du 15 Janvier 1720, & quand elle l'a poursuivie dans la suite elle a par-là reconnu que cet écrit ne subsistoit plus. Enfin, la Dame de Fruncé, noyée dans la douleur, avoit pu oublier, dit-on, l'écrit du 15 Janvier. On ne s'attendoit pas, on l'avoue, à une pareille solution. Une femme accablée de créanciers oublie qu'elle a quatre cens six mille liv. à répéter contre M. le Duc, qui doivent la remettre dans l'abondance : quel étrange défaut de mémoire ! Enfin on répond à la demande en délaissement formée par Messieurs Gluc, & qui a été jugée par la Sentence de 1730, que les créanciers ne l'ont jamais contestée. Mais c'est démentir la vérité la plus claire & la plus incontestable ; s'ils ne l'avoient point contestée, sur quoi donc auroit roulé le procès qui a été appointé pendant tant d'années aux Requêtes de l'Hôtel ? On ajoute que c'est la faute de l'Acquéreur de n'avoir pas donné alors connoissance de la vente, comme si cette vente n'étoit pas dès-lors devenue caduque, & que d'ailleurs ce fût à lui à agir pour faire valoir un titre que le Vendeur avoit négligé, quoiqu'il fût seul chargé de faire autoriser en Justice.

On ne voit rien dans les objections des créanciers qui puisse faire la moindre impression; ce sont par-tout des suppositions à la faveur desquelles on essaye de faire perdre de vue le véritable objet de la Cause. Elle est infiniment simple, l'écrit du 15 Janvier n'étoit en lui-même qu'un projet fort imparfait; mais, quand il auroit formé une véritable vente, comme elle ne pouvoit avoir lieu que par le concours des créanciers & de la Justice, & qu'en mettant dans le délai fixé l'Acquéreur en possession; que les Vendeurs, loin de remplir des engagemens si nécessaires, ont abandonné absolument ce projet, ensorte que la saisie-réelle a eu son cours, que les baux judiciaires ont continué, & que l'adjudication a été faite à un autre: on ne peut pas concevoir comment on a pu sérieusement imaginer de faire revivre un écrit informe, un écrit abandonné & demeuré sans exécution pendant plus de dix ans, un écrit enfin qui se trouve détruit par les Procédures & les Jugemens les plus contradictoires avec lui. Cette tentative, condamnée en premiere Instance, ne peut pas sans doute avoir un succès plus favorable en la Cour.

CXLIX. REQUESTE.

QUESTION.

Si le Gentilhomme, qui fait convertir en eau-de-vie le vin de son crû, est sujet aux visites des Commis aux Aydes.

AU ROI.

SIRE,

Les Comtes d'Ars, de Segonzac, les Marquis de Charas, d'Echoisi, de Nanclas, la Marquise de Plas, les Sieurs de Lestang, de Livene, de Barbesieres, de Turpin, de Maulevrier, de de Tison, de Bremont d'Orlac, la Porte, Morel de la Chebaudie, Romefort, & autres Gentilshommes des Provinces d'Angoumois, Saintonge & Pays d'Aunis : REMONTRENT très-humblement à VOTRE MAJESTÉ, que les Sous-Fermiers des Aydes dans les Provinces de Saintonge, Aunis & Angoumois, s'efforcent depuis quelque temps de contraindre toute la Noblesse à souffrir que leurs Commis fassent dans les Châteaux des Gentilshommes les mêmes visites, marques & exercices qu'ils font chez les Marchands & Cabaretiers; servitude qui seroit aussi onéreuse, humiliante & ruineuse pour la Noblesse, qu'infructueuse pour les droits de VOTRE MAJESTÉ.

Si les Edits & Déclarations concernant les droits d'Aydes, attribuoient aux Fermiers & à leurs Commis le pouvoir qu'ils s'arrogent de faire des visites dans les Châteaux des Gentilshommes, & d'y marquer les eaux-de-vie qu'ils ont fait faire du vin provenant de leur crû; les Supplians seroient réduits à faire à VOTRE MAJESTÉ de très-humbles représentations sur les conséquences d'une Loi si dangéreuse, & ils sont persuadés que VOTRE MAJESTÉ, touchée de la force & de la solidité de leurs moyens, se porteroit avec bonté à rétablir la Noblesse dans les prérogatives dont elle a toujours joui, & qu'elle a méritées par sa fidelité & le zèle avec lequel elle a toujours sacrifié son sang & ses biens pour le service de l'Etat. Mais il est aisé de faire voir qu'il n'y a aucuns Edits ou Déclarations qui autorisent la prétention des Sous-Fermiers; que c'est de leur part une entreprise que l'inquiétude seule leur a inspirée, & qui ne tend qu'à mettre la Noblesse à contribution, en exerçant contre elle les vexations les plus criantes.

Le principal revenu des Provinces de Saintonge, Aunis & Angoumois, consiste en vins, qu'on est obligé de convertir en eau-de-vie, parce qu'ils ne se peuvent conserver ni transporter autrement; quelquefois on les vend à des Bouilleurs de profession qui les convertissent en eau-de-vie pour leur propre compte, ils les vendent ensuite en gros aux Marchands du Pays ou à l'Etranger; souvent le Propriétaire des vins les fait convertir lui-même en eau-de-vie par des Bouilleurs, qu'il paie à cet effet.

Les droits d'Aydes ne se sont jamais perçus que sur les Bouilleurs d'eau-de-vie & sur les Marchands qui en font le commerce; les visites & marques des Commis n'ont été ordonnées que contre eux, & pour empêcher les fraudes qu'ils peuvent commettre; la Noblesse ne faisant aucun commerce, ne peut être soupçonnée de fraude, ni par conséquent être assujettie aux visites & marques qui ne sont établies que pour la prévenir. La Noblesse a toujours été affranchie des droits d'Aydes, affranchissement qu'elle mérite, non-seulement par le rang distingué que sa naissance lui donne, mais par le nombre & l'importance des services qu'elle a rendus; elle a toujours été armée pour la défense de la Patrie, elle a toujours été prodigue de son sang pour le service de ses Rois, ce qui l'a fait regarder dans tous les temps comme le principal rempart de l'Etat, & comme le plus ferme appui de la Monarchie.

Noblesse doit avoir des privilèges.

Le peuple & les gens de commerce s'enrichissent par leurs travaux; la fonction propre & le devoir de la Noblesse étant le Service Militaire, elle est privée de ces ressources, elle n'a d'autre revenu pour se soutenir que celui qu'elle peut retirer des fruits qu'elle recueille, qui, en passant nécessairement de ses mains dans celles du Marchand, deviennent pour lors sujets aux droits d'Aydes & autres impositions : y assujettir la Noblesse ainsi que le Roturier, l'obliger de souffrir les visites des Commis, ce seroit l'exposer à des vexations, qui, en l'épuisant, énerveroient ses forces, & la mettroient dans l'impuissance de suivre les mouvemens de son zele & de son courage.

Elle pourroit, avec raison, réclamer contre le Droit annuel qu'exige le Fermier des Aydes, en vertu de quelques Arrêts sur Requêtes qu'il a surpris au Conseil; mais ce n'est pas l'intérêt qui l'anime, elle n'est sensible qu'à ce qui regarde son honneur, & elle se présente avec d'autant plus de confiance, pour le défendre, que dans tous les Edits & Déclarations qui concernent cette matiere, on ne trouve rien qui ait donné la plus légère atteinte à ses droits & à ses privilèges. Ce qui étoit répandu dans différentes Ordonnances, a été recueilli & expliqué dans la Déclaration du 30 Mai 1717, & dans les Lettres-Patentes du 24 Août 1728; il suffira donc de se fixer à ces deux titres, pour faire voir que la prétention des sous-Fermiers n'y peut trouver aucun appui.

L'article 5 de la Déclaration du 30 Mai 1717, renferme trois parties. Dans la premiere, il est dit que tous Particuliers, Bouilleurs d'eau-de-vie, de quelque état & condition qu'ils soient, sans aucune exception, & sans aucune distinction d'eau-de-vie qui sera faite des fruits provenus de leurs héritages, de ceux des Bénéfices, ou d'achat, seront tenus, avant que de mettre le feu sous leurs chaudieres, de faire leurs déclarations aux Bureaux des Fermes, & de souffrir la visite & la marque des Commis. Dans la seconde, il est décidé que ceux qui feront des envois de leurs eaux-de-vie, ou ceux qui les acheteront pour les transporter d'un lieu à un autre, seront tenus avant l'enlevement, de faire leurs soumissions aux Fermiers du lieu où les eaux-de-vie auront été enlevées ; de rapporter la preuve, tant de l'arrivée & décharge des eaux-de-vie au lieu de leur destination, que du paiement des droits d'entrée audit lieu. Enfin, dans la troisieme partie on déclare tous les Bouilleurs d'eau-de-vie, aussi sans exception & distinction, sujets au paiement du droit annuel.

De ces trois parties il n'y a que la premiere qui regarde la visite & marque des Commis ; mais elles ne sont établies que contre les Bouilleurs d'eau-de-vie, c'est-à-dire, contre ceux qui font une profession publique de faire bouillir des eaux-de-vie, & qui se servent, tant des vins qu'ils ont pu recueillir eux-mêmes, que de ceux qu'ils achetent pour en faire commerce. Cette disposition ne comprend donc pas les Gentilshommes qui font convertir par un Bouilleur leurs propres vins en eau-de-vie, soit pour leur consommation, soit pour les vendre aux Marchands.

Déclaration contre les Bouilleurs d'eau-de-vie, ne doit s'étendre aux Gentilshommes qui font convertir en eau-de-vie le vin de leur crû.

Non-seulement les Gentilshommes ne sont pas dénommés dans la Déclaration, mais l'expression dont elle se sert, *tous Particuliers, Bouilleurs d'eau-de-vie*, ne peut jamais leur convenir ; on ne dira pas qu'un Gentilhomme qui recueille du vin dans ses terres, & qui le fait convertir en eau-de-vie, soit un Bouilleur d'eau-de-vie, comme on ne dira pas qu'un Gentilhomme qui fait valoir sa Terre, soit un Laboureur ; ainsi la Loi ne parlant que des Bouilleurs d'eau-de-vie, ne peut jamais s'appliquer aux Gentilshommes, elle n'a eu manifestement pour objet que les Bouilleurs d'eau-de-vie de profession.

Les termes ajoutés dans cette Déclaration, *de quelque état & condition qu'ils soient, sans aucune exception*, ne sont relatifs qu'aux Bouilleurs d'eau-de-vie ; ces termes relatifs n'ajoutent jamais rien aux personnes à qui ils se réferent ; ce sont tous les Bouilleurs de profession, de quelque état qu'ils soient, qui sont sujets à la marque des Commis, mais ce ne sont toujours que les Bouilleurs d'eau-de-vie. Ces expressions vagues ne comprennent que ceux que la Loi a eu en vue, & qu'elle a seuls exprimés ; il n'est donc pas possible d'étendre cette premiere partie de l'article aux Gentilshommes qui ne font que convertir en eau-de-vie les vins de leurs Terres.

La seconde partie du même article est plus générale ; elle

assujettit ceux qui font des envois d'eau-de-vie, ou ceux qui les achetent, à faire des soumissions aux Fermiers du lieu d'où les eaux-de-vie doivent être enlevées : cela est indifférent aux Gentilshommes. Les fruits sortant de chez eux, sont sujets à tous les droits, mais ils peuvent faire faire les déclarations & soumissions par ceux qui achetent, au moyen de quoi ils n'ont point de déclaration à faire de leur part ; ainsi cette seconde partie ne peut jamais les blesser.

Dans la troisieme, il est dit simplement, que *tous Bouilleurs d'eau-de-vie* sont sujets au droit annuel, à raison de 8 livres dans les Villes, & de 6 livres 10 sols dans les autres lieux ; cette disposition est encore limitée aux seuls Bouilleurs d'eau-de-vie, elle ne regarde point la Noblesse. La Déclaration de 1717, ne concerne donc pas les Gentilshommes, elle ne les soumet point aux visites & marques des Commis, seul objet qui intéresse les Supplians.

Les Lettres-Patentes de 1728, sont encore plus décisives en leur faveur ; l'article premier porte que le droit annuel sera payé par toutes sortes de personnes, soit que les eaux-de-vie se fabriquent dans le domicile du Propriétaire, pour sa consommation, soit qu'elles se fassent chez un Bouilleur. Ces termes généraux ont servi de prétexte au Fermier pour exiger le droit annuel des Gentilshommes qui font convertir leurs vins en eau-de-vie ; on ne présume pas que l'intention de Votre Majesté ait été de les y assujettir ; mais ce n'est pas actuellement l'objet de la difficulté. Que le droit annuel soit dû, ou qu'il ne le soit pas, on n'en peut rien conclure pour les visites & marques des Commis ; la suite des mêmes Lettres-Patentes le fait connoître.

Il faut cependant observer que dans cet article Votre Majesté a parfaitement distingué le Propriétaire qui fait lui-même fabriquer ses eaux-de-vie chez lui, du Bouilleur de profession ; en les désignant ainsi chacun en particulier, Elle a reconnu que sous le nom de Bouilleur d'eau-de-vie, on ne devoit pas comprendre le Propriétaire qui fait faire des eaux de-vie des seuls vins de son crû. De-là se confirme ce que l'on vient de dire sur la Déclaration de 1717, que n'assujettissant aux visites & marques des Commis que les Bouilleurs d'eau-de-vie, elle ne peut être étendue aux Gentilshommes qui font fabriquer des eaux-de-vie du vin de leur crû.

Après avoir établi si clairement cette distinction, l'article 2, des mêmes Lettres-Patentes de 1728, s'explique ainsi : *Les*

Marchands d'eau-de-vie en gros & Bouilleurs pourront avoir en leur possession telle quantité d'eau-de-vie qu'ils jugeront à propos pour leur commerce, en le déclarant au Fermier, & souffrant les visites, exercices & marques des Commis. Il est évident que cet article ne concerne que les Bouilleurs de profession ; non-seulement c'est ce que signifie le terme de Bouilleurs par lui-même, mais la Loi ajoute que les Marchands & Bouilleurs pourront avoir telle quantité d'eau-de-vie qu'ils jugeront à propos *pour leur commerce* ; ce ne sont donc que les gens qui font commerce d'eau-de-vie qui sont l'objet de cet article, & c'est d'eux seuls qu'il est dit qu'ils souffriront les visites, exercices & marques des Commis. Ainsi on ne trouve rien ni dans la Déclaration de 1717, ni dans les Lettres-Patentes de 1728, qui assujettisse à la visite & marque des Commis, les Gentilshommes qui convertissent dans leurs Châteaux leurs propres vins en eau-de-vie, puisque cette servitude n'est imposée qu'aux Marchands & Bouilleurs d'eau-de-vie, & pour raison de leur commerce. Ces Lettres-Patentes condamnent donc la prétention du Fermier en ce qui regarde les visites & marques des Commis chez les Gentilshommes ; elles ne sont autorisées que chez les Marchands & Bouilleurs de profession.

Aussi le Sous-Fermier ne trouvant rien dans les Loix publiques qui pût appuyer ses entreprises, met-il sa principale ressource dans quelques Arrêts particuliers, surpris au Conseil contre deux ou trois Gentilshommes ; mais outre que ce ne sont que les Loix générales qu'il est permis de consulter quand il s'agit d'imposer des charges publiques, si l'on examine exactement ces Arrêts, on reconnoîtra sans peine qu'ils ne peuvent former aucun préjugé.

Le premier a été obtenu contre le Marquis de Sevret le premier Mai 1731, le second contre le sieur d'Orlac le 4 Mars 1732, mais ce sont deux Arrêts sur simples Requêtes non communiquées ; les sieurs de Sevret & d'Orlac n'ont point été entendus, ils n'ont pu se défendre, ni proposer leurs moyens : jamais de pareils Arrêts ne peuvent faire loi. Ceux qui paroissent avoir été condamnés auroient la voie de la simple opposition ; les Arrêts rendus contre eux peuvent donc encore moins être opposés à des tiers.

On dira peut-être que les sieurs de Sevret & d'Orlac ne se sont pas opposés ; mais il y en a une bonne raison, c'est que le Sous-Fermier n'a pas même osé leur faire signifier ces Arrêts, il n'en a fait aucun usage contre eux ; comment se seroient-ils pourvus pour les faire rétracter ?

Surprise pratiquée par un Sous-Fermier des Aydes.

On découvre ici une manœuvre odieuse, contre laquelle les Supplians ne peuvent s'élever avec trop de force ; elle doit sans doute exciter l'indignation de VOTRE MAJESTÉ. Le sieur d'Orlac avoit été le premier attaqué pour le payement du droit annuel, il s'en étoit défendu, il avoit obtenu un Arrêt de décharge en la Cour des Aydes le 22 Août 1722 ; le Sous-Fermier ne se plaignit point de cet Arrêt, qui a été exécuté pendant un grand nombre d'années.

Dans la suite le Sous-Fermier attaqua le Marquis de Sevret, ce fut encore sur le droit annuel dont le sieur de Sevret se prétendoit exempt, & obtint un Arrêt favorable en la Cour des Aydes le 29 Décembre 1730. Adrien Mouillié, Sous-Fermier des droits d'Aydes de la Généralité de la Rochelle, qui ne s'étoit point pourvu contre l'Arrêt obtenu par le sieur d'Orlac en 1722, donna sa Requête au Conseil contre l'Arrêt de 1730 rendu en faveur du sieur de Sevret ; il prétendit que le droit annuel étoit dû par les Gentilshommes, comme par les Bouilleurs, sans distinction des lieux où le gros étoit établi, & de ceux où il ne l'étoit pas ; sur cette Requête il fit rendre l'Arrêt du premier Mai 1731, par lequel, sans entendre le sieur de Sevret, on casse l'Arrêt de la Cour des Aydes, on condamne le sieur de Sevret à payer le droit annuel, & ce qui est sans exemple, on ordonne qu'il souffrira les visites, exercices & marques des Commis, quoiqu'il n'eût jamais été question de ce chef, ni en l'Election, ni en la Cour des Aydes ; c'étoit une surprise manifeste faite au Conseil par ce sous-Fermier, qui non-seulement fait casser sur simple Requête un Arrêt contradictoire, mais encore fait prononcer sur ce qui n'avoit jamais fait l'objet de la contestation.

Pour mettre le comble à l'infidélité, après avoir surpris cet Arrêt, il se garde bien de le faire signifier, de peur que le Marquis de Sevret, instruit de la manœuvre, n'y formât opposition, mais quelques années après pour soutenir ses nouvelles entreprises, il fait paroître cet Arrêt imprimé, comme si c'étoit une décision solemnelle : & supposant que la Jurisprudence du Conseil est établie, il semble reprocher à la Noblesse qu'elle résiste au poids de l'autorité ; honteuse supercherie, qui ne doit tourner qu'à la confusion de son Auteur ! Cet Arrêt n'ayant point été signifié, ne peut être opposé au Marquis de Sevret lui-même, comment serviroit-il de préjugé contre les autres Gentilshommes ?

La surprise est encore plus sensible dans l'Arrêt rendu en 1731 contre le sieur d'Orlac. On a déja dit que le sieur d'Orlac avoit été déchargé de la demande du Sous-Fermier pour le droit annuel, par un Arrêt contradictoire de la Cour des Aydes de 1722 ; dix ans s'étoient passés sans que le Sous-Fermier eût osé se pourvoir en cassation, & pendant ces dix années l'Arrêt avoit eu sa pleine exécution. Que fait ce même Sous-Fermier, Adrien Mouillié ? En 1732 il suppose que le Sieur d'Orlac a donné un Mémoire au Conseil, par lequel il a demandé l'exécution de l'Arrêt de la Cour des Aydes de 1722, comme si celui qui a un Arrêt contradictoire en sa faveur, s'avisoit d'en demander l'exécution au Conseil ? Aussi ce prétendu Mémoire n'est-il ni daté, ni signé ; cependant le Sous-Fermier qui l'a supposé, y fait une réponse, par laquelle il demande la cassation de l'Arrêt de la Cour des Aydes, & que le sieur d'Orlac soit tenu, non-seulement de payer le droit annuel, qui étoit le seul objet dont il eût été question dans le Procès, mais encore de souffrir les visites & marques des Commis, ce qu'il fait prononcer par l'Arrêt de 1732.

N'est-il pas évident que cet Arrêt n'est que l'effet d'une supercherie ? 1°. L'Arrêt de la Cour des Aydes avoit été exécuté pendant dix ans, il n'étoit plus possible de l'attaquer. On suppose un Mémoire de la part du sieur d'Orlac, on lui fait prendre des conclusions, mais il a hautement désavoué l'un & l'autre ; & en effet il auroit été absurde qu'ayant pour lui un Arrêt exécuté depuis dix ans, il eût gratuitement attaqué le Sous-Fermier pour demander l'exécution de ce même Arrêt. 3°. Le Sous-Fermier fait prononcer sur un objet qui n'avoit jamais été demandé ni contesté. Tout est donc marqué au caractere de la surprise & de la supposition la plus sensible.

Le Sous-Fermier s'est conduit même avec si peu de précaution & d'intelligence pour obtenir cet Arrêt, qu'il y a fait ordonner l'exécution de la Déclaration de 1717 & des Lettres-Patentes de 1728, & en *conséquence* il fait casser l'Arrêt de la Cour des Aydes de 1722 : des Lettres-Patentes accordées six ans après cet Arrêt, pouvoient-elles servir de titre pour le faire casser ? N'y a-t-il pas de l'aveuglement à vouloir se faire un titre d'un pareil préjugé ?

Le dernier Arrêt dont il veut se servir paroît d'abord d'un plus grand poids : c'est un Arrêt contradictoire obtenu contre le sieur de Grieux, Gentilhomme de Normandie, qui le condamne de faire ouverture de ses caves & celliers aux Commis des Aydes, & de souffrir leurs visites & exercices ; mais la lecture même de l'Arrêt découvre les motifs qui y ont donné lieu, ils sont absolument étrangers aux Supplians. On y voit que par plusieurs Procès-verbaux il avoit été prouvé que le sieur de Grieux faisoit un commerce d'eau-de-vie en fraude, & qu'il en avoit été tellement convaincu, que pour éviter les poursuites dont il étoit menacé, il avoit été réduit à signer un écrit le 23 Septembre 1731, par lequel il avoit consenti d'ouvrir ses caves & celliers, & d'y souffrir les visites, exercices & recensemens des Commis. Après une telle soumission, il n'est pas extraordinaire qu'il ait subi la condamnation portée par l'Arrêt du 11 Octobre 1740. Mais quelle application en peut-on faire aux Supplians & autres Gentilshommes, qui se renfermant dans les bornes convenables à leur qualité, ne font que convertir en eau-de-vie leurs propres vins, qui ne se mêlent directement ni indirectement d'aucune sorte de commerce, & qui ne sont suspects d'aucune fraude ?

Il faut donc écarter les prétendus préjugés qu'on veut se former des Arrêts du Conseil de 1731 contre le sieur de Sevret, de 1732 contre le sieur d'Orlac, & de 1740 contre le sieur de Grieux. Les deux premiers ne sont que des Arrêts sur Requête ; ils n'ont jamais été signifiés ni exécutés, & la surprise y éclate avec évidence. Le dernier est contradictoire, mais il est fondé sur des faits de fraude ou de commerce prouvé, reconnu, & sur le consentement exprès du sieur de Grieux. Ces préjugés écartés, on doit en revenir à la Déclaration de 1717 & aux Lettres-Patentes de 1728 ; elles ne soumettent aux visites & marques des Commis, que les Bouilleurs d'eau-de-vie & Marchands qui en font le commerce : elles ne donnent donc aucun droit aux Sous-Fermiers de venir inquiéter les Gentilshommes dans leurs Châteaux pour y exercer des vexations, auxquelles VOTRE MAJESTÉ n'a jamais eu intention d'assujettir la Noblesse. Ainsi le Sous Fermier ne peut fonder sa prétention sur aucune Loi publique du Royaume.

Les Supplians ne peuvent se dispenser de représenter à VOTRE MAJESTÉ que ces visites auxquelles les Fermiers voudroient soumettre la Noblesse, n'intéressent en rien les droits du Roi, elles ne peuvent faire grossir le prix de ses Fermes ; elles ne sont d'aucune d'aucune utilité au Sous-Fermier pour le payement des droits qui lui sont dûs; ce seroit dégrader la Noblesse de l'assujettir à ce joug si odieux, & l'exposer à des discussions journalieres avec les Commis, à toutes les infidelités qu'ils voudroient ou pourroient commettre dans leurs Procès-verbaux, sans qu'il leur restât un moyen pour s'en défendre.

1°. Les visites & marques des Commis que le Sous-Fermier voudroit faire chez les Gentilshommes, ne lui procureroient que la vaine satisfaction de les obliger à se tenir dans leurs châteaux, pour leur en ouvrir les portes aux jours & heures qu'ils jugeroient à propos; mais comme elles ne lui apporteroient aucune rétribution, & n'augmenteroient pas le produit de sa Ferme, elles ne lui en feroient jamais grossir le prix en faveur de VOTRE MAJESTÉ.

2°. Les droits qui lui sont dûs, ne le sont que lors de la vente & enlevement des vins & eaux-de-vie: ils lui sont assurés dans tout leur entier. Le Propriétaire, le Marchand, le Voiturier lui en répondent également, sous peine de confiscation des liqueurs, des équipages & voitures qui les conduiroient, & de cinq cens livres d'amende. Le Propriétaire ne peut laisser enlever, le Voiturier ne peut charger, & le Marchand ne peut recevoir, sans être assurés que les droits en ont été payés, ou être eux-mêmes porteurs de cet acquit. Les eaux-de-vie ne peuvent sortir de chez le Gentilhomme, que pour entrer dans le cellier du Marchand qui les achete, ou pour aller en droiture chez l'Etranger. Dans l'un & l'autre cas, il est impossible que les Commis n'en soient informés. Ils font tous les jours leurs visites chez le Marchand, qui est obligé de leur montrer l'acquit des marchandises qu'il reçoit; ils les comptent, ils les marquent, ils en chargent leurs Livres: ainsi il ne peut rien y entrer de nouveau qu'ils ne le sachent. Les Voituriers sont obligés de porter avec eux l'acquit des marchandises qu'ils voiturent, & de le faire paroître aux Commis des Bureaux qui sont à tous les débouchés de la Province, sans quoi les marchandises, voitures & équipages seroient confisqués; & le Voiturier personnellement condamné en cinq cens livres d'amende. Il n'est donc pas possible que ce Fermier soit trompé sur les droits qui lui sont dûs: donc les visites & marques de ses Commis chez les Gentilshommes ne lui sont d'aucune utilité.

3°. Ce seroit dégrader la Noblesse. Un Gentilhomme qui recueille du vin dans sa Terre, qui est obligé, pour s'en défaire, de le convertir en eau-de-vie, & qui ne se sert que de ses propres chaudieres & d'un bouilleur à gages, ou de ses propres domestiques, est un homme qui fait valoir son bien, & qui n'est comptable au Fermier ou aux Commis des Aydes, ni de ce qu'il fait, ni de la maniere dont il administre ses affaires. De quel droit les Commis viendront-ils donc dans ses caves & celliers faire des visites & marquer ses tonneaux ?

Visite de Commis, joug odieux.

Ce seroit pour la Noblesse l'assujettissement le plus vil & le plus honteux. Il faudra qu'aux premiers ordres des Commis, gens ordinairement d'un état obscur, un Gentilhomme qui est tranquille dans sa maison, où il ne fait aucune sorte de commerce, aille lui même ouvrir ses caves & celliers, soit témoin de l'inquisition qu'on exercera, & s'expose à toute l'arrogance des Commis. S'il s'absente de son château, faudra-t-il qu'il laisse ses clefs à des domestiques, qui seront obligés d'ouvrir les portes à des étrangers, maîtres de faire tout ce qu'ils voudront, & qui, fiers de leur autorité, n'useront d'aucun ménagement. Si les Gentilshommes pouvoient être insensibles à une servitude si honteuse, VOTRE MAJESTÉ ne trouveroit plus dans la Noblesse de son Royaume les sentimens dont elle doit être animée pour la défense de l'Etat, la gloire de la Nation, & celle de son Roi.

Mais qu'est-ce que la Noblesse n'auroit point à craindre de l'infidélité de ceux qui sont chargés de faire de pareilles visites ? Combien peuvent-ils supposer de choses dans leurs Procès-verbaux, pour trouver des fraudes imaginaires, afin d'avoir part aux amendes & confiscations qui en sont la suite ? Puissant motif pour des gens de néant, & qui ne sont animés que par le desir du gain qu'ils peuvent faire, sur-tout lorsqu'ils sont assurés, quelques faussetés qu'ils commettent, de ne pouvoir en être punis. C'est une sûreté que les Commis aux Aydes ont entierement, parce qu'il n'y a contre leurs actes que l'inscription de faux, voie impraticable, puisqu'il faut prouver le faux par témoins, & qu'il n'y a dans un château que des domestiques, dont le témoignage n'est pas admis. S'il s'y trouvoit des étrangers, le Commis infidele ne manqueroit pas de les comprendre dans son Procès-verbal ; il seroit donc impossible d'avoir des témoins, & par conséquent le Commis seroit assuré de l'impunité de son crime.

La Dame Cazaud, veuve du sieur Bourée, se pourvut contre un Procès-verbal fait par les Commis du Bureau d'Angoulême sur le grand chemin. Elle fut admise par la Sentence à la preuve du faux de douze faits principaux portés dans ce Procès-verbal. Il y eut appel de cette Sentence par le Sous-Fermier; elle fut confirmée par Arrêt de la Cour des Aydes du premier Septembre 1741. Après les témoins ouis, récolés, confrontés, Sentence portant que les Commis comparoîtroient en personnes, pour répondre aux conclusions du Ministere public & de la Partie civile. Après leur comparution & une autre Sentence, le Sous-Fermier interjetta le 5 Juin 1742 appel de toute la procédure & poursuite d'inscription de faux. La Dame Bourée, après y avoir consommé plus de 15000 livres, est morte sans pouvoir obtenir le Jugement définitif. On pourroit citer une infinité d'exemples semblables.

Il ne resteroit au Gentilhomme que de se racheter de la vexation à prix d'argent, qu'il lui seroit plus utile de donner aux Commis, que de se voir traduit dans des Elections pour y plaider contre des gens de cette espece, y être condamné, & achevé de ruiner par les frais du Procès. C'est donc exposer la Noblesse, ou à être opprimée par les contributions qu'il seroit libre aux Commis de lui faire payer, ou à être ruinée par des procédures avec des gens vis-à-vis desquels elle rougira toujours de se trouver, & lui ôter tous moyens de se défendre. Ce seroit pour la Noblesse, & la sujétion la plus vile, & la source de la plus criante oppression : VOTRE MAJESTÉ ne permettra jamais qu'on l'introduise contre des Sujets si recommandables par leur zele, par leur fidélité & par leurs services.

On leur feroit gratuitement une pareille injure, les droits de VOTRE MAJESTÉ n'y peuvent être intéressés. Qu'un Gentilhomme ait fait de son vin plus ou moins de pieces d'eau-de-vie, ce qu'il en conserve dans sa maison n'est sujet à aucun droit, & ce qu'il vend ne peut sortir de chez lui, qu'auparavant celui qui l'achete, ou le Gentilhomme, n'en ait fait sa déclaration aux Fermiers des Aydes, & ne se soit soumis à lui justifier du payement des droits d'entrée dans le lieu de la destination. Quelle nécessité y a-t-il donc de venir faire des visites dans ses caves, & d'y marquer les tonneaux?

On pourra, dit-on, commettre des fraudes, & faire sortir des eaux-de-vie sans déclaration; mais la Noblesse, sur un soupçon si vague & si injurieux, mérite-t-elle d'être traitée avec tant d'indignité? Ne peut-on pas compter sur ses sentimens, sa droiture, sa soumission & sa fidélité aux ordres de son Souverain?

D'ailleurs ces fraudes sont impraticables, on n'enleve pas une piece, un tonneau d'eau-de-vie, comme un meuble de petit volume; il est impossible, comme on l'a fait voir, que le transport en soit fait sans que les Commis qui y veillent en soient informés. Les voitures & les eaux-de-vie seroient sujettes à confiscation; on seroit exposé à de si grosses amendes, qu'une seule piece d'eau-de-vie voiturée sans congé, surprise par les Commis, vaudroit au Fermier plus que ne montent ses droits sur cinq cens pieces. S'imaginera t-on que pour un si modique objet on s'expose à de si grands dangers?

Quelle utilité pourroit-on donc trouver dans les visites & marques des Commis, qui seroient faites chez les Gentilshommes? Que ces visites se fassent ou ne se fassent pas, elles ne peuvent augmenter le prix de la Ferme en faveur de Votre Majesté; elles sont inutiles aux Fermiers, les droits sur les eaux-de-vie n'en seront ni plus ni moins payés, & c'est-là le seul intérêt légitime du Fermier. Mais ces visites exposeroient la Noblesse à une inquisition honteuse, à des vexations capables de la ruiner. Le Fermier le plus rempli de sentimens d'honneur & de probité, peut-il répondre lui-même de la fidélité & de la bonne foi de ceux qu'il est obligé d'employer. Ce Fermier sera trompé par ses Commis; il s'en rapportera à leurs Procès-verbaux, & se croira autorisé à exercer des violences qu'il seroit le premier à condamner, s'il pouvoit connoître la vérité: il ne doit donc pas se refuser à la justice que demandent les Supplians.

Pourquoi s'y opposeroit-il, puisque les droits de Sa Majesté n'en peuvent être augmentés ni diminués, & que les visites & la marque ne procureroient aucune utilité au Fermier? Conviendroit-il d'avilir la Noblesse, en l'assujettissant à une servitude capable de procurer sa ruine? Les Gentilshommes consomment leurs biens au Service, ils y exposent leur vie: méritent-ils d'être réduits à l'état des Marchands & des plus vils Roturiers?

A ces causes, SIRE, plaise a VOTRE MAJESTÉ faire défenses aux Fermiers & Sous-Fermiers des Aydes, & à leurs Commis, de faire des visites dans les caves & celliers des Supplians, pour y marquer leurs eaux-de-vie, quand ils ne feront bouillir que les vins qu'ils auront recueillis sur leurs propres héritages, soit que ces eaux-de-vie soient destinées pour la consommation de leur maison, soit qu'elles soient vendues à des Marchands; aux offres que font les Supplians de faire des déclarations exactes aux Fermiers, des eaux-de-vie qu'ils vendront pour être transportées, ou de faire faire ces déclarations par ceux qui les acheteront, conformément à l'article 5 de la Déclaration du 30 Mai 1717, & à l'article 2 des Lettres-patentes du 24 Août 1728. Les Supplians continueront leurs vœux pour la prospérité & la gloire de VOTRE MAJESTÉ.

CL. INSTANCE A LA GRAND'CHAMBRE.

POUR Dame Eleonore d'Oglethorpe, veuve de Messire Eugene-Marie de Bethizy, Chevalier, Marquis de Mezieres, Lieutenant-Général des Armées du Roi, Gouverneur des Ville & Citadelle d'Amiens & de Corbie.

CONTRE Mre Anne-Gedeon de Joyeuse, Lieutenant-Général au Gouvernement de Champagne & Brie.

QUESTION

De Requête Civile.

PLus l'Arrêt qui est attaqué intéresse l'honneur & la fortune du Comte de Joyeuse, & plus il est aisé de se persuader que la Cour n'a prononcé des condamnations si séveres, qu'après avoir reconnu par l'examen le plus exact & le plus scrupuleux toutes les infidélités qui étoient reprochées au Comte de Joyeuse.

Jamais affaire n'a été ni plus vivement ni plus long-tems discutée. Agitée pendant un grand nombre d'Audiences, éclaircie par plusieurs Mémoires imprimés de part & d'autre, rapportée sur le Délibéré, & les pieces examinées avec autant de recherches que si l'affaire avoit été instruite par écrit, ce n'est qu'après tant de précautions prises pour découvrir la vérité, que la Cour a rendu enfin son Jugement : ouvrage de sa sagesse & de ses plus profondes réflexions.

Le Comte de Joyeuse ne propose rien aujourd'hui qu'il n'ait

dit, & qui n'ait été discuté avant l'Arrêt ; il n'a pas une seule piece nouvelle. Sa Requête Civile n'a donc pour objet, si elle pouvoit réussir, que de renouveller précisément la même question qui a déja été jugée, en présumant que la Cour, contraire à elle-même, regardera comme innocent & comme légitime ce qu'elle a déja jugé criminel & repréhensible. C'est faire injure, on l'ose dire, aux lumieres supérieures de la Cour; & cette considération seule devroit faire tomber une Requête Civile qui ne tend qu'à élever dans un même Tribunal deux Arrêts qui se choqueroient & se détruiroient mutuellement. Mais si la face de l'affaire étoit changée par de nouvelles découvertes de la part du Comte de Joyeuse, la rigueur sévere des regles s'opposeroit encore à sa demande, puisque dans la forme il n'a aucun moyen, ni même aucun prétexte qui puisse appuyer sa Requête Civile.

C'est ce que l'on va reconnoître dans le récit des faits & dans la discussion des moyens.

FAIT. Le Demandeur en Requête Civile est fils de Messire Jules de Joyeuse & de Dame Anne Deshuguet.

Par le testament de Jules de Joyeuse, du 3 Février 1705, il avoit fait Daniel de Joyeuse, son fils aîné, son légataire universel; il avoit substitué la Terre de Saint-Lambert en faveur de ses descendans, & à leur défaut en faveur de ses freres & de leurs héritiers par ordre & droit d'aînesse; & à l'égard de ses deux cadets, qui étoient Anne-Gedeon & Louis de Joyeuse, il les avoit réduits à 1000 liv. de pension viagere chacun.

Anne-Gedeon trouva bientôt le secret de dépouiller ses deux freres. Pour y parvenir il empêcha que l'aîné n'eût connoissance du testament qui lui étoit si favorable; & lui faisant peur des rapports qu'il auroit à faire dans un partage ordinaire, & des dettes qu'il seroit obligé de payer, il l'engagea à signer un traité le 31 Mars 1712, par lequel Daniel de Joyeuse lui abandonna toutes les parts & portions qui lui devoient revenir dans les Terres de Saint-Lambert & d'Hanogne, à condition d'être dispensé de tout rapport & de toute contribution aux dettes, & moyennant 23600 livres qu'il reconnut avoir reçues comptant, Anne-Gedeon de Joyeuse déclarant en avoir emprunté 13600 livres de Demoiselle Claude Sobinet, veuve du Sieur Antoine de Blois.

Il fut encore plus facile de subjuguer Louis de Joyeuse, qui n'étoit qu'un cadet; le 18 Mai 1712 il signa un pareil traité avec

Anne-Gedeon de Joyeuse, moyennant la somme de 17000 liv. qu'il reconnut avoir reçue, & dont il fut encore déclaré par Anne-Gedeon avoir emprunté 15000 livres de la veuve de Blois, afin qu'elle demeurât subrogée aux droits & privileges de ceux qui avoient été remboursés de ses deniers.

C'est ainsi qu'Anne-Gedeon est devenu seul propriétaire de Saint-Lambert & d'Hanogne. Voici maintenant comment il a eu le Comté de Grandpré.

Le 6 Août de l'année 1712 il avoit traité avec un de ses cousins nommé aussi Jules de Joyeuse, Comte de Grandpré; il lui avoit constitué 1500 liv. de rente viagere pour prix de la Charge de Lieutenant général de Champagne, dont le Comte de Grandpré lui avoit obtenu la survivance, & avoit affecté spécialement à cette rente la Terre de Remonville, avec consentement même qu'elle appartînt en pleine propriété à Jules de Joyeuse, en cas de prédécès d'Anne-Gedeon sans enfans. Cette rente viagere de 1500 liv. avoit été augmentée jusqu'à 3200 livres par un acte du 27 du même mois d'Août, qui avoit confirmé au surplus la disposition de la Terre de Remonville.

Ce fut en cet état que le 15 Novembre 1712 fut passé le contrat de mariage d'Anne-Gedeon de Joyeuse avec Demoiselle Antoinette de Villers de Rousseville. En faveur de ce mariage Jules de Joyeuse son cousin lui donna le Comté de Grandpré, avec toutes ses appartenances & dépendances, & le chargea d'une substitution graduelle & perpétuelle en faveur de ses descendans; & en cas qu'il mourût sans enfans, ou ses enfans sans enfans, il stipula que la Terre appartiendroit à M. le Cardinal de Mailly, Archevêque de Reims, ou à son plus proche héritier portant le nom & armes de Mailly. Jules de Joyeuse céda encore à Anne-Gedeon, futur époux, tous les droits mobiliers & immobiliers, fruits, profits & revenus à lui échus par le legs universel de M. le Maréchal de Joyeuse, par son testament du mois de Juin 1710.

Par un acte séparé, mais fait dans le même instant, Anne-Gedeon s'obligea de payer les principaux de plusieurs rentes montant à 2036 livres par chacun an; 2000 livres de rente à la Dame Comtesse de Grandpré, au principal de 78000 livres, & d'acquitter le Comte de Grandpré de l'évenement du Procès qui étoit entre lui & le Prince de Chalais pour un ancien supplément de légitime.

Tous ces titres qui lui assuroient la propriété des Terres de

Saint-Lambert, d'Hanogne & de Grandpré, firent bientôt le sujet de grandes contestations.

Daniel de Joyeuse obtint le 20 Mai 1716 des Lettres de rescision contre le traité du 31 Mars 1712. Il y expose la soustraction du testament de son pere, par lequel il étoit nommé légataire universel, & la découverte qu'il en a faite depuis; ce qui l'a engagé, dit-il, de le faire publier & insinuer. Il ajoute que des 23600 liv. dont il a donné quittance, il n'en a reçu que 13600 livres, & en conséquence demande d'être remis au même état qu'il étoit avant ce traité.

Pareilles Lettres de rescision furent prises deux ans après par Louis, Chevalier de Joyeuse, fondées sur la lésion énorme. On ne voit point quel a été le sort des premieres; pour les secondes, elles furent entérinées par Sentence du Bailliage de Rhetel-Mazarin, du 17 Mars 1719; & depuis, sur l'appel, les Parties ont passé un Arrêt de concert, dont on parlera dans la suite.

D'un autre côté, Anne-Gedeon de Joyeuse prit des Lettres de rescision, tant contre le traité du 27 Août 1712, au sujet de la Charge de Lieutenant Général de Champagne, que contre l'acte passé le jour de son contrat de mariage, par lequel il s'étoit obligé de payer plusieurs sommes en l'acquit de Jules de Joyeuse, Comte de Grandpré.

C'est à l'occasion de ce dernier Procès que le 4 Décembre 1719 le Comte de Joyeuse écrivit à M. le Cardinal de Mailly une Lettre très-remarquable. Il tâche d'y justifier le procès odieux qu'il avoit fait à son bienfaiteur, & dont il a été forcé depuis de se désister; il y explique les ressources qu'il a contre le Comte de Grandpré, & finit par un trait bien digne de lui: *Ainsi, Monseigneur, avec bien de l'argent, étant d'ailleurs au lieu & place des créanciers de la Maison, sous un autre nom que le mien (car je n'en laisserai pas pour un écu), avec les droits que j'ai par bon contrat de mariage, pas un sol de bien à moi, tout étant par Sentence & Arrêt contradictoires à M. de Grandpré, aux créanciers de feu mon pere & de mes freres, & aux miens qui sont privilégiés; après cela les petites lumieres que Dieu m'a données, j'ose vous assurer que je me tirerai d'affaire, & que M. le Comte de Grandpré, quand je perdrois mon Procès, ne tirera pas jamais un écu de moi; vous n'en croyez rien, mais je vous en donne ma parole d'honneur.*

Ces faits préliminaires, qui donnent une idée de l'état du Comte de Joyeuse, de la situation de ses affaires & de ses talens, étant

étant ainsi éclaircis, il faut venir maintenant aux actes qui concernent les sieur & dame de Mezieres.

Le 7 Décembre 1719, c'est-à-dire, trois jours après la Lettre dont on vient de parler, le Comte de Joyeuse leur passa un contrat de constitution de 8800 livres de rente, au principal de 220000 livres, qu'il hypothéqua spécialement sur la Terre de Saint-Lambert, qu'il déclara être affermée 7000 livres par an; sur Hanogne de 2500 livres; sur Grandpré de 18000 livres, & enfin sur la moitié de Ville-sur-Tourbe de 12000 livres de revenu, ce qui faisoit un objet de 39500 livres de rente en fonds de terre.

Il déclara que ces 220000 liv. avec 50000 liv. provenant du prix de la Terre de Remonville qu'il avoit vendue quelque temps auparavant, seroient employées au paiement de tous les créanciers privilégiés & hypothécaires sur tous les biens de la Maison de Joyeuse & de Grandpré qui lui appartenoient, tant en qualité de Légataire universel du Maréchal de Joyeuse, que comme donataire entre-vifs du Comte de Grandpré; au moyen de quoi tous lesdits biens & les siens propres demeureroient libres de toutes dettes & hypotheques, promettant de faire déclaration dans les quittances qui lui seront données par les créanciers, que les deniers procédent des sieur & dame de Mezieres, afin qu'ils soient subrogés.

Dans ce contrat tout ne respire que faux & qu'infidélité de la part du Comte de Joyeuse.

Il hypotheque quatre Terres: Saint-Lambert étoit substituée par le testament de Jules de Joyeuse son pere du 3 Février 1705; ce testament caché d'abord, mais découvert depuis par Daniel de Joyeuse, qui l'avoient fait insinuer & publier, comme il l'expose dans ses Lettres de rescision du 20 Mai 1716, est un fait qui n'étoit point connu lors de l'Arrêt du 6 Septembre 1728. Hanogne avoit été vendue au sieur de la Goile, Directeur de la Monnoie de Reims, par contrat du 11 Octobre précédent: Grandpré étoit encore substituée par son contrat de mariage, comme on le vient de voir: enfin la moitié de Ville-sur-Tourbe n'appartenoit point au Comte de Joyeuse; il n'avoit que le droit d'en percevoir les fruits pendant la vie de Jules de Joyeuse son cousin, mort depuis en 1727.

Ainsi, dès le premier pas, on trouve le stellionat dans le plus grand jour, quatre Terres hypothéquées, dont deux étoient substituées, une étoit vendue auparavant, & l'autre n'avoit jamais appartenu, & n'appartenoit point au Comte de Joyeuſe.

La déclaration de franc & quitte au-delà des 270000 liv. n'étoit pas moins infidelle; le Comte de Joyeuſe devoit alors plus de 600000 liv.

Enfin la promeſſe d'employer les 220000 liv. des ſieur & dame de Mezieres à rembourſer les créanciers, étoit une impoſture de la part du Comte de Joyeuſe, qui étoit bien déterminé à n'en rien faire; auſſi n'a-t-il pas même tenté d'en employer la moindre partie, quoique cela fût ſi facile, qu'il a payé depuis pour plus de 250000 l. de créanciers d'autres effets que de ceux provenus des ſieur & dame de Mezieres.

Pour faire ces paiemens, il vendit la Terre de Saint-Lambert à la dame Marquiſe de Conflans, par contrat du 11 Mars 1720, pour le prix de 460000 l. il n'en uſa pas à ſon égard comme il avoit fait à l'égard des ſieur & dame de Mezieres, ou plutôt il ne fut pas en état de le faire, parce que la dame de Conflans prit mieux ſes précautions, ayant voulu payer elle-même les créanciers auxquels elle devoit être ſubrogée. Mais comme ces paiemens ſe faiſoient de concert avec le ſieur de Joyeuſe, il fallut paſſer par mille détours de tranſports, de contre-lettres & de déclarations. Ainſi le même jour 11 Mars 1720, Jean Bonin, fondé de la procuration du Prince & de la Princeſſe de Chalais, céda ſans garantie au nommé Hubert Drouvillé toutes les créances qu'il avoit contre les repréſentans dame Marguerite de Joyeuſe, Comteſſe de Grandpré; cette dette faiſoit partie de celles que Jules de Joyeuſe, Comte de Grandpré, petit-fils de Marguerite, avoit chargé le Comte de Joyeuſe de payer, en lui donnant le Comté de Grandpré par ſon contrat de mariage du 15 Novembre 1712. Ce tranſport paroît fait pour 263000 l. que Jean Bonin reconnoît avoir reçu de Drouvillé.

Le même jour Drouvillé paſſe une déclaration pardevant Notaires, contenant que les 263000 liv. lui ont été fournies; ſçavoir, 200000 l. par la dame de Conflans, & 63000 l. par le Sr Rouſſeville.

Le même jour encore contre-lettre, par laquelle Drouvillé reconnoît qu'au lieu de 263000 l. il n'a payé réellement que 216390 l. & promet que ſi par l'événement des conteſtations le ſurplus ſe trouve dû, il en fera raiſon au Prince & à la Princeſſe de Chalais.

Enfin, le même jour encore cette ſeconde contre-lettre, par laquelle Drouvillé reconnoît qu'il n'a pas même payé les

216390 livres, mais 200000 livres seulement.

Drouvillé n'étoit que le prête-nom de la dame de Conflans; c'étoit elle qui avoit acquis la créance du Prince de Chalais jusqu'à concurrence des 200000 l. qu'elle avoit payées; c'est ce qui donna lieu à trois actes passés le même jour 14 Août 1722.

Par le premier, Drouvillé céde au sieur de Rousseville cette même créance pour 273000 liv. qui sont stipulées payables dans de certains temps.

Par le second, la dame de Conflans reconnoissant qu'elle a une déclaration de Drouvillé jusqu'à concurrence de 200000 francs, & le sieur de Rousseville prétendant en avoir une autre pour les 63000 francs restans, (quoiqu'ils n'eussent point été payés, & fussent encore dûs au Prince de Chalais, comme on vient de le voir) reconnoissent que les paiemens qui paroissoient faits par le transport du même jour, & les promesses de payer le surplus dans d'autres temps, sont simulées, & que les véritables conventions ont été, qu'en cas que le sieur de Rousseville touche les sommes mentionnées au transport, il demeurera garant de la vente que le Comte de Joyeuse son gendre a faite à la dame de Conflans de la Terre de Saint-Lambert, jusqu'à concurrence de 200000 liv. ou sera tenu de faire emploi de cette somme avec les déclarations nécessaires pour procurer le privilége; on ajoute qu'au surplus seront exécutés les actes particuliers faits entre la dame de Conflans & le sieur Marquis de Grandpré les 11 Mars 1720 & 5 Mars 1722.

Enfin, par un troisieme acte passé entre la dame de Conflans & le Comte de Joyeuse, ils conviennent que les deux actes du même jour ne pourront déroger aux deux actes des 11 Mars 1720 & 5 Mars 1722, auxquels ils persistent, & à la compensation des 200000 l. sur le prix de Saint-Lambert.

On s'est étendu sur cette multitude d'actes qui se réferent à un seul payement, pour faire connoître l'esprit de fraude qui regne dans toute la conduite du Comte de Joyeuse; il vend une Terre; il veut en employer le prix à payer les créanciers de sa Maison; cela exigeoit-il donc tant de mysteres, tant de transports simulés, de contre-lettres, de déclarations & d'actes qui se détruisent les uns & les autres? Ne voit-on pas dans ce cahos d'actes bisarres le fruit des promesses faites au Cardinal de Mailly dans la Lettre du 4 Décembre 1719, qu'en mettant tout son bien sous des noms interposés, on ne pourroit jamais lui faire payer un sol, quelque condamnation qui pût intervenir ?

Quand le Comte de Joyeuse payoit la dette de Chalais, il ne faisoit qu'éteindre une action dont il étoit tenu comme donataire de la Terre de Grandpré ; cependant l'objet de tous ces actes frauduleux étoit d'exercer contre lui même cette action sous des noms interposés, & c'est en effet le dernier usage qu'il en a fait pour tromper la dame de Mezieres, comme on le verra dans la suite.

Revenons aux sieur & dame Mezieres. Pendant que le Comte de Joyeuse employoit ainsi le prix de Saint-Lambert à procurer des subrogations à la dame de Conflans, il ne pensoit pas même à remplir les engagemens qu'il avoit pris avec les sieur & dame de Mezieres. Il n'étoit pas possible d'excuser une pareille infidélité ; aussi pour faire cesser les justes reproches qu'il avoit mérités, il proposa aux sieur & dame de Mezieres de leur vendre deux Terres ; cette proposition fut acceptée, & le contrat fut passé le 14 Septembre 1720.

Le Comte de Joyeuse vendit donc aux sieur & dame de Mezieres les Terres d'Hanogne & de Remonville ; sçavoir, celle d'Hanogne 138000 l. & celle de Remonville 91350 l. ce qui faisoit en tout 229350 l. au moyen de quoi il demeuroit quitte, tant du principal de 220000 l. que des arrérages de la rente. La Terre d'Hanogne n'étoit que de 2500 l. par an, comme le Comte de Joyeuse l'avoit expliqué dans le contrat de constitution du 7 Décembre précédent ; il la vendoit 138000 l. c'étoit un prix qui excédoit le denier 50.

Le Comte de Joyeuse exigea que cette vente fût tenue secrete ; lui seul y avoit intérêt par les circonstances que l'on va expliquer ; car, pour les sieur & dame de Mezieres, ils étoient exempts des droits seigneuriaux pour la Terre de Remonville, comme étant dans la mouvance du Roi ; & à l'égard d'Hanogne, il étoit aisé de déprier & de payer avec une monnoie que l'on n'étoit pas curieux alors de garder ; en sorte que le véritable intérêt des sieur & dame de Mezieres étoit de consommer publiquement la vente : mais il n'en étoit pas de même du Comte de Joyeuse.

Les infidélités & le stellionat dont il se rendoit coupable dans ce nouveau contrat, auroient bientôt éclaté, s'il avoit été public.

A l'égard de Remonville, il l'avoit vendu à Jules de Joyeuse ſon couſin, par le contrat du 27 Août 1712, pour prix de la Lieutenance Générale de Champagne ; il eſt vrai que cette vente ne devoit point avoir ſon effet, ſi Jules de Joyeuſe mouroit le premier ; mais il étoit vivant le 14 Sept. 1720, & n'eſt mort que plus de ſept ans après : dans un ſi long intervalle, il pouvoit arriver très-naturellement que le Comte de Joyeuſe mourût le premier ſans enfans, & en ce cas la propriété étoit acquiſe incommutablement à Jules de Joyeuſe. Au préjudice d'un droit ſi bien établi, le Comte de Joyeuſe pouvoit-il vendre cette même Terre aux ſieur & dame de Mezieres ? Ils ont prétendu acquérir une propriété certaine, & qui ne dépendît d'aucun événement, & le vendeur ne l'avoit pas ; il n'avoit tout au plus qu'une propriété chancelante & conditionnelle ; n'eſt-ce pas-là le véritable cas du ſtellionat ? C'eſt la même choſe que ſi on vendoit purement & ſimplement un bien qui ſeroit ſubſtitué. On auroit beau dire que celui qui eſt appellé à la ſubſtitution mourra peut-être le premier, la vente n'en ſeroit pas moins nulle par le ſtellionat qui auroit été commis.

D'ailleurs cette Terre de Remonville étoit alors ſaiſie réellement ; le Comte de Joyeuſe promit par le contrat d'apporter dans ſix mois main-levée de la ſaiſie-réelle : & non-ſeulement il n'a point encore procuré cette main-levée ; mais l'ayant demandée contre la demoiſelle de Joyeuſe, il en a été débouté par Arrêt contradictoire du 7 Mai 1728 ; en ſorte que s'il n'y avoit point de ſtellionat qui détruisît la vente dans ſon principe, elle ſeroit du moins réſolue par l'impoſſibilité de l'exécuter, & par-là revivroit le contrat de conſtitution de 1716, avec tous les vices qui l'accompagnent ; car la vente n'étant ici qu'un paiement, ſi le paiement tombe, la dette revit néceſſairement.

A l'égard d'Hanogne, le Comte de Joyeuſe déclare qu'elle lui appartient, en vertu des traités faits avec ſes freres, par leſquels ils lui avoient cédé leurs parts & portions ; mais il ne parle point des Lettres de reſciſion priſes par l'aîné en 1716 ; & ſi dans un écrit particulier il parle de celles du Chevalier de Joyeuſe, il a grand ſoin de cacher qu'il étoit encore dû 1100 l. de penſion à ce même Chevalier de Joyeuſe par un acte particulier dont il ne parle pas, & qui produiſoit cependant un privilége ſur cette Terre, comme le Chevalier de Joyeuſe l'a fait juger depuis par un Arrêt du 8 Mai 1724, intervenu ſur ſes Lettres de reſciſion.

Il a grand ſoin encore de cacher que depuis ces traités de

1712, il avoit vendu cette Terre à la Goile par contrat du 11 Novembre 1719, & qu'il y étoit rentré depuis par Sentence du 30 Avril 1720, à la charge de rembourser 67000 l. ce qu'il n'avoit fait qu'à la faveur d'un emprunt de pareille somme fait du sieur Loyseau, qu'il avoit fait subroger aux droits & privilèges de la Goile.

Il est vrai qu'il prétend que ces 67000 l. ont été fournies par Loyseau des deniers de la dame de Conflans, & ont depuis été déduits sur le prix de la Terre de Saint-Lambert; mais quand cela seroit, Madame de Conflans ne seroit-elle pas subrogée au privilege de la Goile sur la Terre d'Hanogne, pour sûreté de son acquisition de Saint-Lambert; le privilége subsisteroit donc toujours.

En vain, dit-on pour excuse, que l'on n'a pas vendu la Terre franche & quitte de toutes dettes & privilèges; cela est vrai. Mais d'où naissent ces privilèges? D'actes que l'on a cachés aux sieur & dame de Mezieres, & qu'il ne leur a pas été possible de découvrir à cause du faux exposé du Comte de Joyeuse.

Il dit que la Terre d'Hanogne lui appartient en vertu des traités faits avec ses freres en 1712. Comment imaginer qu'il soit survenu depuis un privilége? Par cette fausse déclaration, il en a donc imposé aux Acquéreurs, & c'est-là ce qui forme le stellionat. Qu'en exposant la vérité, la connoissance d'un privilége eût échappé aux Acquéreurs, ce seroit peut-être le cas de dire que le crime ne seroit pas consommé; mais que pour empêcher la connoissance d'un privilége, on remonte à une ancienne acquisition, sans parler de ce qui est intermédiaire; voilà ce qui manifeste la fraude, & par conséquent le stellionat. Il est des regles dans les contrats de vente d'expliquer les titres de propriété du vendeur; il falloit donc, après avoir parlé des traités de 1712, ajouter que le Comte de Joyeuse avoit depuis vendu cette même Terre à la Goile, & qu'il y étoit rentré en vertu d'une Sentence du 30 Avril 1720. Mais s'il se fût expliqué ainsi, on auroit vu que cette Sentence imposoit l'obligation de rembourser 67000 l. par privilége; & ne trouvant point de quittance de cette somme, ou, ce qui est la même chose, ne trouvant qu'une quittance portant subrogation, les sieur & dame de Mezieres n'auroient jamais acheté: c'est ce que le Comte de Joyeuse a bien prévu; & c'est précisément par cette raison qu'il a caché tout ce qui s'étoit passé depuis les traités de 1712, auxquels il a remonté; la fraude est donc sensible.

Par une suite de la même infidélité, la dame de Nassau, de qui releve en partie la Terre d'Hanogne, prétend un double droit seigneurial, tant pour la vente faite à la Goile, que pour la revente faite par la Goile au Comte de Joyeuse; ainsi la Terre d'Hanogne est absorbée & bien au-delà par les priviléges dont elle est chargée, & dont on a affecté d'ôter la connoissance aux sieur & dame de Mezieres par un faux exposé.

Comme les sieur & dame de Mezieres agissoient de bonne foi, & croyoient la vente légitime, ils voulurent bien donner une quittance séparée du contrat de vente des 220000 l. dont le Comte de Joyeuse demeuroit déchargé. Cette quittance fut déposée le 15 Novembre 1721, pour la faire paroître au *visa*, & faire connoître que le contrat de constitution ne subsistoit plus; mais il est évident que cette quittance déposée n'étoit qu'une fiction, les sieur & dame de Mezieres n'ayant point reçu d'autre remboursement que celui qui résultoit de la vente des Terres. C'étoit donc une précaution pour tenir toujours la vente secrete, comme le Comte de Joyeuse l'avoit exigé, & pour ne pas laisser croire cependant que la vente fût encore dûe; ce qui auroit pu nuire aux sieur & dame de Mezieres au *visa*; & réellement la quittance & le dépôt n'ajoutent rien au contrat même.

Cependant le Comte de Joyeuse ne pouvoit pas toujours tenir cette vente secrete; il falloit bien ou qu'il la rendît publique, ou qu'il payât autrement les sieur & dame de Mezieres; le premier parti étoit trop dangereux pour lui; il essaya ou fit semblant d'essayer le second, en proposant à la dame de Mezieres d'acheter une portion de la Terre d'Evon qui lui convenoit. La dame de Mezieres y consentit, parce qu'elle étoit toujours disposée à procurer au sieur de Joyeuse toutes les facilités qui pourroient lui convenir; mais cette tentative vraie ou feinte n'eut aucune suite.

Pendant qu'il les amusoit ainsi d'un projet imaginaire qui ne pouvoit jamais avoir son exécution, il vendit réellement la Terre d'Hanogne au sieur de Rousseville son beau-pere, par un contrat du 29 Mars 1724, qui a tous les caracteres d'une véritable vente, quoique conçu en forme de procuration; on y donne pouvoir au sieur de Rousseville de régir la Terre d'Hanogne, en recevoir les revenus, &c. & singulierement *de faire abattre ce qui reste de chênes pour rétablir le corps-de-logis qui tombe en ruine, & généralement tout ce que le sieur de Joyeuse pourroit faire, comme seul Seigneur & Propriétaire de ladite Terre.* On charge le sieur de

Rousseville de payer 45000 l. sçavoir, 35000 l. à la dame de Blois, & 10000 l. à des Ouvriers; au moyen de quoi le Comte de Joyeuse s'engage de ne point vendre la Terre sans le consentement du sieur de Rousseville, même consent que les sieur & dame de Rousseville en demeurent Propriétaires en vertu du présent acte, à condition qu'après leur décès la Terre reviendra à la Comtesse de Joyeuse leur fille, & au Vicomte de Joyeuse leur petit-fils.

En conséquence de cette vente le sieur de Rousseville a payé les droits seigneuriaux à la dame de Nassau pour la portion de cette Terre qui releve d'elle; la quittance qui est du 27 Septembre 1724, conserve des droits de quint & requint à elle dûs pour les actes des 31 Mars & 18 Mai 1712, & pour la revente faite par la Goile par transaction du 3 Juin 1720.

Par cette vente, le Comte de Joyeuse avoit reconnu lui-même que la vente faite aux sieur & dame de Mezieres ne pouvoit subsister. Jules de Joyeuse étoit encore vivant; l'acte de 1712, par lequel on lui avoit vendu la Terre de Remonville, ne permettoit pas que le contrat, par lequel on avoit vendu depuis cette même Terre aux sieur & dame de Mezieres avec la Terre d'Hanogne, pût avoir aucune exécution; c'est pourquoi le Comte de Joyeuse n'avoit pas fait difficulté de vendre celle d'Hanogne au sieur de Rousseville son beau-pere, avec qui il lui étoit plus facile de se concilier, & qui vouloit bien courir le risque de la vie de Jules de Joyeuse: il fallut donc penser à satisfaire d'ailleurs la dame de Mezieres.

Ce fut pour y parvenir, qu'au mois d'Octobre 1725, le Comte de Joyeuse vint trouver la dame de Mezieres; & reconnoissant la vente de 1720 nulle & caduque, il lui proposa de nouvelles sûretés pour le principal & pour les arrérages de la rente constituée en 1719. Cette nouvelle sûreté fut de subroger la dame de Mezieres à l'ancienne dette de Chalais qu'il avoit acquise, disoit-il, sous le nom de Rousseville son beau-pere, & qui lui avoit été cédée par une contre-lettre dont il offroit de remettre la copie, à condition que la dame de Mezieres ne pourroit se servir de cette subrogation que pour sûreté de ses principaux contenus au contrat de 1719, & qu'en cas de remboursement, le Comte de Joyeuse ne seroit tenu d'en faire emploi qu'autant qu'il seroit nécessaire pour produire 4000 l. de rente, au moyen de quoi on convint que les écrits précédens demeureroient nuls.

L'infidélité regnoit encore dans ce nouvel engagement; le Comte

Comte de Joyeuse n'avoit point acquis l'ancienne dette de Chalais, & ne pouvoit point y subroger la dame de Mezieres.

Il est vrai que le Fondé de procuration du Prince & de la Princesse de Chalais avoit cédé à Drouvillé leur créance, montant à 263000 l., mais par deux contre-lettres du même jour Drouvillé avoit reconnu n'avoir payé que 200000 liv., & que le surplus étoit encore dû au Prince de Chalais : ainsi le Comte de Joyeuse ne pouvoit subroger la dame de Mezieres à ces 63000 liv. qui n'étoient pas payées.

Il ne pouvoit pas même la subroger aux 200000 livres qui avoient été payées, parce qu'elles l'avoient été des deniers de la dame de Conflans, & qu'elle avoit été subrogée aux hypotheques du Prince & de la Princesse de Chalais pour sûreté de son acquisition de Saint-Lambert. Deux Parties différentes ne peuvent être subrogées à la même créance & à la même hypotheque. Il est vrai que la dame de Conflans avoit cédé elle-même sa subrogation au sieur de Rousseville par l'acte du 14 Août 1722, mais ce transport étoit simulé, ou du moins par la contre-lettre du même jour le sieur de Rousseville s'étoit obligé, ou à employer ce qui proviendroit du transport pour sûreté de l'acquisition de Saint-Lambert, ou à être garant personnellement de cette acquisition faute d'emploi, en sorte que quand on promettoit à la dame de Mezieres de la subroger à la créance de Chalais acquise par Rousseville, c'étoit la subroger à une action, qui, loin de faire sa sûreté, devoit au contraire la rendre garante de l'acquisition de la dame de Conflans ; on ne croit pas que jamais il y ait eu de fraude plus sensible & de promesse plus chimérique & plus illusoire.

Cependant le Comte de Joyeuse se trouvant par-là entierement dégagé de la vente de 1720, ne balança plus à rendre publique la vente postérieure qu'il avoit faite à son beau-pere de la Terre d'Hanogne par la procuration du 29 Mars 1724. En effet le 23 Mai 1726 il fut passé à Reims un acte pardevant Notaires, qui contient plusieurs conventions très-importantes.

Le Comte de Joyeuse ou le nommé Michaut, fondé de sa procuration, s'y reconnoît debiteur envers la veuve de Blois de la somme de 30481 liv. de principal, & de 5519 liv. d'intérêts, sur quoi la veuve de Blois ayant reçu 2500 liv. tant du sieur de Rousseville, que des Fermiers d'Hanogne, il ne restoit plus dû que 32600 liv.

Les sieur & dame de Rousseville se rendent caution de cette

dette envers la veuve de Blois, & s'obligent de la payer dans différens termes qui sont marqués par cet acte : & pour les intérêts, ils déléguent différentes sommes à recevoir de Charles & Claude Houpillart, *Receveurs de la Terre & Seigneurie d'Hanogne, appartenante aux sieur & dame de Rousseville.* Ce sont les propres termes de l'acte.

Les Fermiers acceptent les délégations, & le Comte de Joyeuse se désiste des lettres de rescision qu'il avoit prises contre les obligations passées au profit de la dame de Blois.

Pendant que cela se passoit, la dame Marquise de Mezieres ne voyoit aucune exécution de la part du Comte de Joyeuse de tous les actes passés avec elle; il y avoit sept ans que le contrat de constitution de 1719 étoit passé, & elle n'avoit reçu ni principal ni intérêts. Il n'étoit plus possible de se laisser amuser; on sentoit bien qu'il n'y avoit eu que fraude & infidélité de sa part.

Procédure. Le 2 Avril 1727, la dame Marquise de Mezieres, *tant en son nom, à cause de la communauté qui avoit été entr'elle & le feu sieur Marquis de Mezieres, que comme mere & tutrice de ses enfans mineurs*, fit faire un commandement au Comte de Joyeuse de payer sept années d'arrérages de la rente de 8800 livres, sauf à se pourvoir pour le remboursement du principal; & le 26 du même mois elle présenta sa requête dans les mêmes qualités avec le nommé Jean Hallot, Tuteur onéraire des mêmes mineurs, à ce qu'il lui fût permis de faire assigner le Comte de Joyeuse pour voir dire que, faute d'avoir satisfait aux obligations, charges, clauses & conditions portées par le contrat du 7 Décembre 1719, il seroit condamné de payer & rembourser à la dame de Mezieres esdits noms la somme de 220000 livres & les arrérages, sans préjudice de prendre de plus amples conclusions.

Le 10 Juillet suivant le Comte de Joyeuse fit évoquer cette demande par un Arrêt de la Cour, & le 6 Août suivant il fournit des défenses, tant contre la dame de Mezieres, que contre Hallot. Le même jour il donna une requête, par laquelle il conclut à ce que, sans s'arrêter aux demandes de la dame de Mezieres, dont elle seroit déboutée, il fût ordonné que le contrat de vente seroit exécuté; en conséquence qu'il demeureroit déchargé, tant du principal que des arrérages de la rente; qu'il seroit fait mention de la décharge, tant sur la minute, que sur la grosse du contrat de constitution qui ne demeureroit à la dame de Mezieres que pour l'hypotheque; qu'il lui seroit fait main-levée des saisies, & que la dame de Mezieres & Hallet seroient condamnés en 3000 liv. de dommages & intérêts, & aux dépens.

Comme l'on découvroit tous les jours de nouvelles preuves de l'infidélité du sieur Comte de Joyeuse, & que les premieres conclusions n'étoient pas assez étendues, la dame de Mezieres présenta une nouvelle requête le 3 Septembre 1727, tant en son nom, que comme Tutrice de ses enfans, & demanda permission de faire assigner le Comte de Joyeuse pour être condamné & par corps, comme stellionataire & faux vendeur, au rachat & amortissement de la somme de 220000 livres. Le Comte de Joyeuse fournit de défenses à cette nouvelle demande le 12 Avril 1728, & reconnut par-là que la dame de Mezieres avoit droit de la former, tant en son nom que comme Tutrice; il n'imagina point alors que la Tutrice honoraire ne pouvoit pas demander le remboursement, tant pour elle, que pour ses mineurs; au contraire il défendit à la demande formée dans les deux qualités; il rappelle ces deux qualités dans ses défenses, & defend à la demande en entier; & par conséquent il y défend contre la dame de Mezieres en son nom, & contr'elle en qualité de Tutrice: on verra dans la suite, s'il y a apparence d'imaginer qu'on n'ait pas pu adjuger à la dame de Mezieres sa demande en entier, quand on y a défendu en entier.

Quoi qu'il en soit, pour expliquer encore plus clairement ses conclusions, elle demanda par une Requête du 19 Juin 1728, qu'attendu les différens stellionats, commis par le Comte de Joyeuse par les actes des 7 Décembre 1719, 14 Septembre 1720 & 6 Octobre 1725, (lequel acte du 14 Septembre 1720 a été annullé pour son exécution par celui du 6 Octobre 1725,) il fût condamné, comme stellionataire & faux vendeur, à payer & rembourser les 220000 livres.

Il est inutile de rappeller à la Cour les efforts que fit alors le Comte de Joyeuse, pour se défendre de la demande de la dame de Mezieres. Quelle vivacité dans les Plaidoiries & dans les Mémoires! Que de prétextes rassemblés pour couvrir les preuves de stellionat! Que de déclamations même contre la dame de Mezieres formées dans un esprit de récrimination! Mais la Cour ne prit pas le change sur ces vains discours; instruite par l'examen scrupuleux des pieces mêmes, qu'elle eut le temps d'examiner à fond dans un délibéré rapporté plusieurs jours de suite, elle rendit enfin le 6 Septembre 1728 l'Arrêt qui est aujourd'hui attaqué par voie de requête civile.

Par cet Arrêt ayant égard aux Requêtes & Exploits de la Dame de Mezieres & de Jean Hallot, des 21 & 26 Avril, & 12 Mai 1727, & à leurs Requêtes & Exploits des 3 Septembre 1727, 22 Janvier & 19 Juin 1728, le sieur de Joyeuse est condamné, & par corps, de leur payer & rembourser les 220000 livres, capital des 8800 livres de rentes portées par ledit contrat de constitution du 7 Décembre 1719, avec les arrérages qui en étoient échus; & sursis néanmoins à la contrainte par corps seulement pendant deux ans, à compter du jour de l'Arrêt, & le sieur de Joyeuse est condamné aux dépens.

C'est contre cet Arrêt que la Requête civile a été obtenue le 19 Mars 1729. Le Comte de Joyeuse en a demandé l'entérinement par Requête du 21 du même mois; mais sentant bien lui-même la foiblesse des moyens qui lui servoient de prétexte, il a imaginé le secours de différentes oppositions : ainsi le 16 Juillet 1729 la Dame de Nassau a fait signifier une Requête par laquelle elle a formé une tierce-opposition à l'Arrêt, & a demandé que la Dame Marquise de Mezieres fût condamnée à lui payer 16560 livres pour la moitié des droits de quint & requint à elle dûs pour la vente faite par le contrat du 14 Septembre 1720, & pareille somme pour la retrocession faite par l'acte du 6 Octobre 1725.

Pareilles Requêtes d'opposition ont été données les 27 Juillet & 8 Août 1729 par les sieurs Lavergne & Lepreftre, comme se prétendant créanciers du Comte de Joyeuse.

C'est en cet état qu'après des plaidoiries encore plus longues que celles de l'année précédente, la Cour, après avoir déclaré les Intervenans non-recevables, a prononcé sur la Requête civile un appointement en droit.

MOYENS.

Il ne s'agit donc plus que de défendre aux moyens de Requête civile, & de faire voir qu'ils ne roulent que sur de pures illusions; car pour le fond il n'en est pas question, & tous les efforts que fait le Comte de Joyeuse pour se laver des justes reproches qui lui ont été faits, ne sont pas moins étrangers à l'objet présent de la cause, qu'ils sont foibles & impuissans par eux-mêmes.

Il ne faudroit qu'une seule réflexion pour les faire tomber; la Cause n'a point changé de face depuis l'Arrêt du 6 Septembre 1728, le Comte de Joyeuse ne rapporte pas une seule piece nouvelle, il ne propose pas un moyen, une réflexion, un raisonnement qui ne l'ait été avant l'Arrêt; ainsi lorsqu'il fait le procès à la Dame de Mezieres, lorsqu'il n'y a que calomnie dans ses accusations, & absurdité dans ses moyens, c'est sur la Cour que tombe ce torrent d'invectives, dont les écrits du Comte de Joyeuse sont remplis. Que ne dit-il tout simplement aux Magistrats qui ont rendu l'Arrêt, qu'ils ont ignoré les principes, qu'ils n'ont pas entendu l'esprit des actes, ni la force des clauses qu'ils renferment; que sans pretexte ils ont deshonoré un Homme de condition, dont la conduite étoit pure & irréprochable. Aussi-bien en tournant toute sa colere & son indignation contre la Dame de Mezieres, il n'y a personne qui ne sente que c'est à la Cour même qu'il en veut.

S'il étoit permis après cela de se livrer à la discussion de tous les moyens que le Comte de Joyeuse imagine pour se justifier, il seroit aisé de faire voir que ce n'est que de sa part que viennent les absurdités.

Qui ne seroit étonné en effet d'entendre le Comte de Joyeuse, pressé par les preuves les plus sensibles de ses infidélités, se contenter pour toute réponse de dire par-tout; mais si j'ai une fausse déclaration, si j'ai promis ce que je ne pouvois pas tenir, ou si je n'ai pas tenu ce que j'avois promis, c'est que je comptois, c'est que j'espérois, c'est que j'imaginois qu'une telle chose pourroit arriver? Car voilà son raisonnement favori dans cette affaire, c'est son unique réponse aux plus solides objections.

Hypothéquer des biens que l'on compte acquérir.

Pourquoi, lui dit-on, avez-vous hypothéqué dans le contrat de 1719 la Terre d'Hanogne qui ne vous appartenoit pas, & que vous aviez vendue un mois auparavant à la Goile? C'est que je comptois, dit-il, rentrer dans cette Terre. Ainsi par anticipation & par esprit de prophétie il commence par hypothéquer ce qui ne lui appartient pas, & ce qui peut-être lui appartiendra.

Pourquoi avez-vous hypothéqué Grandpré qui étoit substitué, & Ville-sur-Tourbe dont vous aviez seulement droit de jouir pendant la vie d'un autre? C'est que je comptois employer les deniers à rembourser des créanciers des véritables Propriétaires; & si je n'ai pas employé, c'est que je comptois vous vendre deux terres pour éteindre ma dette; & je comptois vous vendre ces deux Terres, parce que je comptois y rentrer, quoiqu'elles fussent actuellement aliénées. C'est ainsi que pour toute solution aux argumens les plus solides, on nous donne de prétendues imaginations, des rêveries, des ſonges que l'on attribue au Comte de Joyeuſe. C'eſt bien-là ce que l'on peut appeller un excès d'abſurdité?

Mais pourquoi avez-vous déclaré qu'avec 50000 livres provenant de la vente de Remonville, & les 220000 livres des ſieur & dame de Mezieres, vous acquitteriez toutes les dettes des Maiſons de Joyeuſe & de Grandpré, & que vos propres biens ſeroient francs & quittes, quoique vos dettes montaſſent à plus de cinq ou ſix cens mille livres? C'eſt qu'en écartant, dit-il, la dette de Chalais, qui n'étoit point à prendre ſur les Terres hypothéquées par le contrat, je pouvois tout payer, & que d'ailleurs en vous ſubrogeant aux plus anciens créanciers, les derniers ne pouvoient vous faire préjudice. Mais il n'eſt point vrai que la dette de Chalais fût à prendre ſur d'autres Terres que celles qui étoient hypothéquées par le contrat, au contraire elle étoit à prendre par privilege ſur la Terre de Grandpré, parce que cette dette tiroit ſon origine de la ceſſion faite par François de Lenoncourt, fils d'Henriette de Joyeuſe, à Marguerite de Joyeuſe, ſa tante, de ſes parts dans le Comté de Grandpré pour 180000 livres: c'eſt pourquoi Jules de Joyeuſe, petit-fils de Marguerite, en donnant le Comté de Grandpré en 1712 au Comte de Joyeuſe, l'avoit chargé d'acquitter ce qui reſtoit dû à la Princeſſe de Chalais, qui étoit aux droits de François de Lenoncourt. Ainſi cette dette, comme toutes les autres, étoit à prendre ſur les Terres hypothéquées par le contrat de 1719; cette dette ſeule étoit de 263000 livres, & le Comte de Joyeuſe devoit d'ailleurs plus de quatre ou cinq cens mille livres. Ainſi jamais déclaration n'a été plus fauſſe.

Comment on doit remplir les engagemens contractés.

Mais je comptois vous ſubroger aux plus anciennes dettes; il vous étoit indifférent qu'il en reſtât d'autres poſtérieures. Le Comte de Joyeuſe en revient toujours à donner de vains projets pour des réalités; mais la clauſe du contrat n'eſt pas qu'il remBourſera les plus anciens créanciers, c'eſt qu'il les acquittera *tous*, au moyen de quoi tous les biens des Maiſons de Joyeuſe & de Grandpré, *& les ſiens propres demeureront libres de toutes dettes & hypotheques.* En matiere d'engagemens il faut remplir exactement ce que l'on a promis, & l'on n'en eſt pas quitte pour offrir des équivalens. La dame Marquiſe de Mezieres n'a pas voulu être la premiere créanciere, elle a voulu être la ſeule, & on le lui a promis: on ne changera pas la foi du contrat pour décharger le Comte de Joyeuſe.

Il en est de même des raisonnemens qu'il propose sur le contrat de vente de 1720 : il vend deux Terres pour demeurer quitte ; sçavoir, Remonville pour 91350 livres, & Hanogne pour 138000 livres.

A l'égard de Remonville, il convient qu'il l'avoit vendue précédemment à Jules de Joyeuse par l'acte du 27 Août 1712 ; mais, dit-il, cette vente dépendoit de mon prédécès sans enfans, & je comptois bien que je survivrois un homme bien plus âgé que moi, & qui est mort en effet sept ans après. Celui qui débite de tels moyens, mériteroit-il donc de trouver grace aux yeux de la Justice ? Le Comte de Joyeuse dispose-t'il donc de la vie & de la mort, pour établir une vente sur la confiance qu'il survivra une autre personne ? Les vaines espérances que l'on peut fonder sur sa jeunesse & sur sa force, ne se dissipent-elles pas tous les jours ? Cependant sur une espérance si incertaine, il vend purement & simplement, & transmet une propriété irrévocable qu'il n'a pas : n'est-ce pas le comble de l'infidélité ? Si ces espérances étoient si bien fondées, que n'en faisoit-il part aux sieur & dame de Mezieres ? Que ne leur persuadoit-il que Jules de Joyeuse ne pouvoit pas lui survivre ? Mais il sçavoit bien qu'ils ne se seroient pas contentés de ces chimeres ; il les a donc trompés en leur cachant une vérité qui les auroit empêchés d'acquérir.

Vente dans l'espérance de survivre à un tiers.

Mais, dit-on, le Comte de Joyeuse avoit pris des lettres de rescision contre l'acte de 1712, & Jules de Joyeuse y avoit acquiescé, ainsi la vente de 1712 étoit détruite, & par conséquent le Comte de Joyeuse étoit libre de vendre. Comment ose-t'on proposer ce moyen, quand on sçait que la Cour est si parfaitement instruite du contraire ? Il est vrai que le Comte de Joyeuse avoit pris des lettres de rescision contre l'acte de 1712 ; il est encore vrai que Jules de Joyeuse y avoit acquiescé, mais à quelles conditions ? A condition que le Comte de Joyeuse lui rendroit ce qu'il avoit reçu par le même traité de 1712, c'est-à-dire, la Charge de Lieutenant Général de Champagne, & c'est ce que celui-ci a toujours refusé. Il résistoit donc à la condition sous laquelle Jules de Joyeuse vouloit bien acquiescer aux lettres, & par conséquent il n'y avoit plus d'acquiescement ; il y en avoit si peu, que depuis la mort de Jules de Joyeuse cette instance de lettres de rescision ayant été reprise par la dame de Joyeuse, sœur de Jules, le Comte de Joyeuse s'est désisté depuis de ces mêmes lettres de rescision, en sorte que le traité de 1712 subsiste dans son entier. Ainsi le Comte de Joyeuse cherche à couvrir l'infidélité la plus marquée par un moyen qui n'est lui-même qu'infidélité.

Mais s'il y a stellionat dans le principe, il s'est évanoui par la mort de Jules de Joyeuse. Si ce moyen étoit solide, il ne répareroit pas l'honneur du Comte de Joyeuse en sauvant sa Cause; mais il y a une réflexion qui le rend même inutile & sans application, c'est que dans l'intervalle du contrat de vente de 1720 & de la mort de Jules de Joyeuse s'est passé l'acte du 6 Octobre 1725, par lequel le Comte de Joyeuse a consenti la nullité de la vente. Pourquoi y a-t'il consenti alors? C'est qu'il avoit peur qu'elle ne devînt publique, & que Jules de Joyeuse n'en fût instruit; il ne doutoit pas que Jules de Joyeuse, avec qui il avoit eu de si indignes procédés, contre qui il avoit pris des lettres de rescision par rapport aux actes des 27 Août & 15 Novembre 1712, ne réclamât contre la vente faite à la dame de Mezieres, & ne l'obligeât par-là même de s'en plaindre. C'étoit pour éviter cet éclat que le Comte de Joyeuse avoit exigé que la vente fût secrette; ce secret si nécessaire pour lui pouvoit enfin échapper. Alarmé d'un pareil danger, il engage la dame de Mezieres à un nouveau traité en détruisant la vente. Si Jules de Joyeuse est mort depuis, cela peut-il donner droit de faire revivre cette vente nulle & détruite dans un temps, où l'on sentoit qu'elle ne pouvoit se soutenir?

Mais comment pourroit-on échapper à l'autre moyen concernant la même Terre de Remonville. Le Comte de Joyeuse avoit promis d'apporter dans six mois main-levée de la saisie-réelle de cette Terre, & il lui est impossible de le faire actuellement; il répete sans cesse qu'il y a eu en 1721 une Sentence qui lui a fait distraction de cette Terre, mais il a grand soin de ne point parler de l'Arrêt du 7 Mai 1728, qui ne lui laisse aucune ressource. Il demandoit d'être reçu opposant à la saisie-réelle, faite le 8 Août 1715, de la Terre de Remonville; ce faisant, qu'elle fût déclarée nulle comme faite *super non Domino*, qu'elle fût rayée des Registres où elle pourroit avoir été enregistrée, ensemble les oppositions, si aucunes il y avoit; mais par l'Arrêt contradictoire il a été débouté de sa requête, & condamné aux dépens. Ainsi, loin d'apporter main-levée de la saisie-réelle, la voilà bien confirmée avec lui.

Ce n'est pas, dit-on, un stellionat que de ne pas exécuter une promesse portée par un contrat; tout l'effet que cela pourroit produire

produire, seroit que la vente demeureroit nulle par rapport à la Terre de Remonville seulement, & que la dame de Mezieres pourroit répéter les 91350 livres; mais elle ne le pourroit que par les contraintes ordinaires de saisie & exécution, de saisie-réelle & autres, & jamais par voie de contrainte par corps, puisqu'il n'y a point de stellionat dans le contrat qui pourroit produire cette répétition.

Cas de stellionat.

Mais la Cour, toujours guidée par les vrais principes, a jugé le contraire, & elle ne changera pas sans doute de maximes. La vente est faite des deux Terres, pour demeurer quitte du principal & des arrérages d'un seul contrat de constitution; & si on a donné un prix particulier à chaque Terre, il est évident que ce n'est que par rapport aux différentes mouvances, & pour éviter la ventilation dont l'acquéreur auroit été tenu. Mais ce n'est véritablement qu'un seul marché pour éteindre un seul contrat; en sorte que si la vente est insoutenable pour une des Terres, elle doit tomber pour le tout. Les sieur & dame de Mezieres étoient en droit d'exiger un seul remboursement de leur contrat de constitution, dès que le Comte de Joyeuse vouloit se libérer. Il n'est donc pas en état de dire aujourd'hui: Conservez toujours Hanogne pour une partie du contrat de constitution, & exercez des contraintes pour le surplus; on ne paye point ainsi un créancier par parcelles d'une seule & même dette. Il a bien voulu prendre deux Terres pour se payer entierement; mais il n'est point obligé de conserver l'une, & de se réduire à répéter le surplus.

Qu'il répete le tout, ou qu'il ne répete que le prix de Remonville, n'aura-t'il que la voie des contraintes ordinaires? Cela seroit bien doux pour le Comte de Joyeuse, qui ne craint point ces sortes de poursuites, comme il nous l'a appris dans la lettre du 4 Décembre 1719, écrite au Cardinal de Mailly; mais cela seroit trop contraire à toutes sortes de regles.

En effet le Comte de Joyeuse ayant vendu deux Terres pour demeurer quitte du contrat de constitution; si cette vente est nulle, faute par lui de pouvoir exécuter ce qu'il a promis, n'est-il pas évident que le payement cesse, & que la dette reprend sa premiere force? Le contrat de vente est une quittance conditionnelle; les sieur & dame de Mezieres ont déchargé du contrat de constitution, à condition qu'on les feroit jouir d'Hanogne & de Remonville, & qu'à cet effet on apporteroit main levée de la saisie-réelle de cette derniere Terre. Dès qu'on ne le fait pas, &

que la vente ne peut avoir d'exécution, il est évident que la décharge tombe, & que les sieur & dame de Mezieres rentrent dans tous les droits résultans du contrat de constitution.

Mais si l'on remonte à ce contrat, le stellionat est trop sensible pour que le Comte de Joyeuse puisse échapper à la contrainte par corps: ainsi, quand il n'y auroit point de stellionat dans le dernier contrat, & qu'il n'y auroit qu'impossibilité de l'exécuter, cela suffiroit pour donner lieu à la condamnation par corps, parce que le dernier contrat ne subsistant plus, le premier renaît avec tous ses vices, & par conséquent avec toutes les actions nécessaires pour les faire réparer.

La vente d'Hanogne n'est pas plus pure que celle de Remonville; pour s'en convaincre, une seule réflexion suffit. Ces deux Terres appartenoient originairement au Comte de Joyeuse, mais il les avoit vendues toutes deux par deux contrats du 11 & 12 Novembre 1719; sçavoir, Remonville au sieur Coquebert, & Hanogne au sieur la Goile. Depuis & pendant l'année 1720, il étoit rentré dans toutes les deux.

C'est en cet état qu'il les revend toutes deux aux sieur & dame de Mezieres le 14 Novembre 1720. A l'égard de Remonville, il déclare qu'elle lui appartient en vertu des legs particuliers, portés par les testament & codicille du Maréchal de Joyeuse, des 23 & 27 Juin 1710, & encore en conséquence d'un acte dus 11 Juin 1720, par lequel le sieur Coquebert a consenti la résiliation de la vente qu'il lui en avoit faite le 12 Novembre 1719. Cette declaration étoit juste; & si la vente n'étoit pas nulle d'ailleurs, par les moyens que l'on vient d'expliquer, il n'y auroit rien à dire à cet égard.

Mais, quand on parle de la Terre d'Hanogne dans le contrat du 14 Septembre 1720, on ne s'explique plus avec la même bonne foi; on se contente de dire qu'elle appartient au Comte de Joyeuse, en partie de son chef, comme héritier de son pere, & le reste en conséquence des traités qu'il avoit faits avec ses freres, sans parler de la vente faite en 1719 à la Goile, & de la maniere dont on étoit rentré en 1720.

D'où vient cette différence dans l'exposé qu'il fait de ses droits & de ses titres de propriété sur les deux Terres, toutes deux vendues en 1719, toutes deux retirées en 1720? Pourquoi expliquer à l'égard de l'une ces événemens, & les supprimer à l'égard de l'autre? La raison en est sensible. C'est qu'à l'égard de Remonville il n'avoit rien à craindre de la connoissance qu'il en donnoit aux sieur & dame de Mezieres ; & qu'au contraire à l'égard d'Hanogne il ne pouvoit expliquer les révolutions arrivées dans la propriété, sans s'exposer à voir son marché absolument rompu. Il n'étoit rentré qu'à la charge de rembourser 67000 livres ; il ne les avoit remboursées qu'en les empruntant de Loyseau, en sorte qu'il y avoit un privilege subsistant, qui absorboit toute la valeur de cette Terre ; car 67000 liv. à prendre sur une Terre de 2500 liv. de revenu, il est aisé de concevoir que c'est en épuiser toute la valeur. Le Comte de Joyeuse jugea donc bien que les sieur & dame de Mezieres n'acquéreroient pas, s'il leur développoit la vérité ; pour les tromper il fit remonter son droit aux traités de 1712 faits avec ses freres, & cacha la vente intermédiaire qui avoit formé un privilege : donc le prix entier de la Terre étoit absorbé.

N'est-ce donc pas-là le comble de l'infidélité? N'est-ce pas une fausse déclaration & un artifice pour tromper l'acquéreur, & par conséquent un stellionat ? En vain dit-on que Loyseau ne faisoit que prêter son nom à la dame de Conflans, & que depuis elle a diminué cette somme sur le prix de Saint-Lambert, en sorte que la Goile se trouve payé des deniers du sieur de Joyeuse ; car la dame de Conflans, en imputant ce payement sur le prix de Saint-Lambert, s'est réservée le privilege qu'elle avoit sur la Terre d'Hanogne, pour sûreté de son acquisition : ainsi le privilege subsiste actuellement.

Les sieur & dame de Mezieres achetant une Terre qu'on leur déclare appartenir au sieur de Joyeuse en vertu des traités de 1712, n'ont pas pu se précautionner contre un privilege établi depuis, & c'est la fausse déclaration qu'on leur a faite qui en est cause. Un tel contrat pourroit-il se soutenir ?

On ne dit pas qu'il y ait stellionat dans un contrat, lorsqu'on n'a pas déclaré une hypotheque ou un privilege, mais lorsqu'on a fait une fausse déclaration pour empêcher que le privilege ne fût connu ; lorsqu'on a attribué sa propriété à un ancien titre qui avoit été détruit, pour cacher le véritable, dans lequel on auroit trouvé la preuve de ce privilege. C'est la fausseté de la déclaration d'une part, & l'objet qu'on se proposoit en faisant cette fausse déclaration, qui fondent les justes plaintes de stellionat, dont le sieur de Joyeuse ne pourra jamais se laver.

Ce qui fait le stellionat.

D'autant moins qu'outre le privilege de 67000 liv. subsistant au profit de la dame de Conflans, il y en a un autre prétendu par la dame de Naſſau, pour les droits ſeigneuriaux de la revente faite par la Goile au ſieur de Joyeuſe, droits qu'elle s'eſt expreſſément réſervés dans la quittance du 27 Septembre 1724.

Il y a donc pour Remonville ſtellionat & impoſſibilité d'exécuter la vente, ce qui produit ici le même effet; il y a pour Hanogne fauſſe déclaration, & par conſéquent ſtellionat qu'on ne peut éluder.

Il reſte à dire un mot de l'acte du 6 Octobre 1725; le Comte de Joyeuſe a encore trompé la dame de Mezieres par cet écrit, & lui a promis une ſubrogation qu'il n'étoit pas en ſon pouvoir de lui procurer.

La dette de Chalais avoit été acquiſe juſqu'à concurrence de 200000 liv. par la dame de Conflans, qui à la vérité l'avoit donnée en payement au ſieur de Joyeuſe pour le prix de Saint-Lambert, mais avec réſerve de ſes privileges & hypotheques pour ſûreté de ſon acquiſition de Saint-Lambert. Etoit-il permis au ſieur de Joyeuſe de ſubroger la dame de Mezieres à cette même créance, pour ſûreté du contrat de conſtitution de 1719? Une ſeule créance de 200000 livres pouvoit-elle demeurer le gage & la ſûreté de l'acquiſition de Saint-Lambert, & répondre d'un contrat de conſtitution de 220000 liv. fait au profit de la dame de Mezieres? Cela eſt manifeſtement impoſſible. Suppoſons en effet que le ſieur de Joyeuſe, ſous le nom du ſieur de Rouſſeville, ſon beau-pere, ſe fût fait payer de cette créance; la dame de Conflans ſeroit venue, & auroit demandé l'emploi pour ſûreté de ſon acquiſition, & elle auroit eu un privilege certain pour le faire ordonner. Si par la ſuite elle avoit été évincée de Saint-Lambert, ſoit par la force de la ſubſtitution portée au teſtament de 1705, ſoit autrement, elle ſe ſeroit vengée ſur l'emploi fait de la créance de Chalais. Que ſeroit-il donc reſté à la dame de Mezieres?

Les 63000 liv. reſtant de la créance de Chalais, paroiſſent acquis dès le 11 Mars 1720 par le ſieur de Rouſſeville; le ſieur de Joyeuſe convient que par une contre lettre du même jour cette ſubrogation fut réduite à 16300 livres; mais il affecte de cacher à la Cour que par une autre contre-lettre encore du même jour, cette ſubrogation fut réduite à rien, le ſieur de Rouſſeville n'ayant pas plus payé les 16300 liv. que le ſurplus. C'étoit donc une fauſſe déclaration que faiſoit le ſieur de Joyeuſe, lorſqu'il diſoit avoir acquis la dette de Chalais ſous le nom du ſieur de Rouſſeville: il promettoit de ſubroger à ce qu'il n'avoit pas.

Faut-il être ſurpris après cela, ſi la Cour, effrayée en 1728 de tant d'infidélités, indignée de tant de fraudes, a prononcé contre le Comte de Joyeuse ces condamnations contre lesquelles il se souleve aujourd'hui? Il se plaint qu'elles intéressent son honneur; mais s'il en avoit été jaloux, il falloit apporter autant de bonne foi & de droiture dans ses engagemens, qu'il y a répandu d'artifices & de supercheries. Ce n'est pas l'Arrêt qui le deshonore, c'est cette infidélité qui s'est reproduite sous mille formes différentes. Il lui sied bien après cela de crier à la calomnie, & de se présenter comme un homme dont l'innocence a été indignement flétrie; qu'il apprenne du moins à respecter les Arrêts, s'il ne se respecte pas lui-même. Il ne propose rien de nouveau; c'est la même affaire, ce sont les mêmes actes, les mêmes raisonnemens, les mêmes défenses. La Cour fera-t-elle triompher l'infidélité, après qu'elle l'a punie? Il n'appartient qu'au sieur de Joyeuse de lui faire l'injure de le présumer.

REPONSE.

LE Comte de Joyeuse se récrie contre les persécutions inouies que la dame de Mezieres lui a suscitées; il se trouve diffamé comme coupable des infidélités les plus noires & des stellionats les plus caractérisés, pendant que tout son crime est de n'avoir pas voulu rembourser les sieur & dame de Mezieres en papiers décrédités, & de leur avoir donné en payement des Terres sur le pied du denier cinquante. Qu'après cela on ose attaquer sans ménagemens un homme du nom & de la naissance du Comte de Joyeuse, c'est un procédé qui révolte. Mais ce qui est encore plus inconcevable, est que le Prince de Montauban ait la facilité de suivre la dame de Mezieres dans ses égaremens, & de souffrir qu'on employe un nom aussi respectable que le sien pour accréditer les plus atroces calomnies.

Sur un pareil tableau, qui ne seroit tenté de regarder le Comte de Joyeuse comme un homme, qui, après avoir rendu les plus grands services aux sieur & dame de Mezieres, gémit depuis long-temps sous le poids de l'oppression? Voici cependant à quoi se réduisent les persécutions qu'il leur reproche. Ils lui ont prêté 220000 livres à constitution au mois de Décembre 1719, c'est-à-dire, dans un temps où l'on ne faisoit aucune différence entre l'or & le papier. Depuis ce temps il ne leur a payé ni principal ni intérêts, il y a dix-huit ans qu'il leur retient des sommes immenses. Mille projets différens qu'il leur a présentés, n'ont servi qu'à les séduire; un jour c'étoit Hanogne & Remonville, un autre c'étoit le tiers de Vons, un autre enfin c'étoit la subrogation à la dette de Chalais. Par cette suite d'illusions il a trouvé l'art de se jouer de ses créanciers; & en les repaissant de chimeres, de s'approprier leur bien & d'en jouir malgré eux. De quel côté se trouve donc ici l'oppression? Qui est-ce qui a droit de se plaindre? Seroit-ce le débiteur infidele, qui retient depuis dix-huit ans un bien qui ne lui appartient pas? ou n'est-ce pas au contraire ce créancier malheureux, qui se trouve privé depuis si long-temps d'une si grande partie de sa fortune?

Mais ce créancier diffame le Comte de Joyeuse comme coupable de stellionats caractérisés. Est-il permis de traiter ainsi sans ménagemens un homme du nom & de la naissance du Comte de Joyeuse? Mais sera-t'il permis à un homme qui fait sonner si haut son nom & sa naissance, d'emprunter 220000 l. sur l'hypotheque de quatre Terres dont il est prouvé qu'aucune ne lui appartenoit? Lui sera-t'il permis de déclarer qu'il n'a que pour 270000 liv. de dettes, quand il est prouvé qu'il en avoit pour plus d'un million?

Lui sera-t'il permis de promettre des emplois & des subrogations, & de ne fournir aucune de ces sûretés; de s'obliger à rapporter le cautionnement solidaire de sa femme, & de ne penser pas même à remplir une obligation si indispensable? En un mot, lui sera-t'il permis de manquer aux devoirs les plus sacrés, sans que le créancier qui éprouve tant d'infidélités, ait la liberté de s'en plaindre, & de les présenter aux yeux de la Justice? Non, le ménagement & la retenue seroient déplacés; on ne doit pas craindre de reprocher des stellionats à celui qui n'a pas craint de les commettre, principalement quand l'intérêt d'une défense légitime l'exige, & que c'est la seule voie d'assurer le payement d'une dette si considérable.

Aussi la dame de Mezieres a-t'elle déjà eu l'avantage de voir justifier les reproches qu'elle est obligée de faire au Comte de Joyeuse, par un Arrêt solemnel qui l'a condamné par corps au remboursement; on ne persuadera jamais que le même Tribunal qui l'a rendu, l'ait retracté, *parce qu'il a reconnu l'injustice énorme des prétentions de la dame de Mezieres*, comme le Comte de Joyeuse ose l'avancer. Le premier Arrêt n'a été attaqué que par un moyen de forme. Lors du jugement de la Requête civile, on n'a pu, on n'a dû s'attacher qu'à la forme seule; mais aujourd'hui que le mérite du fond doit déterminer, les regles austeres qui ont triomphé une premiere fois, doivent reprendre toutes leurs forces.

Dans l'exposé des faits le Comte de Joyeuse passe rapidement sur le récit des clauses du contrat de 1719 : ce n'est pas-là l'endroit brillant de sa Cause. La prudence vouloit qu'il n'y fixât point l'esprit des Lecteurs, aussi ne leur présente-t'il aucune des circonstances qui doivent attirer leur indignation ; mais après s'être reconnu débiteur, il étale avec pompe les facilités qu'il avoit de se libérer en 1720, & il veut faire valoir comme une grace extraordinaire la proposition qu'il fit aux sieur & dame de Mezieres, de leur donner en payement les Terres d'Hanogne & de Remonville. Il s'étend sur les dispositions de ce contrat, qu'il représente comme un titre sacré, inviolable, & qui n'a jamais pu souffrir d'atteinte.

Ce n'est point ici le lieu de relever les infidélités du contrat de 1719, ni les obstacles insurmontables qui se trouvent à l'exécution du contrat de 1720 ; on les a expliqués dans le premier Mémoire des enfans de la dame de Mezieres, & l'on répondra dans la suite aux fausses couleurs dont le Comte de Joyeuse voudroit les couvrir. On se contentera seulement d'observer, quant-à-présent, que quoiqu'il y eût de grandes facilités à se libérer en 1720, le Comte de Joyeuse crut trouver encore de plus grands avantages à ne point payer, & à tromper ses créanciers par l'appât flatteur d'une propriété chimérique qui lui laissoit un fonds précieux dont il sçavoit profiter. C'est dans cet esprit qu'il proposa la vente d'Hanogne & de Remonville. Les sieur & dame de Mezieres, qui ne découvroient pas le piege qu'on leur tendoit, donnerent dans la proposition, & accepterent le contrat de 1720 ; mais la suite a bien fait connoître qu'on en avoit imposé à leur bonne foi, & qu'il n'y avoit rien de sérieux dans un pareil engagement.

En effet, ils ne sont jamais entrés en possession des Terres, jamais ils n'en ont joui ni pu jouir ; le Comte de Joyeuse au contraire en a disposé en maître & en propriétaire absolu. Non-seulement il a touché les fermages, mais il a coupé les bois de haute-futaye, dégradé les fonds ; & ce qui acheve de détruire l'idée de propriété qu'il suppose avoir transmise aux sieur & dame de Mezieres, il a lui-même vendu une des Terres à son beau-pere, qui en a payé le prix, & qui l'a substituée au profit de sa fille & de son petit-fils. Est-ce donc-là le fruit de ce service ſignalé que le ſieur de Joyeuſe prétend avoir rendu aux ſieur & dame de Mezieres, en ne les rembourſant point dans les effets qui avoient cours alors? Il ne les a pas payés en papier, mais il leur a donné un contrat ſtérile, qui n'a produit ni fonds ni jouiſſances.

Mais, dit-on, ce ſont les ſieur & dame de Mezieres qui n'ont pas voulu jouir, & qui ont exigé un ſecret impénétrable ſur la vente, par rapport aux droits ſeigneuriaux dont ils avoient négligé de traiter, & dont ils eſpéroient obtenir quelque compoſition. Le Comte de Joyeuſe n'avoit aucun intérêt perſonnel de tenir la vente cachée, il eſt impoſſible d'en imaginer; ce n'eſt donc que pour l'intérêt des ſieur & dame de Mezieres qu'on l'a diſſimulée, comme il eſt prouvé par une lettre de la dame de Mezieres du mois de Juillet 1722.

Le Comte de Joyeuſe a ſes vues lorſqu'il inſiſte ſur cet objet; il ſent toutes les conſéquences de l'inexécution du contrat de 1720, & croit les affoiblir par la fable qu'il imagine; mais il eſt auſſi facile qu'eſſentiel de le confondre ſur un article auſſi intéreſſant.

Quel motif attribue-t'il aux ſieur & dame de Mezieres, pour ne pas rendre public le contrat de vente de 1720? Il n'en propoſe qu'un ſeul, c'eſt de pouvoir compoſer des droits ſeigneuriaux. Mais, en premier lieu, le ſieur de Mezieres n'en pouvoit devoir que pour la Terre d'Hanogne, qui releve de Seigneurs particuliers; car, pour celle de Remonville, qui releve du Domaine, le ſieur Marquis de Mezieres en étoit exempt, comme revêtu d'une charge de Secretaire du Roi: ainſi il ne pouvoit jamais devoir les droits que de 91000 livres, prix de la Terre d'Hanogne. 2°. Le ſieur de Joyeuſe, qui fait tant valoir la facilité qu'il avoit alors de s'acquitter, croit-il que cette facilité ne fût que pour lui ſeul, que les ſieur & dame de Mezieres fuſſent embarraſſés de payer quinze ou ſeize mille livres en papier pour les droits ſeigneuriaux de la Terre d'Hanogne, & que l'eſpérance d'obtenir une diminution de cinq ou ſix mille livres ſur les effets qui avoient cours alors, les eût retenus? C'eſt une idée ſans doute qui n'entrera dans l'eſprit de perſonne. 3°. Si on pouvoit la ſuppoſer pour un moment, au moins auroient-ils compoſé avec le Seigneur dominant auſſi-tôt que le contrat avoit été paſſé, pour profiter des circonſtances du temps, & payer avec cette monnoye fragile qu'on répandoit à pleines mains; mais loin de prendre ce parti ils ſont demeurés dans le ſilence, dans

dans l'inaction, & le regne du papier a disparu sans qu'ils ayent pensé à en profiter. Il est donc impossible de concevoir qu'ils ayent exigé un mystere sur le contrat pour leurs intérêts, & dans la vue de pouvoir composer des droits seigneuriaux. Enfin cette composition auroit été nulle après un contrat passé devant Notaires, & qui avoit une date certaine.

Pourquoi donc a-t on gardé un secret si profond sur ce contrat, si ce n'est parce que le sieur de Joyeuse avoit l'intérêt le plus sensible de le tenir caché? Tout annonce, tout manifeste les motifs qui le retenoient. 1°. Le sieur de Joyeuse vendoit la Terre de Remonville qu'il avoit vendue dès 1712 au Comte de Grandpré. A quels orages ne s'exposoit-il pas si cette seconde vente devenoit publique? Quels sujets de plainte de la part du Comte de Grandpré, quels moyens de stellionat de la part des Sieur & Dame de Mezieres! Cependant quand on releve cette circonstance, le Comte de Joyeuse répond froidement, que si peu de chose n'étoit pas capable de l'embarrasser : j'avois pris, dit-il, des Lettres de rescision contre la vente de 1712, le Comte de Grandpré en avoit consenti l'entérinement, en lui rendant par moi la Lieutenance Générale de Champagne, qu'il m'avoit donnée en payement, ainsi il n'y avoit plus rien qui me gênât pour Remonville. Mais il falloit ajouter que le Comte de Joyeuse ne consentoit point de rendre la Lieutenance Générale de Champagne, & qu'ainsi il ne pouvoit jamais résoudre la vente qu'il avoit faite en 1712 de la Terre de Remonville, à moins qu'entre les talens qui lui sont propres, il n'eût celui de persuader à la Justice qu'il avoit droit de conserver & la chose & le prix. 2°. Cette Terre étoit actuellement en saisie-réelle; quand le sieur de Joyeuse auroit été Propriétaire, il ne pouvoit pas vendre au préjudice de créanciers saisissans & opposans, qui auroient pu demander la nullité du contrat dans un temps où le Comte de Joyeuse ne pouvoit pas les satisfaire; au lieu qu'en tenant la vente secrete, il se ménageoit du temps pour s'arranger peu à peu avec eux. 3°. La Terre d'Hanogne vendue par le même contrat étoit affectée par privilege à la créance de 35000 liv. qui appartenoit à la Dame de Blois; auroit elle souffert tranquillement qu'on l'eût donnée en payement à un simple créancier hypothécaire? Il en étoit de même de la Princesse de Nassau, créanciere privilégiée pour les droits seigneuriaux de plusieurs mutations précédentes. Enfin la Dame de Conflans, comme subrogée aux droits des créanciers qu'elle avoit payés, avoit aussi une hypotheque ancienne sur cette Terre pour la garantie de son acquisition de Saint-Lambert. Que le contrat de vente d'Hanogne & de Remonville eût été rendu public, cette foule de Parties intéressées seroit venue tomber sur les Sieur & Dame de Mezieres, & leur auroit fait connoître la fraude & l'illusion d'un pareil contrat, ce qui les auroit obligés à leur tour de retomber sur le sieur de Joyeuse; il avoit donc les plus puissans motifs de le tenir caché, & c'est uniquement pour les tromper qu'il a exigé ce secret impénétrable.

Quel usage après cela peut-il faire de la lettre de Madame de Mezieres du mois de Juillet 1722, dans laquelle, après avoir témoigné que la proposition de lui faire avoir le tiers de la Terre de Vons lui convenoit fort, elle ajoute : *Nous pouvons cependant rester comme nous sommes, & ne rien rendre public; faites-vous payer des Fermiers à l'ordinaire, & vous m'en rendrez compte, & puis dès que nous verrons jour que vous ayez Vons, nous nous réglerons ensemble?* Tout ce qui résulte de ces expressions, est que le sieur de Joyeuse ayant proposé de faire avoir le tiers de Vons à la Dame de Mezieres, au lieu d'Hanogne & de Remonville, c'étoit une raison de plus pour conserver le secret qu'il avoit exigé sur la vente de ces Terres, & que la Dame de Mezieres a consenti *à ne rien rendre public*; mais y a-t-elle consenti comme à un mystere qu'elle eût demandé dans le principe, ou au contraire, comme à un secret que le sieur de Joyeuse eût exigé d'abord? C'est une question bien facile à résoudre après les réflexions que l'on vient de proposer, dans lesquelles on a fait sentir tout l'intérêt qu'y avoit le sieur de Joyeuse, pendant qu'on n'en peut entrevoir aucun de la part des Sieur & Dame de Mezieres.

Quoi qu'il en soit, il est certain que si le contrat de vente de 1720 étoit devenu public, il n'auroit jamais pu se soutenir, parce que les preuves de l'infidélité de cette vente seroient sorties de toutes parts; c'est ce qui réduisoit le sieur de Joyeuse à la nécessité de chercher des expédiens pour résoudre le contrat, & qu'il n'en fût jamais question dans la suite. D'abord il avoit proposé à la Dame de Mezieres, qui étoit Propriétaire des deux tiers de la Terre de Vons, de lui faire avoir l'autre tiers : cette réunion de toutes les parties de la Terre convenoit beaucoup mieux à la Dame de Mezieres & à ses enfans, que la possession de plusieurs portions détachées; la Dame de Mezieres en fut si flattée, qu'elle ne se contenta pas d'agréer la proposition, elle consentit même par un écrit du 15 Janvier 1724, que le sieur de Joyeuse disposât des Terres d'Hanogne & de Remonville, quoiqu'elle n'eût aucune sûreté pour le tiers de Vons; cet écrit que le sieur de Joyeuse annonce lui-même, mais qu'il n'ose représenter aujourd'hui, parce qu'il suffiroit pour sa condamnation, le détermina à vendre la Terre d'Hanogne au sieur de Rousseville son beau-pere, comme on l'a expliqué dans le premier Mémoire; ce qui consomma la résolution de la vente de 1720.

Par-là, le contrat de 1719 reprenoit toute sa force, il falloit donc procurer à la Dame de Mezieres toutes les sûretés promises par ce contrat; mais comme le sieur de Joyeuse étoit dans l'impossibilité de remplir cette obligation, il fit de nouvelles propositions qui donnerent lieu à l'acte du 6 Octobre 1725.

Par cet acte, il se reconnut débiteur du principal & des arrérages de la rente portée par le contrat de 1719, ensorte qu'il abandonnoit formellement la vente de 1720, par laquelle il avoit donné en payement les Terres d'Hanogne & de Remonville; mais supposant en même-temps que la rente avoit été constituée originairement au denier cinquante, il fit consentir la Dame de Mezieres à n'en recevoir les arrérages qu'à raison de 4400 liv. par an, au moyen de quoi il s'engagea de lui donner de nouvelles sûretés par la subrogation à la dette de Chalais. Comment après un pareil écrit, signé du sieur de Joyeuse, a-t'il osé soutenir depuis qu'il n'étoit plus débiteur, & qu'il avoit une quittance dans le contrat de vente de 1720?

Il s'écrie aujourd'hui que cet acte est nul, & ne peut pas subsister, par deux raisons; la premiere, parce qu'il n'a pas été fait double; la seconde, parce que la Dame de Mezieres ne pouvoit pas dépouiller ses enfans de la propriété des Terres d'Hanogne & de Remonville qui leur étoit acquise par le contrat de 1720; mais ces idées se détruisent par un seul mot.

Par l'acte de 1725 le sieur Comte de Joyeuse se désistoit d'un contrat dans lequel il avoit donné des Terres qui ne valoient pas 100000 livres, pour demeurer quitte d'un principal de 220000 livres, & de près de 10000 livres d'arrérages, & il faisoit revivre la créance originaire, avec tous les arrérages qui en étoient échus. Quel avantage n'y avoit-il point en cela pour la Dame de Mezieres & pour ses enfans? La rente dont il se chargeoit, excédoit de beaucoup le produit des Terres; le capital dont il se reconnoissoit débiteur, & auquel il hypothéquoit tous ses biens; formoit une créance en faveur de la Dame de Mezieres & de ses enfans de plus de 120000 livres au-de-là de la valeur des Terres. Dans cet état il est évident que l'acte de 1725 étoit uniquement en faveur de la Dame de Mezieres; & si cela est, quelle nécessité y avoit-il qu'il fût fait double? Quand une Partie passe un acte qui est uniquement en faveur d'un autre, il suffit qu'il le signe seul, & qu'il le remette à celui qui en doit profiter; c'est ce que nous voyons tous les jours dans les contre-lettres, dans les déclarations, dans les billets & autres de cette nature: or, l'acte de 1725 n'est autre chose qu'une contre-lettre contre le contrat de 1720. Ce qu'il contient se réduit à dire de la part du sieur de Joyeuse: encore que je paroisse quitte par le contrat de vente de 1720, la vérité est cependant que je demeure débiteur des 220000 livres de principal, dont je ne payerai que 4400 livres de rente par chacun an. C'étoit donc uniquement en faveur de la Dame de Mezieres que l'acte de 1725 étoit passé, & par conséquent il étoit valable, quoique signé par le Comte de Joyeuse seul, & remis à la Dame de Mezieres; il étoit valable aussi-bien pour les enfans que pour la mere, puisqu'ils y trouvoient tous également leur avantage.

Aussi la Dame de Mezieres ni ses enfans n'ont-ils jamais pensé à réclamer ni la propriété, ni les revenus des Terres; au contraire le sieur de Joyeuse n'ayant point satisfait à ce qu'il avoit promis par l'acte de 1725, ils ont demandé le remboursement de la rente constituée; ce qui a fait la matiere du Procès qui subsiste depuis dix ans; il n'est donc pas possible d'entreprendre de persuader que le contrat de vente de 1720 ait jamais subsisté.

On ne s'étendra point sur la procédure dont le Comte de Joyeuse fait dans son Mémoire un si long détail; on se contentera seulement de relever une circonstance absolument indifférente par elle-même, mais dont le Comte de Joyeuse se fait un trophée, qu'il est bien facile de renverser.

On plaidoit en 1728 sur la demande en stellionat formée par la Dame de Mezieres; on releva pour elle les différentes infidélités commises par le Comte de Joyeuse dans le contrat de 1720. On observa qu'il y avoit vendu Remonville, quoiqu'il l'eût vendu huit ans auparavant au Comte de Grandpré; qu'il avoit promis d'apporter main-levée de la saisie-réelle de cette Terre dans six mois, & qu'il ne l'avoit point fournie depuis huit ans: on observera qu'il avoit vendu Hanogne sans faire mention de tous les privileges dont cette Terre étoit chargée; enfin on ajouta qu'il avoit déclaré que cette Terre lui appartenoit, tant comme héritier de son pere, que comme ayant acquis les parts de ses freres par différens traités; mais qu'il n'avoit point averti que le Chevalier de Joyeuse avoit pris des Lettres de rescision contre le traité qui le concernoit. Ce dernier objet ne venoit qu'à la suite de tous les autres, cependant il plaît au Comte de Joyeuse d'avancer dans son Mémoire imprimé, qu'il fut proposé *pour unique moyen de stellionat*. Nous avons tant d'autres choses à lui reprocher, qu'il ne faut pas s'arrêter beaucoup sur une pareille infidelité.

Quoi qu'il en soit, le Comte de Joyeuse répondit à l'Audience qu'il avoit donné connoissance à la Dame de Mezieres des Lettres de rescision du Chevalier de Joyeuse par un écrit particulier; que cet écrit avoit été déposé chez Moette, Notaire; mais que depuis l'Arrêt rendu contre le Chevalier de Joyeuse, cet écrit avoit été déchiré. La Dame de Mezieres qui ne pouvoit pas se souvenir de tous les actes que le Comte de Joyeuse avoit faits avec elle, s'informa du successeur de Moette, si effectivement il y avoit eu un écrit déposé & depuis déchiré; Dulion, successeur de Moette, lui dit qu'il avoit en dépôt un paquet cacheté, qu'il avoit été ouvert en 1725, qu'il ne concernoit que les droits seigneuriaux de la Terre d'Hanogne; mais qu'il n'avoit point été déchiré, & au contraire qu'on l'avoit remis dans l'enveloppe & cacheté de nouveau; ce qui persuada à la Dame de Mezieres qu'il n'y avoit point eu d'écrit concernant les Lettres de rescision du Chevalier de Joyeuse; elle rendit compte elle-même à l'Audience de ce qu'elle avoit appris du dépôt subsistant. Le Comte de Joyeuse qui avoit fait plaider que l'écrit concernant le Chevalier de Joyeuse avoit été déchiré, apprenant que le dépôt subsistoit encore dans un paquet cacheté, soupçonna que l'écrit en question pourroit s'y trouver; il en fit faire l'ouverture en présence d'un Commissaire de la Cour, & l'on y trouva l'écrit dont il avoit parlé. Que résulte-t-il d'un fait si simple & si innocent? Rien autre chose, sinon que la Dame de Mezieres ne s'est point souvenue en 1728 d'un écrit particulier fait en 1720, & qui n'avoit jamais vu le jour depuis ce temps; mais qu'elle avoit si peu envie d'en imposer en cela, que c'est elle-même qui a appris au Comte de Joyeuse l'existence du dépôt & du paquet cacheté, & qui lui a fait découvrir par-là l'écrit qu'il soutenoit avoir été déchiré.

Cependant le Comte de Joyeuse fait aujourd'hui un crime énorme à la Dame de Mezieres d'un oubli dont peu de personnes auroient pu se garantir n'avoir pas rappellé à sa mémoire, après un si long intervalle, une piece si obscure ; c'est avoir violé la bonne foi, c'est le comble de l'infidélité. On n'auroit jamais cru trouver dans le Comte de Joyeuse un Casuiste si rigide, lui qui emprunte 220000 livres au mois de Décembre 1719, & qui hypotheque spécialement à son créancier la Terre d'Hanogne qu'il avoit vendue un mois auparavant au sieur la Goile, & dont il avoit reçu le prix ; lui qui hypotheque la moitié de Ville-sur-Tourbe, dont il n'avoit ni la propriété, ni l'usufruit ; lui qui hypotheque comme biens libres deux autres Terres substituées ; lui qui déclare qu'il ne doit que 270000 livres, quand il doit plus d'un million ; lui qui promet des emplois & des subrogations, & qui ne juge pas à propos d'en fournir aucune ; lui qui vend Remonville en 1720 au sieur Marquis de Mezieres, après l'avoir vendue en 1712 au Comte de Grandpré, avec qui il étoit actuellement en procès pour raison de cette vente ; lui qui après avoir vendu Hanogne au sieur la Goile en 1719, la vend aux Sieur & Dame de Mezieres en 1720, & à son beau-pere en 1724. En un mot, lui qui est convaincu de n'avoir passé sa vie qu'à entasser les uns sur les autres des actes sans nombre, qui se choquent, qui se détruisent & qui forment un labyrinthe dans les détours duquel l'homme le plus attentif ne peut jamais se retrouver ; c'est lui qui tout d'un coup se piquant d'une morale austere, trouve dans le plus simple oubli d'un acte obscur, ancien, enveloppé même de ténébres au moment de sa naissance, un crime digne d'enflammer tout son zele : le trait est sans doute unique dans son genre, le Comte de Joyeuse ne pouvoit en fournir aucun qui fût plus propre à achever de le peindre & de le caractériser.

Mais c'est trop s'arrêter à relever l'absurdité des déclamations que le sieur de Joyeuse a hazardées sur une circonstance si indifférente. Passons aux objets essentiels de la Cause. On soutient que le contrat de 1720 étoit vicieux en lui-même, & qu'il a été détruit dans la suite. C'est ce que l'on a établi dans un premier Mémoire ; voyons si les moyens proposés souffrent quelqu'atteinte des réponses du Comte de Joyeuse.

Contre les vices originaires du contrat de 1720, il prétend qu'il a pu vendre Remonville aux Sieur & Dame de Mezieres, quoiqu'il l'eût vendue en 1712 au Comte de Grandpré. Son moyen est que le Comte de Grandpré vouloit bien lui rendre la Terre en rentrant dans la Charge de Lieutenant Général de Champagne, qu'il avoit donnée en payement; ce qui faisoit la matiere d'un Procès, parce que le Comte de Joyeuse vouloit conserver la chose & le prix : on ne croit pas que l'on ait jamais proposé une pareille défense pour sauver une infidélité si sensible. Le Comte de Joyeuse avoit un Procès, & un Procès insoutenable; cependant il vend la Terre comme s'il étoit lui-même l'arbitre de son sort, il décide la Cause en sa faveur; & sur ce préjugé respectable, il vend ce qui ne lui appartient pas. Un contrat qui n'est appuyé que sur un pareil fondement, n'est-il pas nécessairement caduc?

Mais le Comte de Grandpré, dit-on; est mort depuis en 1726, & par-là la propriété de la Terre est revenue au Comte de Joyeuse; mais cet événement peut-il justifier le contrat en lui-même; N'étoit-ce pas le comble de l'infidélité de vendre en 1720 une Terre, dont par hasard on est devenu Propriétaire en 1726? Au surplus, le vice originaire n'est pas relevé aujourd'hui comme un moyen pour résoudre actuellement le contrat, mais comme une preuve de la nécessité où on étoit de le résoudre, comme on a fait par les différents actes qui ont été passés en 1724 & 1725.

La Dame de Mezieres ne vient pas dire aujourd'hui à la Justice: il faut résoudre le contrat de 1720, mais elle vient dire : les Parties ont consenti réciproquement de le détruire, & le Comte de Joyeuse ne pouvoit pas s'en dispenser, parce que le contrat en lui-même étoit insoutenable; il faut donc considérer les vices du contrat dans le temps qu'il a été détruit. Alors le Comte de Joyeuse n'étoit pas propriétaire de Remonville, & n'étoit pas sûr de le devenir; il ne faut donc pas être surpris s'il a consenti de s'en désister. Le désistement en lui-même, & la cause du désistement dans le temps qu'il a été fait, sont des moyens qui se réunissent, & qui se prêtent un mutuel secours.

Il en est de même de ce que le Comte de Joyeuse n'avoit point apporté la main-levée de la saisie-réelle de Remonville, qu'il avoit promise dans six mois; il convient qu'elle n'a été rayée qu'en 1735, comment auroit-il donc pu soutenir la vente en 1724? Qu'il eût obtenu une Sentence de distraction en 1721, c'étoit pour lui un titre inutile, parce que les Parties intéressées n'avoient point été appellées; & en effet, il n'a pu parvenir à la radiation que quatorze ans après : l'Acquéreur étoit-il obligé de s'armer de patience pendant un si long-temps; la proposition seroit absurde.

Enfin, par rapport à la Terre d'Hanogne on avoit caché aux Sieur & Dame de Mezieres qu'elle étoit absorbée par une foule de créances privilégiées qui en excédoient quatre fois la valeur. Il n'y avoit, dit-on, qu'à faire un décret volontaire, & on auroit fait cesser les obstacles des différens créanciers. Mais cet air de confiance sied-t-il donc au Comte de Joyeuse? Pour payer la Dame de Blois, créanciere privilégiée, il a été obligé de vendre Hanogne à son beau-pere, comment l'auroit-il payée si cette Terre fût demeurée à la Dame de Mezieres? Pour obtenir main-levée des oppositions de Remonville, il lui a fallu quinze années entieres; comment les auroit-il fait cesser dans le terme de six mois destiné pour le décret volontaire? Il est donc évident que si on avoit pris ce parti en 1721 ou 1722, cela n'auroit servi qu'à manifester l'impossibilité où l'on étoit d'exécuter le contrat de vente de 1720. D'ailleurs, comment faire un décret volontaire, quand le Comte de Joyeuse avoit exigé un secret impénétrable sur la vente, comme on l'a prouvé? Il vend des Terres qu'il ne peut livrer, c'est ce qui l'oblige à demander que la vente soit secrete; & quand on est obligé d'exposer dans la suite tous les obstacles qu'il y avoit à l'exécution de la vente, il croit en être quitte en disant, que ne faisiez-vous un décret volontaire, comme si en cela on n'auroit pas trahi ce secret tant recommandé.

Concluons donc que le contrat de vente ne pouvoit pas se soutenir si on l'avoit attaqué alors, & que c'est ce qui a également déterminé toutes les Parties à le résoudre; résolution qui fait aujourd'hui tout le moyen des enfans de la Dame de Mezieres; car s'ils parlent des vices originaires du contrat, ce n'est que pour donner plus de force au moyen qui résulte du consentement que l'on a donné de part & d'autre à s'en désister.

Contrats se peuvent résoudre sans le concours des deux Parties.

On prétend de la part du Comte de Joyeuse que la vente de 1720 étant formée par un contrat synallagmatique, n'a pu être détruite que par un acte de même nature; mais on se trompe également, & dans le principe général & dans l'application.

Dans le principe général, il n'est point nécessaire que le Vendeur & l'Acquéreur qui sont liés par un premier contrat, en passent un second pour se dégager & pour se départir de la vente. La contravention au premier contrat de la part d'une des Parties, quoiqu'elle agisse seule, peut suffire pour opérer cette résolution

résolution. Par exemple, celui qui a vendu une Terre depuis le contrat parfait, fait couper des bois de haute futaye, & s'en applique le prix, il fait démolir le château & en vend les matériaux, il donne à cens ou à rente une partie des domaines : dans tout cela il n'y a point d'acte synallagmatique avec l'acquéreur ; cependant ces démarches ne suffisent-elles pas pour l'autoriser à ne plus exécuter le contrat ?

Lui dira-t-on qu'il n'y a point de contrat synallagmatique qui ait détruit le premier ? Il n'y a personne qui ne réponde pour lui : Il est vrai qu'il n'y a point d'acte entre les Parties qui ait anéanti la vente, mais les entreprises du vendeur ne lui permettent plus de demander l'exécution d'un acte auquel il a contrevenu. Le fait seul d'une des Parties peut donc anéantir la vente.

Acquéreur a le choix de faire résoudre le contrat, ou de demander des dommages & intérêts, quand il a été contrevenu aux clauses.

Il est vrai que si l'acquéreur, nonobstant les contraventions du vendeur, vouloit faire exécuter le marché, il en seroit le maître, en prenant la Terre en l'état où elle se trouve, & en demandant des dommages & intérêts pour les entreprises faites depuis la vente ; mais il n'y est point obligé, soit qu'il se repente du contrat en lui-même, & que le fait du vendeur lui fournisse un motif légitime de se dégager, soit qu'en effet la Terre ne lui convienne plus dans l'état où elle est.

Il n'est donc pas toujours nécessaire de passer un second contrat pour résoudre le premier. Le fait d'une seule Partie peut annuller la vente, pourvu que l'autre veuille en profiter ; en cela, si l'on veut, il se fait une espèce de contrat synallagmatique, parce qu'il semble que les deux volontés concourent au même objet, l'une des Parties ayant violé son engagement, & l'autre ne se regardant plus comme obligée. Mais, à parler exactement, il n'y a point de contrat qui annulle le premier ; ce qui suffit pour le principe général proposé par le Comte de Joyeuse.

Dans l'application, ce principe est encore plus insoutenable. En effet, une foule d'actes du fait des deux Parties se réunit pour établir le consentement réciproque à résoudre la vente de 1720.

1°. Le consentement donné par la Dame de Mezieres le 15 Janvier 1724, à ce que le sieur de Joyeuse disposât de la Terre d'Hanogne ; consentement que l'on doit toujours regarder comme pur & simple, tant que le sieur de Joyeuse ne le rapportera pas.

2°. La vente qu'il a faite à son beau-pere de la Terre d'Hanogne par l'acte du 29 Mars 1724, que le sieur de Rousseville a acceptée par le paiement des droits seigneuriaux, qu'il a fait comme acquéreur, par le paiement du prix de la vente, par la qualité qu'il a prise de Seigneur d'Hanogne, & qui lui a été donnée, tant par le Comte de Joyeuse que par les Fermiers de cette Terre.

3°. L'acte du 6 Octobre 1725, dans lequel le Comte de Joyeuse s'est reconnu débiteur de la rente constituée en 1719, & a promis de fournir de nouvelles sûretés pour l'exécution du contrat de constitution.

Clauses disposées dans plusieurs actes qui sont faits sur un même objet, operent autant que si elles étoient dans un seul acte.

Que pouvoit-on faire de plus fort, de plus décisif pour la résolution de la vente de 1720 ? L'acquéreur consent que le vendeur dispose de la Terre ; le vendeur en dispose en effet, en la vendant à un autre qui lui en paye le prix, ou qui le paye aux créanciers délégués. Enfin le vendeur, qui avoit été libéré par le contrat de vente d'une dette antérieure, se reconnoît depuis débiteur de la même dette, & promet de nouvelles sûretés pour la tranquillité de son créancier. Si ce n'est pas là une résolution parfaite & réciproque de la vente, on demande comment elle pourroit jamais être établie ? Si on avoit réuni dans un seul acte ce qui est consommé par ces actes différens ; si la Dame de Mezieres y avoit déclaré qu'elle consent que le sieur de Joyeuse dispose des Terres vendues en 1720 ; si le Comte de Joyeuse en conséquence avoit vendu à son beau pere, & se reconnoissant débiteur de la rente, avoit promis à la Dame de Mezieres de lui fournir de nouvelles sûretés convenues entre les Parties, on ne formeroit pas sans doute une question sur la résolution de la vente de 1720 : mais ce qui auroit été fait par un seul acte, a pu se faire également par plusieurs dont la corrélation est évidente, ce sont toujours les mêmes consentemens & les mêmes opérations. Il n'est donc pas permis de douter qu'il n'y ait ici une résolution consentie réciproquement du contrat de 1720.

Qu'oppose le Comte de Joyeuse à tant de pieces qui le confondent ? Il ne parle point du consentement donné par la Dame de Mezieres le 15 Janvier 1724, ou du moins il le suppose conditionnel, mais sans oser le rapporter, quoiqu'il soit en sa possession ; c'est une preuve sensible qu'il étoit pur & simple pour les deux Terres d'Hanogne & de Remonville.

A l'égard des actes postérieurs, il tâche d'incidenter sur la forme ; mais rien de plus frivole que ce qu'il allegue à cet égard. Dans une matiere où il ne s'agit que de connoître l'intention &

la volonté des Parties, la forme seule pourroit-elle jamais faire revivre un contrat dont les Parties sont convenues réciproquement de se désister? Si leur volonté ne peut être méconnue, que l'on ait apporté plus ou moins de solemnité dans les actes qui la renferment, elle doit toujours prévaloir.

Volonté claire des contractans doit prévaloir à la forme.

Mais rien ne manque d'ailleurs du côté de la forme. L'acte du 29 Mars 1724 est un véritable contrat de vente, dans lequel le sieur de Joyeuse donne pouvoir au sieur de Rousseville son beau-pere de disposer en maître absolu de la Terre d'Hanogne, d'en couper les bois de haute-futaye, d'en faire les réparations, d'en passer les baux, &, ce qui est infiniment décisif, *de s'en rendre propriétaire incommutable en conséquence de cette procuration, sans qu'il soit besoin d'autre*, en payant 45000 livres; savoir, 35000 livres à la Dame de Blois, & 10000 livres à des créanciers. La propriété étoit tellement transmise par cet acte, que le sieur de Joyeuse y stipule une substitution dont le sieur de Rousseville demeurera chargé au profit de la Dame de Joyeuse & du Vicomte de Joyeuse son fils.

On convient de la part du sieur de Joyeuse, que cet acte seroit une vente parfaite, si le sieur de Rousseville y avoit été Partie & l'avoit acceptée; *mais*, dit-on, *le Comte de Joyeuse y parle seul, le sieur de Rousseville n'y est point Partie. Communément dans une vente il y a deux personnages nécessaires, le vendeur & l'acquéreur; il ne suffit pas de trouver un vendeur, il faut aussi trouver un acheteur*. La proposition est vraie; mais il ne faudra pas s'épuiser en recherches pour trouver l'acquéreur, il se présentera bientôt de lui-même pour accepter la vente. Dès le mois de Septembre suivant, le sieur de Rousseville présenta à la Dame de Nassau l'acte du 29 Mars, & offrit de payer les droits seigneuriaux de la vente qui lui avoit été faite par cet acte; la Dame de Nassau les reçut, & en donna quittance au sieur de Rousseville, comme acquéreur. Voilà donc le sieur de Rousseville qui, usant du pouvoir contenu dans l'acte du 29 Mars, se rend propriétaire incommutable de la Terre, & paye en cette qualité les droits au Seigneur. Nous avons donc trouvé l'acquéreur, nous voyons son acceptation; que faut-il autre chose pour rendre la vente parfaite? Il n'est pas nécessaire que l'acquéreur accepte dans l'acte même où le vendeur parle, pourvu que les choses soient entieres, & que le consentement du vendeur ne soit point révoqué, l'acceptation postérieure consomme la vente, parce qu'alors le consentement

Acceptation de l'Acquéreur se peut faire dans un acte séparé.

réciproque est formé, & que ce consentement est la substance même du contrat.

L'objection du sieur du Joyeuse sur cette quittance des droits seigneuriaux, acheve de donner au moyen qui en a été tiré, toute la force nécessaire pour le faire triompher. *Les termes de la quittance*, dit-il, *se rapportent à la procuration du 29 Mars; mais comme cette procuration ne pouvoit jamais être considérée comme un acte translatif de propriété, il est impossible qu'une quittance relative à cet acte ait donné à celui qui a payé les droits, la propriété de la Terre.* Mais il est évident au contraire que c'est précisément la relation de la quittance à l'acte du 29 Mars, qui perfectionne la vente. Il ne manquoit à cette vente que l'acceptation de l'acquéreur, on la trouve en termes bien précis dans la quittance; plus elle est relative, & plus l'acceptation est certaine. C'est donc, on le répete, ce qui fortifie le moyen, loin de le combattre. C'est une observation très-indifférente de dire que la Terre d'Hanogne est située dans la Coutume de Vitry, qui est une Coutume de nantissement, c'est-à-dire, où l'on n'acquiert un droit réel que par la saisine; & que le sieur de Rousseville ne l'a pas prise, car les Sieur & Dame de Mezieres ne l'avoient pas obtenu non plus; ainsi, à cet égard, les choses marchent d'un pas égal. D'ailleurs il ne s'agit pas ici du degré de perfection donné à la seconde vente; il suffit qu'elle soit constante en elle-même, pour qu'on soit en droit d'en conclure que le sieur de Joyeuse a contrevenu à l'engagement qu'il avoit pris avec les Sieur & Dame de Mezieres, & que par conséquent il n'est point en droit de soutenir qu'ils soient demeurés obligés envers lui; celui qui a une fois contrevenu à un engagement, ne pouvant jamais avoir d'action pour en demander l'exécution.

Mais ce n'est pas par la quittance seule du mois de Septembre 1724 que le sieur de Rousseville a accepté la vente qui lui avoit été faite de la Terre d'Hanogne. Les actes de 1726, dans lesquels il a pris la qualité de Seigneur d'Hanogne, dans lesquels il a payé le prix de son acquisition & donné des délégations sur les Fermiers de sa Terre d'Hanogne, acceptées par les mêmes Fermiers; actes approuvés par le Comte de Joyeuse: tous ces actes ne forment ils pas une preuve complette de la vente, & un engagement indissoluble entre les sieurs de Joyeuse & de Rousseville? L'un vend dans un acte où à la vérité il parle seul, mais l'autre accepte la vente, paye le prix au vendeur, acquitte les droits seigneuriaux, prend la qualité de Seigneur de la Terre vendue, dispose des fermages, il est reconnu propriétaire par le Vendeur, par les Fermiers, par le Seigneur : voilà donc une vente parfaite, publique, exécutée ; que peut-il manquer pour la regarder comme étant absolument consommée ?

A des preuves si claires & si sensibles, le Comte de Joyeuse se contente de répondre qu'*il n'en résulte autre chose, sinon qu'on a pris des arrangemens pour payer les créanciers, mais qu'il n'en peut jamais résulter un titre qui ait légitimement transmis la propriété d'Hanogne sur la tête du sieur de Rousseville.*

Mais, a-t-on pu se flatter, par une dénégation si seche, de dissiper l'évidence même ? Il est vrai qu'on a pris des mesures & des arrangemens pour payer les créanciers ; mais quels arrangemens a-t-on pris ? Le sieur de Joyeuse, débiteur, a vendu une Terre au sieur de Rousseville, & l'a chargé d'en payer le prix aux créanciers ; le sieur de Rousseville, acquéreur, les a payés en conséquence : par-là on a pourvu au paiement des dettes, mais le moyen par lequel on y est parvenu est une véritable vente. Le paiement des dettes pouvoit être l'objet ; mais le moyen que l'on a employé a été de vendre la Terre d'Hanogne : c'est donc vouloir s'aveugler soi-même, que de ne pas reconnoître une vente parfaite dans la réunion de tous ces actes.

Il est vrai que le sieur de Joyeuse, en vendant à son beau-pere, n'a pas voulu que la Terre d'Hanogne fût absolument perdue pour sa famille, & que pour cela il a stipulé qu'elle demeureroit substituée, après la mort du sieur de Rousseville, à la Dame de Joyeuse & au sieur Vicomte de Joyeuse ; mais cette substitution ne sert qu'à confirmer de plus en plus la réalité de la vente ; car si le sieur de Rousseville n'étoit pas devenu propriétaire par la vente, comment auroit-on pu stipuler que la Terre, après sa mort, reviendroit à sa fille & à son petit-fils ? Mais, dit-on, on ne pouvoit pas charger l'acquéreur d'une substitution sans son consentement, & par un acte où il ne parle point. Le Comte de Joyeuse ne sent-il pas que cet argument qu'il répete sans cesse, est ici sans aucune application ? On conviendra toujours avec lui qu'on ne peut pas faire une vente parfaite par un acte dans lequel l'acquéreur n'est point Partie, ni le charger par conséquent de substitution par le même acte ; mais que le Comte de Joyeuse convienne à son tour que cette vente & cette substitution, qui demeurent imparfaites quand on est réduit à cet acte seul, acquierent toute l'autorité qui leur eſt néceſſaire, quand l'acquéreur, par des actes poſtérieurs, accepte & la vente & la ſubſtitution, quand il ſe ſoumet à toutes les conditions qui lui ſont impoſées, quand il paye le prix, quand il acquitte les droits ſeigneuriaux, quand il ſe fait reconnoître pour propriétaire par les Fermiers. Tout le ſyſtême du Comte de Joyeuſe eſt de ſéparer la vente de l'acceptation, le fait du vendeur de celui de l'acquéreur, & de ſuppoſer que ce qu'on auroit pu faire par un ſeul acte, n'a pas pu être fait par deux actes diſtincts & ſéparés; ce qui réſiſte aux principes les plus inconteſtables.

Que l'on diſe tant qu'on voudra, qu'une ſeconde vente ne peut pas nuire au premier acquéreur, la réponſe que l'on a déjà propoſée contre ce raiſonnement, ſera toujours invincible; car, comme on l'a établi dans un premier Mémoire, il ne s'agit pas de ſçavoir ſi le premier acquéreur peut attaquer le ſecond, mais s'il y eſt obligé; & ſi au contraire il n'eſt pas en droit de dire au vendeur: vous avez violé l'engagement que nous avions pris enſemble, vous ne pouvez plus m'en demander l'exécution: or c'eſt ce que la Dame de Mezieres & ſes enfans ont toujours dit & diſent encore au Comte de Joyeuſe, & l'on ne croit pas qu'il y ait quelqu'un qui puiſſe jamais ſe défendre d'un moyen ſi victorieux.

Seconde vente exécutée, l'emporte ſur une premiere tenue ſecrete.

D'ailleurs on a fait voir que le premier acquéreur ſeroit mal fondé dans la demande qu'il pourroit faire contre le ſecond, parce que la premiere vente étant demeurée ſecrette & clandeſtine, & n'ayant jamais eu d'exécution, la ſeconde, qui a été publiquement exécutée, l'emporte néceſſairement, ſelon tous les principes. Il eſt vrai que les Dames de Rouſſeville & de Joyeuſe conſentent de ſe départir de la ſeconde vente faite à leur profit; mais, en premier lieu, ce conſentement, s'il étoit valable, ſeroit abſolument inutile, parce que, comme on l'a déjà dit, dès que le ſieur de Joyeuſe a diſpoſé de la Terre d'Hanogne au préjudice de la vente qu'il en avoit faite en 1720 aux Sieur & Dame de Mezieres, il leur a donné droit de regarder cette vente comme nulle & réſolue, & que cette vente une fois anéantie, ne peut pas revivre par le fait des Dames de Rouſſeville & de Joyeuſe. En ſecond lieu, leur conſentement eſt un nouveau piege tendu à la Dame de Mezieres & à ſa famille, puiſque la Dame de Rouſſeville eſt chargée d'une ſubſtitution qui ne finit que dans la perſonne du Vicomte de Joyeuſe ſon petit-fils, & que le grevé de ſubſtitution ne peut pas nuire à ceux qui ſont appellés après lui. D'ailleurs, que peut-on penſer du conſentement donné par la Dame de

Avantage indirect entre conjoints.

Joyeuse, qui est en puissance de mari, & qui sacrifie un droit de propriété qui lui est personnel, pour l'intérêt de son mari même; c'est-à-dire, qui donne au Comte de Joyeuse, contre la prohibition formelle de nos Coutumes, qui rejettent tout avantage entre conjoints? Enfin, pourquoi parler encore de ce consentement, quand il a été rejetté par un Arrêt contradictoire? Le 3 Mai 1728 les Dames de Rousseville & de Joyeuse avoient donné une Requête, par laquelle elles avoient expressément demandé acte de leur consentement à ce que le contrat de vente de 1720 fût exécuté; mais par l'Arrêt contradictoire du premier Septembre de la même année, sans s'arrêter à leur Requête, ni au contrat de vente, le Comte de Joyeuse fut condamné au remboursement des 220000 livres. Les Dames de Rousseville & de Joyeuse n'ont point obtenu Requête civile contre l'Arrêt; ainsi c'est une question définitivement jugée à leur égard. Cela est si incontestable que Monsieur le Prince & Madame la Princesse de Montauban ayant demandé d'être reçus Parties intervenantes dans l'Instance pendante en la Cour sur le rescisoire, & l'ayant demandé tant contre le Comte de Joyeuse que contre les Dames de Rousseville & de Joyeuse, le sieur de Joyeuse s'y est opposé, sur le fondement qu'il n'y avoit point de rescision à l'égard de sa belle-mere & de sa femme; &, en effet, par Arrêt contradictoire du 26 Juillet 1737 il a été reçu opposant, & l'intervention rejettée par rapport aux Dames de Rousseville & de Joyeuse. Depuis, la Dame de Mezieres ayant essayé de faire prononcer un appointement sur la Requête du 3 Mai 1728, les Dames de Rousseville & de Joyeuse ont soutenu que cela ne se pouvoit pas, parce que leur demande étoit jugée par un Arrêt contradictoire, contre lequel elles ne s'étoient pas pourvues. Sur cette remontrance, la Dame de Mezieres a été déboutée de sa demande par Arrêt contradictoire du 10 Décembre 1737.

Quel peut être après cela le sort de la nouvelle Requête des Dames de Rousseville & de Joyeuse, du 10 Janvier de la présente année, par laquelle elles consentent de nouveau l'exécution du contrat de vente du 14 Septembre 1720? On réitere une demande jugée contradictoirement par un Arrêt qui n'est point attaqué dans cette partie, une demande que l'on a soutenue jugée, & tellement jugée qu'on ne pouvoit plus la faire appointer.

La Cour ne pourroit donc pas avoir égard au nouveau consentement des Dames de Rousseville & de Joyeuse, sans tomber dans une contradiction manifeste avec l'Arrêt du 6 Septembre 1728: Ce consentement rejetté par un premier Arrêt contradictoire qui subsiste, doit l'être également par le second; & s'il est rejetté, il est impossible d'ordonner l'exécution du contrat de vente de 1720, indépendamment de tous les autres moyens qui concourent pour le faire regarder comme un titre anéanti.

Non-seulement la vente de 1720 a été détruite par les actes postérieurs dont on vient de rendre compte, & dont l'autorité ne peut être ébranlée par les objections du Comte de Joyeuse; mais il a reconnu lui-même que cette vente ne subsistoit plus, & qu'il étoit demeuré débiteur des 220000 liv. portées par le contrat de constitution de 1719. Cette reconnoissance n'est point équivoque à la lecture de l'acte du 6 Octobre 1725. L'acte est passé en exécution du contrat de 1719, pour procurer à la Dame de Mezieres les sûretés qui lui étoient nécessaires, tant pour le principal que pour les arrérages de la rente alors constituée. Si la vente des Terres données en paiement n'avoit pas été détruite, le Sr de Joyeuse n'auroit pas été débiteur, & par conséquent il n'avoit plus de sûretés à fournir. Voilà donc une reconnoissance précise, qui donne une nouvelle force à tous les actes qui avoient opéré la résolution du contrat de 1720.

On a déjà répondu à ce que le Comte de Joyeuse objecte sur la forme de cet acte. On a fait voir que la forme étoit indifférente, quand il ne s'agissoit que de la volonté des Parties; & d'ailleurs que la forme étoit pleinement remplie, puisque l'acte de 1725 n'étant qu'en faveur de la Dame de Mezieres, il suffisoit qu'il lui fût remis signé par le sieur de Joyeuse. Il reste uniquement à répondre à une autre difficulté qui n'est pas moins frivole. Elle consiste à dire que cet acte n'étoit qu'un projet informe & mal dirigé, qui devoit être suivi d'un acte pardevant Notaires, qui n'a jamais été passé, & qu'ainsi l'acte de 1725 est demeuré sans exécution. Que veut dire un pareil raisonnement? Le Comte de Joyeuse entreprend-il de persuader qu'on ne peut pas s'obliger par un acte sous seing privé? Il est de principe au contraire que l'on n'est pas moins lié par un acte que l'on rédige & que l'on signe soi-même, que par ceux qui se font en présence des Notaires; les derniers sont revêtus de plus d'authenticité, mais l'engagement personnel que l'on contracte par les premiers, n'est pas moins inviolable. Si par l'acte même on s'oblige à en passer un autre pardevant Notaires, l'acte pour cela n'est pas un simple

Actes sous seings privés obligent comme les contrats authentiques.

ſimple projet, c'eſt ſeulement une forme plus authentique que l'on promet d'y ajouter, mais dont on peut ſe paſſer: auſſi dans l'acte dont il s'agit, le Comte de Joyeuſe promet-il de conſommer les conditions auxquelles il ſe ſoumet par acte devant Notaires, *à la requiſition* de la Dame de Mezieres, c'eſt-à-dire, qu'il dépendra de la Dame de Mezieres d'exiger un acte pardevant Notaires, ou de n'en point exiger. Qu'elle l'exige ou qu'elle ne l'exige pas, l'acte ſous ſeing privé demeure toujours dans toute ſa force. Il a été jugé mille fois qu'une promeſſe de paſſer contrat de vente étoit obligatoire, quoiqu'il n'y eût aucun contrat paſſé en conſéquence, & qu'il ſuffiſoit pour cela que la promeſſe de paſſer contrat contînt les conditions eſſentielles de la vente, *ſubſtantialia contractûs*; & lorſqu'une des Parties a voulu ſecouer le joug d'une pareille promeſſe, elle a toujours été condamnée à l'exécuter. Ici ce n'eſt point une ſimple promeſſe de paſſer contrat, c'eſt un acte parfait par lui-même, qui contient une obligation préſente, abſolue, ſans retour, & à laquelle on a ſeulement ajouté la promeſſe de la cimenter par un acte devant Notaires, ſi la Dame de Mezieres le requeroit. Il n'eſt donc pas permis dans de pareilles circonſtances de nous donner ces actes pour un ſimple projet.

De toutes ces réflexions il faut néceſſairement conclure que le contrat de 1720 a été détruit par le conſentement réciproque des Parties. La Dame de Mezieres a conſenti au mois de Janvier 1724, que le ſieur de Joyeuſe diſposât des Terres; le ſieur de Joyeuſe en a diſpoſé, en vendant Hanogne à ſon beau-pere; loin de s'oppoſer à cette vente, la Dame de Mezieres l'a approuvée, elle eſt rentrée dans la créance établie par le contrat de conſtitution de 1719, elle a demandé de nouvelles ſûretés, que le Comte de Joyeuſe lui a promiſes par l'acte de 1725, comme étant actuellement ſon débiteur. Il eſt inconcevable qu'après cela, il oſe ſoutenir qu'il ſoit quitte du contrat de conſtitution, & que le contrat de 1720 lui tienne lieu de payement & de quittances.

Il eſt inutile après cela de parler de l'acte du 20 Septembre 1720, par lequel la Dame de Mezieres a reconnu qu'elle étoit ſatisfaite du principal de la rente conſtituée au mois de Décembre précédent, & a conſenti que la minute & la groſſe fuſſent déchargées, car le Comte de Joyeuſe convient que cette décharge n'étoit que la ſuite & l'effet du contrat de vente; en ſorte que le contrat de vente étant détruit & réſolu, la décharge tombe par une conséquence nécessaire. Il ne s'agit point de savoir si l'hypotheque du contrat subsiste nonobstant cette décharge : cette question pourroit être agitée, s'il s'agissoit du droit d'un tiers ; mais quand l'affaire ne se présente qu'avec le Comte de Joyeuse, il est évident, que cette décharge n'ayant été donnée qu'au moyen de la vente des Terres, elle ne peut plus lui être d'aucun secours, quand la vente ne subsiste plus.

Le contrat de vente de 1720 ne pouvant plus faire la Loi des Parties, il faut donc en revenir au contrat de constitution de 1719. Aux termes de ce contrat, le sieur de Joyeuse ne seroit débiteur que d'une rente dont les arrérages monteroient aujourd'hui à près de 160000 livres ; mais le principal est exigible aussi bien que les arrérages, & il est exigible par corps, si cet acte ne respire que stellionat & qu'infidelité ; c'est ce que l'on croit avoir solidement établi, & ce qui va se confirmer par les réponses aux moyens du sieur de Joyeuse.

Par ce contrat il hypotheque spécialement quatre Terres, Saint-Lambert, Hanogne, Grandpré, & la moitié de Ville-sur-Tourbe. A l'égard de Saint-Lambert, il dit qu'il en étoit Propriétaire ; il convient cependant que le Marquis de Joyeuse son pere l'avoit donnée à Daniel de Joyeuse son fils aîné, avec charge de substitution graduelle & perpétuelle : mais, dit-il, mon pere a laissé des dettes qui excédoient la valeur de cette Terre ; d'ailleurs la substitution n'étoit point publiée, lorsque mon frere m'a abandonné en 1712 tous les droits qu'il avoit sur cette Terre. Ce n'est qu'en 1717 qu'il a fait faire la publication : or, la substitution ne peut nuire à un acquéreur quand elle n'est point publiée.

Pour se justifier d'un reproche de stellionat, & crier à la calomnie sur une pareille accusation, il faudroit au moins présenter quelque prétexte spécieux ; mais ceux que propose le Comte de Joyeuse, ne servent qu'à mettre le délit dans un plus grand jour. Il affecte la Terre de Saint-Lambert qu'il convient être substituée, & pour excuse il nous dit que les dettes dont elle étoit chargée, en absorboient la valeur ; mais que peut-on conclure de-là, sinon qu'il y a une double infidélité dans le contrat ? La premiere, en ce que l'on hypotheque une Terre comme libre, dans le temps qu'elle est substituée ; la seconde, en ce qu'on la présente comme un objet de sûreté pour les Sieur & Dame de Mezieres, dans le temps qu'elle est chargée de dettes plus anciennes, qui auroient rendu cette hypotheque inutile ;

quand la Terre auroit été libre. A quelles extrémités le Comte de Joyeuse est-il réduit dans sa défense, quand il est obligé, pour se justifier, d'ajouter la preuve d'une nouvelle infidélité à celle qu'on lui reproche? Quoi qu'il en soit, il a affecté la Terre comme libre dans le temps qu'elle étoit substituée, il n'en faut pas davantage pour la preuve du stellionat.

Mais, dit-il, la substitution n'étoit pas publiée lorsque mon frere m'a abandonné en 1712 tous les droits qu'il avoit sur cette Terre, ainsi je la possedois comme libre. Quelle étrange proposition! Le contrat de 1712 n'étoit point une vente que Daniel de Joyeuse institué eût faite au Comte de Joyeuse, c'étoit un simple abandonnement, & par conséquent un titre purement gratuit, dont il ne revenoit aucun prix à Daniel de Joyeuse; car la charge imposée au Comte de Joyeuse de payer les dettes dont la Terre étoit tenue, n'étoit point un prix, mais la charge nécessaire de toute donation. Le Comte de Joyeuse n'a donc point acheté la Terre, il en a simplement accepté le délaissement: or, il est de principe que tout donataire, que tout cessionnaire ne peut pas opposer le défaut de publication.

Donataire ne peut exciper du défaut de publication.

D'ailleurs, cette substitution étoit portée par le testament du pere commun, qui étoit nécessairement de la connoissance du Comte de Joyeuse; mais celui qui acquerroit de mauvaise foi un bien dont la substitution lui seroit connue, pourroit-il se faire un moyen du défaut de publication? Tout le monde conviendra qu'il ne seroit point écouté. On ne pouvoit donc rien proposer de moins propre à laver le Comte de Joyeuse du crime de stellionat dont il est convaincu.

A l'égard de la Terre d'Hanogne, l'infidelité est encore plus sensible; il l'hypotheque aux Sieur & Dame de Mezieres, quoiqu'il l'eût vendue un mois auparavant au Sieur la Goile; comment n'est-on pas confondu, à la seule proposition d'un pareil stellionat? J'y suis rentré depuis, dit le Comte de Joyeuse; & lorsque je l'ai hypothéquée, cet arrangement étoit déja concerté avec la Goile, c'est-à-dire, qu'il a hypothéqué une Terre qui ne lui appartenoit pas, dans l'espérance qu'elle lui appartiendroit un jour. Quel excès d'absurdité! Mais il est même faux qu'il y eût alors aucun projet pour rentrer dans cette Terre; car ce n'est qu'environ six mois après, que la Goile fit assigner le Sieur de Joyeuse à Reims pour voir dire que le contrat de vente de la Terre d'Hanogne demeureroit nul & résolu; comment cela étoit-il arrêté entre les Parties dès le 7 Décembre 1719? Il est vrai que, sur la demande de la Goile, le sieur Comte de Joyeuse est rentré en 1720; mais cet événement ne justifie pas le stellionat qui se trouve dans le contrat de constitution, d'autant plus que si le sieur de Joyeuse est rentré, ce n'a été qu'en remboursant 67000 liv. qu'on lui a fournies sur le prix de la Terre de Saint-Lambert, au moyen de quoi les Sieur & Dame de Mezieres n'ont obtenu, même par l'événement, l'hypotheque donnée sur Hanogne, qu'en perdant leur hypotheque sur Saint-Lambert, ce qui manifeste de plus en plus le stellionat.

Enfin quel a été le sort de cette Terre d'Hanogne, vendue au mois de Novembre 1719 au sieur la Goile, hypothéquée aux Sieur & Dame de Mezieres au mois de Décembre suivant, retirée en Juin 1720, vendue au mois de Septembre de la même année aux Sieur & Dame de Mezieres par un contrat mystérieux & clandestin, vendue depuis en 1724 au sieur de Rousseville pour acquitter des dettes privilégiées, substituée enfin, tant à la fille qu'au petit-fils du sieur de Rousseville? Quel énorme cahos d'actes & de dispositions pour une seule Terre! Jamais peut-on compter sur quelque chose de stable & de solide avec le sieur Comte de Joyeuse? Ni dans le principe ni dans l'événement, l'hypotheque n'a donc jamais pu subsister, & par conséquent le stellionat ne peut être couvert.

Pour les Terres de Grandpré & de Ville-sur-Tourbe, le Comte de Joyeuse ne cherche pas même à se justifier du reproche de stellionat; il convient que Grandpré étoit substituée, & qu'il n'avoit que l'usufruit de Ville-sur-Tourbe, c'est-à-dire, qu'il convient d'avoir hypothéqué des Terres qui ne lui appartenoient pas, & d'avoir commis l'infidélité la plus grossiere.

Mais, dit-il, ces Terres qui ne m'appartenoient pas, étoient chargées de dettes; & si j'avois employé vos deniers à les payer, en vous faisant subroger, je vous aurois procuré une hypotheque que je ne pouvois pas vous donner de moi-même. Un pareil sophisme ne suffiroit-il pas pour donner une juste idée de la défense du Comte de Joyeuse? 1°. Il convient qu'il n'étoit point propriétaire des Terres qu'il a hypothéquées, en faut-il davantage pour le condamner? 2°. Il n'a pas promis de procurer une hypotheque par l'emploi des deniers, & par des subrogations; mais il en a donné une présente, actuelle, & comme propriétaire des Terres, ce qu'il convient qu'il ne pouvoit pas faire. 3°. Son raisonnement est une pure dérision: si j'avois fait telle chose, dit-il, je vous aurois procuré une hypotheque; mais l'a-t-il employé ce moyen qui, selon lui, auroit effacé le stellionat ? Non, sans doute, il en convient : que résulte-t-il de-là ? Une double infidélité. La premiere, d'avoir hypothéqué des Terres qui ne lui appartenoient pas, ce qui est un stellionat caractérisé. La seconde, de n'avoir pas du moins réparé ce crime, en faisant l'emploi des deniers du Marquis de Mezieres au paiement de dettes anciennes, & en le faisant subroger, ce qui lui auroit produit dans l'événement une sûreté qu'il n'avoit pas ; ainsi il est coupable tout-à-la-fois, & d'avoir donné une hypotheque qui ne dépendoit pas de lui, & de n'avoir pas donné celle qui en pouvoit dépendre.

Tout ce que le Comte de Joyeuse allegue pour sa défense, ne sert qu'à aggraver son crime : coupable dans le principe, & par les clauses mêmes du contrat, coupable dans l'événement, & par l'usage qu'il a fait des deniers ; en un mot, il n'y a actuellement ni aucune des hypotheques données par le contrat, ni emploi des deniers, ni subrogations, ni obligation solidaire de la Dame de Joyeuse : tout manque à la sûreté du créancier.

Où seroit donc la difficulté d'ordonner le remboursement, & d'y condamner par corps le Comte de Joyeuse ? Quand les faits sont prouvés, quand les principes ne peuvent être contestés, la Justice peut-elle suspendre les coups que la Loi exige de sa sévérité ? La naissance du Comte de Joyeuse ne l'affranchit point de la rigueur des Loix ; s'il falloit appuyer par des exemples la demande formée contre lui, on pourroit le renvoyer aux Arrêts qui sont rapportés dans Brodeau sur M. Louet, où l'on en trouve un, entre autres, rendu contre M. Barjot, Maître des Requêtes. Mais pourquoi citer au Comte de Joyeuse des exemples qui lui sont étrangers ? Plusieurs Jugemens rendus contre lui, lui ont déja appris qu'il ne pouvoit se soustraire à l'autorité des Loix. Le sieur le Clerc, Greffier des Dépôts du Conseil, l'a fait *condamner par corps* à lui rembourser une rente au principal de 25000 livres, par trois Sentences des Requêtes du Palais des 2 & 13 Mars & 10 Avril 1736, *attendu que la Terre & Marquisat de Chemmery qu'il avoit hypothéquée spécialement par contrat du 8 Juillet 1733, ne lui avoit jamais appartenu.* Le Comte de Joyeuse n'a jamais osé se pourvoir contre ces Sentences, & il les a au contraire exécutées, en s'accommodant avec son créancier ; en sorte que les condamnations subsistent. Si l'Arrêt du 6 Septembre 1728, rendu au profit de la Dame de Mezieres, a été retracté par un moyen de forme, le Comte de Joyeuse n'en doit

Sentences des Requêtes du Palais des 2 & 13 Mars & 10 Avril 1736. Stellionat.

pas moins reconnoître dans l'Arrêt la force & l'autorité des regles, dont rien ne peut l'affranchir. Qu'il ne se récrie donc point contre la dureté d'une condamnation à laquelle on est fâché de dire qu'il est accoutumé, & qui est inévitable dans les circonstances où il se trouve.

Au surplus, les enfans de la Dame de Mezieres n'insistent point sur ce genre de condamnation dans la vue de le vexer, ni dans un esprit de vengeance des pertes qu'il leur a fait souffrir; ils auroient voulu lui en épargner la honte; mais ils sont malheureusement obligés de reconnoître que c'est la seule voie qui puisse assurer leur paiement. Dans la nécessité où ils se sont trouvés d'approfondir toutes les affaires du Comte de Joyeuse, ils ont vu qu'il n'avoit jamais fait aucune affaire que par des voies obliques, & sous des noms empruntés, qu'il employe au gré de ses intérêts. Tout est toujours simulé dans les actes; ce ne sont que déclarations, que contre-lettres, qu'actes qui se détruisent les uns les autres; la même action passe successivement sur plusieurs têtes, avant que de parvenir jusqu'à lui; & quand elle y est parvenue, il la transporte, & le cessionnaire fait de nouvelles déclarations. On a vu pour le seul contrat de vente de Saint-Lambert, jusqu'à vingt-deux contre-lettres; c'est un abîme dans lequel l'attention la plus suivie se perd à chaque pas. Quel usage un simple créancier pourroit-il faire des droits les plus légitimes? Il croiroit poursuivre un objet réel, & par une multitude d'actes qui se croisent, on le feroit disparoître comme un fantôme. Ce n'est donc que la contrainte par corps seule, qui peut l'obliger à ouvrir ces trésors cachés, dans l'abîme desquels personne ne peut pénétrer.

D'ailleurs il nous a appris, il y a long-temps, qu'il étoit peu capable de s'effrayer des condamnations que l'on pouvoit obtenir par les voies ordinaires; qu'on pouvoit gagner des Procès contre lui, mais qu'il avoit des ressources assurées pour ne jamais payer; ce n'est point un commentaire qui altere le texte, c'est le précis d'une lettre qu'il écrivit le 4 Décembre 1719 à feu M. le Cardinal de Mailly, qui s'explique en termes encore plus énergiques: *Avec bien de l'argent*, dit-il, *étant d'ailleurs au lieu & place des créanciers de la Maison, sous un autre nom que le mien (car je n'en laisserai pas pour un écu) avec les droits que j'ai par bon contrat de mariage, pas un sol de bien à moi, tout étant par Sentence & Arrêt contradictoires, à M. de Grandpré, aux créanciers de feu mon pere & de mes freres, & des miens, qui sont privilégiés ; après cela les petites lumieres que Dieu m'a données, j'ose vous assurer, Monseigneur, que je me tirerai d'affaire, & que M. le Comte de Grandpré, quand je perdrois mon Procès, ne tirera jamais un écu de moi. Vous n'en croyez rien, mais je vous en donne ma parole d'honneur.* L'époque de cette Lettre est remarquable ; elle est du 4 Décembre 1719, c'est-à-dire, trois jours seulement avant le contrat de constitution de 220000 livres, fait au profit du sieur de Mezieres ; en sorte qu'il n'a pris leur argent que dans la ferme résolution de ne le jamais rendre, & après s'être assuré qu'il n'y avoit aucune voie par laquelle on pût le contraindre à payer. Une condamnation qui ne seroit point fortifiée par la contrainte par corps, ne seroit donc qu'un titre vain, & qui ne seroit d'aucun secours au créancier ; le Comte de Joyeuse en a *donné sa parole d'honneur*, on ne peut pas le soupçonner d'y être infidele.

Ce n'est point se déchaîner avec fureur contre lui, que de l'opposer à lui-même ; c'est la nécessité d'une défense légitime, qui oblige également, & de relever ses infidélités, & de faire connoître dans quel esprit il les a commises. S'il se croit diffamé par-là, qu'il ne s'en prenne qu'aux armes qu'il nous a fournies. C'est dans les actes publics qu'il a passés, c'est dans les lettres qu'il a écrites, que l'on découvre & ses sentimens & sa conduite. Il n'y a point à cet égard de contre-lettres qui puissent le sauver ; la Dame de Mezieres, la Princesse de Montauban sa fille, n'ont fait que le représenter tel qu'il s'est peint lui-même ; si son portrait le choque, est-ce donc à elle à rougir ?

CLI. CAUSE A LA CHAMB. DES ENQ.

POUR Jacques Rouvelin, Bourgeois de Paris, Demandeur.

CONTRE Meſſire Anne-Gedéon de Joyeuſe, Comte de Grandpré, Dame Antoinette de Villers, ſon épouſe, ſéparée quant aux biens.

ET Dame Marguerite de Freſne, veuve de Nicolas de Villers, Seigneur de Rouſſeville, Défendeurs.

QUESTION.

De Lettres de reſciſion contre un Tranſport.

LA fraude & l'infidélité regnent dans le tranſport fait au ſieur Rouvelin par les Dames de Rouſſeville & de Joyeuſe; preſque toutes les créances cedées ſont ou chimériques ou enflées; ces droits, dont on fait un ſi pompeux étalage dans le tranſport, ne ſont réellement que des vapeurs qui échappent, & qui ſe diſſipent dès que le ceſſionnaire prétend les ſaiſir; & ce qui met le comble à l'iniquité, eſt que le tranſport eſt fait ſans garantie; en ſorte que le ceſſionnaire n'a aucun recours, ni du côté des débiteurs qu'on lui cede, ni du côté de ceux qui en font la ceſſion.

Au fond, le ſieur Rouvelin eſt créancier; & l'objet qu'on a eu de part & d'autre dans le tranſport, a été d'aſſurer ſon paiement. Si le tranſport, loin de remplir cet objet, lui fait perdre ſa créance en entier, il eſt évident que cet acte ne peut ſubſiſter, puiſqu'il ſe réduiroit à une quittance donnée par un créancier ſans en recevoir la valeur.

Non-ſeulement le ſieur Rouvelin perd la créance la plus légitime, mais il contracte même des engagemens très-onéreux, ſans cauſe & ſans prétexte; en ſorte que l'acte contre lequel les Lettres de reſciſion ſont obtenues, eſt un tiſſu de fraudes & d'injuſtices qui doivent porter l'indignation dans tous les eſprits.

Le

FAIT.

Le Comte de Joyeuse, souvent réduit à la nécessité d'emprunter pour subvenir à cette multitude d'affaires qu'il a eu à soutenir, & aux dépenses de sa maison, a toujours trouvé dans le sieur Rouvelin un homme facile, & prêt à lui avancer une partie des sommes dont il avoit besoin. Les différens prêts montoient en 1734 à une somme de 69000 livres, contenue en une lettre de change de 50000 livres, un billet de 15000 livres, & un autre de 4000 liv.

Le sieur Lauvergne étoit l'émissaire que le Comte de Joyeuse avoit employé pour engager successivement le sieur Rouvelin dans de telles avances. Le sieur Rouvelin, qui avoit eu la facilité de prêter sur la foi de Lauvergne, eut aussi la facilité de lui confier ses titres, pour en recevoir le paiement du sieur de Joyeuse; mais Lauvergne a prétendu depuis que le Comte de Joyeuse étant venu chez lui, s'étoit emparé de ces titres, & les avoit jettés au feu; il a même rendu plainte chez le Commissaire Daminois le 24 Décembre 1734. Mais tout cela est étranger au Sr Rouvelin, qui ne sait autre chose par lui-même, si ce n'est qu'au lieu de ces premiers titres, on ne lui a remis dans la suite que de simples billets du Comte de Joyeuse, avec les promesses les plus magnifiques d'un paiement assuré.

Quels efforts pressans n'a-t-il point fait pour entretenir l'aveuglement du sieur Rouvelin sur son compte! Quel langage n'a-t-il point tenu dans ses lettres! L'étalage pompeux de sa grandeur, les avantages qu'on devoit attendre de son crédit à la Cour & de sa protection, ont été les premiers appas employés pour séduire le sieur Rouvelin. Une énumération outrée de biens & de créances chimériques, & tous les dehors d'une fortune assurée & brillante, ont nourri son erreur & sa confiance. Pour secourir le Comte de Joyeuse dans ses besoins pressans, il a épuisé sa fortune particuliere & recouru même à des emprunts, entraîné par les instances les plus fortes & les promesses flatteuses d'un prompt remboursement, dont les discours & les lettres du Comte étoient remplis.

C'est sur la foi de ces mêmes promesses si solemnellement réitérées, qu'il a eu encore la facilité de faire depuis de nouveaux prêts, au moyen desquels il s'est trouvé créancier, en 1736, de 84000 liv. contenues dans les billets du Comte de Joyeuse.

Une pareille créance intéressoit tellement la fortune du sieur Rouvelin, qu'il a été obligé de faire les plus vives instances pour en être satisfait; mais le Comte de Joyeuse, après avoir également fait valoir son zele & son impuissance pour remplir cette somme en argent, a prétendu donner une preuve signalée de sa reconnoissance, en offrant de faire signer par sa femme & par sa belle-mere un transport de droits qu'il supposoit monter bien au-delà de ce qui étoit dû au sieur Rouvelin, qui, toujours aveugle dans sa crédulité, s'est prêté à ce qu'on exigeoit de lui; & c'est ce qui a produit l'acte contre lequel il a été forcé de se pourvoir, quand il a connu à quel excès il avoit été trompé.

Ce transport est du 16 Septembre 1736, passé par les Dames de Rousseville & de Joyeuse, qui cedent, *sans aucune garantie, restitution de deniers, ni recours quelconque*, au sieur Rouvelin plusieurs droits & créances sur de prétendus débiteurs, à différentes conditions : 1°. de payer au sieur Crozat 60000 livres : 2°. de payer à Charles-Philbert Chalous 3500 liv. : 3°. d'acquitter les cédantes de ce qui peut être dû à Me Hachette de plusieurs actes qu'il a passés pour elles : 4°. de tenir quitte le Comte de Joyeuse de la somme de 84000 livres qu'il lui doit, suivant ses billets, *qui lui ont été présentement remis*, dit-on, *par le sieur Rouvelin, ainsi qu'il le reconnoît.*

On n'entre point, quant-à-présent, dans le détail des différens articles qui composent le transport, parce qu'on sera obligé d'y réfléchir dans la discussion des moyens. Il suffit d'observer que, quand le sieur Rouvelin a voulu faire usage de cet acte, il a trouvé qu'on ne lui avoit présenté que des illusions; que les uns ne devoient rien; que les autres se prétendoient créanciers, au lieu d'être débiteurs; qu'il y avoit des procès sans nombre à soutenir; & enfin que le principal article, qui seul paroissoit réel, au lieu de 74000 liv. pour lequel il étoit donné, n'étoit en effet que de 30 à 32000 liv.

C'est ce qui l'a obligé d'obtenir des Lettres de rescision contre l'acceptation qu'il avoit faite de ce transport, & de faire assigner, tant les Dames de Rousseville & de Joyeuse, que le Comte de Joyeuse, pour les voir entériner. Sur cette demande, après de longs délais pratiqués par les Défendeurs, le sieur Rouvelin a obtenu, le 4 Mai 1741, un Arrêt par défaut qui entérine les Lettres de rescision. Cet Arrêt a été signifié le 15, & le 19 le Comte de Joyeuse seul y a formé opposition.

La Cause en cet état ayant été portée à l'Audience, on a été surpris d'y voir paroître un Avocat pour les Dames de Rousseville & de Joyeuse, qui n'étoient point opposantes à l'Arrêt par défaut. On a soutenu qu'elles n'étoient pas recevables à conclure dans une opposition qu'elles n'avoient point formée. Cependant elles ont donné une Requête avec le Comte de Joyeuse le 17 Juin, par laquelle elles ont demandé qu'en réitérant l'opposition du 19 Mai, formée par le Comte de Joyeuse seul, elles fussent reçues opposantes à l'Arrêt du 4 Mai; mais comme cette opposition ne venoit que plus d'un mois après la signification de l'Arrêt par défaut, le sieur Rouvelin a demandé par sa Requête du 19 Juin qu'elles y fussent déclarées non-recevables.

Ce sont ces demandes respectives qui font l'objet du délibéré, dans lequel il est facile de soutenir au fond que les Lettres de rescision sont appuyées sur les moyens les plus solides; & dans la forme, que la fin de non-recevoir contre l'opposition des Dames de Rousseville & de Joyeuse, est invincible.

MOYENS.

Pour juger du mérite du transport dont il s'agit, & des Lettres de rescision obtenues par le sieur Rouvelin contre cet acte, il faut d'abord exposer en détail tous les objets dont il est composé. D'un côté, les Dames de Rousseville & de Joyeuse cedent au sieur Rouvelin plusieurs droits, plusieurs créances qu'elles prétendent leur appartenir. De l'autre, le sieur Rouvelin s'oblige de payer plusieurs créanciers qui lui sont délégués; de se payer lui-même, en quelque maniere, à la décharge du Comte de Joyeuse, & de le tenir quitte. Voilà les deux objets généraux qui remplissent tout le transport, une cession d'un côté, un prix de l'autre; c'est une vente qui renferme & la chose & le prix: la chose, ce sont les créances & droits cédés: le prix, ce sont les dettes dont le Sr Rouvelin s'oblige d'acquitter les Dames de Rousseville & de Joyeuse, & le Comte de Joyeuse lui-même.

Si d'un côté le sieur Rouvelin s'oblige de payer un prix bien réel, & que de l'autre il ne reçoive rien, ou que ce qu'il reçoit n'ait aucune proportion avec son prix, on n'aura pas de peine à reconnoître qu'un tel acte est réprouvé par les Loix. Voyons donc d'abord quel est le prix qu'on exige du sieur Rouvelin. 1°. Il s'oblige de payer 60000 liv. en especes sonnantes au sieur Crozat, 3500 liv. au sieur Chalous, & ce qui reste dû à Me Hachette des actes qu'il a passés, déduction faite de 2700 liv. qu'il avoit reçues. Ce dernier article n'est pas liquide, mais il est bien foible, si tout cela ensemble ne compose pas 65000 livres qu'il faut que le sieur Rouvelin débourse réellement. 2°. Il donne quittance de 84000 livres qui lui étoient dues par différens billets du Comte de Joyeuse, à lui remis par le transport même; ainsi voilà au moins

149000 livres, qui forment un prix bien réel & bien effectif dans le transport. Que lui donne-t-on, que lui cede-t-on pour cela? Le détail en est bien plus étendu; mais aussi tout y est aussi chimérique, que tout est réel & sérieux dans le prix. La cession faite au sieur Rouvelin est composée de douze articles, qu'il faut nécessairement reprendre chacun en particulier.

Premier article. Ce qui peut rester dû par les Commissaires aux Saisies-Réelles du prix des baux judiciaires des Terres de Vervins, Voulpaix & autres, après déduction & compensation des sommes qui pourroient être dues auxdits Commissaires aux Saisies-Réelles par les Sieur & Dame de Joyeuse & par la Dame de Rousseville, soit en argent, soit en conséquence des cautionnemens par eux prêtés pour les baux adjugés au nommé Pignon & autres, desdites Terres & indemnités données à ce sujet, tant pour le prix desdits baux, que pour les droits attribués aux Commissaires aux Saisies-Réelles; ensorte que la Dame de Rousseville & les Sieur & Dame de Joyeuse n'en puissent être recherchés en aucune façon, directement ni indirectement.

Ainsi ce premier article ne présente que des idées vagues. On cede *ce qui peut rester dû;* & par conséquent on ne cede rien, s'il n'est rien dû, d'autant plus qu'on cede sans garantie: c'est donc un article à retrancher à la seule proposition; mais il va encore être mieux écarté par les éclaircissemens que l'on a pris depuis. Pour cela il faut observer qu'avant le transport on avoit remis au sieur Rouvelin deux états des différens articles qu'on prétendoit lui céder, & qui sont les mêmes en effet que les états contenus dans le transport. Ces deux états sont entierement écrits de la main de l'Intendant du Comte de Joyeuse; il les a reconnus en personne à l'Audience, lorsqu'ils lui ont été présentés.

Dans le premier, qui faisoit monter la valeur de tous les effets cedés à 268000 livres, les Commissaires aux Saisies-Réelles étoient employés pour 25000 liv. d'une part, & 13000 liv. d'autre. Dans le second état, qui réduit l'objet du transport à 194300 livres, ils sont encore employés pour les mêmes sommes: on a donc donné cet article pour 38000 liv. quoiqu'énoncé en termes vagues dans le transport. Mais qu'est-il dû réellement par les Commissaires aux Saisies-Réelles? Pour le sçavoir, il leur a été fait une sommation à la requête du sieur Rouvelin, le 21 Juillet 1741, de le déclarer; & voici leur réponse.

Sur quoi ledit Me Gaillard ayant présentement examiné l'articl premier du transport, ensemble les registres de recette & dépense du prix des baux judiciaires de Vervins, Voulpaix & autres Terres, & l'Arrêt du 13 Août 1735, qui juge le compte du prix des baux judiciaires, déclare que, compensation faite de ce qui est dû par Pignon & ses cautions, dont les Sieur & Dame de Joyeuse & Dame de Rousseville sont garants, avec le reliquat fixé par ledit Arrêt, lesdits sieurs Commissaires & Régisseurs, loin de devoir, sont en avance; que même, indépendamment de ce que les Sieur & Dame de Joyeuse & Dame de Rousseville doivent au Bureau pour le prix de baux judiciaires énoncés au transport, ils doivent encore aux Commissaires aux Saisies-Réelles & Régisseurs, des sommes considérables pour le prix des baux judiciaires de la Terre de Chemery; ensorte que, par compensation, les Commissaires & Régisseurs retiendroient par leurs mains, & ne payeroient au sieur Rouvelin, quand même lesdits Commissaires seroient débiteurs & non pas créanciers, comme ils le sont en effet pour raison du prix des baux judiciaires énoncés au transport; & a signé, GAILLARD. Il n'y a point à raisonner sur cet article; le fait est si évident, qu'il suffit d'en conclure que le premier, qui avoit été annoncé pour 38000 livres, se réduit absolument à rien.

Second article. 2300 livres dues par les sieurs Mouret & Sablo. Cet article étoit dû en effet; mais Me Dupré, Procureur du Comte de Joyeuse, en a reçu le paiement, & ne l'a point voulu remettre au sieur Rouvelin. c'est un objet trop léger pour s'y arrêter.

Troisième article. Ce qui peut rester dû par Me Robert le jeune, Procureur en la Cour, de la somme de 1140 liv. 3 sols 3 den. Cet article se réduit, dit-on, à une consignation de 700 livres: c'est encore un objet presqu'indifférent.

Quatrième article. Ce qui peut rester dû par les Fermiers, Censitaires & autres redevables, des fruits & revenus de la Terre de Voulpaix & dépendances. Quelle idée peut-on se former d'un article présenté en termes vagues, & qui conduit à la discussion d'une infinité de petites parties qui ne peuvent qu'occasionner des frais immenses, sans espérance d'en pouvoir tirer le moindre avantage!

Tout ce qu'on sçait de cet article, est que sur les saisies faites entre les mains des Fermiers, ils ont signifié des procurations affirmatives, par lesquelles ils ont déclaré ne rien devoir; qu'on a pris contr'eux un Arrêt par défaut, qui ordonne qu'ils communiqueront leurs baux & quittances, sinon les répute débiteurs de 20000 livres, & que cette poursuite a été abandonnée; en sorte que c'est un article qui n'a point d'objet.

Cinquiéme article. Les droits de relief, perte de fruits, & autres qui pourront se trouver dûs & être adjugés contre les Sieur & Dame d'Anglebelmere, à l'occasion de la mutation de leurs Terres & Seigneuries de Lagny, Beaurepere & autres, sur l'Instance contr'eux formée par le feu Comte de Joyeuse, & dans laquelle la Dame de Rousseville & les sieur & Dame de Joyeuse sont intervenus. C'est un ancien procès que les Sieurs de Joyeuse ont entrepris, mais dont les Sieur & Dame d'Anglebelmere, qui soutiennent ne rien devoir, poursuivent le Jugement. Le sieur Rouvelin n'a aucune des pieces & procédures de cette Instance, ensorte qu'il n'est pas possible de compter sur un événement aussi incertain que celui d'une affaire de cette nature : il présente d'ailleurs un objet fort modique & peu intéressant.

Sixième article. Ce qui peut être dû de la jouissance des Terres de Vervins & Voulpaix, pour les coupes & exploitations de bois, qui devoient être faites par les Fermiers judiciaires, & qui sont restées en arriere, & dont l'indemnité est prétendue contre l'adjudicataire du fonds, si mieux il n'aime en laisser faire l'exploitation; sauf à lui payer les feuilles, ensemble les dommages & intérêts contre les Officiers qui ont laissé couper les bois au préjudice des défenses à eux signifiées; c'est-à-dire, qu'on donne encore pour argent comptant un procès dont à la vérité on faisoit espérer au sieur Rouvelin qu'il tireroit des sommes considérables; mais ce procès a été suivi, & le sort qu'il a eu doit ouvrir les yeux sur tout le reste du transport.

Par Arrêt contradictoire du 27 Mai 1737, les Dames de Rousseville & de Joyeuse & le sieur Rouvelin ont été déboutés des prétentions qui faisoient l'objet du sixiéme article du transport, & ils ont été condamnés solidairement en 300 liv. de dommages & intérêts, & en tous les dépens, lesquels ont été taxés par exécutoire du 7 Septembre 1737, à 534 liv. 3 f. 6 den. Ces deux sommes, que le sieur Rouvelin a payées, jointes aux frais qu'il a été obligé de faire dans cette Instance, font un objet de plus de 1200 liv. qu'il en a coûté au sieur Rouvelin, pour discuter un article du transport qu'on lui avoit fait regarder comme l'un des plus certains. N'est-ce pas une illusion de payer ses dettes avec de pareilles chimeres?

Septiéme article. Ce qui peut rester dû par les héritiers du sieur Bourgeois, Greffier de Laon, du prix des meubles du Comte de Joyeuse, dont il a fait la vente, déduction faite du prix de ceux qui pourroient avoir été adjugés au Comte de Grandpré & au Vicomte son frere, soit sous leurs noms, soit sous des noms interposés, & qui pourroient être par eux dûs, dont ils demeureront déchargés. On peut joindre ici le huitiéme article, qui consiste en ce qui pourra revenir de la vente que lesdites Dames ont fait ordonner des meubles & effets restés en nature de la succession du Marquis de Vervins, les frais de vente, ceux pour y parvenir, & des Gardiens & Commissaires prélevés.

On ne trouve encore ici qu'objets vagues, & qui dépendent même des déductions aussi incertaines que le fonds cédé. Ce qui peut rester du prix des meubles vendus depuis long-tems, n'a jamais sans doute formé un objet intéressant; aussi n'en a-t-on pas même poursuivi le paiement contre le Greffier qui a fait la vente, & renvoye-t-on le sieur Rouvelin à ses héritiers. Enfin, il faut déduire sur le prix de la vente tout ce qui a été adjugé, tant au Comte de Grandpré qu'au Vicomte son frere, soit sous leurs noms, soit sous des noms interposés; ce qui peut s'étendre à l'infini, puisque tous les adjudicataires peuvent être regardés comme prête-noms de l'un ou de l'autre. Par rapport aux meubles du Marquis de Vervins, on n'en peut pas avoir une plus grande idée; on cede ce qui reviendra du prix de ceux qui sont restés en nature, ce qui suppose qu'une grande partie avoit été vendue ou distraite: les déductions sont aussi vagues que l'objet même que l'on présente.

Neuviéme article. Une créance de 13974 livres, tant en principal qu'intérêts, cédée par les sieurs Carlier & de Vieville sur la succession du Marquis de Vervins, pour s'en faire payer sur la Ferme de Frechel & contre qui il appartiendra, autre toutefois que la Dame des Ursins, donataire de la Terre de Loupy. Cet article paroît présenter un objet plus déterminé; mais la succession du Marquis de Vervins est chargée de tant de dettes, que, quand la créance seroit bien établie, il seroit peut-être impossible d'en être payé.

Le dixiéme article est un objet de rien; on cede ce qui pourra revenir sur le prix de la Ferme de Remonville saisie réellement, en conséquence de l'opposition formée au decret de cette Ferme par les Dames de Rousseville & de Joyeuse. On ne dit point quelle pouvoit être leur créance, ni la valeur de cette Ferme, ni le nombre des saisissans & opposans, ensorte qu'on ne peut rien concevoir de cet article.

Le onzième paroît d'abord présenter un objet bien réel & bien important : 40000 livres, principal de 2000 livres de rente dûe par S. A. R. M. le Duc de Lorraine sur le Duché de Bar, & 34000 livres d'arrérages qui en sont dûs ; mais c'est ici où principalement la mauvaise foi regne dans le transport. Cet article a été présenté au sieur Rouvelin pour une créance effective & liquide de 74000 livres, ce qui s'entendoit de 74000 livres monnoie de France ; cependant il s'est trouvé par l'événement, que ces 74000 livres n'étoient dûes qu'en francs Barrois, qui ne valent que huit sols six deniers monnoie de France, ensorte que les 74000 livres se réduisent à 31000 livres ou environ.

Quand on a reproché cette infidélité au Comte de Joyeuse, il a prétendu qu'il n'y avoit aucun fondement, parce que le transport porte quarante mille francs & non pas quarante mille livres, & qu'il y est dit que la rente est constituée sur le Duché de Bar ; ensorte qu'il est évident qu'on n'a entendu parler que de 40000 francs Barrois, & que le sieur Rouvelin, qui est un Caissier, ne pouvoit en ignorer la valeur. Mais cette observation ne peut justifier le Comte de Joyeuse. Un Caissier, qui ne reçoit jamais que des espèces de France, n'est pas obligé de connoître le prix d'une monnoie étrangere ; & quand on lui parle de 40000 livres ou de 40000 francs dans un acte passé à Paris, & entre personnes domiciliées à Paris, il est impossible qu'il n'entende pas la valeur ordinaire ou des livres ou des francs de Paris & de tout le Royaume. Le terme de francs n'est pas particulier au Duché de Bar ; nous disons tous les jours qu'un homme nous doit 1000 francs, 2000 francs, 40000 francs, & par-là nous entendons la même chose que 40000 liv. de notre monnoie. Quand on veut parler en France de francs monnoie de Bar, on les désigne toujours par les termes de francs Barrois ; & quand on dit simplement 1000 francs, 40000 francs, on n'entend que des francs ou des livres monnoie de France.

En vain le Comte de Joyeuse oppose-t-il qu'il est dit dans le contrat que la rente est à prendre sur le Duché de Bar ; car le sieur Rouvelin n'étoit point obligé de sçavoir comment & en quelle monnoie on constituoit les rentes dans le Duché de Bar : il n'a pas dû imaginer que les 40000 livres qu'on lui cédoit, n'en valoient que 17. On n'est point en garde contre une pareille surprise,

surprise, au lieu que le Comte de Joyeuse, créancier de cette rente, ne pouvoit en ignorer la véritable valeur, & qu'il étoit obligé de la déclarer d'une maniere nette & intelligible.

Mais ce qui leve toute difficulté sur cet article, & ce qui ne laisse aucune ressource au Comte de Joyeuse dans l'équivoque par laquelle il croit se sauver, c'est qu'on trouve une Lettre du Comte de Joyeuse du 31 Mai 1736, où il fait une énumération enflée de ses prétentions & de sa fortune pour calmer les inquiétudes & les alarmes du sieur Rouvelin, qui se trouvoit déja réduit par ses prêts à une fâcheuse situation : *J'ai*, dit-il, *encore à toucher cent soixante & huit mille livres sur M. le Duc de Lorraine, & plus de vingt mille écus sur des Fermiers de cautions des baux judiciaires, &c.* Les termes de cette Lettre, écrite peu de temps avant le transport, ne donnent point à entendre des francs Barrois, mais bien des livres de France.

Cette vérité frappante résulte encore des deux états écrits de la main de l'Intendant du Comte de Joyeuse, & qui sont comme le précis du transport qui devoit être fait. Dans le premier de ces états, qui est porté à 268000 livres, chaque article est tiré en livres de France ; ainsi on dit les Commissaires aux Saisies Réelles 25000 livres, Mouret 20000 livres ; & quand on vient à l'article du contrat sur le Duc de Lorraine, on dit *créance de Lorraine* 70000 *livres*, & c'est en additionnant tous ces articles qu'on forme un total à la fin de 268000 livres. L'article sur la Lorraine est donc tiré pour les mêmes livres que tous les autres ; & comme tous les autres sont constamment en livres de France, il est plus clair que le jour que celui-là a été tiré aussi en livres de France.

Il en est de même du second état qui ne monte qu'à 194300 livres, chaque article est tiré en livres de France, & forme un premier total de 124300 livres ; & comme on avoit oublié l'article de Lorraine, on le met au bas de ce premier total pour 70000 livres, & on forme un second total de 194300 livres : par où il est évident que cette créance de Lorraine est toujours tirée pour les mêmes livres que les autres articles, & qu'ainsi il n'a point été question de francs Barrois à 8 sols 6 deniers chacun, mais de francs ou de livres de 20 sols. Ainsi sur cet article donné pour 74000 livres dans le transport, il y a un retranchement de 43000 liv. qui est parfaitement établi.

Le douzieme & dernier article est ce qui se trouvera rester entre les mains du Receveur des Consignations, & revenir aux

Dames de Rousseville & de Joyeuse, des collocations prononcées à leur profit par l'Arrêt d'Ordre du 7 Septembre 1735, après toutefois les frais extraordinaires de criées & d'ordre, payés à Me Dupré. Plus, à la déduction de 7463 livres 15 sols 5 den. dûs encore à Me Dupré, & de 647129 livres qui ont été touchées par lesdites Dames; &, enfin, à la déduction des frais dûs à Jean Maucler, & autres adjugés par Arrêt du 25 Avril précédent.

Cet article ne présente encore que des idées vagues, chargées de tant de déductions, qu'il est impossible de le regarder comme sérieux; néanmoins dans le premier des états, les consignations sont tirées pour 64000 livres, & dans le second pour 20000 liv. mais il est aujourd'hui prouvé, qu'il n'est rien dû, suivant la réponse des Receveurs des Consignations à la sommation qui leur a été faite le 21 Juillet 1741, qui porte: qu'au moyen des payemens qu'ils ont faits le 18 Juin 1737 à Nicolas Duchesne, fondé de procuration des Cédantes, de 2399 livres 6 sols, le 23 Juillet 1737; audit Duchesne de 2829 livres, & le 25 Avril 1738 audit Duchesne de 1000 livres, & autres précédens payemens, il ne reste rien entre leurs mains à payer du prix desdites Terres ci-dessus énoncées, tant auxdites Dames qu'au sieur de Joyeuse. *Signé*, SANSON.

Cet Article étoit donc très peu de chose lors du transport; au lieu de 20000 livres, pour lesquelles il étoit tiré dans le dernier état, il ne montoit qu'à 6228 livres 6 sols; mais au préjudice du transport, les Dames de Rousseville & de Joyeuse se sont fait payer cette somme en 1737 & 1738, en sorte que par ce dernier trait d'infidélité il ne reste rien absolument.

Du détail dans lequel on a été forcé d'entrer, il résulte que des douze articles contenus dans le transport, il en faut retrancher celui des Commissaires aux saisies-réelles, donné par le dernier état pour 38000 livres, celui des Consignations donné par le même état pour 20000 livres, & que l'article de la créance de Lorraine, donné pour 74000 liv. doit être réduit à 31000 livres, ce qui fait déjà une diminution de 101000 livres, sur les 194300 livres, à quoi le total du dernier état est porté, en sorte qu'au lieu de 194000 liv. il ne pourroit jamais y avoir que 93000 liv. tout au plus dans les effets cédés.

Mais quelle idée peut-on avoir des autres articles? Ils ne comprennent presque que des idées vagues & sujettes à des déductions indéterminées: *ce qui peut rester dû* par les Fermiers

Censitaires & Redevables de la Terre de Voulpaix, qui par leurs procurations affirmatives ont soutenu ne rien devoir; *des droits de relief & perte de fruits* qui font la matiere d'un ancien Procès contre les Sieur & Dame d'Anglebelmere qui prétendent bien en être déchargés; *de prétendues répétitions contre l'Adjudicataire de Vervins* pour des coupes de bois reculées; *ce qui peut rester dû* par les héritiers d'un Greffier pour prix de meubles vendus depuis long-temps, & à la charge de déductions qu'on peut étendre tant qu'on voudra; *ce qui pourra revenir de quelques meubles restés en nature* d'une autre succession; *ce qui pourra revenir* en conséquence de l'opposition formée au décret d'une Ferme saisie réellement. Dans tout cela on ne voit que des Procès à essuyer, bien de la dépense à faire, bien du temps à attendre, & presqu'aucune espérance d'en recueillir le moindre fruit; ensorte que si on prenoit bien tous ces articles, on ne croit pas qu'ils pussent jamais monter à 30000 livres, ce qui joint aux 31000 livres sur la Lorraine, ne formera jamais en tout que 60000 livres. Cependant au moyen de ce transport chimérique, le sieur Rouvelin est obligé de payer 60000 liv. au sieur Crozat seul, 3500 liv. à une autre personne, & peut-être 1500 liv. ou 2000 liv. à une autre, & donne quittance personnellement de 84000 liv. contenues en différents billets qu'il remet au débiteur. On ne croit pas que jamais il y ait eu d'iniquité plus sensible.

Les Lettres de rescision après cela peuvent-elles souffrir difficulté? L'objet de l'acte passé entre le sieur Rouvelin, la Dame de Rousseville, les Sieur & Dame de Joyeuse, est de pourvoir au paiement du sieur Rouvelin; il a prétendu être payé, le sieur de Joyeuse a prétendu le payer. Si l'acte par l'événement ne remplit pas cet objet, il tombe de lui-même, & ne peut pas subsister. Le sieur Rouvelin n'a pas prétendu faire de remise, & le sieur de Joyeuse n'a pas prétendu en demander, on n'a pas même transigé sur des droits équivoques ou litigieux, la dette a été reconnue purement & simplement, on a prétendu pourvoir au paiement. Il faut donc que le transport opere un paiement réel & effectif, sinon l'acte se trouvant contraire à l'objet même des Parties, doit être anéanti.

Mais le transport, loin de produire cet effet, feroit perdre en plein au sieur Rouvelin sa créance; il n'auroit pas même de quoi payer les créanciers qui lui sont délégués; ensorte que d'un côté l'obligation qu'il contracte de les payer est sans cause, au moins pour une partie, & que de l'autre il donne quittance de

84000 liv. sans recevoir aucune valeur, ce qui forme autant de moyens de Lettres de rescision. On peut même dire qu'elles sont surabondantes, car en termes de Droit une obligation sans cause, & une quittance sans prix, sont radicalement nulles.

Ajoutons que la fraude éclate d'une maniere sensible dans le transport, par des états ou bordereaux écrits de la main de l'Intendant du sieur de Joyeuse. On avoit spécifié en détail la valeur de chaque article de créance qu'on prétendoit céder, & on les avoit portés à 194000 livres; dans le transport on a évité cet écueil; à l'exception de deux ou trois articles, dont la valeur est exprimée, tous les autres sont conçus en termes généraux pour ne pas fixer ce que l'on cede, & n'être pas garant que la somme cédée soit dûe, quoique cette garantie soit nécessaire, & qu'on ne puisse jamais en être déchargé. Par-là on a prétendu donner une étendue sans bornes à la clause du transport, qui porte qu'il est fait sans garantie; on a prétendu non-seulemeut n'être pas garant de la solvabilité des débiteurs, mais ne l'être pas même que la somme cédée fût dûe, ce que l'on appelle en Droit, *debitum subesse*, ce qui fait dégénérer cet acte dans une iniquité évidente, & lui imprime un vice essentiel dont on ne peut jamais le justifier.

Enfin, on cede des droits vagues chargés de déductions indéfinies, on les cede sans garantie, & on ne remet aucun titre au cessionnaire, ensorte qu'il ne peut avoir connoissance de ce qu'on lui cede. Comment peut-on se présenter pour soutenir un acte de cette qualité dans un Tribunal aussi sage qu'éclairé?

Au surplus, la fin de non-recevoir opposée aux Dames de Joyeuse & de Rousseville est invincible; elle est appuyée sur la disposition textuelle de l'Ordonnance. Ces Dames étoient seules cédantes, & par conséquent les seules qui eussent qnalité pour s'opposer à la prétention du sieur Rouvelin. Elles n'ont point formé d'opposition dans la huitaine à l'Arrêt obtenu par le sieur Rouvelin, qui entérine les Lettres de rescision, par conséquent tout est consommé.

Réponses aux Objections.

On a essayé à l'Audience, d'un côté, de donner quelque réalité aux effets cédés par le transport, & de l'autre d'affoiblir la créance du sieur Rouvelin; mais les efforts qu'on a faits pour soutenir ces différentes idées, ont été également impuissans.

Par rapport aux effets cédés, on a été obligé de convenir que les 74000 livres sur la Lorraine n'étoient dûes qu'en monnoie de Bar, ce qui réduisoit cet article à 31000 liv. On voulut justifier cette infidélité ; mais comme on a déjà répondu à ce que le sieur de Joyeuse a fait plaider à cet égard, il est inutile de traiter de nouveau cet objet ; la réduction est toujours constante.

Pour l'article des Commissaires aux Saisies-Réelles, donné pour 38000 livres, on a parlé d'un Arrêt de 1735, qui jugeant leur compte, les condamne à payer un reliquat de 25000 livres ; mais cette condamnation qui est bonne à l'égard des créanciers, cesse à l'égard des Dames de Rousseville & de Joyeuse, quoique créancieres, parce qu'elles doivent elles-mêmes aux Commissaires aux Saisies-Réelles, comme cautions des Fermiers judiciaires. Le Commissaire qui compte du prix des baux judiciaires, peut être débiteur envers les créanciers, mais il lui est dû en même-temps par les Fermiers judiciaires, ou par leurs cautions ; & quand un créancier, qui en cette qualité pourroit demander le reliquat du compte, doit aussi au Commissaire aux Saisies-Réelles dans une autre qualité, qui est celle de caution des Fermiers judiciaires, il est évident qu'il se fait une compensation qui éteint le reliquat à son égard ; ensorte qu'en le cédant il ne céde rien, il céde une fausse dette, & ne peut soutenir son transport ; c'est aussi ce que les Commissaires aux Saisies-Réelles ont parfaitement expliqué dans la réponse à la sommation qui leur a été faite.

On n'a pas pu justifier non plus qu'il fût dû par les Receveurs des Consignations, ni contredire la réponse qu'ils ont faite à une pareille sommation, réponse qui justifie que s'ils devoient encore 6200 livres, lors du transport, le sieur Duchesne, Intendant du Comte de Joyeuse, comme fondé de procuration des Dames de Rousseville & de Joyeuse, les a reçus depuis, ce qui est une infidélité manifeste.

Enfin, pour les autres articles conçus en termes vagues, on a prétendu les soutenir aussi par des discours généraux, par des idées magnifiques du produit qu'on en devoit tirer ; mais ces discours qui ne sont soutenus d'aucune piece, d'aucun compte, d'aucune condamnation, ne méritent pas plus de foi que le transport même.

A l'égard des charges du transport, on a été forcé de convenir que le sieur de Rouvelin étoit obligé de payer à des créanciers délégués 65000 livres au moins, ce qui excéde seul tout ce qu'on pourroit espérer du transport : pour les 84000 livres, on a essayé de répandre des soupçons sur la légitimité d'une partie de cette créance ; on a voulu faire entendre qu'il y avoit des inté-

Sort du Bourgeois qui prête à des Gens de condition.

rêts usuraires qui y étoient entrés, c'est-à-dire, qu'après avoir ruiné le sieur Rouvelin, on voudroit encore le deshonorer; sort trop ordinaire de ceux qui ont la facilité de compromettre leur fortune, en prêtant ce qu'ils ont de plus liquide à des Gens de condition, qui n'ont pas toujours des sentimens dignes de leur naissance.

Usure reprochée sans preuve.

Mais la déclamation à laquelle on s'est porté à cet égard, ne peut entamer la réputation d'honneur & de probité du sieur Rouvelin. Il étoit créancier de 84000 livres de billets du sieur de Joyeuse, qu'il a bien reconnu par le transport; les Dames de Rousseville & de Joyeuse ont regardé elles-mêmes cette créance comme très-légitime : dépendra-t-il d'un débiteur de supposer quelque usure dans les billets qu'il a signés, pour décrier son créancier & sa créance? Si cela est, il n'y en a point qu'on ne puisse flétrir, & tout débiteur sera le maître de couvrir son créancier d'opprobre par de pareilles suppositions.

En effet, on n'a pas rapporté la moindre preuve de ces prétendus intérêts usuraires, aucun billet, aucune lettre, aucun écrit de la part du sieur Rouvelin, qui en présente le moindre indice; toute la ressource du sieur de Joyeuse a été d'unir, s'il étoit possible, la cause du sieur Lauvergne à celle du sieur Rouvelin, de rapporter différents écrits de ce sieur Lauvergne, les uns absolument étrangers au sieur Rouvelin, les autres qui peuvent avoir quelque rapport à sa créance, & par des commentaires arbitraires d'en tirer des inductions qu'il a cru favorables à ses soupçons. Mais ces fausses & vaines idées se détruisent d'elles-mêmes.

1°. Il n'y a rien de commun entre les sieurs Rouvelin & Lauvergne; le sieur Rouvelin a prêté seul, il avoit des billets en son nom seul, & étoit seul créancier des 84000 liv. le sieur Lauvergne n'avoit d'autre part à cette créance que d'avoir été l'émissaire du Comte de Joyeuse pour séduire le sieur Rouvelin, & l'engager à prêter de si grandes sommes; ainsi qu'on pense plus ou moins avantageusement du sieur Lauvergne, cela est absolument indifférent au sieur Rouvelin & à sa créance.

2°. Tout ce que le sieur Lauvergne a pu écrire, est absolument étranger au sieur Rouvelin; & quand les écrits qu'on rapporte parleroient d'intérêts usuraires, ou donneroient lieu à d'autres reproches contre le sieur Lauvergne, ils seroient nécessairement impuissans contre le sieur Rouvelin, qui ne peut pas souffrir de ce qu'un tiers auroit pu dire ou écrire contre lui,

3°. Il n'y a rien même dans les écrits de Lauvergne, qui parle des prétendus intérêts usuraires qu'on reproche sans prétexte au sieur Rouvelin. On y voit que le sieur Lauvergne avoit des idées singulieres; qu'il ne mettoit point de prix, ou qu'il en mettoit un excessif aux services qu'il prétendoit avoir rendus au sieur de Joyeuse; qu'il parle quelquefois des dispositions où il avoit laissé le sieur Rouvelin de faire des nouveaux prêts au sieur de Joyeuse; qu'il semble armé d'une délicatesse de conscience qui ne lui permet pas d'y prendre part : mais que peut-on conclure de tout ce jargon? Selon le sieur de Joyeuse, les scrupules du sieur Lauvergne étoient fondés sur les intérêts que prétendoit avoir le sieur Rouvelin, quoique le sieur Lauvergne n'en dise rien. On pourroit aussi bien supposer que le sieur Lauvergne n'avoit d'autre scrupule que de faire prêter à un homme qu'il pouvoit croire si mal disposé à rendre & à faire justice à son créancier. Mais laissons tous ces commentaires arbitraires, & convenons que ces lettres & ces écrits de Lauvergne sont absolument indifférens.

4°. On ne rapporte qu'une lettre ou deux du sieur Rouvelin; & il n'y est point parlé d'intérêts; mais quand on en trouveroit quelques traces, seroit-ce donc un crime au sieur Rouvelin d'en avoir reçu, quand on voit que le sieur de Joyeuse par différens prêts successifs étoit parvenu à lui devoir jusqu'à 50, 60 & 70000 livres? Que malgré les plus vives instances pour être payé, il l'a fait languir pendant un grand nombre d'années sans lui rien donner; les intérêts alors payés volontairement par le débiteur, ne seroient qu'un acte de justice. Que celui qui prête pour un terme fixe, exige des intérêts pendant le temps, & les fasse comprendre dans le billet : voilà ce que la loi condamne; mais que celui qui a prêté gratuitement, sollicite long-temps après son payement, que le débiteur injuste le fasse languir, & qu'enfin, pour le dédommager en partie, il paye quelques intérêts que le créancier pouvoit faire courir en plein par un simple exploit, non-seulement il n'y a pas lieu de se récrier, mais le debiteur ne fait en cela qu'acquitter une dette si légitime, qu'il seroit coupable & injuste s'il n'y satisfaisoit pas.

Intérêts volontairement payés sont-ils usuraires.

Au surplus, c'est une réflexion très-surabondante dans la cause, puisqu'il n'y a pas le moindre indice des prétendus intérêts dont parle le sieur de Joyeuse, & on n'a proposé cette réflexion que pour faire sentir, combien il y a d'indécence à parler ici d'intérêts, & à en faire un reproche au sieur Rouvelin. Ce reproche est d'autant déplacé, qu'il est différent du langage que tenoit le Comte de Joyeuse lorsqu'il tiroit de l'argent du sieur Rouvelin, & qu'il abusoit de son aveugle confiance : on en trouve encore quelques preuves répandues dans les Lettres du Comte de Joyeuse.

Dans une du 29 Octobre 1734, après avoir fait entendre qu'il n'attend que le retour du Receveur des Consignations pour toucher de l'argent, il en demande en attendant en ces termes : *Si vous pouviez me faire encore l'amitié de donner cinquante louis au porteur, je vous les rendrai sans faute le lendemain de Saint Martin, parce que je me trouve un peu court d'argent, & que je n'ai pas le temps de pouvoir aller à Paris à cause du Roi ; vous m'avez accoutumé à ces façons-là par vos bons procédés, je vous assure que je n'en serai pas ingrat, &c.*

Dans une autre Lettre du 22 Janvier 1735, le Comte de Joyeuse paroît informé des pressans besoins auxquels il a réduit le sieur Rouvelin ; il lui marque qu'il est outré de ne pouvoir lui faire toucher 20000 livres qu'il lui avoit promises ; & il ajoute : *mais je ne puis faire l'impossible, quoique vous le mériteriez.*

Une troisieme lettre datée de Fontainebleau du 14 Octobre 1735 est dans le même goût. D'abord le Comte de Joyeuse annonce au sieur Rouvelin qu'un mois après *il finira ses affaires, & sortira agréablement d'affaires avec lui.* Il dit qu'il a de l'argent à Paris pour son usage ordinaire, mais qu'il faudroit qu'il y fût pour le toucher, & qu'il ne peut quitter la Cour, *y ayant peu de monde.* Ce début artificieux, où il fait envisager un remboursement prochain, & son assiduité nécessaire à la Cour, pour réveiller dans l'esprit du sieur Rouvelin les avantages qu'il lui avoit fait espérer de son crédit & de sa protection, tend à mettre la crédulité aveugle de ce prêteur à une nouvelle épreuve. *Si vous vouliez bien*, dit-il tout de suite, *donner soixante ou soixante-dix louis à mon Valet-de-chambre, je vous les remettrai en arrivant à Paris* ; & il ajoute : *je ne m'aviserois pas de vous demander de l'argent après tout ce que vous m'avez prêté, si je n'étois à la veille de finir avec vous.*

Après tant de témoignages que le Comte de Joyeuse a fournis lui-même de la probité du sieur Rouvelin, dans des termes non suspects, de ses bons procédés & de son aveugle penchant à obliger aux dépens de toute sa fortune un homme de condition qui méditoit sa ruine en abusant de sa confiance, on sent que les reproches injurieux & sans fondement que l'on a prodigué à l'Audience l'Audience contre le sieur Rouvelin, sont autant injustes qu'ils sont indécens, & on pourroit dire qu'une pareille conduite seroit plus propre à deshonorer le débiteur que le créancier.

Enfin on a dit de la part du sieur de Joyeuse, que, quoique le transport fût fait sans garantie, il y avoit toujours une garantie de droit, qui devoit opérer que les effets cédés suffiroient pour remplir la créance : il est vrai qu'en convenant de ce principe, on a ajouté que les effets cédés devoient suffire pour remplir la créance, eu égard à ce qu'elle avoit de légitime ; mais comme on vient de voir qu'il n'y a aucune partie de cette créance qui ne soit légitime, le principe reconnu suffit pour la condamnation des Dames de Rousseville & de Joyeuse, qui sont les cédantes ; car enfin, que les effets cédés soient suffisans, ou qu'ils ne le soient pas, pourvu qu'elles demeurent garantes & de toutes les sommes déléguées, & de celle due au sieur Rouvelin en particulier, ses droits seront toujours également en sûreté ; & c'est tout ce qu'il se propose par les lettres de rescision auxquelles il a été forcé de recourir.

Ainsi, quelque parti que la Cour puisse prendre, ou d'entériner les Lettres de rescision, ou d'assujettir la Dame de Rousseville & les Sieur & Dame de Joyeuse à la garantie jusqu'à concurrence des sommes dues, tant au sieur Rouvelin qu'à ceux qu'il est chargé de payer, il évitera toujours sa ruine entiere, qui seroit une suite inévitable du transport, s'il subsistoit tel qu'il a été fabriqué.

CLII. PROCÈS A LA CH. DES ENQ.

POUR Dom Pierre Mercier, Religieux de la Congrégation de Saint Maur, Prieur de Chemilli, Intimé.

CONTRE le Frere Candide Vinatier, prétendant au même Prieuré, Appellant.

QUESTION.

Si une permutation de Bénéfice est valable, quand elle ne se peut effectuer de part & d'autre.

UNE cabale de transférés, qui vouloient entraîner Dom Mercier dans le même précipice où ils sont tombés, a donné l'être à la permutation dont il s'agit : mais comme la science n'est pas leur partage, ils ont si mal pris leurs mesures, que tout s'est opposé au succès de leurs tentatives. C'est ce qui a obligé Dom Mercier à réclamer contre la permutation qu'on lui avoit fait consentir. La Sentence dont est appel l'a déclarée nulle, le Frere Candide paroissoit y avoir acquiescé par un long silence; si la cupidité lui fait faire aujourd'hui de nouveaux efforts, ils ne seront pas moins impuissans en la Cour qu'aux Requêtes du Palais.

FAIT. Le Frere Candide a fait originairement profession dans l'Ordre des Recolets en qualité de Frere Convers. Comme il n'avoit fait aucune étude, il n'avoit pas pu aspirer à un rang plus élevé. L'ambition & l'intrigue pénetrent quelquefois dans les Cloîtres les plus obscurs; le Frere Candide a eu la passion de sortir de cet état pour jouer un rôle dans le monde, sous le titre de l'Abbé Vinatier. Sous le prétexte bannal d'infirmités, il obtint en 1725 un Bref de Cour de Rome pour être transferé dans l'Ordre de Saint Benoît, & faire profession dans l'Abbaye d'Hambie, où il avoit obtenu un Bénévole de l'Abbé Commendataire.

Ce Bref ayant été fulminé par l'Official de Coutances le 26

Juillet 1727, il devoit se rendre dans l'Abbaye d'Hambie pour y être admis au noviciat, & y faire ensuite profession s'il en étoit jugé capable. Mais la condition secrete du Bénévole étoit qu'il ne mettroit jamais les pieds dans cette Maison; & en effet, sous prétexte que sa santé ne lui permettoit pas de faire le voyage, il obtint, le 24 Décembre 1727, une permission du Prieur Claustral d'Hambie, de prendre l'habit & de faire profession où il voudroit. Voilà sans doute un Supérieur commode, on ne doit point être étonné que le Frere Candide l'eût préféré à tout autre.

En vertu de cette permission, il prétend avoir commencé son noviciat au College de Cluny le 11 Janvier 1728, & avoir fait profession le 13 Juillet de la même année, à la faveur d'un Bref d'abréviation de noviciat du 8 Mars précédent; mais ce qui mérite une attention particuliere, est que le Frere Candide n'étant que Frere Convers dans l'Ordre des Récolets, n'avoit été transféré pour passer dans l'Ordre de Saint Benoît qu'en la même qualité, & que cela étoit spécialement répété dans son Bref d'abréviation de noviciat; cependant il a fait profession au College de Cluny comme Religieux de Choeur.

En effet, se regardant aussi-tôt comme capable de posséder toutes les dignités de l'Ordre, il a obtenu, le 15 Décembre 1728, un Bref de réhabilitation pour posséder des Bénéfices, quoiqu'il ne fût point encore tonsuré, ce qui choque les premiers principes & les regles les plus constantes de la discipline ecclésiastique. Cette circonstance n'est point équivoque, puisque ses Lettres de tonsure ne sont que du 13 Février 1729.

C'est dans ces circonstances qu'il se fit pourvoir du Prieuré Claustral de l'Abbaye de Sulli. Ainsi, par une métamorphose dont il n'y a point d'exemple, un Frere Convers de l'Ordre des Récolets, devenu Religieux dans l'Ordre de Saint Benoît, parvient aussi-tôt à être Supérieur d'une Abbaye du même Ordre. On fera connoître dans la suite les vices essentiels de tous ces titres; il suffit, quant à présent, d'en donner une notion générale.

Ce Prieuré Claustral de l'Abbaye de Sulli n'étoit pas capable de satisfaire la cupidité du Frere Candide. Le Bénéfice est composé d'un titre & d'une mense, le titre seul ne vaut pas 20 liv. de revenu; ensorte qu'il n'y a que la mense qui puisse le rendre utile; mais pour en profiter, il faut aller résider dans l'Abbaye de Sulli, & il ne convenoit pas que les talens du Frere Candide fussent ensevelis dans un lieu si écarté.

Aussi n'avoit-il pris des provisions de ce Bénéfice que pour parvenir à le permuter avec quelque Prieuré simple, qui lui donnât plus de revenu sans l'assujettir à une résidence incommode. Dans cette vue, il chercha dans la Congrégation de Saint Maur quelque Religieux qui pût être séduit par l'appât de vivre avec plus de liberté dans l'Abbaye de Sulli, & d'y mener une vie plus douce; & malheureusement Dom Mercier, pourvu du Prieuré simple de Chemilli, Diocèse de Séez, se laissa tenter par les espérances dont les Emissaires du Frere Candide oserent le flatter.

Il fut donc passé deux procurations pour résigner pour cause de permutation; l'une par Dom Mercier en faveur du Frere Candide, du Prieuré de Chemilli; l'autre par le Frere Candide en faveur de Dom Mercier, du Prieuré Claustral de l'Abbaye de Sulli: ces deux procurations sont des 6 Mars & 26 Avril 1731. Les provisions ont été expédiées en conséquence en Cour de Rome; mais comme Dom Mercier n'avoit accepté la résignation du Prieuré Claustral & de la Mense de Sulli, que pour être transféré dans cette Abbaye, la cause de translation fut insérée dans ses provisions, avec ces conditions: *dummodo par vel arctior vigeat observantia regularis*.

Cette condition, qui est de droit, rendoit la translation impossible, puisque l'observance est bien plus relâchée dans l'Abbaye de Sulli que dans la Congrégation de Saint Maur; aussi Dom Mercier ayant présenté ses provisions à l'Official de Tours, pour faire fulminer sa translation, cet Official, par une premiere Sentence, ordonna-t-il qu'il justifieroit que l'observance étoit la même & dans l'Abbaye de Sulli, & dans la Congrégation de S. Maur; & sur l'impossibilité de rapporter une pareille preuve, par une seconde Sentence de l'Officialité du .... Dom Mercier fut débouté de sa demande. Cependant le Frere Candide, qui avoit pris possession du Prieuré de Chemilli, avoit fait assigner, dès le mois de Décembre 1731, Dom Mercier & les Religieux de Saint Lomer de Blois, pour être condamnés à faire les réparations du Prieuré de Chemilli; cette demande fut renvoyée aux Requêtes du Palais par les Religieux de Saint Lomer, en vertu de leur *Committimus*.

Dom Mercier, Prieur du Prieuré de Sulli par la Sentence de l'Official de Tours, a soutenu, aux Requêtes du Palais, que la permutation ne pouvant avoir d'effet pour le Prieuré de Sulli, dans lequel il n'avoit pu être transferé, elle devoit être déclarée nulle, & sur ce fondement il a demandé à rentrer dans le Prieuré de Chemilli. La cause a été appointée par Sentence du 5 Mai 1733. On a écrit & produit de part & d'autre ; & enfin, après une longue instruction, est intervenue le 7 Septembre 1737 la Sentence dont est appel, qui déclare la permutation nulle, déclare le Frere Candide non-recevable dans sa demande, & permet à Dom Mercier de rentrer dans le Prieuré de Chemilli.

Le Frere Candide, dans la même année 1737, s'est contenté d'interjetter appel de cette Sentence par un simple acte, sans oser le relever. Plus de trois années se sont écoulées sans qu'il ait fait aucune démarche pour suivre cet appel en la Cour, où il n'espéroit pas de le faire réussir : mais la Congrégation de Saint Maur ayant obtenu des Lettres-patentes d'évocation générale au Grand-Conseil, au mois d'Avril 1739, le Frere Candide crut pouvoir profiter de cette circonstance pour attirer l'affaire dans ce Tribunal ; & en effet, le 14 Mars 1741, il y a fait assigner Dom Mercier : mais comme ce privilége d'évocation n'appartenoit point au Frere Candide, Dom Mercier a obtenu en la Cour un Arrêt sur Requête le 28 Juin de la même année, qui ordonne que sur l'appel les Parties y procéderont, & fait défenses de faire aucunes poursuites ailleurs.

Si le Frere Candide ne s'étoit pourvu au Grand Conseil que dans la crainte d'être exposé à un Réglement de Juges, comme il l'avance dans ses dernières écritures, l'occasion ne pouvoit être plus belle : il n'avoit qu'à exécuter cet Arrêt ; mais comme son unique objet étoit d'éviter le Tribunal de la Cour, il a eu la témérité de former opposition à cet Arrêt & de demander son renvoi au Grand Conseil : mais par Arrêt contradictoire du 19 Août suivant, il a été débouté de cette demande ; de sorte qu'il a été forcé de procéder en la Cour, où il ne fait que répeter les mêmes moyens qu'il avoit proposés aux Requêtes du Palais, & qui ne peuvent avoir un succès plus favorable sur l'appel.

MOYENS. Permutation de Bénéfices se regle comme l'échange de biens profanes.

La permutation, en matiere bénéficiale, est un contrat synallagmatique, qui se regle par les mêmes principes que l'échange en matiere profane. Tout y est fondé sur la réciprocité, c'est-à-dire, que ce contrat ne peut subsister dans une partie, s'il n'a aussi-tôt son exécution dans l'autre. Il renferme nécessairement & par sa nature une clause résolutoire dans le cas où l'un des copermutans ne peut profiter de la résignation faite à son profit pour quelque cause que ce soit : *Conditio resolutoria est*, dit M.

Charles Dumoulin, n. 154 reg. de infirmis, *postquam uterque permutantium hinc inde de facto implevit, & collatio & possessio utrinque secuta, sed posteà alter evincitur; tunc enim eo modo quo evincitur, potest ad prius Beneficium redire sine novâ collatione in vim conditionis resolutoriæ*. C'est ce que le même Docteur répete au n. 135 de la regle *de publicandis*. Tous les Canonistes tiennent le même langage, & c'est une vérité contre laquelle il n'est pas permis de s'élever. On ne distingue pas même entre les différentes causes qui peuvent faire obstacle à la permutation, mort d'un des co-permutans, refus d'un des collateurs, vices dans les titres de l'un ou de l'autre, incapacité, & même personnelle, à posséder le Bénéfice résigné; tout est égal. En un mot, dans tous les cas sans exception, où la permutation ne peut être effectuée de part ou d'autre, elle se résout de plein droit pour le tout.

Cas de résolution des permutations.

En effet, l'un ne se dépouille de son Bénéfice que pour obtenir celui qui lui est résigné; s'il ne peut le posséder, parce qu'il n'a pas les qualités nécessaires, il est évident que, ne pouvant en jouir, il ne doit pas perdre celui qu'il avoit auparavant. L'objet qu'on s'est proposé dans la permutation n'a pas été que ce copermutant demeureroit sans Bénéfice, au contraire il y a une condition inhérente à cette espece de traité, qui est que chacun ne se dépouille que pour acquérir, & que, de quelque côté que l'obstacle puisse survenir, il faut que le contrat en entier soit anéanti.

Permutation d'un Bénéfice simple avec une Cure se révoque si le *visa* est refusé pour cause d'ignorance.

C'est donc une erreur grossiere de la part du Frere Candide d'avancer, comme il fait, que si un Ecclésiastique permute un Bénéfice simple contre une Cure, & que le *visa* de la Cure lui soit refusé pour cause d'ignorance & d'incapacité, la permutation n'en doit souffrir aucune atteinte; car il est au contraire de principe constant, que dans ce cas le co-permutant, qui ne peut obtenir la Cure, rentre de plein droit dans le Bénéfice simple qu'il avoit, attendu que la condition de la permutation ne peut être remplie. Il ne s'est dépouillé du Bénéfice simple, que sous la condition qu'il seroit revêtu de la Cure; il ne peut l'obtenir, il doit donc rentrer *in vim conditionis resolutoriæ*; l'équité souveraine, d'accord en cela avec les principes de la matiere, ne permettant pas que ce co-permutant demeure sans titre & sans subsistance. Il faut donc s'attacher à cette regle constante, puisée dans la nature même de la permutation; & qui nous est si bien développée par M. Charles Dumoulin, & par les autres Canonistes, que dès que la permutation ne peut avoir son plein & entier effet en faveur d'un des co-permutans, elle devient radicalement nulle, & que chacun doit rentrer dans le Bénéfice qu'il avoit auparavant, comme si jamais il n'y avoit eu de permutation.

Ce principe ainsi établi, voyons si la permutation dont il s'agit a pu être effectuée. Dom Mercier a dû jouir & du titre & de la mense de l'Office de Prieur Claustral de Sulli; mais il a trouvé un obstacle invincible à cette double jouissance. D'un autre côté, le Frere Candide n'avoit pas les qualités nécessaires, soit pour posséder le Prieuré de Sulli & pour le résigner, soit pour être pourvu du Prieuré de Chemilli; ainsi tout manque à la permutation. Reprenons ces différentes propositions.

1°. Le Prieuré de Sulli est un Office Claustral qui demande une résidence exacte, puisque sa fonction est d'être le Supérieur des autres Religieux, de les gouverner & d'exercer à leur égard la Jurisdiction réguliere & claustrale, ce qui ne se peut sans être présent dans l'Abbaye pour veiller sur tout ce qui s'y passe. D'ailleurs, le revenu de cet Office ne consiste presque que dans la mense qui y est attachée, mense qui ne se délivre qu'à ceux qui sont présens & résidens. Ainsi, pour que la permutation eût son effet, il falloit que Dom Mercier fût transféré dans l'Abbaye de Sulli, à l'effet d'y pouvoir résider, d'exercer les fonctions, & jouir des revenus attachés à cet Office; mais c'est à quoi il n'a pu parvenir; la clause de translation insérée dans ses provisions, a été rejettée par l'Official de Tours sur un moyen sans replique. Ainsi Dom Mercier, obligé de demeurer dans la Congrégation de S. Maur, ne pouvant posséder le Prieuré de Sulli, la permutation est résolue de plein droit, & il ne lui reste que le seul parti de rentrer dans le Prieuré de Chemilli.

Le Frere Candide, forcé de convenir que la translation ne peut avoir son effet, soutient cependant que la permutation n'en doit pas moins subsister; la raison qu'il en donne, est que Dom Mercier n'a pas besoin d'être transferé pour posséder le Prieuré de Sulli; que les Religieux de la Congrégation de Saint Maur peuvent, sans sortir de cette Congrégation, posséder des Offices claustraux dans des Maisons étrangeres; que c'est un des priviléges qui leur est accordé par les Bulles de leur établissement; que la possession y est conforme, & qu'ainsi rien n'empêche Dom Mercier de faire valoir ses provisions du Prieuré de Sulli; qu'à la vérité il ne peut pas jouir de la mense sans résider, & par conséquent sans être transféré, mais que ce n'est pas la mense qui est permutée, qu'elle ne peut l'être, & que Dom Mercier ne perd rien lorsqu'il n'en jouit pas, puisqu'il a toujours une mense dans la Congrégation de Saint Maur. Telle est la doctrine du Frere Candide; mais c'est un tissu d'erreurs, qu'on ne peut excuser en lui, que parce qu'un Frere Convers de l'Ordre des Récolets n'est pas obligé d'être versé dans de pareilles matieres: rappellons les véritables regles, & l'on verra que son systême ne peut jamais se soutenir.

Caractère des Bénéfices qui obligent à résidence.

On distingue dans l'Eglise deux sortes de Bénéfices; les uns qui obligent les Titulaires à la résidence, les autres qui n'imposent pas par eux-mêmes cette nécessité. Pour démêler ceux qui sont de l'une ou de l'autre espece, il n'y a qu'à examiner si le Bénéfice est chargé de fonctions que le Titulaire soit obligé de remplir personnellement, en ce cas c'est un Bénefice sujet à résidence; dans le cas contraire, c'est un Bénéfice simple qu'on peut posséder sans résider; ainsi une Cure n'est sujette à résidence que parce qu'un Curé a des fonctions personnelles à remplir dans sa Paroisse, instruire, prêcher, administrer les Sacremens. Il en est de même des Dignités & Prébendes, elles n'assujettissent à la résidence, que parce que ceux qui en sont pourvus sont obligés à la célébration du Service Divin dans leur Eglise. Cette raison n'influe pas moins sur les Offices claustraux qui ont aussi des fonctions nécessaires: ainsi les Offices de Sacristain, d'Aumônier, d'Hospitalier, obligent ceux qui en sont pourvus, l'un à conserver les vases sacrés, les ornemens, & tout ce qui est nécessaire au culte public du Monastere; l'autre à distribuer les aumônes; l'autre à recevoir les hôtes. On ne peut donc posséder ces Offices sans résider, puisqu'on ne peut les posséder sans remplir les fonctions personnelles dans les Monasteres.

Prieurés claustraux en titre ne sont Bénéfices simples.

Mais entre les Offices claustraux il n'y en a point qui obligent plus étroitement à la résidence que les Prieurés claustraux, parce que leurs fonctions sont & plus importantes & plus nécessaires. Un Prieur claustral est le Supérieur de la Communauté; il a la Jurisdiction sur ses Religieux; il doit les veiller, les éclairer de près par lui-même: on pourroit commettre pour faire les fonctions de Sacristain, mais on ne peut pas commettre pour faire les fonctions de Prieur, ou du moins cela ne se peut que pour un tems fort court. Il est impossible de donner à une Communauté un Supérieur qui n'y résidera jamais, qui n'aura jamais le pouvoir ni la liberté d'y résider; ce seroit violer les regles les plus sacrées de la discipline.

Tel

Tel est le Prieuré Claustral de Sulli, résigné par le Frere Candide à Dom Mercier. Le pourvu de ce bénéfice est le Supérieur immédiat de la Communauté de la même Abbaye, il a toute jurisdiction sur les Religieux qui la composent : il est donc nécessairement obligé à résider, & par conséquent un Religieux d'une Congrégation différente ne peut le posséder sans être transféré dans l'Abbaye de Sully : c'est par cette raison que Dom Mercier n'a pu être pourvu sans une clause de translation ; n'ayant point été fulminée, il n'a plus de provisions, & par conséquent la permutation tombe nécessairement.

Mais, dit-on, les Religieux de Saint Maur, par la Bulle d'Urbain VIII de 1628, sont capables de posséder des Offices claustraux dans les Monasteres où la réforme n'est point introduite. Deux clauses de cette Bulle établissent cette vérité ; dans l'une il est dit : *Quod Monachi ejusdem Congregationis Sancti Mauri omnia Beneficia dicti & Cluniacensis Ordinum, quamvis à diversis Monasteriis in quibus Congregatio Reformatæ hujusmodi introducta non est dependentia, seu Officia claustralia quæ sive antè professionem regularem, sive post illam obtinuerint, in titulum quidem illa teneant ; ita tamen ut nullo modo in posterum de titulis ipsis neque de fructibus eorum possint in particulari disponere.* Voilà la capacité de posséder des Offices claustraux dans d'autres Maisons. Par l'autre clause il est dit que les Supérieurs de la Congrégation, pour le plus grand bien de la Réforme, & pour remplir les postes qui demandent des Sujets d'un mérite distingué, peuvent envoyer dans les différentes Maisons de la Congrégation, les Religieux qui la composent : *Etiam Prioratus aliquos ac Officia claustralia dicti seu Cluniacensis Ordinis obtinentes, etiamsi teneantur..... ad residentiam in dictis Monasteriis.* Ainsi, dit-on, les Religieux de la Congrégation de Saint Maur peuvent être pourvus d'Offices claustraux dans d'autres Maisons ; & quoiqu'ils les possédent en titre, leurs Supérieurs peuvent les envoyer dans les Maisons de la Congrégation, ce qui les dispense de la résidence.

Pour écarter l'équivoque de ce raisonnement, & rendre à la Bulle sa véritable intelligence, il faut observer qu'en général tout Religieux de Saint Benoist est capable de posséder toutes sortes de Bénéfices du même Ordre ; & par conséquent il n'est pas douteux que les Religieux de la Congrégation de Saint Maur ne puissent posséder des Offices claustraux dans d'autres Maisons. La Bulle à cet égard ne leur accorde ni un droit nouveau, ni un privilege. Mais de ce qu'ils peuvent posséder de pareils Offices dans des Maisons étrangeres, il ne s'ensuit pas qu'ils n'ayent pas besoin de translation pour en jouir, si ces Bénéfices sont sujets à résidence, comme on n'en peut pas douter : un Religieux réformé d'une autre Congrégation ne peut en jouir qu'en y résidant, & ne peut résider sans être transféré : ainsi la capacité reconnue, établie par la Bulle, dans la premiere disposition qu'on vient de rapporter, n'exclut point la nécessité de la translation.

Mais, dit-on, ils sont si peu obligés à résider dans les Maisons où ils ont des Offices claustraux, que, suivant la seconde disposition de la même Bulle, leurs Supérieurs peuvent les faire passer dans d'autres Maisons de la Congrégation, si son utilité le demande. Cette disposition de la Bulle doit être entendue sainement ; il pourroit se trouver des Offices claustraux, dont les pourvus n'auroient aucune fonction personnelle à remplir, ce qui arrive souvent par la destruction des Monasteres, & l'anéantissement des Communautés que les malheurs des temps ont fait périr. Par exemple, il y a beaucoup de Maisons, où l'on avoit établi des Offices claustraux d'Infirmier, pour avoir soin des Religieux malades, & leur fournir les secours nécessaires. Ces Maisons depuis long-temps ne peuvent plus entretenir de Religieux, il n'y a plus de Communauté, & par conséquent il n'y a plus de malades ; l'Office d'Infirmier subsiste cependant, mais sans aucunes fonctions : rien n'empêche qu'un Religieux de Saint Maur ne puisse le posséder sans être tenu à la résidence, & que ses Supérieurs ne puissent l'envoyer dans d'autres Maisons de la Congrégation. Il en sera de même d'un Office claustral de Chantre dans une Maison où n'y ayant plus de Communauté, il n'y a plus de service public & solemnel, & où par conséquent le Chantre n'a plus de fonctions ; de même de l'Office d'Hospitalier, quand il n'y a plus ni logement ni revenus pour les Hôtes, ni aucun reste d'hospitalité. Dans tous ces cas les Offices claustraux par eux-mêmes obligent à la résidence ; mais le Pourvu n'ayant cependant aucune fonction, un Religieux de Saint Maur, qui en sera Titulaire, pourra être envoyé ailleurs par ses Supérieurs. Voilà tout l'effet que l'on peut donner à la Bulle, & l'unique sens dans lequel elle puisse être entendue.

Mais de prétendre que dans une Abbaye où subsiste une Communauté réguliere, où il y a des Officiers claustraux chargés de fonctions nécessaires, un Religieux étranger & d'une Congrégation réformée, pourra être pourvu d'un de ces Offices, sans résider, & par conséquent sans remplir les fonctions attachées à son titre, c'est ce qui ne se peut proposer, & ce qui n'a jamais entré dans l'esprit du Pape, auteur de la Bulle de 1628. Concevroit-on, par exemple, que le Pape eût entendu qu'un Religieux de Saint Maur résidant par ordre de ses Supérieurs dans l'Abbaye de Saint Germain-des-Prez, fût en même-temps Sacristain titulaire de l'Abbaye de Cluny; qu'il ne résidât jamais dans cette Abbaye; qu'il ne fît aucune des fonctions attachées à cette Sacristie, en même-temps qu'il en percevroit tous les revenus; & qu'un Office aussi important fût abandonné contre l'autorité des regles les plus inviolables? Ce seroit faire injure au Saint Siege de le penser.

Cette réflexion est encore plus forte quand il s'agit d'un Prieuré claustral, auquel la jurisdiction sur toute la Communauté est attachée, comme dans l'Abbaye de Suili. Quoi! un simple Religieux de Saint-Denis, fixé par ses Supérieurs dans cette Abbaye, seroit le Prieur claustral, le Supérieur immédiat d'une Communauté de Religieux établie en Languedoc! Quel Supérieur, qui ne pourroit jamais voir sa Maison ni ses Religieux, qui ne pourroit ni veiller sur eux, ni les gouverner! Cela est trop absurde pour pouvoir seulement l'imaginer. Il faut donc, on le répete, entendre sainement la Bulle de 1628. Si elle permet aux Supérieurs de Saint Maur d'envoyer dans des Maisons de la Congrégation des Religieux pourvus d'Offices claustraux dans des Maisons étrangeres, cela ne peut jamais s'appliquer qu'à des Offices claustraux qui, n'ayant plus de fonctions, n'exigent plus une résidence nécessaire.

Cette distinction, dit-on, n'est pas fondée. Les Bulles parlent en général d'Offices claustraux, néanmoins la distinction que l'on vient de proposer, est dans la nature même de la chose. On ne peut pas dispenser de la résidence un Curé, un Chanoine, qui ont des fonctions personnelles à remplir; on ne peut pas en dispenser de même un Officier claustral, qui a des fonctions nécessaires: ce n'est donc pas l'objet de la Bulle. Mais il y a des Offices claustraux, qui, dans le fait particulier, ne sont chargés d'aucun ministere; par leur nature ils exigent la résidence de ceux qui en sont pourvus, mais pour la plus grande utilité de l'Eglise on peut les en dispenser. Voilà ce que s'est proposé le Pape dans sa Bulle d'établissement de la Congrégation de Saint Maur: il est impossible de l'entendre autrement.

La possession & l'usage ont confirmé cette distinction. Depuis plus d'un siecle que la Congrégation de Saint Maur est établie, on n'a jamais vu les Religieux de cette Congrégation posséder des Offices claustraux dans des Maisons où il y avoit un corps de Communauté subsistant, & où par conséquent les Officiers claustraux avoient des fonctions personnelles à remplir; au contraire on a vu les Religieux de cette Congrégation, en très petit nombre, pourvus d'Offices claustraux dans des Maisons où il ne subsistoit plus de Religieux; Maisons désertes où il ne restoit aucun vestige de régularité, & où le titre seul d'un Office sans fonction s'étoit conservé.

C'est ce qui paroît même par les exemples que cite le Frere Candide. Il nous parle de deux Religieux de Saint Maur, pourvus des Sacristies d'Aubigny & de Montempuis; & pour le prouver il produit l'Imprimé du Chapitre général de Cluny de 1728, dans lequel on fit un plan de réunion de plusieurs Maisons à d'autres plus considérables, pour former des conventualités de dix ou douze Religieux. Le Prieuré de Bonny entr'autres fut destiné à former une de ces Communautés, en y transférant les Religieux de quelques autres Maisons, & entr'autres d'*Aubigny, possédé par un Religieux de Saint-Maur; & de Montempuis, possédé de même par un autre Religieux de Saint Maur*. Mais en supposant ces énonciations exactes, ce qui en résulte, est qu'il n'y avoit point de Communauté ni à Aubigny, ni à Montempuis, puisque dans chacune de ces Maisons il n'y avoit qu'un seul titre & qu'une seule place. Etoit-il extraordinaire qu'un Religieux de Saint Maur possédât ce titre unique sans résider?

On dit que la Sacristie de l'Abbaye de Bois-Aubris a été possédée successivement par deux Religieux de Saint Maur; mais en même-temps le Frere Candide est obligé de convenir qu'il n'y a point de Communauté dans l'Abbaye de Bois-Aubris, & qu'on n'y trouve pas même un seul Religieux.

Mais, dit-on, on pourroit y rétablir une Communauté, en faisant résider le Sacristain, avec un autre Officier claustral & l'Abbé; mais c'est convenir qu'il n'y a point de communauté, que de supposer qu'on pourroit la rétablir; & quant à cette possibilité chimérique, peut-on compter sur le titre d'Abbé, auquel le Roi est toujours en droit de nommer un Commendataire? On ignore s'il y a un autre Office claustral; mais quand cela seroit, quelles seroient les fonctions de deux Officiers claustraux qui seroient seuls dans une Abbaye abandonnée? Quoi qu'il en soit, il est de fait qu'il n'y a point de Communauté dans l'Abbaye de Bois-Aubris, & par conséquent que le Religieux pourvu de la Sacristie, est dans le cas d'être dispensé de la résidence. Ce seroit même un abus manifeste de placer un Religieux seul dans une Maison où il ne peut observer aucune des pratiques de la régularité, où il vit dans une indépendance funeste, sans être animé par aucun exemple, & où il ne peut recevoir aucun secours ni spirituel ni temporel.

Les exemples que propose Frere Candide se rétorquent donc contre lui, & ne servent qu'à confirmer ce qu'on a dit de la Bulle, qu'elle ne s'applique qu'aux Offices claustraux qui n'ont plus de fonctions. Voilà les seuls cas où la Congrégation de Saint Maur puisse dispenser ses Religieux de la résidence, & les seuls en effet dans lesquels elle ait profité du droit que lui donnent ses Bulles. Ces cas mêmes sont extrêmement rares, puisqu'à peine on en peut citer deux ou trois dans ce grand nombre de Religieux qui composent la Congrégation de Saint Maur.

Mais, dit-on, il y a des exemples d'Offices claustraux possédés par des Religieux de Saint Maur, dans des Abbayes même où il y a des Communautés subsistantes. Sans sortir de l'Abbaye de Sulli, on voit qu'en 1688 Dom Lopin, Religieux de Saint Maur, y tenoit l'Office claustral d'Aumônier, puisqu'il le résigna à Dom Goyet, Religieux ancien de l'Ordre de Saint Benoît; mais si Dom Lopin avoit été pourvu en Cour de Rome de cet Office, le seul usage qu'il en fit, fut de le résigner à un ancien, parce qu'il ne pouvoit pas le conserver pour lui-même sans être transféré. Le Frere Candide, qui n'a aucune preuve que Dom Lopin ait joui pendant quelque temps de ce Bénéfice, suppose que c'est à Dom Mercier à prouver qu'il l'a résigné aussi-tôt qu'il en a été pourvu; mais il y a de l'absurdité dans cette proposition. Le Frere Candide nous oppose l'exemple de Dom Lopin, pour prouver que les Religieux de Saint Maur peuvent posséder des Offices claustraux dans des Maisons étrangeres à leur Congrégation, où il y a des Communautés subsistantes: c'est donc à lui à mettre cet exemple dans tout son jour, & à prouver que Dom Lopin a joui. Il ne suffit pas de prouver qu'il a résigné, puisqu'il a pu résigner sans avoir joui. Il faut donc qu'il porte sa preuve plus loin, puisque c'est lui qui veut s'en servir; & comme il ne peut justifier la jouissance de Dom Lopin, il ne peut se prévaloir de cet exemple.

A l'égard du Prieuré de Thisi, qui a été possédé par Dom

Falgeirat, Religieux de la Congrégation de Saint Maur, on a observé, de la part du Frere Candide que le Procureur Général de l'Ordre de Cluny ayant demandé que Dom Falgeirat fût obligé d'y résider; sa prétention fut condamnée par un Arrêt du Grand Conseil. Cependant, nous dit-on, ce Prieuré étoit conventuel; il étoit rempli par une Communauté subsistante : les privileges de la Congrégation de Saint Maur, qui s'appliquent à un Prieuré conventuel, peuvent donc également s'appliquer à un Prieuré claustral, qui n'a pas plus de fonctions ni de jurisdiction qu'un Prieuré conventuel en titre. Ce parallele a quelque chose de spécieux, mais une seule observation suffit pour le confondre.

Le Prieuré conventuel de Thisi est de l'Ordre de Cluny; & selon les Chapitres généraux de cet Ordre, ceux qui sont pourvus en titre des Prieurés conventuels, n'ont aucune jurisdiction sur les Religieux du Prieuré : cette jurisdiction n'appartient dans chaque Maison qu'aux Supérieurs nommés dans les Chapitres généraux, en sorte que le Prieur conventuel pourvu en titre, n'a qu'un vain nom, sans pouvoir & sans jurisdiction. Ce fut sur ce fondement que Dom Falgeirat soutint qu'il n'étoit point obligé de résider dans le Prieuré de Thisi, & par conséquent qu'il pouvoit le conserver en demeurant dans le sein de la Congrégation de Saint Maur. Il n'en est pas de même du Prieuré claustral de Sulli; cette Abbaye n'est point de l'Ordre de Cluny, c'est une Maison du grand Ordre, le Pourvu en titre du Prieuré claustral y a seul toute la jurisdiction sur les Religieux : ainsi il ne peut se dispenser d'y résider pour y exercer la jurisdiction qui lui est propre; & comme on a fait voir, tant par les titres, que par la possession, que la Congrégation de Saint Maur ne pouvoit dispenser ses Religieux de la résidence dans les Offices claustraux dont ils sont pourvus, que quand il n'y a aucune fonction attachée à ces Offices, il est évident qu'elle ne peut dispenser Dom Mercier de résider dans l'Abbaye de Sully, où le Prieur claustral a toute jurisdiction, quoiqu'elle ait pu dispenser Dom Falgeirat de résider dans le Prieuré de Thisi, où il n'en pouvoit exercer aucune, suivant les Chapitres généraux de l'Ordre de Cluny.

Devoirs de la résidence.

En un mot, rien ne peut dispenser de la résidence dans un Bénéfice qui exige des fonctions importantes & personnelles. Un Evêque, un Curé, un Chanoine, un Abbé, un Prieur conventuel ou claustral est donc astreint à une résidence nécessaire. Il est vrai que si les fonctions attachées de droit à ces titres cessent dans le fait par quelques circonstances, alors l'obligation de résider ne peut subsister, ou du moins on peut facilement en être dispensé ; ainsi un Curé qui n'a plus de Paroissiens, un Abbé Commendataire qui n'a point de jurisdiction, sont dispensés à résider. Il en est de même des Officiers claustraux qui, par les révolutions arrivées dans les Monasteres, n'ont plus aucun exercice des fonctions auxquelles ils étoient destinés : alors les Religieux de Saint Maur peuvent posséder de pareils Offices sans être transférés & sans abandonner leur Congrégation ; c'est à quoi se réduisent les Bulles de la Congrégation de Saint Maur, & l'usage qu'on en a fait depuis plus d'un siecle. Mais tout cela ne peut s'appliquer à l'Office de Prieur claustral de l'Abbaye de Sully, qui a une jurisdiction propre sur les Religieux qui composent actuellement la Communauté de cette Abbaye, & qui par conséquent ne peut être dispensé d'y résider.

2°. Quand on supposeroit que le titre de ce Prieuré claustral pourroit résider sur la tête de Dom Mercier, la permutation de sa part seroit-elle effectuée ? Qu'on lise la résignation faite à son profit par le Frere Candide, & l'on verra qu'on a eu grand soin d'y déclarer qu'on résignoit à Dom Mercier, non-seulement le Prieuré claustral en titre, mais encore la place monachale y annexée ; ce qui prouve que cette place monachale étoit un objet intéressant pour Dom Mercier, & que sans cela il n'auroit pas consenti à la permutation. En effet, le titre même du Prieuré ne rapporte que très-peu de choses, à peine produit-il 20 liv. de revenu ; ainsi on juge bien que Dom Mercier n'auroit pas cédé le Prieuré de Chemilli, qui vaut au moins cent pistoles, pour le seul titre de Prieuré de Sulli, qui, à proprement parler, ne rapporte rien. Ce qui l'intéressoit, c'étoit donc la mense annexée à ce titre, qui le mettoit en état de subsister dans le Prieuré de Sulli. Mais, de l'aveu même du Frere Candide, Dom Mercier ne peut avoir cette mense sans être transféré ; & comme sa translation lui a été refusée, il est évident qu'il ne peut jouir du principal, &, pour ainsi dire, de l'unique objet de la permutation, qui est la mense monachale : comment donc peut-on dire que la permutation soit effectuée en sa faveur ?

On observera même que cette place monachale entroit tellement dans l'objet de la permutation, qu'on ne peut pas douter que les deux co-permutans n'ayent été également occupés de la vue de la translation, & qu'ils ne l'ayent regardée comme la base fur laquelle portoit tout leur traité & tout leur engagement ; en sorte que quand le Frere Candide vient nous dire aujourd'hui que Dom Mercier ne devoit pas faire insérer la clause de translation dans ses provisions, il est évident qu'il parle contre son propre sentiment, & contre le nœud même de la convention. Quoi qu'il en soit, suivant la permutation, Dom Mercier doit avoir la mense monachale avec le titre du Prieuré ; on convient qu'il ne la peut point avoir : la permutation ne peut donc être effectuée, & par conséquent chacune des Parties doit rentrer dans son Bénéfice.

Rien de plus frivole que ce que répond le Frere Candide. On ne peut pas résigner, dit-il, une place monachale, c'est-à-dire, qu'une place monachale qui ne forme pas un titre de Bénéfice, ne peut être résignée seule. Mais une place monachale, annexée à un titre, peut être résignée avec ce titre, & le co-permutant en doit jouir comme du titre même, pour que la permutation soit effectuée. Il ne suffit pas que la permutation soit effectuée en partie, il faut qu'elle le soit pour le tout, & aussi-bien dans l'accessoire que dans le principal : ainsi Dom Mercier ne pouvant jouir de la place monachale expressément comprise dans la permutation, le contrat est absolument anéanti.

Mais, dit-on, il en est de l'expression de la mense monachale dans la permutation, comme de l'expression des droits & honneurs dépendans du bénéfice. On ne croit pas que quelqu'un puisse être touché d'une pareille comparaison. On n'exprime pas ordinairement dans une permutation les droits & honneurs du Bénéfice résigné ; & en tout cas ce seroit une expression vague qui ne signifieroit rien. Mais pour la mense monachale, il n'y a personne qui ne sente que c'est un objet intéressant, & qui fait une partie essentielle de la permutation ; d'où il s'ensuit que quand on ne peut l'obtenir, la permutation demeure réellement sans effet.

Le Frere Candide ajoute que Dom Mercier ne perd rien en cela, parce qu'il aura toujours une place monachale dans la Congrégation de Saint Maur ; mais est-ce donc ainsi qu'on raisonne en matiere de permutation ? Il faut que chacun des co-permutans obtienne ce qui lui a été résigné ; & si cela est impossible, la permutation s'écroule, sans qu'elle puisse revivre, sous prétexte que par d'autres voies & à autre titre le co-permutant, qui n'est pas rempli, se trouve dédommagé. Ce seroit une étrange illusion de dire : Je vous ai résigné un tel Bénéfice, avec tels droits & tels revenus qui en dépendent. Il est vrai que vous

vous ne pouvez pas jouir de ces revenus, mais vous pouvez vous en passer ; vous en avez d'ailleurs, ou de votre famille, ou d'autres Bénéfices, ou enfin de quelqu'Ordre qui pourvoira à vos besoins, comme si le co-permutant à qui on feroit un raisonnement si bizarre ne seroit pas en droit de répondre : je ne vous ai remis le Bénéfice que j'avois, qu'à condition que j'obtiendrois tout ce que vous m'avez promis ; voilà la condition inviolable de notre traité ; il ne s'agit pas de savoir ce que je puis avoir de mon chef, il s'agit de me faire jouir de ce que vous m'avez promis ; si cela ne se peut pas, il n'y a plus de traité ni de permutation. Il n'y a pas de réplique à un moyen si victorieux.

Il faut donc écarter les illusions que présente le Frere Candide, & reconnoître que la permutation qu'il a faite avec Dom Mercier est également caduque, & parce que Dom Mercier ne peut posséder le titre du Prieuré de Sulli, & parce qu'il ne peut jouir de la mense monachale qui lui a été résignée avec le titre ; en un mot, la permutation ne peut être effectuée en sa faveur. La conséquence est que chacun des co-permutans rentre dans le Bénéfice & dans les droits qu'il avoit auparavant.

3°. Les titres du Frere Candide sont si vicieux, que comme il n'a jamais pu avoir un droit légitime au Prieuré de Sulli, il n'a jamais pu non plus en acquérir aucun au Prieuré de Chemilli. Comme il avoit fait profession originairement dans l'Ordre des Récollets, en qualité de Frere Convers, il est aisé de juger qu'il n'avoit aucune teinture de science ni de latin ; ayant sollicité sa translation en Cour de Rome, il ne l'obtint que pour faire profession en la même qualité de Frere Convers dans l'Ordre de Saint Benoît ; cependant il prit l'habit de Novice au College de Cluni, comme le prennent ceux qui sont destinés à être Religieux de choeur ; mais comme cela étoit contraire à son titre, loin d'en parler dans son Bref d'abréviation de noviciat, il expose au contraire qu'en vertu de sa translation il a pris l'habit de Frere Convers dans l'Ordre de Saint Benoît, & se dispose à faire profession en cette qualité, sur quoi le Pape réduit son noviciat à six mois : *Tu qui, ut asseris, habitum per Laicos*, seu Conversos, *secundò dicti Ordinis gestari solitum susceperis, professionem verò per* eosdem *emitti consuetam ; quanto citiùs emittere posse plurimùm desideres.* La surprise & l'imposture sont évidentes. Cependant le Frere Candide, pour mettre le comble à sa prévarication ; a fait profession comme Religieux de chœur, le 13 Juillet 1728.

Ainsi, dès le premier pas on voit que sa profession dans l'Ordre de Saint Benoît est nulle, & ne peut lui donner aucun droit d'y posséder des Bénéfices. Il a violé lui-même la condition de sa translation ; il a usurpé un état qui ne lui appartenoit pas, & qui ne pouvoit pas lui appartenir : cette nullité radicale influe sur tout ce qui a suivi. L'excuse qu'il propose ne sert qu'à mettre dans un plus grand jour sa mauvaise foi. Il n'y a point, dit-il, de Freres Convers dans l'Ordre de Saint Benoît, ou du moins dans l'Abbaye d'Hambie, où j'ai été transféré : ainsi je ne pouvois pas prendre l'habit ni faire profession en qualité de Frere Convers ; aussi tout ce que j'ai exposé au Pape est-il que j'avois pris l'habit de Religieux laïc, & que j'entendois faire la profession que font les laïcs, ce qui ne se pouvoit pas autrement, puisque je n'étois pas tonsuré.

On le répete, tout cela n'est qu'un tissu de mauvaise foi.

Religieux de chœur doivent être tonsurés.

1°. Entre les Religieux de chœur il n'y a pas deux sortes de professions, l'une pour ceux qui sont tonsurés, l'autre pour ceux qui ne le sont pas ; ainsi il n'y avoit point de distinction à faire dans l'exposé du Frere Candide ; s'il n'avoit pour objet que sa qualité de non tonsuré, il falloit dire simplement qu'en vertu de son Bref de translation il avoit pris l'habit de Religieux de l'Ordre de Saint Benoît, & se disposoit à faire profession dans la même qualité.

2°. Son objet étoit bien différent : il savoit qu'il n'étoit que Frere Convers quand il avoit demandé sa translation, & que ce n'étoit qu'en la même qualité qu'il avoit été transféré ; il n'osoit pas exposer au Pape qu'il voulût devenir Religieux de chœur, & c'est ce qui l'oblige de déclarer qu'il a pris l'habit comme Frere Convers, *habitum per Laïcos, seu Conversos, secundò dicti Ordinis gestari solitum susceperis*. Il est vrai que dans les griefs du Frere Candide, en altérant le texte de son Bref, il supprime ces termes, *seu Conversos*, & ne rapporte que ceux-ci, *per Laïcos secundò dicti Ordinis* ; mais cette infidélité ne peut lui être d'aucun secours, puisque le Bref a été produit aux Requêtes du Palais, & qu'il y a nommément, *per Laïcos, seu Conversos.* C'est sans doute pour appuyer cette infidélité que le Frere Candide a affecté de ne pas produire ce même Bref en la Cour, ni les autres pieces relatives à sa translation ; mais il est sommé de les produire comme étant des pieces essentielles, sans lesquelles il ne peut avoir aucun droit au Bénéfice; & par la lecture que la Cour voudra bien en prendre, elle verra d'une maniere sensible que le Frere Candide a exposé au Pape que c'étoit en qualité de Frere Convers qu'il entendoit faire profession dans l'Ordre de Saint Benoît, comme il l'avoit fait originairement dans l'Ordre des Récollets.

3°. C'est une illusion de dire qu'on ne connoît point de Freres Convers dans l'Ordre de Saint Benoît, il y en a dans toutes les Congrégations réformées de cet Ordre; & si l'on n'en trouve point chez les anciens qui ne pratiquent point la vie commune, cela n'empêche pas qu'on n'en puisse recevoir. Mais supposant avec le Frere Candide que cela fût impossible, il n'en seroit pas moins vrai que tout ce qui a été fait seroit nul. En effet, il falloit exposer au Pape cette circonstance importante, & demander permission de faire profession comme Religieux de chœur; & si le Pape l'avoit permis, du moins le Frere Candide auroit un titre en sa faveur; mais il a été bien persuadé que s'il faisoit un pareil exposé, le Pape ne lui accorderoit pas la grace, & qu'il ne consentiroit jamais qu'un Frere Récollet devînt un Religieux de chœur dans l'Ordre de Saint Benoît. Il a donc fallu, pour obtenir la translation, supposer au Pape que le Frere Candide se contiendroit dans le même état de Frere Convers. Voilà le fondement de la grace; mais s'il n'a pas rempli sa promesse, quel usage peut-il faire de sa translation? S'il a pu faire profession comme Frere Convers dans l'Ordre de Saint Benoît, il a violé la condition de sa translation: s'il ne l'a pu, il a trompé le Pape, il y a obreption dans ses titres; ainsi dans l'un & dans l'autre cas, sa profession est nulle, & il ne peut être reconnu pour Religieux de l'Ordre de Saint Benoît.

Ajoutons que sur son Bref de translation & sur celui d'abréviation de noviciat, il n'a obtenu des Lettres-patentes qu'au mois de Septembre 1733, long-temps après qu'il s'étoit fait pourvoir du Prieuré de Sulli, long-temps après qu'il l'avoit permuté avec celui de Chemilli, & même long-temps après la contestation portée aux Requêtes du Palais; en sorte que sa métamorphose de Frere Récollet en Religieux de Saint Benoît n'étoit ni reconnue ni autorisée en France, lorsque tous ses titres ont été consommés, ce qui en emporte la ruine absolue. Ses Lettres-patentes mêmes n'ont été enregistrées qu'au Grand-Conseil, & non en la Cour; en sorte qu'elles ne peuvent servir au Frere Candide dans la contestation présente, la Cour ne pouvant reconnoître un enregistrement fait dans un Tribunal étranger.

Vocation à la tonsure ecclésiastique.

Le Bref de réhabilitation pour posséder des Bénéfices ne renferme pas des vices moins essentiels, il a été surpris dans le temps que le Frere Candide n'étoit point tonsuré: ce Bref est du 15 Décembre 1728, & le Frere Candide ne s'est fait donner la tonsure que le 13 Février 1729, deux mois après; mais peut-on être habilité à posséder des Bénéfices, quand on n'a pas reçu la tonsure? Il n'y a personne qui ne sente combien en cela les regles sont violées. L'excuse du Frere Candide acheve de le démasquer. Je ne voulois pas, dit-il, me faire tonsurer sans être assuré auparavant que je serois réhabilité à posséder des Bénéfices; il a bien fallu commencer par le Bref de réhabilitation. Voilà sans doute une vocation admirable pour l'état ecclésiastique! Le Frere Candide n'aspire à la Cléricature, qu'autant qu'il sera assuré qu'elle lui procurera des Bénéfices; l'honneur, la sainteté du Ministere ne le touchent pas, c'est le revenu seul qui fait sa vocation; peut-on avec pudeur débiter des idées si contraires à la religion? Mais l'austérité des regles dépend-t-elle de l'intérêt du Frere Candide? Au surplus sur ce Bref le Frere Candide a surpris des Lettres-patentes, mais elles ne sont encore qu'enregistrées au Grand-Conseil; en sorte que la Cour n'étant point instruite des volontés du Roi, suivant les regles qui s'observent dans le Royaume, ne peut déférer au Bref dont il s'agit.

Bref de réhabilitation pour posséder des Bénéfices, nul quand l'Impétrant n'est tonsuré.

C'est sans doute par cette raison que le Frere Candide a tenté de porter cette affaire au Grand-Conseil, sous prétexte de l'évocation générale de la Congrégation de Saint Maur; il voyoit que les titres qui lui sont les plus nécessaires, ne pouvoient avoir de force que dans ce Tribunal, & qu'on n'y auroit aucun égard en la Cour: il a essayé de se soustraire à son autorité; mais n'ayant pu y réussir, quel usage y peut-il faire de titres que la Cour ne peut ni ne doit reconnoître? Il convient que le Bref de réhabilitation pour posséder des Bénéfices, ne peut s'exécuter en France sans Lettres-patentes, & cependant il prétend qu'il n'en est pas de même des deux autres de translation & d'abréviation de noviciat. Mais, 1°. quand cela seroit, il faudroit au moins des Lettres-patentes sur le Bref de réhabilitation; & on peut dire en la Cour qu'il n'en a point, puisqu'il ne s'en trouve aucune dans ses Registres.

2°. Où le Frere Candide a-t-il pris cette distinction ? Où a-t-il pris que sur des Brefs de translation & d'abréviation de noviciat, il ne faut point de Lettres-patentes ? Non-seulement l'usage général reclame contre cette proposition, puisque dans ce grand nombre de Transférés, il n'y en a pas un seul qui n'ait obtenu des Lettres-patentes sur de pareils Brefs. Il est d'ailleurs évident qu'elles sont absolument nécessaires. Le Bref de translation change l'état d'un des Sujets du Roi ; de Religieux mendiant qu'il étoit, il en fait un Religieux de Saint Benoît ; il donne une sorte d'atteinte à l'autorité de ses premiers vœux, il le prépare à devenir capable de posséder des Bénéfices, dont l'entrée lui étoit interdite par les Ordonnances. A l'égard du Bref d'abréviation de noviciat, il est directement contraire aux Loix du Royaume, qui, sans distinguer entre une premiere & une seconde profession, exigent une année de probation avant que de pouvoir faire profession. Le Pape seul, & sans le concours de l'autorité du Roi, peut-il déroger aux Loix du Royaume, & réduire à six mois le terme d'un an qu'exige l'Ordonnance de Blois & les autres Réglemens sur cette matiere ? C'est donc parler contre tous les principes, de supposer que sur de pareils Brefs les Lettres-patentes ne sont pas nécessaires.

Année du Noviciat ne peut être abrégée par le Pape seul sans l'autorité du Roi, attendu les Ordonnances.

Pour appuyer l'erreur contraire que soutient le Frere Candide, il prétend que les Brefs favorables n'ont point besoin de Lettres-patentes, ce qu'il prétend appuyer du sentiment de M. Charles Dumoulin, n. 193 de la regle *de infirmis* ; de M. Louet & de M. Vaillant sur le n. 210 de la même regle ; mais l'abus qu'il fait de ces autorités ne peut être plus évident. Tout le monde sçait que la prévention du Pape est contraire à la pureté des regles établies par les canons, qu'elle est simplement tolerée en France, comme porte l'article 33 de nos Libertés, & que tout ce qui tend à la détruire ou à la limiter est reçu favorablement parmi nous : cela supposé, M. Charles Dumoulin parle d'un Indult qui avoit été accordé au Cardinal de Lorraine, Abbé de Cluni, par lequel il étoit affranchi de toute prévention du Pape & de ses Légats, & par lequel le Pape avoit renoncé en sa faveur au pouvoir de déroger à la regle des vingt jours, & c'est à l'occasion de cet Indult qu'il dit au n. 193, qu'on ne pouvoit pas opposer à cet Indult, qu'il n'avoit pas été enregistré au Parlement de Grenoble, *quia*, dit-il, *hujusmodi Indulta nullâ indigent notificatione, vel publicatione, utpotè facta ad ritum & observantiam Juris communis & libertatis Ordinariorum, ad quam*

Prévention du Pape n'est que tolérée.

Cas où les rescrits de Rome n'ont besoin d'enregistrement.

reversio etiam cum extentione fit ipso jure. Et c'eſt ce que répetent M. Louet & M. Vaillant ſur le n. 210. En effet, les Lettres-patentes ne ſont pas néceſſaires pour autoriſer le Pape à renoncer à un droit exorbitant, & à rétablir la liberté des Collateurs ordinaires; c'eſt un joug dont il les décharge, c'eſt un droit onéreux qu'il abdique; en un mot, c'eſt le retour au Droit commun, il ſeroit abſurde qu'on ſe rendît difficile en France ſur l'uſage d'une pareille grace : voilà le fondement de la déciſion de nos Canoniſtes.

Mais ce motif a-t-il quelque application aux Brefs du Frere Candide? Eſt-ce un retour au Droit commun, que de le transférer d'un Ordre mendiant dans celui de S Benoît, & que d'abréger ſon noviciat contre le texte précis de nos Ordonnances? Ce ſont au contraire des graces exorbitantes qui donnent atteinte à la pureté des regles, & qui par conſéquent ne peuvent s'exécuter en France ſans le concours de l'autorité du Roi. La néceſſité des Lettres-patentes ne peut donc être conteſtée; & comme le Frere Candide n'en a point qui ſoient enregiſtrées en la Cour, il n'y peut faire aucun uſage de ſes titres.

Ainſi, ſoit qu'on conſidere la permutation en elle-même, & l'impoſſibilité qui ſe trouve dans ſon exécution, ſoit qu'on approfondiſſe la qualité de celui avec qui Dom Mercier a traité, & les nullités eſſentielles qui ſe trouvent dans ſes titres, on voit que de toutes parts ſortent des moyens victorieux pour proſcrire un acte ſi inſoutenable, & qu'on ne peut refuſer à Dom Mercier le droit de rentrer dans le Prieuré de Chemilly, comme la Sentence dont eſt appel l'a jugé. La Cour eſt trop jalouſe de maintenir la pureté des regles & des maximes du Royaume, pour qu'elle puiſſe ſe porter à donner atteinte aux diſpoſitions d'une Sentence qui eſt appuyée ſur des fondemens ſi ſolides.

Réponſe à une nouvelle objection imaginée par le Frere Candide.

On ne peut plus, dit l'Appellant, réſoudre la permutation, & ordonner que chacun rentrera dans ſon Bénéfice, parce que je ne puis plus avoir le Prieuré de Sulli; cette Abbaye, avec tous les Offices clauſtraux & places monachales, a été unie au Séminaire de Tours depuis les conteſtations formées entre les Parties. Dom Mercier qui pouvoit prendre poſſeſſion de ce Prieuré à toutes fins, ne l'ayant pas fait, il n'a point veillé à la conſervation des droits de l'Office clauſtral dans cette union : ainſi il n'y a plus rien à en eſpérer, les choſes n'étant plus entieres; il n'eſt donc pas poſſible de remettre les Parties au même état qu'elles étoient avant la permutation. L'Appellant cherche à embarraſſer une affaire qu'il ne peut plus défendre, en élevant une pareille difficulté; mais elle se dissipe sans peine par les réflexions les plus simples & les plus solides.

1°. On nous parle d'une union faite au Séminaire de Tours, qui n'est point justifiée, & de laquelle Dom Mercier n'a absolument aucune connoissance; il n'est pas permis de la supposer, ni d'en croire le Frere Candide sur une simple allégation.

2°. Quand l'union auroit été faite, on ne peut pas douter qu'on n'ait pourvu à l'intérêt, tant des Officiers claustraux, que des autres Religieux, & qu'on ne leur ait assuré des pensions convenables pendant leur vie : jamais les Titulaires de Bénéfices unis ne souffrent personnellement de ces sortes d'unions.

3°. Si Dom Mercier n'a pas pris possession, c'est qu'il ne le pouvoit pas, ses provisions ne le transférant que sous une condition qui en a empêché la fulmination; ainsi il n'avoit point de titre en vertu duquel il pût prendre possession.

4°. Quand il auroit pris possession, sans préjudice de ses droits, il n'auroit pas empêché l'union, si l'intérêt de l'Eglise le demandoit.

Enfin cet événement est absolument indifférent; il faut juger la permutation en elle-même, indépendamment de ce qui a pu survenir depuis : si le Bénéfice d'un des co-permutans étoit diminué, & que la permutation fût nulle, il faudroit qu'il y rentrât dans l'état où il se trouve, *res perit Domino* : cet épisode étranger doit donc être retranché.

CLIII. CAUSE AU GRAND-CONSEIL.

POUR Simon-Jean Montarou, Prêtre du Diocèse du Mans, pourvu à titre d'Indultaire de la Tréforerie de l'Eglise Cathédrale de Blois, Demandeur.

CONTRE le Sieur Privart de Chatulé, prétendant droit à la même Tréforerie, Défendeur.

ET les Chanoines & Chapitre de la Cathédrale de Blois,

QUESTION.

Si le Chapitre est tenu de l'Indult de l'Evêque, quoiqu'anciennement ce fût un Chapitre Collégial, & que l'Evêché soit érigé depuis peu.

L'INDULT du sieur de Montarou est placé sur M. de Crussol, Evêque de Blois, & son Chapitre, tant conjointement que divisément.

La Tréforerie, Bénéfice dépendant de la collation particuliere du Chapitre, ayant vaqué, le sieur de Montarou l'a requis; & sur le refus du Chapitre, il en a été pourvu par l'Exécuteur de l'Indult.

Le Chapitre au contraire a conféré librement ce même Bénéfice au sieur de Chatulé.

L'unique moyen que l'on oppose à l'Indultaire est de dire que le Chapitre étoit déja chargé d'un premier Indult, & que comme il n'en doit qu'un pendant le cours de chaque regne, il n'a pas pu être grevé depuis de l'Indult du sieur de Montarou.

Observation. Si ce moyen avoit paru solide & propre à faire décharger le Chapitre, on le verroit paroître aujourd'hui pour soutenir sa liberté, tant par rapport au sieur de Montarou, que par rapport aux autres Indultaires qui pourront être placés dans la suite sur la même Eglise par le changement de Prélat; mais le Chapitre qui sent la foiblesse du moyen, n'ose pas se charger de le faire valoir; il ne combat point le sieur de Montarou; & au contraire, par ses défenses du 13 Janvier dernier, il déclare précisément qu'il *ne veut point prendre de parti, & qu'il s'en rapporte à la*

prudence

prudence du Conseil, il s'excuse même du refus qu'il a fait au sieur de Montarou, sur ce qu'ayant conféré au sieur de Chatulé avant la réquisition, il ne pouvoit pas varier & donner de nouvelles provisions à un autre.

Que peut-on donc penser d'un moyen qui n'a pour prétexte que la prétendue liberté du Chapitre, quand le Chapitre lui-même assigné, mis en cause par le sieur de Montarou, n'ose pas l'adopter ni le soutenir? Le sieur de Chatulé est-il Partie capable pour soutenir une prétendue exemption que le Chapitre abandonne? Il n'en faudroit pas davantage pour écarter le sieur de Chatulé.

Mais au fond, son moyen n'a pas la moindre couleur, il est également contraire aux saines maximes & à la Jurisprudence constante du Conseil.

MOYENS.

Il y a deux sortes de Collateurs, les uns qui changent, & qui par mort ou par démission font place à un successeur, comme les Evêques, les Abbés & les Prieurs; les autres qui n'éprouvent aucune révolution, & qui subsistent toujours dans le même état, comme les Chapitres & les Communautés séculieres ou régulieres: les premiers doivent acquitter un Indult dans le cours de leurs Prélatures; les autres en doivent aussi acquitter un, mais dans le cours de chaque regne.

Prélats doivent un Indult dans le cours de leur Prélature: Chapitres à chaque regne.

Quand l'Indult est placé sur un Chapitre pour le changement de regne, il est nécessaires de l'exprimer dans les Lettres-Patentes pour distinguer la nature & l'objet de cette expectative; mais quand il est accordé pour le changement arrivé dans la Prélature, il est adressé à l'Evêque & au Chapitre, tant conjointement que divisément; la raison qui a fait introduire cette clause, est que la dette de l'Evêque est proprement la dette de l'Eglise, qui ne peut être regardée comme étrangere au Chapitre.

Nécessaire que les Lettres expriment que l'Indult est placé sur le Chapitre, pour le changement de regne.

Comme les Evêques & les Chapitres ne forment véritablement qu'un seul Corps, les partages qui subsistent entr'eux, tant des revenus que des collations, n'ont été établis que pour leur commodité personnelle, & ne peuvent nuire aux droits éminens de la Couronne.

En vain les Chapitres se sont-ils récriés qu'ils pouvoient par-là payer plusieurs Indults dans un seul regne, contre la disposition de la Déclaration de 1658: on leur a répondu, 1°. que c'étoit une suite nécessaire de la co-propriété entre les Evêques & eux; co-propriété qui doit rendre les charges communes, puisque les biens sont toujours censés communs quoique partagés. 2°. Que

Partage des biens & des collations entre le Prélat & la Communauté, n'empêche que tout ne soit réputé commun.

les Chapitres n'étoient point à plaindre, si eux, qui dans les principes ne devoient avoir aucune part aux collations, acquittoient l'Indult de l'Evêque sur des Bénéfices dont il a bien voulu consentir qu'ils eussent la nomination. 3°. Qu'il n'est pas extraordinaire dans la pratique de l'Indult, que celui qui n'en doit qu'un, soit cependant obligé d'en acquitter plusieurs : par exemple, un Evêque qui ne doit qu'un seul Indult pour le temps de sa Prélature, est cependant obligé quelquefois d'en acquitter plusieurs, car il est tenu des Indults de ses prédécesseurs, qui n'ont point été acquittés pendant leur Pontificat ; il est même quelquefois tenu de l'Indult placé sur le Chapitre pour le changement de regne, soit lorsqu'il a des collations communes avec le Chapitre, soit même lorsqu'il en a de particulieres, comme dans le cas de l'Arrêt de 1729, rendu contre Monsieur l'Evêque de Montpellier ; il est donc juste que le Chapitre soit aussi chargé quelquefois d'acquitter plusieurs Indults, quoiqu'il n'en doive qu'un à chaque changement de regne.

Evêque est tenu des Indults de ses prédécesseurs.

Le principe établi par la Déclaration de 1658, n'en subsiste pas moins pour cela, car il est toujours vrai que le Chapitre ne doit qu'un seul Indult de son chef ; mais quoiqu'il n'en doive qu'un de son chef, il peut être obligé d'en acquitter d'autres du chef de l'Evêque avec lequel il est toujours uni, nonobstant tous les partages faits entr'eux.

De ces principes, naissent deux conséquences qui forment deux moyens également décisifs pour le sieur de Montarou. Le premier, qu'un Chapitre qui est chargé d'un Indult particulier pour le changement de regne, & même qui l'a payé, n'en est pas moins tenu des Indults placés sur chaque Evêque. Le second, qu'à plus forte raison si ce Chapitre n'a point été chargé d'un Indult particulier, & s'il ne l'a point payé, il ne peut jamais refuser d'acquitter l'Indult placé pour le changement de Prélat, tant sur l'Evêque que sur le Chapitre conjointement ou divisément.

On dit d'abord que le Chapitre qui a payé l'Indult qu'il devoit pour le changement de régne, n'en est pas moins tenu d'acquitter celui de l'Evêque en vertu de la clause, *tant conjointement que divisément* : le Chapitre a été grevé d'un Indult de son chef, il l'a même acquitté si l'on veut ; par-là il est libéré de l'Indult qu'il doit pour le changement de régne, & si on lui en adressoit un autre au même titre, il lui seroit facile d'en secouer le joug : mais ce Chapitre libéré de sa dette propre, ne doit-il prendre aucune part à la dette de l'Evêque, à l'Indult placé pour le changement de Prélature, tant sur l'Evêque que sur le Chapitre? Cela n'est pas proposable, parce que le Chapitre ne peut regarder la dette de l'Evêque comme lui étant étrangere; ils ne forment ensemble qu'un seul Corps dont l'Evêque est le Chef; ce seroit à l'Evêque, de droit commun, à conférer tous les Bénéfices; s'il en a bien voulu abandonner une partie à la disposition du Chapitre, il n'a pas pu affranchir par-là ces Bénéfices de la dette dont ils étoient tenus; le Roi suit, pour ainsi dire, ces Bénéfices dans la main du Chapitre, comme associé de droit à l'Evêque, & par conséquent il faut que l'Indult de l'Evêque soit acquitté sur ces Bénéfices, comme s'ils étoient encore à la disposition de l'Evêque.

Chapitre, quoiqu'il ait payé son propre Indult, tenu de celui de l'Evêque.

Autrement le droit d'Indult qui appartient au Roi sur l'Evêché, seroit souvent anéanti; car il y a beaucoup d'Eglises dans lesquelles les Chapitres disposent seuls, tant des Canonicats que des Dignités. Si l'Indultaire de l'Evêque ne pouvoit se venger que sur les Bénéfices de l'Evêque, il n'auroit rien à requérir, & l'Indult seroit frustré.

Le Conseil s'est toujours élevé contre une prétention si funeste à l'Indult; les derniers Arrêts sont si récens, qu'il suffit de les rappeller, sans s'étendre sur les circonstances: il y en a un rendu en 1727 contre le Chapitre d'Aire, un autre en 1735 contre celui d'Agen, & le dernier en 1736 contre le Chapitre de Langres, qui non-seulement avoit été chargé d'un Indult pour la mutation de regne, mais qui l'avoit même payé, & qui fut cependant assujetti à l'Indult du sieur Barbier de la Serre, placé pour le changement de Prélat, tant sur l'Evêque que sur le Chapitre, conjointement ou divisément.

On ajoute en second lieu, que si le Chapitre qui a acquitté l'Indult qu'il doit de son chef pour la mutation de regne, est encore tenu de l'Indult placé pour le changement de Prélat, à plus forte raison doit-il acquitter un pareil Indult, quand il n'en a été grevé d'aucun de son chef, & n'en a point acquitté. Cela est évident par soi-même: si on l'a jugé débiteur de l'Indult de l'Evêque quand il a acquitté celui qu'il devoit de son chef, comment pourroit-il se refuser à la même dette quand il n'en a acquitté aucun?

Appliquons ces principes à l'espece particuliere de la Cause, & on verra qu'elle ne peut plus souffrir l'ombre de difficulté. Jamais il n'y a eu d'Indult sur le Chapitre de Blois en particulier,

& de son chef pour le changement de regne & l'avenement du Roi à la Couronne. On ne trouve d'Indult placé avant celui du sieur de Montarou, que celui qui a été accordé au sieur Haran, & qui a été placé sur feu M. de Caumartin, Evêque de Blois, & adressé *tant à lui* qu'au Chapitre *conjointement*, ou divisément; cet Indult même n'étoit point acquitté lorsque la Tréforerie dont il s'agit a vaqué, & qu'elle a été requise par le sieur de Montarou, ni même lorsque le sieur de Montarou en a pris possession.

Mais dans ces circonstances quel prétexte pourroit-on employer pour affranchir le Chapitre de l'Indult du sieur de Montarou? Si le Chapitre avoit acquitté un premier Indult de son chef, il n'en seroit pas moins tenu de l'Indult de l'Evêque, comme cela a été jugé par les Arrêts de 1727, de 1735 & de 1736; mais dans le fait il n'en a acquitté aucun, il n'est donc pas possible de le soustraire à un Indult légitimement placé.

Dira-t-il qu'il demeure débiteur envers l'Indultaire placé sur M. de Caumartin, & que cet Indult qu'il sera obligé d'acquitter remplira le seul Indult dont il doit être grevé pour le changement de regne? Mais ce systême seroit absurde en lui-même, & ne concluroit rien quand on pourroit l'adopter.

1°. Ce systême seroit absurde en lui-même; car si le Chapitre doit l'Indult placé sur M. de Caumartin, comme on n'en peut pas douter, c'est uniquement parce qu'il doit concourir à acquitter l'Indult de l'Evêque comme l'Evêque lui-même; mais s'il le doit par rapport à l'Indult de M. de Caumartin, il le doit aussi par rapport à l'Indult de M. de Crussol.

2°. Quand on supposeroit que l'Indult adressé, tant à M. de Caumartin qu'au Chapitre, conjointement ou divisément, pourroit remplir l'Indult que le Chapitre doit pour le changement de regne, quelle conséquence en pourroit-on tirer contre le sieur de Montarou? Non-seulement cet Indult n'étoit point acquitté lorsque la Tréforerie a vaqué; mais quand il l'auroit été, le Chapitre, comme on l'a établi, n'auroit été libéré que de l'Indult qu'il devoit de son chef, & n'en auroit pas moins été chargé de contribuer, suivant les circonstances, à l'Indult des Evêques; ainsi de toute maniere le Chapitre ne pouvoit se refuser à l'Indult du sieur de Montarou.

Réponses aux Objections. Les principes établis par le sieur de Montarou, dit-on, ne peuvent être appliqués qu'aux Chapitres, qui dès leur origine n'ont formé qu'un seul corps avec l'Evêque, & qui tirent leur droit de collation des partages qui ont été faits autrefois entre les Chefs & les membres de la même Eglise. Mais le Chapitre de Blois se trouve dans un cas tout différent : il a subsisté pendant plusieurs siecles comme Collégiale, qui n'avoit rien de commun avec l'Evêque; ce n'est que depuis peu qu'on a érigé un Evêché à Blois, & que l'Eglise du Chapitre est devenue Cathédrale : le Chapitre avoit donc un droit de collation qui lui étoit propre, qu'il ne tire point de la cession de son Evêque, ni des partages faits avec lui; ainsi il ne doit prendre aucune part à la dette de l'Evêque.

Deux réponses également décisives vont dissiper cette objection.

Premierement, sans entrer dans l'histoire particuliere de l'Eglise de Blois, il suffit qu'elle soit actuellement Cathédrale, pour reconnoître que le Chapitre ne forme qu'un seul Corps avec l'Evêque, & qu'il peut par conséquent être chargé de l'Indult de l'Evêque, par la clause tant *conjointement* que *divisément*. En effet, le principe qui a donné lieu à cette pratique de l'Indult se tire du Droit commun, qui défere aux Evêques la disposition de tous les Bénéfices de leurs Diocèses, mais principalement des Dignités & Prébendes de leurs Cathédrales, & qui ne permet pas de regarder ces Bénéfices, lorsqu'ils dépendent de la collation du Chapitre, comme étrangers à l'Evêque. Or, ce principe est le même lorsque les Chapitres sont plus anciens que l'érection de l'Evêché, & lorsqu'ils se sont formés depuis : le même motif veut donc que dans tous les cas ils soient sujets à l'Indult placé sur le Prélat.

Quoique l'érection d'un Evêché soit récent, les biens que le Chapitre possédoit auparavant n'en sont pas moins commun entre l'Evêque & lui.

D'ailleurs un Chapitre de Collégiale érigée en Cathédrale, acquiert des droits & des prérogatives qu'il n'avoit point auparavant; il est associé à l'Evêque, il ne forme qu'un seul & même Corps avec lui; dans la vacance du Siege il exerce sa Jurisdiction; il succede au droit de conférer les Cures & autres Bénéfices à charges d'ames : son état ancien est donc transformé dans un état nouveau qui lui procure de grands avantages; mais ne devient-il un seul & même Corps avec l'Evêque, que pour en profiter dans les cas favorables, & pour se soustraire aux charges qu'il doit supporter dans les cas qu'il regarde comme onéreux ? Il vante son union intime avec l'Evêque, quand il s'agit d'exercer sa Jurisdiction, & de conférer en son lieu & place; & au contraire il remonte à son état primitif, veut établir une distinction subsistante entre l'Evêque & lui, quand il s'agit d'acquitter l'Indult placé sur la Prélature. La Justice n'admet point une pareille variation, & ne permet point d'employer ainsi deux poids & deux mesures.

Ou le Chapitre demeure toujours isolé &, pour ainsi dire, étranger à son Evêque ; & en ce cas, s'il peut secouer le joug de l'Indult, il faut aussi qu'il renonce à toutes les prérogatives que lui procure son union avec l'Evêque : ou au contraire il veut faire valoir cette union nécessaire entre l'Evêque & son Chapitre ; & alors comme il participe en quelque chose aux droits de la Prélature, il faut donc aussi qu'il concoure en quelque chose à en acquitter les charges. Le Chapitre de Blois ne peut se tirer d'un pareil dilemme, qui le met dans la nécessité ou de se dégrader lui-même, ou de reconnoître l'Indult de l'Evêque comme une charge de la nouvelle dignité du Chapitre.

Secondement, si l'on entre plus particulierement dans l'examen de l'ancien état de cette Eglise, le seul monument qui puisse nous l'expliquer, est une lettre de Pierre de Blois écrite en 1160 aux Doyen & Chanoines de cette Eglise ; il y vante le zele de Jean, Evêque de Chartres, qui avoit réparé les ruines de cette Eglise, & qui l'avoit remise dans son lustre : ensorte que si nous n'avons rien de certain sur sa fondation, nous sçavons au moins que c'est un Evêque de Chartres qui en est le restaurateur. Cette qualité, jointe à celle de l'Evêque Diocésain, auroit dû lui mériter la disposition de tous les Bénéfices de cette Eglise ; mais il paroît qu'il se contenta de la collation du Doyenné, & qu'il abandonna au Chapitre la nomination des autres Bénéfices, ou du moins que cet ordre fut établi peu de temps après, quand les Evêques s'écartant des regles de l'ancienne discipline, séparerent l'ordination de la collation des Bénéfice. Quoi qu'il en soit, on ne peut pas douter que le droit du Chapitre, tel qu'il étoit alors, n'ait eu sa source dans un partage fait avec l'Evêque, puisque l'Evêque s'est réservé la collation de la premiere Dignité, & a cédé les autres Bénéfices au Chapitre.

L'Evêché de Blois, érigé depuis, est subrogé à celui de Chartres : aussi M. l'Evêque de Blois confere-t-il le Doyenné de cette Eglise, le Chapitre ayant conservé la disposition du surplus des Bénéfices.

Si cela est, comment peut-on regarder dans le fait même, le Chapitre de Blois comme entierement détaché de l'Evêque, & jouissant d'un droit de collation, qu'il ne tienne point de lui ; il ne tenoit ce même droit de collation que des Evêques de Chartres, qui avoient même conservé la disposition de la principale Dignité ; le droit du Chapitre ne dérive donc que d'un ancien partage avec l'Evêque.

Dans ces circonstances, il ne reste aucune difficulté dans la Cause. Les Chapitres qui ne doivent qu'un Indult de leur chef pendant le cours de chaque regne, sont obligés cependant d'acquitter l'Indult comme une dette commune à tout le Corps, dont l'Evêque est le Chef, & dont les Chanoines sont les Membres; c'est ce qui a été jugé par un grand nombre d'Arrêts. Comment donc le Chapitre de Blois, qui n'a jamais été chargé d'aucun Indult particulier pour le changement de regne, pourroit-il se dispenser d'acquitter l'Indult du sieur de Montarou, placé tant sur l'Evêque que sur le Chapitre?

Le systême qu'il fonde sur son état primitif & antérieur à l'érection de l'Evêché ne peut jamais être admis, puisqu'au moment de cette érection & de la transformation de ce Chapitre de Collégiale en Cathédrale, il s'est formé entre l'Evêque & lui une union étroite qui a imprimé au Chapitre un caractere tout nouveau, & qui ne laisse rien subsister de l'ancien. Dans l'instant même tout a été réuni & confondu de droit, quoique de fait on ait laissé au Chapitre des collations particulieres; mais l'Indult qui ne souffre point de pareilles réserves, n'en est pas moins affecté sur tous les Bénéfices de l'Eglise, & par conséquent le Chapitre ne doit pas moins concourir à acquitter la dette de l'Evêque qui, réduit à conférer le Doyenné seul, ne pourroit jamais sans cela satisfaire à l'Indult dont il est grevé.

CLIV. INSTANCE AU CONSEIL.

Nota. Les matériaux de cet ouvrage ont été fournis par les deux sçavans Peres, Dom Bernard Montfaucon & Dom Joseph Vaissette, à M. Cochin.

POUR les Dames Abbesses & Religieuses de l'Abbaye Royale du Val-de-Grace.

ET les Religieux, Prieur & Convent de l'Abbaye de Saint Corneille de Compiegne, Ordre de Saint Benoît, Congrégation de Saint Maur.

CONTRE Monsieur l'Evêque de Soissons.

QUESTION.

Concernant la Jurisdiction de l'Abbaye de Saint Corneille, sur le Prieuré de Saint Nicolas du Pont, & autres Eglises de Compiegne.

MONSIEUR l'Evêque de Soissons, pour étendre sa Jurisdiction sur une Eglise que ses prédécesseurs n'ont jamais gouvernée, attaque tous les privileges de l'Abbaye de S. Corneille de Compiegne: les Bulles des Papes, les Chartres des Empereurs & des Rois, les Jugemens les plus solemnels, les reconnoissances de ses prédécesseurs, & les siennes même, huit siecles de possession, rien ne le touche; au contraire, le nombre & la qualité des titres paroît l'animer de plus en plus, & l'excite à faire de nouveaux efforts pour rendre ces titres impuissans. Ils lui paroissent frivoles & méprisables; la Jurisdiction prétendue par les Religieux n'y est point établie: cependant l'art des plus habiles faussaires a été employé pour fabriquer ces pieces inutiles; mais l'iniquité s'est confondue elle-même par les méprises dans lesquelles une ignorance grossiere l'a précipitée. Ces privileges au surplus seroient abusifs, & enfin ils ne subsistent plus.

C'est ainsi que M. de Soissons, peu curieux même de sauver la contradiction qui éclate entre les moyens qu'il propose, multiplie ses attaques pour trouver un endroit foible dans les titres qu'on qu'on lui présente. Les Religieux de Compiegne doivent à la gloire de l'Ordre de S. Benoît, à l'honneur de leur Maison, & plus encore au respect & à la reconnoissance pour les Papes & pour les Rois qui les ont comblés de leurs faveurs, une défense solide à tant d'insultes & à tant de critiques : s'ils étoient seuls blessés par ces déclamations, ils souffriroient sans murmure l'humiliation si convenable à leur état : retenus par les égards qui sont dûs à la dignité épiscopale, ils étoufferoient leurs justes plaintes, & se consoleroient même dans l'espérance de mériter un jour, par la régularité de leur conduite, l'estime d'un Prélat qu'ils ont toujours honoré.

Mais les privileges qui sont attaqués, ne leur appartiennent point; ils n'en sont que les dépositaires; & par honneur aussi-bien que par religion ils sont obligés de veiller à la conservation d'un dépôt si précieux. Ce sont moins les droits de l'Abbaye de Compiegne que l'on défend, que les prérogatives d'une fondation royale, que les Papes ont voulu honorer par les graces qu'ils ont répandues sur cette Eglise à l'instant même de sa naissance; c'est l'ouvrage de ces Puissances suprêmes, c'est le suffrage de tous les Evêques du Royaume, ce sont les applaudissemens de tous les Peuples, que l'on se propose de justifier contre les reproches & contre les plaintes de M. de Soissons.

Pour le faire avec succès, il faut le suivre dans toutes les critiques qu'il a réunies contre les Titres de l'Eglise de Compiegne. Il s'est borné à des réflexions générales; il n'a pas pris la peine d'entrer dans le détail, de rendre compte des dispositions de ces Titres, de les suivre dans leur ordre naturel, de remarquer leur liaison, & l'autorité mutuelle qu'ils se communiquent : c'eût été pour lui un travail *trop long, inutile, ennuyeux*; il est plus commode d'effleurer seulement les actes, & de laisser à peine entrevoir ce qu'ils contiennent. Les Religieux de Compiegne, qui n'ont pas les mêmes raisons de se dispenser de ce travail, vont au contraire commencer par rendre compte de l'état de leur Abbaye, des principaux Titres qui soutiennent ses privileges, & des démarches de M. de Soissons pour les anéantir : quand ils auront satisfait à ces préliminaires indispensables, ils ne craindront point d'entrer en lice avec un grand Prélat; ses traits sont trop foibles par eux-mêmes, pour qu'on puisse être effrayé de l'autorité & de la force de celui qui est armé pour les lancer.

Histoire de la Jurisdiction de Compiegne.

L'Empereur Charlemagne qui faisoit son séjour le plus ordinaire à Aix-la-Chapelle, y avoit fait construire dans son Palais même une Eglise en l'honneur de la Sainte Vierge, qu'il avoit dotée d'une maniere digne de sa grandeur, & qu'il avoit enrichie d'un grand nombre de reliques, & des ornemens les plus précieux. Charles-le-Chauve, son petit-fils, marchant sur ses traces, forma le dessein de faire un pareil établissement dans son Palais de Compiegne ; il y fit élever une Eglise magnifique, pour lui servir de Chapelle ; & voulant mettre la derniere main à ce grand ouvrage, il convoqua (*a*) tous les Evêques, non-seulement de la Province de Rheims, mais encore de toutes les Provinces de son Royaume, pour assister à la Dédicace de l'Eglise, qui fut faite le 5 du mois de Mai de l'année 877, en sa présence & des deux Légats que le Pape Jean VIII lui avoit envoyés.

Ces graces purement temporelles ne suffisoient pas pour décorer cette Eglise naissante ; Charles-le-Chauve lui en procura de plus précieuses de la part de la Puissance ecclesiastique. A sa sollicitation le Pape Jean VIII accorda un privilege célebre à l'Eglise de Compiegne, dont ses Légats sans doute étoient les porteurs. Ce privilege fut confirmé par tous les Evêques assemblés pour la Dédicace, & le Roi le rappelle avec honneur dans la Charte de sa fondation.

C'est dans cette Charte, rapportée en entier dans le Spicilege de Dom Luc d'Achery (*b*) dans la Diplomatique & dans les Annales du Pere Mabillon (*c*) ; Charte exposée à la critique la plus sévere du Parlement, & autorisée par un de ses Arrêts de l'an 1271, *regist. olim* ; que Charles-le-Chauve déclare avoir fait bâtir un Monastere dans son Palais même de Compiegne : *In Palatio videlicet Compendio Monasterium cui regium vocabulum dedimus fundo tenùs extruximus.* Il y ajoute qu'il y a établi cent Ecclésiastiques destinés à prier sans cesse pour l'Eglise, pour la Famille Royale, & pour la prospérité de l'Etat. Il y autorise le privilege du Pape Jean VIII. *Sed hæc nostræ pietatis concessio, & Imperialis Altitudinis sanctio ita perpetuò conservetur, sicut in privilegio Domini & sanctissimi Patris nostri Joannis, apostolici & universalis Papæ, ac aliorum Episcoporum privilegiis continetur astipulatum.* En un mot, ce Prince y rassemble tout ce qui étoit nécessaire pour la gloire d'une Chapelle de son Palais.

Ce n'est pas seulement par cette Charte que nous connoissons

(a) *Annal. Bertin. tom. 3. Duch. Histor. Francor. p. 251.*
(b) *Spicil. tom. 10, p. 160.*
(c) *Diplom. p. 40. & Annal. Bened. tom. 3. p. 681 & seq.*

l'histoire d'une fondation si digne de la Majesté d'un grand Empereur; les monumens publics les plus étrangers à l'Eglise de Compiegne s'accordent parfaitement avec ces Titres. L'Auteur des Annales de Saint Bertin (a), qui vivoit dans le temps de cette fondation, nous rend compte de toutes les circonstances de la Dédicace de cette Eglise; c'est lui qui nous apprend que tous les Evêques de France avoient été convoqués pour se trouver à Compiegne au commencement du mois de Mai, qui nous donne les noms des Légats que le Pape avoit envoyés, & qui assisterent en son nom à la Dédicace, & qui explique tout ce qui a rapport à cet évenement.

A peine Charles-le-Chauve eut-il terminé cette cérémonie, qu'il se rendit aux Etats de son Royaume, convoqués à Kiersi pour le mois de Juin de la même année. Les Capitulaires de cet Empereur (b) font foi qu'il rendit compte à ses Peuples de la fondation qu'il venoit d'exécuter, & du privilege dont le Pape avoit honoré sa Chapelle. Il y recommanda singulierement à son Fils & à ses Sujets de respecter cette Eglise, & de maintenir dans toute son autorité le privilege du Pape: *Monasterium à nobis in Compendio in honore Sanctæ Dei Genitricis Mariæ constructum, à Filio nostro & Fidelibus nostris eo tenore quo cæpimus honoretur, & privilegium à Domino Papâ & omnibus Episcopis confirmatum, Imperiale etiam decretum ab omnibus Fidelibus pro Dei & nostro amore benignissimè atque inviolabiliter conservetur, & à Filio nostro firmetur.* Les Etats généraux qui avoient répondu au premier article proposé par l'Empereur: *Omnes collaudamus, & conservare volumus*, répondirent à celui-ci: *De secundo similiter respondemus.*

Telle est l'origine respectable des privileges de l'Eglise de S. Corneille: c'est un Roi de France, son Fondateur, qui les a obtenus, c'est le Pape qui les a accordés; tous les Evêques les ont confirmés, & la Nation entiere a juré solemnellement à son Roi qu'elle les maintiendroit dans toute leur vigueur. Il ne faut pas être surpris après cela s'ils ont été respectés dans tous les temps, s'ils ont été confirmés par tant de Titres qui en ont expliqué la juste étendue, & si une possession de plus de huit siecles leur a donné un nouveau degré d'autorité. Pour donner une idée exacte & de ces titres & de cette possession, il faut

(a) *Ann. Bert. ibid.*

(b) *Capitular. Carol. Calvi. to. 2. Duch. Histor. Francor. p.* 461, & *Edit. Balusii, to.* 2, *pag.* 259.

partager tous les temps révolus depuis la fondation, en trois époques. La premiere finit en 1150, c'est-à-dire, au temps que les Religieux de S. Benoît ont été introduits dans l'Eglise de Compiegne, & ont été substitués en la place des Chanoines qui y avoient été établis dans le temps de sa fondation. La seconde se termine au fameux Jugement de 1284, qui fixa si clairement les droits respectifs de l'Eglise de Soissons & de celle de Compiegne. Enfin la troisieme comprend tout ce qui s'est passé depuis.

I. On ne trouve pas un grand nombre de Titres pendant le premier temps, il n'en faut pas être surpris. Pendant le cours de tant de siecles qui nous séparent, combien d'actes importans ont péri au milieu de cette variété infinie d'événemens qui sont survenus. Dans l'Eglise de Compiegne en particulier on trouve deux incendies arrivés sous le regne de Charles-le-Simple : ce Prince, par deux Chartes dont on parlera dans la suite, entreprit de réparer cette perte ; mais les Titres brûlés ne peuvent être rétablis. La révolution arrivée dans la même Eglise par l'expulsion du Clergé séculier, étoit seule capable de lui enlever ses plus précieux monumens, les Chanoines ayant emporté (a) presque tout ce qui étoit en leur possession, comme on l'établira dans la suite. Cependant outre la charte originale de la fondation de Charles-le-Chauve, on a conservé encore trois Chartes du Roi Charles IV, dit le Simple, & une de Louis IV, dit d'Outremer, qui ont été données sur les originaux par le Pere Mabillon dans sa Diplomatique (b). Il y est fait mention de la Jurisdiction de l'Eglise de S. Corneille sur les Chanoines de S. Clément, & sur la Chapelle de S. Lazare. Cette Jurisdiction ne pouvoit être fondée que sur le privilege de Jean VIII : ainsi sa disposition commence à se développer ; mais elle va bientôt paroître dans tout son jour en consultant les Titres qui suivent.

Le premier est une Charte du Roi Philippe I. de l'année 1085, dans laquelle, après avoir rappellé la fondation faite par Charles-le-Chauve, & la célebre Dédicace qui l'avoit accompagnée, il ajoute que l'Eglise de S. Corneille s'étoit maintenue jusqu'alors dans l'éclat de sa premiere liberté, en sorte qu'elle n'avoit été sujette à aucun Métropolitain, ni à aucun Evêque, & singulierement qu'elle n'avoit jamais reconnu l'Evêque de Soissons : *Nullius Metropolitani, Episcopi, nec ipsius Suessionensis fuisse constat obnoxiam*. Ce n'étoit pas sur l'exposé des Chanoines

(a) *Vid. Ep. 162 & 163. Suger. tom. 4. Duch. Hist. Francor.*
(b) *Vid. Diplom. p. 560 & seq.*

que le Roi parloit ainsi ; c'étoit ce qu'il avoit soutenu lui-même dans un Concile de Compiegne, en présence de plusieurs Archevêques & Evêques, & entr'autres de Hilgot, Evêque de Soissons ; & sur ce fondement il ordonne *quod nullus Primus, nullus Metropolitanus, nullus Episcopus illos ad judicia compellat vel invitet, nec aliquando justitiare præsumat, tam nostro tempore, quàm Successorum nostrorum.*

Le second Titre est une autre Charte du même Prince de l'année 1092, dans laquelle, en conséquence des privileges accordés à cette Eglise, il défend d'exercer aucune Jurisdiction dans tout le Territoire donné par ses Prédécesseurs à l'Eglise de S. Corneille : *Cum privilegiis ita nobilitata existat ac præmunita, ut nullus sine anathematis incursione possit violentiam inferre, vel dominationem exercere per omnem terram quam præfatus antecessor noster Carolus vel Successores ejus dicto loco contulerunt.*

Enfin la troisieme piece est une Bulle du Pape Calixte II. de l'année 1118. Le Pape y expose d'abord que suivant la suite des Titres de l'Eglise de Compiegne, elle appartient singulierement au Siege de Rome, & se trouve soumise à son autorité seule : *Idem enim locus prout veterum monumentorum series manifestat ad Sedem Apostolicam pertinere, & in Romanæ Ecclesiæ jure cognoscitur permanere.* Le Pape confirme tous ces privileges, & en conséquence il permet au Chapitre de Compiegne d'excommunier ceux qui par une entreprise téméraire attenteroient à ses droits, & d'absoudre ceux qui auroient réparé leurs injustices. Il défend aux Chanoines de reconnoître d'autre Juge que le Pape ou son Légat, & il veut qu'ils demeurent exempts de toute soumission envers tous Evêques & autres personnes : *Liberi maneatis.*

Ainsi dans ce premier temps que la Jurisdiction de S. Corneille a été maintenue dans toute sa splendeur, les Rois qui la regardoient en quelque maniere comme leur ouvrage, puisque c'étoit en leur faveur qu'elle avoit été accordée, en étoient non-seulement les Protecteurs, mais même les Défenseurs. Soutenus de leur autorité, les Chanoines souffrirent peu de contradiction ; & c'est peut-être une des causes qui ont contribué à nous fournir peu de Titres dans cette premiere époque. Mais heureusement ceux qui nous sont restés, sont trop puissans & trop décisifs, pour que l'on puisse douter de l'exercice libre de cette Jurisdiction aussi ancienne que l'Eglise de Compiegne.

II. La seconde époque commence par une grande révolution

dans l'Eglise de Compiegne. La conduite peu édifiante des Chanoines en fut la cause. Le Roi Louis le Jeune ne put être insensible au scandale (*a*) que ce désordre causoit : il réjaillissoit en quelque sorte jusques sur la Majesté du Souverain, puisque c'étoit une Eglise Royale, & la Chapelle même d'un de ses Palais. Pour le faire cesser, ce Prince se détermina à chasser les Chanoines, & à leur substituer des Religieux de Saint Benoît; mais comme cela ne se pouvoit faire qu'avec le concours de l'autorité ecclésiastique, il s'adressa au Pape Eugene III comme au seul Supérieur de cette Eglise. Le Pape (*b*) députa, pour faire ce changement, Baudouin, Evêque de Noyon, & Suger, Abbé de Saint-Denys. On voit par les Lettres de l'un & de l'autre au Pape, quelle étoit leur commission, & de quelle maniere elle fut exécutée. Baudouin (*c*) y rappelle d'abord l'éclat & la Jurisdiction de l'Eglise de Compiegne : *Ecclesiam Compendiensem tam celebrem, tam famosam, tantâ denique autoritate subnixam.* Il rend compte ensuite de ce qui s'étoit passé dans l'introduction des Religieux : *Monachos deputavimus, Abbatem virum religiosum & strenuum canonicè electum constituimus, & in festivitate beatorum Martyrum Cornelii & Cypriani, quæ celebritas ibi maxima est,* SOLEMNITER BENEDIXIMUS. Et ailleurs (*d*) en parlant du nouvel Abbé, il dit : *Benedictus est Abbas, imposita est illi cura & sollicitudo Subjectorum suorum.* Et ainsi dans le Diocese de Soissons, c'est un Evêque de Noyon, qui confirme un Abbé élu, qui le bénit solemnellement, & cela comme Commissaire du Pape.

Quelle preuve plus éclatante de l'exemption de cette Eglise dans le temps même de l'introduction des Religieux Bénédictins? Aussi l'Abbé Suger, dans sa Lettre au même Pape, y reconnoît la Jurisdiction immédiate du Saint Siege (*e*) : *Nobilis Compendiensis Ecclesia quæ de Jure beati Petri vestrâ innititur autoritate, una de nobilioribus Galliarum, &c.* Le Roi autorisa & soutint par sa présence (*f*) tout ce qui fut fait par les Commissaires du Pape; il confirma même expressément par une Charte de l'année 1150 l'établissement des Religieux. On trouve en la même

(a) *Vide Epist.* 156, 157, 158, 159, 160, 161, 162, 163, 164, *inter Epist. Sugeri tom.* 4. *Duch. Hist. Francorum, p.* 542 *& seq.*
(b) *Ibidem, Ep.* 156.
(c) *Ibidem, Ep.* 162.
(d) *Ibidem, Ep.* 157.
(e) *Ibidem, Ep.* 163.
(f) *Ibidem, Ep.* 162 *& seq.*

année une Bulle de ce Pape, qui non-seulement autorise ce changement, mais qui confirme aussi les libertés données par ses prédécesseurs à l'Eglise de Saint Corneille, & en conséquence ordonne que le Monastere ne reconnoîtra ni Archevêque ni Evêque pour Supérieur, mais le Pape seul : *Libertatem à prædecessoribus nostris Romanis Pontificibus ipsi Monasterio concessam confirmamus. Constituimus quoque ut nulli Archiepiscopo, vel Episcopo, nisi tantùm Romano Pontifici Monasterium ipsum subjaceat.*

Ce changement ne se fit pas sans éprouver de grands obstacles : un des principaux (*a*) vint de la part de Philippe, frere du Roi Louis le Jeune, qui étoit actuellement Chanoine & Trésorier de l'Eglise de Compiegne. Profitant de l'autorité que lui donnoit sa naissance, il refusa de remettre le Trésor entre les mains de l'Abbé & des Religieux. Le Pape Adrien IV fut obligé d'en écrire à Henry, Evêque de Beauvais, autre frere du Roi & du Trésorier, pour qu'il exhortât Philippe son frere à remettre le Trésor à l'Abbé (*b*) : *Et quoniam dilectus filius noster Philippus frater tuus Thesaurum ipsius Ecclesiæ adhuc detinere dicitur, frequens apud eum exhortatio non desit, ut Thesaurus ipse in manus præfati Abbatis debeat devenire.* Les Chanoines, de leur part, empressés à dépouiller l'Eglise qui leur étoit enlevée, emporterent beaucoup de titres (*c*) & d'effets : c'est ce qui obligea le fameux Suger d'écrire au Comte de Vermandois pour empêcher ces enlevemens ; mais cet ordre vint un peu trop tard, comme il paroit par la réponse du Comte, qui porte que les Chanoines avoient déjà emporté la plûpart des choses, & qu'il feroit saisir le reste : *Canonici maximam partem eorum asportari fecerunt; quod vero residuum est, totum saisiri faciam.*

Cependant l'autorité du Pape & du Roi prévalut enfin, & les Religieux demeurerent tranquilles possesseurs du Monastere, & de tous les droits qui y étoient attachés : les Titres qui les confirment, sont en si grand nombre dans cette seconde époque, qu'on ne peut pas entrer dans le détail. Il suffira d'observer que les Papes Eugene III, Adrien IV, Alexandre III, Luce III, Celestin III & Innocent III, comblerent, comme à l'envi, les Religieux de Compiegne, de Bulles qui, en confirmant la

(a) *Ibidem*, *Epist.* 159 & 161. *Martene*, *coll. tom.* 1, *pag.* 874.
(b) *Martene*, *ibidem*, *tom.* 1, *pag.* 642.
(c) *Epist. Suger.* 160, 162 & 163.

Jurisdiction de leur Eglise, en expliquoient tous les attributs. Ainsi Adrien IV écrivant aux Clercs de Compiegne, leur mande que le Pape doit singulierement veiller à conserver les droits des Eglises, dans lesquelles la Religion a été plantée (ce sont ses termes) par la main de la sainte Eglise Romaine. Il ajoute que telle est l'Eglise de Compiegne. C'est donc le Saint Siege, qui l'a, pour ainsi dire, formée. Est-il extraordinaire après cela qu'il ait voulu la maintenir toujours sous sa Jurisdiction? Dans cet esprit, le Pape ordonne aux Clercs de Compiegne d'obéir entierement à l'Abbé: *Mandamus quatenus debitam eidem Abbati ut Decano vestro exhibeatis obedientiam.*

Alexandre III confirme la Jurisdiction du Monastere sur l'Eglise de S. Clement, comme il en avoit toujours joui: *Auctoritatem & Jurisdictionem quam Monasterium vestrum in Ecclesiâ Sancti Clementis usque ad tempora nostra habuisse dignoscitur, vobis, & per vos eidem Monasterio, auctoritate apostolicâ confirmamus.*

On trouve la même chose dans une Bulle de Luce III, Celestin III, portant plus loin ses faveurs, non-seulement confirme l'indépendance de l'Abbaye à l'égard de l'Evêque de Soissons, mais ordonne même que si on obtenoit des Lettres du Saint Siege, adressées à l'Evêque de Soissons, ou à ceux qui lui sont soumis, l'Abbé & les Religieux de Compiegne ne seront point tenus de les reconnoître pour Juges; en sorte qu'ils ne pourront exercer sur le Monastere ni une Jurisdiction propre, ni une Jurisdiction même empruntée. Sur ce fondement, le Pape déclare nulle une Sentence d'excommunication prononcée par l'Evêque de Soissons contre des Prêtres & des Clercs soumis à la Jurisdiction de S. Corneille: *Contra Presbyteros & Clericos vestros.* Cette même Jurisdiction sur tous les Ecclésiastiques demeurans dans le Territoire de Compiegne, se trouve confirmée par une Bulle d'Innocent III. *Jurisdictionem & potestatem quam super Clericos intra terminos Compendii habitantes, usque ad hæc tempora rationabiliter habuistis, & nunc etiam justè & pacificè possidetis, vobis & per vos Monasterio Compendiensi, auctoritate apostolicâ confirmamus.*

Une Jurisdiction si éclatante ne pouvoit manquer d'exciter la jalousie des Evêques de Soissons, ils auroient bien voulu la renverser entierement; mais ne pouvant se flatter d'y réussir, ils se réduisirent à vouloir y donner des bornes par rapport aux Paroisses de Compiegne. Il n'y en avoit eu qu'une pendant longtemps, c'étoit celle de Saint Germain: le Peuple s'étant augmenté, il parut nécessaire d'augmenter aussi le nombre des Paroisses,

Paroisses, & l'on résolut d'en faire trois. Mais plus elles se multiplioient, plus les Evêques de Soissons furent attentifs à enlever une partie de la Jurisdiction de l'Abbaye, sous prétexte que s'agissant du soin des ames, on ne pouvoit leur contester le droit d'y veiller.

Pour régler cette difficulté, Eudes, Evêque de Paris, & Hugues, Abbé de Saint-Denis, furent choisis pour arbitres; ils rendirent leur Sentence, conformément à laquelle il fut convenu par Nivelon, Evêque de Soissons, que le partage de la Paroisse de Compiegne seroit fait, & que les trois nouvelles Paroisses dépendroient de l'Evêque, quant à ce qui regardoit le soin des ames, & demeureroient toujours au patronage des Religieux; mais que par rapport à toutes les autres Eglises ou Chapelles qui étoient bâties, ou qui le seroient dans la suite dans le territoire de Compiegne, pourvu qu'elles ne fussent pas paroissiales, elles demeureroient toujours dans la dépendance de l'Abbaye, sans que l'Evêque y pût prétendre aucun droit: *Reliquæ vero Ecclesiæ sive Capellæ quæ intrà terminos territorii Compendiensis constructæ sunt, vel construendæ, quæ tamen parochiales non sunt, in suâ libertate manebunt; ita scilicet quod Episcopus & Successores ejus nihil juris in eis poterunt vendicare.* On ajoute que l'Abbé, pour l'usage de ses Eglises, pourra prendre le saint chrême de tel Evêque qu'il voudra; mais que les Curés le prendront de l'Evêque de Soissons seul.

Ainsi la Jurisdiction de l'Abbé & des Religieux de Saint Corneille a été solemnellement confirmée, non-seulement par le suffrage des Juges choisis, mais encore par l'Evêque de Soissons lui-même. Cette Jurisdiction ne s'étend pas seulement sur le Monastere, mais encore sur tout le territoire de Compiegne, tant pour les Eglises qui étoient alors bâties, que pour celles qui le seroient; on n'excepte uniquement que les Eglises paroissiales, pour ce qui avoit rapport au soin des ames. Cette transaction passée en 1199, est d'autant plus solemnelle, qu'elle fut confirmée en particulier par une Bulle d'Innocent III. Ce même Pape adressa en 1212 une Commission aux Abbés de Lagny & de Châlis, pour informer des droits de la Jurisdiction de Saint-Corneille de Compiegne. Ces Commissaires procéderent à leur enquête en 1214. C'est-là que l'on voit dans un grand détail quelle étoit la possession des Abbé & Religieux de Compiegne pour l'exercice de la Jurisdiction. Tous les témoins y reconnoissent que l'Abbaye avoit toute la Jurisdiction sur les

Clercs & sur la ville de Compiegne ; qu'elle en étoit en possession publique & immémoriale, jusqu'à prononcer des interdits auxquels tous les Prêtres obéissoient ; que les serviteurs & les fieffés de l'Abbaye appartenoient à la Cure du Crucifix ; qu'aucun Evêque n'avoit de Jurisdiction sur le Monastere ; que les Curés de la Ville recevoient le saint chrême de l'Evêque depuis quelque tems, mais qu'ils prenoient l'huile des malades des Abbé & Religieux ; qu'on ne recevoit point de Prédicateurs dans les Paroisses que de l'ordre de l'Abbé. Par ces traits, & par d'autres répandus dans l'enquête, il est facile de juger de l'étendue de la Jurisdiction de Saint-Corneille.

On a produit encore plusieurs Bulles obtenues dans les années suivantes, qui ont toujours maintenu l'Abbaye de Saint-Corneille dans les mêmes droits ; une d'Honoré III, deux d'Innocent IV ; l'une confirme en général la Jurisdiction de l'Abbaye sur les Clercs de Compiegne ; l'autre ordonne l'exécution d'une Sentence arbitrale rendue en 1220 par Joseph, Abbé d'Ourcamp, Simon, Religieux de Compiegne, & Hugues, Chanoine de Soissons, qui, suivant toujours le tempérament pris dans le Jugement & dans la transaction de 1199, portoit que, *cessantibus parochialibus Ecclesiis Compend. ad mandatum Domini Episcopi pro se & subditis suis, cessabunt omnes Ecclesiæ & Capellæ pertinentes ad mandatum Abbatis & Monachorum* La même Sentence arbitrale de l'Abbé d'Ourcamp conservoit aux Religieux le droit d'exercer toutes les fonctions curiales à l'égard de leurs domestiques, & même de huit fieffés, & autres Sujets de l'Abbaye, qui étant regardés comme dans une dépendance singuliere du Monastere, demeuroient exempts de la Jurisdiction de l'Evêque de Soissons & des Curés de Compiegne : c'est ce qui a formé jusqu'à présent une Cure exempte dans l'intérieur de l'Abbaye, appellée la Cure du Crucifix. Cette Sentence arbitrale fut confirmée, on le répete, par la seconde Bulle d'Innocent IV.

Pendant ce même temps, outre les titres généraux qui soutiennent la Jurisdiction sur toutes les Eglises du territoire de Compiegne, on en trouve plusieurs qui concernent en particulier l'Hôtel-Dieu de la même Ville, & maintiennent la Jurisdiction de l'Abbaye, tant pour le spirituel que pour le temporel, sur ceux ou celles qui le desservoient. Cet Hôtel-Dieu, destiné pour la retraite des pauvres, a été successivement gouverné par différentes personnes ; d'abord c'étoient des Freres qui avoient soin des pauvres. On voit aussi qu'il y avoit des Sœurs qui leur étoient associées ; ensuite les Religieux de la Rédemption des Captifs trouverent le moyen de s'y introduire. Enfin cet Hôpital a été cédé aux Religieuses qui y sont seules depuis long-tems, & cette Maison s'appelle l'Hôtel-Dieu, ou Prieuré de Saint Nicolas-du-Pont, parce qu'il est vis-à-vis du pont de Compiegne. Dans tous ces différens états, cet Hôtel-Dieu a toujours été soumis à la Jurisdiction de l'Abbaye de Saint Corneille.

Entre plusieurs Bulles qui l'établissent, on en trouve une d'Alexandre III dans l'année 1163, dans laquelle ce Pape, qui avoit commis auparavant les Evêques de Noyon & de Senlis, pour s'informer des droits & de la possession de l'Abbaye de Saint Corneille, décide sur leur relation, que cet Hôpital demeurera sous la Jurisdiction de l'Abbé & des Religieux : *idem Hospitale vobis & per vos Monasterio vestro, auctoritate Apostolicâ duximus confirmandum.* Cela paroît encore par une Lettre (a) du même Pape au Roi Louis le Jeune, où en parlant de l'Eglise de Compiegne, il se sert de ces termes : *Compendiense Monasterium & Abbatem & Fratres..... tantò attentiùs tuæ magnitudini commendamus, quantò idem Monasterium ad Jus B. Petri specialiùs respicit & tutelam, regiæ tuitioni ampliori noscitur provisione commissum.* Et ensuite parlant de l'Hôpital : *Hospitalem Domum quæ ad Jus ipsius Monasterii pertinet.* Ce fut en usant de ce pouvoir, que l'Abbé de Saint Corneille prononça en 1271 une Sentence d'excommunication contre les Trinitaires qui desservoient cet Hôtel-Dieu. Le pape Grégoire X. ayant appris que ces Religieux refusoient de s'y soumettre, commit par une Bulle de la même année l'Abbé de Saint Faron, & les Doyen & Chanoines de Meaux, pour la faire exécuter.

Tous ces titres qui se prêtent un secours mutuel, n'empêcherent pas qu'il ne s'élevât de nouvelles contestations entre l'Evêque de Soissons & l'Abbé & les Religieux de Compiegne. Ce n'étoit pas par rapport à la Jurisdiction de l'Abbaye de Saint Corneille sur le Monastere & sur les Chapitres & autres Eglises qui y étoient entierement soumises, mais par rapport aux Paroisses dans lesquelles on avoit bien donné à l'Evêque la Jurisdiction pour ce qui regardoit le soin des ames, mais dans lesquelles on n'avoit pas anéanti au surplus les droits de l'Abbaye. Pour régler ces difficultés, on convint de deux arbitres, & en cas d'avis

(a) *Duch. Hist. Francor. tom. 4, p. 618.*

différent; on choisit l'Evêque d'Amiens pour les départager. Ce Prélat, après avoir pesé les droits des Parties, fit enfin rédiger le fameux Réglement de 1284, dont il est nécessaire de rapporter les principaux articles.

1°. On ordonne que l'Evêque de Soissons & l'Abbé de Saint Corneille nommeront alternativement d'année en année un Grand-Vicaire dans la ville de Compiegne, pour juger toutes les choses spirituelles, soit civilement, soit criminellement. 2°. On regle les qualités de ce Grand-Vicaire, & la maniere dont il prêtera serment. 3°. On excepte de la Jurisdiction du Grand-Vicaire, d'un côté, les Ecclésiastiques attachés à la personne de l'Evêque; de l'autre, les Religieux, Convers, Serviteurs, Domestiques de l'Abbaye & les huit Fieffés. 4°. On en excepte encore singulierement les Clercs & Chapelains des Eglises dépendantes dudit Monastere, bâties & à bâtir dans la ville & sur son territoire, & particulierement *celles de Saint Pierre, Saint Clément, Saint Nicolas, Saint Maurice, avec tous les Hôpitaux & Maladreries; sur tous lesquels lieux & personnes le seul Abbé de Compiégne, OU LE CONVENT, LE SIEGE VACANT, auront toute sorte de correction & de Jurisdiction, & tous les profits & émolumens en provenans, d'autant que toutes les choses ci-dessus exprimées*, ajoutent les Arbitres, *tant les personnes que les Eglises, ont été reconnues par nous appartenir audit Abbé & à son Monastere, en vertu de leurs privileges, possessions immémoriales, traités & concordats; lesquels privileges, traités & concordats nous avons vus & lus entierement & de mot à mot*. 5°. On soumet à l'Evêque de Soissons seul les Vicaires perpétuels, ou Curés de Compiegne. 6°. On ordonne que les Abbé & Religieux seront tenus de suivre & de garder les Sentences d'excommunication, & autres censures prononcées par l'Evêque contre les Clercs ou Laïcs de la ville de Compiegne; & que réciproquement l'Evêque sera tenu de garder de même les Sentences d'excommunication, ou autres, prononcées par l'Abbé, ou par les Religieux, le Siege vacant. Il y a encore quelques autres dispositions moins importantes, après lesquelles il est dit que l'Evêque de Soissons & l'Abbé de Compiegne, & leurs successeurs, promettront & jureront *sur les saints Evangiles*, de garder inviolablement & de bonne foi toutes les choses précédemment exprimées.

Milon, alors Evêque de Soissons, se soumit aussi-tôt à ce Jugement, & le ratifia, tant pour lui que pour ses successeurs

C'est ainsi que les droits de l'Eglise de Compiegne ont reçu une nouvelle autorité des difficultés qui se présenterent alors ; sa Jurisdiction entiere & sans partage est conservée sur le Monastere & sur toutes les Eglises non paroissiales ; à l'égard des autres Clercs & Laïcs de la Ville, c'est une Jurisdiction commune qui lui est conservée ; & cela par un Evêque choisi pour sur-arbitre, dont la décision ne doit pas être suspecte à l'Episcopat, mais qui ne put résister à la force des titres qui lui furent présentés, qu'il lut entierement de mot à mot ; c'est donc dans une parfaite connoissance de cause qu'il a statué. Ce Jugement solemnel mit fin à toutes les contestations qu'une jalousie de Jurisdiction avoit excitées. Il a été regardé comme la Loi des Eglises de Soissons & de Compiegne, qui dans tous les tems se sont fait un devoir de l'exécuter, comme on le va voir dans la troisieme époque, qui comprend tout ce qui s'est passé depuis 1284 jusqu'à présent.

III. Dans ce dernier tems, on n'entend plus parler de troubles ni de divisions au sujet de la Jurisdiction entre MM. les Evêques de Soissons & les Abbés de Saint Corneille de Compiegne ; on ne voit plus même que l'on ait eu recours à Rome pour confirmer cette Jurisdiction, cela avoit été nécessaire dans les premiers tems pour l'affermir ; cela l'avoit encore été après le changement arrivé par l'introduction des Moines de Saint Benoît, pour qu'on ne pût pas leur opposer que cette Jurisdiction fût personnelle aux Chanoines ; mais depuis que tant de titres avoient concouru pour la former & pour la maintenir, depuis que par de si sages Réglemens on avoit mis ordre à tout ce qui pouvoit intéresser les droits de l'Episcopat : on ne voit plus dans les siecles qui ont suivi, qu'une jouissance paisible de ses droits si solidement affermis, qu'une heureuse harmonie toujours subsistante entre Messieurs les Evêques de Soissons, & les Religieux de Compiegne. Non-seulement ceux-ci ont exercé sans trouble leur Jurisdiction, mais on diroit que les Evêques se sont fait honneur de la soutenir par tous les actes qu'ils ont passés, soit pour déclarer qu'ils ne prétendoient pas y donner atteinte, soit même pour la seconder.

On a donc produit une foule d'actes d'exercice de cette Jurisdiction : c'est dans ces titres qu'on trouve qu'Ansericus, Abbé de Compiegne, dressa en 1358 des regles pour l'Hôtel-Dieu de Saint Nicolas-du-Pont ; qu'elles furent publiées en 1362 par Raymond son successeur, & confirmées en 1418 par

Guillaume, Abbé de Saint Corneille; que depuis ce tems toutes les visites régulieres ont été faites dans cet Hôtel-Dieu par les Abbés ou Prieurs de Saint Corneille; que ce sont eux qui ont donné des Confesseurs aux Religieuses, qui ont examiné les Novices, présidé à l'élection des Prieures, donné les permissions pour sortir, en un mot, exercé la Jurisdiction sur l'Hôtel-Dieu & les Religieuses dans toute son étendue. Les Evêques, loin de les troubler dans aucune partie de leur Jurisdiction, l'ont reconnue dans tous les tems : ainsi en 1546 un Evêque, suffragant de celui de Soissons, ayant rempli quelques fonctions épiscopales dans l'Abbaye de Compiegne, par la permission du Grand-Vicaire de l'Abbé, & des Religieux, déclara par un acte authentique, qu'il n'avoit prétendu déroger en rien aux droits & priviléges du Monastere, qu'il reconnut être soumis à l'Eglise Romaine seule : *ad Romanam Ecclesiam nullo medio pertinentis.* De semblables reconnoissances ont été fournies dans les termes les plus forts, par M. Hennequin, Evêque de Soissons, en 1610, par M. le Gras, en 1636 & 1646, & par M. Bourlon en 1653 & 1657.

Celui-ci, même depuis l'union de la mense abbatiale de Compiegne au Monastere du Val-de-Grace, passa avec les Religieux une célebre transaction, de l'avis des sieurs de Sainte-Beuve & Cheron, au sujet des *Te Deum*, Prieres publiques & Processions générales qui se doivent faire dans la ville de Compiegne, dont le premier article porte, que *tous les priviléges, libertés, franchises, immunités, prérogatives, prééminences, & tous autres droits appartenans à ladite Abbaye, tant dans l'enclos d'icelle, que sur les lieux & personnes qui en dépendent, demeureront en leur entier, & seront conservés sans y contrevenir.*

Enfin, il faut joindre à tant de monumens la reconnoissance de M. de Soissons lui-même, qui donnant en 1716 une permission de confesser, ajoute par forme d'exception, que l'Ecclésiastique qu'il approuve pourra confesser dans l'Eglise de Saint Nicolas, *si à Reverendo Patre Priore Sancti Cornelii requisitus fuerit.* Le même Prélat renouvella cette permission en 1717 & 1718; ainsi se renfermant dans les bornes de son autorité, il ne vouloit point entreprendre sur la Jurisdiction de l'Abbaye; pourquoi donc a-t-il changé de sentiment, & traite-t-il aujourd'hui de chimere ce qu'il regardoit alors comme un droit incontestable? En vain a-t-il voulu éluder la force de cette reconnoissance, en disant qu'il regardoit le Prieur de Saint Corneille comme un Supérieur local & subordonné : car pouvoit-il ignorer qu'il ne lui avoit jamais donné d'institution ? C'est donc à la Jurisdiction propre de l'Abbaye qu'il a déféré.

Cet acte faisoit trop d'honneur aux Religieux pour ne pas s'en servir ; un Prélat aussi éclairé & aussi attentif sur ses droits que M. l'Evêque de Soissons, n'auroit pas par trois fois différentes rappellé le droit de l'Abbaye dans le point le plus essentiel de sa Jurisdiction, qui est le pouvoir de confesser, s'il n'avoit connu par lui-même qu'elle étoit bien établie. Cependant, par un malheur que l'on auroit eu peine à prévoir, c'est cette piece même qui paroit avoir irrité M. de Soissons, & qui dans son Mémoire l'a fait sortir de ce caractere de politesse qu'il paroissoit garder encore pour les Religieux ; il n'a pu souffrir qu'on lui opposât son propre ouvrage ; il a cru ne pouvoir mieux punir les Religieux que par un démenti aussi sec qu'humiliant : ce sera au Public à juger si les Religieux se l'étoient attiré.

Une Jurisdiction si favorable, soutenue par tant de titres, & reconnue par nos plus célébres Jurisconsultes, comme le fameux René Chopin (*a*), qui cite une Bulle du Pape Urbain III, pour la confirmer ; une telle Jurisdiction paroissoit être à l'abri des critiques les plus téméraires : mais elle n'a pu mériter grace aux yeux de M. de Soissons ; plus elle est éclatante, & plus il a cru se signaler en la combattant : c'est sur les débris de tant de Bulles, de tant de Chartes & de tant de Jugemens, qu'il veut s'ériger un trophée.

D'abord l'entreprise n'a commencé que par quelques Ordonnances qui donnoient atteinte à la Jurisdiction de l'Abbaye sur l'Hôtel-Dieu ou Prieuré de Saint-Nicolas-du-Pont. Les Dames Abbesses & Religieuses du Val-de-Grace qui jouissent de la Mense Abbatiale de Saint-Corneille, & qui doivent en soutenir les droits, se joignirent aux Religieux de Compiegne, & en porterent l'appel comme d'abus au Grand-Conseil. Aussi-tôt M. de Soissons fit rendre un Arrêt qui évoquoit l'affaire à la personne du Roi, & la renvoyoit devant six Commissaires, entre lesquels il obtint que l'on donnât place à trois Prélats ; savoir, M. l'ancien Evêque de Viviers, M. l'Evêque d'Evreux & M. l'Evêque de Nantes, aujourd'hui Archevêque de Rouen. Mais en même-tems qu'il se préparoit ainsi à un combat, dans lequel il croyoit s'être procuré tous les avantages que la prudence

(a) *Chopin, Monastic. l. 1, p. 514.*

lui avoit suggerés, il proposa avec un air de cordialité aux Religieux de terminer cette contestation à l'amiable.

Les Religieux, & principalement les Supérieurs majeurs de la Congrégation, s'y porterent avec tout le zele qui convenoit pour ménager les bonnes graces de M. de Soissons, & en sa personne, de tout le Corps des Evêques, & pour maintenir une paix si précieuse qui subsistoit depuis tant de siecles. Ce fut dans cet esprit que, sacrifiant les droits les plus incontestables, ils hasarderent, sous le bon plaisir du Roi, une proposition dont ils crurent que M. l'Evêque de Soissons seroit infiniment flatté. Nous avons déjà essuyé, disoient-ils, de pareilles contestations de la part de quelques Prélats. Par le conseil des personnes les plus sages & les plus éclairées, on a passé des transactions qui, par un heureux tempérament, ont en quelque maniere concilié les vastes prétentions de l'Episcopat, avec les prérogatives singulieres de quelques-unes de nos Abbayes. Il est inutile de s'épuiser en expédiens pour se rapprocher, il n'y a qu'à suivre des exemples si mémorables, le plan est tout formé: l'Abbaye de Saint Germain-des-Prés avoit une grande Jurisdiction dans le Fauxbourg Saint-Germain; celle de Saint Denis en avoit une pareille dans une partie de la ville du même nom; Messieurs de Perefixe & de Harlay ont eu des prétentions de même nature que la vôtre, elles ont été réglées par des transactions dont ces Prélats ont été contens: nous consentons d'établir entre nous les mêmes loix. Il est vrai que nous ne pouvons pas abandonner les droits d'une fondation royale, & d'une Eglise qui est dans son principe une Sainte-Chapelle de nos Rois; mais ce sera à vous à le faire agréer au Roi, & à obtenir les Lettres-Patentes nécessaires; ce n'est qu'à cette condition que nous faisons ces offres.

S. Corneille de Compiegne étoit originairement une Sainte-Chapelle.

Il n'y a personne qui n'eût pensé qu'une telle proposition eût été acceptée avec joie par M. l'Evêque de Soissons; l'exemple de ces illustres Archevêques de Paris paroissoit devoir le toucher, mais ses vues sont bien plus relevées. Il parut d'abord acquiescer à la proposition; mais aussi-tôt il y ajouta des conditions si injurieuses aux Religieux, & si contraires à ces mêmes transactions qu'on lui avoit proposées pour modele, qu'on vit bien qu'il ne vouloit point de conciliation; & que fier des circonstances dans lesquelles il se trouvoit, il vouloit entierement anéantir les droits de l'Abbaye de Compiegne.

Dans cette situation les Religieux prirent le parti de se défendre, ou plutôt d'exposer au Roi & à son Conseil la nature de de leurs privileges ; quelle en est l'origine & le progrès. C'est l'ouvrage de la piété de nos Rois ; ce sont eux qui les ont obtenus pour une Chapelle de leur Palais, c'est à eux à les abandonner ou à les soutenir ; les Religieux n'en sont que les dépositaires, le droit en réside dans la Couronne : ainsi ce qu'ils ont expliqué, & ce qu'ils vont ajouter pour combattre les prétendus moyens de M. de Soissons, ils ne le font que pour répondre à l'honneur que le Roi leur a fait en leur confiant l'exercice de ces privilèges. Ces privileges ne leur appartiennent point, ils n'ont que le poids du travail ; ce n'est donc point ici leur Cause, mais celle du Roi même.

Pour satisfaire aux vaines critiques de M. de Soissons, on se propose de suivre le même ordre dans lequel il les a expliquées. Ce n'est pas qu'il n'eût été plus régulier d'examiner d'abord la prétendue fausseté des titres, avant que de raisonner sur leurs dispositions ; mais il faut avoir quelque complaisance pour un grand Prélat, & ne pas s'attacher à le relever sur des choses peu importantes, quand on en a de si graves, sur lesquelles il est de l'honneur & du devoir de lui résister.

Réflexions sur l'exemption.

Par les titres dont on vient de rendre compte, il est évident qu'il n'y eut jamais d'exemption mieux établie, plus ancienne, ni plus favorable. On ne s'étendra point, pour prouver que les exemptions en général ne blessent point l'ordre hiérarchique de l'Eglise, qu'elles n'ont rien de contraire à la pureté de ses règles, & qu'elles doivent être confirmées quand elles se trouvent légitimement établies. M. de Soissons le reconnoît trop précisément dans son Mémoire, pour que l'on soit réduit à prouver ce qui n'est point en question : *Ceux qui veulent s'arroger la puissance épiscopale*, dit-il, *doivent montrer qu'ils ont reçu ce pouvoir des Souverains Pontifes, ou ils doivent être rejettés comme des usurpateurs.* Il suffit donc de remonter à la concession du Chef de l'Eglise, & de la prouver par des titres incontestables, pour n'être point traité d'usurpateur, & pour être en état de jouir légitimement de la grace qu'on a reçue.

Par combien de monumens respectables les Religieux de Compiegne ont-ils prouvé qu'ils tenoient leur Jurisdiction du Chef de l'Eglise ? Ce ne sont pas les Chanoines, ce ne sont pas les Religieux qui leur ont succédé, qui se sont appellés eux-mêmes à ce ministère redoutable ; ils n'ont pas usurpé témérairement les droits de l'Episcopat, ils ont reçu leur mission du Chef de l'Eglise, c'est par ses ordres & sous sa direction qu'ils exercent leur autorité.

C'eſt ce que l'on reconnoît dans le premier inſtant que l'Egliſe de Compiegne a commencé à s'élever; la Charte de ſa fondation énonce le privilége du Pape, & le concert de tous les Evêques avec leur Chef pour cimenter cette indépendance; d'âge en âge les Souverains Pontifes l'ont rappellé & confirmé : c'eſt donc un pouvoir légitime qui remonte juſqu'à la ſource de toute la Juriſdiction eccléſiaſtique, & qui a ſon principe dans la miſſion même de Jeſus-Chriſt, & dans le pouvoir qu'il a donné à ſes Apôtres de la communiquer.

Cette Juriſdiction eſt auſſi ancienne que l'Egliſe de Compiegne; ce n'eſt point une Egliſe que l'on ait ſouſtraite à la Juriſdiction de M. l'Evêque de Soiſſons, & ſur laquelle il ait perdu des droits exercés pendant long-tems par ſes prédéceſſeurs; c'eſt dans l'inſtant même qu'elle a été fondée, qu'elle a paſſé ſous la Juriſdiction immédiate du Saint Siege. Le Siege de Soiſſons ne perd rien par cette exemption. Si l'Evêque n'avoit pas conſenti à ces privileges, l'Egliſe n'auroit pas été fondée, & le lieu de Compiegne abandonné par nos Rois, ſeroit demeuré déſert, ſans peuple & ſans Egliſe. De quoi donc peut ſe plaindre M. de Soiſſons? De ce que ſes Prédéceſſeurs ont manqué à acquérir pour lui une Juriſdiction dont ils ne pouvoient jamais eſpérer l'exercice, n'ayant point de peuple qui y fût ſoumis. Ces plaintes, en vérité, ont-elles mêmes quelque couleur?

Caractere des exemptions abuſives.

Enfin, cette exemption eſt favorable; car outre les circonſtances que l'on vient de relever, il faut obſerver que ce ne ſont pas ici des privileges qui aient été demandés par des Eccléſiaſtiques, dans la vue de ſecouer le joug de la vigilance de leur Evêque, ou pour s'arroger un Tribunal qui flattât leur vanité : ce ne ſont point de ces privileges obtenus par ſurpriſe, par intrigue, ou même par des voies plus odieuſes encore. C'eſt ce qui a pu dans quelques occaſions exciter le zèle des Magiſtrats & des perſonnes de piété, contre certaines exemptions dont la ſource paroiſſoit ſi vicieuſe.

L'Egliſe a des égards pour les Souverains, & ſur-tout pour nos Rois.

Mais ici il faut néceſſairement ſe former des idées plus nobles & plus pures. Un grand Empereur, par un effet de ſa piété, fonde dans ſon Palais une Egliſe dont il veut faire ſa chapelle. On ſait quels égards l'Egliſe a toujours eus pour les Souverains, & ſur-tout ceux que nos Rois ont mérités de ſa reconnoiſſance par leur zele, par leur attachement pour le Saint Siege, & par tant de libéralités qu'ils ont prodiguées, ſoit en faveur de l'Egliſe Romaine, ſoit en faveur de tant d'autres. Ce grand & pieux Fondateur a exigé, comme une condition de sa donation, que le Pape voulût bien se charger singulierement de cette Eglise, l'affranchir de toute dépendance à l'égard de l'Evêque de Soissons, & lui former un territoire qui fût détaché du Diocèse dans lequel il se trouve, & uni au Diocèse de Rome. En un mot, il a desiré que le Pape fût l'Evêque particulier de ce territoire, & que les Chanoines, & depuis les Religieux, exerçassent sous son autorité la Jurisdiction qu'il jugeroit à propos de leur confier. C'est ce que le Pape a accepté, c'est ce qu'il a ordonné du consentement de tous les Evêques. Ainsi, pour honorer une fondation royale, pour répondre aux vœux d'un Prince respectable à l'Eglise même, le Pape est devenu l'Evêque propre & immédiat de l'Eglise de Compiegne & de ses dépendances; car voilà l'idée juste qu'il faut se faire de l'exemption dont il s'agit.

Il ne faut pas s'imaginer, comme M. de Soissons l'insinue, que les Abbé & Religieux de S. Corneille ayent prétendu se former une espece d'Episcopat : *ils s'appelloient autrefois*, dit-il, *les Evêques de Compiegne ; aujourd'hui plus modestes, ils ne veulent être Evêques que de ce qu'ils appellent leur territoire.* Fausses idées, vaines déclamations, par lesquelles on croit donner une espece de ridicule à des prérogatives que l'on défigure. Les Religieux ne prétendent être Evêques ni de Compiegne, ni de leur territoire; ils reconnoissent l'extrême distance qu'il y a entre cette éminente dignité & la simplicité de leur état, mais par leur privilége, ils n'ont d'autre Evêque que le Pape. L'exemption n'opere qu'un détachement du Diocèse de Soissons, & un accroissement à celui de Rome; & comme tous les jours, par le consentement des Prélats, & par le concours de l'autorité royale & ecclésiastique, on détache certaines Paroisses d'un Diocèse pour les donner à un autre, on a pu, par les privileges de l'Eglise de Compiegne, lui donner un autre Evêque que celui qu'elle devoit avoir naturellement par sa situation. Voilà ce que c'est que cette exemption; & si après cela les Religieux exercent quelques parties de la Jurisdiction ecclésiastique, ce n'est que par le pouvoir qu'ils en ont reçu du Pape leur Evêque, comme un Grand Vicaire les exerce dans le Diocèse de Soissons, dont il ne devient pas pour cela l'Evêque.

S. Corneille de Compiegne par son exemption est du diocèse de Rome.

Qu'y a-t-il donc en cela de si extraordinaire, pour exciter les plaintes de M. de Soissons? Qu'y a-t-il en cela qui ne soit conforme aux regles de l'Eglise? Et quand il auroit fallu s'en écarter en quelque chose, l'Eglise n'a-t-elle pas reconnu que l'on pouvoit, en faveur des Rois & des Princes temporels, accorder quelquefois des graces qu'elle ne répandroit pas sur de simples Particuliers. L'honneur d'une fondation royale, la gloire d'une Eglise élevée dans le Palais même d'un de nos Rois, les vœux, les instances d'un grand Empereur, justifieroient pleinement le privilege, s'il avoit besoin de ces secours. Ce qui se fait en faveur du plus puissant Prince du monde, ne tire point à conséquence, & ne peut exciter la jalousie d'un Prélat redevable à la piété & à la protection des Successeurs de ce Prince, de la paix & de la gloire de son Eglise.

Exemption de la Ste Chapelle de Paris, & autres.

Faut-il des exemples pour confirmer cette vérité? Que l'on jette les yeux sur la Sainte Chapelle de Paris; n'a-t-elle pas au milieu de la Capitale du Royaume les mêmes privileges que l'on conteste à l'Eglise de Compiegne? N'a-t-elle pas un territoire limité, dans lequel M. l'Archevêque de Paris n'a aucune Jurisdiction? Son Tréforier n'a-t-il pas cette Jurisdiction, que l'on appelle communément *quasi-épiscopale*, avec plus de distinction même que l'Abbé & les Religieux de Saint Corneille ne l'ont à Compiegne? Par quelle faveur cette Eglise de la Sainte Chapelle a-t-elle conservé dans Paris cette Jurisdiction? Messieurs les Archevêques de Paris ont-ils manqué d'attention & de crédit pour se faire rendre justice, s'ils avoient été en droit de renverser ses privileges? Mais la faveur d'une Chapelle Royale les a retenus; c'eût été manquer au respect & aux égards dus à la majesté du Souverain, que d'attaquer les privileges de son Palais. Voilà ce qui a obligé les Archevêques de Paris de respecter une Jurisdiction qui intéressoit le Roi même. Quel modele pour M. de Soissons! Mais ce n'est pas seulement dans la Capitale du Royaume que les Chapelles de nos Rois jouissent de cette distinction, elle est commune à toutes les autres Saintes Chapelles. Pourquoi donc celle de Compiegne seroit-elle la seule qui ne conserveroit pas un privilege qui lui est commun avec toutes les autres dans sa cause, dans son origine, dans son exécution, dans ses prérogatives?

Jurisdiction appellée *quasi-épiscopale*.

On pourroit citer à M. de Soissons un exemple encore plus singulier. Guillaume le Conquérant, Duc de Normandie, avoit une Chapelle dans son Palais à Rouen. Il obtint du Pape Benoît IX. une Bulle qui, en érigeant cette Chapelle en Collégiale, l'exemptât de la Jurisdiction de l'Archevêque de Rouen, avec tous les domaines qui appartenoient au Duc de Normandie, & qui composoient cinq Paroisses proche la Ville de Rouen. Par la même Bulle le Pape établit l'Evêque de Lizieux & ses Successeurs à perpétuité, Doyens de cette Collégiale, appellée de Saint Cande-le-Vieil, & lui donna toute la Jurisdiction épiscopale, tant dans l'Église de Saint Cande, que sur les cinq Paroisses en dépendantes. Cette exemption & cette Jurisdiction donnée à un Prélat étranger, n'avoit d'autre principe que la faveur du Duc de Normandie, & ne tendoit qu'à honorer sa Chapelle ducale; cependant cette exemption a subsisté & subsiste encore actuellement au milieu de la Ville de Rouen. M. de Lizieux, en qualité de Doyen de Saint Cande-le-Vieil, exerce toute la Jurisdiction dans cette Eglise & dans cinq Paroisses. Pierre de Luxembourg, Archevêque de Rouen, voulut contester ce droit à l'Evêque de Lizieux en 1440; mais il fut obligé de le reconnoître par une transaction solemnelle qui fut confirmée par le Pape Eugene IV. & l'exercice depuis n'en a pas été moins paisible que public.

Exemption de S. Cande de Rouen accordée aux Ducs de Normandie.

Il est facile de concevoir combien le parallele est avantageux aux Religieux de Compiegne. Ce n'est point ici une simple Chapelle d'un Duc de Normandie, c'est la Chapelle d'un Roi de France & d'un grand Empereur; ce n'est point une Eglise ancienne que l'on a soustraite à la Jurisdiction de l'Evêque de Soissons, c'est une Eglise qui, dans son principe & dans son établissement, a été soumise immédiatement au Pape. Enfin, si on a pu donner la Jurisdiction de l'exemption de Saint Cande à un Evêque étranger, & suffragant même de l'Archevêque de Rouen, à plus forte raison on a pu donner au Pape même, Chef de toute l'Eglise, la Jurisdiction immédiate de Saint Corneille; car, on le répete, c'est l'idée qu'il ne faut pas perdre de vue dans cette Cause, c'est le Pape qui est l'Evêque du territoire exempt de Compiegne, & le Monastere n'exerce qu'une partie de cette Jurisdiction, qu'il a plû au Pape de lui confier. Voyons donc si M. de Soissons doit avoir moins d'égard pour une Chapelle royale, que M. l'Archevêque de Rouen pour une Chapelle ducale, & si les efforts qu'il fait pour anéantir ses priviléges, ont quelque prétexte, même spécieux.

Réponse au Ier moyen tiré du défaut de titre primordial & constitutif.

M. de Soissons commence par établir de grands principes sur la nécessité de la mission pour l'exercice de la Jurisdiction ecclésiastique : *Malheur à ceux qui enseignent sans être envoyés*, dit-il; *ceux qui veulent s'arroger la puissance épiscopale & les saintes fonctions qui y sont attachées, pour enseigner & pour absoudre, ou ils doivent montrer qu'ils ont reçu ce pouvoir des Souverains Pontifes, ou ils doivent être rejettés comme des usurpateurs.* On ne croit pas que M. de Soiſſons ſe ſoit attendu à être contredit dans ce principe fondamental de la Hiérarchie eccléſiaſtique. Sans doute que les Religieux n'ont jamais prétendu & ne prétendront jamais pouvoir ſe donner à eux-mêmes le pouvoir de lier & de délier. Si ceux qui les ont précédés avoient été capables de donner dans une erreur ſi groſſiere, ils ne ſe ſeroient pas tant de fois adreſſés aux Papes pour leur demander d'être maintenus dans leurs droits & leurs priviléges. M. de Soiſſons pouvoit donc s'épargner la peine d'établir des règles ſi inviolables. Il eſt ſûr en ce point de trouver une parfaite conformité de ſentimens dans les Peres Bénédictins; mais ils ne peuvent convenir de même que ce pouvoir ne puiſſe être juſtifié après un grand nombre de ſiècles, ſi on ne rapporte le titre primordial & conſtitutif, & que rien ne puiſſe ſuppléer à cette preuve unique que M. de Soiſſons exige avec tant de rigueur.

Si ſon principe eſt adopté, il n'y a point de grace ni de privilege qui ne doive périr par ſucceſſion de tems; & plus il ſera devenu vénérable par ſon antiquité, plus il ſera expoſé à être bientôt anéanti; car enfin, quel eſt le titre qui, malgré les plus exactes précautions, ne puiſſe enfin éprouver un moment fatal, dans lequel il diſparoîtra pour toujours? Si l'on en croit M. de Soiſſons, ce titre auguſte qui aura ſubſiſté pendant tant de ſiecles, qui aura fait la loi ou d'un Diocèſe ou d'un Royaume, auquel toutes les Puiſſances auront applaudi par une foule innombrable d'actes de toutes les eſpeces; ce titre auguſte, qui ne vivra plus que dans les monumens qui l'énoncent & qui l'expliquent, deviendra inutile & impuiſſant; & l'Egliſe qui en avoit été enrichie, verra périr ſes droits les plus éminens, avec le parchemin dans lequel ils étoient tracés. En vain raſſemblera-t-on les pieces les plus authentiques qui en confirment, qui en expliquent les diſpoſitions; en vain juſtifiera-t-on de l'exécution paiſible qu'il a eue à la face de tout l'Univers; en vain ſera-t-il ſoutenu par pluſieurs Jugemens mémorables: en vain les Prélats intéreſſés à ſa deſtruction, en auront-ils reconnu l'autorité, & ſe feront-ils ſoumis à la Loi qu'il impoſoit, il faudra enſevelir tous ces titres ſous la même ruine qui aura fait périr le premier. A quel excès ne doit point conduire une doctrine ſi outrée? Quel renverſement n'introduiroit-elle pas dans la Religion, dans l'Etat, dans l'Hiſtoire, dans la Tradition de tous les ſiecles? Il n'y a rien de ſtable ſur la terre: tout périt, & juſqu'aux monumens les plus ſacrés, les plus précieux, tout éprouve le sort commun de ceux qui en ont été les Auteurs; mais cette perte se répare par d'autres titres qui succedent aux premiers, qui les rappellent, & qui en transmettent les dispositions à la postérité. Il faut se rendre à ces témoignages, ou introduire le pyrrhonisme le plus outré pour la regle de nos Jugemens.

Le manque de titres primordiaux est réparé, quand on en a qui les énoncent.

Ces seules réflexions dictées par la raison même, doivent faire tomber le premier objet de la critique de M. de Soissons. Le privilege de Jean VIII, donné à l'Eglise de Compiegne dans l'instant de sa fondation, n'est point rapporté; cela lui suffit : dès-lors il compte pour rien toutes les Bulles, toutes les Chartes postérieures, tous les Jugemens, toutes les Transactions. Il faut présumer que tant de Papes & de Rois, que tant de Prélats se sont laissé aveugler jusqu'à prendre pour des réalités, des fables & des chimeres qu'on leur débitoit. A-t-on pu se déguiser à soi-même toute l'illusion de ces idées, ou a-t-on cru qu'elle échapperoit à ceux à qui on les présente? Mais suivons M. de Soissons dans les motifs dont il se sert pour les appuyer. Il faut retrancher d'abord ce qu'il dit, que la longue possession ne suffit pas pour s'affranchir de la Jurisdiction de l'Evêque; car, outre que ce principe pourroit souffrir de grandes contradictions, s'il s'agissoit d'une possession de plusieurs siecles, c'est que les Peres Bénédictins n'ont pas prétendu établir leurs privileges sur le seul appui d'une longue possession; ils ne sont pas réduits à rapporter des actes d'exercice de Jurisdiction : ces actes, qui sont à la vérité en très-grand nombre, sont précédés & accompagnés des titres les plus éclatans, qui, en confirmant leurs privileges, leur donnent cette même Jurisdiction qui leur est enviée par M. de Soissons. Combien de Bulles émanées de Souverains Pontifes, combien de Jugemens donnés par des Evêques mêmes, combien de Transactions passées avec les Prédécesseurs de M. de Soissons? Ce ne sont pas là de simples actes possessoires, ce sont des titres solemnels de Jurisdiction & d'indépendance. Qu'on n'aille donc pas consulter ceux qui ont cru la possession insuffisante dans ces matieres : c'est une question étrangere à la Cause.

Mais ces titres que vous rapportez, dit M. de Soissons, ne sont que confirmatifs du titre primordial & constitutif, qui ne paroît pas : or c'est un principe certain, que la confirmation ne donne pas un droit nouveau, elle le suppose sans l'établir. *Où est donc ce titre primordial si nécessaire? Est-il vrai ou faux? est-il abusif, ou non? est-il revêtu des formalités & des consentemens nécessaires? Ce titre s'étend-il à toute la Jurisdiction épiscopale?* C'est dans ces soupçons que triomphe M. de Soissons. On croit avoir déjà confondu tous ces raisonnemens, en faisant connoître le danger qu'il y a de refuser sa confiance à tout ce qui n'est pas le titre primordial & constitutif; & il est facile de justifier par les principes les plus certains, ce que l'on a déjà établi par les seules lumieres de la raison & de l'équité.

Tout titre confirmatif ne dispense pas de rapporter le titre constitutif; mais plusieurs titres confirmatifs ont cet effet, quand ils sont anciens & qu'il y a possession.

On ne prétend pas, à la vérité, que tout titre confirmatif en général puisse dispenser de rapporter le titre primordial & constitutif; ainsi un titre moderne, qui ne contiendroit qu'une confirmation vague d'un ancien privilege qui ne paroîtroit pas, ne seroit pas sans doute d'un grand poids; mais on soutient que, quand un grand nombre de titres énoncent, d'une maniere claire & uniforme un même privilége, & en expliquent l'étendue; quand ces titres sont très-anciens, & qu'ils ont toujours été exécutés, alors non-seulement on ne peut douter de la force & de la vérité du privilege, mais même que les titres confirmatifs tiennent lieu du titre primordial & constitutif.

Deux sortes de titres confirmatifs.

Est-il nécessaire d'appuyer par des autorités une proposition qui frappe par sa propre évidence? Si on en avoit besoin, il suffiroit de consulter l'excellente dissertation de Me Charles Dumoulin sur cette question; elle se trouve dans son Commentaire sur l'article 8 de la Coutume de Paris, *in verbo* DÉNOMBREMENT. Ce savant Jurisconsulte y distingue d'abord deux sortes de confirmations, celle qui s'accorde *ex certâ scientiâ*, & celle qui se donne *in formâ communi*. La premiere est celle qui rappelle les dispositions du titre que l'on confirme, & qui est ainsi accordée en connoissance de cause; celle-là fait une foi entiere, indépendamment du titre primordial, ce qui a lieu, dit Dumoulin, *sivè in contractibus, sivè in sententiis, sivè in privilegiis*. La seconde est celle qui, sans rappeller le titre primordial ni sa disposition, s'y réfere absolument, en sorte qu'elle soit faite sans connoissance; & alors cet acte confirmatif dépend nécessairement du titre primordial, qui doit être rapporté.

Encore dans ce dernier cas, ajoute Dumoulin, il ne faut pas croire que ces sortes de confirmations soient toujours inutiles; car s'il y avoit plusieurs titres confirmatifs de cette nature, que, parmi ces titres, il y en eût qui fussent anciens, ou qu'il n'y en eût qu'un qui fût ancien, mais suivi de possession, alors ces confirmations feroient une preuve complette: *Quod autem hi generaliter dixerunt confirmationem in formâ communi non probare, limito;*

limito; nisi essent plures confirmationes, & aliquæ antiquæ, vel etiam una antiqua cum possessione, vel aliis adminiculis quia plenè probant.

Suivant ces principes établis par le plus profond de tous nos Auteurs, que l'on juge de l'autorité des titres de l'Abbaye de Compiegne. 1°. Elle rapporte une foule de titres anciens qui ne confirment pas d'une maniere vague & sans connoissance le privilege originairement accordé à cette Eglise, mais qui en rappellent les principales dispositions, l'indépendance de cette Eglise à l'égard des Evêques de Soissons, sa soumission immédiate au Saint-Siege, sa Jurisdiction sur les Clercs & sur les Eglises de Compiegne, les bornes de cette Jurisdiction, son application singuliere sur l'Hôtel-Dieu; ce ne sont donc pas des confirmations vagues, & qui sans autres instructions se réferent au titre confirmé; ce sont des Papes qui, connoissant parfaitement la nature & l'étendue du privilege, l'ont confirmé, *ex certa scientia*. Il n'en faudroit pas davantage pour donner toute l'autorité nécessaire au titre confirmatif, & pour dispenser de rapporter le titre originaire.

2°. Quand ces titres ne contiendroient que des confirmations, *in forma communi*, c'est-à-dire, purement relatives à un titre antérieur, qui ne seroit point expliqué, ils seroient toujours décisifs par eux-mêmes, puisqu'ils sont en très-grand nombre, *plures confirmationes*, puisqu'ils sont très-anciens, *aliquæ antiquæ*; enfin puisqu'ils sont suivis d'une possession constante, *vel etiam una antiqua cum possessione*. Dumoulin se contente d'une de ces circonstances, & elles se réunissent toutes en faveur de l'Eglise de Saint Corneille; comment pourroit-on douter après cela de la force & de la vérité de ses titres?

Dans le doute on présume toujours pour l'antiquité, pour le grand nombre, pour la possession.

Il n'y a point de personne équitable qui ne soit pénétrée de la justice de ces principes; dans le doute on présume toujours pour l'antiquité, pour le grand nombre, pour la possession. M. de Soissons est le seul qui ne voyant point le titre primordial & constitutif, se livre à une incrédulité inflexible, quoique la perte en soit réparée par tant de monumens de tous les siecles; il s'abandonne à tous les soupçons qu'une imagination vive peut former. Ce titre primordial, dit-il, étoit peut-être faux, abusif; peut-être n'étoit-il revêtu ni des formalités, ni des consentemens nécessaires; peut-être ne contenoit-il qu'une certaine liberté qui affranchisse du joug & de la vexation des Evêques: & avec ces idées, que l'on peut toujours former, quand on veut séduire soi-même, il ne sera plus permis de consulter une foule de titres très-anciens qui énoncent, qui confirment le privilege, il faudra mépriser la possession; ainsi de chimériques soupçons suffiroient pour détruire tout ce qu'il y a de plus authentique & de plus respectable. On ne peut croire que M. de Soissons insiste dans la suite sur une critique si peu judicieuse.

Mais, dit-on, ce titre primordial subsiste, on n'en peut douter; les Benedictins affectent de le supprimer, parce qu'il ne seroit pas favorable à leurs idées de Jurisdiction; ils ont bien conservé le titre de la fondation de Charles-le-Chauve, puisqu'on le trouve dans le Spicilege; ils ont bien conservé les Chartes de Charles III, de Louis IV & de Philippes I. Comment ce titre primordial du privilege auroit-il seul péri? *Cela n'est gueres croyable.* Si les Chanoines ont emporté tous les titres dans le douzieme siecle, comment a-t-on conservé les Chartes qui restent? S'ils ont laissé ces Chartes, comment auroient-ils emporté le privilege du Pape Jean VIII? M. de Soissons ne peut se tirer d'un dilemme si difficile.

Mais en vérité il faut qu'il ait d'étranges idées de ses lecteurs, s'il a prétendu les frapper par de tels discours. Quoi donc! Entre les titres de l'antiquité la plus reculée, il faut que tout périsse, ou que tout subsiste & soit conservé jusqu'à nous: il n'y a point de milieu, si une Abbaye a conservé deux ou trois titres du neuvième & du dixieme siecle, elle est obligée de représenter tous ceux du même tems, ou elle demeurera convaincue de les supprimer par affectation: quels paradoxes! Dans cette variété infinie de circonstances & d'événemens, combien de titres ou périssent, ou sont conservés, sans qu'on en puisse rendre d'autre raison que la bizarrerie même des événemens. D'ailleurs, on a observé ci-dessus, que l'Eglise de Compiegne souffrit deux incendies sous le regne de Charles-le-Simple; que les Chanoines ayant été chassés, le fameux Suger écrivit au Comte de Vermandois, pour faire saisir ce qui étoit dans l'Abbaye; & que ce Seigneur lui répondit, que l'ordre étoit venu un peu tard, que les Chanoines avoient emporté la plûpart des choses, mais qu'il feroit saisir le reste. Les Chanoines avoient donc emporté bien des effets; il ne faut donc pas être surpris que plusieurs titres manquent; mais ils n'avoient pas tout emporté. Il ne faut pas non plus être surpris qu'il en reste. Voilà le dénouement du dilemme de M. de Soissons; mais avoit-on besoin de ce secours contre une subtilité si peu capable de séduire par elle-même? Ainsi disparoît le premier moyen de M. de Soissons : on croit avoir confondu sa maxime dangereuse de la nécessité du titre primordial. Passons au second moyen, dans lequel il suppose que les titres rapportés n'énoncent pas clairement la Jurisdiction.

Il est aisé de satisfaire M. de Soissons, lorsqu'il demande qu'on lui fasse voir des titres qui énoncent la Jurisdiction de l'Eglise de Compiegne sur tout le territoire qui en dépend ; on croit avoir rempli tout ce qu'il pouvoit exiger sur ce sujet, dans l'exposé que l'on a fait des principaux. On y a vu dans tous les tems la Jurisdiction marquée par des caracteres si sensibles, qu'il est impossible de la méconnoître sans s'aveugler soi-même : il seroit inutile de les reprendre ici, l'idée en doit être trop présente à l'esprit. Cependant M. de Soissons ne trouve rien dans ces titres de ce qui se présente facilement à tous les autres hommes ; il n'y apperçoit que des termes indifférens ; & pour le prouver, il établit certains principes par lesquels il prétend qu'on doit juger de ces sortes de titres.

Réponse au second moyen, tiré du prétendu défaut de titres qui énoncent clairement la Jurisdiction comme Episcopale.

Il prétend, en premier lieu, que les termes, *libertas*, *plena libertas*, *libertas à Synodo*, *libertas à Parochialibus servitiis*, ne signifient rien autre chose que l'exemption des droits utiles & pécuniaires, que les Evêques tiroient des Monasteres pour leurs visites, ou autrement. Il ajoute, en second lieu, que les donations d'Eglises qui se trouvent dans quelques monumens, ne s'entendent de même que des droits temporels des Cures, ou autres Eglises données, & non de la Jurisdiction entiere & indépendante. Il ne fait pas plus de cas, en troisieme lieu, d'une clause qui se trouve dans quelques Bulles anciennes adressées à des Moines, dans lesquelles les Papes déclarent qu'ils les reçoivent, *in speciales filios Apostolicæ Sedis*. Ce qu'il fonde sur une Décrétale de Boniface VIII, qui distingue entre *speciales filios*, & *proprios & speciales subjectos*, & qui n'attache l'exemption qu'à la derniere expression. Il prétend même, en quatrieme lieu, que le pouvoir d'excommunier donné aux Monasteres, ne suffit pas pour les reconnoître honorés d'une Jurisdiction ; ce qu'il prétend établir sur une lettre de Luce III, & sur le sentiment de M. Talon, dans l'exemption du Chapitre de Chartres. Enfin, il soutient que le privilege de ne pouvoir être excommunié que par le Pape, ou son Légat, n'établit encore ni exemption, ni Jurisdiction, suivant une autre Décrétale de Boniface VIII, rapportée par le même M. Talon, dans la Cause du Chapitre de Saint Aignan d'Orleans.

Ces recherches sont sçavantes ; elles feroient honneur aux connoissances de M. de Soissons, si sa profonde érudition n'étoit d'ailleurs trop connue, pour avoir besoin de ces nouvelles preuves : mais on ne prouve pas qu'il soit facile d'en faire l'application aux titres de l'Eglise de Compiegne.

Si ces titres ne renfermoient que les mêmes expressions, dont il a voulu affoiblir le sens par ses remarques, on pourroit lui dire qu'une de ces expressions échappée dans une Bulle, ne seroit peut-être pas suffisante pour établir ni exemption, ni Jurisdiction ; au lieu que ces clauses réunies en faveur de la même Eglise dans un grand nombre de Bulles, & soutenues d'une possession immémoriale, devroient être regardées comme décisives ; on pourroit bien même révoquer en doute ce qu'il avance dans sa quatrieme remarque, que le pouvoir de prononcer la plus terrible des Censures de l'Eglise n'est pas seul une marque éclatante de Jurisdiction : car la lettre de Luce III, dont il parle, ne contient rien qui puisse appuyer cette proposition. Mais il seroit inutile de se jetter dans cette critique ; car l'Eglise de Compiegne n'est pas réduite à ces termes équivoques, dont M. de Soissons prétend que l'on ne peut induire ni exemption, ni Jurisdiction.

On vient de voir combien la Jurisdiction sur les Clercs, & sur le territoire de Compiegne, est souvent répétée dans les titres produits, ainsi que dans les monumens publics. Ce n'est pas un terme vague de liberté qui s'y trouve ; ce ne sont point de simples donations d'Eglises ; ce n'est point un vain compliment, par lequel le Pape déclare qu'il reçoit les Religieux, *in speciales filios* ; ce n'est pas même le simple pouvoir d'excommunier, ou le privilege de n'être excommunié que par le Pape, ou son Légat : c'est au contraire le privilege de n'être soumis qu'à l'Eglise Romaine, rappellé dans plusieurs Bulles : *ad Romanam Ecclesiam nullo medio pertinentis, de Jure B. Petri, &c.* c'est l'interdiction de toute autre autorité que de celle du Chapitre dans le territoire donné par les Rois de France, suivant la Charte de Philippe I ; c'est l'affranchissement de toute Jurisdiction épiscopale : *ab omnium Episcoporum ditione liberi maneatis* ; c'est une Jurisdiction qui exige toute obéissance de la part des Clercs de Compiegne : *debitam obedientiam* ; c'est *la Jurisdiction*, tant sur le Chapitre de Saint Clement, suivant la Bulle produite d'Alexandre III, que sur tous les Clercs habitans dans le territoire, suivant celle d'Innocent III ; c'est une exclusion entiere de l'autorité épiscopale sur toutes les Eglises non paroissiales de la Ville de Compiegne : *reliquæ Ecclesiæ intra terminos territorii Compendiensis constructæ, vel construendæ, in sua libertate manebunt; ita scilicet quod Episcopus & successores nihil juris in eis possent vindicare.*

Il ne faut pas être surpris après cela si le Pape Alexandre III, instruit de tous les privileges de cette Eglise, écrivant (*a*) au Roi Louis le Jeune, déclare qu'il a confirmé aux Religieux l'Hôpital de Compiegne, après un sérieux examen : *unde quoniam præscriptum Hospitale receptioni pauperum perpetuò deputatum, sicut ex scripto Venerabilium Fratrum nostrorum B. Noviomensis, & .... Silvanectensis *, quibus hoc inquirendum commisimus, nobis innotuit .... ipsum Hospitale Compendiensi Monasterio Apostolici scripti munimine duximus confirmandum.* Et ailleurs (*b*), écrivant au même Prince, il dit que l'Eglise de Compiegne lui est soumise : *tantò attentiùs, quantò idem Monasterium ad jus Beati Petri specialiùs respicit & tutelam*, où il explique dans les mêmes termes la Jurisdiction de l'Abbaye sur l'Hôpital : *Hospitalem Domum quod ad jus ipsius Monasterii pertinet.* En un mot, sans reprendre ici tous les titres dont on a déja tant de fois rappellé les dispositions par rapport à la Jurisdiction de Saint Corneille, c'est la Jurisdiction la plus étendue & la plus parfaite dont jamais aucune Eglise puisse être décorée. Pourquoi donc opposer l'impuissance de quelques termes qui ne se trouvent point dans les titres, ou du moins qui sont accompagnés d'autres expressions si claires & si précises, qu'elles ne laissent aucune ressource à la critique ?

Aussi M. de Soissons, pour faire l'application de ces remarques, ne consulte-t-il que la seule Bulle de Calixte II. Il prétend que les termes qui y sont employés ne sont d'aucune conséquence : mais seroit-il permis de choisir ainsi dans une foule de titres une piece unique, sous prétexte même qu'elle est la plus ancienne, pour ne raisonner que sur elle seule, & d'abandonner toutes les autres, parce qu'elles spécifient d'une maniere plus claire la Jurisdiction que l'on veut détruire ?

Cependant, quand on ne s'attacheroit d'abord qu'à cette Bulle, M. de Soissons n'y trouveroit pas de quoi soutenir le

(a) To. 10, *Conc. Lab. p.* 1330.

* *Nota.* Le nom de l'Evêque de Senlis est en blanc, & celui de l'Evêque de Noyon n'est marqué dans cette lettre que par une lettre initiale.

(b) *Ibid. p.* 1340, & *Duch. to.* 4, *p.* 618.

triomphe qu'il se donne. Le Pape y déclare que par une longue suite de monumens, l'Eglise de Compiegne a toujours appartenu spécialement au Siege Apostolique, & a toujours été dans sa dépendance : *idem locus prout veterum monumentorum series manifestat specialiter ad Sedem Apostolicam pertinere, & in Romanæ Ecclesiæ jure cognoscitur permanere.* M. de Soissons a retranché prudemment cette disposition entiere, quoiqu'elle soit à la tête de la Bulle, & qu'elle explique toutes les autres dispositions qu'elle précede. Cependant cette clause importante fait tomber tous ses raisonnemens sur les autres dispositions : car pourquoi dans la suite le Pape confirme-t-il les anciennes coutumes de cette Eglise ? Pourquoi permet-il aux Chanoines d'excommunier & d'absoudre ? Pourquoi veut-il qu'ils ne reconnoissent d'autres Juges que le Pape, ou son Légat ? Pourquoi veut-il enfin qu'ils ne soient soumis à la Jurisdiction d'aucun Evêque, si ce n'est parce qu'étant immédiatement soumis au Saint-Siege, ils formoient un premier degré de Jurisdiction, au-dessus duquel il n'y avoit que l'autorité du Siege Apostolique ? Toutes ces dispositions qui se soutiennent mutuellement, ne renferment-elles pas les caracteres les plus authentiques de Jurisdiction ? Et sera-t-il permis pour les effacer d'oublier une partie des clauses, de diviser les autres, & de réduire ainsi une Bulle solemnelle à deux ou trois lignes dérachées, dont on a énervé par-là toute la force ?

Le parallele que fait M. de Soissons entre cette Bulle & celle que le même Pape donna à l'Ordre de Cluni, n'a rien qui ne puisse se rétorquer contre lui-même : car les clauses qu'il rapporte de l'exemption de l'Ordre de Cluni, sont beaucoup plus vagues que celles qui se trouvent dans la Bulle donnée à l'Eglise de Compiegne ; mais ce parallele que tout le monde peut faire est ici trop étranger ; il suffit que les termes de la Bulle de Calixte II établissent en même temps & l'exemption de la Jurisdiction Episcopale, & l'immédiation au Saint-Siege, & la Jurisdiction propre.

Par rapport à tant d'autres Bulles & de titres qui ont été produits par les Religieux de Compiegne, M. de Soissons évite avec soin de les approfondir ; il se contente de leur opposer deux réflexions. La premiere, qu'on n'y trouvera pas que les Moines ayent jamais reçu des Papes le droit d'annoncer & de faire annoncer la parole de Dieu ; le droit de dispenser dans les causes de mariage ; le pouvoir de confesser & de permettre de confesser :

cependant, selon lui, ces pouvoirs sacrés doivent être communiqués à des Réguliers par des clauses expresses. La seconde est que cette Jurisdiction ne paroît pas singulierement accordée sur l'Eglise de Saint Nicolas-du-Pont; du moins sur cette Eglise devenue Couvent de Religieuses; ces sortes de Jurisdictions données aux Abbayes ne comprenant jamais les Monasteres de Filles établis dans le territoire, comme on le voit, dit-il, dans les Abbayes de Saint Germain-des-Prés & de Saint Denis.

M. de Soissons prétend donc que la Jurisdiction donnée en général, ne comprend point les pouvoirs de prêcher & de confesser, parce que ce sont des pouvoirs sacrés qui doivent être nommément exprimés. Mais tous les autres pouvoirs qui dépendent de la Jurisdiction spirituelle, ne sont-ils pas également sacrés? Ne se rapportent-ils pas également au soin des ames, & à l'administration des Sacremens? Il faudra donc qu'ils soient tous exprimés: ainsi la Jurisdiction établie en général par une foule de titres, ne comprendra jamais aucun pouvoir en particulier. Ce ne sera plus qu'un vain nom qui sera sans effet, sans autorité. Peut-on pousser à cet excès l'illusion des principes que l'on propose? Pour raisonner juste au contraire, il faut dire que la Jurisdiction donnée dans toute son étendue, comprend tous les attributs qui en dépendent, à moins qu'il n'y ait une réserve & une exception singuliere qui y déroge en quelque partie. Ici on ne trouve ni restriction, ni limitation: on ne peut donc partager cette Jurisdiction, ni la flétrir par de telles réserves. Ce n'est pas même l'objet de M. de Soissons; il plaide, non pour faire renfermer la Jurisdiction de Saint Corneille dans de certaines bornes, mais pour l'anéantir absolument: pourquoi donc s'attacher à des observations qui répondent si mal à ses vues?

Il en est de même de la seconde réflexion, qui ne regarde que l'Eglise de Saint Nicolas-du-Pont en particulier, & qui laisseroit subsister la Jurisdiction dans le surplus du territoire. Quand elle auroit quelque fondement, quel est le prétexte de cet objet? On demande des titres qui parlent en particulier de la Jurisdiction sur Saint Nicolas-du-Pont: mais outre que cette expression singuliere est superflue, quand les titres donnent en général la Jurisdiction de tout le territoire, c'est que l'on a produit d'ailleurs beaucoup de Bulles qui établissent en particulier la Jurisdiction sur cet Hôpital, & dans lesquelles il est parlé des Freres & des Sœurs qui le desservoient. Ainsi M. de Soissons doit trouver amplement dans ces titres de quoi se satisfaire.

Si les Monasteres de Filles sont compris dans la Jurisdiction donnée sur un territoire.

L'idée qu'il propose que les Monasteres de Filles ne sont point compris dans la Jurisdiction générale donnée sur un territoire, & les exemples dont il prétend soutenir cette proposition, tout est également supposé : les Monasteres de Filles doivent reconnoître, comme toutes les autres Eglises, la Jurisdiction ordinaire du territoire dans lequel ils sont établis. Ainsi tous les Monasteres de Filles du Fauxbourg Saint Germain étoient sous la Jurisdiction des Abbé & Religieux de Saint Germain-des-Prés, avant la transaction passée avec M. de Perefixe ; c'est une vérité que l'on offre de prouver par une foule innombrable d'actes de possession, & dont M. de Soissons auroit trouvé bien des vestiges dans l'Histoire de l'Abbaye de Saint Germain-des-Prés, si ses grandes occupations lui avoient donné le temps de la lire. Il y est parlé (*a*) en effet de la Jurisdiction de cette Abbaye sur les Monasteres des Religieuses du Calvaire, des Récollettes de Verdun, des Religieuses de la Congrégation de Notre-Dame, des Religieuses du Saint Sépulchre, des Religieuses de Sainte Cecile ou du Précieux Sang, des Annonciades de Saint Nicolas de Lorraine, d'autres Annonciades, des Religieuses de Liesse, des Religieuses du Verbe Incarné, des Religieuses de la Miséricorde, & des Religieuses du Saint Sacrement.

Mais quoique M. de Soissons ait parlé de cette Histoire dans son Mémoire, aussi bien que de la transaction qui concerne la même Abbaye de Saint Germain, il paroît qu'il connoît aussi peu l'une que l'autre, puisqu'il suppose la transaction passée avec M. de Harlay, quoiqu'elle soit du temps de M. de Perefixe, & qu'il prétend que l'Histoire ne contient aucun trait de la Jurisdiction exercée sur les Religieuses, quoiqu'elle soit pleine de faits qui établissent cette Jurisdiction, & l'exercice qui en a été fait dans tous les temps. M. de Soissons est à plaindre de donner sa confiance à des personnes qui lui fournissent des Mémoires si infideles.

Quant à l'Abbaye de Saint-Denis, il est vrai que la Jurisdiction ne s'étendoit pas sur les quatre Monasteres de Filles qui sont dans cette ville; mais la raison en est sensible: c'est que ces Monasteres n'étoient pas dans le territoire de l'exemption, qui ne comprend qu'une partie de la ville. Par la transaction faite avec M. de Harlay, il a étendu le grand Vicariat nécessaire du

(a) *Histoire de Saint Germain-des-Prés*, *pages* 220, 221, 222, 227, 228, 229, 230, 231, 232, 235, 244, 250, &c.

Prieur

Prieur de l'Abbaye sur ces Monasteres de Filles ; mais c'est le fruit de la convention, par laquelle les Religieux, en se relâchant d'un côté, ont obtenu de l'autre de nouveaux avantages. M. de Soissons n'a donc pas été heureux dans ses recherches ; & tout ce qui résulte de sa dissertation sur certains termes qui se trouvent dans quelques monumens, est qu'elle est fort étrangere à la Cause présente, où les titres s'expriment si clairement sur la Jurisdiction, qu'on ne peut ni la rendre équivoque ni la restreindre : ainsi les titres de l'Abbaye de Compiegne sont décisifs ; mais cela ne suffit pas, il faut encore qu'ils soient vrais & incontestables : c'est ce que l'on va prouver contre les reproches de fausseté que M. de Soissons a hasardés.

Réponse au troisieme moyen, tiré de la prétendue fausseté des titres produits.

On ne peut imputer à M. de Soissons cette partie du Mémoire ; l'aigreur, la passion, l'injustice & l'ignorance y éclatent d'une maniere trop sensible, pour qu'il soit permis de présumer qu'un Prélat, dont le caractère est si respectable, y ait d'autre part que la facilité d'avoir adopté trop légerement des recherches étrangeres. L'Auteur ne s'y borne pas à combattre les droits de l'Eglise de Compiegne, il cherche à décrier un Ordre, qui, depuis tant de siècles, a fait un des principaux ornemens de l'Eglise ; il entreprend de flétrir tous les titres des Monasteres ; ces titres précieux où les Savans ont puisé des connoissances si utiles à la Religion, à l'Etat & aux grandes Maisons de l'Europe ; il va fouiller jusques dans des libelles assez deshonorés par leur propre obscurité, des fables imaginées dans un esprit de déclamation ; il hasarde des critiques, dont les plus faciles recherches découvent l'erreur : tant d'égarement, tant de passion ne peut rejaillir jusques sur M. de Soissons ; c'est une main étrangere, c'est une main ennemie qui a formé tous ces traits ; M. de Soissons est à plaindre de les avoir employés avec confiance ; & le blâme, si on pouvoit l'étendre jusqu'à lui, ne tomberoit que sur sa facilité.

Pour établir la prétendue fausseté des titres de l'Eglise de Compiegne, celui qui a travaillé pour lui commence par répandre de simples soupçons contre ces titres ; & il les fonde, en premier lieu sur le grand nombre de Moines falsificateurs, de la main desquels sont parties tant de pièces suspectes qui ont excité le cri de l'Eglise contre une si indigne prévarication ; en second lieu, sur les circonstances de l'exemption de Saint Corneille, qu'il prétend toutes fabuleuses.

On fait d'abord un grand fonds sur l'idée que l'on donne des Moines, » gens accoutumés à fabriquer des titres. Pierre de

» Blois ; dit-on ; leur a reproché dans une Lettre ; que leurs » exemptions ne tiroient leur origine que des faussetés qu'ils » avoient eu la hardiesse de commettre. Un Concile de Tours » veut que l'on n'ait aucun égard aux exemptions, si le titre n'est » rapporté. Combien de titres faux dans les Monasteres ! Le Pere » Thomassin & le Pere Mabillon se sont trompés sur le privilège » de S. Martin de Tours, dont la fausseté a été prouvée par M. » d'Hervaux, Archevêque de Tours. Dans la seule Abbaye de » Saint Vallery on a trouvé quarante-un faux sceaux de toute es- » pèce, qui furent déposés au Greffe des Requêtes du Palais en » 1518. *Que de titres sortis de cette ample manufacture* » ! Ce n'est plus ici une querelle particuliere qu'il s'agit de soutenir, c'est la plus violente & la plus outrée des déclamations qu'il est nécessaire de confondre : heureusement les réflexions les plus solides vont bientôt la dissiper.

Passage de Pierre de Blois, réfuté.

1°. Où sont les preuves de ces faussetés si criantes, que l'on impute gratuitement à l'Ordre de S. Benoît ? On cite à la vérité une Lettre de Pierre de Blois, écrite au Pape Alexandre III. pour l'Archevêque de Cantorbery, contre des Religieux de son Diocèse qui se prétendoient exempts. Pierre de Blois y déclame avec passion contre les exemptions & contre les Religieux. Il leur impute hardiment de n'établir leurs privilèges que sur des faussetés; mais pourroit-on ne pas reconnoître ici l'aigreur d'une Partie qui cherche à noircir ceux qui lui résistent ? Quelle preuve rapporte-t-il de ces prétendues faussetés ? Quelles pièces même cite-t-il en particulier qui ayent été reconnues fausses ? C'est une vaine déclamation qui n'est digne que de mépris. Seroit-on bien fondé dans plusieurs siecles d'ici, à citer quelques traits du Mémoire de M. de Soissons contre les Bénédictins ? Croit-on que ses expressions devinssent alors des preuves contr'eux, & que l'on dût les reconnoître pour faussaires, parce qu'il lui a plû de les en accuser ? Ce ne sont pas les reproches des Parties qui peuvent être opposés, il faut quelque chose de plus solide & de plus désintéressé.

Le Concile de Tours oblige de représenter le titre de l'exemption, sinon il veut qu'on n'y ait aucun égard. Qui doute en effet qu'un privilège ne doive être établi par titres ? Mais le Concile de Tours ne parle point des Religieux en particulier ; sa disposition est générale pour les exempts : il ne parle ni directement ni indirectement de titres faux ni suspects ; il établit seulement qu'on ne doit point s'arrêter à une exemption qui n'est point justifiée, qui est nouvellement prétendue, dont il n'y auroit eu aucun exercice, & qui donneroit un doute légitime de sa vérité, *de quorum privilegiis dubitetur*. Quel rapport cela peut-il avoir avec ce que M. de Soissons a entrepris de prouver ?

L'idée qu'il donne du privilege de S. Martin de Tours, qu'il prétend avoir été jugé faux, est une pure supposition. On a réduit sa jurisdiction au premier degré, mais on ne l'a pas détruite ; & quand cela seroit, n'y a-t-il point de différence entre le Jugement qui n'a point d'égard à un privilege, & celui qui le déclare faux ?

Enfin la fable des quarante-un faux sceaux trouvés dans l'Abbaye de S. Vallery, est l'ouvrage d'un Religieux qui, pour soutenir sa désertion, a fait un misérable libelle où il a tracé cette chimere. Est-ce donc dans des sources si impures que l'on va puiser les injures dont on accable l'Ordre de S. Benoît ? Avant d'avancer un fait de cette importance, on auroit dû, ce semble, s'assurer de sa vérité. Que l'on consulte le Greffe des Requêtes du Palais, où l'on dit que les sceaux ont été déposés, on n'y trouvera aucun vestige de cette fable ; mais après tout quelle en est l'origine ? Voyons si l'Écrivain de M. de Soissons est un fidele copiste.

L'Auteur de ce libelle cite d'une maniere vague, & copie, s'il faut l'en croire, un prétendu Imprimé anonyme qu'il dit *avoir été répandu dans le Public il y a quelques années*, sans dire le nom de l'Imprimeur, ni du lieu & de l'année de l'impression ; c'est-à-dire, qu'il parle sur la foi de quelque libelle encore plus méprisable que le sien : quels garans pour M. de Soissons ! Mais à consulter même ce prétendu extrait (*a*) qu'on dit avoir été tiré des Registres des Requêtes du Palais, qu'est-ce qui en résulte ? C'est qu'après la mort d'un Abbé de S. Vallery, le Juge procédant à l'inventaire, trouva, tant à S. Vallery même qu'à Abbeville, *des impressions des sceaux, qu'il remit comme suspects de faux au Greffe de la Cour* (ce sont les termes de ce prétendu extrait) *mais que les sceaux ayant été apportés, ils furent portés* ensuite *au Chancelier, & en est le Greffe déchargé par la Cour.*

Quand ce fait seroit vrai autant qu'il est fabuleux, quand il seroit permis de juger sur un extrait tiré d'un ouvrage de ténebres, & d'un libelle invisible & inconnu, sur un extrait informe & mutilé, où on a supprimé les motifs & les raisons des Parties, parce qu'on aura trouvé des sceaux, ou des impressions de sceaux,

(*a*) Défense de l'Edit des Bénéfices, page 28 & suivantes.

soupçonnés de fausseté, dans l'inventaire d'un Abbé de Saint Vallery, s'ensuivra-t-il que les Religieux de la même Abbaye les auront fabriqués ; que ce Monastere, comme l'avance témérairement l'Auteur du Mémoire de M. de Soissons, aura été *une ample manufacture de faux titres ?* Parce que des sceaux auront été *soupçonnés de fausseté*, ou par l'ignorance d'un Juge qui fait un inventaire, ou par la malice de quelque Partie intéressée, ou pour quelqu'autre raison inconnue, s'ensuivra-t-il qu'ils seront *faux en effet ?* Mais encore quand ce prétendu fait seroit aussi réel qu'il est chimérique, quelle conséquence pour les titres de Saint-Corneille ? Si on s'inscrivoit en faux, ou qu'on supçonnât de fausseté les titres de quelque Cathédrale de la Province de Rheims, si on avoit trouvé des titres ou des sceaux semblables dans l'inventaire de quelque Evêque de la même Métropole, seroit-on en droit d'en conclure que tous les titres de l'Evêché & de la Cathédrale de Soissons doivent être censés faux, à cause du voisinage ou de la société de ces Eglises ? Et quelle plus grande union y avoit-il en 1518 entre l'Abbaye de Saint Vallery & celle de Saint Corneille.

Voilà cependant ce que la malignité la plus envenimée a pu rassembler pour noircir un Ordre qui dans tous les temps a si bien mérité de l'Église, de tant d'Abbayes célebres qui conservent un grand nombre de monumens, & qui les ont exposés avec tant de facilité aux yeux du Public. On ne peut en citer aucun qui ait été jugé faux, & l'on regardera les Monasteres comme des écoles de falsification ! Les Auteurs d'une telle injustice ne devroient-ils pas être couverts de confusion ?

2°. Quand dans ce grand nombre de titres il s'en trouveroit quelques-uns de faux ou d'altérés, seroit-ce une raison pour exciter contre tous les titres des Abbayes de si indignes soupçons ? Le mensonge, qui dans tous les tems a cherché à contrefaire la vérité, s'est insinué dans tous les états, dans toutes les conditions, il n'y a point de siecle où il n'ait fait quelque ravage ; mais ces artifices, qui obligent seulement les personnes sages de se tenir en garde, ne les détermineront jamais à tout rejetter comme faux & suspect. Que diroit M. de Soissons d'un Ecrivain qui, pour décrier le Clergé, iroit dans toutes les sources rassembler différens événemens dans lesquels on a trouvé des Clercs séculiers, & même des Prélats munis de titres faux, dont ils se servoient pour soutenir leurs prétentions, & qui en concluroit que tous les titres des Évêchés & des Chapitres doivent être proscrits?

Qui citeroit l'exemple d'un Évêque d'Oleron (*a*) accusé, convaincu d'avoir fait un faux titre, que l'Archevêque d'Auch condamna à être brûlé en secret, pour éviter le scandale: qui rapporteroit l'histoire d'un Évêque du Mans (*b*), qui, pour s'assujettir l'Abbaye de Saint-Calais, produisit des titres qui furent jugés faux dans le Concile de Verberie, tenu en présence du Roi, où il fut ordonné qu'ils seroient supprimés: *Jussit Dominus Rex ut instrumenta Cœnomanensis Ecclesiæ, quæ inutilia & falsa probata sunt.... penitùs abolerentur:* qui rappelleroit la conduite d'un Archevêque de Narbonne (*c*), qui avoit fabriqué des Lettres du Pape Etienne, pour soumettre l'Évêque de Tarragone à sa Métropole: & qui citeroit plusieurs autres exemples semblables (*d*). Si cet Auteur, sur la foi de ces faits incontestables, se donnoit la liberté, on ne dit pas d'accuser de faux, mais même de soupçonner tous les titres du Clergé, sa témérité n'exciteroit-elle pas un scandale général, & ne seroit-il pas regardé avec justice comme un calomniateur? Pourquoi donc les Religieux sont-ils les seuls contre lesquels on peut tout hasarder?

Le second prétexte des soupçons de M. de Soissons se tire des circonstances des exemptions de Compiegne. Il ne peut souffrir qu'on le fasse remonter au neuvieme siecle; il soutient que, suivant M. Talon dans son plaidoyer sur l'exemption du Chapitre de Sens, ces privileges n'ont point été donnés aux Chanoines avant le douzieme ou le treizieme siecle. Il ajoute qu'il n'y a pas d'apparence que les Évêques de France, qui s'éleverent avec tant de vivacité contre le privilege de l'Ordre de Cluni, eussent souffert tranquillement depuis deux siecles celui de Compiegne.

Exemptions qui remontent plus haut que le douzieme siecle.

Il n'y a que de l'illusion dans ces idées. On prétend qu'avant le douzieme siecle il n'y a point eu d'exemption donnée à des Chanoines; mais par où peut-on juger de cette opinion, si ce n'est par les monumens anciens des siecles précédens? Si on y trouve des exemptions établies par des titres solemnels & authentiques, ne faudra-t-il pas reconnoître que l'opinion qui n'en fait remonter l'origine qu'au douzieme siecle, est fausse? *Nous ne*

(a) *Gall. Chr. nov. ed. to.* 1, *pag.* 198, *instr.*
(b) *Martene coll. ampl. to.* 1, *pag.* 59, 63, 169.
(c) *Marc. Hisp. pag.* 369.
(d) *V. Mab. Diplom. p.* 23 *& seq.*

voyons point, dit-on, *d'exemptions données aux Chanoines avant les douzieme & treizieme siecles.* Vous n'en voyez point, ou vous n'en avez point vu jusqu'à présent, cela peut être ; mais regardez les titres que l'on vous présente, & vous en verrez. Si vous n'avez pas cru jusqu'à présent, parce que vous n'avez pas vu : croyez donc maintenant puisque vous voyez.

Mais pourquoi donc les exemptions des Monasteres des Chanoines ne pourroient-elles pas remonter au-delà du douzieme siecle, quand celles des Monasteres des Moines sont infiniment plus anciennes? *An ignoras* (*a*) écrivoit en 1075 le Pape Grégoire VII à un Évêque de Turin, *quòd Sancti Patres plerumque religiosa Monasteria de subjectione Episcoporum ...... diviserunt, & perpetuâ libertate donantes Apostolicæ Sedi, velut principalia capiti suo membra, adhærere sanxerunt.* Ces exemptions si anciennes dans le onzieme siecle, devoient être au moins du neuvieme ; elles regardent autant les Monasteres des Chanoines que ceux des Moines. Et quelle raison en effet y auroit-il pour distinguer les uns des autres, tandis que, suivant l'ancienne discipline, ils étoient également soumis à l'Évêque, à moins que quelque privilege ne les en exemptât? N'est-il pas constant que du moins dès le huitieme & le neuvieme siecles les Papes & les Évêques ont accordé de pareilles exemptions à des Monasteres de Moines? Les preuves en sont (*b*) publiques. Pourquoi n'auront-ils pu faire la même grace à un Monastere de Chanoines, tel que celui de Compiegne, qui étoit à même-tems & une Sainte-Chapelle de nos Rois, & leur plus ordinaire séjour?

Chapitres séculiers établis dès le neuvieme siecle, ailleurs que dans des Cathédrales.

Il est vrai que le Critique, pour augmenter l'illusion, confond ici les Chapitres des Cathédrales avec les autres Monasteres de Chanoines. On conviendra, s'il veut, que les premiers *par leur état sont destinés à soulager les Evêques, & à leur être plus étroitement soumis & subordonnés* ; qu'on n'a accordé peut-être des exemptions à quelques-unes de ces Cathédrales, que postérieurement au neuvieme siecle ; mais dans ce neuvieme siecle n'y avoit-il des Communautés de Chanoines que dans les Cathédrales? La vie canoniale n'étoit-elle pas établie pour lors dans les Abbayes ou Monasteres de Saint Martin de Tours, de Saint Julien de Brioude, de Saint Quentin en Picardie, de Saint Paul de Nar-

(a) *To.* 10 *Conc. Labb. pag.* 120.

(b) *Vid. le Cointe Annal. Ecclef. ad ann.* 751, *n.* 13 & *seq. n.* 15 & *seq. ad ann.* 780, *n.* 16; *Mabill. Annal. Benedict. ad ann.* 751, *n.* 60, &c.

bonne ; &c. ainsi qu'à Compiegne ? La régle des Chanoines n'étoit-elle pas observée dès le dixieme siècle dans l'Abbaye de Saint Hilaire de Poitiers, & dans plusieurs autres ? Les Chanoines de Saint Martin de Tours (*a*) ne jouissoient-ils pas de leur Jurisdiction dans le précédent ? Ceux de Saint Quentin, de Brioude, de S. Hilaire de Poitiers ne l'ont-ils pas exercée dans les temps les plus reculés ? Les deux derniers Chapitres ou Abbayes ne l'exercent-ils pas encore de nos jours (*b*) ? La Jurisdiction du Chapitre de Saint Julien de Brioude n'est-elle pas du moins (*c*) du commencement du douzieme siècle ? Les mêmes Chanoines de Brioude, avant la transaction qu'ils ont bien voulu passer en 1677 (*d*), M. l'Evêque de Saint-Flour, ne l'étendoient-ils pas, cette Jurisdiction, sur quinze ou seize Paroisses, & sur la ville de Brioude même, où il y a des Maisons religieuses de Filles de différens Ordres (*e*) ?

L'origine de ces Abbayes ou Monasteres de Chanoines, est-elle plus illustre que celle de Saint Corneille, pour avoir mérité de si grands privilèges ? Leurs titres, leurs actes de possession sont-ils plus authentiques & plus nombreux ? Que répondra le Critique à tant de faits constans & avérés ? Si donc, suivant la remarque de M. Talon, les Chapitres *ne commencerent qu'au temps d'Innocent III. à exercer sur leurs Membres une espèce de Jurisdiction, pour les corriger subordinément à l'Evêque*, 1°. cela ne regarde que les Cathédrales, dont l'Evêque est le Chef & le premier Supérieur, & non point les Collégiales, qui ont un autre Supérieur immédiat ; & en effet M. Talon fait sa réflexion à l'occasion de l'exemption du Chapitre de la Cathédrale de Sens. 2°. Il ne s'agit point, dans le cas de M. Talon, d'une exemption ou jurisdiction accordée par les Papes, autorisée par les Rois, & consentie par tous les Evêques & les Ordres du Royaume, comme celle de Saint Corneille, mais seulement *d'une espèce de Jurisdiction que les Chapitres commencerent d'exercer par eux-mêmes, sous prétexte de la partition des biens temporels.*

L'induction que l'on tire de ce que Saint Bernard ne parle que des exemptions des Moines, & les réprouve, ne peut être d'aucune conséquence. Saint Bernard, tout consacré à la vie religieuse, n'étoit occupé que des droits de l'Ordre monastique ; son

(a) *Vid. le Cointe, ad ann.* 831, *n.* 14.
(b) *Gallia Christiana, nov. edit. to.* 2. *p.* 467 & *seq. p.* 1223.
(c) *Ibid. p.* 132 & 139, *in Append. Instrument.*
(d) *Ibid. p.* 468.
(e) *Ibid. p.* 469.

objet ne s'étendoit pas jusqu'aux Chanoines. Au surplus, ce seroit en imposer de prétendre que S. Bernard a condamné les exemptions en général; lui-même, comme Religieux de Cîteaux, jouissoit de l'exemptions commune à tout son Ordre. S'il blâme donc certaines exemptions, ce ne sont que celles qui avoient été achetées à prix d'argent par quelques Abbés particuliers, & non celles qui avoient été accordées aux Monasteres dans le temps de leurs fondations; c'est ainsi qu'il s'en explique: *Nonnulla* (a) *tamen Monasteria sita in diversis Episcopatibus quod specialiùs pertinuerint ab ipsâ suâ fundatione ad Sedem Apostolicam pro voluntate Fundatorum, quis nesciat? Sed aliud est quod largitur devotio, aliud quod molitur ambitio impatiens subjectionis.*

S. Bernard reconnoît qu'il y a des exemptions légitimes.

Ainsi pensoit des exemptions un des Peres de l'Eglise. Suivant ses principes, il n'y a rien de plus sacré que l'exemption & la Jurisdiction de l'Eglise de Compiegne; elle a été donnée dans l'instant de sa fondation, pour contenter un Empereur qui en étoit l'Auteur, & qui n'avoit fondé cette Eglise qu'à cette condition. On a vu combien Charles le Chauve étoit jaloux qu'elle fût conservée, par l'attention qu'il eut de la recommander aux Etats de son Royaume assemblés à Kiersi: elle est donc du nombre de ces exemptions, *quod largitur devotio*, & par conséquent il ne faut pas s'étonner si les Evêques de France ne s'en sont jamais plaints.

Tous les usages doivent avoir un commencement.

Mais quand les exemptions des Chapitres auroient été infiniment rares au neuvieme siecle; disons plus, quand il n'y en auroit pas un seul exemple que celui de Compiegne, il ne faudroit pas pour cela douter de sa vérité, non-seulement parce que tous les usages doivent avoir un commencement, & que ce seroit une étrange maniere de raisonner, de garder comme faux l'exemple qui paroît le plus ancien, sous prétexte que l'on n'en découvre aucun qui l'ait précédé, mais encore parce qu'il faut faire une grande différence entre un Chapitre d'une Eglise Cathédrale, qui, pour se soustraire à la Jurisdiction de son Evêque, obtient un privilège d'exemption, & une Eglise qu'un Roi fonde dans son Palais, & qu'il a voulu décorer des privileges les plus éclatans. Les usages ordinaires, les principes généraux, tout cesse dans de telles circonstances; & c'est pour n'avoir pas fait cette importante distinction, que M. de Soissons, ou plutôt l'Auteur de cette partie du Mémoire, a hasardé de si frivoles observations.

(a) S. Bern. L. 3, de Consider. cap. 4.

Il faut donc écarter ces soupçons chimériques, & consulter les titres mêmes qui ont été produits, pour voir si on peut leur imputer ce caractere de fausseté, dont il a plu à cet Auteur de les flétrir ; mais il est nécessaire de le suivre dans toute sa critique : & l'on espere démontrer que les fautes grossieres où il s'est précipité, ne seroient point échappées à un Auteur qui auroit eu la plus légere teinture de l'antiquité & de ses usages. Mais avant que de s'engager dans ce détail, qu'il soit permis aux Religieux de Compiegne de faire de leur côté quelques réflexions générales sur les accusations de M. l'Evêque de Soissons, contre les titres de leur Monastere.

1°. On a déja observé que tout ce qui est établi par ces titres singuliers, se trouve confirmé par des monumens publics, & par les sources les plus pures de notre Histoire : monumens qui sont en même-tems étrangers la plupart à l'Eglise de Compiegne. Les Annales de Saint Bertin, composées par un Auteur contemporain de la fondation de cette Eglise, s'accordent parfaitement avec la Charte de la fondation de Charles-le-Chauve ; les Capitulaires du même Prince, ont la même liaison avec nos titres ; les Lettres des Papes Eugene III. & d'Alexandre III. celles de l'Abbé Suger, de Baudouin, Evêque de Noyon ; en un mot, tous les Historiens nous annoncent les mêmes événemens expliqués dans ces titres : la fondation, la dédicace de l'Eglise, le privilége dont elle a été honorée, son exécution, l'expulsion du Clergé séculier & la substitution des Moines, les obstacles qui furent apportés, &c. Pour que les titres de Compiegne fussent faux, il faudroit aussi que tant de monumens publics fussent atteints du même vice. Quelqu'un entreprendra-t-il de les en accuser ?

2°. Si les titres produits par les Religieux de Compiegne sont faux, en quel tems cette fausseté a-t-elle été commise ? Est-ce sous le Pontificat des Papes, & sous le regne des Rois, à qui les Bulles & les Chartes sont attribuées, pour s'en faire des titres à la faveur desquels on commençât l'exercice de la Jurisdiction de Saint Corneille ? Mais contre une fausseté si grossiere & si hardie, qu'il eût été facile aux Evêques de Soissons de s'élever avec succès ! L'Evêque alors surpris de cette nouveauté, n'auroit-il pas consulté ce titre ? Ne se seroit-il pas fait informer à Rome ou en France, de la vérité ou de la fausseté de la piece ? Comment hasarderoit-on de nos jours de supposer de fausses Lettres-patentes, ou de fausses Bulles ? Etoit-on autrefois moins vigilant, ou moins éclairé? Et les anciens Evêques de Soissons, qui se sont donné tant de mouvemens (a) pour détruire les priviléges légitimes du Monastere de Notre-Dame dans la même Ville, auroient-ils négligé de se récrier contre les priviléges supposés de Compiegne?

M. de Soissons dira-t-il au contraire que ces Bulles & ces Chartes ont été fabriquées deux ou trois cens ans après leur date? Mais si les Religieux de Compiegne ont été assez hardis pour le faire, sans doute qu'ils n'avoient pas joui encore de l'exemption, puisqu'ils n'avoient point encore de titres: comment donc ont-ils osé en faire paroître qui leur donnoient un droit depuis trois cens ans, & dont ils n'avoient cependant jamais joui? Une piece aussi ancienne, & qui n'a jamais vu le jour pendant plusieurs siecles, deviendroit en cela même très suspecte; elle auroit été proscrite avant qu'on eût entrepris d'en faire usage. Les Evêques de Soissons se seroient-ils ainsi laissé dépouiller de leur Jurisdiction, quand la fausseté du titre éclatoit d'une maniere si sensible par son exécution?

3°. Ce n'est pas ici une piece en particulier qui est attaquée de faux, ce sont toutes les Bulles, toutes les Chartes; il n'y a pas une piece innocente dans cette foule de titres: ne sent-on pas que l'on prévient contre soi-même, quand on se porte à de telles extrémités? Enfin, s'il plaisoit à M. de Soissons de rédiger en systême de Diplomatique, les moyens de faux qu'il propose dans son Mémoire, il ouvriroit à la critique un champ si libre, qu'il n'y auroit presque point de titre dans les Eglises séculieres & régulieres du Royaume, qui ne demeurât proscrit. Quel abatis ne feroit-on pas dans le grand Bullaire, & dans les différentes collections des Epîtres des Papes? Que M. de Soissons ouvre les archives de son Eglise, & l'on répond qu'en adoptant ses moyens de faux, presque tous ses titres se trouveront convaincus d'être l'ouvrage d'un fabricateur: ainsi il faudra qu'il abandonne ses droits, ses domaines, ses possessions. Quelles alarmes pour toutes les Eglises, & pour celle de Soissons en particulier! Mais on va les calmer en prenant leur défense contre un Prélat qui indirectement les expose à une ruine inévitable.

Le Critique qui lui a prêté son ministere, commence par la Charte de Philippe I. de 1085; il convient qu'elle a été donnée

(a) Voyez l'Histoire de Notre-Dame de Soissons, p. 43 & 475.

au public par Dom Luc d'Achery dans son Spicilege, & par le Pere Labbe dans son édition des Conciles : il pouvoit ajouter qu'elle est appuyée du suffrage de Messieurs de Sainte-Marthe, du Pere Mabillon (a), & de plusieurs autres habiles Critiques. Ces grands hommes sont de bons garans de la vérité de ce titre mémorable; mais il entreprend de leur ouvrir les yeux, & de leur découvrir des faussetés palpables qui leur sont échappées. « Sa date est fausse, elle est de l'an de Jesus-Christ 1085, la vingt-» quatrieme année du regne de Philippe I, & la neuvieme indic-» tion. Or Philippe I fut sacré du vivant de son pere, le 23 Mai » 1059, son pere mourut le 4 Août 1060. A compter même de » cette derniere époque, l'année 1085 ne pouvoit être la vingt-» quatrieme année du regne de ce Prince, la neuvieme indiction » ne commença qu'en Septembre 1085, c'étoit alors la vingt-» sixieme année du regne du Prince, à compter depuis la mort » de son pere, & la vingt-septieme depuis son Sacre : premiere » preuve de fausseté. D'ailleurs, il est dit que la Dédicace a été » faite en présence du Pape Jean VIII. Or, la Dédicace fut faite » du vivant de Charles-le-Chauve, & le Pape Jean VIII ne vint » en France qu'après la mort de ce Prince : seconde preuve de » fausseté. Enfin Ursion, Évêque de Beauvais, est nommé comme » présent à cette Charte; & selon MM. de Sainte-Marthe, il » ne fut Évêque qu'en 1087 : troisieme preuve de fausseté ». *Cependant il faut avouer que jamais Charte ne fut plus adroitement fumée, déchirée, effacée, accommodée, pour lui donner un air de vétusté: on peut juger à l'inspection de cette vieille Pancarte, que le Titrier qui l'a fabriquée, étoit des plus habiles de son métier.*

Cette grande capacité du Titrier ne se concilie gueres avec les fautes grossieres qu'on lui impute; le Critique lui fait trop d'honneur pour un ignorant : mais aussi quand la foi de la piece aura été rétablie, on craint fort que ce reproche ne retombe sur celui que M. de Soissons a employé pour faire ses recherches.

Pourquoi c'est un principe reçu que la plûpart des époques de nos Rois, jusqu'à Philippe Auguste, ne sont pas sûres.

Au jugement des plus habiles Critiques, cette piece a toutes les marques de vérité les plus certaines, & le moyen de faux tiré des années du Roi Philippe I est des plus frivoles. En effet il est constant, & c'est un principe reçu, qu'on ne connoît la plûpart des époques de nos anciens Rois, jusqu'à Philippe Auguste, que par les Chartes anciennes ; & souvent les plus

(a) *Vide* Mabill. *Diplom. p.* 424.

ſûres varient entr'elles, ſans que l'on en puiſſe rendre d'autre raiſon que la différente maniere de compter dont ſe ſervoient les Chanceliers ou Notaires qui rédigeoient les Chartes : les uns commençant à compter depuis la mort du Roi prédéceſſeur ; les autres, depuis le Sacre du nouveau Roi ; les autres, depuis qu'il avoit été reconnu dans certaines parties du Royaume ; quelques-uns, de quelqu'autre époque qu'on ne connoît pas ; & enfin, les autres joignoient même quelquefois la date de leur mariage, ou du couronnement de la Reine, à celle de leur regne (*a*).

Pour ce qui eſt du commencement du regne de Philippe I, c'eſt ſur la foi des Chartes & des titres qu'on établit cette époque ; le Pere Petau (*b*) l'a miſe en 1060, ſur l'autorité de trois Chartes de l'Abbaye de Saint-Denis ; dont l'une même peut être rapportée à l'an 1061. Il a été ſuivi par la plûpart des modernes, parce qu'en effet un grand nombre de Chartes du même Prince peuvent s'adapter à cette année, & quelques-unes de celles-ci à la ſuivante ; car dans le plus grand nombre des Diplomes qui nous reſtent de Philippe I, le mois où ils ſont donnés n'y étant pas marqué, on peut rapporter le commencement de ſon regne à deux années différentes. Mais outre que le peu d'anciens Hiſtoriens (*c*) que nous avons de la vie de ce Prince mettent la plûpart ſous l'an 1059 la mort du Roi Henri I, & par conſéquent le commencement du regne de Philippe I ; il eſt certain d'ailleurs que nous avons pluſieurs autres Chartes qui calculent différemment, & ſelon leſquelles il faut prendre ce commencement de regne depuis l'an 1061, comme fait la Charte de Compiegne.

Ainſi dans les preuves de l'Hiſtoire de la Maiſon de Montmorency, rapportées par Ducheſne, on trouve une Charte de Saint-Jean-d'Angely, où les dates ſont préciſément les mêmes que celles qui ſont critiquées par M. de Soiſſons (*d*) : *Actum Belvaci, anno incarnati Verbi M. LXXXV. anno regni Domini Philippi, Francorum Regis, XXIV.* La vingt-quatrieme année du regne de ce Prince eſt rapportée ici à l'année 1085, comme dans la Charte de Compiegne ; ce qui fait commencer le regne de Philippe I en 1061. On en trouve une autre avec la même

(*a*) Voyez Daniel, Hiſtoire de France, tom. 1, fol. 1142.
(b) *Petau, Rat. Temp. l. 8, c. 14.*
(c) *Duch. Hiſtor. Francor. to. 4, p. 88 & 98.*
(d) *Duch. Montmorency, Prev. p. 26.*

date (*a*) : *Actum Nigellæ, anno Dominicæ Incarnationis M. LXXXV. & anno Regis Philippi, XXIV. indictione* 8. Ce sont ici encore les mêmes dates, si ce n'est que dans la Charte de Compiegne on trouve l'Indiction VIIII. & dans celle-ci l'Indiction VIII. mais comme la neuvieme Indiction commençoit au premier Septembre 1085, la différence des deux indictions marquées dans les deux Chartes, vient de ce que l'une est de l'année 1085, avant le premier Septembre, & l'autre de 1085, après le premier Septembre.

Marlot, dans sa Métropole de Rheims, rapporte une autre Charte datée à Rheims (*b*) *anno Incarnati Verbi, M. XCIV. Indictione II. regnante Francorum Rege Philippo, anno. XXXIII.* Si l'année 1094 étoit la trente-troisieme du regne de Philippe I. il falloit que ce regne n'eût commencé qu'en 1061. Dans une Charte de Saint Médard de Soissons, rapportée par le Pere Mabillon, le Roi Philippe I parle ainsi (*c*) : *Ego, Philippus puer, Rex Francorum, anno Incarnationis Dominicæ millesimo sexagesimo sexto, Indictione IV. regni verò mei anno quinto, manu propriâ firmavi, &c.* Pour que l'année 1061 fût la cinquieme du regne, il falloit encore qu'il n'eût commencé qu'en 1061. On pourroit citer plusieurs autres exemples semblables (*d*) ; mais ceux-ci suffisent pour prouver que la Charte de l'Eglise de Compiegne ne peut être suspecte par rapport à sa date.

Ce n'est pas tout : outre cette époque de l'an 1061, celle de l'an 1060, & celle de l'an 1059 où Philippe fut sacré, il y en a encore d'autres différentes de celles-là. Marlot, dans sa Métropole de Rheims, rapporte trois Chartes, dont les dates comptent les années du regne de Philippe I depuis (*e*) 1063. Miræus (*f*) nous en a donné une de l'Abbé Lotbert, qui date de même. Trois Chartes qui datent ainsi dans une même Eglise, font voir que ce n'est point une faute de Notaire ni de copiste, & qu'il y avoit des Chanceliers ou des Notaires qui comptoient ainsi. Le Pere Mabillon (*g*) en rapporte une comme très-véritable, dont la date ne s'accorde avec aucune des précédentes.

(a) *Mirai, Oper. Diplom. nov. edit. to.* 2, *p.* 1138.
(b) *Marlot, Metropol. Rhem. to.* 2, *p.* 186.
(c) *Mabill. Diplom. p.* 585.
(d) Voyez Besly sur la clause *Regnante Christo, p.* 141 & 143, &c.
(e) *Marlot, ibid. p.* 218 & 238.
(f) *Miræus, ibid. to.* 1, *p.* 74.
(g) *Mabill. Diplom. p.* 203.

La difficulté de concilier ces dates a exercé nos plus grands Critiques. Ils conviennent tous que ce feroit une témérité de tirer de-là un moyen de faux. Le P. Chifflet, Jéfuite, dans fon Hiftoire de Tournus (*a*), parle en ces termes au fujet des années du Roi Conrad : *il n'y a bonnement aucun des anciens Rois & Empereurs qui n'ait eu plufieurs & divers commencemens de fes regnes, comme favent ceux qui font verfés en l'Hiftoire, & qu'il eft très-néceffaire d'y prendre garde, pour rendre raifon des dates appofées aux Chartes par les Notaires & Chanceliers, & les adjufter avec la vraie Chronologie.* Le Pere Papebroch (*b*) & le Pere Wiltheim, Jéfuites, établiffent les mêmes principes. On peut encore confulter le Pere Mabillon, à la page 202 de fa Diplomatique, où il fait voir par la variété des dates qui fe trouvent dans les Chartes du regne de Henry I, qu'il falloit qu'il y eût diverfes manieres d'en compter les époques. C'eft ce qu'il prouve encore ailleurs dans fa Diplomatique ; en un mot, tout ce qu'il y a d'habiles Critiques conviennent de ce principe, qui reçoit ici une application d'autant plus jufte, que la Charte de Compiegne fe trouve conforme à un grand nombre d'autres dont la vérité n'a jamais été conteftée.

Si l'on demande quel peut être le fondement du calcul de l'an 106[illegible], qui eft celui de la Charte de Compiegne, on répondra qu'il paroît vrai-femblable que cette année le Roi Philippe I prit par lui-même le gouvernement du Royaume ; ce qui aura donné lieu de compter quelquefois les années de fon regne depuis cette époque. Nous favons en effet que lorfque ce jeune Prince parvint à la Couronne après la mort du Roi Henry I, fon pere, foit que ce fût en 1060, fuivant la plûpart des modernes, ou l'an 1059, felon les plus anciens Hiftoriens, il étoit fous la tutelle de Baudouin, Comte de Flandres, & qu'il prit bientôt après les rênes du Gouvernement. Les conjectures qu'on peut faire fur le motif de cette époque ne font pas vaines ; car un Auteur contemporain (*c*), après avoir parlé du commencement du regne de ce Prince, dit en termes formels : *Rex verò poftquam ad-juveniles annos pervenit, regnum fuum integrum recepit ; & defuncto Tutore fuo Balduino Comite, confilio Roberti Frifonis, filiam Florencii Ducis Frifonum, Bertam in uxorem duxit.*

(a) *Chiffl. Tournus, p. cxlj.*
(b) *Papebr. Propyl. part.* 1, *cap.* 5, *tom.* 2, *Apr. Bolland.*
(c) *Duch. Hift. Francor. to.* 4, *p.* 98.

Ce qui est confirmé par une Charte ainsi datée (*a*) : *Actum apud Insulam ..... anno ab Incarnatione Domini nostri millesimo sexagesimo tertio, Indictione primâ, regnante Philippo annis jam duobus.* Ce qui fait voir encore qu'on comptoit souvent les années de Philippe I. depuis l'an 1061. Mais quand même nous ne saurions pas le motif de ce calcul, de combien d'autres époques exprimées simplement dans une infinité de Chartes de nos Rois jusqu'à Philippe-Auguste, avons-nous ignoré (*b*) les vraies raisons presque jusqu'à nos jours ? A-t-on jamais douté pour cela de la vérité de ces Chartes ?

La seconde preuve tirée de ce que la dédicace de l'Eglise n'a pu être faite par le Pape Jean VIII. puisqu'il n'est venu en France qu'après la mort de Charles-le-Chauve, tombe par une observation bien simple ; les Annales de Saint Bertin (*c*) justifient que cette célebre dédicace, à laquelle assisterent tant d'Evêques, fut faite en présence & par l'autorité des deux Légats du Pape Jean VIII. savoir, l'Evêque de Fossombrone & celui de Senegaglia, qui présidoient dans cette grande Assemblée ; en sorte que, comme ce que l'on fait par ceux qui sont porteurs de nos pouvoirs, est regardé comme fait par nous-mêmes, il n'est pas extraordinaire que plus de deux cens ans après on ait dit dans une Charte que la Dédicace avoit été faite par le Pape Jean VIII. On ne dit pas qu'il y fût présent, mais seulement qu'elle a été faite par lui ; & pour cela il suffit qu'elle ait été faite en son nom & par ses Légats.

Enfin, on dit que l'on met au nombre des Evêques présens à cette Charte, Ursion, Evêque de Beauvais, *qui cependant n'est devenu Evêque qu'en 1087, selon Messieurs de Sainte-Marthe.* Mais Messieurs de Sainte-Marthe ne proposent rien de certain sur cette époque ; ils se contentent de dire que Guy, prédécesseur d'Ursion, mourut, *circà annum* 1087. On fait une proposition affirmative du doute de Messieurs de Sainte-Marthe ; y a-t-il en cela de l'exactitude ? D'ailleurs, l'opinion chancelante d'un Auteur ne doit-elle pas céder à l'autorité d'une Charte originale, qui prouve que Guy étoit mort, & Ursion devenu Evêque dès 1085 ? Et en effet, Simon, dans son Supplément à l'Histoire de Beauvoisis, s'autorise de cette même Charte pour

L'opinion chancelante d'un Auteur doit céder à l'autorité d'un titre original.

(*a*) *Miræi, Oper. Dipl. nov. edit. to. 1, p.* 152.
(*b*) Voyez *Chifflet, Tournus, p. cxxxvij. cxl.* 187, &c. *Baluz. Not. in Capitular. to.* 2, *p.* 1111, &c.
(*c*) *Annal. Bert. tom.* 3, *Duch. p.* 251.

mettre Urſion ſur le Siége de Beauvais dès l'année 1085.

Mais Meſſieurs de Sainte-Marthe autoriſent eux-mêmes la Charte de Philippe I. de l'an 1085, puiſqu'ils (*a*) s'en ſervent pour prouver qu'Hilgot étoit ſur le Siége de Soiſſons la même année. Ainſi on peut aſſurer que ſi ces habiles Hiſtoriens n'avoient pas ſuivi dans leur Ouvrage l'ordre alphabétique des Evêchés, & que s'ils avoient travaillé ſur l'Egliſe de Soiſſons avant de faire l'Hiſtoire de celle de Beauvais, ils n'auroient pas manqué de ſe ſervir de la Charte de Compiegne, pour prouver l'Epiſcopat d'Urſion dès l'an 1085.

Le Critique fait encore une objection contre la même Charte de Philippe I. en niant *qu'elle ſoit ſignée d'aucun Notaire, ou Chancelier, contre l'uſage des Rois de France de ce ſiecle-là.* On lit cependant ces mots dans cette Charte (*b*) *Goisfrido, Pariſiorum Epiſcopo, Archi-Cancellario noſtro* : & on y voit le monogramme du Roi ; mais eſt-ce la ſeule Charte de Philippe I. où l'on ne trouve point la ſouſcription du Chancelier ? Ne ſeroit-il pas aiſé de prouver au Critique que la ſignature du Chancelier n'étoit pas d'un uſage ſi général dans ce ſiecle ? Et pour ne parler que du Roi Philippe I. n'avons-nous pas pluſieurs autres Chartes authentiques (*c*) de ce Prince, où le Chancelier n'eſt pas ſeulement nommé ? On s'arrêtera à un ſeul exemple rapporté par le Pere Chifflet (*d*), Jéſuite, qui nous a donné une Charte du même Prince, ſur laquelle il fait cette remarque : *Deſunt in* AUTOGRAPHO *ſubſcriptiones omnes, cum temporis annotatione ; ſolùmque ibi cernitur ſigillum regium membranæ affixum & monogramma hâc formâ.* Et enſuite : *Hoc privilegium Philippus alius Rex deſcribit, & confirmat anno* 1309, *menſe Aprilis.* Le Pere Chifflet ignoroit-il l'uſage des Chartes du 11e ſiecle ? Le Roi Philippe le-Bel qui a confirmé celle que ce ſavant Jéſuite a donnée pour authentique, le Chancelier de ce Prince qui y a appoſé le ſceau de l'autorité royale, auroient-ils approuvé une Charte manifeſtement fauſſe ou même douteuſe ? Que l'on mette en parallele après cela la capacité de l'Auteur de la Charte de Compiegne avec celle de ſon Critique, & l'on verra ſi la vaſte érudition du dernier ne vient pas échouer contre une piece ſi reſpectable.

(*a*) *Gall. Chriſt. to.* 3, *p.* 1048.
(*b*) *Vid. Dip. p.* 424.
(*c*) *V. Miræi, Oper. Diplom. nov. edit, to.* 1, *p.* 59 ; *Beſly, Poitou, p.* 466 ; *Dipl. p.* 586, &c.
(*d*) *Chifflet, Tournus, p.* 316.

Voici

Voici de nouvelles preuves de ses vastes connoissances, dans la critique qu'il propose contre les Chartes suivantes. Il y en a deux du Roi Charles-le-Simple, ou Charles IV du nom. Le Censeur croit d'abord prévenir en sa faveur, en disant que Dom Luc d'Achery a lui-même connu la fausseté de ces pieces, parce qu'il a introduit dans son Spicilege la Charte de fondation de Charles-le-Chauve, & celle de Philippe I, & qu'il n'a pas fait imprimer de même celles-ci : ensorte qu'un Auteur qui donne au Public un Titre d'une Abbaye, est absolument obligé de donner tous les autres, ou de les reconnoître pour faux. Cela s'appelle-t-il raisonner ? Quelles absurdités ! Mais que répondra le Critique à l'autorité du Pere Mabillon, qui les a fait imprimer dans sa Diplomatique (*a*) sur les Originaux produits ? Il les a cru authentiques : voyons s'il s'est trompé.

Le style barbare de ces Chartes est d'abord le premier objet qui frappe le Censeur, comme si dans le dixieme siecle on voyoit régner la plus pure latinité dans les anciens monumens (*b*). Mais voici une critique qui lui paroît plus puissante : ces Chartes, en parlant de la Maison de Compiegne, & de ceux qui la desservoient, se servent des termes de *Cœnobium*, *Cœnobitæ*. « Cependant les Moines n'y étoient point encore introduits ; mais le Titrier ignorant n'avoit devant les yeux que l'état monastique qu'il vouloit honorer. On dira peut-être que les Chanoines établis à Compiegne étoient des Chanoines Réguliers. Mais si cela est, comment leur permet-on de vendre, d'échanger leurs possessions ? Dailleurs, Charles-le-Simple y parle impoliment de son pere & de son ayeul ; il donne le titre de Roi à Eudes son Sujet rebelle. Dans la seconde Charte, le Fiscalin, c'est-à-dire le Serf, est confondu avec celui qui possédoit librement & en franc-aleu. La permission que le Roi Charles-le-Simple donne à ses Fiscalins de disposer de leurs biens en faveur de l'Église, est inouie. Enfin dans la premiere Charte, qui est sans date, le même Prince annonce qu'il va ordonner le rétablissement des lieux incendiés ; & il n'en est plus question dans toute la piece. »

On est effrayé, en parcourant ces objections, de l'excès d'ignorance qu'elles renferment. Les Chanoines qui furent établis à Compiegne par Charles-le-Chauve vivoient en commun, suivant le modele que Saint Augustin en avoit donné avec son

(a) *Dipl. p. 560 & seq.*
(b) *Voyez Chifflet, Tournus, p. 287.*

Chanoines qui menoient la vie cénobitique, suivant la Regle de S. Chrodegand.

Clergé d'Hippone, & dont les pratiques avoient été renouvellées par Chrodegand, Evêque de Metz, dans le huitieme siecle. Ce dernier Prélat fit une Regle pour ces Chanoines Cénobites; & cette Regle fut adoptée dans la plûpart de ses dispositions par la fameuse Regle qui fut faite pour les Chanoines au Concile d'Aix-la-Chapelle, l'an 816, sous l'Empire & l'autorité de Louis le Débonnaire. C'étoient donc des Chanoines de cette espece qui desservoient l'Eglise de Compiegne : il n'est pas extraordinaire après cela qu'on ait appellé leur Maison (a) *Cœnobium* & *Monasterium*, & eux-mêmes *Cœnobitæ* & *Fratres*, puisqu'on donnoit le même nom aux autres Communautés de Chanoines (b). Mais ces Chanoines vivant en commun, ne faisoient pas des vœux comme ceux que nous connoissons aujourd'hui sous le nom de Chanoines Réguliers; l'usage des vœux solemnels ne fut introduit à leur égard que plusieurs siecles après, c'est-à-dire, dans le onzieme siecle (c) : ainsi avant ce tems-là, comme personnes libres, ils passoient tous les actes de la Société; ils vendoient, ils contractoient; c'est ce que l'on trouve précisément autorisé & dans la Regle de Chrodegand (d), & dans (e) celle des Chanoines d'Aix-la-Chapelle. Voilà ce qui concilie sans peine les termes de Cénobites & de Monasteres avec cette liberté de contracter, dont le Critique est si embarrassé.

Aussi dans presque tous (f) les monumens de ce tems, qui parlent des Chanoines & des lieux qu'ils habitoient, on les désigne par les noms de *Freres* & de *Monasteres*; & l'on a vu ci-dessus que dans les Capitulaires de Charles-le-Chauve, ce Prince recommandant à son Fils & à ses Sujets l'Eglise de Compiegne qu'il venoit de fonder, l'appelle *Monastere : Monasterium à nobis in Compendio constructum, à Filio nostro honoretur*; & il date ainsi une de ses Chartes : *Actum Compendio Regio* MONASTERIO (g). Le pouvoir de disposer, qui appartenoit à ces Chanoines, ne se bornoit pas à leurs biens propres, mais même aux biens du Monastere; avec cette différence que la portion qui leur étoit

(a) *Vide* du Cange, *in verbo* Cœnobium.
(b) *Gall. Chr. nov. ed. tom.* 2, *p.* 452; *Spicileg. tom.* 10, *p.* 649.
(c) *Vide* Fleury, Hist. Eccl. tom. 10, p. 189; tom. 13, p. 6, 68 & 135. *Marc. Hisp. p.* 448, 975 & 1097.
(d) *Spicil. tom.* 1, *p.* 235 & 257.
(e) *Tom.* 7, *Conciliorum*, *p.* 1389.
(f) *Capitular. tom.* 1, *p.* 852, 853; *tom.* 2, *p.* 85, 110, 1459, 1508, &c. *Regul. Aquisgr. cap.* 142, 143, *tom.* 7, *Conc. Labb.* &c.
(g) *Chifflet, Tournus*, *p.* 223.

destinée ne pouvoit être transmise qu'à d'autres Chanoines de la même Eglise : il étoit d'usage de leur en donner la permission dans les Chartes des Princes. Nous en avons un exemple pour les Chanoines de Brioude, que l'on ne peut se dispenser de rapporter, à cause de la conformité qui se trouve, même dans les termes, avec la Charte de Charles-le-Simple (a) : *Præterea volumus & decernimus ut unusquisque Clericorum supradictorum, MANSIONES suas cuicumque Clericorum ejusdem MONASTERII voluerit, dimittendi sive vendendi licentiam habeat.* Cette Charte est de Charles-le-Chauve : elle se sert du mot de *Mansiones*, qui est dans la Charte de Charles-le-Simple pour Compiegne ; & elle concilie cette disposition avec les termes de *Monastere*, qu'elle donne à l'Eglise de Brioude, desservie par des Chanoines comme celle de Compiegne.

Ces habitations appellées *Mansiones*, n'étoient pas des Fermes de campagne, comme le suppose le Critique ; mais on voit que c'étoient les Maisons qui servoient aux Chanoines même pour leur demeure ordinaire ; c'est ce qui paroît par un article de la Regle d'Aix-la-Chapelle (b) : *Quamvis Canonicis proprias licitum sit habere Mansiones, debet tamen à Prælato mansio infirmorum & senum intra claustra Canonicorum fieri, ut qui suam fortè non habent, in eâdem suam possint tolerare imbecillitatem ; quatenus ibidem & subsidiis Ecclesiasticis quibus indigent & FRATRUM adminiculis misericorditer sustenentur.* Et c'est ce même usage qui subsiste encore aujourd'hui dans plusieurs Chapitres du Royaume, où les Maisons Canoniales peuvent être commercées par les Chanoines entr'eux, comme on le voit dans le Chapitre de Paris, & dans plusieurs autres.

Sur qui tombera ensuite la plaisanterie ou l'indignation, quand on entend l'Auteur du Mémoire, après avoir relevé ces prétendues contradictions de la Charte, se récrier qu'elles sont l'ouvrage d'un *Moine aussi étourdi que faussaire, qui voulant faire parler le Roi de Chanoines & de Chapitre, n'a pu s'empêcher de mêler par-tout les noms de* Monasteres *& de* Couvens, *qui lui étoient plus familiers.* Le Censeur auroit été bien plus content de la piece, s'il y eût trouvé le mot de *Capitulum*, Chapitre, pour exprimer une Communauté de Chanoines ; mais malheureusement, pour s'accommoder avec lui, il eût fallu se brouiller avec

(a) *Gallia Christiana, nov. edit. tom.* 2, *p.* 129, *Instrum.*

(b) *Regul. Aquisgran. cap.* 142, *tom.* 7, *Concil. p.* 1408.

toute l'antiquité, qui n'a connu ce terme de *Chapitre* que long-tems après.

Pour le contenter encore, il auroit fallu que Charles-le-Simple, parlant de Louis ſon pere, & de Charles ſon ayeul, ſe fût ſervi de ces termes, *Notre très-honoré Seigneur & pere*, ou *notre très-honoré Seigneur & ayeul*, en ſe conformant au ſtyle préſent des Edits & Déclarations du Roi, & faiſant remonter leurs formules preſque aux premiers tems de la Monarchie : mais malheureuſement ce ſtyle n'étoit pas introduit ſous Charles-le-Simple. Avec la rudeſſe de ces ſiecles barbares, un Roi parloit ſimplement, & diſoit, *avus noſter Carolus*, *pater noſter Ludovicus* : car ce n'eſt pas ſeulement dans la Charte de Compiegne qu'on trouve ce ſtyle peu fleuri. Charles-le-Chauve dans une Charte, y dit ſimplement de l'Empereur Charlemagne ſon ayeul, *avus noſter Carolus* (*a*). L'Empereur Charles-le-Gros, dans une Charte de Saint Martin de Tours (*b*), s'y explique en ces termes : *Præceptum patrui noſtri Caroli*, (c'étoit Charles-le-Chauve ſon oncle, Empereur & Roi de France,) *atque præceptum filii ſui Ludovici ſuper omnibus eorumdem Fratrum rebus corroborare dignaremur.* C'eſt ici le Roi Louis-le-Begue dont il s'agit. Enfin le Roi Charles-le-Simple lui-même ne s'exprime pas autrement en parlant de l'Empereur Charles le Chauve ſon ayeul, dans une Charte en faveur de l'Egliſe de Gironne, *avus noſter Carolus*, &c (*c*). Il eſt inutile de citer ici un plus grand nombre d'exemples.

Quant à ce que l'on dit que Charles-le-Simple ne devoit pas donner le titre de Roi à Eudes ſon Sujet révolté, il ſuffiroit de renvoyer le Critique aux élémens de l'Hiſtoire de France ; il y verroit (*d*) qu'Eudes conſerva le titre de Roi, & même l'autorité ſouveraine ſur une partie du Royaume, après la paix faite entre Charles-le-Simple & lui. Les Chartes anciennes annoncent toutes cette vérité. On en trouve une qui finit ainſi (*e*) : *Datum..... anno ſeptimo, regnante Carolo ſereniſſimo Rege, & in ſucceſſione Odonis ſecundo.* Ainſi, après la mort du Roi Eudes, on comptoit les années du regne de Charles-le-Simple de deux manieres, depuis le tems qu'il étoit devenu Roi par la recon-

(a) *Martene, collect. ampliſſ. tom.* 1, *p.* 160.
(b) *Ibidem*, *p.* 218.
(c) *Marc. Hiſp. p.* 828.
(d) *Voyez* Daniel, Hiſtoire de France, page 861.
(e) *Marc. Hiſp. p.* 839.

noissance d'Eudes, & depuis qu'il avoit succédé à la partie du Royaume que le même Eudes s'étoit réservée au-delà de la Loire. Mais est-il nécessaire de prouver un fait qui n'est ignoré que de ceux qui n'ont aucune connoissance de notre Histoire? Que le Censeur apprenne donc qu'Eudes a été non-seulement Roi, mais encore reconnu pour tel par Charles-le-Simple: *Vir venerabilis Germanus quondam Prædecessoris nostri* ODONIS REGIS, *noster fidelis Rotbertus*, dit ce Prince dans deux diverses Chartes, en parlant de Rotbert, Abbé de Saint Martin de Tours, frere du Roi Eudes (*a*).

Si le Critique qui a travaillé pour M. de Soissons est peu versé dans l'Histoire, il ne paroît pas mieux instruit des regles des Fiefs: il suppose que le terme d'Aleu, *de Alode*, ne s'entend que du Franc-aleu; d'où il suit que le Fiscalin qui étoit le possesseur d'un Fief chargé de devoirs envers le Seigneur, ne pouvoit être considéré comme possesseur d'une Terre allodiale. Il soutient que ces termes réunis emportent contradiction: mais si on avoit voulu consulter de bonne foi les sources, on auroit appris que déja dès le neuvieme siecle, quoique dans un sens limité, l'*Aleu* s'entendoit d'une Terre libre: cependant dans un sens plus étendu il comprenoit les Fiefs. On n'a qu'à voir là-dessus le savant Caseneuve dans son traité du Franc-aleu (*b*), où il rapporte l'autorité des Jurisconsultes, & entr'autres de Balde, qui dit sur l'Authentique *Item nulla*, *Cod. de Episcopis & Clericis. Largâ appellatione Allodiorum, veniunt etiam Feoda & Emphiteuses*. Il seroit en effet aisé de prouver que dès le regne de Charles-le-Simple (*c*) on confondoit le Fief avec le vrai Aleu. On n'a qu'à voir une Charte du dixieme siecle, de Bernard, Comte de Besalu, où il s'exprime ainsi (*d*): ALODEM *Curialem quem vulgò dicimus Fevalem*.

Le mot Aleu signifie quelquefois Fief dans les anciens titres.

Du reste, le Fiscalin n'étoit pas, comme on le suppose, un homme serf, puisqu'il paroît par les Capitulaires (*e*) de nos Rois, qu'ils succédoient dans les biens héréditaires, & qu'ils avoient les priviléges des personnes libres. Quant à ce qu'ajoute le Censeur, que la permission que le Roi Charles-le-Simple accorde à ses Fiscalins, de disposer de leurs Fiefs en faveur de

(a) *Martene, Coll. ampliss. tom.* 1, *p.* 250, 258 & 273.
(b) Caseneuve, Franc-aleu, liv. 1, chapitre 10.
(c) *V. Marc. Hispan. p.* 847 & *seq. p.* 863, &c.
(d) *Ibidem*, *p.* 418.
(e) *Capitul. tom.* 1, *p.* 475, 757, 971: *tom.* 2, *p.* 1182, &c.

l'Eglise de Compiegne, *est inouie* : il n'avoit pas vu sans doute les Chartes de plusieurs Princes qui donnent à leurs Vassaux de semblables permissions. On se contentera d'en citer deux. L'une est du Roi Philippe I, en faveur de l'Abbaye de Moustier-neuf de Poitiers, où il dit (a) : *De omni terrâ quæ ad nos attinet, si quis dederit, vel vendiderit supradicto Monasterio novo, volumus esse firmum & ratum.* L'autre est de Guillaume VII, Duc d'Aquitaine, qui accorde la même permission à ses Vassaux en faveur de la même Abbaye (b) : *Auctoriso autem & concedo quicquid Milites mei, vel Homines mei in honore meo, sive de honore meo dederint vel vendiderint prædicto Monasterio.*

Enfin les derniers reproches que le Critique fait aux deux Chartes de Charles-le-Simple, c'est que la premiere annonce le rétablissement des lieux incendiés, & qu'il n'en est plus question dans toute la piece ; qu'elle est d'ailleurs sans date ; & que la seconde contient un anathême. On répondra dans la suite à ce reproche : mais pour ce qui est du rétablissement des lieux incendiés, si le Censeur s'étoit donné la peine de lire la Charte, il y auroit vu ces mots : *Unde placuit Serenitati nostræ reædificare ac restaurare eum quod semel ac bis fecimus.* Il y auroit vu que le principal but de ce Prince étoit de suppléer par sa Charte à celles que le feu avoit dévorées : *Ut quarumdam Villarum ac prædiorum quæ igne perierant PRÆCEPTA restauraremus.* Pour ce qui est du défaut de date, le P. Mabillon qui a fait imprimer cette Charte dans sa Diplomatique (c) sur l'original produit, ne l'en croit pas moins authentique. On n'a qu'à voir la note qu'il a faite là-dessus. Et combien de semblables Chartes avons-nous dans différentes Collections (d), qui ne passent pas pour moins vraies & originales, quoiqu'elles ayent le même défaut qui n'est pas regardé comme essentiel, sur-tout dans un siecle où la plûpart des anciennes Chartes manquent de date (e). Si on vouloit s'étendre sur ces légeres critiques, on ne finiroit point : on croit en avoir trop dit pour les confondre.

Plusieurs anciennes Chartes n'ont point de dates.

Comme on répete les mêmes observations sur la Charte de Louis d'Outremer, il suffira aussi d'employer les mêmes réponses : on ajoutera seulement que celui qui a écrit pour M. de

(a) *Besly, Poitou, p.* 365, *aliàs* 465.
(b) *Ibidem, p.* 368, *aliàs* 468.
(c) *Dipl. p.* 562.
(d) *Vide Capitul. Baluz. tom.* 2, *p.* 1463 *& seq. Marc. Hispan. p.* 811. *Marten. Coll. gem.* 1, *p.* 105, *&c.*
(e) Voyez *Catel, Comtes de Toulouse, p.* 110.

Soiſſons paroît mal-à-propos ſurpris de trouver des anathêmes dans une Charte du Prince temporel, puiſqu'on en trouve de ſemblables, non-ſeulement dans des Chartes du même Prince, mais encore de pluſieurs autres Rois de la ſeconde Race. Telle eſt une Charte du même Louis d'Outremer (a) pour l'Abbaye de Saint Hilaire de Poitiers, où l'anathême eſt prononcé dans le même ſtyle qui révolte le Critique: *Si quiſpiam hujuſce auctoritatis Regiæ munimentum violare præſumpſerit, primitùs iram Dei omnipotentis, & ſancti Hilarii, & Sanctorum omnium incurrat, & cum Dathan & Abiron quos terra viventes abſorbuit, portionem habeat, & cum Juda traditore..... ſub anathematis vinculo ſe ſciat perpetualiter eſſe damnandum.* Deux Chartes du Roi Lothaire contiennent (b) les mêmes menaces: *Aliter agentibus privari omni bono & ſubjacere excommunicationi apoſtolicæ auctoritatis* & *perditioni corporis & animæ denuntiavimus.* Enfin pour ne pas entaſſer ici inutilement une foule de pareils exemples (c), il ſuffit de remarquer qu'une Charte du Roi Raoul, prédéceſſeur de Louis d'Outremer, qui eſt au Cartulaire de l'Egliſe de Soiſſons, contient les mêmes anathêmes (d). Ces imprécations faiſoient quelque effet ſur des peuples groſſiers: on convient qu'il n'appartient point aux Princes d'excommunier: M. de Soiſſons ne doit pas s'alarmer pour la Juriſdiction Eccléſiaſtique, on ne prétend point transférer aux Puiſſances temporelles le droit de prononcer des cenſures: mais chaque temps a ſes modes & ſon ſtyle particulier, on ne réformera pas aujourd'hui celui du dixieme ſiecle.

Anathêmes employés par les Princes ſéculiers, ſans s'arroger l'autorité ſpirituelle.

Quant *au défaut de date & de ſouſcription de Chancelier*, que le Cenſeur reproche à cette piece, on y lit en caracteres bien liſibles: *Gerardus, Notarius ad vicem Artaldi, Archiepiſcopi ſummique Cancellarii redegi. Actum Compendio Regio Palatio die Nativitatis Domini noſtri--Ind. X. anno* 1. *regnante H. Ludovico, Rege Sereniſſimo.* Que diroit ce Critique, s'il avoit une pareille bévue à relever? Que le Roi Louis d'Outremer, en parlant d'Hugues, Duc des François, ait dit qu'il étoit *in omnibus Regnis noſtris ſecundus*, c'eſt ce que l'on ne peut trouver à redire (e); car

(a) *Beſly*, Poitou, *p.* 243 & *ſeq.*
(b) *Marca*, *Hiſp. p.* 849 & 891.
(c) *Vide Martene*, *Coll. ampl. tom.* 1, *p.* 22; *p.* 199 & *ſeq. Beſly*, *Poitou*, *p.* 180, 260. *Nov. Gall. Chriſt. tom.* 2, *p.* 366, & *Diplom. lib.* 2, *c.* 8. *n.* 19 & *ſeq. Miræi*, *Oper. Diplom. tom.* 1, *p.* 67, &c.
(d) *Mabill. Dipl. p.* 564.
(e) *Vide Martene*, *Anecdot. tom.* 1, *p.* 72.

Hugues étoit en effet la seconde personne de l'Etat ; & le Roi Louis d'Outremer regnoit sur plusieurs Royaumes, quoique le Critique employé par M. de Soissons le dénie hardiment : mais tout justifie le contraire. Ce Prince avoit les Royaumes de France, de Bourgogne, d'Aquitaine, & même celui de Gothie, ou Languedoc. Les titres de ces Royaumes n'étoient pas supprimés, comme on le suppose ; les monumens publics prouvent le contraire (*a*). Le Roi Raoul, six années avant la Charte de Louis d'Outremer son successeur, prend dans une Charte la qualité de Roi de France, d'Aquitaine & de Bourgogne : *Radulphus, Dei gratiâ, Francorum & Aquitanorum, atque Burgundiorum Rex* (*b*). On voit bien que le Critique n'est pas au fait des Chartes anciennes ; & ce n'est peut-être pas sa faute. Mais pourquoi en parle-t-il, si c'est pour lui une langue étrangere ? Pourquoi s'engage-t-il dans un Pays dont il ne connoît pas les routes & où il s'égare à chaque pas ?

S'il avoit voulu agir avec cette sincérité qui convient quand on parle au nom d'un grand Prélat, il n'auroit pas fait les objections qu'il hasarde ensuite sur la Charte de Philippe I de 1092. Il suppose que l'on parle dans cette Charte d'un *Maralledus*, Archevêque de Reims, quoiqu'il n'y ait jamais eu de Prélat de ce nom qui ait gouverné cette Eglise. On convient qu'il n'y a jamais eu de Marallede, Archevêque de Reims ; aussi n'en est-il point parlé dans la Charte. Si on parloit d'un Titre inconnu, on pourroit déférer à l'autorité de M. de Soissons, ou de son Critique, sur ce qu'il en rapporte ; mais quand on voit de ses propres yeux le contraire, il permettra de ne se point soumettre. Or dans la Charte il y a très-clairement écrit *Manassedo*, & non pas *Maralledo*. Ce Manassés a été Archevêque de Reims depuis 1070, jusqu'en 1085 ; & c'est celui dont parle la Charte. Mais l'Ecrivain de M. de Soissons défigure tout ce nom ; d'un *n* il en fait un *r*, & de deux *ss* il en fait deux *ll*. Quel excès d'iniquité ! S'il avoit voulu jetter les yeux sur le mot *sigillo*, qui est précisément au-dessus de *Manassedo*, il auroit vu bien distinctement la différence qu'il y a dans cette Charte entre les *s* & les *l* : mais peut-être craignoit-il de voir, ou esperoit-il que les autres ne verroient pas.

Il ajoute » qu'on nomme plusieurs Prélats comme présens à

(a) *Vide Marca, Hispan. p.* 832, *Capitular. Baluz. tom.* 2, *p.* 1118 & 1525, *Mart. Coll. ampl. tom.* 1. *p.* 251, 260, *Anecdot. tom.* 1, *p.* 64.

(b) *Baluz. Hist. Tutel. p.* 325.

» cette

» cette Charte, & qui l'autorisent de leurs suffrages ; mais que » c'est ce qui confond l'imposture, puisque de tous ces Prélats, il » n'y en avoit presque pas un qui fût alors Evêque, ou Archevê- » que, étant la plûpart décédés depuis plusieurs années ». Mais s'il y a ici de l'imposture, elle est dans l'objection, & non pas dans la pièce ; car enfin où notre Critique a-t-il trouvé que ces Prélats soient nommés comme présens à la Charte ? Non seulement elle ne le dit pas, mais elle dit le contraire. Le Roi y rend compte d'une excommunication qu'il avoit fait prononcer contre ceux qui troubleroient l'Eglise de Compiegne dans tous ses droits, par les Evêques qui étoient alors assemblés à Paris : *ab Episcopis qui tunc Parisiis congregati erant, scilicet, &c.* Ces termes ne s'appliquent-ils pas manifestement à une assemblée précédente que le Roi rappelle ? Jamais on n'a exprimé le temps présent par le terme *tunc*, qui indique au contraire un temps passé depuis long-temps. Quelle excuse peut donner le Critique d'une altération si sensible ? Aussi ne dit-on pas qu'aucun de ces Evêques ait signé la Charte ; ce qui se pratiquoit cependant quand ils y étoient présens. Il suffit donc, pour conserver à cette pièce toute la foi qu'elle mérite, que tous ces Evêques ayent vécu en même temps. Or c'est ce qu'il est facile de se persuader, en consultant le *Gallia Christiana*. Que le Critique rougisse donc de ses suppositions, s'il en est capable.

Enfin la derniere Charte sur laquelle s'exerce sa censure, est celle de Louis VII, qui confirme l'expulsion des Chanoines, & l'introduction des Religieux dans l'Eglise de Compiegne. » Elle » est, dit il, aussi fausse que les précédentes. La date en prouve » évidemment la fausseté. Elle est datée de l'an de Jesus-Christ » 1150, & de la quinzieme du règne de Louis VII, cette époque » est fausse. Louis VII, dit le Jeune, succéda à son pere Louis- » le-Gros, le premier Août 1137, par conséquent en 1150, avant » le premier Août, il n'étoit que dans la treizieme année de son » règne, & au premier Août de cette même année il entra dans la » quatorzieme. Si l'on veut compter les années de son règne » depuis celle de son Sacre, c'est encore pis ; il fut couronné le » 15 Octobre 1131 ».

Il faut observer deux choses au sujet de cette Charte de Louis VII. La premiere, qu'elle ne concerne que l'introduction des Religieux Bénédictins dans l'Eglise de Compiegne à la place des Chanoines : fait public & attesté par les monumens & les Historiens du temps, comme on l'a déja remarqué. Ce fait est encore confirmé par une lettre du Pape Alexandre III, au même Roi Louis-le-Jeune, où parlant du changement qui s'étoit passé dans l'Eglise de Compiegne par l'introduction des Religieux de Saint Benoît, il dit à ce Prince que ce changement s'étoit fait *assensu & voluntate tuâ* (a). Il y a eu donc une Charte de Louis VII, pour autoriser cette introduction, & c'est celle qu'on produit. Car quel intérêt pourroient avoir les Religieux de Compiegne de supprimer la véritable Charte, pour en substituer une fausse, où il n'est parlé que d'un fait connu & attesté d'ailleurs par les monumens du temps?

La seconde réflexion, c'est que la pièce dont il s'agit n'est pas l'original même, mais une ancienne copie qu'on a produite par la perte de cet original; elle paroît écrite dans le siècle de la Charte; il n'y a point, il n'y a jamais eu de sceau; on n'y voit pas même de la place pour le mettre. Ainsi quand il y auroit une erreur légere dans la date de cette copie, quand le copiste auroit mis ou transporté par un hasard ordinaire un chiffre pour un autre, soit dans l'année de Jesus-Christ, soit dans l'année du règne de Louis-le-Jeune, cette petite méprise ne sçauroit donner atteinte à la vérité de la pièce, puisque nous voyons que de pareilles fautes se sont quelquefois glissées dans les originaux mêmes. On pourroit citer là-dessus le témoignage de tout ce qu'il y a eu de gens habiles dans la critique, qui, à cause de ces petits défauts, n'ont point regardé les pièces originales pour moins authentiques, à plus forte raison les copies. On se contentera de celui du Pere Chifflet (b), Jésuite, qui fait cette réflexion dans un cas semblable: » ceux qui sont versés aux anciennes Chartes, savent que les » originaux mêmes ne sont pas du tout exempts de fautes: bien que » les fautes soient peu en nombre & peu considérables en comparaison » de celles qui se trouvent dans les copies, les eaux n'étant en nulle » part si pures que dans leurs sources». On pourroit joindre au suffrage de ce savant Jésuite, celui des Peres Papebrok & Wiltheim, ses Confreres (c), & de plusieurs autres; mais il est inutile de s'arrêter à prouver ce qui est hors de dispute. On est persuadé que ces raisons solides ont de quoi satisfaire les personnes les moins raisonnables; mais l'Ecrivain de M. de Soissons ne paroît pas d'humeur de se contenter de si peu de chose. Voyons donc si

On doit excuser les fautes dans les anciennes copies.

(a) To. 10. Concil. Labb. p. 1355.
(b) Chifflet, Tournus, p. cxlij.
(c) Papebr. Propyl. part. 1, cap. 5, n. 68 & seq.

pour lui faire plaisir, on ne pourroit pas entreprendre la défense de la date de la Charte de Louis VII, telle qu'on la lit.

On a déja vu combien il y a de variété dans les époques des regnes de nos anciens Rois, & celui de Louis-le-Jeune n'est pas exempt de cet embarras. Il est vrai que ce Prince fut sacré en 1131, & que Louis-le-Gros, son pere, mourut en 1137 ou en 1136, suivant le Continuateur d'Aymoin (*a*). Or, à consulter cette derniere époque, qui feroit commencer le regne de Louis-le-Jeune après la mort de son pere en 1136, on pouvoit dater une Charte en 1150, de la quinzieme année du regne de ce Prince; & comme celle de Compiegne ne contient point la date du mois, elle s'accorderoit parfaitement avec ce calcul.

D'ailleurs, on voit dans le Pere Daniel (*b*), qui a parlé après Orderic Vital (*c*), qu'en l'an 1135, Louis-le-Gros étant dangereusement malade, dans un épuisement qui ne lui permettoit plus de penser aux affaires du Gouvernement, & étant prêt à recevoir le Saint-Viatique, se fit conduire dans une Chapelle, *fit venir son fils, & tirant l'Anneau Royal de son doigt, il le lui présenta, en lui disant qu'il lui donnoit par cet Anneau l'investiture de son Royaume, dont il se déchargeoit sur lui....* En effet, dès ce moment, le Roi Louis VII, qui depuis son Sacre portoit le titre de Roi, en eut toute l'autorité, & en remplit toutes les fonctions; Louis-le-Gros son pere n'ayant plus fait que languir. Est-il extraordinaire après cela, qu'en 1150, on ait pu compter la quinzieme année du regne de Louis VII? Aussi n'est-ce pas dans cette seule Charte que l'on a suivi cette maniere de compter.

Parmi les exemples que l'on pourroit rapporter, on s'arrêtera à la date d'une Charte de Samson, Archevêque de Rheims, qui est des plus authentiques, & qui se trouve à la Chambre des Comptes de Lille en Flandres. Cette date est conçue en ces termes (*d*): *Actum Remis & recitatum in generali Synodo, anno incarnati Verbi millesimo centesimo quadragesimo primo, indictione IV, regnante Ludovico, Francorum Rege, anno VI, &c.* Il est évident que l'an 1141, on ne sçauroit compter la sixieme année du regne de Louis VII depuis l'an 1131, ou l'an 1137, mais plutôt depuis l'an 1135, ou l'année suivante, de même que

(a) *Aymoin, l. 5, c. 51.*
(b) *Daniel, Histoire de France* in-fol. *tom. 1, p. 1169 & seq.*
(c) *Orderic Vital, Duch. Hist. Norm. p. 901.*
(d) *Miraei, Oper. Diplom. nov. edit. to. 2, p. 1162.*

dans la Charte de Compiegne, où la quinzieme année du règne de ce Prince peut être prise de l'une de ces deux années 1135 ou 1136, à cause que la date du mois ne s'y trouve pas. Accusera-t-on de fausseté la premiere de ces Chartes, tirée d'un des dépôts sacrés de la Couronne? Mais ce qui la confirme, c'est qu'on voit encore deux autres Chartes du même Samson, Archevêque de Rheims, datées de même, & qui reviennent au même calcul: dans l'une on lit ces notes (a) : *Actum Remis, anno incarnati Verbi M. C. XLVIII, indictione XI, regnante Ludovico Francorum Rege, anno XIII, &c.* Dans l'autre (b) : *Actum Remis, anno incarnati Verbi 1153, indictione II, regnante Ludovico Rege Francorum, anno XVIII.*

Que le Critique tâche d'accommoder la chronologie de ces Chartes, en mettant le commencement du règne de Louis-le-Jeune à l'an 1131, ou à l'an 1137. Il faut donc reconnoître d'autres manieres de calculer le commencement du règne de Louis VII. On a déja parlé des raisons qui peuvent avoir engagé quelques Chanceliers, ou Notaires, de rapporter ce commencement à l'an 1135, lorsque ce Prince prit l'administration du Royaume. D'autres motifs doivent persuader qu'on peut avoir compté les années du même Prince, depuis l'an 1136, & l'un ou l'autre calcul suffit pour la Charte de Compiegne.

Quatre Couronnemens de Louis-le-Jeune.

On remarque en effet que le Roi Louis le-Jeune fut couronné quatre fois pendant sa vie : mais un de ses couronnemens le plus célebre fut celui qui se fit à Bordeaux (c) lorsqu'il épousa l'Héritiere de Guyenne. L'Abbé Suger (d), qui y étoit présent, en parle comme s'il s'étoit passé en 1136, peu de temps après la maladie de Louis-le-Gros, dont on a déja parlé. Nous avons encore une Charte de Louis-le-Jeune, Duc d'Acquitaine, donnée à Bordeaux la même année, la quatrieme depuis son premier couronnement : *Actum (e) Burdigalæ, anno M. C. XXXVI, regni nostri, IV.* Quel inconvénient y a-t-il après cela, que les Notaires ayent compté les années du règne de Louis-le-Jeune, depuis un évenement si célebre? Aussi voyons-nous que, selon la plûpart des Chartes du même Prince, qui manquent presque toutes de date de mois, comme on l'a déja dit, on peut compter

(a) *Martene, Coll. amplif. tom. 1, pag. 807.*
(b) *Marlot, Métropol. Rhem to. 2 p. 367.*
(c) *Chron. Mauriniac. to. 4, Duch. p. 382.*
(d) *Suger, Duch. ibidem, p. 320 & seq.*
(e) *Besly, Poitou, p. 482, Gall. Christ. nov. edit. to. 2, p 280.*

le commencement de son règne autant depuis l'an 1136, que depuis l'année suivante, ce qu'il seroit aisé de faire voir. Reprenons maintenant la suite des objections du Critique, contre la Charte de Louis VII.

Rien n'est plus frivole, plus injurieux & plus téméraire, que le moyen de faux qu'il propose, » autre marque de fausseté tirée de la » Charte même, *dit ce Censeur*. On y fait dire au Roi, qu'il agit en » cette occasion, *annuente matre nostrâ Reginâ*. Quelle est cette » Reine ? Son nom est omis. Cependant dans toutes les Chartes où » il est parlé de Reines, elles sont nommées par leurs noms. Le fa-» bricateur de cette pièce ignoroit le nom de la mere de Louis-le-» Jeune : c'étoit Alix de Savoye. Mais le comble d'ignorance du » faux Titrier, est d'avoir fait parler le Roi en cette occasion, » comme s'il étoit encore sous la Régence de sa mère. Alors Louis-» le-Jeune avoit vingt-neuf ans, puisqu'en 1231 il avoit été sacré, » étant âgé de dix ans. D'ailleurs, Alix de Savoye, sa mere, au mé-» pris de son titre de Reine, avoit épousé Mathieu de Montmorency. » Au temps de cette Charte prétendue, il y avoit déja douze ans » qu'elle avoit contracté ce mariage ». On voit ordinairement que les plus mal-habiles prennent les plus grands airs de confiance & de mépris, sur-tout quand ils croyent le pouvoir faire impunément.

Avant que de réfuter cette misérable objection, il faut remarquer qu'après la mort de Louis VI, dit le Gros, Adelaïs, ou Alix sa femme, prit pour son douaire Compiegne, avec le territoire & les forêts voisines, dont elle disposoit à sa volonté, comme on le peut voir dans le Diplomatique du Pere Mabillon (*a*), & dans une Charte (*b*) de la même Reine, qu'il rapporte. Ainsi cette Reine se trouvant intéressée à ce qui se passoit à Compiegne, il n'est pas extraordinaire que le Roi son fils, par déférence pour elle, ait donné de son avis & de son consentement cette Charte si importante pour le même lieu de Compiegne.

Revenons au moyen de faux ; il a plusieurs parties, prenons-les l'une après l'autre. *Quelle est cette Reine ? Son nom est omis. Cependant dans toutes les Chartes où il est parlé de Reines, elles sont nommées par leurs noms*. Cela ne mérite pas de réponse ; car qui ne sait que dans ces temps-là il n'y avoit point d'uniformité dans le style des Diplomes, & que s'il falloit rejetter tous les titres qui ont des manieres de parler uniques, il faudroit dégra-

(a) *Diplom. p.* 245.
(b) *Ibid. p.* 602.

der presque tous les Chartriers. Il se trouve cependant un nombre d'exemples où l'on a omis les noms. Charles-le-Simple dans un Diplome (*a*) met *pro remedio animæ genitoris nostri*. On voit dans une Charte du Roi Raoul (*b*), *ad remedium genitoris genitricisque nostræ*. Une autre Charte rapportée par le Pere Chifflet (*c*), & qui regarde presque entierement Constance, Comtesse de Châlons & Reine d'Espagne, ne dit pas son nom une seule fois; elle y est appellée seulement fille de Robert, & Comtesse de Châlons.

Mais le comble de l'ignorance du faux Titrier, poursuit le Critique, *c'est d'avoir fait parler le Roi en cette occasion, comme s'il étoit encore sous la régence de sa mere, &c.* Je ne crois pas que personne s'avise de dire qu'*annuente matre nostrâ Reginâ*, marque que Louis VII étoit alors sous la régence de sa mere; cela signifie seulement *de la vie de la Reine ma mere*. Charles-le-Simple dit encore plus, quand il employe ces termes, *cum consensu genitricis suæ Adelaïs* (*d*); & de même le Roi Robert, quand il dit : *interve-nientibus Reginis Adelaïde venerabili sui genitrice, &c.* François I, plus absolu que tous ces anciens Rois, quand il établit Anne de Montmorency, Connétable de France, *par l'avis & délibération des Princes & Seigneurs de notre Sang, & autres notables personnages de notre privé Conseil, &c.* ne dit pas moins que s'il s'étoit ainsi exprimé en latin, *annuentibus, &c.*

D'ailleurs, conclut le Critique, *Alix de Savoye sa mere, au mépris de son titre de Reine, avoit épousé Matthieu de Montmorency. Au temps de cette Charte prétendue, il y avoit déja douze ans qu'elle avoit contracté ce mariage.* Le Censeur ne fait guerres sa cour à la Maison de Montmorency; ce qu'il dit n'est pas conforme à la vérité. Adelaïde, ou Alix de Savoye, épousa le Connétable Matthieu de Montmorency, du consentement de son fils Louis VII, à la face de toute la Cour. Ce ne fut pas *au mépris de son titre de Reine*, qu'elle conserva toujours depuis. Le Roi ne cessa jamais de l'appeller *la Reine ma mere*. Dans les preuves de la Maison de Montmorency, par André Duchesne, on y voit un acte (*e*), où il est dit : *in præsentiâ Dominæ Adelæ Reginæ, & Domini Matthæi mariti ejus.* Un autre de Louis VII : *in præsentiâ*

(a) *Marcâ, Hisp. p. 832.*
(b) *Diplom. p. 564.*
(c) *Chifflet, Tournus, p. 331.*
(d) *Mabil. Annal. Bened. tom. 3, p. 301.*
(e) *Duch. Montmorency, Preuves, p. 43, 44, 45.*

matris meæ Dominæ Adeleïdis, Reginæ, & Domini Matthœi mariti ejus. Ailleurs : *ergo Adela, Regina, & vir meus Dominus Matthæus.* Elle signe une Charte après son fils, *S. Adelæ, Reginæ.* On l'appelle dans les Chartes *Adela, Adeleïs, Adelaïs, Adelays*, & une fois *Adelitia.* Ceux qui lisent les anciens originaux, sont accoutumés à ces variations d'ortographe. Mais l'Auteur du Mémoire en tire hardiment des moyens de faux, comme on verra plus bas. Il seroit aisé de rapporter l'exemple de plusieurs autres (*a*) Reines, qui, ayant épousé des Seigneurs particuliers, ont toujours porté le titre de Reines depuis leur mariage ; mais comme il ne s'agit ici que de la Reine Adelaïs, ou Alix, & qu'il est plus que suffisamment prouvé qu'elle a toujours porté ce titre depuis son second mariage, on se dispense de s'arrêter davantage sur une si pitoyable objection.

Plusieurs Reines se sont remariées à des Sujets, sans perdre leur titre de Reine.

L'Auteur qui a travaillé pour M. de Soissons, si malheureux dans la critique des Chartes de nos Rois, aura peut-être plus de faveur à Rome, & s'élèvera avec plus de succès contre les fausses Bulles des Papes que les Religieux ont fabriquées : c'est la seconde partie de sa critique, dans laquelle on est forcé de le suivre & de le confondre. La plus ancienne de toutes les Bulles produites, est celle de Calixte II. Le Critique la réserve pour la derniere, & se faisant honneur de *rendre une justice exacte*, il reconnoît qu'il n'y trouve aucun caractère de fausseté. Voilà un grand aveu, & qui sans doute lui a coûté bien cher. Mais pourquoi a-t-il tant différé à convenir de cette vérité ? Pourquoi renverse-t-il l'ordre des dates ? Cette interversion n'est pas sans objet : en voici l'unique motif.

Si on avoit commencé par convenir de la vérité de la plus ancienne Bulle, qui confirme la Jurisdiction de Compiegne, on auroit décrié par avance tous ces grands moyens de faux qu'on propose ensuite contre les Bulles postérieures. Quoi donc ! se seroient récriées toutes les personnes sensées, les Religieux de Compiegne ayant dans le principe une Bulle originale au dessus de tout soupçon & de toute critique, auroient-ils dans la suite fabriqué de fausses Bulles pour confirmer un droit si solidement établi ? Auroient-ils eu recours au mensonge pour fortifier la vérité ? Cette idée seule révolte, elle choque le bon sens ; il n'en auroit pas fallu davantage pour se tenir en réserve contre tous les reproches du Censeur. Il a prévu le coup que cela devoit porter

On n'a point recours au mensonge pour fortifier la vérité.

(*a*) Voyez *Catel, Comtes de Toulouse, p.* 225, 318, 320, *&c.*

à sa critique, & il a cru le parer en négligeant d'abord cette premiere pièce; il a cru que ses moyens contre les autres Bulles, feroient plus d'impression, quand ils ne feroient pas précédés d'un aveu qu'il leur feroit si favorable. Il s'est donc répandu avec impétuosité contre tous ces titres; & revenant à la Bulle de Calixte II, comme s'il l'avoit oubliée, il a cru que l'aveu de sa vérité ne feroit plus le même effet; qu'on se persuaderoit même qu'il faisoit grace aux Religieux en épargnant cette unique pièce. C'est ainsi qu'il a prétendu se faire honneur de l'artifice le plus indigne. Mais cet artifice est facile à confondre, en rétablissant les titres dans leur ordre naturel. La Bulle de Calixte II est un titre respectable, sur lequel la critique la plus outrée n'a pu mordre. Voyons si l'Eglise de Compiegne, qui a dans les temps les plus éloignés, des monumens si sûrs de sa Jurisdiction, a eu recours dans la suite à la main hardie d'un faussaire pour soutenir des privilèges si sacrés.

La seconde Bulle est celle d'Eugene III. *C'est la plus importante de toutes*, dit-on; c'est celle qui confirme l'introduction des Religieux de Saint Benoît dans l'Eglise de Compiegne; il est évident que ce changement mémorable n'a pu se faire sans le consentement du Pape & du Roi, sans le concours de leur autorité, par une Bulle de la part du Pape, & par une Charte de la part du Roi. On a déja vu que les monumens publics en font mention; & on peut encore le confirmer par une lettre du Pape Alexandre III, au même Roi, où il lui parle en ces termes: *Compendiense* (a) *Monasterium & dilectos filios nostros A. Abbatem & Fratres, divinis obsequiis* EX INSTITUTIONE *Patris & Prædecessoris nostri S. recordationis* EUGENII PAPÆ, ASSENSU ET VOLUNTATE TUA.... *factâ* ..... *clementiæ tuæ duximus commendandos* .... *eos pro reverentiâ Beati Petri ac nostrâ* .... *diligas, manuteneas*, *&c.* Il est parlé clairement dans cette lettre, & de la Bulle du Pape Eugene & de la Charte de Louis VII, pour l'Eglise de Compiegne. Cependant l'Ecrivain de M. de Soissons, qui n'épargne rien, prétend que l'une & l'autre est fausse. Si cela est, on lui demanderoit volontiers comment donc s'est operée cette révolution si célebre dans l'Eglise de Compiegne? Il convient que dans les premiers siecles c'étoient des Chanoines qui desservoient cette Eglise; ce sont depuis long-temps des Religieux. Est-ce à main armée que ces Religieux sont entrés dans

(a) To. 10, *Conc. Labb. p.* 1355.

cette

cette Eglise ? En jouissent-ils à titre de conquête ? On a peine à croire que l'Auteur du Mémoire le prétende ; mais si les Religieux ont eu des titres pour opérer ce changement, que sont-ils devenus ces titres ? Le Censeur rejette comme faux ceux qu'on lui présente ; il faudroit donc que les Religieux eussent supprimé les titres vrais pour leur en substituer de faux. Ne doit-on pas perdre tout son crédit, quand on répand des idées si peu vraisemblables ?

Mais quels sont les moyens de faux contre cette Bulle ? C'est ici où il faut bien se rendre maître de son sang froid, pour s'empêcher d'éclater à la lecture des magnifiques preuves de fausseté que l'on propose. *On ne tire point la preuve de la fausseté de la date qu'on lit dans la Bulle, cette date est juste.* C'est l'Auteur du Mémoire qui convient de cette vérité importante. *Mais la Bulle*, ajoute-t-il, *doit être reconnue pour fausse par d'autres preuves.* Elles sont dignes d'un grand Critique ; mais il est difficile de les expliquer & de les rendre sensibles. « Cette Bulle est signée de l'Evê» que d'Albane, qui devint Pape dans la suite sous le nom d'A» drien IV. Or, on a produit une Bulle d'Adrien IV, dans » laquelle la signature du Pape Adrien IV est conforme à celle » de l'Evêque d'Albane dans la Bulle d'Eugene III, ce qui » prouve que c'est la même main qui a formé ces deux signatu» res ; & comme la Bulle d'Adrien IV est fausse, ainsi qu'on le » prouvera dans la suite, celle d'Eugene III doit être aussi » fausse. » Voilà le raisonnement dans toute sa force, ou plutôt dans tout le jour nécessaire pour en faire connoître l'absurdité & le ridicule.

De ce qu'une signature est contrefaite dans un acte, il ne s'ensuit pas qu'elle le soit par-tout ailleurs.

En effet, ce raisonnement est fondé d'abord sur la prétendue fausseté de la Bulle d'Adrien IV, & l'on verra dans la suite que c'est une nouvelle chimere du goût de celles qu'on a confondues. Mais supposons pour un moment que la Bulle d'Adrien IV fût fausse, faudroit-il en conclure que la signature contrefaite de ce Pape dans la Bulle qui porte son nom, l'auroit été aussi dans celle d'Eugene III. Le plus grand art des faussaires est de contrefaire l'écriture ; mais parce qu'on aura imité une signature dans un titre faux, faudra-t-il proscrire tous les titres dans lesquels la même personne aura véritablement signé ? Cela est d'une absurdité qui n'a point encore eu de modele. On raisonneroit bien plus juste de la part des Bénédictins, si on disoit : la Bulle d'Eugene III ne porte par elle-même aucun caractere de fausseté ; celui qui a écrit pour M. de Soissons en convient ;

donc les signatures qui se trouvent sur cette Bulle sont vraies. Or, dans la Bulle d'Adrien IV on trouve les mêmes signatures : donc cette derniere Bulle n'est pas moins vraie que la premiere. Mais, à parler de bonne foi, ce raisonnement ne feroit point décisif, parce qu'on pourroit avoir imité parfaitement ces signatures ; & s'il se trouvoit d'ailleurs des preuves de fausseté dans la Bulle d'Adrien IV, cette conformité de signatures ne pourroit la sauver ; mais c'est tout ce que l'on peut accorder au Critique : car de dire, comme lui, que parce que sur une piece fausse on trouveroit une signature qui sera conforme à celle d'un autre titre, cet autre titre doit être jugé faux, c'est donner aux faussaires l'étrange privilege d'anéantir les titres les plus incontestables, parce qu'ils auront eu l'adresse d'imiter une signature véritable dans un titre faux.

Par-là tombent d'autres preuves de même nature qu'on propose contre la même Bulle d'Eugene III. « Cette Bulle est signée » des Cardinaux Hubaldus & Manfredus, dont les signatures se » trouvent aussi dans la Bulle d'Adrien IV. Cette Bulle d'Adrien » IV est fausse, celle d'Eugene III doit donc être également » flétrie ; on trouve encore dans la Bulle d'Alexandre III la » signature du même Hubaldus, cette Bulle d'Alexandre III est » fausse, ce qui porte un nouveau coup sur celle d'Eugene III. » Mais c'est une continuation d'absurdités qui roulent toujours sur les mêmes erreurs. Premierement, le principe est faux ; car les Bulles d'Adrien IV & d'Alexandre III sont au-dessus de toute critique, comme on le fera voir dans la suite. Secondement, quand le principe seroit vrai, la conséquence ne seroit pas moins fausse, parce qu'on peut imiter dans un titre faux une signature qui soit vraie dans un autre.

Mais après que la conformité des signatures a fourni ces prétendues preuves au Critique, les différences d'autres signatures dans les mêmes Bulles lui paroissent également décisives, pour établir encore la fausseté de la Bulle d'Eugene III. « Ainsi la » signature de Hubaud, qui est dans la Bulle d'Eugene III, se » trouve encore, mais d'une écriture différente, dans celle de » Luce III. Il en est de même de celle du Cardinal Aribert, dans » les Bulles d'Eugene III & Adrien IV. On observe même que » dans l'une il y a deux *rr*, & dans l'autre il n'y en a qu'une. Le » Cardinal Jacinthe a signé dans les Bulles d'Eugene III & de » Luce III. Dans l'une il se sert d'un *i* commun, & dans l'autre » d'un *y*. Enfin, dans les signatures des dix-neuf Cardinaux qui ont

» ſigné la Bulle d'Eugene III, il y en a qui ſont ſi conformes, » qu'elles paroiſſent formées de la même main. » C'eſt ainſi que le Critique ſe fait autant d'illuſions qu'il ſe préſente d'idées à ſon eſprit.

Ces variétés, ces conformités que le hazard, que les circonſtances forment, tout lui paroît des crimes, parce que ſon imagination frappée n'eſt remplie que de ces objets funeſtes; mais croit-on qu'il ſoit ou Juge aſſez équitable, ou Expert aſſez éclairé pour pouvoir prononcer ſur ces prétendues reſſemblances, ou ſur ces différences imaginaires; & quand elles ſeroient auſſi réelles qu'il les ſuppoſe, une même main dans des tems différens, avec des plumes & une encre différente, ne peut-elle pas former des caracteres qui ayent auſſi quelque ſorte de différence? Au contraire, deux perſonnes différentes ne peuvent-elles pas avoir un caractere qui ait quelque air de conformité? C'eſt donc inſulter à la raiſon, que de prétendre par de telles obſervations décider de la vérité des monumens les plus reſpectables.

Cependant le Critique, tout fier de ſa pénétration, ébloui de ces riches découvertes, inſulte à l'ignorance du commun des hommes qui ſe laiſſent tromper *par le regard ſuperficiel d'un grand parchemin qui leur paroît une piece antique, parce qu'elle eſt fumée, & qu'on y voit une forme d'écriture aſſez paſſablement imitée de l'antiquité.* Mais laiſſons ce Critique nourrir ſa vanité de ces flatteuſes réflexions; la haute idée qu'il croit inſpirer de ſa ſcience, & dont il a donné de ſi grandes preuves dans tout le cours de ſa critique, ne ſe communiquera pas au reſte des hommes; il ne faut pas lui envier la triſte ſatisfaction d'être le ſeul qui penſe ainſi à ſon égard. Ainſi des deux premieres Bulles, l'une eſt demeurée ſans critique; l'autre, qui n'a pu être attaquée dans ſon contexte, dans ſa date, dans le caractere de ſon écriture, n'a été expoſée qu'à de puériles obſervations, ou à des raiſonnemens d'une abſurdité groſſiere. Voyons ſi le même Critique va donner de plus grandes preuves de ſa capacité ſur les autres Bulles.

Il les combat preſque toutes par de prétendues erreurs de dates, qui ſeroient infiniment plus importantes que les chimeres dont on vient de parler, ſi elles avoient quelque fondement; mais malheureuſement pour lui, elles ſont toutes tirées de deux principes également démentis par tout ce qu'il y a eu de Savans; elles combattent des vérités ſi connues, qu'elles n'auroient pas échappé à ceux qui ſe piquent le moins d'être profonds dans ce genre de ſcience. Le Critique ſuppoſe donc que l'année, dans le ſtyle des Bulles Romaines, commençoit à Noël, ou au premier Janvier, quoiqu'en France elle ne commençât alors qu'à Pâques. Il ajoute que l'indiction dont on ſe ſervoit auſſi dans ces titres, *commençoit au premier*, *où*, ſelon d'autres, *au vingt-quatre Septembre*; & raiſonnant ſur ces fondemens ruineux, il trouve qu'aucune des Bulles ſuivantes ne ſe concilie avec ces principes, d'où il conclut qu'elles ſont toutes fauſſes. Mais il eſt queſtion de ſçavoir ſi la fauſſeté eſt dans les Bulles, ou dans les principes ſur leſquels on les a examinées.

En quoi les Bulles des Papes different des Brefs, &c.

On diſtingue à Rome deux ſortes de titres émanés du Chef de l'Egliſe : la premiere claſſe comprend les Bulles de quelque conſéquence, telles que ſont celles produites pour l'Abbaye de Compiegne. On met dans la ſeconde les ſimples Brefs, les Reſcrits, les Lettres des Papes. Ces différens titres ſont auſſi datés d'une maniere différente. Dans les Bulles, l'année commence au vingt-cinq de Mars; dans les ſimples Brefs, elle commence au premier Janvier; c'eſt un uſage qui ſubſiſte depuis très-longtems à Rome, & qui y eſt actuellement en vigueur; on pourroit ſe contenter, comme l'Adverſaire, d'avancer ce principe ſans l'établir : car, pourquoi ne jouiroit-on pas des mêmes privileges qu'il s'attribue? Mais pour ne pas laiſſer les eſprits en ſuſpens entre des propoſitions ſi contraires, il ſuffit de le renvoyer au Dictionnaire de du Cange, ſur le mot *Annus*; il y verra que cet homme ſi verſé dans la connoiſſance de l'antiquité, y établit le même principe que l'on vient de propoſer, & qu'il le confirme par une Bulle du Pape Nicolas II, donnée à Florence le 8 du mois de Janvier de l'année 1059, la premiere de ſon Pontificat, Indiction 13. Il fait voir que, ſuivant notre maniere de compter, cette Bulle appartient au mois de Janvier 1060.

On ne rejettera pas ſans doute l'autorité du Pere Papebrok (a), ſavant Jéſuite, qui établit que l'uſage le plus commun de la Chancellerie Romaine, a été toujours de dater les Bulles, à compter depuis le 25 Mars; & que s'il y a quelques exemples contraires, ils ſont beaucoup plus rares. Le Pere Mabillon (b), dans ſa Diplomatique & dans ſon Supplément, a donné de nouvelles preuves d'une vérité ſi conſtante. Si l'on n'eſt pas content de ces preuves, on offre d'en fournir d'autres dans une infinité

(a) *Conat. Chronico. Hiſtor. ad Catal. Rom. Pont. to.* 8, *Act. Sanct. Bolland. p.* 214, 65 *, 134 * & 140 *.
(b) *Mabill. Dipl. lib.* 2, *cap.* 25, *no.* 7 & *ſeq.* & *Suppl. cap.* XI.

de Bulles anciennes, qui, suivant notre maniere de compter au premier Janvier, appartiendroient à l'année qui suit immédiatement la date exprimée dans les Bulles. On en pourroit produire des mêmes Papes qui ont donné celles de l'Eglise de Compiegne, comme d'Adrien IV, d'Alexandre III, &c. Ces Bulles ont la même date (a) que celles-là; elles devroient être fausses, si celles de Compiegne l'étoient. Mais il est inutile d'en dire davantage, & on en a déja assez dit pour confondre la premiere erreur de l'Auteur du Mémoire.

La seconde qui roule sur l'indiction n'est pas moins grossiere; l'Ecrivain de M. de Soissons ne reconnoît que deux indictions qui commencent, l'une au premier, l'autre au 24 Septembre: mais il n'en connoissoit pas apparemment une troisieme, c'est l'indiction romaine, ou des Papes: *indictione Romana, seu Pontificia*. Elle commence au premier Janvier, & c'est la seule en usage dans les Bulles de la Cour de Rome. Veut-on des preuves de cette vérité? Voici ce que nous apprend le Pere Petau, célebre Jésuite (*b*): *indictionis usus triplex, nam alia calendis ab Septembribus proficiscitur, eaque Constantinopolitana dicitur, alia ab octavo calendas Octobris quæ Cæsarea vocatur.* Voilà les deux indictions reconnues par l'Auteur du Mémoire; voici celle qui lui est inconnue: *tertia Pontificia, seu Romana nominatur quæ in Pontificiis Diplomatibus adhibetur, & à calendis Januariis, quæ priores duas illas epochas sequuntur, sumit exordium.* Du Cange dans son Glossaire sur le mot *indiction*, le Pere Mabillon (*c*), le Pere le Cointe (*d*), confirment tous une vérité si connue de ceux qui ont quelque teinture de la Chronologie; & si le Critique eût consulté les livres les plus communs pour l'usage, il auroit trouvé dans le Dictionnaire de Furetiere, sur le mot *indiction*, la même distinction des trois indictions, traduite mot pour mot, sur le passage du Pere Petau que l'on vient de citer.

On ne s'arrête pas à faire l'application de ce principe sur une infinité de Bulles des Papes (*e*) qui nous restent: elle est si aisée cette application, que ce seroit une peine perdue de l'entreprendre. On

(a) *Ital. Sac. nov. edit. to. 1, p. 846; to. 2, p. 547 & seq. to. 5, p. 1124; to. 6, p. 328; to. 9, p. 452, &c.*

(b) *Ration. Temp. lib. 6, cap. 1.*

(c) *Diplom. lib. 2, cap. 24, n. 1.*

(d) *Le Cointe, ad ann. 523, n. 2.*

(e) *Vid. Capitul. Baluz. to. 2, p. 1558; Ital. Sac. nov. edit. to. 1, p. 846, 967; to. 2, p. 215, &c.*

n'accusera pas le Censeur d'avoir supprimé ce calcul si constamment observé dans les Bulles des Papes, une telle suppression seroit horreur : ce seroit le comble de la mauvaise foi. On doit donc présumer qu'il ne la connoissoit pas ; si cela est, il tirera au moins cet avantage de sa critique, d'avoir appris des vérités qui le rendront un jour plus sûr dans ses observations : il ne lui en coûtera qu'un peu de confusion pour ses égaremens dans l'étude qu'il a faite des titres de l'Abbaye de Compiegne ; mais comme c'est apparemment ici son coup d'essai, il doit se trouver fort heureux que ses erreurs même ayent servi à l'instruire.

Après l'avoir ainsi redressé sur ses faux principes, il est presqu'inutile d'examiner les conséquences qu'il en tire. Il est aisé de se représenter à combien de faux raisonnemens ils l'ont conduit : quand il trouve une Bulle du mois de Décembre, il est tout surpris de n'y pas trouver l'indiction qui a commencé au premier Septembre précédent, & il en conclut qu'elle est fausse ; confondant ainsi l'indiction qui s'observoit dans les Chartes de nos Rois, & qui commençoit en effet au mois de Septembre, avec l'indiction suivie dans les Bulles des Papes, qui ne commençoit qu'au premier Janvier suivant. De même quand il trouve une Bulle datée, par exemple, du mois de Janvier, ou Février 1154, il se récrie qu'elle doit être du mois de Janvier 1155 ; supposant que l'année à Rome, & dans le style des grandes Bulles, commençoit au premier Janvier, au lieu qu'elle ne commençoit qu'au 25 Mars. Et en effet, s'il avoit lu un peu plus attentivement les Bulles données en faveur de l'Eglise de Compiegne, il auroit vu qu'elles sont toutes datées de l'Incarnation, AB INCARNATIONE, & non pas simplement de *l'an de Jésus-Christ*, comme il lui a plu de le substituer. Sans doute que le Critique aura cru que les changemens qu'il fait dans la date des Bulles, pour en accommoder la Chronologie à son systême, sont du nombre de ces minuties, qu'on ne se donnera pas la peine de relever. Après cela doit-on être surpris qu'il entasse erreurs sur erreurs ; que les reproches de fausseté se multiplient à chaque pas ; que toutes les dates le troublent, l'embarrassent, ou plutôt lui présentent des sujets de triomphe, mais qui dégénerent enfin malheureusement dans des ignorances continuelles.

C'est un plaisir de l'entendre ensuite insulter au Moine faussaire, qui étant François, a suivi tout naturellement l'usage de son pays ; mais sans s'arrêter plus long-temps à une critique qui découvre un si grand fond d'ignorance & de présomption réunies, il est aisé de faire tomber les autres critiques contre les mêmes Bulles, ce sont de puériles observations qui ne méritent pas d'être réfutées avec de grands efforts. « Il n'y a, dit-on, que » deux mois entre l'élection d'Adrien IV & la Bulle qu'il a » donnée aux Religieux de Saint Corneille : comment en si peu » de temps ont-ils pu apprendre l'élection, écrire à Rome, » demander, solliciter, obtenir cette Bulle ? Il falloit qu'ils fus- » sent bien servis en Couriers. Ne seroit-il pas naturel de croire » qu'ils l'étoient bien mieux en Ecrivains » ? Etoit-il permis de mettre tant d'esprit pour orner une telle minutie ? Ainsi donc toutes les Bulles que les Papes donneront au commencement de leur Pontificat, pour des Eglises aussi éloignées de Rome que celle de Compiegne, doivent être reconnues fausses : cela se peut-il proposer sérieusement ?

Mais pourquoi le Critique abrege-t-il le temps qui s'écoula entre l'élection du Pape Adrien IV & la date de sa Bulle pour l'Eglise de Compiegne ? Pourquoi en retranche-t-il quinze jours ? Car il est constant que ce Pape fut élu le troisieme (a) du mois de Décembre, & sa Bulle est datée du dix-sept du mois de Février suivant. Ainsi il y a deux mois & demi d'intervalle entre l'une & l'autre, & non pas *deux mois précisément*. Etoit-il défendu aux Religieux de Compiegne d'avoir des Députés à Rome dans le temps de cette élection ? Ou, deux mois & demi ne suffisent-ils pas pour avoir des nouvelles de la vacance du Siege, & envoyer demander une Bulle, qui après toutes les autres ne souffroit aucune difficulté ? Mais d'ailleurs n'a-t-on pas lieu de croire que l'Abbé de Compiegne étoit actuellement à Rome, dans le temps de l'élection d'Adrien IV. Nous savons du moins qu'il y fit un voyage (b) sur la fin du Pontificat d'Eugene III ; & entre la mort de celui-ci, & l'élection de celui-là, il n'y a pas un an & demi d'intervalle.

Voici encore d'autres critiques aussi judicieuses : « le Cardinal » Odon a signé dans les Bulles d'Adrien IV & d'Alexandre III. » Dans l'une il signe *Oddo*, & dans l'autre *Odo*. Le même Cardi- » nal se nomme Jacinthus par un *i* dans la Bulle d'Alexandre, » & *Jacynctus* par un *y* avec un *c* de plus dans celle de Luce. » Ardition, Cardinal Diacre, dans la Bulle d'Alexandre, signe » *Ardicio* par un *c* ; & dans la Bulle de Luce, *Arditio* par un *t*.

(a) *Pagi. Crit. Baron. ad ann.* 1154, *n.* 3.
(b) *Suger. Epist.* 163, *to.* 4, *Duch.*

» Le Cardinal Aribert écrit son nom par deux *rr* dans la Bulle » d'Eugene III & par une seule dans celle d'Adrien IV. On » trouve encore dans la Bulle d'Adrien IV la signature du Car- » dinal Roland ; ce même Cardinal devenu Pape sous le nom » d'Alexandre III, signe tout différemment dans sa propre Bulle : » *on dit communément que les honneurs changent les mœurs, on n'a* » *jamais dit qu'ils changeassent l'écriture* ».

Mais a-t-on prétendu réjouir par des proverbes, ou convaincre par des raisons ? On entreprend ici de persuader qu'une Bulle est fausse, parce qu'elle est signée par un Cardinal, qui, dans une autre Bulle, quelques années après, a fait une signature, ou un peu moins ferme, ou un peu variée, tandis qu'on établit ailleurs des principes contraires, & qu'on prétend prouver la fausseté des titres par la conformité des seings. Il faut avouer qu'on fait dépendre les monumens les plus solemnels, d'observations bien frivoles ; car, outre que cette variété est de pure imagination, c'est que, à la supposer constante, l'âge, les infirmités, la différence des plumes, mille autres circonstances pourroient donner lieu à ces petites différences, qui ne sont pas dignes d'occuper un vrai Critique. Quant à la signature du Cardinal Odon, rien n'est plus commun dans les Chartes anciennes, & même souvent dans les titres plus modernes, que ces légeres différences (a). Une lettre de plus, ou une de moins, un *i* commun, ou un *y*. Avoit-on jamais imaginé que ce fût une preuve de fausseté ? Que le Critique jette les yeux sur (*b*) l'*Italia Sacra*, il trouvera que l'Evêque de Tusculum, signe *Ymanus* en 1153, tandis qu'en 1150 il avoit signé *Ymarus*, & *Hymarus* en 1143. Il trouvera encore que le Cardinal (*c*) de Saint Adrien, dans trois Bulles différentes, signe, *Cinthius*, *Cynthius*, & *Centhius*, en 1158, 1162 & 1180.

Mais pour lui présenter quelque chose qui ait plus d'application au Cardinal Odon dont il parle, il peut voir dans Ciaconius (*d*), qu'il s'appelloit *Otho*, ou *Odo* : on voit encore qu'un de ses Confreres, Odon, Cardinal du titre de Saint Georges, *ad velum aureum*, signoit ailleurs (*e*) quelquefois *Odo*, quelquefois *Oddo*, & même quelquefois *Otho*. Ainsi le même Cardinal

(a) *Vide* Mabill. *Diplom. p.* 424.
(b) *Ital Sac. nov. edit to.* 1, *p.* 845 ; *to.* 3, *p.* 243 ; *to.* 4, *p.* 964.
(c) *Ibidem*, *to.* 4, *p.* 866, 872.
(d) *Ciacon. to.* 1, *p.* 1049.
(e) *Ital. Sac. ibid. to.* 1, *p.* 846 ; *to.* 4, *p.* 864 & *seq.*

Jacinthe, qui a signé les Bulles d'Alexandre & de Luce, signe (a) *Jacynthus* dans une Bulle d'Eugene III. & *Hiacinthus* dans une autre du même Pape. Le même Cardinal Ardicion (b) signe aussi différemment, *Ardicio* & *Arditio*, dans différentes Bulles d'Alexandre III. Le Cardinal Hubaldus (c), qui vivoit sous le même Pape, met tantôt une *H* à son nom, tantôt il la supprime, & cela dans des signatures faites la même année. Enfin le Cardinal Aribert ne varie pas moins dans sa signature, dans des Bulles authentiques. En 1153, il signe *Aribertus*; & en 1151, il avoit signé *Arisbertus* (d). On ne finiroit pas, si on vouloit s'arrêter à de semblables minuties.

» On trouve encore, selon le Critique, un grand trait d'ignorance dans une Bulle de Luce III. par rapport à la signature » du Cardinal Rainerius, qui y exprime son titre en ces mots: » *Tit. Pagmaci*, au lieu de *Dalmatii*, qui étoit, dit-on, *le vrai » nom de son Titre* ». On croiroit que ce changement de nom seroit incontestable, à l'air de confiance avec lequel on le propose: cependant on défie le Censeur de citer une seule piece où ce titre se trouve exprimé par le mot de *Dalmatii*; au contraire, dans toutes les Bulles, Jean, Cardinal du même Titre, signe toujours, *Tit. Pammachii*, ou *Pamacii* (e).

Quant à d'autres Brefs produits par les Religieux de Compiegne, le Critique ne les croit pas dignes de sa colere, après avoir détruit les Bulles mêmes: il insulte seulement à la simplicité de l'Auteur, qui, ignorant les noms de ceux à qui elles sont adressées, en a laissé le nom en blanc, ou s'est contenté de le marquer par une lettre initiale, comme A. ou B. pour désigner celui dont il veut parler. Mais ce Critique impitoyable ignore-t-il donc ce qu'il y a de plus commun dans les Brefs & les Lettres des Papes? Dans combien de volumes auroit-il trouvé des exemples de ce qu'il critique, s'il avoit voulu les consulter? Qu'il ouvre les deux volumes des Epîtres d'Innocent III. les Conciles du Pere Labbe, & toutes les autres Collections semblables; & il verra que les noms de la plupart des Evêques, des Abbés, & même des Seigneurs à qui ces Brefs ou Lettres sont adressés, sont laissés en blanc, ou désignés seulement par une lettre initiale. Celui à qui

(a) *Ibidem*, *tom.* 1, *p.* 954, *tom.* 4, *p.* 865.
(b) *Ibidem*, *tom.* 1, *p.* 487, *tom.* 4, *p.* 866.
(c) *Ibidem*, *tom.* 1, *p.* 846, *tom.* 2, *p.* 215.
(d) *Ibidem*, *tom.* 1, *p.* 846, & *tom.* 3, *p.* 94.
(e) *Ibidem*, *tom.* 1, *p.* 848, 967, *tom.* 4 *p.* 365, &c.

on écrivoit, n'avoit pas besoin qu'on l'instruisît de son nom, ni de ceux des personnes avec qui il avoit affaire : d'ailleurs l'expression de la dignité suffisoit, & ne laissoit aucune équivoque sur la personne à qui elle étoit adressée, ou dont on parloit.

Il est triste pour un Ecrivain de se trouver ainsi confondu jusques dans ses plus légeres observations. Il est triste aussi pour les Religieux de Compiegne d'être obligés de se livrer à des détails si peu dignes de l'attention du Public ; mais ils se sont fait une loi de suivre leur Adversaire dans toutes les critiques qu'il avoit hasardées ; ils ne peuvent le quitter qu'ils ne l'ayent désabusé sur tout. Que reste-t-il donc de ce cahos immense d'observations de toutes les especes, sinon que les titres de l'Église de Compiegne ont acquis un nouveau degré d'autorité, quand après de si vives recherches on n'a pu les attaquer sans contredire ce qu'il y a de plus constant dans l'antiquité. Le Critique que M. de Soissons a employé, s'est décrié lui-même en voulant décrier les Religieux, & les Titres conservés dans leurs Archives. On se flatte de l'avoir confondu dans tous ses raisonnemens ; & comme on est persuadé de l'équité de M. l'Évêque de Soissons, on ne doute point qu'éclairci par la défense des Religieux, il ne désavoue l'indigne Censeur en qui il avoit mis sa confiance, & qu'il ne rende à l'Ordre de Saint Benoît une estime qu'il ne peut refuser à la vérité, & dont les Religieux de Compiegne ne sont pas moins jaloux, que des priviléges mêmes de leur Abbaye.

Réponse au quatriéme moyen, tiré de l'abus que l'on suppose dans les Titres de l'Eglise de Compiegne.

M. de Soissons réduit ses prétendus moyens d'abus, ou ne les applique qu'à deux Bulles seulement ; savoir, à celle de Calixte II. & à celle d'Eugene III. Il veut nous faire entendre qu'il les a choisies, parce qu'étant les plus anciennes, les autres deviennent inutiles, s'il établit l'abus des premieres : mais on croit découvrir une autre raison de sa conduite. On vient de voir dans la troisiéme partie de son Mémoire, qu'à l'égard de ces deux Bulles, il n'a pu répandre aucuns soupçons sur leur vérité ; il a cru qu'il falloit réparer ce vuide, & qu'il devoit au moins les attaquer par des moyens d'abus, s'il ne pouvoit les détruire par des moyens de faux. Ainsi tous les Titres de l'Église de Compiegne doivent éprouver sa censure ; & quand il ne peut les entamer par un endroit ; il cherche tout autour quelque partie foible, par laquelle il puisse y pénétrer. Mais ces Titres respectables sont également munis de toutes parts, l'authenticité y accompagne par-tout la vérité ; & comme il n'y a rien qui y soit suspect, il n'y a rien aussi qui n'y soit canonique.

Trois moyens d'abus sont proposés par M. de Soissons. « Premierement, ces deux Bulles ont été accordées sans appeller les » Évêques ses prédécesseurs : tous les textes nous annoncent la » nécessité d'entendre les Parties intéressées ; & l'Évêque, lorsqu'il » s'agit de le dépouiller de sa Jurisdiction naturelle, n'a-t-il pas » un intérêt sensible qu'il n'a pas été permis de négliger ? Secondement, ces Bulles ne contiennent point de dérogation aux » Conciles & aux Constitutions canoniques. Voilà ce qui s'appelle un abus criant. Enfin les Papes n'auroient-ils point voulu » usurper une puissance indirecte sur le temporel de nos Rois, » par certains termes qui défendent à toutes personnes ecclésiastiques, ou séculieres, d'entreprendre sur les droits de l'Eglise de » Compiegne » ?

Le premier moyen n'est peut-être pas infiniment solide dans le principe général qu'il suppose ; mais il est encore bien plus frivole dans l'application qu'il en fait. Il est vrai en général que quand une Eglise subsiste depuis long-temps dans un diocese sous la Jurisdiction naturelle de l'Évêque, & qu'il s'agit de l'en affranchir pour la soumettre immédiatement au Saint Siege, l'Evêque, comme la Partie la plus intéressée, doit être entendu & appellé ; & c'est dans cet objet qu'ont parlé les Magistrats dont M. de Soissons rappelle souvent l'autorité. Mais quand on fonde ou un Monastere ou un Chapitre, & qu'on bâtit une Eglise nouvelle, à condition qu'elle n'aura d'autre Évêque que le Pape même, & principalement quand c'est un grand Roi, qui pour le service de son Palais, éleve une nouvelle Eglise, & la dote avec cette magnificence qui convient à la piété & à la puissance souveraine : pourquoi dans ce cas, par le seul concours de l'autorité du Roi & du Chef de l'Eglise, cette nouvelle Eglise, qui n'a jamais été sous la Jurisdiction de l'Évêque, ne pourroit-elle pas en demeurer exempte à l'avenir ? On n'enleve rien à l'Ordinaire des lieux : sans cette exemption, condition essentielle de la fondation, l'Eglise n'auroit pas été fondée, & l'Évêque seroit demeuré sans Jurisdiction, parce qu'il n'auroit point eu de Sujets sur qui il pût l'exercer. Cette Eglise n'est pas sans Évêque ; elle reconnoît pour le sien en particulier celui qui est à la tête de tous les Évêques : le Roi fondateur lui en a, pour ainsi dire, fait hommage, & il l'a reçu pour en faire une portion singuliere du Troupeau qu'il gouverne immédiatement.

Point d'abus dans l'exemption accordée sans la participation de l'Ordinaire, quand elle ne soustrait rien à sa Jurisdiction.

Aussi voyons-nous que tant d'exemptions célebres se sont

établies, non-seulement sans le consentement des Evêques Diocésains mais même malgré leur résistance. M. de Soissons en a rapporté des preuves, il ne peut les méconnoître. Ce privilege de Cluny « qui a excité non-seulement les plaintes de l'Evêque de » Mâcon, mais encore le murmure de tous les Evêques de France, » ce privilege condamné dans le Concile d'Anse », est pourtant demeuré dans toute sa vigueur; il est depuis long-tems respecté par tous les Prélats du Royaume, & par M. de Soissons lui-même, pour les Monasteres de cet Ordre situés dans son Diocèse. Il en est de même des autres Congrégations régulieres qui se sont établies pour vivre sous l'autorité immédiate du Saint-Siege; leurs exemptions n'ont été l'ouvrage que du Pape par ses Bulles, & du Roi par ses Lettres-Patentes, sans que l'on ait consulté les Evêques en particulier.

Mais donnons au principe de M. de Soissons toute l'étendue & toute la force qu'il lui suppose; & l'on soutient que l'application qu'il en fait ne peut pas se soutenir, ou plutôt que son principe même se rétorque contre lui-même. En effet, le privilege de l'Eglise de Compiegne a été dans tous les tems reconnu, approuvé par Messieurs les Evêques de Soissons. Dans l'origine même, & dans le premier établissement de ce privilege, il fut confirmé par tous les Evêques de France; nous en avons un sûr garant dans le témoignage authentique de l'Empereur Charles-le-Chauve, lorsqu'il en rendit compte aux Etats de son Royaume, assemblés à Kiersi : *Privilegium ab omnibus Episcopis confirmatum*, dit-il en parlant du privilege donné par le Pape Jean VIII à l'Eglise de Compiegne. Or, si l'Empereur eut l'attention de demander le consentement & la confirmation de tous les Prélats du Royaume, peut-on douter que l'Evêque de Soissons, qui dut se trouver avec les autres Evêques de la Province de Rheims à la solemnité de la Dédicace de l'Eglise de Compiegne, n'ait été le premier à qui il l'ait demandé, & de qui il l'ait obtenu? Cette preuve conservée dans des monumens si respectables, détruit seule tout le moyen de M. de Soissons, à moins que le Critique qui est à son service, ne lui administre des preuves de la fausseté des Capitulaires de Charles-le-Chauve, des Annales de Saint-Bertin, & des autres anciens monumens.

Ce consentement célebre de l'Evêque de Soissons dans l'établissement même du privilege, s'est renouvellé depuis dans un nombre infini d'occasions. Si l'on jette les yeux sur l'acte de l'année 1199, on verra que Nivelon, Evêque de Soissons, convient de l'exemption pour le Monastere de Compiegne, & pour toutes les Eglises non paroissiales bâties dans son territoire : il l'approuve, il le confirme : l'acquiescement de Milon, Évêque de Soissons, à la fameuse Sentence arbitrale de 1284, est une nouvelle ratification du privilege. Il en est de même de la transaction de 1674, par laquelle M. de Bourlon, Évêque de Soissons, consent que « tous » les priviléges, libertés, franchises, immunités, prérogatives, » prééminences, & tous autres droits appartenans à ladite Abbaye, » tant dans l'enclos d'icelle, que sur les lieux & personnes qui en » dépendent, demeurent dans leur entier ».

Enfin, à ces consentemens particuliers & par écrit, ne doit-on pas joindre l'approbation solemnelle & générale de tous ceux qui ont tenu le Siege de Soissons, dans la liberté qu'ils ont laissée aux Religieux de Saint-Corneille d'exercer leur Jurisdiction pendant tant de siecles, sans reclamer de leur part, & sans entreprendre d'y donner atteinte. Quoi donc ! ce silence si puissant n'aura-t-il pas plus de force que tous les consentemens les plus précis ? Chaque jour sous leurs propres yeux, & dans une des principales Villes de leur Diocese, ils voyoient plusieurs Églises, un Monastère de Filles, des Chapitres même séculiers, gouvernés par l'Abbé de Saint-Corneille ; ils l'ont souffert, & cela pendant plus de huit cens ans : & l'on viendra dire après cela que c'est un privilége abusif, auquel on n'a point appellé l'Évêque de Soissons ! Quand les Religieux n'auroient que cette possession publique, elle feroit seule présumer que dans l'origine tout s'est passé dans les regles ; que les causes de l'exemption ont été approfondies, & elles ne sont pas difficiles à pénétrer ; que l'Évêque de Soissons y a consenti, & s'est fait même un mérite de ce consentement.

Il est nécessaire que celui dont le consentement devoit précéder l'établissement, ait consenti à toutes les confirmations qui ont suivi.

La possession fait présumer les titres les plus solemnels : *In antiquis omnia præsumuntur solemniter acta*. Mais quant à cette présomption victorieuse se joignent des preuves décisives contenues dans les monumens les plus authentiques, que sert-il d'invoquer des maximes générales dont on fait une si mauvaise application ? Car on ne croit pas qu'aucune personne puisse penser que quand une exemption se trouve solidement établie par le concours de toutes les Puissances, par le consentement de tous les Évêques, & singulierement de l'Évêque Diocésain, il soit nécessaire d'obtenir un nouveau consentement du même Évêque, ou de ses successeurs, chaque fois qu'un Pape donnera une Bulle de confirmation de ce privilege. Comme il ne s'agit point de former un droit nouveau, il ne s'agit point aussi de faire de nouvelles formalités : il ne faut donc point appeller de nouveau les Parties intéressées, faire de nouvelles informations, approfondir encore les causes de l'exemption : tout cela a été fait dans le principe, il seroit absurde de le renouveller à chaque confirmation. Que M. de Soissons abandonne donc un moyen contre lequel s'élevent des faits & des principes si incontestables.

Les deux autres moyens d'abus ne méritent pas même d'être relevés. C'est un abus criant dans une Bulle de ne pas déroger aux Canons & aux Conciles ; on n'avoit point encore entendu soutenir une doctrine si honorable pour les Bulles de Cour de Rome. Quoi, il est de l'essence d'une Bulle de renverser textuellement ce qu'il y a de plus auguste dans l'Église ! Il ne faudroit pas moins que l'autorité d'un Critique pareil à celui dont M. de Soissons s'est servi, pour en convaincre. Mais quoique les Papes puissent déroger quelquefois aux Constitutions canoniques pour des causes légitimes, il n'y a personne qui ne reconnoisse au contraire qu'une Bulle doit être reçue bien plus favorablement, quand elle ne contient point de pareilles dérogations : & dans le fait particulier, quelle nécessité y avoit-il de déroger aux Constitutions canoniques ? Pour recevoir sous la Jurisdiction immédiate du Saint-Siege une Église nouvellement fondée du consentement de tous les Évêques, faut-il renverser toutes les Loix de l'Église ? Il est vrai que chaque Diocèse a un territoire circonscrit : mais l'Évêque ne peut-il pas en céder une partie au Pape, sans violer tous les Canons ? Pourquoi donc exiger une dérogation toujours odieuse, ou du moins toujours défavorable ? Enfin cette dérogation est-elle nécessaire ? On doit présumer qu'elle étoit dans le privilege du Pape Jean VIII, auteur de l'exemption : on l'a dit, & on ne peut trop le répéter, dans un Titre ancien qui n'a pu parvenir jusqu'à nous au travers d'un si grand nombre de siecles, tout est présumé avoir été fait dans les formes les plus solemnelles, & avec toutes les clauses nécessaires pour assurer son exécution ; mais ni ces clauses ni ces formalités ne doivent point être répétées dans de simples Titres confirmatifs.

Quant à l'entreprise sur la puissance temporelle, si elle se trouvoit dans les Bulles qui sont attaquées, ce seroit une de ces clauses que l'on rejette comme vicieuses, mais qui n'influent jamais sur le corps de la Bulle, ni sur la disposition capitale qu'elle renferme : *Vitiantur & non vitiant.* D'ailleurs, loin qu'il y eût entreprise sur la puissance temporelle par ces défenses générales d'entreprendre sur les droits de l'Eglise de Compiégne, elles n'ont d'autre objet au contraire que de soutenir & de fortifier, par le concours de la puissance ecclésiastique, ce qui avoit été obtenu par l'autorité royale. Nos Rois, fondateurs de l'Eglise de Compiegne, ont été jaloux, dans tous les tems, de la conservation de ses priviléges; c'est pour les maintenir qu'ils ont eu recours dans tous les tems au Siege de Rome : les Bulles qui ont été obtenues, loin de blesser l'autorité royale, ne font donc au contraire que des preuves éclatantes de l'affection & du zèle du Saint-Siege pour nos Rois. Que M. de Soissons ne se charge point de veiller aux droits de leur Couronne, ils ne les ont point crus blessés par des Titres qui n'ont été accordés qu'à leur sollicitation, & pour les obliger.

Réponse au cinquieme moyen, tiré de la prétendue dérogation à l'exemption.

Si les priviléges peuvent s'établir par le consentement mutuel de toutes les Parties intéressées, ils peuvent, à plus forte raison, se détruire par le concours des mêmes Parties. Cette dérogation est favorable, c'est un retour au Droit commun. Voilà le principe de M. de Soissons. Il est juste, & on ne craint point de l'adopter : passons à l'application. C'est ici que vient ordinairement échouer la Logique de notre Adversaire. L'exemption de l'Église de Compiegne est fondée sur l'autorité du Chef de l'Église, sur la Loi d'une fondation royale, sur le consentement de tous les Évêques, & par conséquent de celui de Soissons; & enfin sur l'acceptation des Chanoines, représentés par les Religieux qui leur ont été substitués. Ces différentes Parties ont-elles concouru à abroger les priviléges de l'Église de Compiegne ? M. de Soissons ne prétend trouver cette dérogation que dans la Transaction de 1674; car après s'être beaucoup étendu sur celle de 1284, il est obligé de *convenir de bonne foi, qu'elle n'é ablit ni ne détruit suffisamment la Jurisdiction des Moines.* C'est donc dans la Transaction seule de 1674, qu'il trouve cette dérogation si importante aux droits, aux priviléges de la Jurisdiction de Saint Corneille.

Mais il faut qu'il convienne d'abord que le Pape ni le Roi n'ont eu aucune part à ce Traité; & comme on croit avoir établi que la Jurisdiction dont il s'agit a été plutôt accordée à nos Rois, qu'aux Chanoines ou aux Religieux de Compiegne, on ne craint point de dire que toute dérogation qui seroit faite sans la participation du Roi, seroit nulle. Si les Trésoriers & Chanoines de la Sainte-Chapelle de Paris alloient par une Tranfaction se soumettre à M. l'Archevêque de Paris, croit-on que le Roi ne seroit pas en état de réclamer contre une nouveauté qui anéantiroit les priviléges de la Chapelle de son Palais ? Il en seroit de même à Compiegne, si les Religieux avoient osé abandonner les droits d'une fondation royale, & d'une Sainte-Chapelle, dont ils ne sont que les dépositaires : ce qu'ils auroient fait sans la participation du Roi, seroit impuissant.

Mais quand les Religieux seuls pourroient déroger à leur privilége, la transaction qu'ils ont passée avec M. de Bourlon, Evêque de Soissons, contient-elle donc cette dérogation à l'exemption de Saint Corneille ? Les Parties commencent par convenir dans cette Transaction que tous *les priviléges, libertés, franchises, immunités, prérogatives, prééminences, & tous autres droits appartenans à ladite Abbaye, tant dans l'enclos d'icelle, que sur les lieux & personnes qui en dépendent, demeureront en leur entier, & seront conservés sans y contrevenir.* Après une telle clause, qui auroit pu prévoir que l'on eût imputé aux Religieux d'avoir consenti à la perte entiere de leurs priviléges ?

M. de Soissons le soutient cependant avec confiance ; & pour le prouver, il releve ce qui a été stipulé ensuite : » Que les Mandemens pour la publication des Jubilés, & les Ordonnances » pour faire chanter le *Te Deum*, & faire les Prieres de quarante » heures, seront adressés immédiatement aux Prieur & Reli» gieux par l'Evêque ; qu'ils seront envoyés par le Prieur aux » Curés, ou Vicaires perpétuels, & exécutés par les Religieux, » tant dans l'Abbaye, que dans les lieux de la dépendance d'i» celle ». Il y a plus, dit M. de Soissons, en continuant de rendre compte de la Transaction : » car quand l'Evêque voudra assister » à une Procession générale qui se fera à Compiegne, il ne se » mettra pas au-dessous du Prieur, mais il présidera & officiera : » enfin, comme les Curés de Compiegne peuvent venir baptiser » pendant les Octaves de Pâques & de la Pentecôte dans » l'Eglise de l'Abbaye, de même l'Evêque pourra faire ce qui a » toujours été usité par les Curés qui lui sont soumis ». Voilà les preuves authentiques de l'anéantissement de la Jurisdiction de Compiegne.

En vain dans la même Transaction M. l'Evêque de Soissons reconnoît-il que *par tout ce qui est ci-dessus spécifié, il ne pourra, ni ses Successeurs, prétendre ou exercer aucune autre Jurisdiction sur l'Eglise, le Convent & les Religieux de ladite Abbaye, ni sur les autres lieux & personnes qui par les priviléges d'icelle en sont dépendantes ;*

dépendantes : en vain a-t-il déclaré qu'*il n'entend faire aucun préjudice aux privileges, franchises, libertés, immunités, prérogatives, prééminences, & tous autres droits appartenans à ladite Abbaye, tant dans l'enclos d'icelle que dans les autres lieux & personnes, comme il est dit ci-dessus.* Il faut oublier toutes ces clauses importantes, & ne s'attacher qu'à de certaines distinctions que l'on a données à la dignité épiscopale. Ces distinctions operent une dérogation absolue aux privileges de Saint Corneille. Voilà précisément le commentaire de M. de Soissons sur la transaction de 1674; avec cette différence qu'il le propose très-sérieusement, & qu'il paroît persuadé qu'il trouvera dans le commun des hommes assez de simplicité pour le recevoir de même.

Mais de simples prérogatives purement honorifiques, ne peuvent-elles donc être accordées à des Evêques, sans que la Jurisdiction entiere leur soit dévolue, & que les Eglises particulieres en soient privées, quelques fortes, quelques énergiques que soient les clauses par lesquelles elle leur a été réservée; Un Evêque même dans la partie de son Diocese où il n'a point de Jurisdiction, doit toujours être respecté, on doit toujours des égards à l'éminence de sa dignité : ces civilités ne changent rien au fond de la Jurisdiction. Si les Prieur & Religieux de Saint Corneille reçoivent de M. l'Evêque de Soissons les Mandemens pour les Prieres publiques, c'est que les ordres pour ces occasions singulieres, ne sont jamais adressés qu'aux Evêques, par le canal desquels ils doivent passer à toutes les autres Eglises; & par la main du Prieur & Religieux de Compiegne, aux Curés soumis à M. de Soissons. Si ce Prélat préside à une Procession, c'est qu'il est impossible qu'il tienne d'autre place; & que les Paroisses de Compiegne étant sous sa Jurisdiction, on ne peut l'exclure des Processions générales qui s'y font : enfin, s'il peut baptiser dans l'Eglise de Compiegne, ce n'est que comme les Curés de la Ville, qui assurément ne prétendent point de Jurisdiction sur le Monastere. Ces droits, purement honorifiques, n'intéressent donc en rien la Jurisdiction; & l'on ne peut sur-tout en conclure qu'on y ait dérogé, quand le titre même contient les clauses les plus précises pour la conservation de la Jurisdiction dans toute son étendue.

Cependant on pousse l'injustice jusqu'à cet excès de vouloir diviser l'acte, de choisir les clauses qu'on croit être favorables, & de rejetter celles dans lesquelles on trouve sa condamnation.

Ces dernieres clauses sont inutiles, dit M. de Soissons; un Evêque ne peut nuire à ses successeurs. M. de Bourlon étoit un bon homme; il a cru de bonne foi que l'Abbaye de Compiegne avoit des titres légitimes, il n'avoit pas un critique prêt à lui administrer un si grand nombre de moyens de faux : ainsi ce qu'il a passé légerement & par amour pour la paix, doit être compté pour rien, il faut s'en tenir aux dispositions par lesquelles les Religieux ont laissé entamer leur droit.

On ne prétend pas ici faire le parallele des deux Prélats qui ont successivement gouverné l'Eglise de Soissons, *ni donner à la candeur & à la bonne foi* de l'un, aucune préférence sur la pénétration & l'habileté de l'autre. On ne prétend pas non plus faire remarquer à M. de Soissons, que si un Evêque ne peut nuire à ses successeurs, une Communauté ne peut aussi aliéner ses droits les plus précieux, au préjudice de ceux qui doivent un jour remplacer les membres dont elle est actuellement composée; mais on se contentera de soutenir que les actes sont indivisibles, & que si des Religieux avoient formellement dérogé à leur Jurisdiction, sous certaines conditions, le successeur du Prélat qui ne voudroit pas se soumettre aux conditions, ne pourroit pas profiter de la dérogation des Religieux, parce que toute disposition conditionnelle cesse dès que la condition n'est pas remplie.

Mais toutes ces réflexions sont inutiles; car la transaction de 1674, loin de donner la moindre atteinte aux privileges de l'Eglise de Compiegne, les confirme au contraire si solemnellement, que M. de Soissons ne peut les attaquer sans faire injure à la mémoire de son prédécesseur, qui les a reconnus & confirmés. Ce qui est de singulier, est que M. de Soissons, qui dans son premier moyen dit qu'une exemption est abusive, si elle n'est accompagnée du consentement de l'Evêque, soutient dans son cinquieme moyen que ce consentement est inutile, & ne peut nuire à ses successeurs. Qu'il se concilie donc avec lui-même; & prenant un parti certain, ou qu'il n'exige point de consentement, ou qu'il y défere quand il est obtenu.

On ne peut finir cette partie de la Cause, sans répondre aux observations de M. de Soissons contre la Sentence arbitrale, & la Transaction de 1284; il la regarde comme une piece *bisarre, misérable* : » Après tant de faussetés, elle ne peut être que très-» suspecte, il n'est pas plus difficile aux Titriers de fabriquer des » Transactions que des Bulles : elle n'a jamais eu d'exécution;

» ce grand-Vicariat alternatif est demeuré dans l'oubli; *le bon & » saint Evêque*, M. de Bourlon, est le seul qui l'ait exécutée, en » donnant en 1657 un pareil Vicariat; sa simplicité n'étoit pas » en garde contre l'artifice des Moines: c'est ainsi que quelques » pieces précipitées sont échappées à plusieurs de ses prédécesseurs, » *à la vue des demandes tumultueuses d'une troupe de Moines prêts » à faire du scandale* ».

C'est-à-dire, qu'à prendre l'esprit de ces ennuyeuses déclamations, M. de Soissons est le seul des Prélats qui ont gouverné ce Diocese, qui ait sçu démêler la vérité du mensonge; c'est lui seul qui a pu porter ses regards pénétrans au travers de huit siécles jusques sur les vérités les plus obscures, pour confondre l'artifice. Tant de Prélats qui l'ont précédé, étoient de timides personnages, *effrayés à la vue d'une troupe de Moines*; c'étoient de saints Evêques, ils ne présumoient pas que tous les autres fussent des faussaires. Mais ces reproches mêmes sont de véritables éloges; & d'ailleurs leur mémoire est trop respectée dans l'Eglise, pour qu'il soit nécessaire de faire leur apologie contre M. de Soissons. Il suffira de répondre à ce qu'il dit contre la transaction de 1284, & de faire connoître, 1°. qu'il n'y a jamais eu de titre plus respectable, 2°. qu'il a toujours été exécuté.

Ce titre est au-dessus de toute critique; s'il n'est suspect de faux que parce qu'il se trouve dans la compagnie de tant de Bulles & de Chartres, la vérité & l'authenticité prouvée de ces titres, établit suffisamment la foi qui est due à celui-ci: il est l'ouvrage de trois Arbitres choisis par l'Evêque de Soissons & par les Religieux de Compiegne. A la tête de ces Arbitres étoit l'Evêque d'Amiens, Prélat naturellement indisposé contre les exemptions, & plus jaloux d'étendre ou de maintenir les droits de l'Episcopat, que de les restreindre; cependant c'est ce Prélat qui, entraîné par la force des titres de l'Eglise de Compiegne, a jugé qu'elle devoit conserver toute sa Jurisdiction, en consequence des privileges qu'il déclare avoir vus & lus mot à mot, *ex privilegiis, usibus longis, variisque compositionibus quæ & quas ad plenum vidimus & de verbo ad verbum legimus*. C'est ce Jugement solemnel auquel Milon, Evêque de Soissons, se soumit, qu'il plaît à M. de Soissons d'appeller *bisarre & misérable*.

Il a toujours été exécuté, ce Jugement, & le Grand-Vicariat alternatif qui y est établi, a eu lieu. Il est vrai qu'on n'en avoit rapporté qu'un exemple de l'année 1657; mais puisque M. de

Soissons profite de tout, & qu'après avoir reproché aux Religieux d'accabler les Juges par la multitude des pieces, il triomphe cependant du petit nombre d'actes qui prouvent l'exécution de ce Jugement solemnel. On va lui en produire un grand nombre qui le satisferont sans doute; on a recouvré ou des Vicariats donnés, ou des Sentences rendues par ce Vicaire commun, des années 1293, 1296, 1297, 1493, 1500, 1554, 1556. On n'exigera pas apparemment des Religieux qu'ils remplissent les vuides de ces actes; il est impossible de conserver tous les actes de possession; ceux-ci doivent suffire à ceux qui ne cherchent qu'à connoître la vérité: ainsi la critique de M. de Soissons contre ce Jugement mémorable, n'a servi qu'à en relever l'éclat. Un grand Prélat alors s'y est soumis avec respect, tous ses successeurs l'ont exécuté; & les privileges de S. Corneille ainsi solemnellement confirmés, ont reçu, pour ainsi dire, de nouvelles forces par la Transaction de 1674, loin de pouvoir y trouver une dérogation qui les détruise, ou même qui les affoiblisse.

On oublioit de répondre à un fait avancé par M. de Soissons, dont il croit tirer un grand avantage. Il dit que » lorsqu'en 1516 » Foucault de Bonneval, Evêque de Soissons, fit dans l'Eglise de » Compiegne la cérémonie d'ouvrir & de porter en Procession la » chasse du saint Suaire, les Peres Bénédictins ne furent pas si » délicats que du tems de M. de Bourlon; que celui-là usa de son » droit sans obstacle & sans contradiction, & que les Moines » n'exigerent point de lui des déclarations pareilles à celles qu'ils » ont prises de celui-ci: & enfin le Pere Langelé, Bénédictin, » n'auroit pas oublié cette circonstance dans son histoire du saint » Suaire de Compiegne ». Il faut croire que lorsque M. de Soissons a parlé ainsi, il n'avoit pas lu le Procès-verbal de l'ouverture de la chasse du saint Suaire de Compiegne, fait par Foucault de Bonneval son prédécesseur. Ce Procès-verbal se trouve heureusement imprimé en entier dans un ouvrage public, dont l'auteur est connu & célebre; c'est le savant Jean-Jacques Chifflet, Médecin du Roi d'Espagne, & Gouverneur de Besançon, qui l'a inséré dans son traité des saints Suaires, qu'il donna au public à Anvers en 1624. M. de Soissons déférera peut-être un peu plus à l'autorité de ce fameux critique, qu'aux titres produits par les Religieux de Compiegne.

Si M. de Soissons avoit bien voulu jetter les yeux sur ce Procès-verbal (*a*) il y auroit vu que Foucault de Bonneval son prédécesseur

(a) *Chifflet, de Linteis sepulchr. Christ. Crisis. Hist. c.* 26, *pag.* 150 *& seq.*

seur qui l'a dressé, reconnoît que l'Eglise de Saint Corneille de Compiegne est immédiatement soumise au Saint Siege : » In venerabili Ecclesiâ Cænobii B. M. Virginis & SS. Martyrum Cor-» nelii & Cypriani de Compendio, Ordinis Sancti Benedicti, AD » ROMANAM CURIAM NULLO MEDIO PERTINENTIS. Cette seule reconnoissance produit le même effet que toutes les déclarations données par ses successeurs en pareilles occasions. Il y auroit vu que ce même Prélat fit cette cérémonie par ordre du Roi François I, & comme ayant été nommé par Sa Majesté pour cela ; *EX ORDINATIONE & sedulâ Domini nostri Francisci, Francorum Regis piissimi, hujusce nominis primi efflagitatione ;* que l'Evêque d'Amiens, les Abbés de S. Médard de Soissons & d'Ourcamp, & le Confesseur du Roi, que ce Prince y envoya en son nom, *pro Rege assistente*, assisterent l'Evêque de Soissons dans cette fonction, *nobiscum congregatis*, *nobis assistentibus*. Il y auroit pu remarquer que la Transaction de 1284 s'exécutoit alors, & que Foucault de Bonneval ne faisoit aucune difficulté d'en reconnoître l'autorité par rapport au Vicaire commun, puisqu'il est fait mention de sa présence dans le même Procès-verbal, » unà cum cir-» cumspectis viris Magistro Roberto Cenalis ... Magistro Lauren-» tio le Tondeur, CURIÆ SPIRITUALIS COMPENDIENSIS COMMUNI » VICARIO ». Après un acte si authentique de la part de Foucault de Bonneval, les Religieux de Compiegne devoient-ils exiger de lui qu'il déclarât par un acte particulier, qu'en faisant cette cérémonie il ne dérogeoit point à leurs priviléges ? Ne suffisoit-il pas qu'il rappellât lui-même ces priviléges, comme il l'a fait par ces termes, *ad Romanam Curiam nullo medio pertinentis* ? Falloit-il encore que le Pere Langelé, dans un petit livre écrit en françois pour l'édification des Fideles, & pour nourrir leur dévotion au saint Suaire, y insérât tout entier un long Procès verbal latin ? & devoit-il dans un pareil Ouvrage se tenir en garde contre la mauvaise volonté d'un Adversaire qu'il ne pouvoit prévoir ?

Réponse au sixieme & dernier moyen, dans lequel on prétend que ces privileges sont éteints.

» Les priviléges d'une Eglise cessent & sont éteints pour tou-» jours, quand il survient quelque changement notable. On en » remarque trois de cette nature dans l'Eglise de Compiegne, » sçavoir, l'extinction du titre d'Abbé, & l'union de la mense » abbatiale à l'Abbaye du Val-de-Grace ; l'expulsion ancienne des » Chanoines, auxquels les Religieux ont été subrogés ; & l'éta-» blissement d'une Communauté de Religieuses dans l'Hôtel-» Dieu de Saint Nicolas-du-Pont. Chacun de ces événemens a

» dû suffire pour l'extinction des privileges de Saint Corneille »; M. de Soissons ne s'est pas asservi à l'ordre des dates pour les arranger; mais quelque déférence que l'on ait pour lui, on ne croit pas devoir le suivre dans un ordre si renversé. Reprenons donc chaque circonstance dans son ordre naturel.

Le premier événement est celui de l'introduction des Religieux dans le douzieme siecle. On s'est apperçu bien-tard de l'atteinte qu'il portoit aux privileges de Saint Corneille; il y a près de six cens ans qu'il est passé, & personne n'a encore remarqué tout l'effet dont il devoit être suivi. Mais ne seroit-ce point aussi que M. de Soissons se tromperoit lui-même, & que ce changement dans la qualité de ceux qui desservent une Eglise, n'a jamais servi de prétexte pour anéantir les droits incontestables de cette même Eglise. Ces droits d'exemption & de territoire sont réels, c'est pour honorer une fondation royale qu'ils ont été accordés : ce sont même des droits de la Couronne; ils ont pour objet de relever l'éclat d'une Sainte-Chapelle de nos Rois: quelques Ecclésiastiques qu'ils appellent pour la servir, la qualité de cette Chapelle ne change pas, & ces privileges ne sont pas anéantis: aussi les privileges de l'Eglise de Compiegne ont-ils été conservés aux Religieux dans l'instant même de leur introduction par le Pape Eugene III & par le Roi Louis VII. Tous les Souverains Pontifes à l'envi se sont joints à Eugene III pour concourir à la manutention de ces privileges; c'est avec les Religieux que tous les Jugemens, que toutes les transactions ont été passées. On ne peut donc plus faire usage d'un moyen si frivole en lui-même.

Le second événement ne mérite pas plus d'attention. On dit que l'établissement d'une Communauté de Religieuses dans l'Hôtel-Dieu de Compiegne, y fait cesser la Jurisdiction de Saint Corneille; mais, 1°. on ne justifie point que cet établissement soit moderne, ni postérieur aux Bulles qui confirment nommément la Jurisdiction sur l'Hôtel-Dieu : cependant sans la preuve de ce fait, le moyen n'a pas même de principe. On voit bien qu'il y a eu autrefois des Religieux de la Rédemption des Captifs dans cette Maison; mais dans les temps plus éloignés on voit qu'il étoit desservi par des Freres & des Sœurs. Il plaît à M. de Soissons de dire que ce n'étoit qu'une Confrairie d'hommes & de femmes séculieres, & de les appeller pour cela Confreres & Consœurs; mais tout cela n'est que fictions. Les titres ne parlent ni de Confrairie ni de Consœurs, mais de Freres & Sœurs de l'Hôpital; ce qui s'entend naturellement de Religieux & de Religieuses, comme on en voit souvent dans les Hôtels-Dieu. 2°. Quand il y auroit un établissement nouveau de Religieuses, dès qu'il se feroit fait dans un territoire dont la Jurisdiction appartient à l'Abbaye, comment cette Jurisdiction pourroit-elle s'être éclipsée? Cet établissement, s'il est si nouveau, n'a pu se faire que du consentement de l'Abbé & des Religieux de Compiegne; & comment des Religieuses établies par leur autorité dans le territoire, ne seroient-elles pas soumises à leur Jurisdiction après leur établissement? 3°. Les Religieuses sont en possession immémoriale d'exercer toute Jurisdiction sur ce Monastere de Religieuses. On en a rapporté des preuves décisives par un grand nombre d'actes de possession; statuts donnés aux Religieuses, examen des Novices & des Postulantes, confirmation des Supérieures élues: il n'y a pas une Religieuse dans cette Maison, dont la validité de la Profession ne dépende de la manutention des privileges & de la Jurisdiction de Saint Corneille.

C'est en vain que M. de Soissons prétend que les Religieuses sont soumises singulierement à la vigilance des Evêques; car cette soumission n'est qu'une suite de la Jurisdiction ordinaire que les Evêques ont dans leurs Dioceses; mais quand cette Jurisdiction cesse dans un territoire circonscrit, alors, s'il s'y établit un Monastere de Filles par l'autorité des Supérieurs du lieu, de quel droit l'Evêque pourroit-il en réclamer la direction & le gouvernement? Dans leurs Dioceses mêmes combien de Monasteres de Filles qui sont soumis à des Congrégations Religieuses, & dans lesquels l'Evêque n'exerce aucune jurisdiction? Mais sans s'écarter de l'objet de la Cause, c'est ici un territoire circonscrit, dans lequel l'Evêque n'a aucune jurisdiction, un territoire qui n'est point de son Diocese; il ne doit point aux Religieuses qui y sont établies, cette vigilance privilégiée dont il paroît si jaloux.

Enfin, le troisieme événement est la suppression du titre d'Abbé, & l'union à l'Abbaye du Val-de-Grace; M. de Soissons le regarde comme une occasion favorable d'anéantir les droits de l'Eglise de Compiegne. » C'est, dit-il, à l'Abbé que la jurisdic-
» tion a été accordée; c'étoit un Prélat élu, confirmé, dans le-
» quel on présumoit une capacité suffisante pour conduire un petit
» Troupeau qui lui étoit confié. Mais aujourd'hui qu'il n'y a plus
» d'Abbé, comment cette jurisdiction pourroit-elle se maintenir?

» Par qui sera-t-elle exercée? Par l'Abbesse du Val-de-Grace? » Mais ne rougiroit-on pas de mettre entre les mains d'une fille » un pouvoir presque épiscopal? Par le Prieur de l'Abbaye? Mais » où sont les Bulles qui lui donnent ce pouvoir? Sera-t-il Vicaire » de l'Abbesse? Cela ne seroit pas moins indécent que si l'Abbesse » elle-même gouvernoit. Sera-t-il le Vicaire de la Communauté? » Mais il deviendroit donc le Vicaire de ses inférieurs. L'exem- » ple de S. Denis soutient ce moyen; les Religieux ont été heu- » reux de sauver quelques débris de leur jurisdiction, en abandon- » nant à M. l'Archevêque de Paris toute celle qu'ils avoient sur » la Ville de S. Denis ». Voilà en substance tout le moyen de M. de Soissons, dont les différentes parties sont autant d'erreurs.

1°. On ne trouvera jamais que la jurisdiction ait été accordée à l'Abbé de Compiegne, tous les titres annoncent au contraire que c'est au Monastere: *Compendiensem Ecclesiam*, porte la Charte de Philippe I, *à Carolo Rege fundatam, condigno tenore libertatis nullius Metropolitani, Episcopi, nec ipsius Suessionensis fuisse constat obnoxiam*. La Bulle de Calixte II, est adressée au Doyen & aux Chanoines de Compiegne, *dilectis in Christo filiis Odoni, Decano, & Canonicis Compendiensis Ecclesiæ*. Ainsi ce n'est pas au Chef que les droits appartiennent, mais à tout le Corps; aussi toutes les dispositions de la Bulle sont-elles en nom collectif: *Liceat vobis excommunicationis Sententiam proferre..... Nullius, nisi Romani Pontificis, cogamini subire Judicium.... Liberi maneatis*. La Bulle d'Eugene III, ne parle que de l'exemption & jurisdiction accordée au Monastere, *authoritatem eidem Monasterio concessam confirmamus. . . . Nonnisi Romano Pontifici Monasterium ipsum subjaceat*. La Bulle d'Adrien IV, concernant la jurisdiction sur l'Eglise de Saint Clément, est adressée *Guillelmo, Abbati, & Monachis Compendiensibus*. La Bulle d'Alexandre III, est de même adressée *Ansoldo, Abbati, & universis Monachis Compendiensibus*. Et ailleurs ce Pape parle de l'Abbé & des Moines, *Abbatem & Fratres* (a). Celle de Luce III, celle de Celestin III, *Abbati & Conventui Compendiensi*. Celle d'Innocent III, *dilectis filiis Ricc. Abbati, & Capitulo Compendiensi*; c'est celle qui confirme la jurisdiction sur tous les Clercs du territoire, *jurisdictionem quam suprà Clericos, ... habuistis . . . .*

(a) Duch. to. 4. p. 618.

confirmamus.

confirmamus. En un mot, tous les Titres annoncent le droit commun & ſolidaire des Religieux avec l'Abbé dans la Juriſdiction. Le célebre Jugement de 1284 unit toujours l'*Abbé & le Convent.* Il eſt même dit expreſſément que la nomination du Grand-Vicaire ſera faite par l'Abbé, ou SON CONVENT, LE SIEGE VACANT : *Alium quàm Monachum poterit Abbas Compendienſis, aut Sede vacante, CONVENTUS ponere & eligere in Vicarium.*

Et depuis même l'union de la menſe abbatiale à l'Abbaye du Val-de-Grace, non-ſeulement la Communauté a continué d'exercer ſa Juriſdiction, mais elle a été même ſolemnellement confirmée en ſa perſonne par la célebre Tranſaction de 1674; enſorte que l'idée de l'anéantiſſement des privileges de l'Abbaye, par l'union de la menſe abbatiale, eſt inſoutenable par elle-même, & déjà condamnée. En effet un droit commun & ſolidaire entre l'Abbé & les Religieux ne périt point par l'extinction du titre d'Abbé; il ſuffit que la Communauté ſubſiſte, pour qu'elle exerce le droit qui lui eſt propre. Le droit même, pour parler plus réguliérement, n'appartient qu'au Corps de l'Abbaye. Si l'Abbé l'exerce, ce n'eſt que parce qu'il ſe trouve le Chef de la Communauté. Ce n'eſt pas ſon droit qu'il exerce, mais le droit du Corps auquel il préſide : quand il manque, il n'y a point de changement réel; car la Communauté ſubſiſte toujours, & ſa Juriſdiction ſera toujours exercée, comme auparavant, par celui qui ſe trouvera à ſa tête, ſoit qu'il ait un Titre perpétuel, ſoit qu'il l'ait paſſager, ſoit qu'il ait la qualité d'Abbé, ſoit qu'il ait celle de Prieur. Ces notions ſont ſi communes, que M. de Soiſſons n'auroit pas dû propoſer un moyen qui paroît ſuppoſer qu'elles lui ſoient inconnues.

Extinction du titre d'Abbé n'anéantit les droits ſolidaires entre l'Abbé & les Religieux, parce qu'ils appartiennent au Corps.

2°. La différence que met M. de Soiſſons entre un Abbé élu & confirmé, & un Prieur triennal, en ſuppoſant que l'Abbé doit avoir bien plus de capacité, ne doit pas faire une grande impreſſion : car pourquoi ſuppoſe-t-il qu'un Prieur d'une Abbaye célebre n'ait pas les lumieres & la capacité ſuffiſante pour exercer la Juriſdiction ſur deux ou trois Égliſes qui ſont ſous ſes yeux? Lorſqu'on choiſit des Supérieurs dans les Chapitres généraux de la Congrégation de Saint Maur, on conſidere les fonctions & les droits qui ſont attachés aux différentes places qui doivent être remplies, & l'on a ſoin de nommer des Sujets plus capables pour les places dont on ſait que dépend une Juriſdiction extérieure & de territoire.

3°. Les interrogatoires réitérés que ſe fait à lui-même M. de

Soissons pour savoir en quelle qualité le Prieur de l'Abbaye exercera cette Jurisdiction, étoient bien superflus. Il demande si le Prieur exercera une Jurisdiction qui lui soit propre, ou une Jurisdiction empruntée; s'il sera le Vicaire de l'Abbesse du Val-de-Grace, ou des Religieux ses inférieurs. Mais toutes ces questions dans lesquelles on affecte de s'embarrasser soi-même, sont faciles à terminer en un mot. Le Prieur exercera, comme faisoit l'Abbé, une Jurisdiction qui appartient au Corps de l'Abbaye, & dont l'exercice lui appartient comme Chef de la Communauté. Le droit appartient à la Communauté, & l'exercice au Prieur. Ainsi le droit, s'il est permis de parler ainsi, est emprunté; mais l'exercice lui est propre. Il n'est point le Vicaire de l'Abbesse du Val-de-Grace, parce que l'union n'a transféré à ce Monastere de Filles que les droits purement honorifiques avec les revenus utiles, mais n'a pas incorporé la Jurisdiction spirituelle à leur Communauté. Il n'est point le Vicaire des Religieux, ou du moins on ne lui peut donner cette qualité que dans un sens fort étendu: & quand il le seroit, il ne faudroit pas dire qu'il seroit le Vicaire de ses inférieurs, parce que, quoique chaque Religieux soit inférieur au Prieur, cependant le Corps de la Communauté a des droits plus éminens, & même une supériorité que le Prieur doit reconnoître.

Quoique chaque Religieux soit inférieur au Prieur, le Corps de la Communauté a une supériorité sur lui.

Il ne reste après cela que l'exemple de la Transaction de Saint-Denis: si M. de Soissons avoit jugé à propos de la rapporter en entier, il n'y auroit pas trouvé un préjugé aussi favorable qu'il le suppose. Il est vrai que M. de Harlay, Archevêque de Paris prétendit alors que la Jurisdiction de cette Abbaye lui devoit revenir par l'extinction du Titre Abbatial: mais les Religieux soutenant le contraire, on transigea, non pas en abandonnant toute la Jurisdiction extérieure purement & simplement, comme M. de Soissons le fait entendre, mais sous des conditions dans lesquelles les Religieux trouvoient autant leur avantage que M. l'Archevêque de Paris.

1°. ( ) On leur conserve leur Jurisdiction dans tout l'enclos de l'Abbaye, avec soumission immédiate au Saint-Siege. 2°. Dans le surplus du territoire, on cede à la vérité la Jurisdiction spirituelle à M. l'Archevêque de Paris, mais à condition que le Prieur de l'Abbaye *sera seul Vicaire général né, perpétuel & irrévocable* de M. l'Archevêque & de ses successeurs; que la Tran-

(a) *Voyez Felibien, Histoire de Saint Denis, p. 522 & suiv.*

faction servira de Vicariat général pour tous les Prieurs à l'avenir, & en leur absence pour le Sous-Prieur, ou autre plus ancien Religieux; & qu'il ne sera nommé par M. l'Archevêque, ou ses Successeurs, *aucun autre Vicaire général pour la Ville & Fauxbourgs de Saint-Denis, que ledit Supérieur régulier & ses Successeurs.* 3°. Ce qui mérite une attention singuliere, est que ce Vicariat n'est pas seulement établi pour les Églises qui étoient dans le territoire de la Jurisdiction de Saint-Denis, mais encore *pour les Paroisses de Saint Marcel, Saint Martin & Sainte Croix, & pour les Maisons Religieuses, Chapelles bâties ou à bâtir, & personnes ecclésiastiques étant en icelles, dans l'étendue de la Ville & Fauxbourgs de Saint-Denis.* Car la Jurisdiction de Saint-Denis ne s'étendoit pas sur toute la Ville : ces trois Paroisses, & toutes les Maisons Religieuses, étoient hors le territoire de l'Abbaye; mais par la Transaction les Religieux, en se réunissant à un Vicariat général, nécessaire, perpétuel & exclusif dans leur territoire, ont obtenu l'extension de cette Jurisdiction sur trois Paroisses, & sur cinq Maisons Religieuses : en sorte que comme ce Vicariat leur conserve en quelque maniere toute la Jurisdiction qu'ils avoient auparavant, l'extension qui lui a été donnée est un accroissement de Jurisdiction pour l'Abbaye. 4°. Que le Supérieur régulier de l'Abbaye de Saint Denis aura droit de nommer & d'instituer un Official, un Vice-Gerent, un Promoteur, & autres Officiers, pour juger en premiere instance les Causes ecclésiastiques qui naîtront dans la Ville & Fauxbourgs de Saint-Denis. 5°. Que le Supérieur & la Communauté de Saint Denis conféreront de plein droit les Cures que les Abbés étoient en possession de conférer, &c.

Cet exemple, loin de soutenir les idées de M. de Soissons, n'est donc propre qu'à les détruire. M. l'Archevêque de Paris a plus donné aux Religieux de Saint Denis, qu'il n'a reçu d'eux; & M. de Soissons prétend, en citant l'exemple de cette Transaction, tout ôter à ceux de Compiegne, & ne leur rien donner. Est-ce donc ainsi qu'il prétend suivre les modéles qu'il se propose?

A tant de moyens, M. de Soissons a joint une considération qui seule intéresse plus les Religieux de Compiegne que tout le reste; c'est l'idée qu'il a voulu donner des prétendus excès qu'il leur impute dans l'administration de leur Jurisdiction : la peinture en est affreuse : *monter en Chaire sans mission, y faire monter d'autres personnes qui n'en avoient pas plus que les Religieux;*

distribuer, sans pouvoir, des absolutions criminelles & impuissantes; diriger des Religieuses malgré les défenses de l'Evêque; entrer fréquemment dans l'enceinte de leur Cloître, y laisser entrer des Laïcs, hommes & femmes; désordre porté jusqu'à y laisser voir des violons & des danses. Voilà ce qui a enflammé le zèle de M. de Soissons: sa religion n'a pu tenir contre de tels excès.

Quelque impression que puisse faire le témoignage d'un grand Prélat, on a peine à croire que le Public, à sa relation, se forme une si mauvaise idée de la conduite des Religieux de Compiegne, & de leur gouvernement. Quand on est attaqué aussi vivement qu'ils le sont par M. de Soissons, il est permis de lui répondre que jamais les Eglises de la Capitale même de son Diocese n'ont conservé plus de régularité que celles de la Jurisdiction de Compiegne; que dans celles-ci on ne peut pas faire voir qu'on ait jamais donné lieu à la moindre plainte; & que si le saint usage que l'on fait de son autorité étoit une raison qui pût décider pour la Jurisdiction, il n'y en auroit point qui fût plus invulnérable que celle des Religieux de Compiegne.

Quels sont en effet les crimes qu'on leur reproche, *d'avoir prêché & confessé, d'avoir donné des permissions de le faire?* Mais c'est leur faire un crime de leur droit, de leurs privilèges. En ce cas les Papes & les Rois, les Evêques même de Soissons qui les ont confirmés, sont les complices de ces crimes; ils leur font trop d'honneur pour les désavouer. On ajoute qu'ils entrent fréquemment dans l'enceinte du Monastere des Religieuses, que des Laïcs y ont introduit des violons & des danses: ces reproches sont plus piquans, mais ils font le comble de l'injustice.

Au mois d'Avril 1722, un jour que l'on donnoit l'Habit à une Novice, & que la famille étoit assemblée pour cette cérémonie, quelques Ecclésiastiques & Laïcs, dont le principal étoit un Chanoine de la Cathédrale de Soissons, étant entrés dans la Salle des Pauvres, dans laquelle est une porte de communication avec le Convent, s'introduisirent par cette porte, & firent entrer avec eux des violons pendant que la Communauté étoit au Chœur. Aussi-tôt que la Supérieure en fut instruite, elle envoya en diligence une Religieuse pour les faire sortir; ce qui fut exécuté aussi-tôt malgré la résistance du Chanoine. Quoiqu'il n'y eût qu'une très-légere faute de la part de celle qui avoit la garde de cette porte, cependant sur la plainte du Promoteur de l'Abbaye, le Pere Prieur, après avoir dressé un Procès-verbal de ce qui s'étoit passé, lui imposa une pénitence, & le désordre est ainsi demeuré sans conséquence : cependant M. de Soissons a cru y trouver un prétexte de déclamation contre les Religieux, comme s'ils y avoient quelque part. Mais un fait unique, un fait si léger, un fait que les Supérieurs ont puni aussi-tôt, peut-être avec plus de sévérité qu'il ne le méritoit, étoit-il propre à les décrier? Que l'on juge de la régularité des Religieux, & de la sagesse de leur gouvernement, puisque dans la passion que l'on avoit de les noircir, c'est le seul fait que l'on ait pu relever : quand il est expliqué, il doit leur faire honneur, & couvrir de confusion ceux qui oseroient leur en faire un reproche.

Après avoir dissipé toutes les illusions que l'on a rassemblées, pour renverser les privileges d'une des plus célebres Eglises du Royaume, n'a-t-on pas lieu d'espérer qu'une exemption victorieuse de tant de critiques sera maintenue dans tout l'éclat qui lui convient? Tout concourt à relever son autorité. C'est un Empereur qui, fondant un illustre Chapitre dans son Palais, a demandé ce privilége comme un gage de la reconnoissance de l'Église : le Pape a été persuadé qu'il ne pouvoit faire un usage plus légitime de son autorité, que d'entrer dans les vues de ce Prince, & de combler de ses graces une Eglise qui étoit destinée singulierement pour son usage. Tous les Évêques ont applaudi à une distinction si juste ; les États du Royaume ont juré solemnellement de la soutenir & de la défendre. Sur des fondemens si solides, cette éclatante Jurisdiction s'est maintenue sans altération jusqu'à nous. Au milieu de tant de révolutions qui entraînent souvent ce qui paroissoit le plus stable & le plus solide, cette exemption s'est soutenue avec toute la splendeur qui a accompagné son origine ; elle a été l'objet de la complaisance & de la protection des Papes & des Rois. Une suite nombreuse d'Évêques de Soissons, qui l'ont vu exercer sous leurs yeux, lui ont en quelque maniere rendu hommage, les uns par leur silence, les autres par des ratifications solemnelles : elle a passé de siécle en siécle jusqu'à nous. N'étoit-ce donc que pour venir échouer indignement après tant de succès & tant de triomphes?

Et à qui s'adresse-t-on pour lui porter ce coup funeste, après lequel elle ne puisse plus se relever? C'est au Roi même, l'héritier de la piété aussi-bien que de la Couronne du grand Empereur qui a fondé cette Église. C'est de sa justice que l'on veut obtenir un Jugement qui détruise l'ouvrage d'un de ses plus illustres Prédécesseurs ; c'est du Trône même que l'on veut faire partir le trait qui vienne frapper les priviléges d'une Chapelle

Royale ; car ce caractère subsiste, & ne s'effacera jamais ; il auroit bien pu mériter quelques égards de la part de M. de Soissons, la Dignité épiscopale n'en auroit rien perdu de son lustre.

C'est donc au Roi à prononcer entre lui-même & M. l'Evêque de Soissons. Il étoit de l'honneur des Religieux de Compiegne de justifier & de défendre des priviléges qui leur ont été confiés comme un dépôt précieux ; il étoit de leur devoir de les remettre entre les mains du Roi aussi purs qu'ils les ont reçus. C'est à Sa Majesté à décider si l'Empereur Charles-le-Chauve a entrepris sur la Religion, en demandant au Pape, du consentement de tous les Évêques, une exemption dont il a voulu honorer la Chapelle de son Palais. Pour les Religieux, foibles instrumens dont les Princes ont bien voulu se servir pour l'exercice de ces priviléges, ils n'ont fait qu'exécuter leurs ordres, en jouissant de cette exemption.

RÉPLIQUE.

C'EST avec raison que tout l'Ordre des Bénédictins s'est ému à la lecture du premier Mémoire de M. de Soissons. Comme sa critique ne se bornoit pas à combattre les Titres de l'Abbaye de Compiegne, & qu'on ne pouvoit l'adopter sans porter les mêmes coups sur tous les monumens qui nous restent de l'antiquité, l'objet étoit assez intéressant pour ne pas recevoir tranquillement une si vive attaque : mais le calme a bientôt succédé à cette premiere agitation ; il est bon d'instruire M. de Soissons des raisons qui l'ont procuré.

On a déjà vu quelques Écrivains, jaloux de la gloire des Monasteres, entreprendre de décrier & de rendre suspects les monumens de l'antiquité qui sont conservés ; mais un dessein si funeste n'a servi qu'à flétrir ceux qui en étoient les auteurs ; tous les Savans, de quelque Ordre & de quelque Nation qu'ils fussent, se sont soulevés contre ces téméraires qui vouloient ravager ce que la République des Lettres a de plus précieux ; & par la solidité de leurs réponses, ils ont confondu les frivoles prétextes d'une censure si peu judicieuse. M. de Soissons, dans son Mémoire, s'est ligué avec ces ennemis de l'antiquité : il a cru que l'éclat de sa dignité & la force de son éloquence pourroient relever ce parti tant de fois abattu & consterné. Ce que les autres ont fait par la jalousie, il l'a fait par intérêt : il s'est approprié leurs erreurs pour dissiper, s'il étoit possible, cette conjuration de tant de Titres respectables qui soutiennent la Jurisdiction de Compiegne. Les Bénédictins n'ont donc rien apperçu de nouveau dans son Mémoire qu'un grand nom, & qu'une plume aussi féconde que brillante ; mais au fond même critique, mêmes prétextes, mêmes erreurs. Il n'a donc pas fallu faire de grands efforts pour se défendre, il a fallu seulement rappeller des principes solidement établis par les Auteurs les plus savans & les plus respectés, & répéter des réponses déjà tant de fois victorieuses de la critique.

Voilà ce qui a calmé l'émotion dont M. de Soissons s'applaudit. Son projet est effrayant : il faut rejetter tous les Titres de l'antiquité, & brûler tous les Chartriers. Mais ses raisons sont frivoles. Il a marché sur les pas d'Écrivains confondus : il a donc été facile de se rassurer & de se défendre : c'étoit une matiere épuisée. M. de Soissons, qui croyoit avoir donné bien plus d'embarras aux Bénédictins, a été fort surpris qu'ils l'ayent servi d'une réponse si prompte : il a depuis trouvé le véritable secret d'éloigner celles qu'on pourroit lui faire dans la suite ; pour cela il a composé un volume énorme, il n'y a presque gardé aucun ordre : on ne sait s'il est entraîné par sa propre fécondité, ou s'il a peur que les autres ne se forment des idées claires de sa cause : il en tire du moins un avantage, on aime mieux croire qu'il a raison, que de se précipiter dans un abîme de lecture dont il est presque impossible de se tirer.

Pour les Bénédictins, il ne leur a pas été permis de s'épargner cette peine ; il a fallu tout lire, & c'est assurément le plus grand mal qu'ils recevront de M. de Soissons ; car loin de trouver dans son Mémoire de solides réponses à leurs objections, ils n'y ont apperçu qu'une confiance portée à de plus grands excès : à mesure que M. de Soissons se trouvoit plus confondu, ils n'y ont apperçu que hauteur, que présomption, & que tout l'appareil dont un ennemi battu cherche à couvrir sa honte. On ne parle point encore des citations infidelles ou tronquées, des fausses traductions, de la contradiction qui se trouve presque toujours entre les titres & les inductions qu'il plaît à M. de Soissons d'en tirer : c'est ce qu'on aura occasion de relever souvent dans la suite de ce Mémoire. Mais il faut auparavant se laver du reproche que M. de Soissons fait aux Bénédictins, d'avoir répandu dans leu

Mémoire des traits violens & hautains qui choquent la bienséance, & qui ne conviennent point *au style d'une troupe d'humbles Solitaires destinés à faire au monde orgueilleux des leçons de modestie par leur exemple.*

On n'examinera pas, pour dissiper ce reproche, si M. de Soissons a plus ménagé les Bénédictins, qu'il n'a été ménagé par eux: on n'examinera pas si les Évêques ne doivent pas autant d'exemples de douceur & de modération, que les Religieux en doivent d'humilité & de modestie. On repondra seulement qu'on a conservé pour la personne de M. de Soissons, pour sa dignité & pour son caractere, tous les égards & tous les ménagemens qui conviennent; on ne peut rien demander de plus. Car de croire qu'il sera permis de flétrir un Ordre célebre, de lui imputer les faussetés les plus odieuses, de faire tomber sur lui les traits les plus piquans & les plus satyriques, & que parce que c'est à des Religieux qu'on s'adresse, il leur sera défendu de repousser avec force les outrages dont on les accable, c'est exiger une déférence qu'aucun autre n'avoit prétendu avant M. de Soissons.

Il faut même ajouter que ce n'est pas sur lui qu'on a fait tomber le poids des réponses des Bénédictins; on n'en a voulu qu'à l'ignorant Critique qu'il avoit choisi, & dont il n'avoit pas pénétré la mauvaise foi & l'infidélité. Il est vrai que M. de Soissons veut bien aujourd'hui adopter toutes ses iniquités, & le couvrir de son ombre pour lui épargner une confusion si bien méritée: *me me, adsum qui feci*, s'écrie-t-il avec force, c'est contre moi seul que vous devez tourner vos armes & votre colere. Mais qu'il soit permis de le dire, il y a trop de générosité de sa part dans ce procédé, & les Bénédictins ont trop de respect pour M. de Soissons pour se prêter à une telle accusation. Ils distingueront donc toujours le Prélat d'avec l'Auteur; & sans s'écarter un seul instant du respect qu'ils doivent au premier, ils se croiront toujours dispensés d'avoir aucun égard pour le second, quand il ne ménagera pas mieux la vérité, la justice & la bonne foi.

Reponse à la premiere Partie.

L'objet général de la premiere partie est d'examiner de quelle maniere l'exemption de l'Eglise de Saint Corneille de Compiegne s'est établie. Les Religieux dans leur Mémoire l'ont exposé simplement sur la foi des Titres les plus solemnels, en commençant par la Charte de dotation de l'Empereur Charles-le-Chauve, de l'année 877, qui énonce le privilege accordé par le Pape Jean VIII. Ils ont suivi historiquement l'ordre des Titres; ils ont fait remarquer

remarquer que dès 919, c'est-à-dire, environ quarante ans après la fondation de l'Eglise de Saint Corneille, le Chapitre de Saint Clement qui fut fondé dans son territoire, fut soumis à sa Jurisdiction (a); que suivant la Charte de Philippe I de 1085, elle n'étoit soumise à aucun Métropolitain, ni à aucun Evêque, pas même à celui de Soissons (b); enfin que suivant la Bulle de Calixte II. de 1118, elle avoit toujours été, suivant le style de ce tems-là, *in Jure Romanæ Ecclesiæ*.

A la vue de ces premiers titres qui remplissent tout le tems pendant lequel l'Eglise de Compiegne a été desservie par des Chanoines, il est impossible de méconnoître l'exemption la plus parfaite : tout ce qui s'est passé depuis l'introduction des Religieux en 1150, n'a fait que confirmer de plus en plus un droit si bien établi dans son principe : vingt Bulles ou Brefs, tous rapportés en original, des Papes Eugene III, Adrien IV, Alexandre III, Luce III, Clement III, Celestin III, Innocent III, Honoré III, Gregoire IX, Innocent IV & Urbain IV, ont annoncé la Jurisdiction de Saint Corneille comme un privilege précieux au Siege de Rome, & auquel les Papes ne souffriroient jamais que l'on pût donner atteinte. Les Evêques de Soissons qui n'ont pu résister à tant de monumens respectables qui se multiplioient tous les jours sous leurs yeux, ont été obligés de déférer à la Jurisdiction de Compiegne, & de convenir de son exercice par plusieurs transactions de 1199, 1220 & 1284. Dans tous les tems ils ont vu exercer cette Jurisdiction sans reclamer : plusieurs ont déclaré qu'ils ne prétendoient point y donner atteinte, & M. de Soissons lui-même en 1716 y a rendu hommage, s'il est permis de parler ainsi.

C'est contre cette histoire que M. de Soissons se souleve dans sa réponse, tout est faux selon lui : & au lieu de cette histoire, dans laquelle les Religieux de Compiegne se sont égarés dans leurs fictions, M. de Soissons entreprend d'en donner une autre, non pas de l'établissement, mais de l'usurpation de la Jurisdiction de Compiegne. Il la fait commencer en 1159, peu de tems après l'introduction des Religieux dans cette Eglise, & la fait finir en 1254. Là il prétend découvrir les routes par lesquelles les Religieux se sont élevés sur les ruines de l'Episcopat. C'est à quoi se peut réduire sa premiere partie.

(a) *Sit causa subjectionis supposita.*
(b) *Nullius Metropolitani, Episcopi, nec ipsius Suessionensis fuisse constat obnoxiam.*

Elle ne préſente d'abord que l'idée d'un grand nombre de faits à diſcuter, mais bientôt elle ne ſe réduit qu'en raiſonnemens & en critique. Tous les titres qui combattent les fictions de M. de Soiſſons, il les écarte par les déclamations les plus violentes : tous ceux dans leſquels il croit trouver un mot dont il peut profiter, il s'en ſaiſit, il l'exagere, ſans rechercher ſi le corps de l'acte entier ne le condamne pas : en un mot, c'eſt un cahos énorme de moyens & de diſcours dont on embarraſſe tellement les faits, qu'on ne peut plus les ſuivre ni les connoître. Ainſi parle celui qui cherche à étourdir, & non à éclaircir ni à convaincre.

Commençons par examiner les reproches de M. de Soiſſons contre l'hiſtoire que nous avons donnée de la Juriſdiction de Compiegne. Il réduit à neuf circonſtances principales les prétendues fauſſetés qu'il nous impute ſur cette hiſtoire. Le premier fait qu'il combat eſt, que *Charles-le-Chauve en fondant l'Egliſe de Compiegne, a exigé que le Pape voulût bien ſe charger ſingulierement de cette Egliſe, l'affranchir de toute dépendance à l'égard de l'Evêque de Soiſſons, & lui former un territoire détaché du Dioceſe où elle ſe trouve*, & que ce Prince *a exigé ces choſes comme une condition de ſa fondation.*

Il faut obſerver d'abord que ces termes ne ſe trouvent point dans l'hiſtoire que les Religieux ont donnée de leur Juriſdiction, mais dans les réflexions qu'ils ont propoſées ſur tous les titres dans leſquels elle eſt reconnue & confirmée ; enſorte que ce n'eſt qu'une conſéquence juſte tirée de tous les titres, & non un fait propoſé hiſtoriquement, en rendant compte de la Charte de Charles-le-Chauve. Cela méritoit bien d'être diſtingué ; cependant M. de Soiſſons qui place au nombre des faits un ſimple raiſonnement, ſuppoſe que celui-ci n'eſt tiré que de la ſeule Charte de Charles-le-Chauve, & du mot de *privilege* qui y eſt employé : & ſur cela il ſe récrie que ce terme par lui-même n'indique pas une exemption de la Juriſdiction épiſcopale, qu'il y a beaucoup de privileges qui ont un objet tout différent : il en fait une longue énumération, & il conclut que toute l'hiſtoire de la Juriſdiction n'étant appuyée que ſur ce mot, c'eſt un édifice bâti ſur le ſable.

Mais croit-il qu'on ne s'appercevra pas qu'il n'y a que de l'infidélité dans cette réponſe ? Si l'on ne fondoit la Juriſdiction de Compiegne que ſur la ſeule énonciation de la Charte de Charles-le-Chauve, on convient qu'il ſeroit permis d'exciter des doutes ;

mais quand depuis cette Charte on trouve une longue suite de Bulles, de Brefs, de Chartes, de Jugemens, de transactions qui dans tous les tems ont confirmé l'exemption de Compiegne, sera-t-il permis alors d'équivoquer encore sur ce mot de *privilege*, comme fait M. de Soissons ?

Ce terme, si l'on veut, sera équivoque : on l'entendra de toutes les graces que les Papes ou les Rois accordoient aux Eglises, soit que ces graces n'eussent pour objet que la conservation des biens profanes, soit qu'en s'élevant à de plus hautes idées, la Jurisdiction spirituelle y fût renfermée. Il sera donc incertain si le privilege de Jean VIII pour Compiegne étoit de la premiere espece, ou de la seconde ; il sera incertain s'il ne contenoit que la protection du S. Siege pour empêcher qu'on ne touchât en rien aux richesses de ce Chapitre, ou s'il exemptoit le Chapitre de la Jurisdiction de l'Evêque Diocesain. Dans cette variété d'interprétations, qui doit décider ? Ne seront-ce pas les titres postérieurs, les monumens de tous les siecles, la possession constante ? C'est ce que les Religieux de Compiegne ont soutenu, c'est ce qui les a obligés de rendre compte de toutes ces preuves, & c'est à la faveur de ces titres décisifs qu'ils ont conclu que ce privilege étoit un privilege d'exemption.

Il n'est pas extraordinaire, après cela, qu'ayant justifié leur exemption par des titres qui remontent jusqu'à la fondation de l'Eglise de Compiegne, ils ayent soutenu que cette exemption étoit une condition de la fondation même : leur conséquence est juste, & aux yeux de la raison elle triomphera toujours de la malignité des Critiques. Mais M. de Soissons a trouvé le moyen de la rendre fausse : & pour cela, au lieu que dans le Mémoire des Religieux elle est précédée de cette longue suite de titres & de monumens, M. de Soissons la place à la tête de tout, & après la seule Charte de fondation. *Toute l'histoire*, dit-il, *est fondée sur le mot d'une Charte de Charles-le-Chauve........ de ce mot seul de* privilege, *les Bénédictins en concluent tout le reste*. Mais peut-on parler ainsi sans se rendre coupable de la supposition la plus grossiere ? Cette Charte soutenue, expliquée par une foule d'autres, est aussi claire & aussi lumineuse qu'elle pourroit être obscure & équivoque si elle étoit seule ; M. de Soissons la place dans une affreuse solitude, & là il lui insulte sans crainte : mais qu'il la rétablisse dans cette compagnie nombreuse dont elle a toujours été escortée, & alors il ne l'attaquera pas impunément. Il n'est donc pas vrai que le droit de l'Eglise de Compiegne ne soit fondé que sur une expression équivoque : il faut joindre à la premiere Charte dans laquelle cette expression se trouve, tous les titres postérieurs ; & alors tous les doutes disparoissent, ces titres réunis forment un corps de lumiere à l'éclat duquel il est impossible de résister.

« Mais ce privilege ne pouvoit pas être un privilege d'exemp- » tion, dit M. de Soissons, puisque dans le neuvieme siecle il » n'y a point d'exemple de pareilles exemptions accordées aux » Chapitres, ni même aux Monasteres ; c'est le sentiment du Pere » Thomassin, c'est ce qui a été soutenu par M. Talon dans des » Arrêts célebres, par M. le Cardinal d'Estrées dans l'Assemblée » du Clergé de 1660. » On a déja répondu à M. de Soissons qu'il se trompoit en rapprochant, comme il fait, l'origine & le commencement des exemptions. Si quelqu'Auteur* l'a dit avant lui, cet Auteur s'est trompé : ce sont ici des points de fait sur lesquels on ne peut pas déférer au sentiment d'un Auteur*, quand on a sous les yeux des exemptions plus anciennes établies par des titres incontestables.

Exemptions qui remontent plus haut que le douzieme siecle.

Ces exemples mêmes ne sont pas si rares que M. de Soissons pourroit le croire : on lui a déja cité celui des Chanoines de Saint Martin de Tours, qui dès l'année 831 jouissoient de l'exemption, c'est-à-dire, près de cinquante ans avant la fondation de l'Eglise de Compiegne : on l'a prouvé par la Charte rapportée par le Pere le Cointe. M. de Soissons qui a grand intérêt de combattre cette preuve, qui feroit disparoître son principe & les grandes autorités dont il l'appuie, rétorque cette Charte contre les Religieux de Compiegne, & prétend qu'étant seulement défendu à l'Evêque de Tours de s'arroger autre droit que ceux dont ses Prédécesseurs avoient joui, d'usurper une plus grande domination ; elle prouve qu'il avoit quelque *domination* sur ce Chapitre. Mais a-t-il pris la peine de lire cette Charte en entier ? On ne peut le croire ; car s'il s'étoit donné ce soin, il y auroit vu en termes clairs & précis que le Chapitre de Tours étoit entiérement affranchi de la domination de l'Evêque (a) : *notum fieri volumus..... per privilegium patris nostri Domini Caroli, piæ recordationis Imperatoris Serenissimi, ceu cætera regalia necnon apostolica privilegia, quomodo idem Monasterium à dominatione Episcopi Turonicæ Urbis liberum nunc usque erat.*

Voilà un Chapitre libre de la domination de l'Evêque au

(a) Le Cointe, *ad annum* 831, n°. 14.

commencement du neuvieme siecle : son exemption même étoit plus ancienne, *nunc usque liberum erat.* Sur quoi étoit fondée cette exemption ? Sur des *privileges* apostoliques, *necnon apostolica privilegia :* ainsi ce mot de *privilege*, qui choque tant M. de Soissons, est employé dans le même siecle, & avant la fondation de Compiegne, à exprimer l'exemption de la Jurisdiction ordinaire. Que devient après cela ce trait du Mémoire de M. de Soissons ? *Il n'y avoit qu'à montrer un seul Chapitre qui fût exempt dans le neuvieme, & même dans le dixieme siecle, & alors l'Evêque de Soissons étoit démenti.* Il n'a pas fallu faire bien du chemin pour y parvenir, il n'a fallu que consulter la piece même que M. de Soissons avoit sous ses yeux lorsqu'il parloit ainsi.

Il est vrai qu'il prétend en éluder la force par ces expressions qui se trouvent à la fin de la Charte : *non plus dominari præsumat.* M. de Soissons prétend que par-là on a voulu seulement mettre des bornes à la Jurisdiction de l'Evêque de Tours. Mais cela se peut-il proposer, après que dans le même titre on a établi l'indépendance absolue de l'Eglise de Saint Martin ? Tout ce que ces termes signifient, est que l'Evêque devoit se conformer à l'exemple de ses prédécesseurs qui avoient respecté l'exemption de Saint Martin, qu'il ne devoit pas prétendre plus d'autorité qu'eux : comme on diroit fort bien aujourd'hui de M. de Soissons, qu'il apprenne à respecter une Jurisdiction formée par le concours des Puissances suprêmes ; qu'il regle sa conduite sur celle de tant de grands hommes qui ont occupé avant lui le Siege de Soissons : ils ont cru qu'il étoit de leur devoir de se soumettre à une Loi qu'ils ont trouvée établie, ils n'ont point entrepris de troubler les Religieux ; qu'il imite de si beaux modeles, *non plus dominari præsumat ;* qu'il ne prétende pas porter plus loin l'autorité qu'ils lui ont transmise. On le demande à toutes les personnes judicieuses ; seroit-ce là reconnoître la Jurisdiction de M. l'Evêque de Soissons sur l'Eglise de Compiegne ? C'est cependant par-là qu'il veut établir celle de l'Evêque de Tours en 831, sur l'Eglise de Saint Martin ; il a le talent de s'applaudir de tout ce qui fait sa condamnation, & de crier victoire lorsqu'il ne peut plus résister.

(a) Si le Pere le Cointe a cru qu'en 674 le privilege de Saint Martin de Tours ne consistoit qu'à faire punir par l'Evêque ceux

(a) Le Cointe, *ad annum* 874, *n°.* 101.

que l'Abbé n'avoit pu corriger lui-même, c'est une simple opinion, *arbitramur.* Mais ce qui peut être équivoque dans le septieme siecle, tems auquel s'applique ce doute du Pere le Cointe, ne peut plus être proposé dans le neuvieme, où la Charte de Louis-le-Débonnaire porte en termes exprès, que l'Eglise de Saint Martin de Tours étoit libre de la Jurisdiction, ou de la domination de l'Evêque. Car, ou il faut refuser de croire ce que l'on voit, & ce que l'on lit de ses propres yeux, ou il faut reconnoître en cela l'exemption la plus constante & la plus réelle.

Cette exemption étoit si peu équivoque, que dès le huitieme siecle, il y avoit un Evêque particulier pour l'Abbaye de Saint Martin de Tours, suivant le témoignage d'un Auteur contemporain (a). *Anno DCCLVI obiit Wicterbus, Episcopus & Abbas Sancti Martini..... Anno DCCXC Andegarius, Episcopus Monasterii Sancti Martini, obiit XV Kal. Februarii.* L'Eglise de Saint Martin de Tours conserva cette prérogative jusqu'au Pontificat d'Urbain II, qui étant à un Concile de Tours, ordonna qu'à l'avenir cette Abbaye ne reconnoîtroit aucun autre Evêque que le Pape (b) : *quoniam in quibusdam suæ Ecclesiæ privilegiis proprium eis habere Episcopum concessum est, ejus vice, nos Romano eos sancimus specialiter adhærere Pontifici, & graviores eorum causas ex ejus pendere judicio.* Voilà donc déja un exemple d'exemption antérieure à l'époque que M. de Soissons a adoptée, bien moins pour déférer au sentiment du Pere Thomassin, que parce qu'elle convient à sa cause.

Comme toute l'antiquité se développe facilement à ses yeux, il a dû sans doute en trouver un second exemple dans le cinquieme volume de l'*Italia Sacra* (c), où l'on a rapporté un Jugement rendu en 968 par Rodoald, Patriarche d'Aquilée, qui, en qualité de Commissaire du Pape, décide que les Chanoines de la Cathédrale de Veronne continueront de jouir de l'exemption de la Jurisdiction de leur Evêque, *dont ils jouissoient depuis deux cens ans :* ce qui remonte, comme l'on voit, jusques dans le huitieme siecle, & plus de cent ans avant la fondation de l'Eglise de Compiegne.

Il ne faut donc pas croire, avec le Pere Thomassin, que les exemptions soient si modernes : ce qui l'a induit en erreur, est

(a) *Labbe, Biblioth. to. 2, p. 736.*
(b) *Conc. Labb. to. 10, p. 436. A.*
(c) *Ital. Sacr. nov. edit. to. 5, p. 737.*

qu'il s'est uniquement attaché aux formules de Marculphe, qui ne rapporte que des privileges pour la conservation des biens & pour la tranquillité des Eglises : mais s'il avoit fait attention aux formules de Bourgogne, que le savant M. Baluze a données au Public à la fin de son édition des Capitulaires de nos Rois, il seroit demeuré convaincu que ces exemptions sont bien plus anciennes. On y voit que les Abbé & Religieux, à qui ces privileges étoient accordés, ne s'adressoient à l'Evêque Diocesain, ni pour le saint Chrême, ni pour la consécration des Autels, ni pour la bénédiction de l'Abbé ; mais qu'ils avoient droit de choisir tel Evêque qu'ils vouloient pour en obtenir ces graces : (a) *Cùm verò necesse fuerit Chrisma petere, tabulas aut Altaria consecrare, sacris Ordinibus benedici Abbas, vel Monachi ibidem consistentes à quocumque de Sanctis Episcopis sibi elegerint qui hoc agere debeat, licentia sit eis expetere, &c. Quod si Pontifex, vel aliquis..... inquietare tentaverit, à glorioso Domno, quem tunc Deus regnum Burgundiæ gubernare permiserit, hoc protinùs emendetur, &c.* La formule suivante s'exprime dans des termes encore plus forts.

Ces formules sont du huitieme siecle (b), & prouvent que ces sortes d'exemptions étoient alors assez communes, puisqu'il y en avoit des formules publiques. Et qu'on ne dise pas qu'elles ne parlent que d'Abbés & de Moines, & non de Chapitres ; car le Pere Thomassin, dont M. de Soissons emprunte l'autorité, ne distingue point, & rejette confusément toutes les exemptions : s'il s'est trompé pour les Moines, pourquoi ne se seroit-il pas trompé pour les Chanoines ?

M. de Soissons propose inutilement quelque lueur de disparité entre les Chapitres & les Monasteres, entre les Chanoines & les Religieux, sous prétexte que les Chanoines étoient Clercs par état, & que les Moines étoient Laïcs : car, outre que les Laïcs ne sont pas moins soumis à la Jurisdiction des Evêques que les Clercs (c), il est d'ailleurs certain qu'avant le regne de Charles-le-Chauve, les Moines étoient tous admis à la Cléricature, & qu'un grand nombre de Cures leur étoient confiées. En un mot, quand on a commencé à soustraire une Eglise à la Jurisdiction de l'Ordinaire, on peut facilement étendre cette grace

(a) *Capit. Baluz. to. 2, p. 580 & 482.*
(b) *Baluz. not. ibid p. 564, Mabill. Act. SS. Bened. to. 5, p. 745.*
(c) *Thomassin, Discipline Ecclésiastique, partie 4, livre 1, chapitre 32, chapitre 46, n, 81.*

à une autre Eglise, & principalement en faveur de ces Chapitres distingués, qui étoient soutenus de toute la faveur du Souverain.

Un troisieme exemple d'exemptions antérieures au dixieme siecle, est celui de l'Abbaye de Vezelay; c'est aussi ce qui a engagé M. de Soissons à faire tant d'efforts pour combattre les privileges de cette Eglise, & pour les taxer d'usurpation, comme si toutes les exemptions étoient soumises à sa critique. On pourroit se dispenser de le suivre dans un objet qui nous écarte si prodigieusement de nous-mêmes: cependant l'occasion est trop belle pour n'en pas profiter; & M. de Soissons ne pouvoit rien rappeller qui fût plus propre à combattre ses principes.

(a) Le Comte Gerard est le Fondateur de l'Abbaye de Vezelay: la premiere Loi qu'il imposa à sa fondation, fut que l'Evêque Diocesain n'y auroit aucune autorité, & qu'elle appartiendroit uniquement au Pape & au Saint Siege, que Gerard faisoit à cet égard son héritier: *hoc verò Monasterium*, dit-il dans son testament, *cum omnibus rebus ibi collatis Beatissimis Apostolis apud Romam subdimus, & testamentario libello dato æternè Sanctis Pontificibus Urbis illius, qui vice apostolicâ annis sequentibus Sedem tenuerint, ad regendum, ordinandum, (non tamen ut beneficiariâ potestate cuiquam dandi aut procamiandi licentiâ), disponendumque perpetuò commisimus*. Et plus bas, *ut Apostolicæ Sedis Pontifex sit eis Rector*. Voilà la Jurisdiction immédiate du Saint Siege bien établie; l'exclusion de la Jurisdiction de l'Ordinaire ne l'est pas moins: *si post obitum nostrum quælibet persona aut Diœcesis ipsius Episcopus, cui nec ordinatio aliqua, nec dominatio loci conceditur..... Congregationem..... suasu maligno tentaverit, aut regularem Ordinem confundere, obsecramus, &c.* Cette soumission immédiate au Saint Siege avoit commencé dans l'instant même de la fondation de ce Monastere: (b) *quod ab exordio suæ fundationis proprium B. Petri allodium esse dignoscitur*. Elle a été confirmée par toutes les Bulles qui sont rapportées dans l'Histoire de Vezelay, au nombre de treize.

Ainsi deux vérités se manifestent par ces titres incontestables. La premiere, que l'Abbaye de Vezelay a été immédiatement soumise au Saint Siege dès l'instant de sa fondation, & que sa Jurisdiction n'est pas l'effet d'une usurpation insensible,

(a) *Spicil. edit.* in-fol. *to.* 2, *p.* 500 *& seq.*
(b) *Ibid. p.* 509.

Comme

comme M. de Soissons le suppose. La seconde, que cette exemption est antérieure à la fondation de l'Eglise de Compiegne : ce qui condamne de plus en plus le système de M. de Soissons & l'autorité du Pere Thomassin.

On peut se dispenser après cela de suivre M. de Soissons dans tout ce qu'il imagine pour combattre l'exemption de Vezelay. On voit bien qu'il n'a eu recours à tant de fictions sur une matiere qui paroît étrangere à la cause, que pour les faire servir de prélude à la fable qu'il a inventée touchant les divers degrés d'usurpation qu'il attribue aux Religieux de Compiegne, & pour étayer l'échelle qu'il a composée de tous ces degrés, mais qu'on détruira bientôt. On remarquera seulement par rapport à l'exemption de Vezelay, que la Bulle de Nicolas I, qui, selon M. de Soissons, n'est point rapportée dans l'Histoire de cette Abbaye, se trouve cependant dans le Spicilege comme les autres. Il est vrai qu'elle ne parle que d'un Monastere de Filles, parce que la premiere intention de Gerard avoit été d'en établir dans ce lieu : quoiqu'il ait changé ensuite de sentiment, il n'a pas cru devoir obtenir une nouvelle Bulle ; & il n'y en a point eu d'autre de ce Pape, que celle qui est dans le Spicilege.

M. de Soissons rappelle ensuite différentes clauses de la Bulle de Jean VIII, confirmative de l'exemption de Vezelay ; clauses dans lesquelles on défend à toutes personnes d'envahir les biens de ce Monastere : on ordonne que l'Abbé sera élu par la Communauté, & béni par le Pape, ou par un Evêque qu'il commettra : on défend aux Evêques d'exiger quelque chose pour le Saint Chrême, pour l'huile des malades, & en particulier à l'Evêque Diocèsain d'officier publiquement dans cette Eglise, s'il n'y est invité par l'Abbé, & d'y indiquer des stations. M. de Soissons prétend prouver par ces différentes clauses, que l'Evêque Diocèsain avoit une pleine Jurisdiction dans tous les cas non exprimés. Cette maniere de raisonner lui est particuliere : car enfin on ne peut pas dans une Bulle énoncer tous les cas particuliers de la Jurisdiction ; il suffit que la soumission immédiate au Saint-Siége soit établie par la fondation même, il suffit que la Bulle de Nicolas I énonce ce droit universel acquis au Saint-Siége par ces termes : (a) *De quo Monasterio cum omnibus ad se jure pertinentibus hanc sanctam Romanam hæredem fecistis Ecclesiam, illudque per donationis paginam . . . . . Beato Petro, Apostolorum Principi contulistis.* Il

(a) *Spicil. ibid. p.* 502.

suffit en un mot que les Papes ayent eux-mêmes dans toutes les Bulles rappellé la fondation de Gerard, pour que l'exemption soit incontestable : & si l'on en explique quelques attributs dans la Bulle de Jean VIII & dans les autres, il est absurde d'en conclure que les autres parties de la Jurisdiction qui ne sont pas exprimées, soient conservées à l'Evêque Diocèsain.

En effet, comment ose-t-on proposer que l'Evêque Diocèsain, à qui il n'est pas permis d'officier dans l'Eglise de Vezelay sans la permission de l'Abbé, ait Jurisdiction sur cette Eglise ? Cela est si grossierement absurde, qu'on ne peut l'entendre sans indignation. Comment concevoir que les Religieux de Vezelay puissent demander le Saint Chrême & les Saintes Huiles à tel Evêque qu'ils voudront, que ces Evêques soient obligés de les donner gratuitement, & que cependant ces mêmes Religieux ayent M. l'Evêque d'Autun pour Supérieur ? Ce sont donc des idées qui révoltent.

Cette fausse supposition dissipée, & la Jurisdiction de Vezelay établie incontestablement dans le temps de la fondation, tout le systême de M de Soissons sur l'usurpation qu'il imagine dans la suite, s'évanouit. Les Evêques d'Autun ne sont plus coupables *d'une sécurité* criminelle qui ait mis les Moines en état *de s'aggrandir sur les ruines de la Jurisdiction épiscopale* : ces Evêques ne peuvent plus être repris de *n'avoir pas veillé sur les démarches des Religieux, d'aussi près que sur leurs autres Diocèsains.* Car M. de Soissons fait le procès à tous les Prélats, qui ne se sont pas révoltés, comme lui, contre les exemptions les plus légitimes; mais quand il les blâme d'une déférence si juste pour les Loix des fondations, toutes les personnes éclairées applaudiront à leur modération & à leur sagesse.

Si depuis plus de huit cens ans deux Evêques d'Autun se sont soulevés contre l'exemption de Vezelay, ils ont été justement condamnés, non par la force d'une simple possession de trente ans, comme M. de Soissons le suppose, mais par l'autorité de la fondation même, confirmée de siècle en siècle par une possession immémoriale que les enquêtes ont justifiée.

Qu'on n'accuse donc pas les Papes de trop de complaisance pour les Moines; qu'on ne cherche point dans les anciens services de l'Ordre de Saint Benoît une maligne excuse à la conduite des Souverains Pontifes, qui ont publié tant de Bulles en sa faveur : comme si on vouloit faire entendre que les Bénédictins de nos jours se sont rendus indignes de cette protection, &

qu'il faut révoquer leurs exemptions, parce que leurs services ne sont pas agréables à M. de Soissons. Les exemptions ont été moins accordées aux Religieux qu'aux Rois & aux grands Seigneurs, qui ont fondé des Monastères à cette condition : c'est entreprendre de violer ces fondations sacrées, que de vouloir détruire les exemptions. Les Evêques d'Autun l'ont reconnue, & ont laissé jouir les Religieux de Vezelay de leur exemption : pourquoi M. de Soissons cite-t-il toujours des exemples qui le condamnent ?

Exemptions accordées aux Rois & aux Seigneurs fondateurs, plutôt qu'aux Religieux.

Ces trois exemples sont bien formels contre le systême de M. de Soissons ; mais quand on n'auroit que celui de Compiegne, il suffiroit pour détruire ce principe général, qu'il n'y avoit point d'exemption avant la fin du dixieme siècle. Car enfin M. de Soissons aura beau dire qu'il ne la voit point, que ce mot de *privilege* ne lui présente aucune idée claire d'exemption, quoiqu'il soit expliqué par tant de Titres postérieurs ; son aveuglement volontaire n'étouffera pas la vérité.

Il est vrai que le Pere Thomassin, dont il a donné un long extrait dans son Mémoire, combat les anciennes exemptions, & que quand il ne peut les combattre ouvertement, il entreprend au moins de les affoiblir, & d'en réduire l'effet à très-peu de chose ; mais ces préjugés d'un Auteur singulier ne l'emporteront jamais sur la vérité établie par les plus respectables monumens. Ceux qui ne traitent que des questions générales, se contentent des notions les plus communes. Il y a peu d'exemptions avant la fin du dixieme siècle ; ce petit nombre échappe facilement : en voilà assez pour qu'ils disent indéfiniment que les exemptions n'ont commencé qu'à la fin du dixième siècle. Mais croit-on que ces autorités doivent être prises tellement à la lettre, que toute exemption antérieure à une époque imaginée de nos jours, deviendra suspecte, parce qu'elle ne s'accordera pas parfaitement avec ce moderne systême ? C'est par les Titres de l'antiquité qu'il faut juger de l'exactitude des propositions de nos Auteurs modernes ; ce n'est pas par le sentiment de ces Auteurs qu'il faut juger de la force des Titres anciens : cette règle de critique est plus sûre que toutes les déclamations de M. de Soissons.

Quand il n'y auroit donc d'exemple à citer que celui de Compiegne, il suffiroit pour écarter le principe du Pere Thomassin, qui n'admet point d'exemption pleine & entiere avant la fin du dixième siècle. Mais outre les exemples déja cités, on pourroit en rapporter encore plusieurs autres des sept & huitieme siècles ; qui prouvent évidemment que le systême de ce célebre Auteur ne peut se soutenir, & qu'il y avoit pour lors un assez grand nombre de Monasteres, dont l'exemption consistoit non-seulement *dans la liberté des élections de l'Abbé, la disposition du temporel*, mais qui étoient encore exempts de l'autorité épiscopale prise dans toute son étendue, & par *rapport aux Ordres, aux saintes Huiles, à la consécration des Autels, aux Causes criminelles, &c.* Tels étoient les privilèges donnés dans ce temps-là aux Monasteres de Luxeuil, de Saint Dié (*a*), de Nonantule, de Maurback, &c. Privilèges qui, s'ils avoient été connus du Pere Thomassin, lui auroient sans doute fait changer de systême. On pourroit faire voir que plusieurs Monasteres, avant la fin du dixième siècle, avoient des Evêques qui leur étoient particuliers, ainsi qu'on l'a déja fait voir pour Saint Martin de Tours, & comme l'Abbaye de Fulde a actuellement un de ses Moines avec le caractère épiscopal, qui exerce ses fonctions au nom de l'Abbé, dans ce qu'on appelle l'Exemption, ou Diocèse de Fulde.

On pourroit faire voir aussi que l'Église de Compiegne fut fondée par Charles-le-Chauve avec le même privilège dont jouissoient les Abbayes de Prum, de Fulde & de Sainte Marie de Laon. *Et sub ea tuitione consistat*, dit ce Prince dans sa Charte, *quâ Cænobia, Prumia scilicet, & quod atavus noster Pippinus construxit, & Monasterium Sanctimonialium Laudunense in honorem Sanctæ Mariæ constitutum, consistere noscuntur* : & que ces Monasteres ayant joui d'une pleine & entiere exemption dès l'instant de leur fondation, il doit en être de même de l'Eglise de Compiegne On pourroit ajouter que le privilège du Pape Jean VIII, contenoit une exemption prise dans toute son étendue, puisque ce même Pape en a accordé de semblables avant même la fondation de Saint Corneille. Telle est la Bulle qu'il donna en faveur de l'Abbaye (*b*) de Fulde la premiere année de son Pontificat, où il s'exprime ainsi : *Ut sub Jurisdictione sanctæ nostræ, cui Deo auctore deservimus, Ecclesiæ constitutum nullius alterius Ecclesiæ Jurisdictionibus submittatur.* Et ensuite : *Et ideo omnem cujuslibet Ecclesiæ Sacerdotem in præfato Monasterio quamlibet habere auctoritatem præter Sedem Apostolicam prohibe-*

(a) *Annal. Bened. tom. 1, p. 690, 696 : tom. 2, p. 703, Act. SS. Bened. Sæc. 4; part. 1, p. 7.*

(b) *Schannat. Diœces. & Hierarch. Fuldens. p. 238.*

mus. Si le Pape Jean VIII a accordé un privilege si étendu à l'Église de Fulde, à la priere de l'Abbé & des Moines, pourquoi n'en aura-t-il pu accorder un semblable à celle de Compiegne; à l'instance d'un grand Empereur? Et faut-il, pour s'accommoder aux idées de M. de Soissons, *que la Bulle de Jean VIII pour Compiegne ne contienne autre chose que celle que ce Pape accorda en faveur de l'Abbaye de Saint Médard de Soissons?*

Les Bénédictins dans leur Mémoire avoient cité une Épître du Pape Grégoire VII, qui prouve évidemment que les exemptions remontent bien avant le onzieme siecle; & ils en avoient rapporté un extrait, où, pour abréger, ils avoient mis quelques points après le mot *Episcoporum*. M. de Soissons, qui leur fait un crime de tout, leur reproche d'avoir supprimé à dessein ce qui est marqué par des points, *de peur qu'on ne le vît;* prétendant que sous ces mots cachés il n'y est parlé *que d'un certain affranchissement & d'une liberté partielle*, que les anciens Papes accordoient aux Monasteres, *à cause du trouble qu'apportoient les Evêques dans ce qui regarde la discipline réguliere*. Il n'y a qu'à rapporter le passage entier, pour voir si les conséquences de M. de Soissons sont justes. *An ignoras*, dit Grégoire VII, *quod Sancti Patres plerumque, & Religiosa Monasteria de subjectione Episcoporum (& Episcopatus de Parochia Metropolitanæ Sedis propter infestationem præsidentium) diviserunt, &c.* On a mis entre deux crochets ce qu'on avoit marqué auparavant par des points, afin qu'on puisse juger s'il n'y a que les deux mots *propter infestationem* d'oubliés, comme le fait entendre M. de Soissons. On voit par ce passage, que les anciennes exemptions des Monasteres sont comparées à celles que les Papes accordoient aux Évêques, qu'ils tiroient de la Jurisdiction de leur Métropolitain, pour les soumettre à la leur propre. Or ces Évêques soumis immédiatement au Pape, ne jouissoient pas seulement *d'un certain affranchissement* de leur Métropolitain, *& d'une liberté partielle;* mais ils ne dépendoient en aucune maniere de leur Jurisdiction.

Telle devoit être donc l'exemption que les anciens Papes ont accordée, suivant Grégoire VII, à des Monasteres. Ce n'étoit donc pas une nouveauté, sous Charles-le-Chauve, de voir des exemptions dans toute leur étendue. En effet Saint Pierre le Vénérable, dans une de ses Épitres à Saint Bernard (*a*), lui soutient que ces sortes de privileges sont antérieurs à l'Ordre de

(a) *Pet. Venerab. Ep.* 28.

Cluni, & par conféquent au commencement du dixieme fiecle. *Hoc ipfius fanctæ Sedis irrefragabilis fanxit auctoritas .... à quolibet Catholico Epifcopo Chrifma, Oleum, facros Ordines, &c. Sufcipimus .... hoc non foli Cluniacenfes obtinent, fed & quampluribus datum cernimus,* ET LONGE ANTE CLUNIACUM CONDITAM, *multis aliis Monafteriis ab eâdem Apoftolicâ Sede conceffum videmus.* Qui en croira-t-on, ou d'un Auteur fi refpectable que Pierre le Vénérable qui vivoit au douzieme fiecle, ou de M. de Soiffons après le Pere Thomaffin, qui ont vécu plus de cinq cens ans après? Les exemples & les autorités ne manquent donc point pour foutenir le fait de l'exemption accordée à l'Églife de Compiegne dans l'inftant même de fa fondation; & par conféquent le premier fait combattu par M. de Soiffons fubfifte malgré tous fes efforts; la vérité demeure toujours victorieufe, quelque moyen qu'on emploie pour l'humilier.

Le fecond fait relevé par M. de Soiffons eft que par cette exemption l'Évêque de Soiffons ne perdroit rien de fa Jurifdiction, parce que fans la fondation de l'Églife de Compiegne, ce lieu feroit demeuré défert, fans Peuple & fans Églife. Il eft évident encore que ce n'eft pas là un fait qui faffe partie de l'hiftoire de la fondation & exemption de l'Églife de Compiegne; c'eft une réflexion que les Religieux ont faite dans leurs moyens. M. de Soiffons confond tout; mais il eft facile de foutenir ce que l'on a avancé. M. de Soiffons veut donc qu'avant la fondation de Charles-le-Chauve, Compiegne fût une Ville célebre; il y trouve une fociété d'Habitans, un Peuple nombreux, des Pafteurs, des Eglifes: il feroit prefqu'en état d'en faire la defcription & d'en donner le plan, parce que tout cela fe préfente à lui fous les idées les plus fenfibles; mais il ne lui fera pas fi facile de le faire appercevoir aux autres.

Compiegne étoit, dit-il, un des plus anciens Palais de nos Rois. Cela eft vrai. Mais croit-il que nos Rois n'avoient des Palais que dans des Villes, ou dans des lieux fort peuplés? Nous voyons au contraire dans les Auteurs les plus reculés, que nos Rois fe retiroient fouvent dans des lieux écartés, où ils n'avoient qu'un Château, qu'une Maifon de campagne. Comme ce n'étoit point une demeure fixe, il n'y avoit ni Ville, ni Habitans. On y a tenu des Conciles, cela eft encore vrai; mais les Rois alors convoquoient toutes fortes d'Affemblées Eccléfiaftiques ou Politiques dans les différens Palais où ils avoient deftiné de fe trouver. On a tenu les Etats généraux du Royaume à Kierfy, & en beaucoup d'autres endroits qui n'ont jamais été habités. Quand les Évêques ou la Noblesse étoient ainsi convoqués, cela formoit plutôt des Camps que des Villes : il ne faut pas se représenter ces anciennes Assemblées sous la même idée que nous avons de celles qui se tiennent de nos jours ; on n'exigeoit pas alors tant de pompe, ni de commodité.

Eginhart & le Pere Daniel, cités par M. de Soissons, ne parlent ni de Ville, ni de Bourg, ni de Village. L'un dit que l'on assembla un Concile à Compiegne, Palais public : *Apud Compendium, Palatium publicum.* L'autre, que c'étoit *un lieu dépendant de la Métropole de Rheims.* Tout cela n'indique autre chose qu'un Palais, qu'une Maison de campagne, qui n'étoit accompagnée ni de maisons particulieres, ni de Peuples, ni d'Eglises. Gregoire de Tours l'appelle *Villam* : & si l'on consulte du Cange pour savoir ce que signifioit ce terme dans la basse latinité, il nous apprend, dit M. de Soissons, qu'il signifioit la même chose que *Civitas, Villa, Civitas, Gallis Ville.* Mais du Cange en demeure-t-il à cette explication ? Et ne nous en donne t-il pas une autre qui s'appliqueroit plus naturellement au lieu de Compiegne ? Après les termes rapportés par M. de Soissons, du Cange ajoute : *Villæ Regiæ dominicæ, quæ Regum erant propriæ, Palatia, Curtes Regiæ, Fisci & vici Regis, interdum nudè Ville appellatæ in Francorum annalibus.* Cette définition, comme l'on voit, est précisément celle qu'il falloit prendre. Du Cange nous apprend que les Palais des Rois étoient appellés simplement *Villæ* dans les Annales de France. Compiegne devoit donc avoir ce nom, non pas comme une Ville, mais comme un Palais appartenant à nos Rois : c'étoit en cette qualité que l'on pouvoit dire, *Compendium Villa, Palatium, Curtis Regia.* Tous ces termes étoient synonymes ; M. de Soissons n'a pas voulu voir cela dans du Cange ; pouvoit-il présumer que les autres ne le verroient pas ?

C'est ce qui répond au passage tiré de la Chronique de Saint Bertin, où l'on dit que Charles-le-Chauve fit bâtir plusieurs Eglises *in Villa Compendio*, qu'il vouloit la faire appeller *Carlopolim*, & qu'il vouloit en faire une grande Ville ; car tout ce que cela signifie, est que cet Empereur avoit mis toute son affection à Compiegne, & que d'un lieu désert où l'on ne voyoit que le Palais de ce Prince, il voulut en faire une Ville, & y attirer des Habitans. Il commença par y faire bâtir dans son Palais même la célebre Eglise de Compiegne ; il lui prodigua des richesses temporelles ; il lui obtint ce privilege du Pape, que M. de Soissons se fait un point d'honneur de détruire. Plus ce grand Empereur avoit voulu relever l'éclat de Compiegne, jusqu'à en faire une Ville à laquelle il donneroit son nom, & plus l'exemption que l'on ose contester, acquiert de nouveaux degrés de certitude. Ce Prince put même entreprendre de faire bâtir quelques autres Eglises ; mais il y a lieu de croire qu'il n'eut pas le tems d'exécuter ce vaste dessein ; car il mourut peu de tems après, & long-tems après sa mort Compiegne n'étoit encore qu'un simple Bourg, comme l'on voit dans une Charte de l'année 1153, où la Reine Adelaïde s'exprime ainsi : (a) *Inter nemus de Guisia & Burgum de Compendio, præcepto & voluntate filii Regis nostri Ludovici, Villam novam ædificari præcepimus.* La même qualité de Bourg lui est donnée dans un Bref d'Alexandre III, adressé aux Religieux de Compiegne : ainsi plus de trois siecles après la fondation du Chapitre, ce n'étoit pas encore une Ville. Comment donc M. de Soissons a-t-il pu lui donner ce titre pompeux dans des tems antérieurs à cette même fondation ?

Il a trouvé quelquefois le nom de *Villa* appliqué au lieu de Compiegne ; & sans faire attention que ce terme ne signifioit autre chose qu'un Palais Royal & une Maison de campagne, il érige aussi-tôt dans ce lieu presque inhabité une Ville en forme & plusieurs Eglises : il y rassemble un Peuple nombreux. Il suppose que l'exemption du Chapitre faisoit perdre à son Eglise la Jurisdiction qu'elle avoit sur ce grand nombre d'Habitans : mais quand il ne fera que des pertes aussi chimériques, on sera peu touché de ses plaintes.

Le troisieme fait est précisément le même que le premier. Dans l'un, Charles-le-Chauve a voulu que la Chapelle de son Palais fût décorée du privilege d'exemption que l'on défend ; dans l'autre, le Pape l'a accordée : ce sont les mêmes preuves qui sont employées pour soutenir les deux faits, & pour les combattre : on les a réunis de la part des Religieux ; en rétablissant le premier. Il est inutile de s'y étendre davantage.

On ne s'arrêtera pas beaucoup encore au quatrieme. M. de Soissons a été tenté de soupçonner de faux la Charte de dotation de Charles-le-Chauve : & ce qui est de singulier, est que ces doutes ne se sont élevés dans son esprit que depuis qu'il a eu connoissance d'un Arrêt du Parlement de 1271, qui a reconnu la vérité & l'authenticité de cette Charte : cependant il n'a osé

(a) *Dipl. p.* 602.

franchir

franchir le pas, & il s'est réduit à critiquer la maniere dont les Bénédictins avoient parlé de cet Arrêt : *ce n'est pas une fable*, dit-il, *mais le fait est trop exagéré.* Étrange effet de la prévention qui le domine ? il a pris son parti de ne reconnoître aucun des titres qu'on lui présente : il n'a rien à leur opposer, ils ont déjà passé par l'épreuve de la critique, & ils en sont sortis victorieux : un Arrêt solemnel en a reconnu & confirmé la vérité ; n'importe, ils ne seront pas absolument faux aux yeux de M. de Soissons, mais ils ne seront pas vrais non plus ; & par un certain tempérammment que l'on ne peut définir, la vérité même qu'il ne peut combattre, n'est pas absolument vérité quand elle le blesse.

Mais, dit-il, rendre une piece qui étoit soupçonnée de faux à une Partie à qui elle appartenoit, ce n'est pas la reconnoître vraie : quelle illusion ! Pourquoi donc le Roi, le Parlement, ont-ils rendu cette piece aux Religieux de Compiegne, si ce n'est pour s'en servir, pour justifier la fondation de leur Église, pour établir la propriété des biens, & l'exercice des priviléges qui leur ont été accordés ? C'est donc un titre solemnel dont on a reconnu l'authenticité : car quand la Justice est saisie d'une piece suspecte, elle ne la remet point à des Parties qui pourroient en abuser. C'est donc reconnoître la vérité de la Charte de fondation de Charles-le-Chauve, que de la remettre, comme on a fait, aux Religieux de Compiegne. D'ailleurs, l'Arrêt même explique & la raison que l'on avoit eu de former quelque léger soupçon sur la piece, & les raisons qui avoient calmé ces inquiétudes : on ne peut donc plus équivoquer sur sa décision. Cependant M. de Soissons ne se rend pas encore : la Charte présentée au Parlement en 1271 pouvoit être vraie ; mais celle qui paroît aujourd'hui peut être fausse. Les Religieux depuis ce temps auront supprimé un titre vrai & respectable, & lui en auront substitué un faux : tout ce qu'on peut répondre à une si belle réflexion, est qu'il n'est plus possible d'entrer en lice avec celui qui en est l'auteur, & qui ne craint point de la mettre au jour. Avec de pareilles possibilités il n'y aura plus rien de vrai sur la terre, & il faudra abandonner tous les titres à M. de Soissons pour les immoler à sa colere.

Le sceau d'or qui étoit à cette Charte en 1271 ne s'y trouve plus : mais la vérité de la piece dépend-elle de la conservation de son sceau ? Plus la matiere de celui-ci étoit précieuse, & plus il est naturel que l'on ait été tenté de l'enlever. *Le Monogramme de Louis, fils de Charles-le-Chauve, est à côté de celui de son pere ; il l'a donc signé en même-temps. Comment après cela l'auroit-il chargé aux Etats de Kiersy de soutenir cette fondation? Le Pere Mabillon en a été embarrassé; il a dit que Louis n'avoit peut-être signé qu'après la mort de son pere : mais si cela avoit été, le pere auroit signé au milieu de la Charte.* Que veulent dire toutes ces minuties ? La Charte est bien signée & du pere & du fils ; que le fils ait signé en même-temps, ou après son pere ; que le Monogramme du pere soit au milieu, ou à côté : qu'est-ce que cela fait à la Charte dont il s'agit? Le Roi Charles-le-Chauve a pu recommander à son fils, au milieu des Etats assemblés, de soutenir une fondation, quoiqu'il l'eût signée : on ne voit rien en cela de bien extraordinaire ; & si le Pere Mabillon a dit que le fils n'avoit peut-être signé que depuis, c'est une simple possibilité à laquelle on n'a pas besoin de recourir. *La Charte est signée par Charles, très-glorieux Empereur ; & cependant dans l'Arrêt de 1271 on parle de la Charte de Charles, Roi de France.* M. de Soissons s'étonne de tout, comme s'il ignoroit que Charles-le-Chauve réunissoit ces deux qualités, & que le Parlement a pu lui donner indifféremment l'une ou l'autre. C'est trop s'arrêter à des critiques si peu dignes d'attention ; il faut qu'elles ayent paru bien foibles à M. de Soissons lui-même, puisqu'il n'a pas osé accuser la piece de fausseté, lui qui a donné tant de preuves qu'il n'étoit pas réservé sur cette matiere.

» Il y a, dit-on en cinquieme lieu, de l'exagération dans les » circonstances dont les Bénédictins ornent l'histoire de la Dé» dicace de Compiegne : ils disent que le Pape avoit envoyé des » Légats qui assisterent en son nom à cette fondation ; que la » cérémonie fut faite au nom du Pape & de ses Légats ; qu'ils » présiderent à cette grande Assemblée ; qu'ils étoient les por» teurs du privilege, & que ce privilege fut confirmé par tous » les Evêques présens à la Dédicace ».

M. de Soissons nous prête ces exagérations pour nous en faire un crime. On a dit simplement de la part des Religieux, en rendant compte de la fondation de l'Eglise de Compiegne, que suivant l'Auteur des Annales de Saint Bertin, *tous les Evêques de France avoient été convoqués pour se trouver à Compiegne au commencement du mois de Mai ;* que cet Auteur *nous donne le nom des Légats que le Pape avoit envoyés, qui assisterent en son nom à la Dédicace.* Où est en cela l'exagération ? Les termes de l'Auteur rapportés par M. de Soissons en disent davantage (*a*) : *Episcopos*

(*a*) *Annal. Bertin. to. 3, Duch. p. 251.*

Remensis Provinciæ, sed & aliarum Provinciarum Compendio convocavit, Ecclesiam quam in eodem Oratorio construxerat, CUM MULTO APPARATU *in suâ & Nuntiorum Apostolicæ Sedis præsentiâ, ab eisdem Episcopis consecrari fecit.* Il s'en faut bien que l'on ait rendu dans le Mémoire des Religieux de Compiegne toute la pompe de ces expressions. M. de Soissons auroit dû applaudir à leur modestie, & il leur fait un crime de leur vanité.

Suivons sa critique : *l'Annaliste ne dit pas que les Légats du Pape fussent venus exprès pour cette Dédicace, ni que ce fût là le motif de leur Ambassade : il ne dit pas un mot du privilege de Jean VIII, ni qu'il ait été donné, apporté, ni reçu : il dit au contraire que ces Légats étoient venus presser Charles-le-Chauve d'aller secourir le Saint Siege contre les Barbares.* On n'aura pas de peine à convenir avec M. de Soissons que l'Ambassade de ses Légats avoit un motif plus intéressant que la simple Dédicace d'une Eglise ; mais cela n'empêche pas que ce Prince n'ait profité de l'arrivée des Légats pour décorer la Dédicace d'une Eglise qui lui étoit si chere : il avoit fait venir tous les Evêques du Royaume, il ne manquoit pour l'éclat de cet événement, *cum multo apparatu*, que des Légats du Pape à la tête de ce Corps nombreux de Prélats ; & en effet, les Légats assisterent à la Dédicace. Ils ne pouvoient le faire *qu'au nom du Pape*, puisque c'étoit le seul caractere qu'ils eussent : ils *présiderent* à l'Assemblée, puisque leur qualité leur donnoit la préséance : aussi l'Annaliste de Saint Bertin les unit immédiatement au Roi, *in suâ & Nuntiorum Apostolicæ Sedis præsentiâ.*

Il est vrai que l'Annaliste ne dit pas qu'ils fussent porteurs du privilege ; aussi les Bénédictins ne l'ont-ils pas avancé affirmativement ; ils ont dit simplement qu'ils étoient *sans doute* porteurs du privilege, c'est-à-dire, qu'on le doit présumer. En effet, il est certain que le Pape Jean VIII donna un privilege à l'Eglise de Compiegne ; il est certain qu'il est rappellé dans la Charte de Charles-le-Chauve : M. de Soissons lui-même en convient, il n'équivoque que sur la nature du privilege ; mais il convient qu'il y en a eu un : peut-on douter après cela que le Pape envoyant des Légats au Roi pour lui demander du secours, ne leur eût remis ce privilege que le Roi avoit demandé, & qu'il confirma par sa Charte ? C'est donc une conséquence naturelle, & on ose dire nécessaire, des circonstances dont M. de Soissons convient lui-même : les Bénédictins ne l'ont aussi avancée que comme une juste conséquence des faits qu'ils avoient expliqués : ils se sont donc contenus dans les bornes de la plus exacte vérité.

Le sixieme fait relevé par M. de Soissons est que le privilege du Pape fut confirmé par les Evêques, & approuvé par la Nation: *à la bonne-heure*, dit-on, *l'Evêque de Soissons ne contestera pas sur ce fait, pourvu que le mot de privilège soi réduit à sa juste valeur*. C'est rentrer dans une question déja agitée, il ne convient plus de s'y étendre. Il est donc vrai, comme les Religieux l'ont dit, que ce privilege, quel qu'il soit, *fut confirmé par les Evêques, & approuvé par la Nation*, & par conséquent que c'est peut-être le plus éclatant & le plus respectable de tous les privileges qui ait été accordé à aucune Eglise du Royaume. Quand il ne s'agira plus que de sçavoir ce que contenoit ce privilege qui s'est perdu dans la révolution de plusieurs siecles, on n'aura pas de peine à faire voir qu'il faut préférer l'explication qui nous est donnée par des titres du onze & du douzieme siecle, à l'interprétation que M. de Soissons forge de sa propre idée dans le dix-huitieme siecle; on n'aura pas de peine à faire voir que M. de Soissons aujourd'hui ne voit pas aussi clair dans le dixieme siecle, que ses prédécesseurs y voyoient il y a six cens ans; & qu'il y a une étrange témérité à vouloir réformer l'Univers, qui depuis six ou sept siecles a pensé de l'exemption de Compiegne, tout autrement que M. de Soissons.

Septieme fait. Tout le territoire donné à l'Eglise de Compiegne étoit exempt de la Jurisdiction de l'Evêque, *per omnem terram*: « mais ce fait est démenti par la notoriété publique, & » par plusieurs titres qui prouvent que des dépendances de » Compiegne sont soumises aux Ordinaires, & entr'autres, plu- » sieurs Chapelles situées dans le Diocèce d'Amiens, dont il est » parlé dans la Charte de Charles-le-Chauve. Ainsi, puisque le » privilege ne donnoit point la Jurisdiction sur les Chapelles, il » ne la donnoit pas non plus sur l'Eglise de Saint Corneille». C'est-à-dire, suivant M. de Soissons, que le Pape en accordant le privilege, n'a pas pu le limiter à un territoire circonscrit autour de l'Eglise de Compiegne, comme cela s'est fait dans toutes les autres exemptions; c'est-à-dire, qu'il est de l'essence d'une exemption de n'avoir point de bornes, & que quand il y a des Membres écartés qui sont soumis aux Ordinaires, il faut nécessairement que le Chef-lieu les reconnoisse; c'est-à-dire, que la possession immémoriale ne peut pas expliquer quelle étoit cette étendue: toutes conséquences qui découvrent la justesse du raisonnement, & la force de l'objection proposée dans le Mémoire de M. de Soissons.

On a dit, & c'est le huitieme fait que M. de Soissons accuse de fausseté que l'on *avoit* TROIS *Chartes du Roi Charles-le-Simple, & une de Louis d'Outremer*, qui rappelloient la fondation de Charles-le-Chauve, *& qu'il y étoit fait mention de la Jurisdiction de l'Eglise de Saint Corneille de Compiegne, sur les Chanoines de Saint Clement.* M. de Soissons triomphe de la bevue que les Religieux ont faite dans cette partie de leur Mémoire. » Cette Jurisdiction, » dit-il, sur les Chanoines de Saint Clement, établie par les Char- » tes de Charles-le-Simple & de Louis d'Outremer, est une fiction: » la Charte de Louis d'Outremer n'en parle point, les DEUX Char- » tes de Charles-le-Simple n'en parlent pas non plus; & d'ailleurs il » est à remarquer que ces DEUX Chartes sont antérieures de deux » ans à la fondation de l'Eglise de Saint Clement. D'aussi habiles » gens que les Bénédictins, devoient-ils se mécompter à ce point, » que de citer pour leur Jurisdiction sur Saint Clement, DEUX » Chartes plus anciennes que la fondation, & DEUX Chartes qui » n'en parlent point ».

Qui ne croiroit les Bénédictins confondus, en lisant cette partie du Mémoire, dans laquelle M. de Soissons triomphe avec tant de pompe de la simplicité & de l'ignorance de ses Adversaires. Voyons cependant si la victoire est si sûre entre ses mains, qu'elle ne puisse lui échapper, & pour cela, confrontons les termes du Mémoire des Bénédictins, avec ceux de M. de Soissons. *Outre la Charte originale de la fondation de Charles-le-Chauve, on a conservé encore* TROIS *Chartes du Roi Charles-le-Simple, & une de Louis dit d'Outremer, qui ont été données sur les originaux par le Pere Mabillon, dans sa Diplomatique : il y est fait mention de la Jurisdiction de l'Eglise de Saint Corneille, sur les Chanoines de Saint Clement.* C'est ainsi que les Bénédictins se sont exprimés : ils ne disent pas qu'il soit fait mention de cette Jurisdiction sur Saint Clement dans chacune de ces Chartes, on les rappelle toutes ensemble, & on dit ensuite qu'il y est fait mention de la Jurisdiction de Saint Clement. Il suffit que cette Jurisdiction soit exprimée par une des Chartes rappellées, comme elle l'est en effet dans la troisieme Charte de Charles-le-Simple, pour que l'on ait parlé juste.

Que fait M. de Soissons pour combattre ce point de l'histoire? Il commence par tronquer le Mémoire des Bénédictins, & au lieu qu'ils ont dit qu'il y avoit TROIS Chartes de Charles-le-Simple, & une de Louis d'Outremer, il leur fait dire seulement que *le privilege de Jean VIII est confirmé par les Chartes de Charles-le-Simple, & de Louis d'Outremer* : il a peur de rappeller le nombre des Chartes de Charles-le-Simple, & d'en exprimer TROIS; comme les Religieux ont fait dans leur Memoire. Encore s'il en étoit demeuré-là, on pourroit croire que ce seroit un simple oubli; mais quand il veut répondre à cette partie du Mémoire des Bénédictins, il ne craint point de s'exprimer ainsi : *les* DEUX *Chartes de Charles-le-Simple n'en parlent point non plus*, c'est-à-dire, ne parlent point de la Jurisdiction sur Saint Clement...... *ces* DEUX *Chartes sont antérieures de deux ans à la fondation du Chapitre de Saint Clement.*

Mais les Bénédictins n'ont-ils donc parlé que de deux Chartes de Charles-le-Simple? M. de Soissons a-t-il donc oublié qu'ils en ont précisément indiqué TROIS dans leur Mémoire? Pourquoi ne parler que de deux, quand on lui en oppose trois? La raison n'est pas difficile à développer, c'est que c'est précisément dans la troisieme que cette Jurisdiction sur Saint Clement est exprimée; c'est que cette troisieme Charte est postérieure à la fondation de Saint Clement; c'est qu'en rappellant cette troisieme Charte, il n'y avoit plus de reproche à faire aux Bénédictins, plus d'anachronisme, puisqu'elle est postérieure à la fondation de Saint Clement; plus d'infidélité, puisque cette Charte parle en effet de la Jurisdiction sur le Chapitre. Voilà pourquoi M. de Soissons ne veut voir que deux Chartes, au lieu de trois qu'on lui présente; il veut faire un reproche sanglant aux Bénédictins, il veut se donner un moment de triomphe, pour cela il n'y a qu'à supprimer le mot de *trois* qui est dans le Mémoire des Bénédictins, & lui substituer celui de *deux*, & alors les Bénédictins sont confondus.

M. de Soissons, après cela, voudra-t-il encore qu'on n'impute point au Critique qu'il emploie, cette horrible infidélité? Sera-t-il jaloux d'en être seul l'Auteur? Il faut malgré lui-même lui être plus favorable. Encore si M. de Soissons n'avoit vu cette troisieme Charte, si elle lui étoit échappée dans la multitude des titres, on pourroit l'excuser : mais après n'avoir parlé que des deux premieres Chartes de Charles-le-Simple, comme si c'étoient les seules que les Bénédictins lui eussent opposées, il vient à la troisieme, comme si c'étoit lui qui la faisoit paroître, & prétend prouver qu'elle n'établit point la Jurisdiction de Saint Corneille sur Saint Clement. Que ne réduisoit-il tout d'un coup sa critique à ce seul objet? Elle n'auroit pas du moins choqué une exactitude nécessaire quand on veut répondre à des faits; elle auroit été mal fondée, comme on le va voir; mais on n'est pas coupable pour entendre mal une pièce, au lieu qu'on l'est toujours quand on altere les faits.

M. de Soissons prétend donc prouver, par la troisieme Charte de Charles-le-Simple, que le Chapitre de Compiegne n'avoit point de Jurisdiction sur celui de Saint Clement. Voici ce que l'on trouve dans cette Charte. Le Roi commence par expliquer les pieuses intentions de la Reine Frederune, qui avoit presque achevé de bâtir l'Eglise de Saint Clement avant sa mort; il rend compte de ce qu'il a fait lui-même pour accomplir cette fondation; il détaille les biens qu'il a donnés à l'Eglise de Saint Clement; il ajoute qu'il a mis Madalgerus à la tête de ce Chapitre; & enfin il parle de la Jurisdiction de Saint Corneille en ces termes: (a) *post Madalgeri verò decessum ea præfata Capella sit causâ subjectionis supposita ad Monasterium Sanctæ Mariæ atque Sanctorum Martyrum Cornelii & Cypriani.* On ne croit pas que l'on puisse trouver une clause plus propre à exprimer la Jurisdiction de l'Eglise de Compiegne: ce nouveau Chapitre doit être soumis à celui de Saint Corneille. Si celui-ci n'avoit point de Jurisdiction, suivant le privilége de Jean VIII, comment pouvoit-on dire que l'Eglise de Saint Clément lui seroit soumise?

Mais, dit-on, cette soumission avoit des bornes, car le Roi ajoute: *eâ dumtaxat ratione ut Præpositus & Decanus cum aliorum Fratrum consilio ponant seniorem Custodem qui Deum sit timens, &c.* Le Roi veut que ce *Gardien* jouisse de certains revenus, & pourvoie aux besoins des autres Ecclésiastiques; enfin, il défend au Prévôt, au Doyen, & au Chapitre de Compiegne, de rien changer dans ce que ce Prince venoit de régler pour le Chapitre de Saint Clement: *neque Præpositus, seu Decanus, aut Congregatio unquam inde aliquid abstrahant, aut aliter aliquid ibi ordinent præter id quod statuimus.* De ces termes M. de Soissons conclut que le Chapitre de Compiegne n'avoit d'autre droit que de nommer le Gardien de Saint Clement, *& que la Charte est absolument exclusive de tout autre droit.*

Mais n'est-il pas sensible que M. de Soissons fait violence au texte le plus clair? Si l'Eglise de Compiegne n'avoit point eu de Jurisdiction sur celle de Saint Clement, & que l'on eût prétendu seulement lui donner la nomination du Gardien, auroit-on dit que cette Eglise de Saint Clement seroit *causâ subjectionis supposita ad Monasterium Sanctæ Mariæ & Sanctorum Martyrum?*

(a) *V. Diplom. p.* 563.

Auroit-on même défendu aux Chanoines de Saint Corneille de changer quelque chose à ce que le Roi venoit d'établir ? Car cette précaution prise contre le Chapitre de Compiegne, est une marque & une reconnoissance de sa Jurisdiction. Le Roi persuadé que le chapitre de Saint Corneille pouvoit faire des Réglemens dans l'Eglise de Saint Clément, ne veut pas que l'on change ce qu'il a réglé lui-même : *nec aliter aliquid ibi ordinent præter id quod statuimus.* Ces termes ne signifient pas, comme M. de Soissons l'insinue, que les Chanoines ne pourront rien ordonner dans l'Eglise de Saint Clément ; mais qu'ils ne pourront rien ordonner de contraire à ce que le Roi venoit de régler par sa fondation, *aliter.*

Ainsi le Roi venoit d'attribuer certains revenus au *Gardien*, il l'avoit chargé de pourvoir aux besoins des autres Ecclésiastiques, il l'avoit chargé d'acquitter certains Services pour la Reine Frederune & pour lui, de faire des Anniversaires à des jours marqués, & de donner des repas aux Chanoines de Saint Corneille; le Roi veut que tout cela soit inviolablement observé, & que le Chapitre de Saint Clément soit soumis à celui de Saint Corneille, à condition qu'on ne pourra rien ordonner de contraire, *nihil aliter ordinent præter id quod statuimus.* Ainsi loin d'exclure la Jurisdiction, on la reconnoît; mais on la charge de conserver certains établissemens, sans qu'il soit au pouvoir des Supérieurs de les changer.

M. de Soissons qui sent bien que cela renverse tout son systême, renverse lui-même tout le sens de la Charte : il prétend que l'on a soumis l'Eglise de Saint Clément à celle de Saint Corneille, à condition que celle-ci n'auroit aucune Jurisdiction ; il prétend que l'on a défendu au Chapitre de Saint Corneille, qui n'avoit point de Jurisdiction, de faire pour l'Eglise de Saint Clément des Réglemens contraires aux Loix de sa fondation. Ces idées sont si naturelles, que M. de Soissons nous fera peut-être un nouveau crime de ne les pas adopter : mais pour juger d'un titre, il y a une autorité supérieure à la sienne, c'est celle du titre même.

La neuvieme & derniere fausseté imputée aux Bénédictins, regarde ce qu'ils ont dit de la révolution arrivée dans l'Eglise de Compiegne au milieu du douzieme siecle, par l'introduction des Religieux de Saint Benoît, au lieu des Chanoines qui jusques-là avoient desservi l'Eglise. Le fait de la révolution en lui-même est certain ; la maniere dont elle est arrivée, nous est expliquée

expliquée dans les Lettres des Commissaires du Pape que les Bénédictins ont citées, & dont ils ont rapporté plusieurs traits: ils n'ont donc rien pris sur eux, & ils n'ont rien hasardé qui pût leur attirer les reproches de fausseté dont M. de Soissons les accable.

Aussi ces reproches, quand on les examine, ne tombent pas sur les faits en eux-mêmes, ni sur les actes, mais sur les réflexions que les Bénédictins ont cru être en droit de faire. Si cela est autorisé, il faudra que toutes les Parties qui plaident se traitent sans cesse de faussaires, & s'accablent d'injures: car jamais elles ne sont d'accord dans les raisonnemens & dans les conséquences. Raisonne-t-on sur une Loi, sur un texte de Coutume, sur un titre? Chacun l'entend & l'interprete à sa mode: on n'avoit point encore entendu dire que ce fût-là une fausseté. C'est M. de Soissons qui nous donne une idée si odieuse de toutes les contestations qui divisent les hommes entre eux; c'est lui qui introduit dans l'ordre judiciaire ces expressions peu mesurées, que les Parties ne craindront plus d'adopter, quand un Evêque en aura donné l'exemple.

Parlons plus juste, & disons que cette maniere de placer des faussetés par-tout, doit révolter toutes les personnes équitables, & sera rejettée, malgré le préjugé d'un modele si capable de séduire. Il faut être vrai dans les faits, dans les actes, dans les citations; il faut être juste, autant qu'on le peut, dans les réflexions & dans les raisonnemens: mais si on avoit le malheur de ne pas donner dans le véritable sens d'un acte, on ne deviendroit pas faussaire pour le mal entendre. Voilà une regle de critique que M. de Soissons ne peut pas ignorer: pourquoi donc ne la suit-il pas?

Mais ceci ne regarde que les expressions; passons au fond de sa critique. On a dit dans le premier Mémoire des Bénédictins, que le Roi Louis-le-Jeune voulant chasser les Chanoines de Compiegne, & leur substituer des Religieux, s'adressa au Pape comme au seul Supérieur de cette Eglise. M. de Soissons se récrie contre ces dernieres expressions: *on pouvoit s'adresser au Pape*, dit-il, *sans qu'il fût le Supérieur immédiat de cette Eglise*. Mais quand cela seroit, il faut au moins convenir qu'il auroit été plus naturel & plus simple de s'adresser à l'Evêque de Soissons, s'il avoit eu la Jurisdiction sur l'Eglise de Saint Corneille: ainsi on doit présumer que quand on a eu recours au Pape, ce n'a été qu'en vertu du privilege qu'avoit le Chapitre de Compiegne de n'avoir point d'autre Supérieur.

Le Pape nomma pour ses Commissaires l'Evêque de Noyon, & l'Abbé Suger: ce qui fournit une nouvelle preuve que l'on ne regardoit point l'Evêque de Soissons comme Ordinaire à l'égard de l'Eglise de Compiegne, puisqu'on n'auroit pas pu se dispenser de lui adresser la commission. *Les Bénédictins n'ignorent pas le style de la Cour de Rome, & qu'elle ne se croit pas assujettie à nommer l'Evêque des lieux pour les commissions singulieres*: mais ils savent aussi que les Evêques ne déferent point à ces commissions, qui troublent l'ordre des Jurisdictions naturelles. Aussi M. de Soissons a-t-il eu la prudence de ne pas dire dans son Mémoire, que Rome n'est pas assujettie à nommer l'Evêque des lieux, mais qu'elle *ne se croit pas assujettie*. Josselin, alors Evêque de Soissons, & qui avoit tant de crédit sous Louis-le-Jeune, auroit-il souffert, sans se plaindre, une entreprise si contraire à ses droits?

Les deux Commissaires travaillerent conjointement à l'introduction confiée à leurs soins. Quoiqu'il plaise à M. de Soissons de dire que ce fut Baudouin, Evêque de Noyon, *qui exerça seul la commission*, les lettres de l'Abbé Suger au Pape prouvent bien le contraire (a): *discretioni vestræ celare non possumus*, dit ce célebre Abbé, *molestias & opprobria quæ pessimi Canonici, etiam in præsentiâ Domini Regis, intulerunt* DOMINO NOVIOMENSI EPISCOPO, ET NOBIS. Aussi les deux Commissaires rendirent également compte au Pape de ce qui s'étoit passé: c'est dans leurs lettres que l'on trouve plusieurs traits qui caractérisent parfaitement la Jurisdiction de l'Eglise de Compiegne. On les a rapportées; & c'est contre les inductions qu'on en a tirées, que M. de Soissons se souleve: *nec enim leve vel modicum Ecclesiam Compendiensem, tam celebrem, tam famosam, tantâ denique authoritate subnixam, in alium statum derepentè convertere*: il prétend que ces termes, *tantâ authoritate subnixam*, veulent dire qu'elle étoit appuyée par une grande autorité, & non pas que cette grande autorité lui fût propre.

Mais dans le temps qu'imagine M. de Soissons, qu'il nous dise donc où étoit cet appui étranger si redoutable aux Commissaires du Pape? Le Roi Louis-le-Jeune vouloit l'expulsion des Cha-

(a) *Duchesne, tom. 4, p. 545.*

noines ; le Pape y avoit consenti. C'étoit le premier Ministre du Roi, l'Abbé Suger, qui étoit Commissaire du Pape ; & qui réunissoit ainsi en lui-même toute l'autorité des deux Puissances : étoit-il donc bien difficile, après cela, de subjuguer un simple Chapitre ? Mais ce qui formoit la difficulté, c'étoit de changer l'état d'une Eglise si célebre, & qui avoit eu dans l'instant même de sa fondation un privilege si distingué, une Jurisdiction si éclatante, & de conserver aux Religieux qu'on y introduisoit, des prérogatives qui avoient été destinées à d'autres : c'étoit de ne donner atteinte à aucune des distinctions de cette Eglise, quand on la refondoit, pour ainsi dire, toute entiere ; voilà ce que signifient ces termes, *tam celebrem, tam famosam, tantâ denique authoritate subnixam.* Le Chapitre alors, fier de son autorité, & d'une Jurisdiction qu'il tenoit des Souverains Pontifes, se croyoit à l'abri des traits qu'on vouloit lui porter, & vouloit résister aux Commissaires mêmes du Pape ; voilà ce qui rendit la commission si pénible.

Aussi dans la même lettre, l'Evêque de Noyon reconnoît l'autorité immédiate du Saint Siege, quand il dit au Pape que l'Abbé qui a été établi le Chef de la nouvelle Communauté, a été béni par les Commissaires du Pape, & qu'il demeurera revêtu de ce caractere, si le Pape veut le confirmer (*a*) : *Abbatem ipsum solemniter benediximus, & erit benedictus, Deo valente, & gratiâ vestrâ confirmante.* Auroit-on pu s'adresser à d'autres qu'à l'Evêque de Soissons pour la confirmation de l'Abbé de Compiegne, si cette Abbaye avoit été sous sa Jurisdiction ?

On ne pouvoit pas s'adresser à l'Evêque de Soissons, dit aujourd'hui son successeur ; ce Prélat partageoit alors le poids du Ministere avec l'Abbé Suger ; ainsi comme l'Abbé Suger ne pût se trouver à Compiegne ; l'Evêque de Soissons en étoit de même éloigné. C'est apparemment pour trouver cette excuse, que M. de Soissons a supposé que Suger n'avoit point exécuté la commission du Pape, & qu'il avoit laissé agir seul Baudoin, Evêque de Noyon : mais, comme on a déja fait voir la chimere de cette supposition par la lettre même de l'Abbé Suger, qui expose les violences que les Chanoines de Compiegne avoient commises, tant contre Baudoin que contre lui, en présence même du Roi, il est évident & que Suger étoit présent, & que l'Evêque de Soissons pouvoit l'être aussi, quand il auroit eu une

(*a*) *Ibidem*, p. 544.

part aussi intime au Gouvernement, que le suppose encore M. de Soissons, sur le fondement d'un reproche vague que Saint Bernard faisoit à Josselin, Evêque de Soissons, sur de mauvais conseils qu'il lui imputoit.

L'exclusion de l'Evêque de Soissons alors est donc une preuve qu'il n'avoit aucune Jurisdiction sur Saint Corneille : ce qui résulte encore des lettres de l'Abbé Suger au Pape, dans lesquelles il est dit expressément que l'Eglise de Compiegne (a), *de jure Beati Petri vestrâ innititur authoritate*. Ce n'est, dit-on, qu'un compliment qui ne signifie rien ; il ne faut, pour s'en convaincre que consulter le chapitre *si Papa*, *de privilegiis in 6°*, où il est dit que par de semblables termes, *non illius Ecclesiæ exemptio est probata*. M. l'Evêque de Soissons avoit déja objecté ce texte aux Bénédictins dans son premier Mémoire : » Ils n'ont » pas fait semblant de le voir, & ont dévoré dans le silence le » chagrin de ne pouvoir y répondre «. C'est ainsi que M. de Soissons triomphe de tout : voyons si ces lauriers ne vont pas bientôt sécher entre ses mains, & devenir pour lui des marques d'une entiere défaite.

Explication du chapitre *si Papa*, *de privilegiis in 6°*.

Le chapitre cité par M. de Soissons distingue si le Rescrit de Cour de Rome paroît avoir pour objet de juger d'une exemption contestée, ou de l'établir ; ou si au contraire il paroît absolument étranger à cet objet. Dans ce dernier cas, ces termes, *ad jus & proprietatem Romanæ Ecclesiæ pertinere*, *vel consimilia*, ne signifieront point une exemption, & ne suffiront pas pour la prouver, parce qu'ils s'interpretent par la qualité de l'acte dans lequel on les trouve, à moins que cette exemption ne soit d'ailleurs prouvée : *si Papa in aliquo privilegio*, *vel scripturâ*, *non factâ principaliter super donatione*, *vel Sententiâ exemptionis*, *seu etiam libertatis*, *aliquam Ecclesiam ad jus & proprietatem Romanæ Ecclesiæ pertinere*, *vel consimilia verba narret*, *non propterea illius Ecclesiæ exemptio est probata*, *nisi de libertate aliter doceatur*. Voilà le premier membre de la distinction. Si au contraire le Pape s'exprime ainsi dans la concession d'un privilege, ou en prononçant sur une question d'exemptions, alors ces expressions feront une preuve complette de l'immédiation au Saint Siege : *si autem Ecclesiæ*, *vel Monasterio*, *exemptionis privilegium concedendo*, *vel super ipsius exemptione sententiando* (*cùm de ipsius exemptionis negotio ageretur*) *asserat ipsam Ecclesiam fore exemptam*, *aut eam*

(a) Duchesne, tom. 4, p. 618.

juris Beati Petri existere, sive ad jus & proprietatem Romanæ Ecclesiæ, vel ad Romanam Ecclesiam specialiter aut sine medio, aut etiam simpliciter pertinere, per hoc plenè debet exempta hujusmodi Ecclesia judicari. Voilà le second membre.

Cela supposé, M. de Soissons a-t-il pu dire en général que ces termes ne signifioient rien, & qu'ils se réduisoient à un vain compliment ? A-t-il pu citer ce chapitre pour appuyer une doctrine annoncée sans distinction & sans réserve ? Si l'on étoit aussi fécond que lui en reproches, & qu'on voulût lui demander compte de cette exactitude, dont un Evêque doit être si jaloux, on lui diroit en premier lieu qu'il n'a pas dû faire une regle générale de ce qui n'est proposé qu'avec une distinction très-importante. Quand le Pape, dans un acte indifférent, dira qu'une Eglise appartient à celle de Rome, cela sera trop vague pour en faire le principe d'une exemption ; mais quand il parlera ainsi dans un acte qui a pour objet de fixer ou la soumission d'une Eglise envers l'Ordinaire, ou son indépendance, alors par ces termes seuls l'exemption sera reconnue : le Pape les regarde même comme sinonymes avec ceux d'exemption & de liberté, *asserat ipsam Ecclesiam fore exemptam, aut eam juris Beati Petri existere.* Premiere observation sur le moyen que M. de Soissons a prétendu tirer de texte. On lui diroit en second lieu que, quand on trouve même ces expressions dans un acte qui n'a pas un rapport direct avec la question d'exemption, ces termes seuls ne suffiront pas à la vérité pour l'établir, mais qu'étant soutenus d'autres preuves, ils concourront puissamment à justifier la liberté de cette Eglise : *non propterea illius Ecclesiæ exemptio est probata, nisi de libertate aliter doceatur.*

Pourquoi retrancher ces distinctions & ces modifications dans le Mémoire de M. de Soissons ? Ne font-elles pas une partie essentielle de la décision ? Et n'est-ce pas la présenter très-imparfaite, que de l'en détacher ? Appliquons ces réflexions à la lettre de l'Abbé Suger ; elle dit positivement que l'Eglise de Compiegne, *de jure Beati Petri vestrâ innititur authoritate.* Ce n'est pas, on l'avoue, un titre qui ait pour objet directement d'établir l'exemption ; mais il ne lui est pas non plus absolument étranger, puisqu'on rendoit compte au Pape de l'exécution d'une commission qui renfermoit l'exercice de la Jurisdiction la plus absolue. C'est dans ce titre où, pour soutenir l'ouvrage que l'on venoit d'accomplir, on remarque que l'Eglise de Compiegne appartient à Saint Pierre, & est appuyée sur l'autorité du Pape. On peut dire qu'eu égard aux circonſtances, cela ſignifie préciſément l'exemption ; mais quand on regarderoit cette lettre comme abſolument étrangere à la Juriſdiction, il ne faudroit pas rejetter ces termes, puiſqu'ils ſont ſoutenus de tant d'autres preuves de l'immédiation au Saint Siege, & qu'ainſi on ſeroit toujours dans le cas de la modification retranchée ſi prudemment par M. de Soiſſons, dans ſa citation, *niſi de libertate aliter doceatur*. Pourquoi M. de Soiſſons a-t-il forcé les Bénédictins de découvrir l'infidélité de la citation ? Dira-t-il encore que c'eſt l'impoſſibilité de répondre qui a condamné les Religieux au ſilence de leur premier Mémoire ? Il auroit dû profiter de leur diſcrétion, au lieu de leur en faire un reproche.

Ces mêmes lettres de Baudouin & de Suger, qui prouvent que l'exemption étoit reconnue, prouvent auſſi que les Chanoines expulſés avoient enlevé dans leur retraite beaucoup de choſes précieuſes. M. de Soiſſons ne permet pas que l'on préſume qu'il y eût quelque titre compris dans cette ſpoliation : « Les lettres » de l'Abbé Suger, dit-il, ne parlent point de titres ; & quel» ques temps après les Moines nouvellement introduits traiterent » paiſiblement avec les Chanoines expulſés ; on ne voit point » que les titres ayent été redemandés ni refuſés ». Mais M. de Soiſſons n'a pas pu diſconvenir que les Chanoines n'euſſent fait de grands enlevemens, & que cela ne fût prouvé par les lettres de l'Abbé Suger, & par celles du Comte de Vermandois : peut-on concevoir que les Chanoines ayent plus reſpecté les titres que le reſte ?

S'il n'en eſt pas parlé nommément dans ces lettres, on trouve le fait expliqué d'une maniere préciſe dans un Bref d'Alexandre III, qui charge Henry, Archevêque de Rheims, de faire reſtituer aux Religieux les titres enlevés par les Chanoines (a) : *Canonicos autem præſcriptæ Eccleſiæ ad reſtituenda memorato Abbati* AUTHENTICA INSTRUMENTA *ipſius Eccleſiæ quæ occultaſſe noſcuntur, ſublato appellationis remedio, eccleſiaſticâ diſtrictione compellas*. Les Chanoines ne s'étoient pas contentés de cacher ces titres, ils les avoient détruits ; c'eſt ce qu'on voit dans un autre Bref d'Innocent III, de l'année 1213, produit au Procès, & qui n'eſt poſtérieur que de ſoixante ans à l'introduction des Religieux dans Compiegne : *Canonici ſæculares privilegia & alia munimenta ipſius Eccleſiæ deſtruxerunt*. Ce n'eſt donc

(a) *Martene, Coll. ampliſ. tom. 2, p. 977.*

pas un fait inventé de nos jours, comme le suppose M. de Soissons, mais un fait écrit dans des titres solemnels, qui touchoient presqu'au temps de la révolution. Et c'est ce qui répond en passant à l'accord fait entre les Religieux & les Chanoines, lors duquel on ne remit pas les titres enlevés, parce qu'ils avoient été détruits, *destruxerunt*.

Enfin M. de Soissons, pour achever de porter les derniers coups aux preuves d'exemption de l'Abbaye de Compiegne, que l'on a rapportées historiquement dans le Mémoire des Religieux de Compiegne, s'attache principalement à la Bulle d'Eugene III de 1150, qui confirme & l'introduction des Religieux de Saint Benoît, & tous les privileges qui avoient été accordés aux Chanoines. M. de Soissons convient qu'elle s'exprime plus fortement sur l'exemption de l'Abbaye de Saint Corneille, puisqu'elle dit positivement : *nulli Archiepiscopo, vel Episcopo, nisi tantùm Romano Pontifici Monasterium ipsum subjaceat.* Mais indépendamment de la prétendue fausseté qui est toujours le refuge de M. de Soissons, quand quelque chose le blesse, il fait des efforts inouïs pour prouver qu'il y auroit au moins subreption dans ce titre. Pour cela il pose pour principe, que la Bulle n'étant que confirmative, il faut rapporter des titres antérieurs qui contiennent formellement l'exemption & l'immédiation au Saint Siege. Ces titres ne pouvoient être que la Bulle de Jean VIII, qui est sans doute le titre primordial, & celle de Calixte II : c'est ce qui l'engage à repasser sur ces titres, & à s'épuiser en réflexions.

Comment on peut juger des clauses d'un ancien titre, qui depuis plusieurs siècles n'existe plus.

A l'égard de la Bulle de Jean VIII, comme elle n'est point rapportée, il lui est facile de supposer qu'elle ne disoit rien, & d'en conclure que la confirmation ne signifie rien. Il ne reste plus qu'à sçavoir, si quand un titre de plus de huit cens ans n'existe plus, on doit juger de ses dispositions par l'intérêt d'une Partie qui veut aujourd'hui le combattre, plutôt que par une foule de titres, qui, dans tous les temps, l'ont confirmé, & qui en le confirmant, l'ont expliqué conformément à la possession & à la notoriété publique. C'est de ce problême que dépend toute la Cause de M. de Soissons. Si l'intelligence qu'il prétend avoir aujourd'hui de la Bulle de Jean VIII est plus sûre & plus éclairée que celle qu'en ont eu tous ses prédécesseurs, tous les Papes, tout le Corps de l'Eglise & de l'État depuis tant de siecles, il faut avouer qu'il peut renverser en un instant une Jurisdiction si bien affermie : mais si cette intelligence n'est qu'un jeu d'imagination, qui s'égare sans regle & sans guide, qui ne consulte que la passion, & qui fait injure à toute l'antiquité, ses efforts impuissans ne feront d'aucun poids, & deviendront absolument inutiles.

A l'égard de la Bulle de Calixte II, il prétend qu'il ne faut point encore la compter, non-seulement parce qu'elle est elle-même relative à celle de Jean VIII, mais encore parce que si on la regardoit comme le titre primordial d'exemption, ce que M. l'Evêque de Soissons conseille de *bonne foi* aux Religieux de soutenir, elle seroit nulle & abusive, puisque l'Evêque de Soissons n'a point été entendu; elle seroit secrette & subreptice, puisqu'on n'en a point parlé dans le Concile de Rheims, où l'exemption de Cluni a souffert de si grandes contradictions; elle se réduiroit à une exemption partielle, & non à la plénitude de l'exemption. En effet, le Pape Calixte II étoit si éloigné d'accorder de pareilles graces, que dans un canon du Concile de Latran qu'il tint trois ans après en 1122, il défend aux Moines de prendre le Saint Chrême, de faire consacrer leurs Autels, & ordonner leurs Clercs par d'autres que par les Evêques dans les Diocèses de qui ils se trouvoient.

Ainsi cette Bulle est aussi inutile que celle de Jean VIII.; & par conséquent celle d'Eugene III de 1150, qui est nécessairement relative aux deux premieres, n'a jamais pu confirmer les Moines nouvellement introduits à Compiegne dans une exemption, que l'Eglise de Saint Corneille n'avoit pas, suivant les titres antérieurs. Car il faut se ressouvenir, & c'est un effort de mémoire dont on a grand besoin en lisant cette partie du Mémoire de M. de Soissons, il faut se ressouvenir, dit-on, que c'est uniquement par rapport à la Bulle d'Eugene III que M. de Soissons a remonté aux Bulles précédentes. Il les regarde comme les uniques appuis de celle d'Eugene; & c'est sur les moyens qu'il oppose aux premieres Bulles, qu'il fonde le reproche de subreption par lequel il attaque la derniere.

On l'a déja dit, la Bulle de Jean VIII n'étant pas rapportée, on ne peut juger de ses dispositions que par les titres postérieurs qui l'expliquent. On doit facilement présumer qu'elle contenoit une pleine Jurisdiction en faveur d'un Chapitre célebre, qu'un grand Empereur venoit de fonder: le privilege du Pape énoncé dans la Charte de ce Prince, ce privilege si recommandé au Prince son fils, & aux Etats Généraux du Royaume assemblés à Kiersi, devoit contenir une grace extraordinaire. Les Chartes de nos Rois qui suivent presqu'immédiatement, nous développent cette

cette vérité ; & la Bulle de Calixte II en rapporte une preuve décisive. Ainsi, quoique la Bulle de Jean VIII ne soit point rapportée, M. de Soissons ne parviendra pas à dégrader les graces qu'elle renfermoit : toutes les voix de l'antiquité réunies doivent étouffer la sienne, quelqu'éclat qu'il lui donne. On ne peut donc pas goûter le conseil que nous donne M. de Soissons, de regarder la Bulle de Calixte II comme le titre primordial. On est persuadé qu'il le donne de *bonne foi*, puisqu'il le dit : dans toute autre occasion on feroit grand cas de ses conseils ; mais dans celle-ci on ne peut se laisser entraîner par le charme de son éloquence contre la foi des actes, & contre l'évidence qui en résulte.

Cette Bulle pour cela ne perdra rien de sa force ; car le titre confirmatif ne devient pas inutile, quand le titre confirmé ne subsiste plus, comme on croit l'avoir établi dans le précédent Mémoire, & comme on le prouvera encore dans celui-ci, en répondant aux objections de M. de Soissons. Le titre confirmatif a souvent deux effets ; l'un est de fortifier & de soutenir le premier titre ; l'autre de l'expliquer. Dans ce cas, le titre confirmatif se soutient par lui-même, il se suffit à lui-même ; & la perte du premier est heureusement réparée par la conservation du second. Il seroit inutile après cela d'examiner les prétendues critiques de M. de Soissons contre la Bulle de Calixte II, en la regardant comme titre primordial. Elle seroit, dit-il, abusive, parce que l'Evêque de Soissons n'a pas été appellé. Mais comme elle ne donne rien de nouveau, il est évident que cette précaution n'étoit pas nécessaire. D'ailleurs, l'exécution de cette Bulle pendant tant de siecles, consentie par les Evêques de Soissons, tiendroit lieu du consentement le plus solemnel. « Il faut qu'on » l'ait tenue secrete, puisqu'on n'en a point parlé au Concile de » Rheims, où l'on a tant crié contre l'exemption de Cluni ».

Voilà de ces raisonnemens qui satisfont pleinement M. de Soissons. On s'est plaint d'une exemption dans un tel Concile : donc on devoit se plaindre de toutes les autres ; ou plutôt c'est une preuve qu'il n'y en avoit point d'autres ; quelle conséquence ! combien de raisons ont pu donner lieu à ce silence sur l'exemption de Compiegne !

L'Evêque de Soissons pouvoit être d'un génie plus pacifique que celui de Mâcon, dans le Diocese de qui l'Abbaye de Cluni étoit située ; il avoit peut-être plus de respect & de déférence pour les Bulles du Pape ; l'exemption de Cluni n'étoit pas pour cette Abbaye seule, mais encore pour tous les membres de sa dépendance ; celle de Compiegne ne devoit point ainsi s'étendre ni se multiplier. C'est le Pere Thomassin même, cet Auteur si chéri de M. de Soissons, qui nous donne lieu de former cette conjecture (a) : *les Evêques*, dit-il, *auroient souffert sans peine que l'Abbaye de Cluni demeurât entierement exempte, si les mêmes exemptions ne se fussent pas étendues sur les autres Monasteres dépendans de la même Congrégation*. Pourquoi les Evêques se seroient-ils plaints de l'exemption de Compiegne, eux qui étoient si disposés à se soumettre à celle de Cluni ? Ajoutons que l'inutilité des plaintes faites contre l'exemption de Cluni, la résistance des Légats du Pape, qui ne souffrirent point qu'on y donnât atteinte, suffisoit pour dégoûter les Prélats qui auroient eu encore d'autres exemptions à attaquer. Mille autres motifs ont pu donner lieu à ce silence sur l'exemption de Compiegne, dont M. de Soissons voudroit se faire un moyen : ceux-ci sont trop naturels pour ne lui pas enlever un avantage si frivole. S'il en avoit besoin pour sa Cause, il les proposeroit avec la même confiance que s'il avoit été alors dans le Conseil de l'Evêque de Soissons, ou des Peres du Concile de Rheims ; les Bénédictins se contentent de les proposer comme des conjectures qui, par rapport à des tems si éloignés, doivent satisfaire toutes les personnes équitables.

Enfin la Bulle de Calixte II ne donne pas une simple Jurisdiction *par ielle*, pour se servir des termes de M. de Soissons ; elle reconnoît en termes formels que l'Eglise de Compiegne suivant la suite des monumens qui subsistoient alors, appartenoit à l'Eglise Romaine, *& in Romanæ Ecclesiæ jure pertinere*. On a vu ci-dessus, en expliquant le chapitre *si Papa, de privilegiis*, ce que signifient ces termes dans une Bulle, qui a pour objet de fixer l'état d'une Eglise, sur-tout quand ils sont soutenus d'un grand nombre d'autres preuves. Appartenir au Siege Apostolique, être *du droit* de l'Eglise Romaine, sont des expressions qui, dans le style de ces tems éloignés, étoient regardées comme sinonymes avec ceux d'une exemption parfaite. Tout étoit donc établi en faveur de l'Eglise de Compiegne, lorsque les Moines y furent introduits par l'autorité du Pape Eugene III ; & la Bulle qui, en confirmant leur introduction, les maintient dans la Jurisdiction que les Chanoines avoient eue, loin d'être subreptice,

(a) *Thomassin, Discipl. part. 4. l. 1. ch. 51, n. 4.*

est au contraire l'exécution de tous les titres antérieurs : elle ne fait que confirmer un droit qui subsistoit, & qui ne devoit pas être anéanti par le changement survenu dans la qualité des Sujets qui desservoient l'Eglise de Compiegne.

Tout ce que l'on a avancé sur l'origine & l'établissement, soit de l'Eglise de Compiegne, soit de ses privileges, n'a donc pu éprouver qu'une fausse & vaine critique de la part de M. l'Evêque de Soissons. On croit l'avoir dissipée, & avoir justifié que dès le tems de l'établissement des Chanoines, le Pape leur avoit donné un privilege célebre, de l'exécution duquel l'Empereur Charles-le-Chauve étoit infiniment jaloux; un privilege qui, suivant la suite des actes dans lesquels il est expliqué, attachoit immédiatement l'Eglise de Compiegne à celle de Rome, l'affranchissoit de tous les droits que l'Evêque de Soissons auroit pu y prétendre. C'est ce qui est écrit dans les Chartes de nos Rois, que M. de Soissons craint tellement de rappeller, qu'il n'en a pas dit un mot dans cette longue partie de son Mémoire. Qu'y a-t-il de plus clair, par exemple, que ces termes de la Charte de Philippe I, de l'année 1085, qui en parlant de l'Eglise de Compiegne, dit : *Nullius Metropolitani, Episcopi nullius dominationi, nec ipsius Suessionensis fuisse constat obnoxiam.*

M. de Soissons, à la vérité, suppose que cette Charte & toutes les autres sont fausses; mais sur cette disposition chimérique, & que l'on a si solidement combattu, a-t-il dû se dispenser d'en parler? Et quand dans trente ans ou environ après un titre si précis, le Pape Calixte II dit que cette même Eglise, *ad Sedem Apostolicam pertinere, & in Romanæ Ecclesiæ jure noscitur permanere*; peut-on s'aveugler au point de dire que l'exemption alors ne fut pas pleinement reconnue? Enfin quand le Pape Eugene III en 1150, confirme la liberté accordée à cette Eglise par les Papes ses prédécesseurs, quand il ajoute : *constituimus quoque ut null. Archiepiscopo, vel Episcopo, nisi tantùm Romano Pontifici, Monasterium ipsum subjaceat* : est-il permis de consommer un tems précieux à combattre une vérité si sensible? Est-il permis de dire qu'alors Compiegne ne pensoit pas à être immédiatement soumis au Saint Siege? C'est parler contre la lettre des actes. Mais ces actes sont faux, dit-on. Passez donc tout d'un coup à établir cette prétendue fausseté, & épargnez à vos lecteurs des raisonnemens sans fin, dans lesquels on se perd.

Après avoir justifié l'histoire que l'on a donnée de la Jurisdiction de Compiegne, & satisfait aux reproches de M. de

Soissons ; il faut examiner l'histoire qu'il a voulu donner de sa part de la prétendue usurpation qu'il impute aux Moines de Saint Corneille. Il y remarque huit degrés dont il compose une espece d'échelle mystérieuse, par laquelle ces Religieux ont monté de l'humble état de soumission qui leur convenoit, au suprême dégré de la puissance Ecclésiastique. Il les suit pas à pas, il entre dans toutes leurs vues : on diroit qu'ils ont agi sous ses yeux, qu'il a été le confident de leurs plus secrettes démarches ; & pendant que les hommes les plus savans ne forment que des conjectures raisonnables sur des titres si éloignés ; pour lui tout est clair, tout est sensible, il n'y a pas une circonstance, pas un motif secret qui lui échappe. Quel talent que celui de créer sans cesse ! ou plutôt quelle présomption d'imaginer qu'on fera passer ses fictions pour des réalités !

Dans un projet si chimérique, il n'est pas extraordinaire que la raison soit choquée de toute maniere, on ne s'est pas même proposé de la consulter. En effet, il ne faudroit que deux réflexions générales pour renverser l'échelle de M. de Soissons. Il renferme tout le progrès de l'usurpation dans le cours d'un siecle qu'il fait commencer en 1159, & finir en 1254. C'est dans cet intervalle qu'il prétend que les Religieux de Compiegne, qui n'avoient pas même une simple exemption, sont parvenus à acquérir la plénitude de la Jurisdiction épiscopale.

Mais en premier lieu, s'ils possédoient avant 1159 tout ce qu'on prétend qu'ils ont acquis depuis, l'échelle porte à faux ; & que doit devenir celui qui en fait son plus ferme appui ? Or, il est prouvé par les titres antérieurs, que bien avant 1159 l'Eglise de Compiegne n'étoit soumise à aucun Evêque, pas même à l'Evêque de Soissons ; c'est ce que nous dit Philippe I en 1085, qu'elle étoit *de jure Romanæ Ecclesiæ* ; c'est ce que la Bulle de Calixte II nous apprend en 1118, qu'elle n'étoit soumise à aucun Evêque, si ce n'est au Pape seul ; c'est ce que reconnoît Eugene III en 1150. Ce n'est pas seulement dans les archives, ou dans le Chartrier de Compiegne, que l'on trouve ces preuves décisives ; on les trouve dans le recueil manuscrit des Epîtres du Pape Alexandre III, conservé à l'Abbaye de Saint Wast d'Arras ; où l'on voit une lettre de ce Pape écrite à Henry, Archevêque de Rheims, dans laquelle il s'explique ainsi (*a*) : *quoniam jura Compendiensis Monasterii* QUOD NULLUM ALIUM PRÆTER

(a) *Marten. Coll. amplis. tom.* 2, *p.* 825.

NOS ÉPISCOPUM HABET, *specialiter conservare tenemur.*

Le même Pape, dans une autre lettre écrite à l'Archevêque de Sens, & à l'Evêque de Beauvais, annonce encore la même vérité, quand il dit: *Ecclesiam (a) Compendiensem tantò ampliùs diligere nos convenit, quantò plus sollicitudinis ad plantandam in eâ Religionem Romana Ecclesia dignoscitur habuisse.* N'est-ce pas reconnoître que dès le tems de la formation de l'Eglise de Saint Corneille, elle a été immédiatement sous la Jurisdiction du Saint Siége? Voilà l'immédiation au Saint Siege établie avant 1159, c'est-à-dire, dans un tems où M. de Soissons suppose que l'on n'en voit pas encore les premieres idées; & voilà par conséquent son échelle merveilleuse entierement rompue dès le premier échelon.

En second lieu, M. de Soissons convient que depuis 1254 que l'usurpation a été consommée, selon lui, on n'a plus mis de bornes à la Jurisdiction de Saint Corneille; & par cet aveu il croit être dispensé de répondre à tous les actes de possession, au fameux Jugement de 1284, & à cette foule de reconnoissances de tous les Evêques de Soissons. « *J'ai prouvé*, dit-il, *l'usurpa*» *tion; votre possession après cela n'est plus qu'une continuation* » *d'abus* ». Il demeure donc certain, de l'aveu même de M. de Soissons, qu'il y a près de cinq cens ans que les Bénédictins jouissent paisiblement de cette Jurisdiction qu'il veut aujourd'hui leur enlever: mais n'est-il point effrayé lui-même d'un tel projet? Qu'y a-t-il donc de certain sur la terre? Qu'y a-t-il de sacré & d'inviolable, si ce qui a subsisté paisiblement pendant tant de siecles, peut être encore le jouet de l'opinion? De tous les titres sur la foi desquels les hommes peuvent se reposer, il n'y en a point de si solide que celui que forme une possession immémoriale; elle a la force de la Loi même, dit le célebre Dumoulin, *vim habet Legis & Constituti*; on présume en sa faveur tout ce qui est nécessaire pour qu'elle devienne inébranlable: Bulles, Chartes, Lettres-patentes, Jugemens solemnels, Consentemens nécessaires, Formalités essentielles; tout est suppléé par la possession centenaire. Que doit-on dire de celle qui remonte à plus de cinq cens ans?

Force de la possession immémoriale.

Les Rois sur leur trône n'ont point de plus ferme appui, les familles ne se soutiennent avec éclat, & ne se perpétuent que par-là: les mœurs des peuples, leurs usages, leurs Loix, l'état des

(a) *Martene, Collect. amplis. to. 2. p. 642.*

personnes, tout n'eſt fondé que ſur la poſſeſſion ; & on prétendra après cinq cens ans, aller fouiller dans une obſcure antiquité pour tout détruire. C'eſt le projet le plus chimérique qui ait jamais été formé.

Les Evêques de Soiſſons, ſous les yeux deſquels cette uſurpation prétendue s'eſt formée, n'ont donc pas vu ce que M. de Soiſſons apperçoit aujourd'hui avec tant de facilité : leurs ſucceſſeurs n'ont pas oſé réſiſter à *ces petits Brefs* que M. de Soiſſons traite avec tant de mépris : à lui ſeul étoit réſervée, & la lumiere pour découvrir l'uſurpation, & la force pour y réſiſter. En vérité c'eſt trop préſumer de ſoi-même : on peut avoir un vaſte génie, & n'être pas ſupérieur à toute l'antiquité ; les autres avant nous n'étoient pas auſſi foibles, auſſi indolens, auſſi aveugles, que notre amour propre voudroit nous le perſuader.

Le mépris de l'antiquité vient d'amour propre.

Il ne faut donc pas traiter auſſi cavalierement que fait M. de Soiſſons, une poſſeſſion de cinq cens ans ; il ne faut pas croire qu'avec un ſyſtême que l'imagination ſeule a formée ſur ce qui a précédé cette poſſeſſion, elle va tout d'un coup diſparoître. S'il faut juger de la force des titres du douze & du treizieme ſiecles, ce n'eſt pas à nos foibles lumieres qu'il s'en faut rapporter : nous avons un guide plus ſûr pour les entendre ſainement ; c'eſt l'uſage, cet interprête fidele de tous les titres ; c'eſt le conſentement de tous les Evêques de Soiſſons ; c'eſt le Jugement des Papes & des Commiſſaires qu'ils ont envoyés ſur les lieux ; c'eſt le concert unanime de tant de Parties, de caracteres, de génies, d'intérêts différens, qui ſe ſont réunis pour reconnoître l'exemption & la Juriſdiction de Compiegne.

Après ces réflexions générales, qui font voir la chimere de cette uſurpation que M. de Soiſſons fait monter par degrés, parcourons cependant le plus ſommairement qu'il ſe pourra, toutes les parties de ſon échelle. *Le premier ſoupir de vanité que jetterent les Moines*, dit M. de Soiſſons, *eut d'abord un objet leger, ce fut de demander au Pape Adrien IV Curam Decaniæ*, ce qui, ſuivant ſa traduction, veut dire qu'ils demanderent pour leur Abbé la qualité de Doyen Rural.

Il faut l'avouer, les Moines auroient été bien éloignés de cette indépendance abſolue à l'égard de l'Evêque de Soiſſons, tant vantée par leurs titres, s'ils avoient été réduits à mandier un pouvoir auſſi ſubordonné que celui d'un Doyen Rural. Mais M. l'Evêque de Soiſſons le croit-il bien ſerieuſement ? Ces Religieux qui, par la Bulle de 1150, & les Epîtres d'Alexandre

III, n'avoient point d'autre Evêque que le Pape ; ces Religieux, qui par tous les titres antérieurs étoient affranchis de la domination de l'Evêque de Soissons, auroient alors fait consister toute leur grandeur à acquérir un Doyenné Rural, titre qui n'a presque aucun attribut, & qui n'étoit propre qu'à les asservir sous l'Evêque Diocésain. Que l'on ménage au moins la vraisemblance, si l'on ne respecte pas la vérité.

Mais par quelle bisarrerie se seroit-on adressé au Pape pour lui demander une place de Doyen Rural dans un Diocese ? C'est un pouvoir momentané que l'Evêque donne (*a*) arbitrairement à celui de ses Curés qu'il veut choisir : jamais on n'a imaginé de recourir à Rome pour une telle fonction : il vaudroit autant prendre un Bref du Pape pour être Grand-Vicaire d'un Evêque. La seule absurdité d'une pareille idée suffiroit pour la faire rejetter. Mais sur quoi d'ailleurs est-elle fondée ? Sur ces termes, *Curam Decaniæ*, qui ne veulent dire autre chose, sinon que l'on confirme les Religieux dans le droit de desservir la Cure du Doyenné, qui est sans doute la même que celle qui est appellée aujourd'hui *la Cure (b) du Crucifix*, desservie dans l'Abbaye de Compiegne. Il plaît à M. de Soissons d'appeller cela un *Doyenné Rural* ; & sur cette infidelle traduction, il éleve un moyen bisarre qu'il répete sans cesse dans son Mémoire : c'est pousser l'illusion aux plus grands excès.

Si M. de Soissons avoit voulu réfléchir sur les titres de Saint Corneille, il auroit vu qu'avant l'introduction des Religieux il y avoit parmi les Chanoines un Titulaire qui étoit connu sous le nom de *Doyen* : c'est ce qui paroît dans plusieurs des titres produits, & entr'autres dans la Charte de Charles-le-Simple de 919 : *Volumus denique ut neque Præpositus seu DECANUS, aut Congregatio unquam inde aliquid abstrahant*. Ce Doyen étoit chargé de l'administration de la Cure sur les Officiers & Domestiques du Chapitre, & exerçoit encore la Jurisdiction sur le Clergé subordonné au Chapitre : c'est ce pouvoir du Doyen que l'on a confirmé aux Religieux par deux Brefs d'Adrien IV. Dans l'un, le Pape leur confirme *Curam Decaniæ* ; dans l'autre, il mande aux Clercs de Compiegne, *quatenus debitam eidem Abbati, ut Decano vestro exhibeatis obedientiam*. Il n'y a donc rien de plus éloigné de l'idée d'un Doyenné Rural, que ce qui est porté par

(*a*) To. 10, *Concilior. p.* 1517.
(*b*) *Cura Presbiteri qui celebrat ad Altare Crucifixi.* Enquête de 1723.

ces Brefs ; c'est le pouvoir, c'est l'autorité qui appartenoit au Doyen du Chapitre, qui est confirmé aux Religieux. Il faut être bien habile pour transformer ces prérogatives en Doyenné Rural.

Le second & le troisieme degré d'usurpation, consiste à avoir fait confirmer par le Pape Alexandre III la Jurisdiction de Compiegne sur le Chapitre de Saint Clément, & sur l'Hôtel-Dieu ; c'est-à-dire, que M. de Soissons appelle usurpation, & preuves d'usurpation, ce que tout autre regarderoit comme des monumens respectables d'une Jurisdiction solidement établie. Il nous fait un nouveau crime de chaque titre confirmatif de notre droit.

« Mais, dit-il, dans le Bref qui regarde le Chapitre de Saint » Clément, on n'a pas exposé au Pape que par la fondation » même de ce Chapitre, il n'étoit point soumis à la Jurisdiction » de Saint Corneille, & même qu'il y avoit une exclusion pré» cise de cette Jurisdiction ». Cet exposé, il est vrai, n'a point été fait au Pape ; mais devoit-on lui exposer une fausseté si contraire au titre même de la fondation, qui porte en termes formels que la Chapelle de Saint Clément, *sit causa subjectionis supposita ad Monasterium Sanctæ Mariæ, & Sanctorum Martyrum Cornelii & Cypriani* ? C'est-là ce que M. de Soissons appelle *exclure de la Jurisdiction de Saint Corneille*. Mais pourquoi s'arrêter à une idée chimérique, contraire au titre même, & que l'on a déja confondue ?

Par rapport à l'Hôtel-Dieu, M. de Soissons ne prétend pas qu'on ait trompé le Pape Alexandre III ; au contraire il soutient que sur l'exposé même qui se trouve dans le Bref, il falloit condamner les Religieux, parce qu'il y est dit que les Chanoines avoient été souvent les Procureurs ou Administrateurs de l'Hôtel-Dieu, *sæpius Compendiensis Ecclesiæ Canonicos Procuratores habeat* : ce qui prouve qu'ils ne l'avoient pas toujours été, & par conséquent qu'ils n'avoient pas transmis aux Religieux une pleine Jurisdiction sur cette Maison. Mais M. de Soissons auroit dû remarquer qu'il n'y a rien en cela qui caractérise l'usurpation de la part des Religieux, & que sa critique ne tend qu'à reprocher au Pape beaucoup d'ignorance. Ce n'étoit pas-là ce qu'il avoit entrepris de prouver ; & les Religieux pourroient se dispenser d'y répondre, d'autant que la mémoire d'Alexandre III est assez respectée, pour qu'on ne soit pas obligé de se charger de son apologie.

D'ailleurs

D'ailleurs, en disant que les Chanoines avoient été souvent les Administrateurs de l'Hôtel-Dieu, c'étoit reconnoître leur jurisdiction, parce que, soit que par eux-mêmes ils se chargeassent de l'administration, soit que quelquefois ils s'en reposassent sur d'autres, ils ne pouvoient jamais le faire que comme Supérieurs de l'Hôtel-Dieu. C'est ce qui résulte du rapport des Evêques de Noyon & de Senlis, Commissaires, dans le compte qu'ils rendent au Pape Alexandre III de leur enquête: *Recognovit Clerus quod in eodem Hospitali multos Procuratores, Canonicos quosdam; quosdam non Canonicos viderant, qui tamen consilio & providentiâ Capituli Ecclesiæ ibidem administraverant.* Malgré donc la censure de M. de Soissons, on croit que le Pape Alexandre III a tiré une conséquence plus juste que la sienne du rapport de ses Commissaires.

Enfin la Jurisdiction de S. Corneille sur l'Hôtel-Dieu, subsistoit avant le Bref d'Alexandre III; elle est établie par un autre Bref d'Adrien IV, prédécesseur de ce Pape. Mais M. de Soissons, qui veut trouver un progrès dans l'établissement de la Jurisdiction de S. Corneille, & fixer différentes époques, oublie facilement ce qui dérangeroit son systême.

Pour revenir au Bref d'Alexandre III, il est d'autant plus décisif, & écarte d'autant plus l'idée de toute usurpation, qu'il fut donné avec grande connoissance, quoique M. de Soissons reproche aux Papes d'avoir accordé des Brefs à l'Eglise de Compiegne *avec une énorme facilité.* Alexandre III envoya sur les lieux des Commissaires qui étoient de la même Province que l'Evêque de Soissons, & ce fut à leur relation qu'il décida. M. de Soissons, qui n'a point vu ce rapport, prétend au contraire être plus en état de juger que le Pape, & faire réformer sa décision: sa censure ne respecte rien.

Quatrieme degré d'usurpation dans le Bref de Célestin III. « Les Moines exposent, dit-on, que l'Evêque de Soissons & ses » Officiers leur étoient contraires, *contrarios*: sur cet exposé le » Pape ordonne que si l'on adresse quelque Rescrit à l'Evêque ou » à ses Sujets, les Religieux ne seront point obligés de répondre » devant eux ». Sur quoi M. de Soissons observe que « ce Bref ne » décide rien contre la Jurisdiction de l'Eglise de Soissons, qu'il » ne renferme qu'une exclusion personnelle de l'Evêque, comme » suspect; & qu'en déclarant nulle une excommunication pro- » noncée contre des Clercs de Saint Corneille, qui refusoient de

» payer la procuration à l'Evêque, il prouve même que l'on étoit
» encore dans l'usage d'exiger ces droits de procuration ».

On ne conçoit point ici M. de Soissons; il veut prouver l'usurpation, & il cite un Bref qui, selon lui, est plutôt contraire que favorable à l'Eglise de S. Corneille. Il faut qu'il ait bien peu réfléchi sur tout ce qu'il avance: on est même persuadé qu'il n'a pas pris la peine de lire le Bref dont il parle; car s'il l'avoit consulté, il n'y auroit point trouvé dans les plaintes des Religieux, que l'Evêque & ses Officiers leur étoient contraires, *contrarios;* mais il auroit lu très-distinctement dans la décision du Pape, *si quæ litteræ ad Episcopum ipsum vel subditos suos* CONTRA VOS *fuerint impetratæ, ipsarum obtentu in eorum præsentiâ contra voluntatem vestram, non teneamini alicui respondere.* Le mot de *contrarios* n'auroit pas même de sens dans cet endroit.

Au fond ce Bref ne regarde, dit-on, que l'Evêque qui étoit alors; cela est vrai, mais c'est qu'il ne s'agissoit que d'une Jurisdiction déléguée. Un Evêque de Soissons, qui n'a point de Jurisdiction par lui-même sur S. Corneille, peut être Commissaire du Pape, & c'est ce que l'on vouloit empêcher à l'égard de l'Evêque qui étoit alors. Quant aux droits de procuration qu'il vouloit exiger, il ne les pouvoit prétendre que comme Ordinaire, & c'est ce qui est formellement condamné par le Bref: ainsi s'il y avoit de l'usurpation, ce n'étoit que de sa part; & c'est pour cela qu'on s'adressoit au Pape, qui déclare lui-même qu'il est bien juste qu'il accorde sa protection à l'Eglise de Compiegne, qui appartenoit singulierement à l'Eglise Romaine, *quantò Monasterium vestrum specialiùs ad nos & Romanam Ecclesiam pertinet.* M. de Soissons ne devoit pas omettre ces termes importans, qui développent tout le motif du Pape.

Cinquieme degré d'usurpation dans la transaction passée avec Nivelon, Evêque de Soissons, en 1199. « Ce Prélat étoit le même
» que le Pape avoit exclus par le Bref précédent d'être Commis-
» saire dans les affaires des Religieux de Compiegne. Il étoit sur
» le point de partir pour le voyage d'Outre-mer; il crut, pour le
» bien de la paix, devoit s'accommoder avec les Moines: il par-
» tagea avec eux la Jurisdiction. Que ne feront-ils point quand
» cet Evêque sera dans le Levant, où il resta pendant plusieurs
» années & jusqu'à sa mort, qui arriva huit ou neuf ans après » ?

Que d'infidélités pour trouver de mauvaises excuses contre un titre qui blesse vivement M. de Soissons! Dans les degrés précédens il se sauvoit en disant que c'étoit des Brefs subreptices, obtenus sans que l'Evêque de Soissons fût entendu : ici c'est l'Evêque de Soissons lui-même qui traite. Il faut trouver quelqu'autre défaite, quand il en devroit coûter quelque chose à la vérité ; il ne faut pas demeurer en si beau chemin, ni laisser l'échelle imparfaite. *C'est*, dit-on, *un Prélat qui étoit dégoûté, parce qu'on l'avoit rendu suspect au Pape ;* mais c'est au contraire ce qui devoit l'animer davantage contre les Moines. D'où vient est-il devenu si pacifique ? *Il a voulu s'accommoder pour le bien de la paix :* mais ne diroit-on pas qu'il a fait un sacrifice volontaire ?

Pourquoi ne pas convenir de bonne foi, qu'avant que de passer cette transaction, on avoit pris deux Arbitres, Eudes, Evêque de Paris, & Hugues, Abbé de Saint-Denis ; que c'est par leur avis que la Transaction a été passée, en sorte qu'elle est en même-temps & Sentence arbitrale & Transaction ? L'Evêque de Soissons n'a fait que suivre le Jugement des Arbitres : ce n'est donc pas un sacrifice de sa part, mais un acquiescement à un Jugement solemnel prononcé par un de ses Confreres. *Nivelon étoit prêt de faire le voyage d'Outre-mer ; il est mort dans le Levant huit ou neuf ans après.* Mais qu'est-ce que cela fait au Jugement arbitral & à la Transaction passée avant son départ ? M. de Soissons ne néglige rien, & même ce qui est le plus indifférent à l'objet de la Cause. D'ailleurs on ne s'est pas piqué d'exactitude ; Nivelon (*a*) ne partit qu'en 1201, deux ans après la Transaction ; il revint dans son Diocese en 1205, où il mourut en 1207.

Au fond, cette Transaction renferme en faveur de l'Eglise de Compiegne la preuve la plus éclatante, non-seulement de son exemption, mais encore de sa Jurisdiction ; & les petites équivoques par lesquelles on veut en affoiblir les dispositions, ne seront jamais mieux combattues que par la lecture de la piece même qui est produite. Si on laisse à l'Evêque les Eglises paroissiales de Compiegne, & tout ce qui a rapport dans ces Eglises au soin des ames, le Monastere & toutes les Eglises non paroissiales demeurent sous la pleine Jurisdiction de l'Abbé, & indépendantes de l'Evêque. Que l'on juge après cela si ce n'est que soixante ans après que les Religieux de S. Corneille sont parvenus à devenir soumis immédiatement au Saint Siege.

Sixieme degré d'usurpation. » Les Moines exposent au Pape

(*a*) *Gallia Christiana*, *to*. 3, *pag*. 1051 & *seq*.

» Innocent III, en l'année 1213, qu'ils n'ont plus les priviléges
» & les titres de leur exemption, que les Chanoines expulsés les
» ont détruits : ils demandent à faire une enquête pour prouver
» leur possession. Ainsi, suivant eux-mêmes, au commence-
» ment du treizieme siecle, ils étoient sans titres d'exemption
» & sans preuves de leurs priviléges ; ils comptoient pour rien
» ces petits Brefs que l'on vient de parcourir : mais où étoient
» ces admirables Bulles si bien écrites & si bien fumées que l'on
» montre aujourd'hui ? Les Bénédictins devoient-ils produire
» un titre qui condamne tous les autres ? Qu'étoit devenue sur-
» tout la fameuse Bulle du même Pape Innocent III, où les
» privileges les plus amples sont énoncés en faveur de cette Ab-
» baye ? Il falloit bien que ces sacrées pancartes ne fussent pas
» alors fabriquées ».

Voilà bien des paroles perdues & des exclamations inutiles, pour ne pas entendre un acte fort simple & fort clair. Il y avoit plusieurs Bulles qui confirmoient la Jurisdiction de Saint Corneille de Compiegne, & sa soumission immédiate au Saint Siege ; mais on n'avoit pas repris en détail dans ces Bulles tous les caracteres & tous les attributs de cette Jurisdiction : & quoique la possession expliquât ces dispositions générales, il n'étoit pas inutile de les fixer par une enquête solemnelle. C'est donc pour expliquer plus particulierement l'étendue de cette Jurisdiction & tout ce qui en dépend, que l'on demande une enquête : les Bulles & les autres titres établissoient le droit ; il ne s'agissoit que de l'expliquer : c'est pourquoi le Pape mande à ses Commissaires : *quatenus testes quos Abbas & Monachi supradicti* AD PROBANDA JURA ET LAUDABILES CONSUETUDINES *Monasterii memorati duxerint producendos, recipere curetis.* C'est donc pour prouver en quoi consistent les droits & louables coutumes, & non pour sçavoir en général s'il y avoit une Jurisdiction, que le Bref a été obtenu & que l'enquête a été faite. Le Pape ne doutoit pas de la soumission immédiate de l'Église de S. Corneille au Saint Siege, lui qui l'avoit si solemnellement confirmée quinze ans auparavant.

L'enquête faite en conséquence ne devoit pas remonter jusqu'au temps des Chanoines expulsés, cela auroit été impossible ; mais comme les Religieux n'avoient fait que continuer l'exercice de la même Jurisdiction, les droits qu'ils avoient exercés, & dont les témoins déposent, étoient les apanages nécessaires de la Jurisdiction de l'Abbaye ; l'exercice public que les Moines en avoient fait, en étoit une preuve décisive.

» Innocent III, dit-on, n'a pas donné de Bulles sur le vu de » cette enquête ; les Moines députés à Rome ne purent rapporter » le moindre petit Bref pour la consolation de leurs Confreres ». Ainsi Rome devient tour-à-tour & très-difficile & d'une énorme complaisance, suivant M. de Soissons. Il ne lui coûte rien de changer à chaque moment d'idée. Mais, premierement, où a-t-il pris que les Moines eussent des députés à Rome ? Secondement, cette enquête n'arriva vraisemblablement à Rome que sur la fin du Pontificat d'Innocent III, qui mourut en 1216 ; il n'eut peut-être pas le temps de l'examiner & de faire expédier une Bulle. Cela valoit-il la peine de faire tant de bruit sur le retardement ?

Septieme degré d'usurpation dans la Transaction faite en 1220 entre un nouvel Evêque de Soissons & les Religieux de Compiegne : on y suit précisément ce qui avoit été tracé par la Transaction de 1199, passée avec Nivelon. A ce titre, comme à une infinité d'autres, M. de Soissons n'oppose que des paroles & des déclamations vagues. *Le grand secret étoit d'avoir des querelles & ensuite des Arbitres, & par les Arbitres des Transactions & des Sentences.* On pourroit demander ce que cela veut dire. Ne semble-t-il pas que tout devient frauduleux & criminel, dès que M. de Soissons commence à y toucher ? Les Brefs sont des surprises, les transactions sont des marques de foiblesse, les Sentences arbitrales des tours d'adresse de Moines, qui font naître des difficultés pour gagner peu à peu du terrein. Que ne dit-il tout d'un coup, sans entrer dans aucun détail, qu'il ne veut reconnoître aucun titre, & que tout doit être sacrifié à la passion qu'il a de subjuguer l'Eglise de Compiegne.

On ne peut lui passer une nouvelle infidélité sur cette Transaction, dont il rapporte les termes en supprimant un mot essentiel. *Cessabunt omnes Ecclesiæ & Capellæ pertinentes ad Jurisdictionem Abbatis & Monachorum* : ce sont les termes de la Transaction. M. de Soissons, en les rapportant, a retranché le mot *pertinentes*, qui caractérise essentiellement le droit de l'Abbaye sur ces Eglises. Au surplus, il est inutile à M. de Soissons d'observer qu'en cas d'interdit général de la part de l'Evêque, il sera gardé dans les Eglises dépendantes de l'Abbaye ; car le réciproque est ordonné pour les Eglises dépendantes de l'Evêque, en cas d'interdit de la part de l'Abbé.

Enfin le dernier degré d'usurpation, selon lui, est d'avoir engagé les Papes Honoré III. & Innocent IV. à qualifier l'Eglise de Compiegne d'immédiatement soumise au Saint Siege. C'est-là où se termine cette merveilleuse échelle composée avec tant d'art, & qui a coûté tant de peines à M. de Soissons ; mais quelle différence y a-t-il donc entre ces termes & ceux que l'on trouve dans la Bulle d'Eugene III. de l'année 1150 : *Constituimus quoque quòd nulli Episcopo, nisi tantùm Romano Pontifici, Monasterium ipsum subjaceat ;* & dans l'Epître d'Alexandre III. à l'Archevêque de Rheims : *Compendiensis Monasterii, quòd nullùm alium præter nos Episcopum habet ?* Pourquoi parcourir tant de degrés, pour trouver à la fin ce que l'on avoit avant que de commencer ? Ne reconnoîtra-t-on pas enfin l'illusion des reproches de M. de Soissons, & la chimere des artifices qu'il impute aux anciens Moines de Compiegne. Falloit-il tant de travaux, tant de ruses, pour se faire donner ce que l'on avoit depuis si long-temps ?

On ne sçait pas où M. de Soissons a trouvé qu'Honoré III. a confirmé l'Enquête de 1213, & qu'Innocent IV. a confirmé la Transaction de 1220 ; il n'en est point parlé dans leurs Brefs, c'est une pure fiction : mais comme elle est sans objet, il est inutile de s'y arrêter. Voilà cependant tous les dégrés de cette échelle admirable. M. de Soissons commence par oublier tout ce qui précede ; & supposant que les Religieux n'avoient rien, il leur fait acquérir peu à peu ce qui leur étoit acquis long temps auparavant ; il tourne chaque Bref à sa mode, pour y découvrir de chimériques entreprises. Mais il n'y a dans tout cela qu'infidélités, que raisonnemens frivoles, & confondus par les titres mêmes.

On finira cette partie de Mémoire en répondant à trois observations de M. de Soissons. L'une regarde un Bref du Pape Alexandre IV. que les Religieux, dit-il, n'ont pas produit, parce qu'il prouve qu'ils étoient soumis à l'Evêque, *ratione delicti seu contractûs.* L'autre, les prétendues contradictions des Bulles & des Brefs de l'Abbaye de Compiegne. Et la troisieme, sa propre reconnoissance de la Jurisdiction de S. Corneille.

A l'égard du Bref d'Alexandre IV. les Religieux ne l'avoient pas produit, parce qu'ils croyoient en avoir représenté un assez grand nombre. Pour satisfaire M. de Soissons, on le joindra aux autres, & il aura le chagrin de se convaincre lui-même que l'*&c.* qu'il croyoit renfermer tant de mysteres, ne contient que la clause de style, qui est à la fin de ces sortes de pieces. Par rapport à sa disposition, il est évident que les Religieux de Compiegne ayant appréhendé d'être enveloppés dans une disposition générale qui soumettoit les exempts aux Evêques des lieux, *ratione delicti seu contractûs*; le Pape les rassure, en leur déclarant que ce Decret ne portera aucune atteinte à leurs droits & à leurs immunités. Cela veut dire qu'*il ne portera aucune atteinte à leurs priviléges en autres choses*, comme M. de Soissons le prétend. C'eût été leur refuser la justice qu'ils demandoient, & au contraire le Pape ne parle que des faveurs qu'il veut faire à cette Eglise. C'eût été les laisser dans la loi commune des exempts, & pour cela il ne falloit point leur donner de Bref. C'est donc renverser tout l'esprit de ce Bref, que de lui donner un sens si contraire à l'objet du Pape qui l'a accordé.

A l'égard des prétendues contradictions, c'est un tissu de chimeres qui se détruisent par elles-mêmes. « Les Moines ont obtenu » sept Bulles en soixante ans; & cependant ils disent après, en » 1213, qu'ils n'ont point de titres d'exemption ». C'est la même réflexion que l'on a déjà combattue; elle n'a pas plus de solidité, pour être présentée sous une autre face. En la même année il y a une Bulle qui établit leur Jurisdiction dans toute la Ville, & un Bref qui les maintient dans la Jurisdiction sur les Clercs de la même Ville. M. de Soissons appelle cela une contradiction.

« En 1198 les Moines sont maintenus dans la Jurisdiction sur » toute la Ville. Par la Transaction de 1199 ils reconnoissent la » Jurisdiction de l'Evêque sur la Cure de S. Germain pour le soin » des ames ». 1°. On pourroit, sans tomber dans une contradiction, se relâcher par une Transaction d'un droit établi par un titre antérieur; mais, 2°. les Bulles ne donnent de Jurisdiction à Saint Corneille que sur son territoire, qui renfermoit plusieurs Eglises non paroissiales. L'Eglise de S. Germain, qui étoit alors l'unique Cure de la Ville, n'étoit point dans le territoire de Saint Corneille. C'est sur cette Eglise seule, & sur les Paroisses nouvelles formées en 1199, qu'on reconnoît par la Transaction de la même année la Jurisdiction de l'Evêque pour le soin des ames. Il n'y a donc rien de plus facile à concilier.

« Les Bulles portent que Saint Corneille a toute Jurisdiction » dans la Ville, & l'Evêque sur tout ce qui est au dehors; cependant dans l'Enquête de 1213 on dit que les Religieux ont Jurisdiction sur la Chapelle de Saint Corneille-aux-Bois, & » l'Evêque sur les Prêtres de la Paroisse, quant au gouvernement

» des Laïcs ». Mais M. de Soissons se trompe ; les Bulles parlent du territoire de Compiegne, & non de la Ville, *terminos Compendii, omnes Capellas infra terminos Compendii sitas*. Ce territoire renfermoit une partie de la Ville, & quelque chose au dehors. Il n'y a qu'à rétablir les propres termes des titres, & la prétendue contradiction s'évanouit.

« Les Bulles donnent aux Moines le pouvoir de s'adresser à » tel Evêque qu'ils veulent pour les consécrations & ordinations ; or en 1199 les Moines reconnoissent le droit de l'Evê» que pour les consécrations des Autels & des Eglises. Voilà un » désaveu bien formel des Bulles ». Quand par une Transaction on auroit cédé quelque partie de ses droits, cela ne seroit pas regardé comme une preuve de contradiction entre les titres ; mais M. de Soissons auroit dû reconnoître que la Transaction de 1199 ne parle que de la consécration des Eglises paroissiales ; *prædictas parochiales Ecclesias Episcopus ad competentem vocationem Abbatis consecrabit*. Or ces Eglises paroissiales n'ont jamais fait partie de l'exemption ; par conséquent cette clause ne donne aucune atteinte, ni aux priviléges de l'Abbaye, ni aux dispositions des Bulles.

Enfin M. de Soissons, qui ne fait aucun cas des reconnoissances de ses prédécesseurs, est un peu plus piqué de ce qu'on lui oppose la sienne même. Il a permis à un Ecclésiastique de confesser dans l'Eglise de S. Nicolas, pourvû qu'il en fût requis par le Prieur de S. Corneille : c'étoit reconnoître sa Jurisdiction. M. de Soissons, pressé par cette reconnoissance, a dit qu'il avoit établi le Prieur de S. Corneille, Supérieur local des Religieuses de S. Nicolas. On lui a demandé où étoit la commission ; & comme il n'y en a point, il est réduit à dire aujourd'hui qu'elle étoit verbale. Si on lui demandoit des témoins, elle deviendroit mentale dans le premier écrit que pourra donner M. de Soissons. Ne valoit-il pas mieux se confondre avec tous ses prédécesseurs, qui ont reconnu tant de fois la Jurisdiction de S. Corneille ? M. de Soissons se seroit-il cru en si mauvaise compagnie ?

On a donc rétabli dans cette premiere partie les faits qui concernent la Jurisdiction de l'Eglise de Compiegne ; on a fait voir qu'elle étoit aussi ancienne que sa fondation : on a brisé cette échelle bisarre, par laquelle M. de Soissons a prétendu faire monter l'usurpation par degrés : on a fait voir que l'Eglise de Compiegne possédoit long-tems avant l'époque que l'on donne à l'usurpation, tout ce qu'on suppose qu'elle a envahi depuis. Examinons maintenant dans les deux parties qui suivent, les moyens de fait & de droit, que M. de Soissons oppose à cette exemption.

Réponse à la seconde Partie.

PREMIER MOYEN.

Défaut de titre primordial.

Pour soutenir une exemption attaquée par l'Evêque, est-il indispensablement nécessaire d'avoir à la main le titre primordial de l'exemption? Et faute de rapporter ce titre, tout le reste sera-t-il compté pour rien? Une foule de Bulles & de Brefs apostoliques, plusieurs Chartes solemnelles de nos Rois, des Jugemens & des Transactions sans nombre, les reconnoissances de tous les Evêques, une possession publique & non interrompue de plus de huit cens ans, tout cela doit-il tomber, dès que le titre primordial est disparu?

On s'est récrié dans le Mémoire des Bénédictins que la raison seule étoit choquée d'une telle proposition. Car enfin ce titre si respectable, ce titre seul auquel il soit permis d'ajouter foi, ce titre qui auroit imposé silence à l'Evêque, ne peut-il pas se perdre, être enlevé, périr par les flammes dans le cours de huit cens ans? Et si ce malheur arrive, le privilege le plus respectable sera anéanti; tous les titres postérieurs, plusieurs siecles de possession n'empêcheront pas qu'on ne vienne troubler une Eglise qui a pour elle de si sûrs garans de ses droits. Si cela est, il n'y aura rien de solide sur la terre. Ce sont des inconvéniens, dit M. de Soissons; *mais à quoi sert d'opposer des inconvéniens à une maxime constante dans les Auteurs?* C'est reconnoître toute la solidité de l'objection, c'est avouer l'impuissance où l'on est d'y répondre, que de se retrancher ainsi sur le sentiment de quelques Auteurs; mais il est facile d'enlever à M. de Soissons des suffrages dont il abuse.

Ceux dont il veut se prévaloir ne se soutiennent pas comme lui qu'il soit indispensablement nécessaire de représenter le titre primordial, & qu'il ne puisse être suppléé par une foule d'autres titres: ils combattent seulement les exemptions qui ne sont fondées que sur la seule possession, comme si on pouvoit prescrire l'autorité & la Jurisdiction ecclésiastique. En effet, quand un Chapitre, pour fonder sa Jurisdiction, n'appellera à son secours qu'une assez longue possession, & qu'on n'en découvrira pas le principe, qu'il n'indiquera pas le titre constitutif, qu'il ne soutiendra pas cette indication par une foule d'actes respectables qui la fortifient, qu'il n'aura ni une longue suite de Bulles, ni Chartes de nos Rois, ni transactions solemnelles;

La possession toute seule ne peut faire maintenir dans l'exemption de la Jurisdiction de l'Ordinaire.

alors on croit bien que sa possession seule ne l'emportera pas sur le droit commun de la Jurisdiction épiscopale; on croit bien qu'on pourra lui dire, où est donc le titre de cette exemption? Quand, & comment a-t-elle commencé? Dans cette matiere il ne suffit pas de dire qu'on posséde, comme en matiere profane.

C'est à cet objet seul que s'appliquent toutes les autorités de M. de Soissons. Cujas, le premier des Auteurs cités, le dit en termes formels: *si quæ fortè prætendant se exemptas esse, fretæ* SOLO *lapsu temporis longissimi.* Voilà le cas où l'exemption ne peut pas se soutenir: il faut, dit-il, un privilege du Pape, *nec sufficit temporis prolixitas*; ce n'est donc que la prescription que ce savant Auteur condamne, ce n'est que la prescription qui est appuyée sur la possession seule.

C'est dans le même sens qu'il faut entendre les Conciles de Tours & de Vorchester, dont M. de Soissons a rapporté les termes, *privilegium suæ exemptionis exhibeant*; c'est-à-dire, qu'il faut qu'ils ayent des titres en main pour établir leur exemption; que la possession seule ne suffiroit pas. Mais cela veut-il dire, comme M. de Soissons le suppose, qu'ils doivent représenter le titre primordial, sans lequel tous les autres qui ont été donnés en conséquence, soit pour l'expliquer, soit pour le confirmer & le soutenir, seront rejettés comme inutiles? Ce seroit abuser manifestement des termes de ces Conciles.

Enfin les principes posés par M. Talon dans plusieurs Causes célebres d'exemptions, ne passent point ces justes bornes. « La » seconde maxime, dit-il, est que cette Jurisdiction est impres» criptible; car ce qui appartient à l'Evêque de droit divin, & qui » a fondement en son caractere, ne se prescrit point, ni par au» cune possession immémoriale, ni par aucune Coutume, tant » ancienne qu'elle puisse être ».

On ne voit rien dans tout cela qui puisse soutenir le principe de M. de Soissons. La possession seule, la prescription ne suffit pas pour ériger dans un Diocese une Jurisdiction indépendante de l'Evêque: cela peut être, parce que l'Eglise qui réclame cette possession, pourroit s'être attribuée à elle-même un ministere qui doit toujours couler par le canal des Supérieurs légitimes. Voilà ce que de grands hommes ont établi. Que M. de Soissons se renferme dans leur principe, il n'en tirera aucun fruit contre la Jurisdiction de Compiegne, que les Religieux, que les Chanoines qui les ont précédés, ne se sont point arrogée à eux-mêmes, mais qu'ils ont reçue de la main des Souverains

Pontifes, que l'autorité royale a confirmée, que le concert des Etats Généraux du Royaume & du Corps entier de l'Episcopat a soutenue.

Mais que M. de Soissons, du principe que la possession seule est inutile, en tire cette conséquence outrée, que des titres sans nombre sont pareillement inutiles, si celui qui est le fondement de tous n'est rapporté ; voilà ce que ses Auteurs ne disent pas ; voilà ce qu'il tire de son propre fond ; voilà ce que la raison, ce que l'équité condamne, & ce qui exposeroit journellement les droits les plus sacrés & les plus inviolables, à s'éclipser & à se perdre sans ressource, par la soustraction d'un parchemin que mille événemens peuvent faire disparoître.

Aussi tout condamne une prétention si outrée. L'Édit de Melun, & celui de 1695 concernant la Jurisdiction ecclésiastique, décident précisément que les Ecclésiastiques doivent être maintenus dans tous leurs droits, *quand ils ne rapporteroient que des titres & des preuves de possession*. C'est sur ce fondement que l'exemption du Chapitre d'Angers fut confirmée par un Arrêt de 1626, sur les conclusions de M. l'Avocat Général Bignon ; & que tous les jours l'Église conserve les droits les plus précieux, sans pouvoir remonter au titre originaire & constitutif.

Que M. de Soissons ne nous reproche plus de négliger des citations. Quand elles seront aussi étrangeres à la question qu'il traite, quand pour prouver que le titre primordial ne peut être suppléé par une foule d'autres titres, il citera des Auteurs qui disent que la possession seule ne suffit pas ; on sera toujours en droit de combattre sa proposition, & de négliger ses autorités. Les Religieux de Compiegne ne sont pas réduits à réclamer une simple possession : leur Jurisdiction est fondée sur les titres les plus respectables, & par conséquent M. de Soissons abuse de toutes ces autorités qu'il nous oppose.

« Mais ces titres ne sont que confirmatifs, & que sert-il de » confirmer ce qu'on ne voit point » ? On avoit répondu à cette objection dans le Mémoire des Bénédictins, en consultant les principes sur la matiere, qui sont développés par Me Charles Dumoulin sur l'article 8 de la Coutume de Paris, n. 84 & suivans. Ce célebre Auteur, également versé dans les principes du Droit canonique & du Droit civil, y distingue deux sortes de titres confirmatifs. Les uns dans lesquels on confirme vaguement un autre titre sans le connoître & sans l'expliquer ; c'est ce qu'il appelle confirmer, *in formâ communi* ; & cette sorte de confirmation ne prouve rien, si le titre confirmé ne paroît pas. Les autres dans lesquels on confirme un titre en rappellant ces dispositions, c'est ce qu'il appelle confirmer, *ex certa scientia*; parce que celui qui accorde la confirmation, connoît la nature du droit, qu'il confirme; & ce titre confirmatif est si puissant, qu'il dispense de rapporter le titre confirmé.

Titre confirmatif d'exemption, quand répare-t-il le défaut du titre constitutif.

On a fait voir que, suivant les principes de Dumoulin, les titres confirmatifs de l'Abbaye de Compiegne tenoient lieu du titre primordial. Premierement, parce qu'on n'y confirme pas vaguement des droits inconnus, mais parce que ces droits y sont expliqués; ensorte que le Pape agit en connoissance de cause, *ex certa scientia*. Ainsi il ne dit pas en termes généraux, qu'il confirme la Bulle d'un tel Pape; mais il explique le droit établi par cette Bulle, c'est-à-dire, la Jurisdiction sur les Clers, sur le territoire de Compiegne, l'exemption de la Jurisdiction de l'Evêque, la soumission immédiate au Saint Siege. Ainsi de tels titres confirmatifs doivent suppléer le titre primordial & constitutif. Secondement, parce que dans le cas même où l'on confirme d'une maniere vague un titre antérieur sans l'expliquer, le titre confirmatif, qui feroit seul insuffisant, devient décisif, & tient lieu de titre primordial, quand il est accompagné de plusieurs autres, quand il est expliqué par une possession immémoriale, & quand tant d'autres circonstances concourent pour lui donner une pleine autorité.

M. de Soissons, pour détruire de si solides moyens, commence par reprocher un défaut d'exactitude sur la citation. Les Bénédictins ont dit que ce titre confirmatif, *ex certa scientia*, est *celui qui rappelle les dispositions du titre confirmé*. « Mais Dumoulin » exige bien autre chose : *quando enarrato toto tenore confirmati* » *approbatur, recognoscitur, & confirmatur* : voilà ce que Du» moulin appelle une confirmation, *ex certa scientia* ».

Il y a toujours un grand avantage à se défendre des reproches de M. de Soissons, il n'y a qu'à employer le reproche même pour sa justification. On a dit que la confirmation, *ex certa scientia*, étoit celle dans laquelle on rappelloit *les dispositions du titre confirmé*; n'est ce pas précisément ce que signifient les termes de Dumoulin, *enarrato toto tenore confirmati?* Rappeller les dispositions d'un titre, ou en *énarrer la teneur*, si on peut parler ainsi, c'est précisément la même chose; à moins que M. de Soissons ne prétende qu'il faut transcrire & copier mot à mot le titre confirmé; mais cela feroit absurde à proposer. Pourvu que celui qui confirme, sache ce qui étoit contenu dans le titre confirmé, qu'il l'explique lui-même, & qu'il le confirme, il agit en connoissance, *ex certa scientia*: & voilà ce qui donne un caractere d'autorité au titre confirmatif, avec lequel on peut facilement se passer du titre primordial.

Dumoulin lui-même nous apprend que c'est ainsi qu'il faut entendre ces termes, *enarrato toto tenore confirmati*, c'est au n. 92: *hæc declaratio debet esse explicita, & continere certitudinem de substantia actûs, & voluntate disponentis, ut in exemplo posito: sicut Prædecessor noster Prædecessori tuo concessit talem rem in feudum, ità & nos concedimus; HOC ENIM SUFFICIT ad intelligendum substantiam, naturam & qualitatem actû*. Voilà donc ce que Dumoulin appelle rapporter la teneur de l'acte, c'est-à-dire, en rappeller le précis & la substance; ensorte que celui qui confirme connoisse la qualité, la nature du droit, ou du privilége qu'il confirme, sans rapporter les propres termes, sans copier l'acte. Or, c'est de cette maniere que le privilége de Compiegne a toujours été confirmé, non pas d'une maniere vague, & sans expliquer en quoi consistoit ce privilége, mais spécialement comme un privilége qui contenoit l'exemption & la Jurisdiction, *ex certa scientia*.

Mais dans le cas même d'une confirmation générale, elle supplée au titre primordial, quand elle est soutenue d'une possession de plusieurs siecles. M. de Soissons n'a trouvé sur ce moyen aucun prétexte d'équivoquer; il avoue que Dumoulin est contre lui: mais il ne parle pas, dit-il, de Jurisdiction épiscopale; il ne traite que des investitures des Fiefs, comme si ce savant Jurisconsulte se renfermoit toujours dans l'objet unique que sa matiere lui présente; comme si à l'occasion d'une question de Fief, il n'agitoit pas souvent des questions générales, qui conviennent à toutes sortes de matieres. C'est ainsi, en particulier, qu'il s'est conduit dans cette glose sur l'article 8, où à l'occasion des dénombremens il établit les regles générales qui doivent décider de l'autorité des anciens titres. Cette partie de son ouvrage est une de celles où il a porté ses recherches le plus loin: on y a toujours eu recours, quand il a été question de peser l'autorité des monumens anciens; & c'est pourquoi dans l'endroit même cité, Dumoulin nous avertit que son principe est pour toutes sortes de matieres, *sive in contractibus, sive in sententiis, sive* IN PRIVILEGIIS, *sive etiam in rescriptis*.

Dumoulin, qui à l'occasion de sa matiere, agite souvent des questions générales, porte ses recherches très-loin sur l'art. 8, de la Coutume de Paris, au sujet des titres, & ses décisions sont suivies.

C'est ce que M. de Soissons reconnoît lui-même, quand il dit que les priviléges dont parle Dumoulin, ne s'entendent que du pouvoir donné par le Prince de créer des Notaires, ou autres semblables; mais cette restriction qu'il veut apporter à la décision générale de notre Jurisconsulte, est purement chimérique. On croiroit, à lire le Mémoire de M. de Soissons, que ce seroit un exemple rapporté par Dumoulin à la suite de ces termes, *sive in privilegiis*. Comment en juger autrement, quand on entend M. de Soissons s'écrier: *attendez & lisez le reste, vous verrez quel est ce privilége dont parle le Jurisconsulte.* Cependant il n'est point parlé de ce privilége de créer des Notaires dans le n. 85, où Dumoulin a expliqué ce que c'étoit que la confirmation, *ex certa scientia*; & où il a appliqué son principe, soit aux Contrats, soit aux Sentences, soit aux Priviléges; il n'en est point parlé non plus dans les cinq nombres suivans: ce n'est qu'au n. 91 qu'il est parlé de ce pouvoir singulier de créer des Notaires. Les termes mêmes cités par M. de Soissons ne sont pas de Dumoulin, qui rapporte seulement & explique ceux de Speculator: *& secundùm prædicta debet intelligi quod vult Speculator in dicto §, quod si cui aliquod privilegium à Principe est concessum, puta Jurisdictio, vel potestas creandi Tabelliones: & processu temporis cum privilegium revocatur in dubium, nec potest ostendi originale, quod sit credendum confirmationibus factis per succedentes Principes.* Ce n'est pas Dumoulin qui parle-là, c'est Speculator: & par conséquent M. de Soissons ne devoit pas rapporter ces termes à Dumoulin, comme s'il avoit voulu par ces exemples limiter sa décision générale, *sive in contractibus, sive in sententiis, sive in privilegiis, sive etiam in rescriptis.*

D'ailleurs, quoique la Jurisdiction spirituelle ait quelque chose de plus sacré & de plus auguste que la Justice temporelle, il ne faut pas croire que les principes soient si étrangers de l'une à l'autre qu'on ne puisse les confondre. Mais il n'est pas nécessaire de se jetter dans une question si éloignée de notre objet: il suffit qu'en matiere de droits établis par des titres anciens, il n'y ait jamais de nécessité de remonter jusqu'au titre constitutif, & qu'il puisse être suppléé, soit par des titres confirmatifs qui en rappellent les dispositions, soit même par des titres confirmatifs en général, qui sont expliqués par une longue & paisible possession. La raison seule nous dictoit ce principe: les Auteurs cités par M. de Soissons ne l'ont jamais combattu; & le plus savant de nos Jurisconsultes l'a mis dans un jour que M. de Soissons ne peut obscurcir.

SECOND MOYEN.

Défaut de titres qui énoncent clairement la Jurisdiction de Saint Corneille.

Les Bénédictins n'auront pas de peine à combattre ce moyen; M. de Soissons a rendu lui-même un témoignage en leur faveur, qui ne passera pas pour suspect. « Je ne nie pas, dit-il, qu'il n'y ait » dans les fausses Bulles que produisent les Révérends Peres, quel- » ques traits qui tiennent en quelque chose de la Jurisdiction » comme épiscopale. Mais cela ne se trouve pas dans les premie- » res Bulles: la seconde en dit plus que la premiere, & la troi- » sieme plus que la seconde. Or, il n'est pas question de ce qu'é- » noncent les dernieres Bulles qui ont servi d'instrumens pour » consommer une usurpation évidente; il est question de remonter » à l'origine de toutes choses, & de voir ce qu'énoncent les » premieres Bulles, auxquelles les Bulles postérieures n'ont pu » ajouter qu'une pure confirmation ».

Ainsi, du propre aveu de M. de Soissons, nous avons plusieurs Bulles, & des Bulles très-anciennes qui caractérisent la Jurisdiction de Compiegne. Car de dire que ces Bulles sont fausses, c'est ce qu'on discutera ailleurs: il les faut ici supposer véritables, puisqu'il n'est question que de sçavoir si la Jurisdiction y est exprimée clairement. De dire encore, comme fait M. de Soissons, qu'elles renferment *quelques traits qui tiennent en quelque chose de la Jurisdiction comme épiscopale*, on entend bien qu'il cherche à adoucir par des expressions ménagées, une vérité qui le blesse: ce seroit trop exiger de lui de vouloir qu'il convînt ouvertement que la Jurisdiction épiscopale y est pleinement établie. Mais il n'y a personne qui ne reconnoisse dans le détour pris par M. de Soissons un aveu forcé de cette vérité, que la Jurisdiction de Saint Corneille est exprimée clairement dans les titres. « Mais, dit-il, cela n'est pas si clair dans les premieres » Bulles; elles ne s'expriment pas d'une maniere si précise: on » développe dans un titre postérieur ce qui étoit un peu moins » clair dans le premier. C'est y ajouter & passer les bornes dans » lesquelles doit se renfermer un titre confirmatif ».

C'est, à proprement parler, à quoi se réduit tout ce second moyen. Mais ce raisonnement passera-t-il jamais pour juste? Il n'y a rien de plus commun dans toutes sortes de matieres, que de voir les titres postérieurs expliquer les premiers, développer plus clairement les vérités qui y étoient renfermées. Dans les premiers temps d'un établissement la vérité brille par elle-même: dans la suite, la malignité & l'envie cherchent à l'obscurcir. C'est pour condamner les fausses interprétations, que l'on fait parler plus clairement les titres qui suivent: imagine-t-on pour cela qu'ils ajoutent quelque chose aux premiers?

Les vérités de la foi se sont développées de siecle en siecle, sans que l'on y ait rien ajouté.

Dans la religion même, qui est sans doute la matiere la plus importante & la plus sacrée, celle à laquelle il est le moins permis d'ajouter; que l'on consulte tous les âges de l'Eglise, que l'on parcoure tous les Conciles, on verra les vérités simples de la foi se développer, paroître dans un plus grand jour, à mesure que l'on avance de siecle en siecle. Oseroit-on penser que ces Assemblées vénérables auxquelles préside l'Esprit-Saint, ayent ajouté quelque chose aux Dogmes que l'Evangile nous avoit enseignés, ou que Jesus-Christ avoit appris à ses Apôtres? La foi étoit la même dans le temps de leur Mission, qu'elle est aujourd'hui; mais il y a certaines parties essentielles qui ont été éclaircies & développées depuis. Oseroit-on dire que l'on y ait ajouté la moindre chose? C'est donc pécher contre toutes les regles du raisonnement, que de regarder ce qui est expliqué, ou éclairci dans un titre postérieur, comme ajouté aux titres qui précédent.

Mais regardons les choses de plus près, & voyons si les premiers titres ne s'expliquent pas aussi clairement que les derniers. M. de Soissons ne parle que de deux Bulles de Calixte II & d'Eugene III, des années 1118 & 1150; mais pourquoi ne remonte-t-il pas jusqu'aux Chartes de Charles-le-Simple & de Philippe I? On sait bien que les Chartes de nos Rois n'ont pu donner la Jurisdiction; mais aussi il ne s'agit point ici de titres constitutifs. Le seul qui puisse avoir ce caractere est le privilege du Pape Jean VIII; mais comme il n'existe plus, il faut chercher dans les titres qui lui touchent de plus près, l'objet qu'il renfermoit. Or, que nous dit Charles-le-Simple dans la Charte de 919 concernant l'Eglise de Saint Clement? *Sit causâ subjectionis supposita Ecclesiæ Sanctæ Mariæ & Sanctorum Martyrum Cornelii & Cypriani.* On a fait voir ci-dessus que ces termes caractérisoient parfaitement la Jurisdiction de l'Eglise de Compiegne, & que les raisonnemens de M. de Soissons sur cette Charte, loin d'affoiblir cette vérité, ne faisoient que la confirmer. Voilà donc dans le plus ancien de tous les titres, la Jurisdiction de l'Eglise de Saint Corneille sur un Chapitre, sur un Corps de Chanoines, précisément reconnue.

La Charte de Philippe I de 1085 est-elle encore obscure, quand elle dit positivement qu'il est certain que l'Eglise de Saint Corneille n'a jamais été soumise à aucun Métropolitain, ni à aucun Evêque, pas même à celui de Soissons, *nec ipsius Suessionensis?* Enfin les deux Bulles de Calixte II & d'Eugene III ne s'expriments'expriment-elles pas encore clairement? Quand le Pape nous dit dans la premiere, que, suivant une longue suite de monumens, l'Eglise de Compiegne appartient au Siege Apostolique, *& in Romanæ Ecclesiæ jure cognoscitur pertinere*, ne sent-on pas la force, l'énergie de ces expressions? On a déja fait voir, en consultant le texte même opposé par M. de Soissons, que ces termes formoient une preuve complette de l'exemption. Il en est de même de la Bulle d'Eugene III: *Libertatem à prædecessoribus nostris Romanis Pontificibus ipsi Monasterio concessam confirmamus; constituimus quoque ut nulli Archiepiscopo vel Episcopo, nisi tantùm Romano Pontifici, Monasterium ipsum subjaceat*. Si ce n'est pas là exprimer l'exemption dans les termes les plus clairs, on ne sçait pas comment on pourroit se faire entendre à M. de Soissons.

Qu'il dise après cela, tant qu'il voudra, que les privileges sont odieux, qu'ils ne s'entendent point, qu'ils doivent être clairement & précisément établis, on lui passera toutes ces maximes générales, qui peuvent cependant recevoir quelques exceptions dans des circonstances particulieres; car on ne conviendroit pas, par exemple, qu'un privilege accordé en faveur d'une fondation royale, & à la recommandation d'un grand Empereur, dût être traité avec tant de dureté. Mais sans s'arrêter à ces circonstances, & supposant qu'en général tout privilege doive être resserré dans les justes bornes qui lui sont prescrites, & qu'il ne puisse être interprété favorablement, que demande-t-on aujourd'hui pour S. Corneille, qui ne soit renfermé dans ces premiers titres?

S'ils étoient aussi foibles que M. de Soissons veut l'insinuer, il ne se seroit pas chargé du poids accablant d'en attaquer la vérité. C'est parce qu'ils s'expriment trop clairement, qu'il a voulu les rendre suspects. Un faussaire qui pousse l'iniquité jusqu'à supposer des Bulles & des Chartes, ne seroit pas assez timide pour ne leur faire rien dire, ou pour ne leur prêter qu'un langage équivoque. Les différentes parties du systême de M. de Soissons se détruisent donc mutuellement. Ajoutons, que chaque siecle a même un style qui lui est particulier pour s'exprimer sur certaines matieres. Dans les temps plus éloignés on ne parloit pas d'exemptions, comme aujourd'hui; mais on parloit de liberté des Eglises: on disoit qu'elles étoient *de jure Beati Petri*. C'étoient les expressions consacrées, qui s'entendoient aussi-bien alors, que celui d'exemption s'entend aujourd'hui. Depuis on s'est servi d'autres expressions; mais parce qu'elles sont plus à portée de notre style ordinaire, il ne faut pas croire qu'elles soient plus énergiques, & qu'elles en disent davantage. Ce second moyen pêche donc contre toutes les regles du raisonnement : il n'y a que des erreurs dans toutes les réflexions que l'on hasarde pour le soutenir.

Troisieme moyen. Fausseté des titres de Saint Corneille.

M. de Soissons, qui veut faire son capital de ce moyen, ne veut plus le confondre dans la foule des autres, de peur qu'il ne se gâte en si mauvaise compagnie : il le réserve pour le servir à part. On y défendra donc dans l'ordre qu'il nous a prescrit : aussi-bien il nous apprend que celui qui écrit *est le maître de se choisir la méthode qu'il veut garder pour exposer ses moyens*, sans qu'il soit obligé de consulter aucune regle dans cette distribution ; ensorte qu'il peut raisonner long-temps sur les dispositions d'un titre, comme s'il étoit sérieux, pour se réduire à dire ensuite qu'il est faux & supposé. On apprend beaucoup dans les Mémoires de M. de Soissons.

Quatrieme moyen. Les titres de Saint Corneille sont abusifs.

Les titres de Saint Corneille ont été formés sous une étoile bien malheureuse : il n'y a pas un vice qui puisse concourir à détruire un acte, qui ne se rencontre dans ceux-ci. On a déja vu qu'ils ne posoient sur rien, n'étant point précédés d'un titre primordial ; on a vu qu'ils n'exprimoient rien : on vient de nous annoncer qu'ils sont faux, on soutient à présent qu'ils sont abusifs. N'échapperont-ils à aucun de ces traits ? On a vu dans le premier Mémoire des Bénédictins, que l'on opposoit trois moyens d'abus à leurs Bulles, & que le premier consistoit à dire qu'elles avoient été accordées sans que l'Evêque de Soissons eût été entendu ni appellé. On a répondu que le principe général posé par M. l'Evêque de Soissons, que toute exemption donnée sans entendre l'Evêque diocésain, étoit abusive ; que ce principe général, dit-on, n'étoit peut-être pas infiniment solide : on a fait voir qu'il étoit susceptible de distinctions : on les a proposées. Que réplique M. de Soissons ? » Ce *peut-être* est admirable, il peint » l'embarras des Bénédictins ; ils n'osent nier le principe, & ils » craignent de l'avouer : au moins devoient-ils appuyer leur doute » de quelques preuves ».

Mais pourquoi ne veut-il pas voir qu'on l'a appuyé, ce *peut-être*, d'exemples décisifs ? On lui a cité l'exemption de Cluni, dont il a tant parlé lui-même ; & assurément cette exemption, quoique donnée sans le consentement de l'Evêque de Mâcon, est demeurée dans toute sa force. On lui a cité les exemptions de tant d'autres Congrégations exemptes : M. de Soissons ne répond pas un mot ; & il triomphe, comme si son principe étoit demeuré sans être entamé. S'il avoit bien voulu y faire réflexion, il auroit reconnu que ce *peut-être admirable* étoit l'effet de la modération des Religieux, qui n'ont pas dû nier un principe qui est vrai dans de certains cas, & qui est absolument faux dans d'autres.

Mais, dit-il, les Capel, les Talon, & les Arrêts mêmes sont donc comptés pour rien, puisqu'on ne juge pas à propos de leur répondre ? On sait le respect qui est dû à ces grands hommes, & encore plus aux décisions des Arrêts ; mais quand M. de Soissons veut faire un principe universel de ce qu'ils ont sagement établi pour certaines exemptions qui n'avoient pas la faveur des autres, on ne doit pas combattre leur doctrine, qui est vraie ; il suffit de combattre l'abus que M. de Soissons veut en faire.

Les Bénédictins ont ajouté que s'il falloit un consentement des Evêques de Soissons, on le trouvoit dans le temps même du privilege de Jean VIII, *ab omnibus Episcopis confirmatum*, suivant les Capitulaires de Charles le Chauve (*a*) ; on le trouvoit dans ce grand nombre de transactions & d'acquiescemens des Evêques successeurs. M. de Soissons ne refusera pas sans doute de déférer à l'autorité du Pere Thomassin, cet Auteur favori, en qui il trouve de si grandes ressources. Or, suivant ce Pere, le consentement de l'Evêque de Soissons, par rapport à la Bulle d'exemption du Pape Jean VIII en faveur de l'Abbaye de Compiegne, doit être présumé. Les paroles de ce célebre Auteur sont trop remarquables pour ne les pas rapporter en entier.

(*b*) » Le Roi de France confirma en 1085, dans un Concile » de Compiegne, le privilege de l'Abbaye de Saint Corneille de » Compiegne, fondée par l'Empereur Charles le Chauve, & en » même-temps exemptée par le Pape Jean & par soixante-douze » Evêques, de la JURISDICTION de l'Evêque de Soissons & de » l'Archevêque de Rheims : *Nullius quoque Metropolitani, Episcopi nullius dominationi, nec ipsius Suessionensis fuisse constat obnoxiam*. Comme c'étoit une immunité obtenue par l'Empereur » même, qui en étoit le fondateur, & par conséquent incontestable, même selon les regles les plus rigoureuses de Saint Bernard, il y a toutes les apparences possibles que l'Evêque &

(a) *Capitular. to. 2, p. 259.*
(b) *Thomassin, Discipline ecclésiastique, part. 4, liv. 1, ch. 52, n. 5.*

» l'Archevêque l'avoient appuyée de leur consentement ». C'est ainsi que le Pere Thomassin rétractant, pour ainsi dire, ce qu'il avoit dit auparavant touchant la nature de l'exemption de Compiegne, avoue enfin que cette Eglise obtint dès sa fondation, du Pape Jean VIII, *une exemption de la Jurisdiction de l'Evêque de Soissons*, telle qu'elle est énoncée dans la Charte de Philippe I, de l'an 1085, dont il rapporte les propres termes.

Pressé par la force de ces raisons, M. de Soissons est réduit à dire que le mot de *privilege* appliqué à la Bulle de Jean VIII, ne signifie pas Jurisdiction (quoique le Pere Thomassin lui apprenne le contraire), & que l'abus ne se couvre point par les consentemens; mais par rapport au mot de privilege, c'est rentrer dans une question épuisée. Si le mot de privilege, soutenu de tant de titres qui l'expliquent, signifie Jurisdiction, il sera donc vrai que l'Evêque de Soissons a consenti à celle de Compiegne dans le tems même de son établissement. De dire que le consentement ne couvre point l'abus, cela est vrai, lorsqu'on ne tire pas l'abus du défaut de consentement; mais quand c'est le moyen proposé, & qu'il s'agit d'y répondre, il est certain que le consentement fourni dans le tems même du privilege, ou survenu depuis, doit, non pas couvrir cet abus, mais le faire cesser, ou plutôt doit prouver qu'il n'y en a jamais eu.

Abus n'est couvert par le consentement des Supérieurs.

Mais *ces Transactions passées par les Evêques ne sont pas libres; elles sont conditionnelles; elles sont fondées sur un faux principe qui régnoit alors, que la possession suffisoit: elles sont surprises à la vue de faux titres*. S'il étoit aussi facile de prouver la solidité de ces reproches que de les inventer, M. de Soissons auroit de grands avantages; mais ce sont des déclamations qui n'ont aucun prétexte. Les Evêques *n'étoient pas libres*; mais quelle violence a-t-on employée pour les soumettre? Cette prétendue violence a-t-elle donc subsisté pendant huit cents ans? Ne s'est-il jamais trouvé d'Evêque assez puissant pour résister aux Religieux de Compiegne? Si l'on veut dire qu'ils n'étoient pas libres de détruire une Jurisdiction établie sur les fondemens les plus solides, on a raison; mais c'est donner un nouveau poids aux titres que l'on combat.

Ces Transactions étoient conditionnelles, puisqu'elles supposoient un droit que les Moines n'avoient pas. Reconnoître un droit, selon M. de Soissons, c'est le supposer. Si cela est, les Transactions ne seront jamais que des titres frivoles. Ces Transactions » sont fon-

» dées sur un faux principe, que la possession de trente ans suffisoit: » elles sont de mauvaise foi, parce qu'on y faisoit valoir pour les » Moines, des Chartes & des Bulles dont une critique exacte » n'avoit pas encore manifesté la fausseté ». Se fonder sur la possession seule, & soutenir son privilege par de faux titres, ce sont des idées que M. de Soissons réunit, comme si elles n'avoient rien d'opposé l'une à l'autre. Ne sera-t-il donc jamais d'accord avec lui-même ? Ne sent-il pas toute l'absurdité de deux reproches si incompatibles ? Si les Moines surprenoient des Transactions en faisant valoir la seule possession de trente ans, ils n'en imposoient pas par de faux titres : si au contraire ils croyoient nécessaire de fabriquer de fausses pieces pour en imposer aux Evêques, ils ne se contentoient donc pas de la possession seule ; cela est évident. Mais M. de Soissons ne veut leur épargner aucun crime ; il veut que tout à la fois ils se soient portés jusqu'à fabriquer de faux titres, & à soutenir que les titres, même véritables, étoient inutiles : quel excès d'égarement ! Le peut-on présumer dans les anciens Religieux de Compiegne ? Le croiroit-on dans le Mémoire de M. de Soissons, si on ne le voyoit ?

Le second moyen d'abus de M. de Soissons consiste en ce que la Bulle d'Eugene III ne porte pas de dérogation aux Conciles. Les Bénédictins se sont récriés dans leur Mémoire contre un moyen d'abus si singulier. On avoit bien vu jusqu'à présent opposer à une Bulle qu'elle étoit contraire aux Loix de l'Eglise ou de l'Etat ; mais de lui faire un crime de ce qu'elle n'y déroge pas expressément, on avoue que l'on n'avoit encore rien entendu de semblable. M. de Soissons, qui n'avoit pas apperçu d'abord la singularité, pour ne pas dire la bisarrerie de son moyen, le retourne aujourd'hui : il ne consiste plus en ce qu'on n'a pas dérogé aux Conciles, mais en ce qu'Eugene III a contrevenu au Concile de Calcédoine, & à celui de Latran, qui » défend aux Moines, » MESME EXEMPTS, de se pourvoir ailleurs qu'auprès de l'Evêque » diocésain, pour les bénédictions & consécrations réservées au » caractere épiscopal ». Ce nouveau prétexte ne sera pas plus solide que le premier.

Car, 1°. le Concile de Calcédoine ne parloit que des Moines qui n'avoient point de privileges ; il étoit uniquement renfermé dans les termes du Droit commun : c'est ce que le Pere le Cointe a fait voir à M. de Launoy, qui s'étoit servi de ce Concile pour attaquer la Bulle du Pape Adeodat, en faveur de Saint Martin de Tours : *Dubium* (a) *non est quin ex Jure communi Monasteria cum Monachis Episcopo diæcesano subjaceant : à communi autem Jure recedunt privilegia*, NEC EA CONCEDI VETUIT SYNODUS CALCEDONENSIS. 2°. On demande à M. de Soissons si le Concile de Latran défend, comme il le dit, aux Moines, *même exempts*, de se pourvoir ailleurs qu'à l'Evêque diocésain, pour les consécrations & bénédictions ? Ces termes, *même exempts*, sont-ils dans le Concile, & croit-on qu'il soit permis de les suppléer ? Le Concile parle des Moines en général, & par conséquent de ceux qui sont dans les termes du Droit commun : il auroit fallu exprimer les exempts, si on avoit prétendu les comprendre. Ce n'est donc qu'en faisant parler le Concile autrement qu'il n'a parlé, que l'on trouve le secret de rendre la Bulle d'Eugene III abusive. 3°. Quand le Concile auroit parlé des exempts, il n'auroit pu s'entendre que de ceux qui n'avoient qu'une exemption générale, & non de ceux qui avoient le privilege spécial de s'adresser à tel Evêque qu'ils voudroient choisir ; il n'auroit pas ôté au Pape le pouvoir de dispenser une Eglise particuliere de cette regle générale : il n'y auroit donc ni abus ni subreption dans la Bulle d'Eugene III.

Le Pape peut faire des graces contraires aux dispositions canoniques, sans y déroger expressément, parce que toutes les regles générales que les Canons établissent, n'excluent pas les dispenses & les privileges que les Papes peuvent accorder, à moins que les Canons mêmes ne défendent ces sortes de dispenses ; mais dans le fait particulier le Concile de Latran ne contenoit rien de contraire à ce qui étoit statué par la Bulle d'Eugene III : il n'étoit donc pas possible d'user de dérogation. M. de Soissons ne rappelle pas son troisieme moyen, dans lequel il avoit prétendu que les Bulles donnoient atteinte à l'indépendance de nos Rois. Cela le touche moins que le reste ; il ne faut donc plus en parler, puisqu'il n'y insiste point.

Cinquieme moyen. Les Bénédictins ont dérogé à leurs privileges.

Ce grand moyen n'est fondé que sur une clause de la Transaction de 1674, dans laquelle il est dit que les Mandemens des Evêques de Soissons pour les *Te Deum* & Prieres publiques, seront reçus & exécutés par les Religieux de Saint Corneille, & par eux envoyés aux Paroisses de Compiegne. Les Religieux ont répondu dans leur Mémoire, que par plusieurs clauses qui sont

(a) *Le Cointe, Ann. to. 3, p. 723.*

au commencement & à la fin de la Transaction, il a été expressément convenu que l'Abbaye de Saint Corneille demeureroit conservée dans tous ses privileges & libertés, & que l'Evêque de Soissons & ses successeurs ne pourroient exercer ni prétendre aucune Jurisdiction sur l'Eglise, le Couvent & les Religieux de ladite Abbaye, ni sur les autres lieux & personnes qui par les privileges d'icelle en sont dépendantes. Que répondre à des clauses si précises? & comment concevoir que le même titre qui confirme si expressément les privileges de Saint Corneille, les anéantisse? Aussi M. de Soissons n'a-t-il pas entrepris d'y répondre; mais au lieu de cela, & comme s'il vouloit faire perdre de vue cette réponse décisive, il s'échauffe beaucoup de ce qu'on a dit que l'Eglise de Saint Corneille étoit une Sainte-Chapelle de nos Rois, & que leur Jurisdiction étoit un droit de la Couronne. Il ne peut s'accoutumer à cette expression, » qui le feroit regarder, dit-il, » comme criminel d'Etat. C'est deshonorer la Couronne, que de » compter au nombre de ses droits les orgueilleuses usurpations » des anciens Moines de Compiegne ».

Mais quelque peine que cette idée paroisse faire à M. de Soissons, ou ne peut porter la complaisance jusqu'à l'abandonner, & la force de la vérité nous oblige d'insister sur un moyen si décisif. L'Eglise de Saint Corneille a été bâtie par l'Empereur Charles le Chauve dans son propre Palais; il l'a comblée de biens & d'honneurs. Ce fut lui qui lui procura le privilege du Pape Jean VIII, que tant de titres postérieurs nous apprennent être un privilege d'exemption; ce fut lui qui le fit approuver par tous les Evêques, & qui le recommanda solemnellement à son fils, & aux Etats du Royaume assemblés à Kiersy. Ce privilege sollicité, obtenu,, confirmé si solemnellement par le Roi, & en faveur de la Chapelle même de son Palais, ne devient-il pas en quelque maniere propre au Roi & à ses successeurs, & par conséquent un droit de la Couronne? Oui, sans doute; c'est moins aux Chanoines de Compiegne qu'au Roi même que le privilege a été accordé; & lorsque M. de Soissons le combat, c'est un droit qu'il veut enlever à la Couronne.

On a vu plusieurs exemptions qui ont été proscrites dans les Tribunaux, parce qu'elles n'avoient pas des titres aussi respectables que ceux de Compiegne, mais principalement parce qu'on ne pouvoit les regarder que comme des entreprises de Chapitres particuliers, qui par ambition avoient surpris quelques titres équivoques dont ils ont abusé depuis. Mais nous sommes ici dans une espèce bien différente ; c est une exemption obtenue par un grand Empereur pour une Chapelle de son Palais, c'est un Prince respectable qui l'a desirée, comme une prérogative qui convenoit à la dignité d'une Eglise destinée singulierement à son usage. On soutient avec confiance qu'il n'y a jamais eu d'exemple que l'on ait donné atteinte à de pareils privileges. Messieurs les Commissaires donneront à ce moyen toute l'attention que leur zele pour la Couronne doit leur inspirer ; mais il est certain que M. de Soissons n'a pu détruire la qualité de cette exemption, & qu'il s'en est tenu à de grandes exclamations, refuge ordinaire de celui qui est dans l'impuissance de répondre.

Il est vrai que si cette Jurisdiction avoit été usurpée par les Moines de Compiegne, elle ne seroit point assurément un droit de la Couronne ; mais comme elle subsistoit long-temps avant eux, & qu'on la voit dans les premiers monumens de cette Eglise, & sur-tout dans les Chartes de nos Rois, qui rappellent le privilege de Jean VIII, il faut écarter cette idée d'usurpation, & s'en tenir à la véritable idée qui lui convient, d'un droit royal, d'un droit de la Couronne. En cela elle est elle-même supérieure à la Jurisdiction de la Sainte-Chapelle de Paris, qui, suivant M. de Soissons, n'est pas aussi ancienne que la fondation même de cette Sainte-Chapelle, au lieu que la Jurisdiction de Saint Corneille fait partie même de sa fondation, & de sa dotation primitive ; ainsi elle lui est encore plus intimement attachée : & comme on regarderoit le trouble qui seroit formé contre la Jurisdiction de la Sainte-Chapelle de Paris, comme une entreprise sur le droit même de la Couronne, comme une démarche qui blesseroit le respect qui est dû au Palais de nos Rois, on ne doit pas traiter avec plus d'égard les entreprises de M. de Soissons.

Sixieme & dernier moyen. Les privileges de Saint Corneille sont éteints.

Deux prétextes ont donné lieu à M. de Soissons de hazarder le sixieme moyen. Il prétend que les privileges donnés originairement aux Chanoines de Compiegne, n'ont pu être transmis aux Moines lors de leur introduction ; il ajoute que par la suppression du titre d'Abbé, & l'union des revenus de la mense abbatiale à l'Abbaye du Val-de-Grace, la Jurisdiction qui appartenoit à l'Abbé ne peut plus subsister. Il a proposé un troisieme prétexte, qui est l'établissement d'une Communauté de Religieuses dans l'Hôtel-Dieu ; mais comme ce prétexte n'attaque pas la Jurisdiction en elle-même, mais seulement son étendue &

& son exercice sur l'Hôtel-Dieu, il ne faut pas le confondre avec les autres.

M. de Soissons prétend que les Bénédictins ont été fort embarrassés à lui répondre. Si cela étoit, l'embarras n'auroit consisté que dans la peine de découvrir l'ombre & l'apparence même d'un moyen dans ces différens changemens; car, enfin, quand quelque privilége a été accordé à une Eglise, ne subsiste-t-il pas tant que l'Eglise même subsiste? N'est-ce pas un droit réel & indépendant de la qualité des personnes? Peut-on penser que Jean VIII. le premier auteur de ce privilege, ait considéré la personne des Chanoines qui y étoient alors, plutôt que la dignité de l'Eglise, plutôt que les égards qui étoient dûs à son Fondateur? Ce n'est donc pas un privilége attaché à la personne des Chanoines.

Aussi dans l'instant que les Religieux y ont été introduits, cette éclatante prérogative leur a été conservée par un grand nombre de Bulles. Mais, dit-on, c'étoit une nouvelle grace qui ne pouvoit être accordée sans entendre l'Evêque de Soissons: quelle absurdité! Cette confirmation n'étoit point nécessaire, la Jurisdiction passoit de droit aux Religieux, de même que tous les biens du Chapitre, dès qu'ils étoient substitués aux Chanoines; mais quand il auroit été nécessaire de les y maintenir, ce n'auroit pas été pour cela une nouvelle grace, qui eût exigé les mêmes solemnités que quand il s'agit de former un premiere fois une Jurisdiction quasi-épiscopale. Il ne s'agissoit point de dépouiller l'Evêque de Soissons, de lui ravir une partie de ses droits: enfin, tant de consentemens donnés par les Evêques de Soissons, acheveroient de faire tomber un prétexte si chimérique.

L'autre prétexte tiré de la suppression de la dignité abbatiale, a été pleinement réfuté, en faisant voir que le privilege avoit été accordé, non à la dignité d'Abbé, mais à l'Eglise en elle-même, mais au Corps de la Communauté, qui subsistant toujours, ne pouvoit souffrir du sort de la dignité abbatiale; on l'a prouvé en rapportant les propres termes des Bulles, des Chartes & des Transactions, qui par-tout ou parlent du Monastere en général, ou unissent l'Abbé avec les Moines.

M. de Soissons ne répond à aucune de ces pieces: mais il s'attache à une seule Bulle, qui est celle d'Eugene III. *Elle n'est adressée*, dit-il, *qu'à l'Abbé; & le Pape, en lui parlant, s'explique ainsi*: » Nous voulons que tous les biens que ce Monastere

» possede ou possédera dans la suite, vous appartiennent à vous » & à vos successeurs ». *Est-ce que la Jurisdiction ne fait pas partie de ces biens*, ajoute M. de Soissons? *Elle appartient donc à l'Abbé & à ses successeurs*. Elle lui appartient sans doute; mais elle lui appartient comme les biens du Monastere dont elle fait partie, du propre aveu de M. de Soissons: or, par l'union de la mense abbatiale au Val-de-Grace, le Monastere a-t-il été dépouillé de ses biens! Les Religieux sont-ils demeurés sans biens, sans ressource? Ne sont-ils pas actuellement les propriétaires de l'universalité des biens avec les Religieuses, quoique la jouissance soit partagée comme elle le seroit avec un Abbé Commendataire? Pourquoi donc la Jurisdiction seroit-elle anéantie? Le parallele même que propose M. de Soissons, le condamne. Ne réfléchira-t il jamais sur les conséquences, lorsqu'il formera quelque objection?

» Mais, dit-il, (car il veut nous faire grace) la Jurisdiction » appartenoit par indivis à l'Abbé & aux Moines; l'Abbé ne la » possédoit pas sans les Moines, ni les Moines sans l'Abbé: il » faut donc qu'ils concourent pour qu'elle subsiste ». C'est une nouvelle erreur qui n'est pas plus supportable que les précédentes.

Quand de deux propriétaires par indivis l'un cesse de concourir, l'autre n'est pas dépouillé.

Le droit étoit solidaire; le Chef & les Membres le possédoient pleinement; quand ils concouroient, il leur étoit commun, quand l'un cesse de concourir, l'autre ne peut être dépouillé. Ces notions sont si communes qu'on ne doit pas s'arrêter à les établir, quand M. de Soissons, à son ordinaire, en devroit triompher, comme si on n'avoit pu se tirer de ses redoutables argumens.

Enfin, le dernier prétexte est l'établissement des Religieuses dans l'Hôtel-Dieu de Compiegne. On l'a déjà dit, ce prétexte n'influe point sur la Jurisdiction en entier, mais seulement sur l'exercice que l'on en peut faire dans l'Hôtel-Dieu. On a répondu deux choses dans le premier Mémoire des Bénédictins. La premiere, qu'on ne prouvoit pas que l'établissement des Religieuses dans l'Hôpital fût postérieur aux Bulles, qui confirment expressément la Jurisdiction de Saint Corneille sur cette Maison. La seconde, que quand cet établissement seroit postérieur, la Jurisdiction étant un droit réel & de territoire, les Religieuses auroient été soumises à celle de Saint Corneille.

Sur la premiere réponse, M. de Soissons prétend qu'il suffit que l'établissement des Religieuses dans l'Hôpital soit postérieur à l'introduction des Religieux dans l'Abbaye; mais on ne peut pas même comprendre que cette circonstance puisse jamais être de quelque poids : car enfin, quand les Religieux ont été introduits dans Saint Corneille, ils ont été confirmés dans toute la Jurisdiction qu'avoit le Chapitre, & par conséquent dans la Jurisdiction sur l'Hôtel-Dieu. Si depuis on a mis des Religieuses dans l'Hôtel-Dieu, cela a-t-il pu donner atteinte à la Jurisdiction de l'Abbaye ? Par qui les Religieuses ont-elles pu y être introduites, si ce n'est par l'Abbé, qui étoit le Supérieur de la Maison ? Et comment, introduites par lui, comme Supérieur, auroient-elles pu méconnoître sa Jurisdiction ? Mais d'ailleurs cette Jurisdiction sur l'Hôtel-Dieu a été confirmée par des Bulles, depuis que les Religieuses y ont été établies. Voilà le fait décisif; & c'est précisément par cette raison que M. de Soissons l'oublie entierement, pour s'attacher à une autre qui est inutile.

Au second moyen des Religieux, tiré de leur territoire, M. de Soissons répond que l'Hôtel-Dieu n'étoit point dans le territoire de Saint Corneille ; mais les titres publient le contraire d'une maniere trop précise, pour en croire M. de Soissons. La plûpart confirment la Jurisdiction singulierement sur l'Hôtel-Dieu ; c'est ce qu'on trouve entr'autres dans une Bulle d'Alexandre III, bien antérieure à l'époque que donne M. de Soissons à l'établissement des Religieuses dans l'Hôtel-Dieu : *Idem Hospitale vobis, & per vos Monasterio vestro authoritate apostolicâ duximus confirmandum*. C'est ainsi que ce Pape parloit en 1163, & M. de Soissons prétend que les Religieuses n'ont été établies qu'en 1260. C'étoit donc une Maison soumise à l'Abbaye de Saint Corneille, & dans le territoire de sa Jurisdiction, avant que les Religieuses y fussent placées ; par conséquent leur établissement n'a pu se faire que pour demeurer sous les loix de la même Jurisdiction.

Il est inutile, après cela, de s'arrêter aux prétendus Statuts dressés, à ce que prétend M. de Soissons, sous le regne de Saint Louis. Il avoue que c'est une simple copie, une copie tirée des archives de l'Évêché de Soissons, une copie infidelle, dans laquelle on a eu la simplicité de donner au Roi Saint Louis, de son vivant, le titre de Saint, qu'aucun homme ne peut obtenir qu'après sa mort. Peut on s'étendre, comme fait M. de Soissons, sur une pièce si méprisable ? Quand il forme un simple doute sur une Bulle originale, elle devient à ses yeux un titre de réprobation ; & quand il n'a qu'une copie infidelle, suivant lui-même, il en fait un monument propre à assurer son triomphe.

Mais ce n'est pas la seule preuve de fausseté de ces prétendus

Statuts ; Saint Louis y est appellé Fondateur de cet Hôpital ou Hôtel-Dieu, & cependant nous avons des titres authentiques qui prouvent que cette Maison subsistoit long-temps avant Saint Louis. Telle est entr'autres la Bulle d'Alexandre III, dont on vient de parler : tel est encore un Bref d'Adrien IV, dont M. de Soissons a reconnu la vérité. Enfin on dit que Saint Louis établit des Freres & des Sœurs dans cette Maison en 1260 ; cependant il y en avoit déja au commencement de son Regne, comme on voit dans un Bref de Gregoire IX, de l'an 1229 : *Tantus est in Domo vestra Sacerdotum, Clericorum, Fratrum & SORORUM numerus, quòd vix eadem potest ad tenuem sustentationem sufficere.* A la fin du Regne de Saint Louis, ce n'étoient plus même des Freres & des Sœurs qui étoient dans cette Maison, mais des Religieux (*a*) de la Rédemption des Captifs. Si M. de Soissons veut se donner la peine de lire ces deux Brefs, il y trouvera des preuves bien plus claires de la Jurisdiction de l'Eglise de Saint Corneille sur l'Hôtel-Dieu, qu'il ne croit en avoir de la Jurisdiction de ses prédécesseurs sur le même Hôpital, dans les prétendus Statuts de Saint Louis.

Ces Statuts ne sont donc qu'un tissu de faussetés. Si les Religieux de Compiegne avoient de si indignes pièces dans leur Chartier, s'ils osoient seulement les faire paroître, avec quelle force M. de Soissons n'en découvriroit-il pas la supposition ? Mais lui, ce Prélat si ennemi de tout titre qui paroît équivoque à ses yeux, comment ose-t-il étaler celui-ci avec pompe ? Les absurdités qu'il y découvre lui-même, celles qu'il affecte de n'y pas voir, n'empêchent pas qu'il n'exagere cette pièce, comme *un monument important* qui lui fournit *des preuves supérieures à toutes les autres en évidence.* Y a-t-il donc pour les Parties deux poids & deux mesures ?

On finira cette seconde partie en observant que M. de Soissons, qui dans son premier Mémoire avoit porté son chagrin jusqu'à noircir les Religieux de Compiegne, en leur imputant des scandales commis dans cet Hôtel-Dieu, n'a pu répondre à la justification qu'ils ont été forcés de faire de leur conduite. La calomnie a été confondue jusqu'à être réduite au silence : c'est la plus grande réparation que les Bénédictins puissent désirer. Les titres de leur exemption ne sont donc ni inutiles, faute de

(a) *Bref de Gregoire X, de 1271, liasse 3, n. 9.*

rapporter le titre primordial & constitutif, ni obscurs ni abusifs; les Religieux n'y ont jamais dérogé, aucun évenement n'a pu en procurer l'extinction. Toutes ces différentes attaques ont paru trop foibles à M. de Soissons lui même, il a réservé ses plus grands efforts pour un dernier moyen : c'est la prétendue fausseté de tous les titres de S. Corneille.

Troisieme Partie.

Fausseté des titres de Saint Corneille.

Jusqu'ici M. de Soissons n'a, pour ainsi dire, livré que de légeres escarmouches; il a pillé dans quelques Arrêts des maximes générales, dont il a fait de fausses applications; il a renchéri sur les Auteurs les plus opposés aux exemptions, pour flétrir, s'il étoit possible, celle de Compiegne. Le voici enfin parvenu à une entreprise plus digne d'un génie aussi élevé que le sien. Démasquer la fausseté, désabuser l'Univers qui s'étoit laissé séduire depuis cinq ou six cens ans, rendre suspecte la foi de tous les Chartriers dans la guerre déclarée à un seul, ne ménager aucun titre, à l'exception de quelques petits Brefs qui n'ont pas paru dignes de sa colere: voilà des coups dignes d'un grand Prélat. Ici l'attention doit se renouveller; ce n'est plus la Cause particuliere de l'Abbaye de S. Corneille, c'est celle de tous les Monasteres, de toute l'Eglise, de l'Etat même. Pour donner quelque poids à cette vaste critique, M. de Soissons avoit entrepris de rendre suspects tous les titres des Monasteres; il avoit adopté toutes les déclamations que l'on trouve répandues dans quelques écrits envenimés. On croit avoir déja développé toute l'injustice d'une si odieuse prévention; cependant M. de Soissons emploie encore une grande partie de son second Mémoire à confirmer, s'il étoit possible, les indignes soupçons qu'il avoit voulu exciter.

Avant que de les confondre de nouveau, on demande à M. de Soissons à quoi tend cette longue déclamation. Prétendez-vous que tous les titres des Monasteres soient faux? *Non, sans doute,* dit-il, *mais ces raisons de soupçonner & de se défier, me mettent en garde contre des parchemins si bien fumés, qu'il seroit aisé d'en être la dupe.* Mais M. de Soissons n'avoit pas besoin de tant d'efforts pour se donner le droit d'être en garde contre les titres qu'on lui présente : c'est un droit qui appartient à tout le monde, & contre toutes sortes de personnes. Que dans un Procès entre deux Seigneurs on produise des titres, il est permis de se tenir sur la réserve, de les examiner avec soin, & de juger s'ils sont vrais ou fabriqués. Il ne faut point pour cela faire le procès à tous les Seigneurs, ni rendre les titres de toute la Noblesse suspects; il en est de même des titres qui pourroient être produits par un

Permis à toute Partie de critiquer les titres qu'on lui oppose.

Evêque : il ne falloit donc point, on le répete ; tonner contre les Moines, il suffisoit d'user d'un droit naturel & ouvert à tout le monde.

Pourquoi donc a-t-on eu recours à ces traits de malignité ? Pourquoi décrier tant de trésors précieux ? Sans doute on avoit d'autres vues que d'autoriser une simple méfiance. On vouloit décrier un Ordre célebre qu'on n'aime pas ; on vouloit aider, par cette méfiance générale, de foibles critiques imaginées contre quelques titres singuliers ; on vouloit étayer par ces secours étrangers une censure chancelante, & toujours prête à retomber sur son auteur. Voilà ce qui a mis tout en rumeur, voilà ce qui a engagé le Critique à aller ramasser dans quelques Auteurs passionnés, des lambeaux qu'il a réunis de son mieux pour prévenir le Lecteur par des traits de satyre, désespérant de le convaincre par une judicieuse critique. Que doit-on penser de pareils procédés ?

Mais voyons donc ce qui autorise cette méfiance si chere à M. de Soissons. Quelques Écrivains ont reproché aux Moines qu'ils fabriquoient de faux titres. « Le Pere Mabillon lui-même, » qui cherche à les justifier de son mieux, convient de ce cri gé- » néral, & n'a pu s'empêcher de reconnoître qu'il y avoit dans » les Chartriers plusieurs titres faux. Il est facile d'en indiquer » plusieurs qui ont été reconnus pour tels. Tel est le privilege de » Saint Valery, dont l'Evêque d'Amiens montre la fausseté dans » un Concile de Rheims : tel est le privilege de Saint Médard de » Soissons, attribué à Saint Grégoire, dont le Pere Mabillon a » éludé la critique avec plus de subtilité que de bonne foi : telle » est la Charte de fondation du Prieuré de la Croix Saint-Ouen, » au Diocèse de Soissons ; plusieurs Bulles en faveur de l'Abbaye » de Saint Denis ; le privilege de Saint Germain, combattu par » M. de Launoy ; & les titres des Moines de Milan, condam- » nés par Innocent III ». Tous les Sçavans se sont donc élevés contre eux.

Mais, premierement, on a demandé à M. de Soissons, dans le premier Mémoire des Bénédictins : N'y a-t-il eu que les Moines qui ayent été accusés de produire de faux titres ? Tous les Corps, tous les États, soit laïcs, soit ecclésiastiques, n'ont-ils pas été exposés à de pareilles censures, lorsqu'ils ont fait paroître d'anciens titres ? L'Épiscopat même n'a pas été exempt de ce reproche ; on en a rapporté quatre ou cinq exemples qui ne sont pas équivoques, & on seroit en état d'en ajouter plusieurs autres. Les titres produits par les Evêques ne furent pas seulement critiqués par de vrais ou faux Sçavans ; mais ils furent jugés faux, brûlés, proscrits dans des Assemblées vénérables : doit-on conclure de tout cela que les titres des Evêques sont suspects ? Est-on en droit de regarder les Evêques comme des faussaires, & leurs Archives comme des réceptacles de pieces fabriquées à plaisir ? M. de Soissons lui-même vient de produire de prétendus Statuts tirés de ses Archives, dans lesquels éclate une fausseté si grossiere, qu'il est obligé lui même de la reconnoître : donc on doit être prévenu contre tous les titres des Eglises cathédrales, & de l'Eglise de Soissons en particulier. C'est la conséquence du Prélat qui la gouverne, contre les titres des Monasteres ; cependant M. de Soissons, que cet argument devoit toucher, n'en dit pas un mot dans sa réponse, il frappe toujours sur les Moines : que ses conséquences soient justes ou injustes, naturelles ou forcées, c'est à quoi il ne pense pas.

La critique d'un Auteur n'est pas une conviction.

Secondement, M. de Soissons oppose des critiques de différens Auteurs contre quelques titres des Monasteres ; mais peut-on tellement compter sur la critique d'un Auteur particulier, qu'on la regarde comme une conviction ? Les uns peuvent être passionnés, les autres ignorans ; d'autres enfin, avec beaucoup de lumieres & sans aucune prévention, peuvent se tromper. N'importe, dès que quelqu'un a parlé contre les Moines, il devient aux yeux de M. de Soissons un oracle infaillible dont il vante les décisions. Si on vouloit réussir dans le projet qu'il a formé, il falloit rassembler différens Jugemens qui eussent proscrit les titres des Monasteres ; alors on auroit formé un corps de preuves : mais de se fier aux premieres censures que l'on trouve en son chemin, & de tout adopter, parce qu'il favorise un projet si odieux, ce n'est pas le moyen de se procurer un triomphe bien solide. Un tel Auteur a écrit contre un tel privilege ; donc tous les privileges sont au moins suspects. Si c'est-là raisonner, le raisonnement est une chose bien méprisable.

Troisiemement, ces Auteurs adoptés par M. de Soissons sont-ils demeurés sans réponse ? Le Pere Mabillon, dans son sçavant Traité de la Diplomatique, ne les a-t-il pas confondus ? Il est vrai que M. de Soissons paroît le mépriser autant qu'il a de respect pour les Censeurs auxquels le Pere Mabillon a répondu. Il le représente comme un homme toujours embarrassé, qui cherche *à éluder la vérité avec plus de subtilité que de bonne foi* ; comme un homme qui n'a cherché qu'à sauver ses Confreres & leurs titres :

Caractere du savant Pere Dom Mabillon.

mais l'estime publique venge assez le Pere Mabillon, sans qu'on soit obligé de prendre sa défense. Il n'y a personne qui ignore qu'il joignoit aux plus vastes connoissances, une candeur, une probité, une piété même qui lui attiroit encore plus l'estime de tous les Ordres du Royaume, que sa profonde érudition. N'importe; il étoit Moine, & c'en est assez pour engager M. de Soissons à ne le point ménager; mais ne craint-il point que les traits répandus dans son Mémoire contre ce saint Religieux, ne suffisent pour décrier son ouvrage?

D'ailleurs, M. de Soissons a-t-il entrepris de réfuter les solides raisons de ce Moine, pour qui il a si peu de ménagement? Rien de plus sage, de plus sensé & de plus judicieux que ce que dit le Pere Mabillon contre tous ces Déclamateurs. Il n'y a point de Corps dans l'Etat & dans l'Eglise, qui ait conservé tant de monumens anciens que l'Ordre de S. Benoît. Ce seroit un prodige inoui, si dans cette foule innombrable de titres il ne s'en trouvoit aucun de faux. Le mensonge s'insinue par-tout & ne respecte rien: comment tant de Monasteres répandus dans tout le Monde chrétien auroient-ils pu être à l'abri de ses tentatives? Soutenir qu'il n'y a jamais eu de titres faux dans les Monasteres, ce seroit porter la présomption à des excès inouis; il faudroit supposer qu'il ne seroit jamais entré de foiblesse & d'humanité dans les Cloîtres; ce seroit représenter les Religieux de tous les siecles & de toutes les Nations, comme des hommes en quelque maniere divins, & supérieurs à toutes les miseres de leur nature. Mais aussi parce qu'il aura pu se trouver quelques titres faux, imaginer que tout est suspect, se prévenir contre tout le reste, c'est un autre excès d'égarement qu'on ne peut supporter. Il y a des pieces de fausse monnoie; donc il faut présumer que toute la monnoie est altérée. Il y a des copies qui ressemblent & qui imitent les originaux; donc il ne faut plus reconnoître d'originaux; & pour ne parler que des titres, plusieurs Evêques ont fait usage de titres faux; donc tous leurs titres sont suspects d'altération & de fausseté. Ces conséquences sont absurdes.

Ainsi raisonnoit le Pere Mabillon: que M. de Soissons entreprenne de lui répondre; car, de dire que le Pere Mabillon a reconnu qu'il y avoit des pieces fausses dans les Chartriers, & que par conséquent il condamne lui-même les Bénédictins, ce n'est pas raisonner. Le Pere Mabillon est convenu de bonne foi qu'il pouvoit y avoir quelques titres faux dans des Chartriers, puisqu'il puisqu'il y en avoit bien dans les Archives des Evêques, dans le Trésor même des Rois, & dans le Dépôt de leurs Chambres des Comptes; mais loin de condamner par-là les Bénédictins, il les met, & avec raison, dans la même classe que tous les Corps qui ont des Archives, & leurs Chartriers dans le même rang que les Trésors & les Dépôts les plus respectés.

Il paroît inutile après cela d'entrer dans le détail de cinq ou six titres dont M. de Soissons prétend que la fausseté a été prouvée. Car quand cela seroit vrai, quel préjugé pourroit-on s'en former contre un nombre infini d'autres titres qui reposent dans les Chartriers des Monasteres ? Cependant M. de Soissons ne paroît pas fort juste dans son choix; le privilége de Saint Valery a été attaqué, il est vrai, mais il a été justifié aussi par le Pere Mabillon (*a*). M. de Soissons le cite cependant au nombre des pièces reconnues fausses. Il en est de même de celui de S. Medard de Soissons. *Le Pere Quatremaire*, dit M. de Soissons, *a mal réussi à réfuter M. de Launoy*; mais M. de Soissons a-t-il été établi Juge de cette dispute ? Il est un peu trop intéressé dans la contestation, pour qu'il puisse obliger de déférer au jugement qu'il prononce entre ces Critiques. M. de Launoy a attaqué de même plusieurs autres titres que de célebres Auteurs ont défendus, sans qu'ils eussent aucun intérêt à leur conservation. C'est ainsi que le Pere le Cointe (*b*) a défendu le privilege du Pape Adeodat, pour Saint Martin de Tours, & le privilege de Corbie, que le même M. de Launoy avoit voulu rendre suspects; & il les a défendus, ces privileges, en réfutant les mêmes raisons que M. de Soissons emploie pour décrier les privileges de Compiegne. A son tour le Pere le Cointe (*c*) s'est élevé contre le privilege de Landry, Evêque de Paris, en faveur de l'Abbaye de Saint Denis; cependant le fameux Jérôme Bignon l'a jugé au contraire si authentique, qu'il l'a donné tout entier (*d*) dans ses notes sur Marculphe.

M. de Soissons doit juger par-là du fond qu'il faut faire sur quelques critiques. Il n'a pas été nécessaire que les Bénédictins les ayent réfutées; souvent des personnes neutres, & recommandables par la supériorité de leurs lumieres, se sont chargées d'office, par amour pour la vérité, de la défense de ces titres attaqués.

(a) *Diplom. p.* 24 & 227, *Annal. tom.* 5.
(b) Le Cointe, *ad ann.* 674, *n.* 33 & *seq.*
(c) *Ibid. ad ann.* 652.
(d) *Bignon, not. ad Marculph. to.* 2, *Capitul. p.* 867.

Mais M. de Soissons ne recueille que les déclamations contre les Moines, il n'a garde de consulter ce qui a été dit pour leur défense ; tout est bon à ses yeux, pourvu qu'il frappe sur les Chartriers des Monasteres. C'est par cette raison que *Pierre de Blois est devenu pour lui une lumiere du douzieme siecle*, & qu'il se félicite *d'être son Confrere dans le mépris de leurs Revérences*. M. de Soissons a-t-il bien sçu avec qui il s'associoit ? Ce Pierre de Blois étoit un homme violent & emporté, qui déchiroit sans ménagement tous ceux qui n'avoient pas l'avantage de lui plaire. S'il a mal parlé des Moines exempts, dans les endroits cités par M. de Soissons, il n'a pas mieux parlé des autres. Quel portrait ne fait-il point des Officiaux des Evêques ? *Officium* (a) *Officialium hodie est jura confundere, suscitare lites, supprimere veritatem, fovere mendacium, quæstum sequi, æquitatem vendere, inhiare exactionibus, versutias concinnare ; isti sunt qui hospites suos gravant superflua evictione & multitudine clientelæ : quærunt delicatos & superfluos cibos, jura interpretantur ad libitum, & ea pro voluntate sua nunc abdicant, nunc admittunt . . . . diffamant innoxios, & nocentes absolvunt.*

Caractere de Pierre de Blois.

Les Evêques ne sont pas plus ménagés par cette lumiere du douzieme siecle : *Illorum* (b) *Episcoporum vitam detestabilem reputes, quorum incessus erecta cervice, quorum facies torva, truces oculi, minæ terribiles, dominantes in Clero . . . . quorum Deus venter est . . . . . mendaces, vaniloqui & superbi, socii furum ; non Collegæ Petri, sed Simonis ; non Christi Discipuli, sed Neronis : isti, dum pauperes spoliant, dum Monasteria gravant, dum extorquent à Clero, &c. thesaurum iræ & mortis sibi accumulant.* Son style caustique, qui ne ménageoit pas les autres, s'exerçoit aussi quelquefois sur lui-même avec autant d'emportement (c) : *Ductus quidem quodam spiritu ambitionis, me totum civilibus undis immerseram, & eorum quæ retro sunt oblitus, me ad anteriora, sed non more Apostoli porrigebam.* C'est dans ces traits que l'on peut connoître Pierre de Blois, bien mieux que dans toutes les peintures que l'on en pourroit faire : esprit violent qui ne sçavoit pas modérer sa plume ; homme que la passion dominoit, & qui ne sçavoit pas se contenir dans les bornes de la bienséance & de la vérité. Voilà le Confrere que M. de Soissons veut bien se donner.

(a) *Petrus Blesens. Epist.* 25, *p.* 45, *col.* 1.
(b) *Ibidem, Epist.* 15, *p.* 26. *Vide Epist.* 18 & 23 *in Job. cap.* 1, *Tractat. quales sint, &c.*
(c) *Ibid. Epist.* 147.

Il ne faut pas être surpris après cela, si Pierre de Blois écrivant pour l'Archevêque de Cantorbery contre des Moines qui se prétendoient exempts, ménageoit si peu les exemptions & les titres par lesquels elles étoient soutenues. Ces Moines n'étoient point, il est vrai, du Diocèse même de Cantorbery; mais ils étoient de la Métropole, & ils ne pouvoient soutenir leur exemption contre l'Evêque diocésain, sans intéresser la Jurisdiction de l'Archevêque, à qui le second degré auroit appartenu, s'il n'y avoit point eu d'exemption. Ce Prélat étoit donc intéressé dans la Cause, & c'est ce qui donnoit tant de fiel à Pierre de Blois; c'est ce qui le faisoit déclamer d'une maniere si outrée contre les prétendues faussetés des Moines dans sa Lettre 68, citée par M. de Soissons. Pierre de Blois (*a*) avoit d'ailleurs succombé peu de temps auparavant, dans un Procès qu'il avoit poursuivi à Rome contre les Moines de Cantorbery, au nom de l'Archevêque de la même Ville; & il avoit eu le chagrin de voir déclarer authentiques, par un Jugement solemnel, les titres de ces Religieux qu'il accusoit de faux. M. de Soissons pouvoit-il puiser dans une source plus suspecte? Qu'il vante donc son Confrere Pierre de Blois tant qu'il voudra, cela ne donnera pas plus de poids à un suffrage décrédité par tant de raisons.

On s'est peut-être trop arrêté aux déclamations vagues de M. de Soissons; mais comme l'honneur des Monasteres intéresse encore plus les Bénédictins que la Jurisdiction même de Compiegne, il a été nécessaire de faire sentir toute l'injustice de ces soupçons odieux que l'on répand avec malignité. On croit en avoir assez dit pour convaincre toutes les personnes équitables, du mépris que l'on doit faire de ces discours que la passion seule a dictés. Passons à l'examen des titres particuliers.

On avoit prétendu rendre suspecte par quatre moyens la Charte de Philippe I; le premier, tiré de l'erreur dans sa date; le second, de ce qu'on y énonce que la dédicace de Saint Corneille a été faite par le Pape Jean VIII; le troisieme, de ce qu'on y parle d'Ursion, Evêque de Beauvais, qui ne le devint que deux ans après; & le quatrieme, de ce qu'il n'y a point de signature de Chancelier. **Charte de Philippe I.**

M. de Soissons paroît aujourd'hui faire peu de cas lui-même des trois derniers moyens. Sur le défaut de signature du Chancelier, on lui a répondu qu'il y avoit beaucoup de Chartes du même

(*a*) *Will. Thorne, cap. 13, to. 2, Scriptor. Eccles. Anglic.*

Regne qui ne sont point signées des Chanceliers, & on lui en a cité quatre exemples : on peut en ajouter un cinquieme, où on lit, comme dans la Charte de Compiegne (a), *Goisfrido, Parisiorum Episcopo, Cancellario nostro*, sans autre souscription de la part du Chancelier. Pour combattre cette réponse, M. de Soissons nous oppose le sentiment du Pere Mabillon, qui, *nonobstant son penchant à justifier tant de Chartes fausses*, décide nettement & sans restriction, que le Chancelier signoit toutes les Chartes ; mais les termes mêmes du Pere Mabillon font connoître que M. de Soissons lui prête un sentiment qu'il n'a jamais eu. Il dit bien que le Chancelier avoit coutume de signer, & que cela s'est principalement observé sous la seconde race de nos Rois, *hoc maximè servatum sub secunda stirpe* ; mais il ne dit pas que cet usage fût aussi général que M. de Soissons le suppose. Et d'ailleurs il ne s'agit pas ici de la seconde race, mais d'une Charte donnée par un Roi de la troisieme race, sous lequel, suivant le Pere Mabillon, cet usage a beaucoup varié.

On ne s'arrêtera pas après cela à la nouvelle découverte que *des gens versés dans cette sorte de science* ont fait faire à M. de Soissons ; que le terme d'*Archichancelier* n'étoit point en usage dans ce temps. Ces gens versés ignorent-ils les actes de l'Assemblée de Rheims, où Philippe I. fut couronné, & où il fit l'Archevêque de la même Ville, SON GRAND-CHANCELIER ? *Tum fecit* (b) *ipse Philippus præceptum.... subscripsit etiam Archiepiscopus : nam ibi constituit eum SUMMUM CANCELLARIUM, sicut antecessores sui antecessores suos fecerant ; & ita consecravit eum in Regem, &c.* Ces habiles Critiques ont fait voir véritablement à M. de Soissons une autre Charte du même Prince, où le terme d'*Archichancelier* se trouve, comme dans la Charte de Compiegne ; mais aussi-tôt cette nouvelle Charte est devenue suspecte à M. de Soissons & à ceux qui le conduisent, parce que celui qui est nommé Archichancelier, ne l'étoit plus alors.

Pour le prouver, on nous cite là-dessus l'autorité de Godefroy (c) dans son Histoire des Chanceliers, qui dit précisément le contraire, & qui fait voir par les différentes Chartes qu'il rapporte, non-seulement qu'il y avoit plusieurs Chanceliers en même-temps sous le regne de Philippe I. mais que Geoffroy, Evêque de Paris,

(a) *Duchesne, Montmor. pr. p.* 28.

(b) *Concil. to.* 9, *p.* 1108. *Voyez Duchesne, to.* 4, *p.* 165, *Hist. Francor.*

(c) *Godefr. Hist. des Chancel. p.* 71 *& seq.*

l'étoit encore l'an 1092, sept ans après la date de la Charte de Compiegne. Les charitables Critiques qui ont donné cet avis à M. de Soissons, pouvoient encore s'instruire d'ailleurs, & se convaincre par nos plus célebres Historiens (*a*), que sous le regne de Philippe I. il n'étoit pas extraordinaire de voir plusieurs Chanceliers en même-temps; & qu'ainsi Ursion, Evêque de Beauvais, pouvoit fort bien faire cette fonction en 1090, sans que Geoffroy, Evêque de Paris, ait discontinué de la remplir jusqu'après l'an 1092.

M. de Soissons avoit prétendu qu'Ursion, Evêque de Beauvais, nommé dans la Charte de Philippe I, n'étoit devenu Evêque qu'en 1087, sur ce que Messieurs de Sainte-Marthe, parlant de son élévation sur le Siege de Beauvais, avoient dit que c'étoit *circa annum* 1087; il avoit prétendu que ce *circa* ne pouvoit remonter de deux ans. Mais outre que la date du mois ne se trouvant point dans la Charte de Philippe I, elle pourroit être de la fin de 1085, ce qui ne l'éloigneroit que d'un an de 1087, & pourroit fort bien convenir au *circa* de Messieurs de Sainte-Marthe, c'est que ces Messieurs se servent eux-mêmes (*b*) de la Charte de Philippe I, qui leur étoit inconnue lorsqu'ils travailloient sur l'Evêché de Beauvais, pour prouver que Rainald étoit Archevêque de Rheims, & Hilgot, Evêque de Soissons, en 1085. D'ailleurs on a fait voir à M. de Soissons, que Denis Simon place l'Episcopat d'Ursion en 1085, dans son Supplément de l'Histoire de Beauvoisis, où il traite en particulier des Evêques de Beauvais. M. de Soissons ne répond rien à cela: c'est donc un moyen abandonné de sa part.

Aussi lui en substitue-t'il un nouveau, que le Pere Mabillon, dit-il, lui a fourni: » c'est que l'on nomme dans cette Charte » Evrard, Abbé de Corbie, quoique cette Abbaye fût alors gou- » vernée par l'Abbé Foulques, qui vivoit encore en 1086 »; mais c'est une faute qui est échappée dans un Ouvrage posthume du Pere Mabillon (*c*). Il n'a pas fait attention qu'il y a eu deux Foulques Abbés de Corbie, dont l'un fut élu l'an 1048, & l'autre mourut en 1095, & qu'entr'eux deux, Evrard a rempli cette dignité. En effet, il est parlé de cet Evrard dans une autre Charte de l'Abbaye de S. Acheul près d'Amiens (*d*), de la même année

(*a*) *Duchesne, Hist. des Chancel. Labbé, Elog. histor. p.* 161, *Diplom. p.* 121.
(*b*) *Gallia Christiana, to.* 1, *p.* 518, *to.* 3, *p.* 1848.
(*c*) *Mabill. Annal. to.* 4, *p.* 492, & *to.* 5, *p.* 372.
(*d*) *Spicil. ed. in-fol. to.* 1, *p.* 617.

1085, & on ne trouve point d'autres Chartes de la même année, où l'on ait nommé d'autre Abbé que lui; ainsi l'existence de cet Abbé étant prouvée par ces monumens, qui ne sont combattus par aucun autre, comment pourroit-on refuser d'y déférer?

Le troisieme moyen de M. de Soissons contre la Charte de Compiegne, consistoit en ce qu'on a dit historiquement dans cette piece, que » l'Eglise de Compiegne avoit été dédiée par le » Pape Jean VIII; or ce fait ne peut être vrai, puisque Jean VIII » n'est venu en France qu'après cette dédicace: donc la piece est » fausse ». Il n'y a personne qui ne reconnoisse d'abord toute la chimere de ce moyen; car dans une piece très-vraie & très-sérieuse on peut bien glisser un fait faux ou douteux, sur-tout quand il s'agit d'exposer un fait antérieur de plus de deux cens ans à la piece même: ainsi quand le Roi Philippe I. se seroit trompé dans un point si indifférent, on ne pourroit jamais rien en conclure contre sa Charte. D'ailleurs cette dédicace avoit été faite en présence des Légats du Pape: il étoit tout naturel d'attribuer au Pape le fait de ses Légats, qui le représentoient. Cela ne mérite pas plus de discussion.

Venons donc au seul moyen sur lequel insiste M. de Soissons, tiré de la prétendue fausseté de la date. » Il est impossible, dit-il, » de concilier l'année 1085 avec la vingt-quatrieme année du » regne du Roi Philippe I; car on ne peut compter l'époque de » son regne que depuis 1059, tems de son Sacre, ou depuis 1060, » tems de la mort de Henri I. son pere. Dans le premier cas, l'an- » née 1085 étoit la vingt-sixieme de son regne; dans le second, » elle étoit la vingt-cinquieme, mais jamais elle ne peut se trou- » ver la vingt-quatrieme ». On a objecté à M. de Soissons qu'il y avoit un grand nombre de Chartes du même Prince, qui pour la date étoient absolument conformes à celle de Compiegne; que rien n'est plus commun dans les anciens monumens, que de voir de la variation dans les dates, suivant les différentes époques que les Chanceliers ou Notaires se formoient à eux-mêmes. M. de Soissons se récrie contre ce systême; il prétend que tout est renversé, si on l'admet; il soutient que ce seroit rendre toutes les dates arbitraires; qu'en un mot, l'époque du commencement d'un regne ne peut pas être ainsi multipliée à l'infini, & que tous les Auteurs qui ont donné dans ce systême, n'ont parlé que par foiblesse ou par passion.

Le systême des variations dans les dates des monumens anciens, est donc ce qui révolte M. de Soissons ; il fait le procès à tous ceux qui l'ont proposé & soutenu : dans ce point toutes les Sociétés & toutes les Congrégations lui sont également suspectes. Le Pere Mabillon étoit un Bénédictin, & dès-lors il ne mérite aucune confiance de la part de M. de Soissons, c'étoit un Écrivain qui étoit toujours disposé à soutenir les fausses Chartes avec plus de subtilité que de bonne foi. Le Pere Papebrock, Jésuite, étoit un homme facile ; il a trouvé que le Pere Mabillon étoit de ce sentiment, il s'est laissé entraîner par son suffrage. Le Pere Chifflet, aussi Jésuite, avoit entrepris l'Histoire de Tournus, il étoit intéressé par honneur à défendre les fausses Chartes qui devoient servir à son Histoire ; & ne pouvant les concilier dans leurs dates, il a admis le systême des variations. Ainsi tous les hommes ont erré & se sont égarés dans leurs voies. Ces Savans, si versés dans la science de l'Antiquité, étoient tous aveuglés & passionnés ; leur intérêt les a séduits ; il n'y a que M. de Soissons qui examine ce point de critique avec un esprit neutre & indifférent, & qui aime assez la vérité pour résister au torrent d'un systême si universellement reçu. C'est décrier sa propre Cause, que de parler un langage si éloigné de la raison & de l'équité ; car enfin, quand tout ce qu'il y a d'hommes savans se sont réunis sur un point de critique, peut-on se flatter qu'on renversera seul un sentiment si solidement affermi ?

Nécessité d'admettre une variété dans les époques données à plusieurs Regnes dans d'anciennes Chartes.

Mais d'ailleurs ces hommes respectables ont-ils parlé ainsi, sans être déterminés par de pressans motifs ? Ils ont vu un grand nombre de Chartes qui portoient toutes les mêmes caracteres de vérité, & qui varioient dans la maniere de compter les années d'un Regne ; ils n'ont pu se dispenser de reconnoître que cela venoit de la variété des époques que l'on avoit données à chaque Regne. Souvent la cause de ces différentes époques a été facilement connue ; quelquefois elle a été long-temps incertaine, & s'est manifestée par la suite dans la découverte de quelque piece qui n'avoit point encore paru : enfin d'autres sont demeurées inconnues, & se découvriront peut-être dans la suite. Mais cette difficulté ne diminue pas la foi des actes ; sans cela on seroit réduit à une affreuse extrêmité : car voyant un certain nombre de Chartes qui font commencer un Regne dans une année, & d'autres Chartes qui le font commencer dans une autre, si cette contradiction attiroit un juste soupçon de fausseté, il faudroit les rejetter toutes : car pourquoi donner la préférence aux unes sur les autres ? Par-là il faudroit sacrifier ce qu'il y a de plus précieux monumens de l'antiquité ; mais l'intérêt de la vérité, l'utilité publique s'oppose à un parti si violent. Il ne reste donc point d'autre ressource que de convenir de la variation qui regnoit dans la maniere de compter les années de chaque Regne.

En effet c'est porter trop loin la présomption, que de prétendre que tous les évenemens de ces temps éloignés doivent se développer à nos yeux avec la même certitude & la même évidence que ce qui se passe de nos jours. M. de Soissons veut qu'on lui démontre tout, sinon tout lui devient suspect, il ne croit que ce qui lui est sensible ; mais les personnes équitables sçavent bien que quand il faut remonter à des époques si anciennes, les difficultés, les doutes naissent de toutes parts : faut-il pour cela tout rejetter ? La conséquence seroit trop funeste, il faut souvent lever les doutes par de simples présomptions. Que l'on ouvre les Livres saints, qu'on les compare entr'eux, on trouvera souvent des époques presqu'inconciliables ; si on les veut rapprocher des Auteurs profanes les plus accrédités, le contraste redouble. C'est-là ce qui a exercé tant de savans hommes dans la critique : de-là tant de variations dans les Chronologies. Faudra-t-il pour cela rejetter les Livres saints ? Faudra-t-il douter de tout, & introduire un pyrrhonisme universel ? Suivant les principes de M. de Soissons, l'Évangile même ne sera plus un monument assuré. Qu'il frémisse lui-même de l'opposition qu'il a pour le systême des variations.

Époques inconciliables dans les Livres saints.

Mais lui-même, qui exige tant d'uniformité dans les époques, est-il bien ferme dans son principe ? Qui le croiroit, qu'il vînt lui-même se réunir à tous les Savans, dont il a frondé le sentiment ? Cependant sur le Regne de Philippe I, qui a donné lieu à cette vaste dissertation, combien admet-il d'époques différentes que l'on a suivies dans les Chartes & dans les monumens dont il reconnoît la sincérité ? Il compte une premiere époque du commencement du Regne de ce Prince, du jour de son Sacre, qui fut fait en 1059, & il approuve toutes les Chartes dont les dates se concilient avec cette époque : il en compte une seconde du jour de la mort de son pere, arrivée en 1060, & il approuve encore les Chartes dont les dates se règlent sur cet évenement ; ensorte que, selon lui, on pouvoit en 1089 dater indifféremment de la vingtieme ou de la vingt-unieme année du Regne de ce Prince. Enfin il en adopte encore une troisieme, qu'il a trouvée dans un Concile de Toulouse de l'année 1068, dans lequel on date de la seconde année du Regne de Philippe I, parce qu'il y avoit

avoit deux ans que la tutelle de Baudouin, Comte de Flandres, étoit finie; *secundo anno regni Philippi, Regis Francorum, ac tuitione Balduini, Flandrensis Comitis.* Voilà donc, suivant M. de Soissons, trois époques différentes données au commencement du regne de Philippe I. dans des monumens authentiques. Chaque événement un peu considérable suffisoit pour autoriser une maniere singuliere de compter, le sacre du Roi, la mort de son pere, la fin de la régence. Mais, si l'on a donné trois époques différentes au commencement d'un regne, n'a-t-on pas pu également lui en donner quatre? Et parce que la cause de cette quatriéme époque ne nous est pas également connue, parce que l'évenement qui l'a produit ne nous a pas été fidelement transmis, faudra-t-il rejetter les Chartes qui l'ont suivi?

Par-là tombe la différence que M. de Soissons voudra mettre entre trois époques qu'il reconnoît, & celle de la Charte de Compiegne, qui est que ces trois époques sont fondées sur des événemens connus, au lieu qu'on ne voit pas ce qui auroit donné lieu de compter depuis 1061. Mais M. de Soissons prétend-il exiger qu'on lui fasse tout voir dans des tems si éloignés? N'y a-t-il aucun événement qui ait échappé dans les histoires anciennes? Le Roi a pu devenir majeur dans un tems; il a pu dans un autre déclarer qu'il prenoit possession du Gouvernement: ces détails ont échappé à l'histoire; mais, comme ils étoient publics dans le tems, ils ont pu déterminer les dates de plusieurs titres, cela suffit. En un mot, M. de Soissons, tout opposé qu'il est au systême des variations, est obligé de reconnoître trois époques différentes pour le commencement d'un seul regne; & il croira qu'il ne sera pas permis d'en trouver quatre. C'est admettre & rejetter en même tems le même principe.

Mais par-là toutes les dates seront arbitraires. » Les Bénedic-» tins sacrifient tout à l'intérêt de soutenir une seule piece: que » toute l'histoire périsse; que toutes les époques soient confon-» dues; que les Auteurs anciens soient méprisés, pourvu que » cette misérable piece triomphe, & les Bénédictins avec elle ». Voilà les figures par lesquelles M. de Soissons cherche à étourdir ceux qui n'ont pas creusé le principe qu'il combat; mais ces alarmes sont sans fondement. Non, l'histoire ne périra pas, les époques ne seront point confondues, les Auteurs ne seront pas méprisés, parce que les anciens Chanceliers, ou Notaires, auront consulté différentes époques; il sera toujours vrai que Philippe I. aura été sacré en 1059, que son pere sera mort en 1060, quoiqu'en 1085 on ait daté une Charte de la vingt-quatriéme année du regne du Roi, comme on a daté en 1068 de la seconde année du même regne, époque qui n'est pas moins inconciliable avec les événemens de 1059 & de 1060, que celle de la Charte de Compiegne. Mais tout ce qui en résultera est, qu'outre les époques reconnues dans l'histoire, il y en a de moins connues qui ne laissent pas que d'être vraies.

Au contraire, en rejettant le systême des variations, tout est confondu : les époques, qui ne se concilieront point entr'elles, répandront un doute égal sur tous les monumens ; & il faudra tout condamner, tout proscrire, pour étendre la Jurisdiction de M. de Soissons dans un petit territoire qui en a toujours été exempt : il faudra flétrir un Ordre célèbre, rejetter les monumens les plus précieux, rendre tout incertain & tout équivoque, se roidir contre le sentiment des hommes les plus sçavans, pour satisfaire la passion qu'a M. de Soissons de subjuguer une seule Eglise, pendant que sa vigilance pastorale peut à peine suffire à tant d'autres confiées à ses soins. De quel côté est donc le plus grand inconvénient ?

Après avoir justifié le systême des variations en général, il paroît presque inutile de justifier en particulier la date de la Charte de Compiegne. Cependant on a prouvé par sa conformité avec un grand nombre d'autres Chartes, qu'elle ne pouvoit être suspecte. Si on voyoit une seule Charte compter sur une époque singuliere, on pourroit avoir quelque prétexte d'une juste méfiance : mais quand la Charte attaquée par M. de Soissons dans sa date est conforme à une foule d'autres Chartes répandues dans plusieurs dépôts également respectés, c'est refuser de se rendre à l'évidence même, que de persister dans une critique si outrée.

On en a déjà cité plusieurs tirées de Duchesne, de Marlot, de le Mire, & de quelques autres Auteurs : les dates ne peuvent convenir au calcul de 1060, mais elles s'adaptent parfaitement à celui de 1061 ; on en peut encore citer plusieurs autres (a). Charte pour l'Hôtel-Dieu d'Estampes : *Actum Stampis, anno incarnationis Verbi M. LXXXV, anno regni Philippi, XXIV*, c'est précisément la même date que celle de la Charte de Compiegne. Autre (b) Charte de Baudouin, Evêque de Noyon, pour l'Abbaye de Saint Barthelemi, *VIII idûs Maii, anno Incarna-*

(a) *Duchesne, Hist. des Chanceliers, p. 162.*
(b) *Gallia Christiana, t. 4, p. 131.*

tionis Dom. M. LXIV. *ind.* II, *regnante Rege Philippo III.* Autre (*a*) où l'on joint l'année 1090 avec la vingt-huitieme année du Roi Philippe. Autre Charte rapportée par Marlot (*b*), *anno* M. XCIII, *indict.* II, *regnante gloriosissimo Francorum Rege Philippo*, XXXII. Autre Charte rapportée par le Pere Dubois (*c*), *anno* M. XCIX, *regnante Philippo Rege*, *anno* XXXVIII. On se contentera d'en indiquer encore quelques autres dans les Auteurs cités (*d*).

Mais, selon M. de Soissons, tout cela ne peut sauver la Charte de Compiegne; car d'un côté il y a un plus grand nombre de Chartes qui se rapportent aux époques de 1059 & 1060; & de l'autre, les Chartes citées par les Bénédictins ne sont que des copies fautives. On conviendra sans peine avec M. de Soissons, qu'il y a plusieurs Chartes dans lesquelles on a compté le regne de Philippe I depuis 1059, ou 1060, mais elles ne sont pas en si grand nombre qu'il a voulu le faire entendre. Il s'est contenté de citer en marge les Auteurs & les pages où ces Chartes sont rapportées; mais il s'en faut bien que toutes ces Chartes répondent aux deux époques que M. de Soissons regarde seules comme légitimes. Pour cela il faut faire d'abord deux observations, dont on va bientôt découvrir les conséquences. La premiere est, que presque toutes ces Chartes ne sont datées que de leur année, & non du mois, ni du jour: la seconde est, que dans le style des Chartes, ainsi que des Edits & Déclarations que l'on publie tous les jours, dès que l'année d'un regne est commencée, on date de cette année, de même que si elle étoit à sa fin; ensorte que si Philippe I, par exemple, avoit commencé à régner le premier Juillet 1061, & qu'il eût signé une Charte le 2 Juillet 1065, on auroit daté la cinquieme année du regne du Roi; ce qui ne remonteroit pas en 1060, comme M. de Soissons le suppose; mais pourroit également convenir à une grande partie de l'année 1061.

Cela supposé, la plus grande partie des Chartes que M. de Soissons rapporte, & dans lesquelles il prétend que l'on a commencé à compter dès 1060, peuvent également convenir à l'époque d'un regne commencé en 1061. Ainsi M. de Soissons

(a) *Marca, Hispan. p.* 1185.
(b) *Metropol. Rhem. to.* 2, *p.* 185.
(c) *Hist. Eccl. Paris. to.* 1, *p.* 560.
(d) *Duchesne, Chancel. p.* 163; *Antiquités d'Estampes, p.* 433; *Marlot, Hist. Rem. to.* 2, *p.* 182, 211, 226; *Mabill. Annal. to.* 4, *p.* 623, 629; *to.* 5, *p.* 5; *Bibliot. Cluniac. p.* 530, &c.

nous oppose trois Chartes tirées des preuves de la Maison de Montmorency ; de ces trois il y en a deux qui datent ainsi : l'une, (a) *Actum apud Pontisarum, anno ab incarnatione* M. LXIX, *regni verò* IX ; l'autre, *anno ab incarnatione* M. LXXXVI, *anno regni* XXVI. Mais est-il vrai que ces dates supposent nécessairement un regne commencé en 1060 ? Nullement : car, on le répete, que Philippe I, ait commencé à dater depuis le premier Juillet 1061, & que l'on veuille compter depuis cette époque, dès que l'on sera parvenu au 2 Juillet 1069, & que les huit années seront révolues, & la neuvieme commencée, on datera de la neuvieme année du regne. Ainsi que ces deux Chartes ayent été données dans les derniers mois des années 1069 & 1086, il faut nécessairement que l'on se soit attaché à une époque commencée en 1061. Voilà ce qui a trompé M. de Soissons : quand on compte 9, dit-il, en 1069, on compte depuis 1060 ? Cela seroit vrai, si on comptoit 9 révolus ; mais comme il suffit de huit ans & un jour, quand on compte 9 en 1069, on peut fort bien ne partir que de 1061. Ainsi, des trois Chartes tirées des preuves de la Maison de Montmorency, il y en a deux qui peuvent bien à la vérité s'appliquer à une époque commencée en 1060, mais qui conviennent également à l'époque de 1061. Pourquoi M. de Soissons se les approprie-t-il, comme si elles étoient uniquement pour son époque favorite, & comme si elles combattoient la nôtre ?

Il en est de même d'une Charte qu'il a prise dans le *Gallia Christiana* (b), elle est datée de 1107, la quarante-septieme année du regne du Roi Philippe ; cela n'appartient pas plus à l'époque de 1060, qu'à celle de 1061. Il en est de même encore de quatre Chartes que M. de Soissons a citées de l'histoire de l'Eglise de Paris, du Pere Dubois : trois sont des années 1067, 1079 & 1094, & les années du Roi Philippe y sont marquées, la septieme, la dix-neuvieme & la trente-quatrieme, ce qui convient autant à un regne commencé en 1061, qu'en 1060. M. de Soissons cite encore plusieurs Chartes tirées d'Aubert le Mire ; & quoique cet Auteur rapporte plusieurs fois les mêmes Chartes de Philippe I dans divers ouvrages, M. de Soissons, pour multiplier ses exemples, cite (c) cependant ces Chartes

(a) *Duch. Montmorency, Preuves, p.* 24 & 27.
(b) *Tom.* 1, *p.* 427.
(c) *Not. Eccles. Belg. n.* 91, & *Cod. Don. Piar. n.* 51.
Not. Eccles. Belg. n. 94, & *Cod. Don. Piar. n.* 57.
Not. Eccles. Belg. n. 95, & *Cod. Don. Piar. n.* 59.

comme si elles étoient différentes, & comme si elles répondoient toutes à l'époque de 1060. Cependant il y en a (*a*) une qu'il est impossible d'appliquer ni à cette époque, ni à celle de 1059 : *anno ab incarnatione Domini 1063 regnante Philippo, annis jam duobus*. Si on avoit compté depuis le 4 Août 1060, tems de la mort de Henry I, pere de Philippe I, il seroit impossible qu'en 1063 on eût dit que ce Prince ne régnoit que depuis deux ans : la troisieme année étoit au moins fort avancée ; & l'on pouvoit être même dans la quatrieme, si la Charte avoit été donnée depuis le 4 Août 1063, au lieu que cette date convient fort à une époque de 1061, qui ne donnoit que deux ans de regne en 1063. Enfin, une autre Charte d'Aubert le Mire (*b*), datée de 1072, dit simplement, *regnante Rege Francorum Philippo* ; ce que l'on observe seulement pour faire juger de l'exactitude de M. de Soissons, qui suppose encore que cette Charte justifie son époque de 1060.

Il est aisé après cela de juger pourquoi M. de Soissons n'a rapporté aucune de ces dates dans son Mémoire, & qu'il s'est contenté de les indiquer sommairement en marge. On ne croira pas qu'il ait appréhendé de faire un tros gros volume ; mais il se flattoit que l'on n'iroit pas vérifier tant de dates. On a pris cette peine cependant ; & par cette discussion on a reconnu que de tant de dates qu'il prétend soutenir l'époque de 1060, il y en a un grand nombre qui conviennent également à l'époque de 1061, qu'une partie des autres peut aussi s'adapter à celle de 1059, & qu'il y en a même une qui ne peut jamais s'appliquer qu'à l'époque de 1061.

Prévenons une objection de M. de Soissons. Par votre observation qu'il n'y a point de date de mois dans les Chartes, celle de Compiegne, dit-il, qui en 1085 dit que c'est la vingt-quatrieme année du regne du Roi Philippe I, pourroit aussi ne remonter qu'à une époque de 1062 ; ainsi elle seroit toujours différente des autres ? La réponse est facile : il est vrai que la Charte de Compiegne peut remonter à une époque de 1061, ou de 1062, comme celles que M. de Soissons nous oppose, peuvent convenir à une époque de 1060, ou de 1061 ; mais il suffit aux Religieux de Compiegne, que toutes ces Chartes puissent se réunir dans une même époque, pour qu'on ne puisse les critiquer

(a) *Mir. Diplom. Belg. l.* 1, *c.* 31.
(b) *Mir. Cod. Donat. Piar. cap.* 59.

les unes par les autres. Or, constamment il n'y en a pas une seule qui ne puisse remonter à une époque commune de 1061 : donc elles se soutiennent mutuellement, loin de se combattre. Quand on joint à cette preuve les autres Chartes citées par les Religieux de Compiegne, qui nécessairement ont la même époque que celle qu'ils ont produite, il faudroit être bien attaché à une si misérable critique, pour y insister.

Mais, dit M. de Soissons, ces autres Chartes qui se concilient avec la vôtre, peuvent être fausses, ou avoir été prises sur des copies infidelles : ces Auteurs ont cru ces Chartes sûres & antiques, & elles peuvent l'être en effet. Mais ceux qui les rapportent, ne les ont pas copiées sur les originaux mêmes ; ce sont des copies tirées sur des Cartulaires, ou sur d'autres copies. Etrange effet de la prévention ! A quel excès d'aveuglement ne porte-t-elle pas ! Ces Auteurs peu sûrs, dont les Bénédictins ont tiré les Chartes qu'ils opposent à M. de Soissons, sont les mêmes qui lui ont fourni les Chartes dont il se sert contre les Bénédictins, c'est Duchesne, dans ses preuves de la Maison de Montmorency, c'est Aubert le Mire, c'est Marlot dans sa Métropole de Rheims, &c. Les Chartes qu'ils rapportent, & que M. de Soissons croit convenir à son époque de 1060, elles sont toutes prises sur les originaux ; il ne faut pas soupçonner qu'on les ait empruntées de Cartulaires, ou de copies ; mais pour les Chartes que les mêmes Auteurs rapportent, & qui sont favorables aux Religieux de Compiegne, elles ne méritent aucune foi ; ce sont des copies de Cartulaires suspects, ou d'autres copies infidelles. Les hommes auront-ils donc toujours deux poids & deux mesures ?

Si les Religieux de Compiegne disoient à M. de Soissons : toutes vos Chartes sont fausses, elles n'ont été prises que sur des copies ; pour les nôtres, elles sont vraies & uniquement prises sur les originaux ; M. de Soissons se moqueroit d'eux, & il auroit raison. Ce qui seroit ridicule de la part des autres, est consacré quand c'est lui qui l'avance. Voilà cependant à quoi ont abouti tant de recherches, & de si grands efforts à contester un principe général, que l'équité a formé, que la nécessité de conserver la foi qui est due à tant de monumens respectables a soutenu, que tant d'Auteurs célebres ont embrassé, & contre lequel M. de Soissons, peu d'accord avec lui-même, ne s'éleve pas avec tant de fermeté qu'il ne soit obligé d'y recourir. Ces recherches se sont terminées à rassembler quelques Chartes qui conviennent autant à notre époque qu'à la sienne, & à en rejetter un grand nombre d'autres, quoique puisées dans les mêmes sources où il a pris les siennes. Ne valoit-il pas mieux garder le silence, que de tant écrire pour venir enfin échouer aux pieds de la raison ?

Les deux Chartes de Charles-le-Simple, de 917, & celle de Louis d'Outremer.

On réunit ces trois pieces, parce que la critique de M. de Soissons paroît leur être assez commune. Il faut observer d'abord que ces trois Chartes ne sont d'aucune conséquence pour la Jurisdiction de Compiegne : le seul objet dans lequel on les ait produites, a été de prouver que cette Eglise, dans sa naissance, avoit éprouvé un incendie, qui avoit obligé Charles-le-Simple de s'intéresser pour son rétablissement. Mais il n'y est point parlé de la Jurisdiction de cette Eglise; ce n'est que dans la Charte de Charles-le-Simple de 919, que l'on trouve des preuves de cette prérogative : & c'est précisément celle que M. de Soissons n'a pas entrepris de combattre. Ainsi, quand il pourroit parvenir à exciter des soupçons contre les autres, il ne feroit rien d'utile à sa cause. Mais on ne prétend pas lui céder un avantage dont il ne manqueroit pas de tirer quelque préjugé contre les autres titres de l'Abbaye. Il faut donc parcourir les différens traits de critique qu'il a imaginés contre ces Chartes.

A l'égard de la premiere, M. de Soissons, qui ne peut plus insister dans les moyens de faux qu'il avoit proposés autrefois, en imagine un nouveau, qui consiste en ce que le Roi a laissé en blanc dans la Charte le nom des Serfs qui appartenoient à l'Abbaye, & qu'il lui confirme. Mais on demande à M. de Soissons où il a trouvé que ce fût-là une preuve de fausseté ? *Il n'est pas vraisemblable*, nous dit-il, *qu'un Roi ait laissé à la discrétion des Chanoines de remplir à leur gré le vuide de ces Patentes.* Voilà donc M. de Soissons réduit à invoquer le secours des *vraisemblances*, lui qui nous reproche tant de recourir à de simples *présomptions*. Mais peut-il ignorer que les présomptions, qui suffisent pour soutenir des titres, ne suffisent pas pour les détruire ? Quand il ne proposera qu'une vraisemblance, ou qu'une présomption pour faire juger un titre faux, on sera toujours dispensé de lui répondre, d'autant plus qu'on peut encore rétorquer cette critique contre lui-même. Est-il *vraisemblable* qu'un Faussaire, qui fabriqueroit une piece, seroit assez timide pour ne pas remplir le nom des Serfs qu'il voudroit assujettir à son Monastere ? Est-il vraisemblable qu'on eût commis une fausseté pour ne rien donner à une Eglise, en faveur de laquelle on auroit tenté un coup si téméraire ? Le Faussaire n'auroit pas laissé son ouvrage imparfait, au lieu que le Chancelier du Prince a pu ne pas remplir un nom qui lui étoit inconnu, & que l'on pouvoit rétablir par la suite.

En cela il ne donnoit pas aux Chanoines tant de liberté qu'on le suppose; car premierement, ces espaces vuides sont très-petits; ils étoient même échappés à M. de Soissons dans une premiere lecture; on ne pouvoit donc pas y mettre beaucoup de noms: secondement, le nom des Serfs n'étoit pas équivoque; la possession publique le rendoit certain à Compiegne; c'étoient même des Serfs attachés à certain Domaine, en sorte que le Domaine étant nommé dans la Charte, les Serfs étoient suffisamment indiqués: il n'y avoit donc rien de périlleux dans ce vuide. Aussi le Pere Mabillon (a), qui a fait imprimer cette Charte, a lui-même fait remarquer ce vuide, & c'est de lui que M. de Soissons nous déclare qu'il l'a appris. Mais ce savant Religieux n'a pas cru que cela pût exciter le moindre soupçon contre la piece. Son suffrage, il est vrai, ne touche point M. de Soissons; mais il fera sans doute un autre effet sur les personnes équitables & désintéressées.

Les autres critiques que M. de Soissons avoit proposées contre cette piece, & qu'il résume dans son dernier Mémoire, *pour la rendre suspecte*, ne méritent pas que l'on s'y arrête. Le défaut de construction, le peu de liaison des parties de la piece, la maniere peu honorable dont Charles-le-Simple parle des Empereurs ses peres, le titre de Roi donné à Eudes, Sujet rébelle, le défaut de date, tout cela a été solidement détruit dans la premiere Réponse faite à M. de Soissons, en lui justifiant que ces prétendus défauts étoient les mêmes dans un grand nombre d'autres Chartes du tems. On ajoutera seulement un mot par rapport au défaut de construction, que M. de Soissons reproche à cette Charte, c'est qu'on s'est apperçu qu'il a supprimé un terme essentiel dans l'extrait qu'il en a donné pour exemple dans son premier Mémoire: ainsi il n'est pas extraordinaire qu'il y ait trouvé de l'obscurité & un faux sens, c'est le mot *Ecclesiis* qu'il a supprimé, & qu'on lit dans la Charte après le mot *prædiorum*. En lisant donc, comme il y a en effet: *si loca combusta prædiorum* (*Ecclesiis*) *aliquandò traditorum restaurando*, *&c.* on trouve un sens parfait, que tout Grammairien d'une médiocre capacité sera en état d'interprêter.

(a) *Diplom. p.* 561, 562.

Pour

Pour ce qui est du Roi Eudes, cet illustre Chef de nos Rois de la troisieme race, que M. de Soissons s'obstine à traiter de rébelle & d'usurpateur, on se contentera de le renvoyer aux anciens Historiens (*a*), dans lesquels il pourra voir que ce Prince fût élu d'un consentement libre & unanime de toute la Nation, qui le força en quelque maniere de monter sur le Trône; qu'il fut le protecteur du Roi Charles le Simple pendant sa minorité, & que ce dernier le reconnut pour Roi, par le partage de tout le Royaume, dont il convint avec lui.

M. de Soissons, convaincu de la légereté de sa critique, est réduit à dire que les autres Chartes qui ont fourni des exemples décisifs pour la confondre, sont peut-être fausses. *Quelle est la preuve*, dit-il, *que ces Chartes soient sûres & authentiques?* Ainsi M. de Soissons est prêt à trouver tout faux, tout supposé, pour sauver une malheureuse critique dans laquelle il s'est engagé inconsidérément. Mais on lui demande à lui-même *quelle est la preuve que ces autres Chartes soient fausses?* car un titre se soutient par lui-même, tant qu'il n'est pas détruit. On ne présume pas la fausseté; il faut qu'elle soit établie: cependant M. de Soissons, qui trouve mauvais qu'on soutienne des actes par des *présomptions*, croit qu'il lui suffit *de douter* pour les détruire. Si cela est, il a trop d'avantage sur les Bénédictins, il n'est plus permis d'écrire ni de combattre contre lui.

Le faux ne se présume point.

A l'égard de la seconde Charte de Charles le Simple, & de celle de Louis d'Outre-mer, M. de Soissons se plaint » de ce que » les Bénédictins, en lui répondant, ont divisé deux propositions » qu'il avoit réunies. Il avoit dit qu'il lui paroissoit difficile de » concevoir que les Chanoines de Compiegne fussent appellés » Cénobites dans ces Chartes, & qu'on leur donnât droit de » vendre entr'eux les maisons & les biens du Chapitre; qu'au lieu » de cela, on lui a fait un crime d'avoir été surpris de la qualité » de Cénobites donnée à des Chanoines, sans joindre, comme » a fait l'Evêque de Soissons, cette qualité avec le pouvoir de » vendre ». On s'en rapporte à toutes les personnes neutres qui prendront la peine de lire le premier Mémoire de M. de Soissons, s'il n'est pas évident qu'il a pris pour preuve de fausseté la qualité de Cénobites, donnée à des Chanoines, & celle de Monastere

(*a*) *Chron. S. Petri Vivi*, *Senon annal. Met*, *tom.* 3; *Duchesne*, *p.* 224. *Duchesne*, ibid. *pag.* 336 & 356. *Flodoard*. *Hist. Rem. l.* 4, *c.* 4.

à leur Eglise : on a donc eu raison de relever cette erreur.

Il ne la corrige pas dans la suite de son premier Mémoire, comme il le suppose dans le second ; car après avoir dit que l'on n'a pas dû appeller des Chanoines Cénobites, il a ajouté dans son premier Mémoire : » Les Bénédictins répondront sans doute » que ces Chanoines étoient des Chanoines Réguliers, qui vi» voient en commun dans un Monastere ; mais la Charte sup» pose qu'ils ont droit de se vendre & de se donner les uns aux » autres les habitations & le terrein circonvoisin de l'Abbaye. » Des Réguliers vivant en commun, quelque droit qu'ils pussent » avoir de posséder, avoient-ils la faculté d'acheter & de vendre » entr'eux les biens appartenans au Monastere » ? Voilà quelle a été la difficulté de M. de Soissons.

Pour la résoudre, les Bénédictins ont fait voir que les Chanoines étoient Cénobites, parce qu'ils vivoient en commun, & qu'ainsi on avoit dû leur donner cette qualité ; qu'ils n'étoient pas cependant Religieux ; qu'ils ne faisoient pas de vœux, & qu'ainsi ils pouvoient posséder séparément des biens de l'Eglise, & en commercer entr'eux. M. de Soissons dit que tout cela ne se concilie pas, la vie commune & le pouvoir de commercer entre les Chanoines les biens du Monastere. Il convient cependant ensuite que cela n'est pas impossible, mais que les termes de la Charte sont trop indéfinis, & qu'il faut supposer un partage de jouissance des biens communs, quarante ans après la fondation. Mais a-t-on besoin de répondre à ces petites difficutés auxquelles M. de Soissons se réduit ? Et n'est-ce pas abandonner de sa part un moyen annoncé d'abord avec tant de présomption ?

M. de Soissons fait encore quelques légeres objections au sujet de la même Charte de Charles le Simple. 1°. Il prétend que » les raisons que les Bénédictins ont données pour prouver que » l'usage des vœux pour les Chanoines Réguliers, n'est que du » onzieme siecle, ne le prouvent pas ». Ils avoient pourtant cité en marge l'Histoire Ecclésiastique de M. l'Abbé de Fleury, qui l'établit solidement.

2°. M. de Soissons prétend que les paroles qu'il lui plaît de rapporter de cette Charte de Charles le Simple, & par lesquelles ce Roi donne aux Chanoines de Compiegne la liberté de se vendre entr'eux les biens du Monastere & du Chapitre, *ne font point de construction* ; mais pourquoi en supprimoit-il le mot *potestatem*, qui est dans la phrase précédente ; mot qui se rapporte aux paroles qu'il cite, & qui fait un sens complet? On peut s'en convaincre dans la Diplomatique du Pere Mabillon (*a*), où cette Charte est imprimée.

3°. Un exemple d'une Charte semblable à celle de Compiegne, & tirée des Archives du Chapitre de Brioude, ne satisfait pas M. de Soissons, à qui ce Chartrier est suspect, sur-tout n'y ayant que ce seul exemple pour appuyer celui de Compiegne; mais puisqu'il n'est pas content de ces deux Chartes, on veut bien avoir égard à sa délicatesse, & lui en indiquer deux autres semblables (*b*), dans lesquelles la liberté donnée par les Rois Eudes & Louis d'Outremer aux Chanoines de S. Hilaire de Poitiers, *de se vendre entr'eux les biens du Monastére*, est exprimée en mêmes termes.

M. de Soissons insiste beaucoup plus sur un autre moyen tiré de la confusion qu'il prétend qu'on a faite dans la Charte, du fisc & de l'aleu. Il avoue cependant qu'il n'entend pas cette matiere; mais que la Providence est venue à son secours, & lui a suscité une main savante qui a composé pour lui un Mémoire : il le transcrit tout entier, & nous donne ainsi un ennemi invisible & inconnu, contre qui il veut que nous entrions en lice. Ce n'est pas, dit-il, un Jésuite; *il est bon d'en instruire les Réverends Peres, pour ne pas trop échauffer leur bile*. Il faut avouer que l'on n'avoit point encore entendu parler d'un genre de défense si singulier; il nous engage à faire d'abord quelques réflexions.

1°. Rien n'est plus capable d'accréditer la Cause de M. de Soissons, qu'un évenement de cette nature. Le Ciel s'intéresse pour lui; la Providence a connu son embarras; elle a voulu l'en tirer: elle a suscité un Défenseur généreux & zélé, qui a suppléé à son défaut de lumieres. Cet évenement ne tiendroit pas mal son rang dans un Poëme épique : on doute qu'il soit aussi bien reçu dans une contestation sérieuse.

2°. Les Bénédictins n'avoient pas eu tant de tort, dans leur premier Mémoire, de se jetter sur le Critique employé par M. de Soissons, & de justifier le Prélat qui avoit paru adopter toutes ses ignorances. Quoique M. de Soissons ait eu la générosité de se charger de tout, la vérité pénetre ici malgré lui, & nous sommes plus persuadés que jamais qu'il a peu de part à cette critique; car comme il n'entend rien à cette matiere de fisc, d'aleu, de fiscalin, de serfs, comment en auroit-il fait un moyen dans son

(*a*) *Mab. Diplom. p.* 561.
(b) *Besly, Poitou, pag.* 201 & 244.

premier Mémoire, s'il ne lui avoit été inspiré par ce Critique? C'est sans doute ce même Critique qui, demeurant toujours inconnu, veut aujourd'hui parler de son chef, & ne prétend plus que sa censure passe par le canal de M. de Soissons : c'est lui que la Providence anime & suscite. Nous avons donc un ennemi invisible sur qui tombent tous les reproches des Bénédictins.

3°. M. de Soissons nous apprend que l'Auteur de ce Mémoire n'est point un Jésuite : c'est un avertissement dont on lui est obligé. Les Bénédictins en effet auroient été fâchés d'avoir à combattre contre un Membre d'une Société qu'ils respectent : c'est des plus savans Auteurs de cette Société, que les Bénédictins ont tiré les lumieres qui ont le plus servi à leur défense ; ils auroient été très-mortifiés, si au lieu de la reconnoissance qu'ils leur doivent, ils avoient été obligés d'y reconnoître quelque ennemi, & de le combattre. Rien ne les gêne donc à l'égard de l'Auteur du Mémoire, ni le respect, ni la reconnoissance.

Il est *scandalisé* d'abord *des hauteurs que les Bénédictins prennent avec le Prélat* ; mais il se trompe, c'est avec lui-même, c'est avec le Critique que l'on prend toute la hauteur qu'inspirent la justice & la vérité ; & l'on ne voit pas ce qui pourroit retenir les Bénédictins, à l'égard d'un inconnu qui abuse à un tel excès du nom d'un Prélat respectable.

» Les Bénédictins se trompent grossierement, quand ils disent » que l'aleu comprenoit les fiefs dans le dixieme siecle. Comment » le prouve-t-on ? Par l'autorité de Balde, qui vivoit dans le quatorzieme siecle, & qui n'a parlé apparemment que de l'usage de » son temps, car il n'avoit aucune érudition ». Les Bénédictins ont cité Caseneuve, dans son Traité du Franc-aleu, qui rapporte le sentiment des Jurisconsultes, & entr'autres celui de Balde. Le Critique ne s'arrête qu'à Balde seul, & pour toute réponse il lui dit une injure. Est-ce donc là ce Mémoire descendu du Ciel ?

On veut bien se persuader qu'ils ont eu raison de croire que l'aleu étoit confondu avec le fief en quelques-uns des endroits qu'ils citent ; mais c'est que *ces biens, qui n'étoient pas de vrais aleux dans leur origine, ont été tels néanmoins dans le tems des Chartes*. Mais qu'importe par quel motif on ait confondu l'aleu & le fisc dans de certaines Chartes ? Il est toujours vrai, suivant l'Auteur même du Mémoire, qu'ils ont été quelquefois confondus : pourquoi n'auroient-ils pas pu l'être dans les Chartes de Compiegne ? Ce ne sera pas, si l'on veut, par le même motif, mais ce sera par quelque autre : il suffit qu'on ait pu les confondre, pour que ce ne soit plus une preuve de fausseté. Le Ciel n'est donc pas si fort contre les Bénédictins, qu'il ne parle aussi en leur faveur.

Par rapport au pouvoir donné aux fiscalins dans les Chartes, pouvoir que l'on a justifié par l'exemple d'autres Chartes, dans lesquelles il se rencontre de même, l'Auteur du Mémoire n'a trouvé d'autre solution que d'interpréter ces autres Chartes, non des biens que les fiscalins cultivoient, mais seulement des biens qui étoient dans la Seigneurie du Roi ; mais c'est étayer de prétendues preuves de fausseté sur des traductions arbitraires. D'ailleurs, dans l'un & dans l'autre cas, l'Eglise acquiert toujours aux dépens du Roi, qui perdoit au moins sa mouvance dans le cas des Chartes citées pour exemple. Pourquoi veut-on qu'il n'ait pas consenti de perdre une propriété qui lui étoit peu utile, & qui étoit presque consommée par les fiscalins ?

On ne voit donc pas que l'Auteur de ce Mémoire ait rendu un si grand service à M. de Soissons, qu'il l'imagine. Il a trop vanté les bontés de la Providence à son égard ; ce Mémoire est aussi foible que ce que M. de Soissons avoit proposé d'abord : aussi est-il évident que tout part de la même main.

M. de Soissons finit la critique de ces Chartes, en rappellant le défaut de date dans l'une, & les anathêmes qui sont dans toutes les deux ; & comme on lui a fait voir qu'il n'y a rien en cela d'extraordinaire & qui ne soit autorisé par d'autres Chartes, il répond qu'il n'est pas plus sûr de celles qu'on lui cite, que de celles qu'il attaque ; que tout lui est également suspect. En un mot, pour juger des pièces du dixieme siecle, il voudroit consulter les monumens de celui-ci : il n'y a point de Charte présentée par les Bénédictins, ou indiquée par eux dans d'autres Auteurs, qui ne devienne équivoque dès qu'elle ne favorise pas M. de Soissons.

Charte de Philippe I, de 1092.

M. de Soissons avoit proposé deux preuves de fausseté. La premiere, qu'on y nommoit un Maralledus, Archevêque de Rheims, quoiqu'il n'y en ait jamais eu de ce nom. La seconde, que l'on faisoit mention de plusieurs Evêques, comme présens dans le temps de la Charte, quoiqu'ils fussent morts plusieurs années auparavant. M. l'Evêque de Soissons convient qu'il s'est trompé dans la premiere critique, & qu'il y a dans la Charte *Manassedo*, & non *Maralledo*. Il se plaint seulement de ce que les Bénédictins n'ont pas relevé son erreur avec assez de charité : il auroit été à désirer qu'il leur en eût donné l'exemple.

Il convient encore, sur la seconde, qu'il a eu tort de dire que *l'on nommoit plusieurs Prélats comme présens* : il convient que la Charte parle d'un temps passé, *qui tunc congregati erant* ; mais il prétend qu'il n'est pas *vraisemblable* que Philippe I ayant, à la priere des Chanoines, accordé la confirmation de leurs biens, fait assembler des Evêques, & exigé d'eux une excommunication solemnelle, ce Prince ait attendu seize ans à faire expédier sa Charte, comme il le faudroit, puisqu'elle est de 1092, & qu'il y avoit un Evêque mort dès 1076.

Voilà M. de Soissons réduit encore à prouver la fausseté d'une Charte par une simple *vraisemblance*. A-t-il donc cru que cela pût suffire, lui qui n'admet pas les présomptions pour soutenir des titres ? Dans son premier Mémoire il nous annonçoit une preuve de fausseté manifeste, une Charte donnée en *présence* d'un Evêque mort plusieurs années auparavant ; il n'y avoit pas moyen de résister à cela : aussi M. de Soissons triomphant, insultoit avec hauteur à cette pièce. « Nonobstant toutes ces marques sûres de » fausseté, disoit-il, cette Charte, il faut l'avouer, est si bien fu» mée & si bien contrefaite, qu'il n'y a personne qui ne la prît » pour une pièce véritablement antique, & du onzieme siecle, » dont elle représente très-bien l'écriture ». Mais aujourd'hui il se radoucit : ce n'est plus une marque sûre de fausseté, car on ne dit pas que les Evêques fussent présens ; mais il n'y a pas d'apparence, il n'est pas vraisemblable que l'on eût attendu seize ans à faire expédier cette Charte. Si c'est là tout le refuge de M. de Soissons, cela ne valoit pas la peine de faire tant de bruit : il y a bien des choses qui ne paroissent pas vraisemblables, & qui ne laissent pas que d'être vraies, sur-tout quand il s'agit d'évenemens anciens. Il n'est pas facile de pénétrer dans les motifs qui ont pu faire retarder l'expédition de la Charte ; mais de ce qu'on ne les connoît pas, est-on en droit d'en conclure qu'il n'y en a pas eu ?

M. de Soissons, pour appuyer sa vraisemblance, appelle à son secours le nouvel Éditeur du Spicilege de Dom Luc d'Achery ; mais il tronque sa citation : il faut la rétablir, & l'appui de M. de Soissons va lui manquer. Celui qui a donné la derniere édition du Spicilege, avoit en main un exemplaire sur lequel le célebre Baluze avoit fait quelques notes. L'Éditeur nous rapporte celle que M. Baluze avoit faite sur cette Charte de Philippe I, de 1092 (*a*). *Baluzio libuit hoc loco attexere brevem notam ejus tem-*

(*a*) Spicil. edit. in-fol. tom. 1, p. 628.

poris quo Episcopi in his litteris nominati sederunt ; ea sic se habet. Jusqu'ici il n'y a que l'Editeur qui annonce la note ; voici la note même : *Manasses Remensis, ab anno 1070 ad annum 1085..... Walterius Trecensis non extat in catalogis. Goifridus Antissiodorensis, ab anno 1064 ad annum 1076.* Après la note finie, l'Editeur seul raisonne dans tout ce qui suit : *Hæc Baluzius exscripsit è catalogis sua ætate editis, quæ si quis vera esse contendat, simul hæc agnoscat necesse est : 1°. Litteras Philippi non illo anno esse scriptas qui in illis legitur : 2°. ne à Sammarthanis quidem hoc præceptum rectè ad annum 1080 revocatum fuisse : 3°. hoc præceptum editum esse anno saltem 1076. E quibus colligi fortasse potest irrepsisse mendum hoc loco, ac pro 92 legendum 72.*

Il est évident que cette conjecture n'est point l'ouvrage de M. Baluze, ni de Messieurs de Sainte-Marthe : c'est l'Editeur seul, qui n'ayant pas fait réflexion que l'on ne parloit de l'excommunication prononcée par les Evêques, que comme d'une chose passée, a voulu réunir la date de la piece qui énonce l'excommunication, avec celle de l'excommunication même. Dans cette idée, il a cru que la Charte pourroit être de 1072 ; mais comme cela ne se trouve pas, tout ce qui en résulte est que sa conjecture est fausse. Il ne faut pas en conclure pour cela que la piece ne soit pas vraie ; car, comme on l'a dit, on a pu en 1092 parler d'une excommunication prononcée plusieurs années auparavant.

M. de Soissons, après cela, a-t-il eu raison de dire que Messieurs *Baluze & de Sainte-Marthe n'ont pas cru que cette Charte pût être de l'année 1092 ?* Où trouve-t-on cela dans leurs Écrits ? La note de M. Baluze n'en dit rien ; c'est l'Editeur seul qui, rapportant cette note, en tire une fausse conséquence : mais elle n'appartient qu'à l'Éditeur, & non à M. Baluze. C'est encore l'Éditeur seul qui suppose que Messieurs de Sainte-Marthe prétendoient que cette Charte étoit de 1080 ; mais on ne trouvera point cela dans Messieurs de Sainte-Marthe, & M. de Soissons n'a pu indiquer en quel endroit de leurs Ouvrages ils ont ouvert ce sentiment. M. de Soissons ne doit donc pas vanter pour lui ces suffrages respectables ; ils sont purement supposés ; le seul qu'il puisse s'appliquer est la conjecture de l'Éditeur, qui a présumé une faute de copiste dans la date, qui a cru qu'elle se pouvoit rectifier, & qui, content de cette idée, n'a pas même pensé à rechercher si ce changement de date étoit nécessaire : c'est lui qui n'a pas fait attention au mot *tunc*, & qui par-là s'est jetté dans des réflexions inutiles. Mais pour Messieurs de Sainte-Marthe & Baluze, ils n'ont jamais été embarrassés de la date. Si M. de Soissons avoit rapporté la note entiere, telle qu'elle est dans l'Éditeur, on en auroit été convaincu, & il nous auroit épargné la peine d'une réponse.

A mesure que M. de Soissons avance, les preuves de fausseté se multiplient. » Cette Charte de Philippe I. confirme l'Église de S. » Germain à celle de S. Corneille, & elle leur avoit été donnée » par une Charte de Charles le Simple long-temps auparavant; ce- » pendant en la même année 1092, on voit une autre Charte du » même Prince, par laquelle il a obtenu cette même Eglise de » S. Germain de l'Évêque & de l'Archidiacre de Soissons, pour » la donner à S. Corneille. Tout cela ne peut se concilier; ainsi » ces Chartes doivent être fausses ».

La nouvelle Charte indiquée par M. de Soissons, & qu'on produira, puisqu'il le souhaite, n'est point datée; l'Auteur du *Factum*, d'où il l'a tirée, s'est trompé en cela. Elle justifie que cette Église de S. Germain avoit été usurpée sur S. Corneille par l'Évêque & l'Archidiacre de Soissons, & que ce Prince en fit faire la restitution. Il n'est pas extraordinaire après cela que Philippe I. ait confirmé le droit de S. Corneille sur l'Église de Saint Germain; droit plus ancien, & qui avoit été seulement rétabli sous son regne. Et quand on supposeroit que ce Roi auroit commencé par confirmer la donation d'un de ses prédécesseurs, & qu'ensuite étant informé que les Religieux n'en jouissoient pas, il auroit fait cesser l'usurpation, il n'y auroit rien en cela que de naturel, & la prétendue contradiction dont parle M. de Soissons, ne seroit qu'une chimere.

Charte de Louis VII.

M. de Soissons reconnoît que plusieurs des preuves de fausseté qu'il avoit alléguées contre cette Charte, portent à faux. La qualité de Reine donnée à la mere de Louis le Jeune, quoique remariée à Matthieu de Montmorency, lui avoit été conservée. Cette Princesse n'étoit pas Régente du Royaume, & les termes, *annuente matre Regina*, ne signifient qu'un simple consentement par rapport aux droits que cette Princesse avoit sur le Domaine de Compiegne. M. de Soissons se rend aux leçons qu'on lui a faites sur ces premieres critiques.

A notre tour, nous sommes prêts à déférer aux réflexions qu'il a faites sur cette Charte, & de la reconnoître pour originale, quoique

quoique l'on eût pensé d'abord que ce ne fût qu'une copie du tems. On n'avoit pas remarqué avec autant d'exactitude qu'a fait M. de Soissons, qu'il y avoit au bas de la Charte un trou, où il paroît que l'on avoit passé les traits pour suspendre le Sceau ; & on n'avoit pas fait attention que Louis-le-Jeune est le (a) premier de nos Rois qui ait mis un Sceau pendant à ses Chartes. Nous voilà donc réciproquement rectifiés, & toujours à l'avantage des Bénédictins, puisqu'ils ont une Charte originale, contre laquelle il ne subsiste plus qu'un seul prétendu moyen de faux.

Il est tiré de la date de la piece, « qui ne se peut concilier, dit-» on, avec l'Histoire. Louis-le-Jeune fut sacré en 1131, & son » pere mourut en 1137 : on ne pouvoit dater que de l'une ou » l'autre de ces époques. Cependant une Charte de 1150 est datée » de la quinzieme année du Regne du Roi : ce qui supposeroit » qu'il seroit monté sur le Trône en 1135, ce qui est manifes-» tement faux ; & par conséquent la Charte peche dans un point » essentiel ».

Par cette seule critique dans laquelle insiste M. de Soissons, nous voilà retombés dans la question de la variété des époques ; question que l'on croit avoir assez traitée, pour être dispensés de l'agiter une seconde fois, à l'exemple de M. de Soissons. Les deux époques qu'il propose sont vraies ; mais il peut y en avoir une troisieme : on l'a même indiquée dans le premier Mémoire des Bénédictins, sur la foi du Pere Daniel, Jesuite. Car, quoique M. de Soissons fasse tous ses efforts pour mettre les Bénédictins aux prises avec cette savante Société, c'est toujours de ses lumieres qu'ils se servent pour résoudre les difficultés qu'il excite.

Ce fut en 1135, suivant cet Historien (b), que Louis-le-Jeune fut chargé, par son pere encore vivant, du poids de l'administration publique, & qu'il commença véritablement à regner. Ce qu'il a avancé est conforme à tous les Historiens contemporains. Ordericus Vitalis parle de la maladie de Louis-le-Gros en 1135, de l'exténuation dans laquelle il étoit tombé, & de la résolution qu'il prit de remettre le Royaume à son fils (c) : *Filio quoque suo Ludovico Floro regnum Galliæ commisit.* L'Abbé Suger, témoin oculaire, qui rapporte les mêmes circonstances,

(a) *Diplom.* p. 428.
(b) *Daniel, Hist. de France*, éd. in-fol. p. 1164 & *seq.*
(c) *Order. Vital.* p. 901.

s'exprime encore dans des termes plus forts : (*a*) *Videntibus cunctis, tam Clericis, quàm Laïcis, Regem exuens regnum deponit ; peccando regnum administrasse confitetur, Filium suum Ludovicum annulo investit.*

On ne peut pas douter après cela que Louis-le-Jeune ne soit véritablement devenu Roi en 1135, & que cette réponse ne fût véritablement celle du commencement de son Regne, plutôt que la mort de son pere. Cependant, M. de Soissons regarde cet événement comme un objet indifférent, qui n'a jamais pu être considéré dans les dates que l'on a données au regne de ce Prince. « Parce que Louis-le-Gros pensa mourir en 1135, & » qu'alors il donna son anneau à son Fils déja sacré, s'ensuivra-t-il » qu'on aura compté de cette époque le commencement d'un » regne qui ne commença pas » ? Qui ne commença pas ? Mais qui l'a dit à M. de Soissons, que le regne de Louis-le-Jeune ne commença pas alors ? En est-il plus instruit que l'Abbé Suger, témoin oculaire, qui nous dit précisément que Louis-le-Gros *Regem exuens regnum deponit ?* Le pere n'a pu cesser d'être Roi, que le Fils ne le soit devenu. En est-il plus instruit qu'Ordericus Vitalis, qui dit que Louis-le-Gros, *Ludovico Filio regnum commisit ?* Car ce Royaume confié à un Roi déja sacré est un véritable commencement de regne. Cependant il plaît à M. de Soissons de dire simplement que le pere mit un anneau au doigt de son fils, comme s'il ne lui avoit fait présent que d'une bague, & non d'un Royaume. Est-il permis de s'arrêter ainsi à la cérémonie extérieure, sans considérer ce qui est indiqué par cette même cérémonie ?

Voilà donc une époque bien solemnelle du commencement du regne de Louis-le-Jeune, & peut-être la seule à laquelle on auroit dû s'attacher. Sera-t-on surpris après cela qu'en 1150 on ait daté une Charte de la quinzieme année du Regne de ce Prince ? Mais quand le motif de cette époque ne nous seroit pas connu, faudroit-il pour cela douter de la vérité de la Charte ? Et n'est-il pas évident qu'après tant de siecles on auroit pu perdre les traces d'une époque singuliere, qui auroit été cependant suivie alors dans quelque Charte ? M. de Soissons est intraitable sur ce point : « C'est supposer dans les Chancelleries des siecles » passés un désordre & une variation ridicule ; c'est regarder » ceux qui gouvernoient les Chancelleries, comme des extra-

(*a*) *Suger. vit. Ludovic. Grossi, tom.* 4, *Duchesn. p.* 319 *& seq.*

» vagans ; c'eſt ſe jetter dans des difficultés dont on ne ſe tirera » jamais ; c'eſt retrancher la marque la plus ſûre & la plus évi- » dente de fauſſeté dans les Titres, canoniſer toutes les fautes » des Copiſtes, & autoriſer toutes les pieces des Fauſſaires : » il n'y aura plus que confuſion & que tenebres dans notre » Hiſtoire ».

Qui ne ſeroit effrayé de ce déſordre univerſel ! Cependant M. de Soiſſons qui l'exagere avec tant d'emphaſe, eſt lui-même complice de tous les maux que le ſyſtême de la variation dans les époques va produire. On a déja vu que ſur le regne de Philippe I. il admet trois manieres de dater dans les Chartes de ce Prince, en donnant trois époques différentes à ſon regne ; la premiere, depuis 1059, tems de ſon Sacre ; la ſeconde, depuis 1060, tems de la mort de ſon pere ; & la troiſieme, dans le Concile de Toulouſe de 1068, où on ne lui donne que deux années de regne, en commençant depuis la fin de la tutelle de Baudouin, Comte de Flandres. Les Chanceliers & les Notaires pouvoient dater indifféremment de ces époques, ſelon lui. Il eſt donc lui-même le plus ferme appui du ſyſtême des variations. Ce qu'il a fait ſur le regne de Philippe I, il le fait encore ſur le regne de Louis-le-Jeune : il reconnoît lui-même deux époques ; celle de 1131, tems de ſon Sacre ; celle de 1137, tems de la mort de ſon pere. Qui le croiroit, que l'ennemi déclaré de la variété des époques, qui tonne avec tant de zele contre un ſyſtême qui paroît ſi funeſte, en adoptât lui-même tant de différentes à chaque regne ?

Pour revenir à celle de Louis-le-Jeune de 1135, elle eſt ſi naturelle, qu'il a bien plus tort d'y réſiſter qu'à aucune autre, d'autant plus qu'on la trouve employée dans beaucoup de pieces qui ne ſortent point du dépôt empoiſonné des Chartriers Monaſtiques, mais des Archives des Cathédrales. Les Bénédictins ont déja cité dans leur Mémoire trois Chartes de Samſon, Archevêque de Rheims, dont les dates reviennent à celle de la Charte de Compiegne ; ils peuvent en ajouter une quatrieme du même Prélat, qui date (a) ainſi : *Actum Remis, anno Incarnati Verbi M. C. XLII. Indictione V. regnante Ludovico, Francorum Rege, anno ſeptimo.*

M. de Soiſſons, pour éluder une autorité ſi accablante, cite une Charte du même Archevêque, ainſi datée : *Actum Remis,*

(a) *Gallia Chriſtiana*, tom. 1. p. 516.

anno M. C. LIX. Indictione VIII. regnante Ludovico, Rege Francorum, anno XXII. Il prétend que cette Charte convient avec l'époque du premier Août 1137, jour de la mort de Louis-le-Gros, & qu'elle seule est capable de détruire toutes les autres Chartes citées du même Prélat. Mais M. de Soissons, avec sa permission, n'a pas bien calculé : cette Charte est en effet de l'Indiction VIII ; & cette Indiction n'a pu commencer en 1159, qu'après le premier de Septembre. Or, au mois de Septembre de l'an 1159, Louis-le-Jeune devoit être dans la vingt-troisieme, & non dans la vingt-deuxieme année de son regne, qu'il devoit avoir finie au premier d'Août précédent, suivant l'époque de l'an 1137.

Au reste, si M. de Soissons n'est pas content des exemples qu'on lui a déja cités pour l'époque de 1135, on va en ajouter plusieurs autres, après avoir remarqué en passant que des quatre Chartes qu'il a trouvées pour l'époque de 1137, il y en a deux qui ne la prouvent pas nécessairement, puisqu'elles peuvent être rapportées à un commencement de regne en 1136. Les exemples qu'on lui rapportera, & qui sont en plus grand nombre, excluent absolument l'époque de 1137, & peuvent fort bien convenir à celle de 1135. Telles sont deux Chartes du Roi Louis-le-Jeune, citées par François Duchesne dans son Histoire des Chanceliers de France (a), & qui sont, à ce qu'il paroît, au trésor des Chartes du Roi. L'une est datée de l'an 1138, la troisiéme année du regne de Louis ; & l'autre de l'an 1139, la quatrieme année du même Prince. Une troisieme date ainsi : (b) *Actum est hoc publicè apud S. Leodegarium de Aquilina, anno Incarnationis Domini M. XXXIX. regni autem nostri IV.* Le Pere Labbe (c) cite encore deux Chartes de Louis le-Jeune, dont l'une est de l'an 1152, la dix-septieme année de son regne ; & l'autre de la dix-huitieme, & de l'an 1153. On se contentera d'en indiquer quelques autres (d) qui datent de même.

Que peut répondre à cela M. de Soissons ? Que l'on a cru ces Chartes vraies, mais qu'elles sont fausses, ou que les imprimés sont fautifs. Mais ne craint-il pas que, guidés par son exemple, les Bénédictins à leur tour ne lui disent : ce sont vos Chartes qui paroissent avoir pris pour époque l'année 1137, qui sont fausses à

(a) *Duchesne Chancel. p. 187 & seq.*
(b) *MS. de Gagnieres, Bibliotheque du Roi.*
(c) *Labbe, Elog. Hist. p. 187.*
(d) *Marca, Hispan. pag. 1294, p. 1321 : Marier, Histor. Sancti Martini à Campis, p. 519.*

Les ignorans qui les ont fabriquées, ont cru que parce que Louis-le-Gros n'étoit mort qu'en 1137, son fils n'avoit commencé à regner que dans cette année : ils ignoroient que dès 1135 le Roi Louis-le-Gros s'étoit démis, *Regem exuens regnum deponit.* Ce raisonnement auroit au moins autant de force que celui de M. de Soissons.

Il paroît inutile après cela d'examiner si ce fut en 1137, ou en 1136, que Louis-le-Jeune épousa l'Héritiere d'Aquitaine, qu'il fut couronné à Bordeaux, & entra en possession de ses Etats. Les Bénédictins ne l'ont point avancé dans leur Mémoire ; ils ont dit seulement que l'Abbé Suger, qui étoit présent à cet événement, en parle COMME *s'il s'étoit passé en 1136.* Cependant, M. de Soissons dans sa réponse leur fait dire purement & simplement, qu'*en cette même année 1136 il avoit été couronné à Bordeaux en épousant l'Héritiere de Guienne* ; & il fait de grands efforts pour prouver que cela n'est arrivé qu'en 1137. Mais cela est étranger à notre question, & ne prouve point que les Bénédictins aient *osé avancer des faits aisés à convaincre de fausseté* ; puisqu'ils ont dit seulement que l'Abbé Suger parloit comme si le couronnement de Louis-le-Jeune à Bordeaux étoit de 1136 ; ce qui n'est qu'un simple doute proposé, & non un fait articulé positivement, comme on le suppose.

En un mot, toute la critique contre cette Charte se réduit à supposer qu'en 1150 on n'a pas pu dater de la quinzieme année du Regne de Louis-le-Jeune, ce qui répond à l'époque de 1135. Mais M. de Soissons, qui admet plusieurs époques pour les dates du regne de ce Prince, peut-il rejetter celle-ci établie par les Historiens contemporains & les monumens du tems, & qui est en effet la plus juste de toutes les époques par lesquelles on ait pu commencer à compter son Regne ?

Bulles taxées de faux par M. de Soissons.

Pour suivre l'ordre des dates, il faut s'attacher d'abord à la Bulle de Calixte II de 1118. On a remarqué dans le Mémoire des Bénédictins, que la critique de M. de Soissons n'a pu mordre sur cette piece, & que c'est par cette raison qu'il n'en a parlé qu'après avoir parcouru toutes les Bulles qu'il suppose fausses, parce que l'authenticité de cette premiere Bulle auroit décrié les reproches faits à celles qui sont postérieures.

M. de Soissons voudroit bien aujourd'hui la rendre suspecte au moins de clandestinité, dans le tems qu'elle a été obtenue. Mais c'est encore reconnoître sa vérité ; ce qui suffit dans cette partie de la cause, où l'on ne discute que la vérité des actes. Il ajoute que ce n'eſt point par artifice qu'il a dérangé l'ordre des dates, & qu'il a fait paſſer toutes les autres Bulles en revue avant que de parler de celle-ci, qui cependant les précéde toutes. Il faut l'en croire ſur ſa parole, & nous contenter de cet aveu important, que la premiere de toutes les Bulles produites, Bulle antérieure à l'introduction des Religieux dans Compiegne, Bulle qui établit clairement la ſoumiſſion de cette Abbaye au Saint Siege; que cette premiere Bulle, dit-on, ne préſente que des caracteres de vérité qui la rendent reſpectable.

Par rapport à toutes les autres, au lieu de les prendre par ordre de dates, M. de Soiſſons réduit toute ſa critique à trois moyens généraux. Le premier conſiſte dans la conformité ou dans la différence des ſignatures. Le ſecond, dans le défaut d'ortographe des noms de quelques Cardinaux; & le troiſieme, dans les erreurs de pluſieurs dates.

Premier moyen. On en trouve l'application dans la Bulle d'Eugene III; elle eſt ſignée de Nicolas, Evêque d'Albano, qui eſt devenu Pape depuis ſous le nom d'Adrien IV. « Ces deux ſignatures de la même perſonne ſont parfaitement conformes: or, la » Bulle d'Adrien IV eſt fauſſe, ſi on conſulte ſa date; donc celle » d'Eugene III doit être fauſſe auſſi: car ſi la même main a formé » les deux ſignatures, & que l'une ſoit fauſſe, il faut que l'autre » le ſoit auſſi ».

A ce moyen les Bénédictins ont fait deux réponſes. La premiere eſt, que la Bulle d'Adrien IV n'eſt point fauſſe: ainſi le raiſonnement porte à faux. La ſeconde eſt, que quand la Bulle d'Adrien IV ſeroit fauſſe, la conſéquence que l'on en tire ſeroit abſurde; la véritable ſignature de Nicolas, Evêque d'Albano, dans la Bulle d'Eugene III, ayant pu être parfaitement imitée dans la Bulle d'Adrien IV, que l'on ſuppoſe être fauſſe. M. de Soiſſons ne peut diſconvenir de la ſolidité de cette réponſe; il a beau dire que l'art n'imite jamais parfaitement la nature, & qu'il y a toujours quelque différence entre la copie & l'original: car outre qu'il y a des fauſſaires ſi habiles, que l'on s'y trompe; s'il y avoit quelque différence, elle ne ſeroit entrevue avec peine que par les Experts les plus conſommés dans la connoiſſance de ces anciennes écritures; & M. de Soiſſons n'a pas encore acquis ce dégré d'expérience.

Auſſi eſt-il réduit à imaginer une autre défaite. Si la Bulle d'Eugene III, dit-il, avoit été vraie, on ne ſe ſeroit pas aviſé d'en fabriquer une fauſſe ſous le nom d'Adrien IV; ainſi, comme la derniere est fausse, il faut que la premiere le soit aussi. Quel excès d'égarement dans cette maniere de raisonner! 1°. On table toujours sur la prétendue fausseté de la Bulle d'Adrien IV ; ce qui est une supposition grossiere. 2°. Quand elle seroit fausse, quelle conséquence contre une Bulle antérieure, à qui on ne peut rien reprocher? Dès qu'il y aura une Bulle fausse dans un Chartrier, il faut que toutes les autres périssent, comme si on ne pouvoit pas fabriquer une piece dans la vue d'augmenter le nombre des Titres. On ne fait ces réflexions que pour découvrir le faux qui regne par-tout dans les raisonnemens de M. de Soissons; car au fond, la Bulle d'Adrien IV n'est pas moins vraie que celle d'Eugene III.

Qu'il répete après cela ce qu'il avoit dit dans son premier Mémoire sur les différences ou conformités de quelques signatures; on ne peut lui répondre aussi que ce qu'on a déja dit, que son imagination lui fait voir les objets tels qu'ils conviennent à ses intérêts, & qu'il ne raisonne que sur des choses si indifférentes, que quand elles seroient aussi certaines qu'elles sont supposées, il n'en pourroit tirer aucune conséquence.

Un même Cardinal a signé deux Bulles en des tems différens, les signatures ne sont pas exactement conformes : donc les Bulles sont fausses. Est-ce donc là raisonner? *Mais*, dit-on, *vous ne niez pas la différence que je vous oppose*. On se trompe à plaisir. Les Bénédictins ne sont jamais convenus de ces prétendues différences, & les nient même formellement. Mais quand une critique est si frivole & si chimérique ; quand la conséquence est si absurde, il est permis de passer indifféremment sur le fait, pour faire voir le ridicule du moyen en lui-même.

Mais, ajoute-t-on, *ce n'est pas seulement un air de conformité, & quelque sorte de différence que je vous reproche, je me suis borné à ce qui est évident, & ce qui a paru tel, non à moi, mais à des gens de bonne foi, connoisseurs & non prévenus. Ce sont eux qui ont vu des signatures tracées par des mains qui se forcent, qui tirent des traits allongés à dessein, qui défigurent les lettres par des ornemens postiches, & qui répetent ces ornemens à différentes signatures, presque sans nulle variation.*

Voilà donc encore M. de Soissons guidé par des connoisseurs. N'est-ce pas-là le critique que les Bénédictins ont toujours combattu? *Ces gens*, dit-on, *sont de bonne foi, connoisseurs & non prévenus*. C'est le moindre effet de la reconnoissance de M. de Soissons, que de leur prodiguer ainsi des éloges : ils l'ont servi avec trop de zele, pour qu'il ne leur en témoigne pas publiquement sa gratitude. Mais le Public, sans les connoître, mais les Bénédictins, qui n'ont pas les mêmes motifs de reconnoissance, leur doivent-ils aveuglément attribuer tant de talens? Et qu'ont-ils découvert, ces grands connoisseurs? *Des signatures tracées par des mains qui se forcent.* Mais cela est-il aisé à appercevoir? Les Experts les plus versés dans la connoissance des écritures modernes, s'y trompent tous les jours, & les connoisseurs de M. de Soissons seront infaillibles? *Des traits alongés à dessein:* ces connoisseurs pénetrent donc dans les cœurs de gens qui sont morts depuis plusieurs siecles. *Des lettres défigurées par des ornemens postiches:* mais que veut dire ce verbiage? Ne peut-on pas mettre des ornemens à des lettres & à des figures véritables? *Ces ornemens répétés à différentes signatures sont presque sans nulle variation.* Mais il y a donc quelque variation: & pourquoi ne veut-on pas que deux personnes mettent des ornemens *presque* semblables à leurs signatures?

Experts les plus versés se trompent dans la vérification des Ecritures les plus modernes.

Pouvoit-on mieux manifester la chimere de ces moyens? Mais quand deux signatures de la même personne en des tems éloignés seroient encore plus différentes, quand il y auroit encore plus de conformité dans les signatures de différentes personnes, ces variétés seroient toujours des objets indifférens; & jamais on n'auroit imaginé qu'on en pût faire des prétextes de rejetter des Bulles comme fausses.

« Mais si ces circonstances prises séparement ne sont pas une » preuve de fausseté, elles la démontrent quand elles sont réu- » nies ». Quoi! il suffira de multiplier à l'infini de puériles observations, & quelque foibles qu'elles soient, elles deviendront décisives, parce qu'on n'en aura pas ménagé le nombre? Si cela est, M. de Soissons aura toujours raison, & toutes nos Bulles seront fausses; car le Critique dont il se sert est inépuisable en observations, misérables à la vérité, mais qui l'emporteront par le nombre.

Second Moyen. « La seconde preuve de fausseté est une diffé- » rence d'ortographe qui se remarque, dit-on, dans les signatures » des mêmes personnes. Le même Cardinal signe quelquefois » *Aribert*, & quelquefois *Arribert*; un autre, *Ardition*, & *Ardi-* » *cion*; un autre *Jacintus* & *Jacinctus*; un autre enfin, *Odo* & *Oddo*. » Il est impossible que ces signatures d'une ortographe différente » partent de la même main: chacun a contracté une telle habitude » de signer son nom, qu'il est impossible qu'il tombe dans de » telles variations ».

Pour

Pour impossible, c'est manifestement aller trop loin; car enfin ces modiques différences peuvent parfaitement se trouver sans mystere dans des signatures de la même personne: on peut se tromper dans une signature négligée, on peut par précipitation oublier une lettre, ou en substituer une autre; il y a même des noms qui s'écrivent différemment, & ces variétés n'ont jamais été regardées comme le plus léger indice de fausseté.

Pour fortifier cette défense, on a même cité à M. de Soissons plusieurs exemples de pareils changemens dans les titres les plus respectés. On peut en ajouter encore d'autres tirés de nos Auteurs les plus exacts (*a*), où les mêmes Cardinaux, ceux qui ont signé les Bulles de Compiegne, ortographient différemment leurs noms dans différentes Bulles. Pour convaincre entierement M. de Soissons que ce ne sont point des fautes d'impression, on peut citer aussi les originaux des signatures des deux Conciles de Pistes, de l'an 861, & de l'an 864, & du Concile de Soissons, de l'an 862, que le Pere Mabillon (*b*) a fait graver dans sa Diplomatique. On y remarquera que Venillon, Archevêque de Sens, signoit tantôt Vuenilo avec un *E*, tantôt Vuanilo avec un *A*. Qu'Herpuin, Evêque de Senlis, a souscrit dans un endroit Herpuinus, & dans l'autre Erpuinus sans *H*. On y pourra voir encore la signature de plusieurs autres Prélats, qui n'ont pas moins varié dans l'ortographe de leur nom, que pour la forme du caractere. Ces Evêques, en signant si différemment en diverses années, avoient-ils oublié leur nom?

M. de Soissons ne se rend ni aux raisons, ni aux exemples: un homme ne change jamais rien, selon lui, à sa signature, & tous les titres, dans lesquels cela se trouve, sont faux, ou altérés. Comment convaincre une telle obstination? Il faut en appeller au jugement du Public & des personnes équitables, & négliger de si frivoles critiques, pour passer à quelque chose de bien plus important, & qui est véritablement digne de l'attention du Public.

Troisieme Moyen. M. de Soissons a soutenu que les Bulles de Cour de Rome étoient datées anciennement en comptant chaque année de Noel, ou du premier Janvier, & que l'Indiction pontificale employée dans les mêmes Bulles, commençoit comme celle de nos Rois, au premier Septembre. Ce sont

(*a*) *Labbe, Concilior. tom.* 10, *p.* 1055 & *seq. Marca, Hispan. p.* 1334, 1336, 1338.

(*b*) *Diplom. lib.* 5, *p.* 453, 454, 458.

ces deux principes que l'on a taxés d'erreurs dans le Mémoire des Bénédictins. M. de Soissons prétend soutenir ces principes, & il assure *qu'ils sont connus de tous ceux qui manient les livres.* C'est ce qui nous oblige de le suivre exactement, parce que ce ne sont pas ici des minuties, comme dans les deux premiers moyens, mais des objets d'une extrême conséquence pour conserver la foi de tous les monumens de l'Eglise de Rome. Commençons donc par examiner si dans les Bulles qui s'expédioient à Rome pendant les onze, douze & treizieme siecles, on comptoit les années du premier de Janvier, comme le prétend M. de Soissons, ou du 25 de Mars, comme les Bénédictins l'ont soutenu; car ils conviennent qu'il ne s'agit pas de l'usage présent de la Cour de Rome, mais de celui que l'on suivoit dans ces siecles éloignés.

Il faut pourtant observer d'abord que l'usage de l'Eglise Romaine, de ne compter les années dans la date des Bulles que du 25 de Mars, usage reconnu par M. de Soissons depuis trois cens ans, est un grand préjugé en faveur des Bénédictins pour les temps antérieurs; car au moins il rejette sur M. de Soissons la nécessité de prouver quand & comment se seroit fait le changement qu'il suppose. Dans toutes les autres expéditions de Cour de Rome, on compte les années du premier de Janvier; dans l'usage ordinaire des Peuples, on suit à Rome le même calcul: pourquoi s'en seroit-on écarté dans les Bulles? Pourquoi auroit-on pris une autre époque contraire à celle des siecles antérieurs, & contraire à l'usage des autres expéditions? Ne voit-on pas manifestement que cette maniere de dater dans les Bulles, qui sont les titres les plus solemnels, n'a été conservée que pour se conformer aux usages de l'antiquité? Mais ce n'est point assez de raisonner par des préjugés: il faut convaincre & entraîner par des raisons invincibles, en réfutant celles de M. de Soissons.

Deux grands hommes ont traité avant nous cette question importante; ils l'ont traitée à fond; ils ont fait des volumes entiers pour l'éclaircir; & comme ils ne cherchoient l'un & l'autre que la vérité, après avoir été fort éloignés d'abord de sentiment, ils se sont rapprochés peu à peu, & se sont enfin réunis par l'évidence des preuves qu'ils se sont fournies réciproquement. Ces deux célebres Auteurs sont les Peres Papebrock, Jésuite, & Mabillon, Bénédictin. Voici quel a été le progrès de leurs écrits sur cette matiere, que M. de Soissons s'est bien gardé d'expliquer, & qui fait cependant le dénouement de toutes les difficultés dont il voudroit embarrasser un point si bien éclairci.

Le Pere (*a*) Papebrock avoit cru d'abord, sur l'autorité de Paul de Middelbourg, que le Pape Eugene IV, qui occupoit le Saint Siege dans le quinzieme siecle, étoit le premier qui avoit introduit l'usage de dater de l'Incarnation, & qu'auparavant on ne mettoit point dans les Bulles l'année de Jesus-Christ, ni en la prenant de la Nativité, ni en la prenant de l'Incarnation. Le Pere Mabillon, dans sa Diplomatique (*b*), combattit ce sentiment avec force ; il fit voir que l'usage de dater de l'Incarnation étoit bien plus ancien ; qu'à la vérité ce terme de l'Incarnation que l'on employoit, ne se prenoit pas ordinairement du 25 de Mars, qui est véritablement le temps de l'Incarnation ; mais qu'il se prenoit le plus souvent du premier de Janvier, ou de la Fête de Noël, confondant ainsi souvent la Nativité de Notre-Seigneur avec l'Incarnation. Le Pere Mabillon reconnoissoit cependant qu'il y avoit quelques Bulles dans lesquelles on ne faisoit commencer l'année qu'au 25 de Mars.

Le Pere Papebrock (*c*) ayant lu la Diplomatique, fut touché de la force des preuves du Pere Mabillon, pour justifier que l'usage de dater de l'Incarnation étoit beaucoup plus ancien qu'Eugene IV ; il fut convaincu que cela remontoit jusqu'au temps de Leon IX, c'est-à-dire, au milieu du onzieme siecle ; mais ayant examiné dans la suite plus attentivement cet usage, il ne fut pas persuadé que ce terme de l'incarnation employé dans les Bulles, se rapportât plus communément au premier de Janvier ou à Noël, comme le Pere Mabillon l'avoit cru ; & après avoir déféré à son sentiment dans la premiere partie, il crut lui-même pouvoir s'en écarter dans la seconde. Il convint avec le Pere Mabillon que l'on datoit de l'Incarnation bien avant Eugene IV, mais il soutint que cette époque de l'Incarnation se prenoit (*d*) plus souvent, sur-tout depuis le douzieme siecle, du 25 de Mars, & non du premier Janvier.

Les Peres Papebrock & Mabillon conviennent que la Cour de Rome faisoit autrefois commencer l'année au 25 Mars.

Les nouveaux écrits du Pere Papebrock ayant été sérieusement médités par le Pere Mabillon, il se rendit à son tour aux lumieres de ce savant Critique ; & dans le Supplément à sa

(a) *Papebr. tom.* 2, *April. Propyl. n.* 129.

(b) *Diplom. p.* 183 *& seq.*

(c) *Papebr. Conat. Chronico - Histor. ad Catal. Roman. Pontif. part.* 1, *p.* 190, *n.* 8.

(d) *Papebr. ibidem, part.* 1, *p.* 196 ; *part.* 2, *p.* 20, 21, 24, 37, 65, 117, *&c. Append. Conat. p.* 168, *Paralipom. ad Conat. p.* 100.

Diplomatique ; il convint (*a*) de bonne foi que l'année de l'Incarnation employée dans les anciennes Bulles, c'est-à-dire, afin de ne point s'exposer au reproche de chercher des équivoques, dans les Bulles depuis Leon IX, se prenoit ordinairement du 25 de Mars, & plus rarement du premier de Janvier. Ainsi se trouverent enfin d'accord les deux plus savans hommes du dernier siecle sur une question si importante, qui les avoit d'abord divisés. Ils ne cherchoient qu'à éclaircir la vérité, & l'un ne fut jamais jaloux de la dévoiler à l'autre ; au contraire ils la recevoient avec plus de joie qu'ils ne la communiquoient.

Que fait M. de Soissons pour écarter les preuves convaincantes qui naissent de ces ouvrages, contre le faux principe qu'il s'est fait un point d'honneur de soutenir ? Il ne prend que ce que le Pere Mabillon avoit dit dans sa Diplomatique, pour établir que l'année de l'Incarnation, dont on datoit les anciennes Bulles, se comptoit du premier Janvier, & non du 25 de Mars. *Ad hæc Incarnationis annus desumitur à Kalendis Januarii, non ab Annuntiatione, nisi rariùs, & cum annis à Nativitate confunditur.* Sur quoi il se récrie, *cela est-il précis ? Les Bénédictins sont-ils contens ?* Oui, sans doute, cela est précis ; mais cela a été combattu par le Pere Papebrock, & avec de si solides raisons, que le Pere Mabillon a été obligé de s'y rendre. Est-il permis de triompher de l'opinion d'un Auteur qui s'est rétracté depuis sur les preuves contraires, qui lui ont été fournies par un savant Critique ? C'est ce que M. de Soissons n'ignore pas : aussi entreprend-il de combattre le Pere Papebrock qui a réfuté le Pere Mabillon, & le Pere Mabillon lui-même, qui s'est rendu enfin aux lumieres du Pere Papebrock. Cela valoit-il la peine de tant vanter une opinion abandonnée par son Auteur même ? Mais s'il n'est pas heureux dans l'usage qu'il a voulu faire du sentiment du Pere Mabillon, voyons s'il réussira mieux dans la critique du Pere Papebrock.

Opinion abandonnée par son Auteur même, n'est pas de grand poids.

» A l'égard du Pere Papebrock, il n'a pas traité cette matiere sur » un principe dont il eût fait le moindre examen : il avoit appris de » Dom Mabillon que les anciennes Bulles étoient datées de l'année de » Jesus-Christ, & qu'on avoit varié quelquefois dans l'époque de ces » années ; il crut qu'il ne feroit pas inutile de remarquer, chemin faisant, les variations qu'il trouveroit dans les dates des Bulles des » Papes, dont il donnoit une histoire abrégée. Ces observations du

(a) Supplem. Diplom. c. 11, n. 1, p. 45.

» Jésuite ne sont, à proprement parler, que l'application du systême » du Bénédictin, systême que Papebrock se crut d'autant moins » obligé d'examiner, qu'il n'étoit pas tout-à-fait nouveau, & que le Pere » Chifflet l'avoit proposé avant lui. Après cette idée générale, suivant laquelle M. de Soissons fait, comme l'on voit, le procès à tous les Savans qui ne sont jamais d'accord avec lui, il entre dans le détail des observations du Pere Papebrock, qu'il rend les plus confuses qu'il lui est possible, & il finit en disant : *cet endroit* (du Pere Papebrock) *contient autant d'erreurs que de mots ; mais on doit bien moins les imputer à Papebrock, qu'à celui qui l'a trompé, en se trompant lui-même avant lui.* Nous permettra-t-on quelques réflexions sur cette critique ? Elles seront un peu vives : mais peut-on tenir contre des traits si peu mesurés, & des discours si peu dignes d'un Prélat ?

Premierement, peut-on dire que *le Pere Papebrock n'a pas traité cette matiere sur un principe dont il eût fait le moindre examen ?* Quelle injure à un si savant & si célebre Critique ! Il a traité une des plus importantes matieres qui intéressent la Chronologie ; & il l'a traité sans faire *le moindre examen des principes !* Il a composé un volume *in-folio* sur la Chronologie des Papes, il a fait depuis des additions à ce volume ; c'étoit-là le siege de la matiere : & on prétendra qu'il a parlé sans avoir étudié la matiere qu'il traitoit ! C'est vouloir se deshonorer soi-même, que de hasarder de tels discours.

Secondement, quel principe y a-t-il dans cette matiere, que de consulter les Bulles de tous les siecles ? C'est ici un point de fait. Calculoit-on les années à commencer du premier de Janvier, ou du 25 de Mars ? Il ne faut point, pour décider cette question, des raisonnemens métaphysiques, il ne faut que beaucoup de recherches, & des yeux qui ne soient pas fascinés par la passion ou par l'intérêt. Or, c'est ce que le Pere Papebrock a fait ; il a parcouru un nombre infini de Bulles, & il a trouvé par cet examen que non-seulement on datoit de l'Incarnation longtemps avant Eugene IV, mais encore que l'on comptoit l'année de l'Incarnation du 25 de Mars, & non du premier de Janvier, quoique l'on s'écartât quelquefois de cette regle. Quelle autre réflexion pouvoit-on faire sur un pareil point de critique ?

Troisiemement, on convient que le Pere Papebrock n'a pas raisonné comme M. de Soissons. Ce Prélat commence par se persuader à lui-même que dans les Bulles on datoit les années du premier de Janvier ; & quand par sa propre autorité il s'est bien affermi dans ce principe. Voici comme il raisonne : » Vous me » rapportez un très-grand nombre de Bulles des mêmes siecles, » Bulles que l'Italie, que la France, que l'Allemagne, que » les autres Etats soumis à l'Eglise vous fournissent ; Bulles » sorties de toute sorte de dépôts, qui datent manifestement » les années en les faisant commencer au 25 de Mars. Mais cette » foule de titres qui condamnent mon systême, ne m'effraye » point, & n'est point capable de m'ébranler dans le parti que » j'ai pris. Et en effet, ou ces Bulles se trouvent dans les Auteurs » qui les ont fait imprimer, ou elles sont rapportées en original. » Dans le premier cas, ce sont des copies fautives ; le Copiste ou » l'Imprimeur se sont trompés. Dans le second, ce sont des » Bulles fausses, puisqu'elles ne s'accordent pas avec moi. En un » mot, ce n'est pas à moi à régler mon sentiment sur les titres, » mais c'est par mon sentiment qu'il faut juger des titres ». On l'avoue, le Pere Papebrock (*a*) n'a pas raisonné ainsi : & si c'est-là ce qui s'appelle traiter une matiere avec un profond examen, les Chifflet, les Papebrock & les Mabillon étoient de grands imbécilles.

Quatriemement, est-il vrai que le Pere Papebrock n'ait fait que suivre le Pere Mabillon, qu'il se soit réduit à faire des applications du systême du Bénédictin ? Quand cela seroit, il ne faut pas penser que son suffrage en fût moins respectable. Un savant Critique qui adopte les sentimens d'un autre, n'est pas présumé les avoir suivis aveuglément & sans examen : si cela étoit, dans une matiere où tous les Savans se réunissent à convenir d'un principe, on ne pourroit jamais en citer qu'un seul, c'est-à-dire, le premier qui auroit ouvert ce sentiment ; & les autres tomberoient, parce qu'ils ne seroient que ses Disciples. Cette maniere de penser tend à ne reconnoître plus d'autorités, & à rejetter toutes les lumieres que nous tirons des grands hommes qui nous ont précédés. Mais dans le fait, loin que le Pere Papebrock ait suivi aveuglément le Bénédictin, il l'a combattu au contraire, & l'a obligé de céder. Il est vrai que le Pere Papebrock a reconnu avec Dom Mabillon que les anciennes Bulles étoient datées de l'année de l'Incarnation ; mais il a fait voir contre Dom Mabillon, que le plus ordinairement l'année de l'Incarnation y étoit comptée du 25 de Mars, & non du premier de Janvier. M. de Soissons affecte donc de tout confondre ;

(a) *V. Papebr. Conat. ibid. part. 1, p. 190, n. 8.*

& ne rendant rien avec exactitude, il tourne tous les Auteurs comme il veut. Où s'est donc réfugiée la bonne foi, & la sincérité ?

Cinquiemement, M. de Soissons nous dit d'un ton décisif, que dans l'endroit du Pere Papebrock cité par les Bénédictins, *il y a autant d'erreurs que de mots*; mais des preuves d'une proposition si hardie, ce n'est pas de quoi se charge M. de Soissons ; toute sa preuve consiste dans son suffrage à lui seul. Et en effet, de sçavans hommes de tous les Ordres religieux ne doivent-ils pas s'éclipser devant un Prélat qui n'est pas de leur avis ?

Sixiemement, le pere Chifflet n'est pas plus ménagé que Papebrock & Mabillon : il a été aussi de l'avis des autres ; mais c'étoit *pour se tirer de l'embarras que lui causoit la variété des Chartes des Cartulaires qu'il avoit entre les mains, & dont il ne put démêler la vraie cause*. Quoi donc ! de tous les Sçavans qui ont précédé M. de Soissons, il n'y en aura pas un seul qui eût & la lumiere & la bonne foi nécessaires pour tenir un langage de vérité ? Le Pere Mabillon étoit un homme enyvré de la passion de soutenir les Chartriers ; le Pere Papebrock, un Disciple soumis, qui adopte tout sans faire le moindre examen ; le Pere Chifflet, un homme embarrassé, qui veut sauver des Chartes contraires, & qui n'a pas l'esprit de démêler la cause de cette variété, en rejettant comme fausses les Bulles qui ne se concilient pas avec le systême de M. de Soissons. Voilà en abrégé toute la défense du Prélat contre ces hommes célebres. Et on ne se récriera pas à l'iniquité ? Et l'on exige que l'on conserve des ménagemens pour celui qui ne ménage personne ? C'est trop donner à la dignité.

Après avoir combattu le Pere Papebrock qui avoit rectifié le Pere Mabillon, en faisant voir que les années de l'Incarnation, dont on datoit dans les Bulles, se comptoient le plus souvent du 25 de Mars, M. de Soissons retombe sur le Pere Mabillon qui a eu la foiblesse dans son Supplément à la Diplomatique, de reconnoître la vérité que le Pere Papebrock lui avoit fait voir, & de corriger ce qu'il avoit avancé dans sa Diplomatique. Comme le premier sentiment avoit favorisé M. de Soissons, il l'avoit adopté avec joie, & trouvoit le Pere Mabillon admirable dans cet endroit ; mais quand il se réforme dans son Supplément, c'est un homme de mauvaise foi, *qui s'appuye du témoignage du Pere Papebrock, pour autoriser un systême que Papebrock n'a adopté que par déférence pour Mabillon*. Est-il vrai que le Pere

Papebrock n'a fait que suivre le Pere Mabillon ? Et comment M. de Soissons le peut-il dire, lui qui nous a fait voir que le Pere Mabillon lui étoit si favorable dans sa Diplomatique ? Il faudroit donc que le Pere Papebrock lui fournît de nouveaux suffrages : cependant il déclame contre lui avec autant de véhémence que si c'étoit un Bénédictin. Peut-on tomber dans des contradictions si grossieres ?

Enfin, après avoir entrepris de décrier ces célebres Critiques, M. de Soissons se propose de prouver que l'année à Rome commençoit au premier de Janvier dans les douze & treizieme siecles. Il cite le vénérable Bede, qui dit que le jour de Noel on annonçoit la nouvelle année en l'affichant, pour ainsi dire, sur les cierges ; Jean Hocsemius, qui dit que c'étoit de ce jour que la date se changeoit dans la Cour Romaine ; le Concile de Cologne de 1310, qui ordonne que l'on commencera l'année à Noel, *prout sacrosancta Romana Ecclesia id observat ;* Gervasius Dorobernensis rapporté par du Cange, qui après s'être plaint des usages différens des autres Pays pour le commencement de l'année, ajoute : *annus solaris, secundùm Romanorum traditionem & Ecclesiæ Dei consuetudinem, à Kalendis Januarii sumit initium :* enfin l'autorité de l'Historien des Evêques d'Auxerre, qui dit qu'Audoinus fut élu *in principio anni* 1351, *in Nativitate Domini*, & qu'il fut transféré à l'Evêché de Maguelone *anno* 53, *more Curiæ Romanæ in Nativitate Domini.*

Pour rendre plus utile aux Religieux cette petite leçon que leur donne M. de Soissons, » il observe qu'avant Leon IX, élu » en 1049, on ne marquoit ni dans les Bulles ni dans les Brefs » l'année de Jesus-Christ ; que sous ce Pape on commença à » exprimer l'année dans les Bulles, se contentant dans les Brefs » de marquer le jour & le mois, l'indiction & l'année du pontificat ; que cet usage pour les Bulles subsista jusqu'à la fin du » treizieme siecle, les années de Jesus-Christ commençant à » Noel ; que depuis la translation du Siege de Rome à Avignon, on ne marqua plus les années de Jesus-Christ ni l'Indiction ; qu'enfin Eugene IV rétablit dans les Bulles l'année » de l'Ere chrétienne, à laquelle on ne sçait s'il fit ajouter » quelquefois l'indiction *qu'on n'a retrouvée que dans les Bulles* » *de ses Successeurs* ». Enfin M. de Soissons cite plusieurs Bulles indiquées par le Pere Mabillon dans sa Diplomatique, où l'on fait commencer les années de l'Incarnation au premier de Janvier. Tel est le précis de ce que dit M. de Soissons pour prouver son systême du commencement invariable de l'année au premier de Janvier dans les Bulles des douze & treizieme siecles.

Il a été bien aise d'avoir occasion à son tour de donner des leçons aux Révérends Peres, & ils se feront toujours gloire d'en recevoir de lui, quand il ne sera pas entraîné par la passion, ou par la gloire de soutenir une premiere démarche légerement hasardée ; ainsi on conviendra avec lui que l'année romaine commençoit alors au premier de Janvier : c'est ce que disent le vénérable Bede, Hocsemius, le Concile de Cologne, Gervasius Dorobernensis, & l'Historien des Evêques d'Auxerre. Mais M. de Soissons pense-t-il que cette année civile fût la regle de la Chancellerie Romaine dans l'expédition des Bulles ? Pense-t-il qu'il y ait une relation nécessaire entre la maniere de compter l'année commune, & les dates employées dans les grandes Bulles ? Qu'il en juge par ce qui se passe sous ses yeux.

Différence entre le premier jour de l'année civile à Rome, & celui qui a lieu dans les Bulles.

Actuellement à Rome on commence les années au premier de Janvier, c'est le calcul qui y est universellement suivi pour l'année civile : cependant, selon lui, les Bulles qui s'expédient tous les jours, sont datées de l'Incarnation prise du 25 de Mars. Le fait est-il vrai ? M. de Soissons lui-même l'établit. Or, si on date aujourd'hui les années des Bulles du 25 de Mars, quoique l'année à Rome commence au premier de Janvier, pourquoi M. de Soissons veut-il que cela ne se soit pas fait de même dans les douze & treizieme siecles ? Si l'exemple présent ne frappoit pas M. de Soissons, il ne manqueroit pas de dire qu'il est extravagant d'imaginer que l'on suive dans les Bulles un autre calcul que celui de l'année civile : mais que répondra-t-il à l'usage actuel ? Et comment prouvera-t-il que ce qui se fait aujourd'hui, ne se soit pas fait alors ?

Voilà donc tous les Auteurs cités qui deviennent inutiles à M. de Soissons. Ils parlent de l'année commune, & non de celle qui est employée dans les Bulles : c'est cependant la seule qui ait donné lieu à notre dispute avec M. de Soissons. Sa *petite leçon* est donc fort bonne, & les Révérends Peres, quoiqu'ils n'en eussent pas besoin, veulent bien la recevoir ; mais elle est étrangere au fait : ce n'est pas là un grand reproche. Mais, dira M. de Soissons, je ne m'en suis pas tenu à ces autorités qui ne parlent que de l'année commune ; j'ai prévu le scrupule que vous auriez, si je ne parlois pas des dates des Bulles : aussi je vous en cite plusieurs qui manifestement ont compté les années du premier Janvier.

Si l'on étoit aussi difficile que M. de Soissons, on pourroit lui dire d'abord : Avez-vous vu les originaux de ces Bulles? Non, sans doute, répondra-t-il; mais je vous indique l'édition des Conciles du Pere Labbe, où elles sont. C'est précisément ce que l'on vouloit lui faire avouer. Mais M. de Soissons, qui rejette toutes les Bulles imprimées, parce qu'elles sont toutes fautives, par les erreurs que les Copistes & les Imprimeurs y ont glissées, comment ose-t-il nous citer des Bulles imprimées? Peut-être que les Copistes & les Imprimeurs deviennent infaillibles, quand il y trouve son compte. A la bonne heure, les Bénédictins veulent bien lui céder cet avantage, ils en ont assez d'autres sur lui. Voilà donc, suivant M. de Soissons, une douzaine de Bulles dans lesquelles on a compté les années du premier de Janvier; mais n'en avons-nous pas un bien plus grand nombre dans lesquelles on a compté manifestement du 25 de Mars, jour de l'Incarnation. ?

Premierement, le Pere Papebrock en a cité un très-grand nombre, qui ne peuvent jamais s'entendre qu'en comptant les années du 25 de Mars: on ne finiroit point, si on vouloit en rapporter ici les dates, il est plus court de renvoyer (a) au Livre même. Secondement. il y en a une infinité d'autres qui lui sont échappées; Baronius (b) en rapporte une du Pape Nicolas II, qui est ainsi datée: *Datum Florentiæ VI. Idûs Januarii ab Incarnatione M. LIX. anno 1°. Pontificatûs, Indictione XIII.* Sur quoi le célebre Baronius fait cette remarque importante: *Ita quidem ad amussim omnia respondent quæ ad tempus spectant; nam annus Christi 1059 adhuc annus erat; sexagesimus enim annus Incarnationis A DIE ANNUNTIATIONIS DEI GENITRICIS MARIÆ NUMERANDUS ERAT; eratque adhuc & annus primus Nicolai. Cela est-il précis?* Et M. de Soissons à son tour *est-il content?*

Le Pere Labbe, dont M. de Soissons a pris toutes les Bulles qu'il nous oppose, pour prouver que l'on commençoit du premier de Janvier à compter les années dans les Bulles (c), rapporte deux Conciles tenus à Rome, l'un au mois de Février 1074, Indiction XIII, l'autre en 1075, Indiction XIV; & voici sa remarque sur ces dates: *Non à Natalis Domini, sed à die Annuntiationis Virginis, & Incarnationis Verbi numerans annos, ut dictum est superiùs.*

(a) *Papebr. Conat. part.* 2. *p.* 20, 24, 25, 29, 37, 65. *Append. ad Conat. p.* 168; *Paralipomen. ad Conat. p.* 100.

(b) *Baronius, ad ann.* 1060, *n.* 3.

(c) *Labbe, Concilior. tom.* 10, *p.* 344 & 355.

Paſchal II date ainſi une de ſes Bulles (*a*) : *Datum VI Idûs Februarii, Indictione XV Incarnationis Dominicæ M. C. VI. Pontificatûs anno VIII.*

Le Pape Innocent II (*b*) date une Bulle pour la Cathédrale d'Eugubio en Italie, du 23 de Mars de l'année 1137, Indiction premiere, la neuvieme de ſon Pontificat. Or ce Pape fut élu le 24 de Février 1130, ainſi le 23 de Mars 1137 il n'auroit fait qu'entrer dans la huitieme de ſon Pontificat ; il date cependant de la neuvieme : donc ſa Bulle eſt du 23 de Mars 1138, ſuivant notre maniere de compter du premier de Janvier : mais ſuivant la maniere de compter les années du 25 de Mars dans les Bulles, elle n'étoit que du 23 de Mars 1137. Il en eſt de même d'une autre Bulle du même Pape (*c*), du 11 de Mars 1141, Indiction V, & la treizieme année de ſon Pontificat.

Pour abreger, on ne fera que citer pluſieurs exemples pour les Pontificats ſuivans *, outre une infinité d'autres qu'on feroit en

(a) Tom 10, *Concil. ibid. p.* 684., B.

(b) *Ital. ſac. nov. edit. tom.* 1, *p.* 637.

(c) *Metrop. Salisburg. tom.* 3, *p.* 442.

* Pour le Pontificat de Celeſtin II. *V. Metropol. Salisburg. tom.* 3, *p.* 443.

Pour celui de Luce II. V. *Labbe, tom.* 10 *Concilior. p.* 1040.

Pour celui d'Eugene III, deux Bulles, l'une pour l'Egliſe de Cologne, l'autre pour la Primatie de Tolede, *Labbe, tom.* 10 *Concilior. p.* 1056 *&* 1093. Voyez encore *Metropol. Salisburg. tom.* 3, *p.* 194, 197, 256, 510, *&c. Gallia Chriſtiana, tom.* 2, *p.* 388 ; *tom.* 4. *p.* 366.

Pour celui d'Adrien IV, *Gall. Chriſt. nov. edit. tom.* 2, *p.* 181 ; *Ital. ſac. nov. edit. to.* 2, *p.* 538 ; *Biblioth. Præmonſtrat. p.* 429 ; *Annal. Paderborn. p.* 800.

Pour celui d'Alexandre III, deux Bulles, dont l'une eſt en original aux Archives de la Cathédrale de Capoue, & l'autre au Chartrier de la Cathédrale de Tropea en Italie. *Ital. ſac. nov. edit. tom.* 6, *p.* 327 ; *tom.* 9, *p.* 452 ; *Marca Hiſpan. p.* 1368 ; *Metropol. Salisburg. tom.* 3, *p.* 403 ; *Bullar. Caſſin. p.* 20.

Pour le Pontificat de Luce III, deux Bulles données ſur les originaux des Archives des Cathédrales d'Eugobio & d'Iſernia en Italie. *Ital. ſac. nov. edit. tom.* 1, *p.* 640 ; *to.* 6, *p.* 396. Voyez encore *tom.* 3, *p.* 102.

Pour celui d'Urbain III, une Bulle, qui eſt aux Archives de la Cathédrale de Spolete. *Ital. ſac. nov. edit. tom.* 1. *p.* 1261. Voyez encore *Bullar. Cluniac. p.* 81.

Pour celui de Clement III, une Bulle des Archives de la Cathédrale de Sienne. *Ital. ſac. nov. edit. tom.* 3. *p.* 548. Voyez *Bullar. Cluniac. p.* 40.

Pour celui de Celeſtin III, diverſes Bulles dont les originaux ſont conſervés aux Archives des Cathédrales de Paleſtrine, d'Eugobio, de Scala en Italie ; &c. *Ital. ſac. nov. edit. tom.* 1, *p.* 200 *&* 642 ; *tom.* 6, *p.* 555. *tom.* 7. *p.* 328. Voyez *Metropol. Saliſburg. p.* 516.

Pour celui d'Innocent III. *Epiſtol. Innocent. III. edit. Baluz. tom.* 1, *p.* 342, 343, 522 ; *tom.* 2, *p.* 116, 409, 415, 517, 591, *&c.* Voyez *Metrop. Salisb. to.* 2, *p.* 62.

On finira cette longue énumération, qui pourroit peut-être ennuyer, par cinq Bulles d'Alexandre IV, données à Rymers ſur les originaux (*tom.* 1, *p.* 541 *& ſeq.*) qui ſont à la Tour de Londres, & qui datent toutes depuis le 25 Mars. On peut encore voir pour le Pontificat de ce Pape, *Ital. ſac. nov. edit. tom.* 1, *p.* 55. ; & pour ceux des autres Papes du treizieme ſiecle, outre le Pere Pabebrock déja cité, *Raynald. ad ann.* 1251, *n.* 12, *p.* 606 ; *ad ann.* 1266, *n.* 4, *p.* 133 ; *ad ann.* 1278, *n.* 79, *p.* 300.

état de rapporter, & sur lesquels la critique la plus severe n'a rien à dire. On se contentera seulement d'employer la date d'une des Bulles d'Adrien IV, qui est un des Papes qui ont accordé des Bulles à Compiegne, que M. de Soissons prétend fausses: *Datum Romæ VIII Kalendas Martii, Indictione III, Incarnationis Dominicæ M. C. LIV, Pontificatûs anno I.* Adrien IV avoit été élu au mois de Décembre 1154; par conséquent, dans le style des Bulles, le mois de Février 1154 étoit postérieur au mois de Décembre de la même année : donc l'année ne finissoit qu'en Mars, & ne recommençoit qu'au même tems. Il faut observer que cette Bulle est conservée aux Archives patriarchales de Venise, & que le sçavant Editeur qui l'a donnée (*a*), remarque à la marge qu'elle appartient à l'an 1155, suivant notre maniere de compter d'aujourd'hui. Pourroit-on dire après cela que c'est une faute d'impression ?

On finira ce détail par l'autorité de Raynaldus (*b*), continuateur de Baronius; il rapporte une Bulle d'Honoré III ainsi datée : *Datum Laterani V Kalendas Martii, Indictione V, Incarnationis Dominicæ anno M. CC XVI, Pontificatûs anno I.* Sur quoi l'Auteur fait encore une remarque que M. de Soissons est prié de méditer : *Advertendum verò videtur hìc anni initium, UT SÆPE FIT, à concepti Christi die desumi.*

Ainsi Baronius, Raynaldus, le Pere Labbe, se joignent à Ducange, aux Peres Chifflet, Papebrock & Mabillon. Tous remarquent dans les onze, douze & treizieme siecles, un grand nombre de Bulles qui ne comptent les années que du 25 de Mars. Nous attendons ce que M. de Soissons dira contre ces Auteurs qu'on vient de lui opposer de nouveau : il y a bien à craindre pour eux qu'ils ne deviennent des hommes foibles, ignorans ou séducteurs, puisqu'ils ne sont pas de l'avis de M. de Soissons. Que fait-il donc quand il nous produit quelques Bulles dans lesquelles il trouve un calcul différent de tant d'autres qu'on lui présente, si ce n'est d'établir lui-même le systême des variations dans la date des Bulles, ce systême qui le révolte, & dont il devient insensiblement le plus ferme appui ?

Au reste, on ne peut se dispenser de faire remarquer en passant, que c'est mal-à-propos que M. de Soissons impute à la Bulle de Clement III, produite par les Religieux de Compiegne, *de con-*

(a) *Ital. Sac. nov. edit. tom. 5, p. 1124.*

(b) *Raynald. ad ann. 1217, n. 102. p. 251, edit. Colon.*

tenir une double erreur dans sa date. Il se sera persuadé, sans doute qu'on l'en croira sur sa parole, comme lorsqu'il avance sans preuve contre le Pere Papebrock, & contre l'autorité des Historiens (*a*), qu'*il n'y avoit point de Comte de Toscane au tems de Luce II & d'Eugene III ;* mais il n'y a qu'à représenter la date de la Bulle de Clément III, pour se convaincre qu'il n'y a aucune autre erreur que celle qu'un Critique, comme celui dont se sert M. de Soissons, pourroit y trouver, en comptant toujours l'année employée dans les Bulles depuis le premier de Janvier. Cette Bulle est telle : *Datum Laterani XIII Kalendas Martii, Indictione nonâ, Incarnationis Dominicæ anno M. C. XC. Pontificatûs anno quarto.* Clément III commença son Pontificat le 6 de Janvier de l'an 1188, suivant notre maniere de compter ; ainsi cette Bulle répond au 17 de Février de l'an 1191 : c'étoit donc la quatrieme année du Pontificat de ce Pape, & l'Indiction est juste, quoi qu'en dise M. de Soissons.

Résumons tout ce que nous avons dit sur ce point de critique : reconnoissons qu'avant Leon IX on datoit rarement les Bulles des années de Jesus-Christ ; que depuis ce Pape, jusqu'à la translation du Siege de Rome à Avignon, on les datoit de l'Incarnation, mais que cette année dans les Bulles commençoit le plus souvent au 25 de Mars ; que c'est une vérité sensible par l'examen des Bulles de ce tems ; que c'est ce que tous les grands Critiques ont reconnu ; que depuis la résidence à Avignon jusqu'à Eugene IV, on ne datoit plus les Bulles de l'année de Jesus-Christ ; & qu'enfin depuis Eugene IV on a repris la date des années de l'Incarnation, & qu'on l'a presque toujours comptée depuis du 25 de Mars.

On dit *presque toujours*, car il n'est pas vrai que dans ces derniers siecles on ait toujours eu une date uniforme : quelquefois on a compté les années du premier de Janvier dans les Bulles (*b*), quoique l'usage le plus commun ait été de compter du 25 de Mars. M. de Soissons ne veut pas convenir de cette variation ; mais faut-il lui prouver que du tems de Ciaconius (*c*), Auteur qu'il croit si favorable à son systême, c'est-à-dire à la fin du seizieme siecle, on datoit les Bulles à Rome depuis Noël, ou le premier de Janvier ? *At nostrâ ætate*, dit cet Historien, *tàm in* BULLIS *quàm in*

(a) Voyez *Leibnitz, Introd. in Collect. Scriptor. Histor. Brunswic. n.* 41.
(b) *Papebr. Conat. part.* 1, *p.* 214 ; *part.* 2, *p.* 118, 134, 140, 149, 158 *& seq.*
(c) *Ciacon. Isagog. ad vit. Pontif. p.* 11, *edit* 1630.

Tabellionum actis, anni Incarnationis Dominicæ cum Nativitatis Christi confundantur : faut-il lui faire obſerver que ſous les Pontificats d'Innocent XII (*a*) & de Clément XI, on a repris dans les grandes Bulles le calcul du premier de Janvier?

Ainſi l'Egliſe Romaine, dans les grandes Bulles, a ſuivi un même plan depuis plus de ſix cens ans: elle a daté de l'Incarnation avant & après les Papes d'Avignon, qui avoient interrompu cet uſage, & elle a ordinairement compté les années de l'Incarnation depuis le 25 de Mars, quoique quelquefois, & ſouvent ſous un même Pontificat, elle ait adopté le calcul du premier de Janvier, & elle en a agi avec Eugene IV comme depuis. Le principe de M. de Soiſſons, qui veut que dans les douze & treizieme ſiecles on n'ait jamais compté les années que du premier de Janvier, eſt donc faux, contraire à tous les titres & au ſentiment unanime des Savans. Il eſt de ſa grandeur de donner des leçons; mais qu'il les donne donc plus ſûres & plus juſtes, s'il veut qu'on les reçoive & qu'on s'y ſoumette.

Paſſons à l'Indiction, qui eſt le ſecond point qui nous diviſe ſur la maniere de dater les Bulles des Papes dans les douze & treizieme ſiecles. On a ſoutenu que l'uſage le plus commun étoit de faire commencer l'Indiction au premier de Janvier, & non au premier de Septembre, comme M. de Soiſſons l'a prétendu. On lui a cité, pour prouver ce principe, le Pere Petau, Jeſuite, Ducange, le Pere Mabillon, le Pere le Cointe; cependant M. de Soiſſons, au lieu de ſe rendre, prétend que ſa premiere propoſition eſt vraie; & pour cela il ſoutient que « l'Indiction grecque a » été ſeule connue à Rome juſqu'à Grégoire VII; que depuis, elle » a encore été ſuivie, comme il eſt prouvé, dit-il, par le chap. » *Inter dilectos de fide instrumentorum*, qui eſt du Pape Innocent » III; que l'Indiction Romaine commençant au premier de Janvier, n'a été introduite qu'au Concile de Conſtance, ſuivant » Ciaconius; & que ſi le Pere Petau & pluſieurs autres ont parlé » de l'Indiction romaine commençant au premier de Janvier, ce » n'eſt que relativement à cet uſage moderne, qui doit ſon ori- » gine au Concile de Conſtance, & non par rapport aux anciennes » Bulles ».

On n'aura pas de peine à convenir avec M. de Soiſſons, que l'Indiction grecque ait été en uſage à Rome ſous quelques Ponti-

(a) *Bullar. Innoc. XII, p.* 103, 116, *&c.*
Bullar. Clem. XI, p. 8, 37, *&c.*

ficats avant celui de Grégoire VII. Le Pere Mabillon, que les Bénédictins avoient cité dans leur premier Mémoire, le dit si positivement, qu'on ne peut pas le soupçonner d'avoir voulu révoquer ce fait en doute, contre la foi de l'Auteur qu'ils indiquoient. Mais les Bénédictins ne conviennent pas également que le Pere Mabillon ait avancé ce que M. de Soissons lui fait dire, savoir, « qu'il est convenu expressément que l'Indiction grecque, » ou de Constantinople, a été suivie à Rome constamment, au » moins jusqu'à Grégoire VII ». Le Pere Mabillon ne dit pas cela, il parle seulement des Papes S. Grégoire le Grand, Jean VIII & Grégoire VII, & ne décide rien par rapport aux autres qui ont précédé ce dernier. Voici les paroles de Dom Mabillon, que M. de Soissons rapporte lui-même, mais qu'il interprete comme il lui plaît (a): *Græcam seu Constantinopolitanam (Indictionem) adscribunt Epistolæ Gregorii magni, Johannis VIII & Gregorii VII.* Le Pere Mabillon ne dit rien de plus; ainsi le prétendu aveu de cet Auteur, qu'*on suivoit constamment à Rome à la fin de l'onzieme siecle l'Indiction grecque*, est purement imaginaire; & nous ferons bientôt voir par plusieurs exemples des prédécesseurs de Grégoire VII, & de ce Pape même, qu'avant son Pontificat le calcul de l'Indiction a fort varié à Rome, & qu'on y suivoit plus ordinairement l'Indiction Romaine.

Le Pere Mabillon ajoute: *At subsequentium Pontificum Diplomata passim eam (Indictionem) præferunt, quæ à Kalendis Januarii incipit, aut à Natali Domini pro novi anni exordio, ob idque Pontificia dicta est, nonnullis Christiana.* Pour combattre cette autorité, M. de Soissons observe que le Pere Mabillon, embarrassé par les erreurs des dates de plusieurs Bulles, *a conjecturé* qu'on entreprit alors de se servir *quelquefois* à Rome d'une autre Indiction qu'on nomme *Romaine*, & qui commence au premier de Janvier. « Quelle preuve rapporte-t-il d'un changement si impor» tant dans les dates des monumens publics? Aucune que des » Bulles, sans examiner si ces Bulles sont fautives ou non. Aussi » ne dit-il pas que toutes les Bulles depuis Grégoire VII furent » datées de l'Indiction commençant au premier de Janvier, mais » qu'elles le furent par-ci, par-là, *PASSIM*.

Il semble, à entendre M. de Soissons, que le Pere Mabillon n'ait parlé que d'une maniere incertaine & conjecturale; qu'il n'ait parlé de l'Indiction commençant au premier de Janvier,

(a) *Mabill. Diplom. l. 2, c. 24, n. 3.*

que comme employée rarement dans les Bulles depuis Grégoire VII : mais que l'on consulte les propres termes du Pere Mabillon, & l'on verra qu'ils présentent des idées bien différentes, & qu'au contraire il dit positivement que les Bulles des Papes suivans ont adopté cette Indiction, qui par cette raison a été appellée Romaine, ou Pontificale.

« Mais quelle preuve rapporte le Pere Mabillon d'un changement si important dans les dates des monumens publics ? Aucune que des Bulles ». Il a tort en effet. Pour juger de l'usage qui s'observoit dans l'usage des Bulles depuis Grégoire VII, falloit-il consulter les Bulles des Papes qui lui ont succédé ? *Mais il n'a pas examiné si ces Bulles sont fautives ou non.* Qui peut le persuader à M. de Soissons ? Le Pere Mabillon étoit-il donc capable de tout adopter indifféremment, de confondre la vérité & la fausseté ? Encore si on ne parloit que d'une seule Bulle, on pourroit quelquefois penser qu'un Auteur, quelqu'exact qu'il fût, auroit pu se tromper ; mais qu'un nombre infini de Bulles données dans le cours de plusieurs siecles, soient toutes fautives, que les Auteurs qui les rapportent se soient tous abusés, & le Pere Mabillon après eux, c'est la ressource ordinaire de M. de Soissons, quand tout s'éleve contre son systême ; mais c'est précisément ce qui le décrie de plus en plus, au lieu de le relever.

Aussi tous les Savans conviennent de l'usage de cette Indiction pontificale commençant au premier de Janvier ; & quand M. de Soissons objecte le chapitre, *Inter dilectos de fide instrumentorum*, il faut qu'il ait présumé que personne n'auroit recours au texte pour le consulter. Il faut observer d'abord que la Charte, ou le titre dont il est parlé dans ce chapitre, n'a pas été jugé faux par le Pape Innocent III, comme M. de Soissons le suppose par-tout dans son Mémoire ; on y rapporte seulement les raisons des Parties, & le Pape n'y décide rien. Mais venons à l'Indiction. Il n'est parlé ni dans le chapitre, ni dans la glose, de quelle Indiction on se servoit à Rome sous le Pape Innocent III ; il est dit seulement dans le texte, qu'entre les soupçons que l'on avoit rassemblés contre un titre, on avoit remarqué qu'il étoit fort usé dans l'endroit où l'Indiction devoit être marquée. Quel rapport cela a-t-il avec la question de savoir si l'indiction commençoit au premier de Septembre ou à Noel.

La glose ajoute que pour connoître à quelle année de l'Indiction on est, il faut faire une division par 15 du nombre des années de Jesus-Christ que l'on compte ; & qu'en ajoutant 3 au nombre

des

des années qui excéderont le divident de 15, on trouvera l'année juste de l'Indiction. Mais cela n'est-il pas encore absolument inutile pour notre question? Car soit que l'on compte l'Indiction du premier de Janvier, soit qu'on la compte du 24, ou même du premier de Septembre, qui sont les trois seuls calculs que nous connoissions, il faut toujours faire la même opération pour trouver l'année de l'Indiction où on se trouve. La raison est, que toutes les Nations conviennent que la naissance de Notre-Seigneur est arrivée la troisieme année de l'Indiction; mais les uns font commencer cette année au premier ou 24 de Septembre précédent, les autres au premier de Janvier, ou dans le tems même de la Naissance. Ainsi & le texte & la glose sont également inutiles à M. de Soissons. Il ne faut donc pas qu'il se flatte de balancer le suffrage de tant d'Auteurs qui le condamnent.

» Mais, dit-il, ces Auteurs, si vous en exceptez le Pere » Mabillon, ne parlent pas de l'Indiction usitée dans le douze & » dans le treizieme siecle; ils ne parlent que de l'Indiction pré- » sente, qui n'a commencé qu'au Concile de Constance, c'est- » à-dire, au commencement du quinzieme siecle ». On ne s'étoit pas attendu, il faut l'avouer, à une pareille solution: M. de Soissons a des ressources que personne ne peut prévoir. Car, pour supposer que le Pere Petau & les autres ont parlé de l'Indiction qui est employée présentement dans les Bulles ou dans celles qui ont été expédiées depuis le Concile de Constance, il faudroit que l'usage d'employer l'indiction dans la date des Bulles eût subsisté depuis cette époque fameuse: & au contraire c'est précisément depuis ce tems, & même depuis la fin du treizieme siecle, que l'on ne trouve plus l'Indiction dans les Bulles, du moins on n'en connoît point où elle se trouve. M. de Soissons pourroit peut être en connoître, il nous feroit plaisir de nous les indiquer, & en cela il établiroit de plus en plus le systême des variations dans les dates qui lui tiennent si fort au cœur. Mais pour les Bénédictins, ils le répetent, ils n'en connoissent point. Ainsi quand le Pere Petau & les autres ont parlé de l'Indiction Romaine commençant au premier de Janvier, & de l'usage de l'employer dans les Bulles, ils n'ont pas parlé de l'usage présent ou des quatre derniers siecles, puisqu'ils n'étoient pas assez peu instruits pour croire que cet usage subsistât encore: mais ils ont entendu parler de l'usage des siecles antérieurs au Concile de Constance, qui sont ceux qui nous divisent.

Ce ne sont pas seulement les Peres Chifflet, Jésuite, & Dom Mabillon, Bénédictin, qui attestent cette vérité; tous les Sçavans sont d'accord en ce point. Le Pere Labbe, dans sa Concorde Chronologique sur l'année *1166*, traite d'ignorans ceux qui osent avancer que l'Indiction Romaine n'étoit pas alors en usage dans les Bulles des Papes. Les Sçavans Auteurs (*a*) qui travaillent actuellement à Milan, à la Collection des anciens Historiens d'Italie, après avoir dit que dans le neuvieme siecle, & dans les trois suivans, on suivoit communément l'Indiction Grecque en Italie dans les Diplomes, ils ajoutent : *Excipienda tamen sunt Pontificum rescripta, in quibus Indictio, vel à Kalendis Januarii, vel ab ipsâ Christi nativitate plerumque incipiebat.* Ces sçavans hommes ne parlent pas d'un usage présent, *incipiebat*; ils conviennent que l'Indiction Romaine commençoit dans ces siecles à Noël, ou au premier de Janvier: enfin cet usage n'étoit pas sans quelqu'exception, *plerumque*. En peu de mots, c'est condamner toutes les propositions de M. de Soissons, qui a toujours le malheur de voir les Sçavans de toutes les Nations réunis contre lui.

Car il ne faut pas croire que Ciaconius qu'il cite, soit même pour lui. Cet Auteur (*b*) commence par indiquer deux Indictions, l'une impériale, qui commence au 24 de Septembre, & l'autre pontificale, qui commence à Noël; en sorte que l'Indiction impériale précede l'autre de trois mois. Il ajoute que pour la premiere fois on a vu, dans les actes du Concile de Constance, que l'on ait compté du même jour l'année de Jesus-Christ & celle de l'Indiction: *Primùm hæc varietas in actis Concilii Constantiensis observari cœpta, ut simul Nativitas Christi, & anni Indictionum concurrerent.* Mais ce concours n'a pas été formé, parce qu'on a fait descendre le commencement de l'Indiction du premier ou vingt-quatre de Septembre à Noël; mais parce qu'on a fait remonter le commencement de l'année du 25 de Mars au premier de Janvier, ou à la Nativité de Notre-Seigneur.

En effet, Ciaconius n'avoit pas dit auparavant que les Indictions pontificales commençoient au 24 de Septembre avant le Concile de Constance, comme les Indictions impériales : au contraire il dit indistinctement que les Indictions pontificales commencent à Noël: & quand il a fini ce qui regarde la diffé-

(a) *Scriptor. rerum Italicar. tom. 2. p. 416. (H)*
(b) *Ciacon. Isagog. ad vit. Pontif. Rom. p. 9.*

rence des Indictions, il vient à un autre objet, qui est le concours de l'Indiction avec le commencement de l'année; & il dit que c'est au Concile de Constance que l'on a commencé à les faire concourir: mais cela ne s'est fait qu'en faisant remonter l'année, & non en faisant baisser l'Indiction. Et en effet c'est depuis le Concile (a) de Constance qu'on a daté *de la Nativité* dans les Actes ecclésiastiques, comme ceux du même Concile en font foi; au lieu que les Actes des Conciles qui ont précédé le quinzieme siecle, sont datés (b) de l'Incarnation.

Si Ciaconius avoit dit le contraire, il auroit contredit toute l'antiquité, & M. de Soissons auroit tort de dire qu'aucun autre Auteur ne l'a démenti; car on en a cité un très-grand nombre qui établissent le principe contraire. Enfin Ciaconius auroit dit une absurdité, en supposant que depuis le Concile de Constance on a commencé à compter l'Indiction Romaine dans les Bulles du premier Janvier, puisqu'au contraire depuis ce même Concile, & long-tems même auparavant, l'usage des Indictions a absolument cessé dans les Bulles.

M. de Soissons n'a donc pas un seul Auteur pour lui, & tout se souleve au contraire contre l'erreur qu'il débite d'un ton si imposant. Que lui sert-il après cela de nous citer quelques Bulles, dans lesquelles il prétend que l'Indiction a dû être comptée du premier de Septembre? S'il s'agit de comparer le nombre de Bulles qui peuvent s'accommoder à cette maniere de compter, on en rapportera un bien plus grand nombre qui prouvent que l'on comptoit l'Indiction du premier de Janvier: & cela ne servira qu'à confirmer toujours, contre l'objet de M. de Soissons, le systême des variations dans les dates; systême que du Cange admet bien expressément pour les Indictions. Car après avoir expliqué les différences que l'on remarque dans la maniere de les compter, il ajoute: *Ex quibus rectè conficit Chiffletius Indictionum initia variè pro Scriptorum aut Notariorum arbitrio eâ tempestate tabulis adscripta*: terme que M. de Soissons s'est bien donné de garde de rapporter en citant du Cange, quoiqu'il ait fait une assez longue paraphrase sur cet Auteur.

En effet il y a une foule de Bulles qui justifient l'usage de compter l'Indiction du premier de Janvier. Et pour ne rien laisser à desirer sur cette matiere, parcourons les Pontificats depuis le

(a) *Concil. tom.* 12, *p.* 9, 16, &c.
(b) *Concil. tom.* 11, *p.* 124, &c.

milieu du dixieme ſiecle, juſqu'au commencement du quatorzieme, que l'Indiction diſcontinua d'être en uſage dans les Bulles des Papes; & fourniſſons quelques autorités (parmi pluſieurs autres) ſur leſquelles les Critiques qui ſont au ſervice de M. de Soiſſons, ne puiſſent pas mordre. Les exemples que nous allons donner, feront voir, 1°. Qu'avant même Grégoire VII. pluſieurs Papes ont employé l'Indiction Romaine: 2°. Que depuis ce Pape juſqu'au quatorzieme ſiecle cette Indiction a été très-fréquemment en uſage dans les grandes Bulles.

Le Pape Marin II, qui fut élu au mois de Décembre (*a*) de l'an 942, date ainſi une de ſes Bulles, qui eſt aux Archives de l'Egliſe de Benevent (*b*) *Datum* III. *Idus Novembris, Pontificatûs ſecundo, Indictione ſecundâ.* Cette Bulle eſt par conſéquent du 11 Novembre 944. Or ſi ce Pape eût employé l'Indiction Grecque au lieu de la Romaine, il auroit dû dater de la troiſieme Indiction, qui avoit commencé au mois de Septembre précédent, & non de la ſeconde. Il eſt donc évident que le Pape Marin II. employoit l'Indiction Romaine dans ſes Bulles au milieu du dixieme ſiecle. Il en eſt de même des Papes (*c*) Agapet II, Jean XII, Jean XIII, & Jean XIV, ſes ſucceſſeurs, qui vivoient au même ſiecle, & dont nous avons diverſes Bulles imprimées *ſur les originaux*, par des Auteurs très-exacts; originaux conſervés aux Archives de la Cathédrale de Benevent ou de l'Abbaye de Fulde.

Pour ce qui eſt du onzieme ſiecle, nous avons une Bulle du Pape Jean XIX, élu en Avril 1024. Cette Bulle qui eſt conſervée dans les Archives Patriarchales d'Aquilée, a été donnée ſur l'original par le nouvel Editeur (*d*) de l'*Italia ſacra*, *EX AUTENTICO EXEMPLARI*. Elle eſt ainſi datée: *Scriptum menſe Septembris, Indictione decimâ, anno quarto Johannis XIX.* Cette Bulle appartient par conſéquent au mois de Septembre de l'an 1027, qui étoit la quatrieme du pontificat de Jean XIX: mais s'il eût employé l'Indiction Grecque, il auroit marqué la onzieme qui couroit alors, & non la dixieme. Ce Pape s'eſt donc ſervi de l'Indiction Romaine, qui commence au premier de Janvier. On

(a) *Pagi. Crit. ad ann.* 943, *n.* 1.
(b) *Ital. Sacr. nov. edit. tom.* 8. *p.* 50.
(c) *Ital. Sacr. nov. edit. tom.* 8, *p.* 58. & 69; *Schannat. Hierarch. Fuld. p.* 242 & *ſeq.*
(d) *Ital. ſac. tom.* 5, *p.* 50.

ſe contentera de citer pluſieurs Bulles (*a*) des Papes Benoît IX, Leon IX, & Victor II, ſucceſſeurs de Jean XIX, qui prouvent évidemment qu'au onzieme ſiecle les Papes ſe ſervoient ſouvent de l'Indiction Romaine. Au reſte, ces Bulles ſont conſervées pour la plûpart dans les Archives des Cathédrales, & ont été données ſur les originaux.

Grégoire VII. a varié lui-même dans l'uſage de l'Indiction: il a employé quelquefois la Romaine (*b*); & M. de Soiſſons ne ſçauroit du moins diſconvenir que ce Pape ne ſe ſoit ſervi auſſi tantôt de l'Indiction impériale, & tantôt de celle de Conſtantinople. Nous en avons la preuve dans le Recueil de ſes Epîtres, au dixieme volume des Conciles du Pere Labbe (*c*) où on voit ces deux dates différentes : *Data Capuæ Kalend. Septembris, Indictione incipiente duodecimâ. Data Romæ V Kalend. Octobris, Indictione incipiente XV*. Parmi pluſieurs Bulles (*d*) du Pape Urbain II, qui prouvent qu'il datoit ſuivant l'Indiction Romaine, il y a celle qui regarde la Primatie de Lyon.

Pour venir au douzieme ſiecle, le Pape Paſchal II. pendant les dernieres années de ſon pontificat, & Gelaſe II, ont ſuivi un calcul particulier. Il ſeroit aiſé de le prouver, & de faire voir en même-tems que M. de Soiſſons s'eſt mépris en critiquant la date de deux (*e*) Bulles de ce dernier Pape qui ſont dans l'édition des Conciles du Pere Labbe. Mais cela nous meneroit trop loin, & ne fait rien à la cauſe. On remarquera ſeulement, en paſſant, que M. de Soiſſons s'eſt trompé dans la critique qu'il fait d'une Bulle de Calixte II, qui date ſuivant l'Indiction Romaine. Il prétend que l'erreur de la date de cette Bulle, qui eſt du mois de Décembre (*f*), eſt aiſée à reconnoître, & qu'on n'en peut tirer aucune conſéquence contre l'Indiction Grecque, qu'il appelle le calcul commun, parce que ce Pape qui y annonce ſa création aux Fideles, avoit été élu dès le mois de Février, qu'il avoit déjà donné un grand nombre de Bulles, &c. Mais il eſt faux que le Pape Calixte II. annonce ſa création aux Fideles, & c'eſt

(a) *Gall. Chriſt. nov. edit. tom.* 1, *p.* 114 : *Dipl. p.* 185 : *Spicil. tom.* 2. *edit.* in-fol. *p.* 425 : *Conc. Labbe, tom.* 9, *p.* 991 : *Ital. ſac. nov. edit. tom.* 3. *p.* 358 ; *tom.* 1, *p.* 1361 ; *tom.* 5, *p.* 514.

(b) *Ital. ſac. nov. edit. tom.* 3, *p.* 80.

(c) *Concil. tom.* 10, *p.* 21 & 153.

(d) *Gall. Chriſt. nov. edit. tom.* 2 : *Inſtr. p.* 356 : *Ital. ſac. tom.* 1, 607 & 1183 ; *tom.* 9, *p.* 428 : *Concil. Labbe, tom.* 10, *p.* 435 & 519.

(e) *Concil. tom.* 10, *p.* 819, E. & 833, B.

(f) *Concil. tom.* 10, *p.* 828, D.

ſeulement dans la (*a*) précédente qui n'a point de date ; par-là toute la critique de M. de Soiſſons tombe entiérement ; & il demeure prouvé par cette Bulle, & par d'autres (*b*) exemples, que Calixte II. s'eſt toujours ſervi de l'Indiction Romaine.

On ſeroit trop long, ſi on vouloit rapporter en détail toutes les preuves qu'on a que les Papes Innocent II, Celeſtin II, l'Anti-Pape Anaclet, Eugene III, Anaſtaſe IV, Adrien IV, Alexandre III, Luce III, Urbain III, ont daté leurs Bulles ſuivant l'Indiction Romaine. On ſe contentera d'en indiquer (*c*) les preuves, pour s'arrêter un moment ſur le pontificat d'Innocent III.

M. de Soiſſons prétend que parmi les Lettres de ce Pape, *le nombre de celles qui ſont bien datées ſelon l'Indiction Grecque, eſt preſqu'infini, & que la plûpart de celles qui paroiſſent l'être, ſelon un autre calcul de l'Indiction, ont d'autres défauts.* A entendre M. de Soiſſons, on diroit qu'il eſt en état de produire un millier de Bulles ou de Lettres du Pape Innocent III, qui datent ſuivant l'Indiction Grecque : on ſe contenteroit ſeulement qu'il voulût prendre la peine d'en citer une douzaine, & même encore moins. Réduiſons donc ſes termes à leur juſte valeur. Pour le faire d'une maniere ſans replique, il faut obſerver que parmi près de trois mille Bulles ou Lettres de ce Pape, contenues dans le Recueil qu'en a donné M. Baluze, il n'y en a pas cent qui ſoient datées ſuivant l'Indiction. Entre ces dernieres, à peine en trouve-t'on douze ou quatorze qui appartiennent aux quatre derniers mois de l'année, & dans leſquelles on puiſſe connoître par conſéquent ſi l'Indiction qui eſt employée eſt Grecque ou Romaine. Or parmi celles-ci il y en a au moins (*d*) ſept qui datent conſtamment ſuivant l'Indiction Romaine. M. de Soiſſons prétend que *les Lettres qui ſont ainſi datées ont d'autres défauts :* on ſouhaiteroit fort qu'il eût la bonté de les découvrir, ces défauts. Que devient donc ce *nombre preſqu'infini* de Lettres d'Innocent III, qui datent ſuivant l'Indiction Grecque ? N'eſt-ce

(a) *Concil. ibid.*

(b) *Antiquités de la ville d'Eſtampes, p.* 491.

(c) *Miræus, nov. edit. tom.* 1. *p.* 386 : *Marca, Hiſpan. p.* 1271 : *Metropol. Saliſburg. tom.* 3, *p.* 127 : *Ital. ſac. nov. edit. tom.* 3, *p.* 242 & 294 ; *tom.* 4, *p.* 860 : *Ital. ſac. tom.* 3, *p.* 712 ; *tom.* 1. *p.* 777 & 846 ; *tom.* 2, *p.* 215 ; *tom.* 3, *p.* 395 ; *tom.* 8, *p.* 114 : *Gariel, Series Præſul. Magal. p.* 125 : *Ital. ſac. tom.* 1, *p.* 1185 ; *tom.* 8, *p.* 117 ; *tom.* 1. *p.* 1044 ; *tom.* 2, *p.* 499 : *Antiquités d'Eſtampes, p.* 492 : *Ital. ſac. tom.* 5. *p.* 810. *Miræus, ibid. p.* 550.

(d) *Innocent. III. Epiſtol. tom.* 1. *p.* 540, 542, 686 ; *tom.* 2. *p.* 237, 404, 556, 790.

pas une nouvelle preuve bien certaine que M. de Soiſſons n'a pas tout vu par lui-même, & qu'il s'eſt fié trop aiſément au rapport infidele de quelque téméraire Critique.

Les Succeſſeurs d'Innocent III, pendant le treizieme ſiecle, ont, à ſon exemple, daté rarement leurs Bulles, ſuivant l'Indiction. Elles n'ont le plus ſouvent dans leur date que le jour du mois, avec l'année du pontificat : de-là vient qu'il eſt plus difficile d'en trouver ſuivant l'Indiction Romaine dans la continuation des Annales de Baronius. On a cependant des preuves que les Papes (*a*) Honoré III. & Grégoire IX. datoient ſuivant cette derniere Indiction. Et M. de Soiſſons, qui défie les Religieux de Compiegne *de trouver dans l'Hiſtoire Eccléſiaſtique de Raynaldus des Bulles telles qu'ils le ſouhaitent* & calculées ſuivant l'Indiction Pontificale, n'a pas ſans doute fait attention à celle-ci du Pape Celeſtin V. qui date ainſi : (*b*) *Datum Aquilæ, Kal. Octobris, Indictione* VII. *anno Domini* M. CC. XCIV. *Pontificatûs anno primo.* Cette Bulle doit être d'autant moins ſuſpecte à M. de Soiſſons, que Raynaldus, qui l'a donnée, l'a tirée des Archives du Vatican.

Quelque confuſion que M. de Soiſſons ait affecté de répandre ſur cette queſtion, on croit avoir rétabli la vérité dans tout ſon jour. On convient que l'Indiction Grecque a été quelquefois en uſage à Rome avant & après le Pontificat de Grégoire VII : mais du moins, depuis ce Pape, l'Indiction Romaine ou Pontificale, qui commence au mois de Janvier, y a été plus communément ſuivie. La preuve s'en trouve dans toutes les Bulles que nous venons de citer, & dans une infinité d'autres qu'on ſeroit en état de produire.

Les Bénédictins ne ſe font pas un grand honneur de ce qu'ils ont établi ce point de critique : il étoit ſi éclairci avant la querelle que leur a faite M. de Soiſſons, qu'ils n'ont fait que copier les plus ſçavans hommes du dernier ſiecle, les Peres Petau, Chifflet & Labbe, Jéſuites, du Cange, le Pere Mabillon, le Pere le Cointe, les Auteurs de la Collection des Hiſtoriens d'Italie : par-tout on trouve la même vérité reconnue. M. de Soiſſons a beau animer les Bénédictins contre les Jéſuites, il les trouve toujours d'accord pour le combattre & pour le confondre. Mais lui ſeul contre tant d'adverſaires, il ne ſera point

(a) *Raynald. ad ann.* 1225, *n.* 55. *p.* 324 : *Ital. ſac. nov. edit. tom.* 1, *p.* 311, *tom.* 7, *p.* 380.

(b) *Raynald. tom.* 14 ; *Annal. Eccleſ. p.* 641.

effrayé, il ne triomphera pas moins que s'il avoit débité les principes les plus connus, il insultera toujours aux Chartriers des Moines, & ne craindra point de citer celui de Compiegne *comme un de ces dépôts d'iniquité, qui prouvent que les Prédécesseurs qui les ont amassés, ont été trop habiles, & que les successeurs qui les ont gardés, ont été trop crédules.*

En effet, pourquoi les Bénédictins n'ont-ils pas de Bulles dans le cours du douze & du treizieme siecle, dans lesquelles les années soient toujours datées, en les faisant commencer au premier de Janvier, & dans lesquelles les Indictions soient aussi supputées du mois de Septembre contre l'usage reconnu par tous les Auteurs, & prouvé par un nombre infini de Bulles du même tems? Que n'a-t'on prévu, lorsqu'on fabriquoit ces faux titres, qu'il s'éleveroit dans la suite un Evêque de Soissons, qui, plus éclairé que tous les autres Sçavans, viendroit leur apprendre le véritable calcul que l'on devoit suivre dans les dates du douze & du treizieme siecle? C'étoit ce calcul découvert si long-tems après qu'il falloit suivre, & non pas se conformer avec tant de simplicité à celui que l'on avoit toujours connu : & c'est en cela que consiste véritablement l'ignorance des faussaires, que M. de Soissons vient enfin de couvrir de confusion.

Ce qui peut consoler les Bénédictins dans le décri où leurs titres sont auprès de M. de Soissons, est qu'au contraire ils sont en grand honneur auprès de tous les hommes illustres qui ont travaillé dans ce genre de science. Quand ils auront pour eux Petau, Chifflet, Labbe, Papebrock, Baronius, du Cange, Mabillon, Raynaldus, Muratory, & tant d'autres qu'ils ont cités, ils croiront toujours devoir respecter eux-mêmes les titres que leurs prédécesseurs leur ont transmis. S'ils ont réformé les Monasteres dans lesquels la régularité avoit souffert quelqu'atteinte dans les derniers siecles, ils n'ont jamais pensé que tout fût corrompu jusques dans sa source, qu'il fallût regarder les fondations, les titres qui renferment les graces ou les libéralités des Papes ou des Princes, comme des monumens qui participoient à la décadence qui étoit arrivée dans les pratiques régulieres. Les mœurs des Religieux peuvent insensiblement changer, parce que les successeurs n'ont pas toujours la ferveur de ceux qui les ont précédés; mais les titres n'éprouvent pas les mêmes révolutions. Il a donc fallu *réformer le Chœur & le Réfectoire, & non les Chartriers*, pour se servir des termes de M. de Soissons.

Réduisons

Réduisons un Mémoire dont il ne faut imputer la trop grande étendue qu'à M. de Soissons. Les plus petites observations qu'il hasarde, il les vante, il les exagere comme des moyens si victorieux & si décisifs, qu'on n'a pu se dispenser de les relever, & d'en faire connoître toute l'illusion. Sans cela il auroit voulu faire entendre à toute la Terre, que ses raisons seroient demeurées sans réplique ; & la chimere même de ses réflexions n'auroit pas été capable de le retenir. Il a donc fallu se livrer à un détail souvent inutile. On aura sans doute laissé échapper quelques idées répandues dans ce cahos prodigieux que renferme le Mémoire de M. de Soissons ; mais on n'auroit jamais fini, si on avoit voulu n'en négliger aucune partie.

On croit avoir rempli tout ce qu'exigeoit une juste défense ; quand on a fait voir dans la discussion des faits, que l'exemption de Compiegne n'étoit pas fondée sur le seul mot équivoque du privilege de Jean VIII, énoncée dans la Charte de Charles-le-Chauve, mais sur ce privilege célebre, confirmé par tous les Evêques, recommandé par l'Empereur à son fils, & aux Etats de son Royaume assemblés à Kiersi, applaudi par ces mêmes Etats, avoué même par le Pere Thomassin, & expliqué dans un si grand nombre de monumens, qu'il n'est plus permis de douter de son existence, de son objet & de son étendue. On a fait voir que ce privilege étoit accordé à une Eglise royale, bâtie, fondée par un grand Empereur, pour servir de Sainte-Chapelle à un de ses Palais ; que les prérogatives dont elle a été décorée sont devenues des droits de la Couronne même, & auroient dû être respectées, on le peut dire, par M. de Soissons, comme elles l'ont été par ses prédécesseurs, par tous les Evêques du Royaume dans le neuvieme siecle, & par tous ceux qui leur ont succédé depuis. On a fait voir que l'usage de ces privileges n'étoit pas si moderne que M. de Soissons le vouloit faire entendre. On a, en un mot, justifié le fait de l'exemption, & confirmé l'histoire qu'on en avoit rapportée par des preuves si décisives, qu'on se flatte que M. de Soissons sera le seul qui refusera de s'y rendre.

On a répondu aux prétendus moyens de droit de M. l'Evêque de Soissons, en faisant voir que la perte du titre primordial pouvoit être réparée par une foule de monumens anciens qui l'énoncent, qui le rappellent & qui l'expliquent ; que dans ces titres confirmatifs, la Jurisdiction de Compiegne se trouvoit énoncée dans les termes les plus clairs & les plus précis ; que les Bulles de

Compiegne ne contenoient aucunes diſpoſitions qui euſſent aucun caractere, ni aucune apparence d'abus ; que les Religieux n'avoient jamais dérogé à leurs privileges, & que les changemens arrivés dans cette Egliſe n'avoient pu en opérer l'extinction.

En vain après avoir écarté la vaine déclamation de M. de Soiſſons contre la prétendue fauſſeté des titres conſervés dans les Chartriers des Monaſteres, & avoir juſtifié ces dépôts précieux, ſans leſquels la plus grande partie des événemens de l'antiquité nous ſeroient échappés, les noms des bienfaiteurs oubliés, les plus grandes familles privées des ſecours néceſſaires pour conſerver la trace de leur ſang, & l'éclat de leur nobleſſe, on eſt entré dans le détail des prétendues fauſſetés que M. de Soiſſons reproche aux titres produits par les Religieux de Compiegne : on a fait voir ſur les Chartes de nos Rois, que la plûpart des obſervations du Critique employé par M. de Soiſſons, étoient puériles, & que s'il prétendoit faire conſiſter toute la fauſſeté dans la difficulté de concilier certaines dates avec des époques connues, c'étoit une difficulté qui étoit commune à une infinité d'autres titres, dont la foi n'avoit jamais été ſuſpecte ; ce qui avoit obligé tous les Savans de reconnoître que l'on avoit varié dans la date des Chartes, ſuivant les différentes époques que l'on avoit conſultées ; que M. de Soiſſons lui-même reconnoiſſoit cette variété d'époques & de dates par rapport aux regnes de Philippe I. & de Louis-le-Jeune, qui ſont cependant les mêmes ſur leſquels il releve de prétendues erreurs de dates dans les titres de Compiegne. Enfin, par rapport aux Bulles, on a fait voir que dans les douze & treizieme ſiecles, l'uſage ordinaire étoit de faire commencer l'année au 25 de Mars, & l'Indiction au premier de Janvier. On l'a prouvé par le ſuffrage unanime de tout ce qu'il y a eu de Savans qui ont parlé de cette matiere, & ce qui eſt encore plus déciſif, par le langage même des Bulles.

On n'oſe eſpérer que M. de Soiſſons ſe rende à des vérités ſi claires & ſi démontrées. Il a pris ſon parti : tous les Auteurs qu'on lui oppoſe, ſont ou imbécilles, ou de mauvaiſe foi ; les titres qui condamnent ſes prétentions, ſont faux, ſi ce ſont des originaux ; ou infideles, ſi ce ſont des copies. Les raiſonnemens les plus ſolides paſſent dans ſon eſprit pour des déclamations véhémentes : la fermeté de l'Avocat des Bénédictins choque la bienſéance ; & ſi on lui fait ſentir qu'au lieu de la modération dont il doit l'exemple au Public, on voit regner dans ses Ecrits une aigreur & un mépris continuel pour un Ordre respectable dans l'Eglise & dans l'Etat, on peche contre les regles de la politesse. Avec de telles préventions, la vérité elle-même ne pourroit pas pénétrer jusqu'à lui ; son jour ne seroit que ténebres, son évidence qu'illusion, ses preuves les plus claires que sophismes. Que reste-t-il à faire aux Bénédictins ? Se contenter d'avoir dans leur parti toutes les personnes équitables, avec les Savans de tous les Ordres & de toutes les Nations ; plaindre M. de Soissons de sa solitude, ou plutôt de ses erreurs ; le plaindre même des triomphes dont il se flate, & n'être pas tenté d'y porter envie.

CLV. SECOND MÉMOIRE.

Na. Le premier Mémoire est dans le Tome I, page 155, celui-ci n'ayant pu être recouvré à tems.

POUR le Prince Frederic d'Auvergne.

Servant de Réponse à celui de Monsieur l'Archevêque de Cambray.

L'ARCHEVESQUE de Cambray a senti tout le poids des moyens d'abus proposés contre sa Coadjutorerie. Pénétré de leur solidité, il n'entreprend pas même d'y répondre ; mais ce qu'il ne peut obtenir du côté des regles & des principes, il croit l'emporter en se formant un systême qui n'est fondé que sur la présomption, & qu'il est important d'abord de développer.

Vous avez, dit-il, en votre faveur les regles les plus constantes de la discipline ecclésiastique, les principes du Droit commun, les Canons & les Conciles ; mais je ne vous envie point ces foibles avantages, j'ai pour moi l'autorité, & avec son secours je saurai bien subjuguer jusqu'à la raison même ; pourquoi nous étaler les regles communes & ordinaires ? J'en ai une qui m'est propre, j'ai la prérogative singuliere d'avoir un titre nul, & contre lequel cependant il ne soit pas permis de s'élever.

Si ce ne sont pas là les propres termes de la défense de l'Archevêque de Cambray, il faut au moins convenir que c'est l'esprit qui regne dans son Mémoire, & la substance de ses raisons ; mais ce langage n'est-il pas le triomphe de la Cause même qu'il entreprend de combattre ? Qu'en résulte-t-il en effet, sinon que la Coadjutorerie de l'Abbé de Saint-Albin ne peut se soutenir ; si l'on remonte aux sources les plus pures de la discipline ecclésiastique?

L'autorité qu'il nous oppose ne doit pas nous effrayer ; il cherche à imposer par des noms respectables, à l'ombre desquels il croit échapper à la censure ; mais il est facile de dissiper ces illusions que l'on présente au Public avec tant d'ostentation. Le Prince Frederic pourroit dire que les regles dont il reclame l'autorité, sont inébranlables, & qu'aucune Puissance n'a droit d'en suspendre l'exécution; mais il fera voir qu'on n'a pas même prétendu y donner atteinte.

Non, le Pape n'a pas prétendu donner une Coadjutorerie pour un Bénéfice qui fût sans fonctions ; il n'a pas prétendu la donner sans cause, sans nécessité, sans utilité pour l'Eglise, & dans la seule vue de jetter les premiers fondemens de la fortune du Coadjuteur ; trop instruit de l'usage qu'il doit faire de son autorité, il sait qu'il est à la tête de l'Eglise pour édifier, & non pour détruire.

Dispenses s'accordent pour l'édification, & non pour la destruction.

Le Roi a encore moins prétendu autoriser le renversement des Canons; ses Lettres-Patentes, loin de nous fournir une idée si injurieuse à sa sagesse & à sa piété, ne permettent au contraire l'exécution des Bulles de Coadjutorerie obtenues par l'Abbé de Saint-Albin, que sous cette condition si sage & si digne de la Majesté du Souverain, pourvû qu'au surplus dans lesdites Bulles il n'y ait rien de contraire aux droits de notre Couronne, franchises & libertés de l'Eglise Gallicane.

Développons ces vérités qui doivent ôter à l'Archevêque de Cambray la derniere ressource dans laquelle il a peut-être mis quelque confiance ; & pour le faire avec ordre, on rétablira d'abord les faits dans un point de vérité que l'on ne trouve pas exactement dans le Mémoire de l'Archevêque de Cambray : on examinera ensuite l'autorité de la prétendue dispense qu'il prétend avoir obtenue. Enfin on fera voir que les moyens d'abus proposés subsistent dans toute leur force, & qu'il n'y a aucune fin de non-recevoir qui empêche le Prince Frederic d'Auvergne de les proposer.

Examen des Faits.

L'Archevêque de Cambray, après avoir exposé la procuration passée à son profit par l'Abbé de Lionne, & les Bulles qu'il a obtenues en conséquence, observe qu'elles contiennent dérogation expresse à toutes dispositions canoniques qui y seroient contraires. Il auroit bien dû rapporter les termes de la Bulle, dans lesquels il prétend trouver cette dérogation ; on a relu cette piece avec une nouvelle attention, par déférence pour ceux qui prétendoient y avoir trouvé cette clause ; on y a bien trouvé une dérogation de style à toutes constitutions apostoliques (*a*), c'est-à-dire, aux Bulles des Papes, prédécesseurs de celui qui accorde la grace, à tous Statuts du Monastere, Indults, Privileges & autres Lettres apostoliques ; mais une dérogation expresse à toutes dispositions canoniques qui y seroient contraires, c'est ce que le Pape n'a point prononcé. On ne raisonne point encore, on ne fait que rétablir les faits.

A l'égard des Lettres-patentes, on a soin de faire remarquer que le Roi y déroge aux Edits, Ordonnances & Usages du Royaume, & aux dérogatoires des dérogatoires ; mais ce qui n'auroit pas dû échapper à l'exactitude, est que le Roi ajoute, pourvu qu'au surplus dans lesdites Bulles il n'y ait rien de contraire aux droits de notre Couronne, franchises & libertés de l'Eglise Gallicane. Il faudra donc examiner dans la suite, s'il n'y a rien dans la Bulle de contraire aux Canons ; car les libertés de l'Eglise Gallicanne ne sont autre chose que l'exacte pratique des Canons de l'Eglise, en rejettant tout ce que l'autorité & l'ambition des derniers siecles a imaginé pour les abroger.

Libertés de l'Eglise Gallicane ne sont que l'exacte pratique des Canons.

On convient dans le Mémoire de l'Archevêque de Cambray, que par la Bulle l'Official de Paris étoit chargé de s'informer de deux choses : de la vérité des faits exposés dans la Supplique, & de la capacité du Sujet. On ajoute que l'Official, après avoir reçu la profession de foi du Pourvu, après s'être diligemment assuré de sa capacité, tant par lui, que par le témoignage de gens dignes de foi, il l'a trouvé capable de remplir & d'administrer le Bénéfice, c'est-à-dire, que l'Official chargé par le Pape de deux points très-importans, s'informer de la vérité des faits exposés dans la Supplique, & de la capacité du Sujet, a négligé entierement la premiere partie de sa commission, & s'est contenté de la seconde.

Après ces premieres observations l'Archevêque de Cambray vient à ce qu'il appelle les faits décisifs, qui consistent à dire que le Parlement ayant rendu un Arrêt le 21 Janvier 1718, qui ordonnoit que la Bulle, les Lettres-patentes, & la Requête à fin d'enregistrement seroient communiquées au Titulaire & au

(a) *Nonobstantibus felicis recordationis Bonifacii VIII, prædecessoris nostri, & aliis Apostolicis Constitutionibus.*

Collateur, l'un & l'autre donnerent le 23 Janvier ce consentement si desiré; que cet acte n'ayant pas paru à l'Archevêque de Vienne une preuve assez authentique de sa volonté, il voulut contracter en Jugement; qu'à cet effet il présenta une Requête au Parlement le premier Fevrier 1718, tendante à ce qu'il lui fût donné acte de ce qu'il consentoit l'exécution des Bulles; & afin qu'on ne pût révoquer en doute la liberté avec laquelle ce consentement réitéré avoit été déterminé dans son esprit, il se donna la peine d'aller lui-même le 7 Février 1718 porter sa Requête au Parlement, où il prit place.

On l'a déja dit, ce n'est point ici le lieu de raisonner, mais d'assurer seulement la vérité des faits qui doivent servir de fondement aux moyens proposés de part & d'autre. On convient que l'Abbé d'Auvergne signa le 23 Janvier 1718, deux actes qui lui furent présentés tout dressés; il est aisé de juger par plusieurs circonstances, si c'étoit avec une grande liberté que ce consentement fut déterminé dans son esprit: depuis le 21 Janvier que l'Arrêt avoit été rendu, jusqu'au 23 que ces actes ont été signés, à peine auroit-on eu le tems de lire avec quelque attention la Bulle, les Lettres-patentes, la Requête à fin d'enregistrement, & l'Arrêt interlocutoire; l'Abbé d'Auvergne a eu si peu de part à ces actes, qu'on ne s'est servi d'aucun des Officiers qui avoient coutume de lui prêter leur ministere; le Notaire & le Procureur, tout lui étoit également inconnu; mais, comme il n'y avoit pas à balancer, il a tout signé indifféremment.

Quant à ce que l'on prétend que l'Abbé d'Auvergne porta lui-même sa Requête au Parlement le 7 Février, l'Archevêque de Cambray n'y a pas sans doute bien réfléchi: la Requête étoit dès le premier Février entre les mains du Commissaire du Parlement, chargé de rapporter les Lettres: ce fut ce jour-là même que l'on mit au bas l'Ordonnance de soit montré au Procureur Général du Roi. Comment donc l'Abbé d'Auvergne auroit-il pu le 7 du même mois, porter cette Requête au Parlement?

La mort de l'Abbé de Lionne arrivée le 5 Juin 1721, ayant opéré la vacance du Prieuré de Saint-Martin-des-Champs, l'Abbé de Saint-Albin se donna de grands mouvemens pour obtenir de l'Archevêque de Vienne des provisions par mort; il envoya en poste à Strasbourg, l'Abbé de la Broise son Docteur, pour les solliciter, c'est de quoi il n'a pas osé disconvenir; mais toutes sortes de raisons obligeant l'Archevêque de Vienne de préférer le Prince Frederic son frere, il lui conféra ce Bénéfice le 4 Décembre ſuivant, par des proviſions qui ne ſont pas demeurées ſecretes, comme on le ſuppoſe, puiſque le 31 du même mois elles furent inſinuées à Paris ; c'eſt la ſeule précaution priſe par nos Ordonnances pour rendre publics les titres des Bénéfices.

La conteſtation s'eſt formée, & a été introduite au Grand-Conſeil : le Roi a jugé à propos de l'évoquer par Arrêt du 29 Janvier 1724 : mais comme Sa Majeſté a reconnu dans la ſuite que c'étoit une affaire importante, qui intéreſſoit un des points les plus eſſentiels de la diſcipline de l'Egliſe, conſervée ſi précieuſement dans le Royaume, il a voulu qu'elle fût inſtruite avec toute l'attention qu'elle mérite, & a nommé à cet effet des Commiſſaires, par un Arrêt du 12 Février 1724 (*a*).

Les Parties ont fourni reſpectivement des premiers Mémoires, dans leſquels le Prince Frédéric d'Auvergne a ſoutenu que la tonſure de l'Archevêque de Cambray étoit irréguliere, parce qu'étant originaire du Mans, comme il paroît par ſon Extrait baptiſtaire fourni en bonne forme, il a cependant reçu la tonſure de l'Archevêque de Paris, ſans démiſſoire, ce qui eſt une ſurpriſe manifeſte qu'il a faite à la religion de ce Prélat, contre les regles les plus conſtantes de la diſcipline.

Contre cette objection imprévue, l'Archevêque de Cambray eſt demeuré ſans défenſes; il n'a pas pu dire, pour la combattre, que le Pape l'eût diſpenſé de la ſoumiſſion due à ſon propre Evêque ; que le Roi par des Lettres-Patentes eût autoriſé cette diſpenſe. Le concours des Puiſſances, ce moyen favori qui fait taire toutes les Loix, abandonnant l'Archevêque de Cambray dans cette partie de la cauſe, il a pris le parti glorieux de mépriſer la cri-

(a) *Extrait des Regiſtres du Conſeil d'Etat.*

Vu par le Roi étant en ſon Conſeil, l'Arrêt rendu en icelui le 29 Janvier dernier par lequel Sa Majeſté auroit évoqué l'aſſignation donnée au Grand-Conſeil au ſieur Archevêque de Cambray, le 14 dudit mois, à la requête de M. le Prince Frederic de la Tour d'Auvergne, en complainte & reſtitution de fruits du Prieuré de Saint-Martin-des-Champs à Paris; la Requête par lui préſentée, tendante à ce qu'il plût à Sa Majeſté pour les cauſes y contenues, renvoyer la conteſtation d'entre les Parties au Grand-Conſeil, ou au Parlement, s'il plaiſoit à Sa Majeſté, pour y procéder comme avant ledit Arrêt : ouï le rapport, le Roi étant en ſon Conſeil, a ordonné & ordonne que l'Arrêt du 29 Janvier dernier ſera exécuté; en conſéquence a renvoyé & renvoie ladite aſſignation du 14 dudit mois devant les Sieurs de Châteauneuf, d'Ormeſſon, de Gaumont & de Fortia, Conſeillers d'Etat, & le Sieur Chopin, Maître des Requêtes, que Sa Majeſté a commis à cet effet, pour, au rapport dudit Sieur Chopin, ès mains duquel les Parties ſeront tenues de remettre leurs Titres, Pieces & Mémoires, examiner ladite conteſtation, dreſſer leur avis, & le tout vu & rapporté, être par Sa Majeſté fait droit, ainſi qu'il appartiendra. FAIT au Conſeil d'Etat du Roi, donné à Verſailles le 12 Février 1724. *Signé*, PHELYPPEAUX.

tique que l'on a faite de sa tonsure. On a présenté, dit-il, deux petits Mémoires qui ne signifioient rien. Ce sera au Public à en juger par les Mémoires mêmes. On n'en dira pas davantage dans celui-ci qui a pour objet unique de rétablir les moyens d'abus proposés contre la Coadjutorerie de l'Archevêque de Cambray; mais comme on prétend que la dispense écarte tous ces moyens d'abus, il faut commencer par en faire connoître l'autorité.

Réponse à la prétendue dispense.

Le Prince Frédéric a établi par son premier Mémoire les regles de l'Eglise sur les Coadjutoreries; il a fait voir qu'il y avoit deux tems à distinguer dans sa discipline; que dans le premier on ne donnoit aux Prélats infirmes & incapables de remplir leurs fonctions, des Coadjuteurs que pour les secourir, & non pour leur succéder; que dans le second, si l'on avoit permis de tempérer cette rigueur, & si l'on avoit toleré les Coadjutoreries avec future succession, ce n'avoit été que sous des précautions & sous des conditions inviolables. Ainsi ces sortes de Coadjutoreries ne sont tolérées que pour les Prélatures, dont les Titulaires, chargés de fonctions importantes pour l'Eglise, se trouvent dans la triste impuissance de les remplir: elles ne sont tolérées que pour des causes pressantes; ces causes doivent être examinées au poids du Sanctuaire par le Pape lui-même, ou, quand il s'agit d'un Bénéfice éloigné, par un Commissaire chargé de toute son autorité.

A la vue de ces principes, il a été facile au Prince Frederic de faire connoître tout l'abus de la Coadjutorerie de l'Archevêque de Cambray, puisqu'elle n'est revêtue d'aucun de ces caractères; il a été facile de faire sentir combien les conséquences d'une pareille Coadjutorerie seroient funestes. Il n'y en avoit pas encore un seul exemple en France, c'est pour l'Abbé de Saint-Albin que l'on a commencé à introduire ce droit nouveau, ou plutôt que l'on a commencé à abroger un droit sacré, & qui étoit demeuré sans altération depuis tant de siecles. La naissance, la vertu, les qualités éminentes, les trésors de science n'avoient point encore mérité qu'en leur faveur on s'écartât de ce point fondamental de la discipline de l'Eglise; qui peut douter qu'après cela de pareilles Coadjutoreries ne viennent inonder en foule l'Eglise de France? Il suffit d'un seul exemple pour ouvrir la porte à tous les abus: ainsi les fondemens de la discipline seront ébranlés, chaque titre aura plusieurs Titulaires, tous les Bénéfices seront remplis par avance, & la ruine des droits des Collateurs;

Collateurs, des Expectans, & du Roi même, il n'y aura plus de Bénéfices vacans par mort.

Vous prodiguez vainement le fruit de vos veilles, répond l'Archevêque de Cambray, tout le monde est d'accord avec vous : oui, les Coadjutoreries n'ont lieu en France que pour les Prélatures; mais tout cela n'est que de droit positif. Or le Pape peut dispenser des regles du droit positif. La dispense est une grace particuliere & personnelle, dont l'effet unique est d'exempter celui qui l'obtient de la sévérité de la regle; ces graces ne s'étendent jamais au-delà de la personne, ni au-delà de la chose qui en fait l'objet : ainsi ne vous alarmez point pour les regles de l'Eglise, ce n'est point les détruire que d'en dispenser. Ne répandez point des terreurs paniques sur les conséquences, c'est pour moi seul que cette exception est établie. Combien d'autres dispenses ont été confirmées, quoiqu'elles donnassent atteinte aux regles de l'Eglise! Et si l'on trouve quelques Arrêts qui ont déclaré des Coadjutoreries abusives, c'est qu'elles n'étoient pas revêtues de tous les caracteres qui distinguent celle que j'ai obtenue. En un mot, vous m'opposez les Canons de l'Eglise, mais le Pape, par sa Bulle, y a dérogé. Vous m'opposez les Ordonnances du Royaume, mais le Roi en a suspendu l'autorité à mon égard.

Ainsi donc, l'Archevêque de Cambray se renferme uniquement dans l'autorité de la dispense qu'il prétend avoir obtenue du Pape. Attachons-nous d'abord à ce premier objet; car pour les Lettres-Patentes, comme elles ne font que permettre dans le Royaume l'exécution de la Bulle, elles supposent le droit acquis à l'Abbé de Saint-Albin, par un titre canonique, & ne contiennent pas elles-mêmes la concession de la grace. C'est donc la Bulle seule qu'il faut considérer, pour sçavoir si elle renferme une dispense sous le joug de laquelle tout doive fléchir.

Lettres-patentes sur une Bulle se réferent à la Bulle.

Trois propositions vont faire connoître l'abus que l'Archevêque de Cambray fait de la Bulle qu'il a obtenue : 1°. le Pape n'auroit pas pu accorder la dispense dont on se vante : 2°. il ne l'a point donnée à l'Abbé de Saint-Albin : 3°. s'il l'avoit pu, & s'il l'avoit fait, l'inexécution de la Bulle par l'Official la rendoit inutile.

Premiere Proposition. *Le Pape n'auroit pas pu donner la dispense.*

A consulter le Mémoire de l'Archevêque de Cambray, & les principes qu'on y suppose, car on n'a pas même osé entreprendre de les établir, on diroit que le Pape exerce dans l'Eglise une autorité si absolue & si arbitraire, que les Canons ne soient pour lui que de simples conseils qu'il peut admettre ou rejetter ainsi qu'il le juge à propos ; que maître de toutes sortes de graces, il peut les prodiguer indifféremment, sans cause, sans nécessité, sans prétexte, & qu'elles doivent être reçues & exécutées sans examen.

Ainsi va tomber, pour ne revivre jamais, la voie de l'appel comme d'abus, ce remede si sagement établi par nos peres, contre les dispositions nouvelles qui blessent l'autorité des Canons, & qui troublent l'ordre & la discipline de l'Église. Quand on portera dans les Tribunaux du Royaume quelque appel comme d'abus d'une Bulle de Cour de Rome, & que pour établir cet abus on opposera à celui qui a obtenu la Bulle, les Canons de l'Eglise, ses loix, sa discipline, il aura toujours une réponse toute prête dans le Mémoire de l'Archevêque de Cambray. Pourquoi prodiguer le fruit de vos veilles, dira-t-il à l'Appellant comme d'abus, tout le monde est d'accord avec vous; mais vous ne m'opposez que des regles du droit positif, & le Pape m'en a dispensé?

Il n'y aura donc plus de regle dans l'Eglise, il n'y aura plus de Canons qui puissent tenir contre une Bulle de Cour de Rome, tout sera subjugué par l'autorité; les Parlemens, les autres Cours, & le Conseil même du Roi verra croître l'abus & se multiplier sous ses yeux, sans oser y résister : les Magistrats auront les mains liées, les Parties seront sans défenses; & ceux qui auront été assez heureux pour surprendre la religion du Pape, triompheront impunément de leurs artifices! Est-ce donc en France que l'on parle ainsi? Est-ce donc aux pieds du Trône, l'asyle le plus sacré de la Justice, que l'on porte de telles maximes?

Pour les confondre, ces maximes, il faut considérer les dispenses en général, & en particulier celles qui concernent les Coadjutoreries : on verra que c'est s'élever contre toutes les regles, que d'attribuer au Pape une autorité sans bornes sur le fait des dispenses; & quand on parle de dispenses, on n'entend pas celles qui seroient contre le Droit divin & naturel, mais celles même qui peuvent être surprises contre l'autorité des Canons, sur lesquels est fondée la discipline de l'Eglise.

On verra que les Papes eux-mêmes ont détesté cette basse adulation, toujours prête à leur prodiguer des droits qui flétriroient la sainteté & la dignité de leur Siege. C'est sur leurs décisions mêmes que l'on prétend fonder les principes que l'on va établir.

Les regles établies par les Conciles pour la police de l'Eglise, doivent être inviolablement observées; elles ne sont que l'explication ou l'exécution des pratiques établies par les Apôtres, & ainsi elles tirent leur autorité de celui même qui avoit éclairé les Apôtres, & qui leur avoit donné leur mission. C'est ce qui a rendu dans tous les tems les décisions des Conciles si respectables, sur-tout lorsqu'ils ont établi des regles universelles qui ne dépendoient ni des tems ni des lieux, mais qui devoient s'étendre aussi loin que la Foi même.

Canons sont l'exécution des pratiques établies par les Apôtres.

Canons universels inviolables.

Cependant comme ces Assemblées ne peuvent pas prévoir tous les cas singuliers qui arrivent journellement par le concours d'une infinité de circonstances, il est juste de s'adresser en ce cas à ceux qui ont l'autorité dans l'Eglise, pour tempérer, suivant ces circonstances, la sévérité de la discipline. Les dispenses alors n'ont pas pour objet de statuer quelque chose de contraire aux Canons; mais on présume que si les Conciles avoient prévu ces cas singuliers, ils auroient eux-mêmes décidé qu'il falloit dans de telles conjonctures s'écarter des regles ordinaires; ainsi on exécute toujours les Canons, soit dans les dispositions expresses qu'ils renferment, soit dans les dispositions présumées.

De ces notions générales, deux principes constans que l'on ne peut méconnoître; l'un, que le Pape ne peut jamais dispenser dans les cas que les Canons ont prévus, & pour lesquels ils ont exclu toutes dispenses; l'autre, que dans les especes où les dispenses peuvent avoir lieu, elles ne peuvent jamais être accordées que pour des causes canoniques.

Le Pape ne peut dispenser, quand un Canon est exclusif de dispense.

C'est ce que l'antiquité nous a appris, & ce qui a été confirmé dans les siecles qui ont suivi, par les Docteurs les plus respectables. Que l'on consulte un grand Pape sur l'autorité du Saint Siege à l'égard des regles établies dans l'Eglise (*a*), il répondra que le Saint Siege n'a pas l'autorité d'abroger les décrets que l'antiquité a consacrés.

La seule nécessité (*b*) peut autoriser les dispenses qui seroient accordées au préjudice d'un principe si digne de la sainteté du

(*a*) *Contra statuta Patrum condere aliquid, vel mutare, ne hujus quidem Sedis potest autoritas; adeò apud nos in convulsis radicibus viget antiquitas, cui decreta Patrum sanxere reverentiam.* Zoz. Can. *contra* 25, *q.* 1.

(*b*) *Necessariâ rerum dispensatione constringimur, & Apostolicæ Sedis moderamine convenimur sic Canonum paternorum decreta, librare, & retrò Præsulum decessorumque nostrorum præceptâ metiri, ut quæ præsentium necessitas temporum in restaurandis Ecclesiis relaxanda deposcit adhibitâ diligenti consideratione temperemus.* Can. *necessaria* 1, *q.* 7.

Siege apoſtolique, & cette néceſſité doit être reconnue par le plus ſérieux examen.

Ce ne ſont point ici des autorités ſuſpectes d'avoir voulu affoiblir les prérogatives éminentes du Saint Siege ; ce ſont des Papes vénérables par leur ſainteté ; des Papes auſſi fermes à ſoutenir leurs droits, que ſinceres pour reconnoître les bornes dans leſquelles ils ſe rencontrent : ainſi toute diſpenſe qui n'a point ces caracteres, mais qui trouble, qui altere (*a*), qui défigure l'état de l'Egliſe, eſt nulle par elle-même ; & elle opere toujours cet effet funeſte, lorſqu'elle n'eſt pas fondée ſur des cauſes néceſſaires (*b*), & diſcutée avec la plus mûre réflexion.

Perſonne ne s'eſt mieux expliqué ſur cette matiere que Saint Bernard dans ce Livre fameux, *de Conſideratione*, adreſſé au Pape Eugene III, où avec cette ſainte liberté que lui donnoit ſa vertu, & l'autorité qu'il avoit eue autrefois ſur ce Pape, lorſqu'il étoit ſon Religieux, il lui dit (*c*) : Je ne ſuis pas aſſez peu inſtruit pour ignorer que vous êtes les diſpenſateurs, mais pour édifier, & non pour détruire. Voulez-vous être de ces diſpenſateurs fideles ? Quand la néceſſité vous preſſe, ſachez que la diſpenſe eſt excuſable ; quand vous êtes attiré par l'utilité, elle peut être digne d'éloges ; j'entends l'utilité commune, & non celle qui pourroit être particuliere : hors ce cas, ſi la dépenſe eſt accordée, ce n'eſt point l'exercice de cette diſpenſation fidelle qui vous eſt confiée, mais une cruelle diſſipation.

Un Auteur plus moderne parlant des déciſions des Conciles, & du pouvoir que l'on ſuppoſoit dans le Pape d'y donner atteinte par des diſpenſes (*d*), remarque fort ſagement que ce ſeroit bien en vain que l'on auroit formé ces déciſions ſi reſpectables, ſi le Pape avoit une autorité ſans bornes pour les détruire légerement.

Enfin ne ſuffiroit il pas de citer l'article 42 des Libertés de

(*a*) *Scias ergò quòd ubicumque decoloratur ſtatus Eccleſiæ, non poteſt diſpenſari.* Gl. *ad Can. requiſitis* 1, *q.* 7.

(*b*) *Sit autem diſpenſatio, cum hoc requirit neceſſitas vel utilitas.* Ibidem.

(*c*) *Non ſum tam rudis ut ignorem vos diſpenſatores, ſed in ædificationem, non in deſtructionem; denique quæritur inter diſpenſatores ut fidelis quis inveniatur, ubi neceſſitas urget, excuſabilis diſpenſatio eſt; ubi utilitas provocat, diſpenſatio laudabilis eſt; utilitas dico communis, non propria: nam cum nihil horum eſt, non planè fidelis diſpenſatio eſt, ſed crudelis diſſipatio eſt.*

(*d*) *Neque putandum eſt Concilia generalia ſic excepiſſe Papalem autoritatem in conſtitutionibus ſuis, ut eidem permitteretur effrenis libertas ea deſtruendi leviſſimè, quæ tantâ gravitate & digeſtâ ſapientum maturitate condita ſunt.*

l'Eglise Gallicane, qui décide d'une maniere si précise que le Pape ne peut dispenser, pour quelque cause que ce soit, de ce qui est de droit divin & naturel, ni de ce dont les saints Conciles ne lui permettent de faire grace : ainsi, suivant cet article, il y a trois choses dont le Pape ne peut dispenser, du droit divin, du droit naturel, & de ce que les Conciles ont établi en ne permettant point d'en faire grace.

Dispenses du Pape nulles dans trois cas.

Sur quoi le sçavant Pithou s'explique dans des termes qui assurément ne seront pas du goût de l'Archevêque de Cambrai, mais qui n'en renferment pas moins les véritables principes dans cette matiere. Les dispenses sont dûes, quand les cas sont tels que s'ils eussent été prévus, la Loi les eût exceptés ; mais s'ils ne sont tels, la puissance de dispenser n'a point de lieu. L'ambition, la flatterie, l'avarice ont introduit cette opinion, que de dispenser soit faire grace : la dispense n'est autre chose qu'une interprétation ou déclaration de la Loi.

De ces principes, il faut conclure qu'on ne prétend pas contester au Pape le droit d'accorder des dispenses ; mais ce droit est sujet à des regles inviolables qu'il ne faut pas perdre de vue. Ainsi le Pape ne peut dispenser dans des cas prévus, & pour lesquels les Conciles ont exclu toute dispense ; il ne faut pas même dispenser dans des cas imprévus, lorsqu'il n'y a aucune cause canonique sur laquelle la dispense puisse être fondée : c'est en suivant ces principes que l'on évite également le danger d'admettre ou de rejetter toutes dispenses sans réflexion & sans choix. Que si des dispenses en général on passe à celles qui concernent les Coadjutoreries en particulier, on verra que la doctrine de M. de Saint-Albin est contraire aux textes les plus précis, & qu'il confond les idées les plus simples & les plus faciles à distinguer.

Dispense doit avoir une cause canonique.

Sans remonter à des tems trop éloignés, fixons-nous, pour en juger, à la décision du Concile de Trente ; personne n'ignore qu'il n'y a point de Concile œcuménique où les droits du Saint Siege ayent été plus précieusement ménagés : ainsi son autorité ne peut être suspecte, lorsqu'il s'agit de mettre des bornes à l'autorité du Pape : quel pouvoir lui donne-t-il donc en matiere de Coadjutorerie ? Il établit d'abord la regle générale, qui est qu'on ne doit donner de Coadjutorerie avec future succession pour aucun bénéfice. Voilà le droit commun de l'Eglise (a).

(a) *In Coadjutoriis cum futura successione idem post-hac observetur, ut nemini in quibuscumque Beneficiis permittantur.*

Mais cette ſainte Aſſemblée a prévu qu'il pouvoit ſe trouver des occaſions où il ſeroit néceſſaire de tempérer la rigueur de la Loi ; elle les a prévues ; & dans ce cas elle a autoriſé la diſpenſe : quelles ſont ces occaſions ? C'eſt ce qu'elle explique immédiatement après. Si cependant la néceſſité preſſante de quelque Egliſe cathédrale ou de quelque Monaſtere, ou quelqu'utilité manifeſte demandoit que l'on donnât un Coadjuteur au Prélat, il ne pourra lui être donné avec faculté de ſuccéder, que la raiſon n'en ait été auparavant bien connue du Saint Pere, & qu'il ne ſoit conſtant que toutes les qualités qui ſont requiſes par le droit & par les décrets de ce Concile, aux Evêques & aux Prélats, ſe rencontrent en ſa perſonne. Ce n'eſt donc que dans ces circonſtances que l'on peut diſpenſer de la regle générale, qui proſcrit toutes les Coadjutoreries avec future ſucceſſion. Il faut qu'il s'agiſſe d'une Prélature ; il faut que la diſpenſe ſoit fondée ſur la néceſſité preſſante ou l'évidente utilité ; il faut que ces cauſes ſoient examinées avec une ſcrupuleuſe recherche ; il faut que le Coadjuteur ait toutes les qualités requiſes par les Canons, pour poſſéder le Bénéfice.

Enfin le Concile de Trente ne s'eſt pas contenté de déterminer les occaſions dans leſquelles on pourroit diſpenſer ; il a été plus loin, & il a ſolemnellement décidé que toute diſpenſe qui ſeroit donnée hors de ces circonſtances, ſeroit nulle, & ſeroit regardée comme ſubreptice, *aliàs conceſſiones ſuper his factæ, ſubreptitiæ eſſe cenſeantur :* ainſi ce décret du Concile renferme une loi parfaite, à l'exactitude de laquelle rien n'eſt échappé.

Il n'eſt pas difficile après cela de lever une équivoque répandue dans toutes les parties du Mémoire de l'Archevêque de Cambrai, & qui ſeule eſt la clef de toute ſa défenſe. Il affecte d'oublier la premiere partie du Décret du Concile de Trente, qui défend de donner des Coadjutoreries avec future ſucceſſion, pour quelque ſorte de Bénéfice que ce ſoit ; c'eſt-à-dire qu'il met à l'écart le droit commun & la regle générale. Il prend enſuite la ſeconde partie du même Decret ; & au lieu qu'elle ne contient que des exceptions contre la regle & contre le droit commun, pour leſquelles on admet la diſpenſe, il en fait au contraire le droit commun, & imprime ſolemnellement à la tête de ſon Mémoire, & en caracteres ſinguliers, cette belle maxime dont il eſt ſeul l'auteur : *De droit commun les Coadjutoreries n'ont lieu en France que pour les Prélatures.* Il n'eſt pas extraordinaire après cela

Eriger l'exception en droit commun, eſt un ſophiſme dangereux.

qu'ayant érigé en droit commun ce qui n'est qu'une dispense permise & tolérée dans l'Eglise, il introduise les dispenses défendues, comme une exception à ce droit commun qu'il a lui-même formé.

Voilà, on le répete, le dénouement facile de toutes les erreurs que l'on a hasardées dans le Mémoire de l'Archevêque de Cambray; mais pour les confondre, ces erreurs, il n'y a qu'à revenir au texte de la Loi, *de droit commun les Coadjutoreries n'ont lieu pour aucun Bénéfice* : voilà la régle générale. A l'égard des Prélatures cependant, s'il y a nécessité pressante ou utilité manifeste, le Pape, après en avoir bien examiné & pesé les causes, pourra les accorder : voilà les cas des dispenses permises. Enfin, dans toute autre circonstance la grace sera nulle & regardée comme subreptice : voilà la proscription de toutes les autres dispenses, & le cas singulier où se trouve l'Archevêque de Cambray.

Si l'on admettoit ses principes, il faudroit retrancher la troisieme partie du Décret du Concile, *aliàs concessiones super h s factæ, subreptitiæ esse censeantur* ; il faudroit dire que toute Bulle de Coadjutorerie est légitime ; qu'elle soit accordée pour un simple Prieuré, pour un Bénéfice sans fonctions ; qu'elle soit sans cause, sans utilité pour l'Eglise, n'importe, le Pape l'a accordée, & dès-lors il y a de la témérité à la combattre. Mais cette proposition est trop contraire à la Loi, pour n'être pas rejettée avec indignation.

Après avoir établi les principes des dispenses en général, & en particulier de celles qui concernent les Coadjutoreries, il est facile de juger de la validité de celle que l'Archevêque de Cambray prétend avoir obtenue : deux principes également constans ne lui permettent pas de s'en prévaloir. Le premier est, que cette dispense est expressément défendue par les Canons, & qu'en ce cas jamais elle ne peut être tolérée : c'est la disposition textuelle de l'article 42 des Libertés de l Eglise Gallicane. Le Pape ne peut dispenser, pour quelque cause que ce soit, de ce qui est de droit divin & naturel, ni de ce dont les saints Conciles ne lui permettent de faire grace.

Le Concile de Trente, on le vient de voir, après avoir défendu les Coadjutoreries avec future succession, permet de faire grace, c'est-à-dire, de dispenser, à l'égard des Prélatures, lorsqu il y a utilité ou nécessité pour l'Eglise ; mais ce même Concile défend de faire grace dans toutes les autres circonstances, & déclare nulles celles qui feroient obtenues. La difpenfe de l'Archevêque de Cambray eft donc nulle & abufive, puifqu'elle eft contraire aux Canons & aux Libertés de l'Eglife Gallicane.

Le fecond principe eft, que même dans les matieres où l'on peut faire grace, & où les Canons ne l'interdifent pas abfolument, la difpenfe n'eft pas arbitraire, mais doit être fondée en caufe légitime : or, ici on croit avoir démontré qu'il n'y avoit pas le moindre prétéxte pour donner une Coadjutorerie avec future fucceffion, dont la difpenfe feroit radicalement nulle, fans que l'autorité même du Saint Siége puiffe obliger de la recevoir.

Difpenfe n'eft pas arbitraire, hors même des trois cas prohibés.

Réponfe aux Objections.

Mais, dit-on, les difpenfes ne bleffent point l'autorité des régles, elles ne font que la confirmer. Cette maxime eft fondée fur le droit commun, fur le refpect qui eft dû à l'autorité fouveraine; l'un & l'autre ne permettent pas de douter qu'une prohibition qui n'eft que de droit pofitif, ne puiffe être fufceptible de difpenfe : les exemples en font fréquens, ils font décififs. On a vu des Evêques conferver des dignités dans des Eglifes Cathédrales, avec leurs Evêchés, quoique ces Bénéfices fuffent incompatibles. On a vu le Comte de Marfan conferver, quoique marié, une penfion de 10000 liv. fur l'Evêché de Cahors. Ces difpenfes ont été confirmées par deux Arrêts célebres de 1688 & de 1683, fur le fondement du concours des Puiffances. La difpenfe de l'Abbé de Saint-Albin eft revêtue de la même autorité, rien ne peut donc en empêcher l'exécution.

Que l'on juge par cette objection du danger des difpenfes, même légitimes, puifque l'on voit à quels excès on en abufe pour introduire indifféremment toutes fortes de difpenfes. Il femble, à entendre l'Archevêque de Cambray, qu'il n'y ait plus de difpenfes que le Pape ne puiffe accorder, pourvu qu'elles ne bleffent pas le droit divin ou naturel; que les régles peuvent être violées, l'autorité des Canons ébranlée, & que les plus faintes Loix de la difcipline doivent venir fe brifer contre une Bulle de Cour de Rome. A quels excès ne porte point la trifte néceffité de foutenir ce qu'il y a de plus abufif !

Mais ces réflexions générales fur les inconvéniens des difpenfes font trop vagues; il faut fe renfermer dans les deux principes que l'on a établis, & qu'il ne faut jamais perdre de vue. Il n'eft point queftion de combattre les difpenfes en général, mais de faire voir qu'on ne peut admettre celles qui font expreffément défendues par les Canons, & que les autres doivent toujours être

être rejettées, lorsqu'elles ne sont fondées sur aucune cause.

Les exemples cités par l'Archevêque de Cambray se dissipent après cela, en les rapprochant de ces principes. Que le Pape ait permis à des Evêques de conserver, avec leurs Evêchés, des dignités dans d'autres Eglises, non-seulement ce n'est pas une dispense défendue par les Canons, mais au contraire les Canons permettent expressément au Pape de dispenser de l'incompatibilité des Bénéfices. C'est la décision du Chapitre, *de multa Præb. & Dignit.* tiré du quatrieme Concile de Latran, qui, après avoir établi qu'une même personne ne peut posséder en même tems plusieurs dignités, ajoute (*a*) : Et néanmoins à l'égard des personnes d'un rang éminent ou d'une science consommée, qui sont élevées à des Bénéfices d'un ordre supérieur, le Pape pourra les dispenser de cette regle, lorsqu'il y aura des raisons pour leur faire cette grace. Quel parallele à faire entre cette espece & celle qui se présente ! Dans l'une, les Canons permettent au Pape de dispenser : dans l'autre, les Canons déclarent la dispense qui seroit obtenue, nulle & subreptice. Peut-on se faire après cela de la premiere dispense un prétexte & un exemple pour autoriser la seconde ?

Bon de dispenser de l'incompatibilité des Bénéfices.

Il en est de même de celle du Comte de Marsan. Les pensions sur les Bénéfices ne sont regardées que comme des revenus temporels qui peuvent être assignés à tous ceux qui ont rendu quelques services à l'Eglise (*b*) : les Laïcs même n'en sont pas absolument incapables ; à plus forte raison, un Clerc qui a passé dans l'état du mariage, peut-il conserver celle qu'il avoit auparavant : une foule d'exemples autorisoient la grace que le Comte de Marsan avoit obtenue. Le Duc de Verneuil, en 1668, obtint une dispense pour conserver 100000 livres de pension sur ses Abbayes, quoiqu'il se mariât. Le sieur de Bournonville en obtint une pareille en 1675, pour 4000 livres de pension sur l'Abbaye de Montieramey. Le sieur Comte de Lisle, une autre pour 3000 livres de pension sur les Evêchés de Mende & d'Agen ; & nous en avons vu plusieurs autres accordées de nos jours. Depuis peu même le sieur de Maulevrier, ci-devant Prieur de Reuil, a obtenu, en résignant ce Bénéfice, 10000 livres de pension, dont

(a) *Circa sublimes tamen & litteratas personas quæ majoribus Beneficiis sunt honorandæ, cum ratio postulaverit, per Sedem Apostolicam poterit dispensari.*

(b) *In posterum Cathedrales Ecclesiæ, quarum reditus summam ducatorum mille non excedunt, nullis pensionibus graventur.* Conc. Trid. *sess.* 24, *de Ref. cap.* 13. Le Concile, en défendant les pensions sur les Cathédrales qui n'ont pas mille ducats de revenu, les autorise sur les autres.

il jouiroit même en se mariant. Enfin personne n'ignore que c'est une prérogative de tous les Chevaliers de Notre-Dame de Mont-Carmel & de Saint-Lazare, de posséder de telles pensions, quoique mariés. Faut-il s'étonner après cela si on a confirmé en 1683 une pareille grace faite au Comte de Marsan, grace commune & ordinaire, grace qui n'est point défendue par les Canons, grace qui ne s'applique qu'à un revenu temporel, grace enfin qu'on ne pouvoit refuser à un Prince d'une Maison Souveraine, & dont les Ancêtres avoient rendu à l'Eglise & à l'Etat des services dont la mémoire ne s'effacera jamais? Reprenons ces quatre caracteres, & voyons s'ils peuvent convenir à la dispense de l'Archevêque de Cambray.

Pensions sur Bénéfices se peuvent accorder à des Laïcs, & même mariés.

On prétend avoir obtenu une dispense dont il n'y a jamais eu d'exemple en France. Cette seule circonstance ne devroit-elle pas entraîner tous les suffrages? Depuis tant de siecles que la corruption des mœurs a introduit le relâchement dans la discipline, cet article important n'a pu être encore détruit par la cupidité; les personnes les plus accréditées & les plus ambitieuses ont respecté une Loi si sainte & si essentielle au bon ordre de l'Eglise; nous avons conservé la pureté des Canons, peut-être dans ce seul objet. Faudra-t-il qu'à la honte de notre siecle, ce témoignage glorieux du zele de l'Eglise Gallicane lui soit enlevé?

On prétend avoir obtenu une dispense que les Canons défendent expressément d'accorder, parce que les Peres ont reconnu qu'elle tendoit à sapper les fondemens de toute l'économie de l'Eglise.

On prétend avoir obtenu une dispense, dont l'effet doit comprendre, non pas un simple revenu temporel, mais tous les titres des Bénéfices.

Enfin on pourroit faire valoir avec le même avantage la derniere circonstance du parallele; mais afin qu'on ne nous reproche point de mêler, dans une Cause qui est toute de Droit public, des réflexions qui peuvent tomber sur les personnes, il suffira de renvoyer aux titres & capacités de l'Archevêque de Cambray, qu'il a lui-même produits. On connoîtra d'abord toute la force des conséquences que l'on en pourroit tirer, & que l'on supprime, parce qu'on aime mieux affoiblir sa défense, que d'y répandre la moindre aigreur.

Mais (& c'est une derniere réponse aux prétendus exemples qu'on nous oppose) pourquoi chercher des préjugés dans des matieres étrangeres, quand nous en avons de si décisifs en matiere de

Coadjutoreries ? Les Arrêts de 1642 & de 1700 ; l'un du Parlement de Paris, & l'autre du Parlement de Bretagne, ne nous annoncent-ils pas ce que les Tribunaux du Royaume ont toujours pensé de pareilles dispenses ? Le premier n'a point été attaqué : si on s'est pourvu contre le second, cela n'a servi qu'à faire connoître l'heureuse harmonie qui regne entre les Cours ordinaires & le Conseil du Roi. C'est donc ici une dispense proscrite.

Plus ces Arrêts sont décisifs, & plus l'Archevêque de Cambray a fait d'efforts pour en détourner le préjugé ; pour cela il n'a pas cru devoir consulter les moyens de décision qui y sont expliqués ; ils n'auroient servi qu'à faire connoître de plus en plus la juste conséquence que le Prince Frederic tiroit de ces Arrêts, & à mettre dans un nouveau jour l'abus de la Coadjutorerie dont il s'agit ; mais au lieu des principes sur lesquels ces Arrêts sont fondés, l'Archevêque de Cambray en imagine aujourd'hui auxquels personne n'avoit jamais pensé, & c'est de-là qu'il prétend tirer des différences essentielles, qui rendroient ces Arrêts absolument inutiles.

Contre le premier Arrêt, qui est celui de 1642, il se contente de dire que les Statuts du Chapitre de Metz qui autorisoient les Coadjutoreries, & la Bulle particuliere qui avoit été obtenue par le Coadjuteur, n'étoient point confirmés par Lettres-Patentes enregistrées ; d'où l'on conclut qu'il n'a pas fallu faire de grands efforts pour prouver qu'une pareille Bulle ne pouvoit avoir aucun effet en France. Mais, 1°. il est singulier sans doute que ni l'Appellant comme d'abus, ni M. l'Avocat Général Talon, qui conclut en sa faveur, n'ayent pas seulement pensé à proposer ce moyen.

2°. Non-seulement M. l'Avocat Général Talon ne l'a pas proposé ; mais il est convenu expressément que le Roi avoit consenti à la Coadjutorerie, non pas à la vérité par des Lettres-Patentes, mais par un titre émané de celui qui le représentoit dans la Province. Il est convenu que toutes les Puissances, que toutes les Parties intéressées avoient concouru pour former une Coadjutorerie, qui étant nulle en elle-même, ne pouvoit être confirmée. Les termes dont il s'est servi sont trop décisifs pour ne les pas rapporter. Les Coadjutoreries étant en soi un droit odieux, improuvé par les saints Décrets & Constitutions canoniques, bien que toutes les Puissances ayent concouru en ce particulier, c'est-à-dire, le consentement du Titulaire qui a résigné, la volonté du Pape qui a pourvu, le congé du Roi qui a permis de prendre possession, le Statut du Chapitre qui l'a autorisée, il y manque toujours la bienséance & l'honnêteté publique, le défaut radical, le vice du titre qui n'est pas purgé. Ne connoissoit-on point alors les droits du Saint Siege & de la Couronne? Ou plutôt n'est-ce pas les ignorer aujourd'hui, que de leur donner une extension aussi outrée que celle que l'Archevêque de Cambray prétend attribuer?

Trop étendre des droits est les ignorer.

C'est inutilement que l'on observe que l'Evêque de Metz étoit intervenu pour lever l'obstacle qui naissoit du consentement de tout le Chapitre, & par conséquent du Chanoine collateur; car l'Evêque n'est collateur d'aucun des Canonicats de son Eglise, c'est le Chapitre seul qui confere. Ce Chapitre entier avoit consenti, tant en 1611, lorsque le Statut fut fait, qu'en 1627, lorsque le Coadjuteur prit possession; cependant c'étoit ce même Chapitre, ou du moins un de ses Membres, qui avoit conféré par mort au préjudice du Coadjuteur. L'intervention de l'Evêque de Metz pouvoit-elle affoiblir la fin de non-recevoir que l'on opposoit au Chapitre & à son Pourvu, si par elle-même elle avoit eu quelque fondement? Il faut donc écarter ces prétendues disparités, & reconnoître que nous sommes ici précisément dans la même espece jugée par l'Arrêt de 1642.

Il n'y a pas plus de couleur dans ce que l'Archevêque de Cambray a imaginé pour se défendre de l'Arrêt du Parlement de Bretagne, de l'année 1700. Jamais deux affaires n'ont eu un rapport plus parfait que celui qui se trouve entre celle qui fut jugée alors, & celle qui se présente aujourd'hui. Dans l'affaire de Nantes, celui qui étoit revêtu de la premiere dignité de l'Eglise Collégiale de Nantes, voulant se choisir un Coadjuteur, le proposa au Chapitre à qui appartient la collation de tous les Bénéfices qui le composent. Le Chapitre, par un acte capitulaire, consentit expressément à ce que le sieur Cornier obtînt une Bulle de Coadjutorerie: elle lui fut accordée en conséquence par le Pape; & ayant été présentée à l'Evêque, elle fut fulminée. En conséquence le sieur Cornier fut mis en possession & installé par le Chapitre. Tous ces titres furent depuis confirmés par des Lettres-Patentes du Roi, enregistrées au Parlement de Bretagne, sur les conclusions du Procureur Général: cependant par la suite un seul Chanoine de la Collégiale de Nantes appelle comme d'abus de la Bulle, & forme opposition à l'enregistrement des Lettres-Patentes: on le foudroyoit par cette multitude de titres solemnels, on insultoit à sa témérité d'oser combattre l'ouvrage de tant de Puissances ; mais ces grandes déclamations ne sont bonnes qu'à en imposer à ceux qui ignorent les regles ; la Justice pense bien différemment, & distingue sans peine ce qui est l'ouvrage de la surprise des Parties, de ce que l'on doit attribuer à la volonté respectable des Puissances ; en sorte que par Arrêt contradictoire on le reçut opposant à l'Arrêt d'enregistrement des Lettres-patentes & de la Bulle ; on jugea qu'il y avoit abus.

Trouve-t-on ici quelque chose de plus ? Une Bulle fulminée par un Official, des Lettres-patentes, un Arrêt d'enregistrement, un consentement du Collateur, obtenu, non avant que de faire les premieres démarches, mais depuis que tout étoit consommé : voilà la même Cause, les mêmes titres, & par conséquent on doit attendre la même décision.

Votre Arrêt n'a rien de formidable, répond l'Archevêque de Cambray : il y a trois circonstances qui détruisent toute l'application que l'on en veut faire. 1°. La Coadjutorerie de Nantes n'étoit point approuvée des Electeurs. Il est vrai que le Chapitre assemblé pour donner son consentement, l'avoit accordé par un acte capitulaire ; mais les suffrages n'avoient pas été unanimes, trois Chanoines s'y étoient opposés, un des trois étoit appellant comme d'abus. 2°. Il n'y avoit point de Lettres-patentes, ou du moins n'ayant été obtenues que pendant le Procès, elles étoient nulles & subreptices. Enfin ces Lettres contenoient la clause, s'il vous appert ; elles n'étoient pas absolues, comme celles qui ont été données à l'Archevêque de Cambray.

Plus les vérités pressent l'Archevêque de Cambray, & plus il est fécond en distinctions pour les éluder ; mais ces ressources vont bientôt lui échapper : & d'abord peut-on dire que la Coadjutorerie ne fût pas approuvée des Electeurs ? Le Chapitre de Notre-Dame de Nantes est collateur de la dignité de Chefcier, on lui a demandé son consentement pour la Coadjutorerie : il l'a donné par un acte capitulaire, revêtu de toutes ses formes, & qui étoit un monument authentique de la délibération prise par le Corps des Chanoines. Jamais le consentement d'un Chapitre a-t-il été donné autrement ?

Mais toutes les voix n'ont pas été pour la Coadjutorerie, il y a eu trois Chanoines qui ont été d'un avis différent, & un des trois a appellé comme d'abus ; comme si dans les actes qui dépendent de la délibération d'un Corps, on alloit ainsi consulter les avis particuliers, comme si ce n'étoit pas l'acte capitulaire ſeul qui devoit décider du conſentement du Chapitre. Ce ſeroit un étrange renverſement dans toutes les affaires des Communautés, ſi un ſeul particulier pouvoit ainſi faire la loi à tous les autres. D'ailleurs ce n'eſt point chaque Chanoine en particulier qui eſt le collateur, comme l'Archevêque de Cambray voudroit le faire entendre, c'eſt le Chapitre en Corps: or ce Chapitre avoit conſenti, par conſéquent la Coadjutorerie étoit approuvée par le Collateur.

Enfin le Coadjuteur avoit été mis en poſſeſſion par le Chapitre ſans aucune oppoſition; il n'étoit donc pas permis d'aller rechercher dans le ſecret des ſuffrages un avis ſolitaire, pour l'oppoſer à la délibération de tout le Chapitre; & ce qui eſt même ſingulier, eſt que le Chapitre en Corps étoit intervenant contre l'Appellant comme d'abus; cependant ſon conſentement réitéré dans le temps même de la plaidoierie, ne put ſauver l'abus du titre en lui-même.

On pourroit ajouter que les Coadjutoreries étant permiſes, ſuivant l'Archevêque de Cambray, lorſque le concours de toutes les Puiſſances intervient, le conſentement du Chapitre ne pouvoit pas être regardé comme quelque choſe d'exorbitant, & qui demandât une plus grande union dans les ſuffrages: mais ſans entrer dans cette diſſertation, le Chapitre ſeul Collateur avoit ſolemnellement conſenti. Ainſi tout ſe réuniſſoit pour ſoutenir la Coadjutorerie, ſi les regles en ce point pouvoient ſouffrir quelque atteinte.

La ſeconde différence, qui conſiſte à dire qu'il n'y avoit point de Lettres-patentes, ou qu'elles étoient nulles, parce qu'elles avoient été obtenues au préjudice de l'Inſtance, n'eſt pas moins frivole: il y avoit des Lettres-patentes enregiſtrées ſur les concluſions du Procureur Général; cela ſuffiſoit, quand même il y auroit eu un appel comme d'abus antérieur: car il eſt de principe que ce qui n'eſt qu'un empêchement politique, peut être levé en tout état de cauſe.

Empêchemens politiques ſe peuvent lever en tout état de Cauſe.

Mais le fait de l'appel comme d'abus antérieur aux Lettres-patentes n'eſt pas même établi. Il eſt vrai que l'Appellant comme d'abus ſuppoſe qu'elles n'avoient été enregiſtrées que depuis ſon appel comme d'abus; mais, ſuivant lui-même, les Lettres-patentes étoient obtenues auparavant.

Le ſieur Cornier, Coadjuteur, ne convenoit pas même que l'appel comme d'abus eût précédé l'enregiſtrement; il diſoit au contraire qu'ayant été mis en poſſeſſion de la part du Chapitre sans aucune opposition, il avoit depuis fait autoriser ses Bulles, & tout ce qui avoit été fait en conséquence, par Lettres-patentes du Roi; ces Lettres avoient été vérifiées & enregistrées en ce Parlement, pour avoir leur exécution, par Arrêt rendu sur les conclusions & du consentement de M. le Procureur Général; le sieur Cornier avoit rempli toutes les fonctions de sa Coadjutorerie en toutes les occasions où la présence du Chefcier étoit nécessaire; & enfin le sieur Poligné, qui avoit deux ou trois fois fait des protestations contre cette Coadjutorerie, avoit poussé son chagrin jusqu'à l'appel comme d'abus. Suivant cet exposé, il n'y avoit auparavant que de simples protestations extrajudiciaires; & l'appel comme d'abus, qui est ce qui seul pouvoit saisir le Parlement, n'avoit été interjetté qu'après l'enregistrement des Bulles.

Enfin l'Archevêque de Cambray qui accuse de subreption les Lettres-patentes de ce Coadjuteur, ne devroit-il pas reconnoître le même vice dans celles qu'il a surprises, lui qui pour les obtenir a supposé que tout étoit en regle, & qui n'a pas déclaré que sa Bulle étoit obtenue sans aucun consentement du Collateur.

La troisieme différence est fort réguliere. Les Lettres-patentes du sieur Cornier contenoient, dit-on, la clause, *s'il vous appert*, au lieu que celles de l'Archevêque de Cambray sont impérieuses & absolues; mais en premier lieu on ne peut pas dire que des Lettres-patentes soient absolues quand elles contiennent la clause, *pourvu qu'esdites Bulles il n'y ait rien de contraire aux franchises & libertés de l'Eglise Gallicane:* ces termes sont synonymes avec la clause, *s'il vous appert, &c.*

En second lieu, plus le Roi s'étoit rapporté au Parlement de Bretagne pour juger de la validité de la Coadjutorerie, & plus l'Arrêt d'enregistrement étoit décisif en faveur du Coadjuteur, qui n'oublioit pas de faire valoir ce moyen, car il disoit que le Parlement avoit procédé à l'enregistrement en connoissance de cause, & après un sérieux examen, & qu'il y avoit de la témérité après cela à vouloir faire juger abusive une Coadjutorerie qui avoit passé par une si exacte critique. Ces réflexions étoient bien plus solides que celles de l'Archevêque de Cambray; car il est bien plus difficile de s'opposer à ce qui a été jugé en connoissance de cause, que d'être admis à faire d'humbles remontrances contre ce qui a été accordé sans examen, & dans la seule vue de favoriser une Partie. Cependant la regle a triomphé, & le

Parlement lui-même, qui avoit eu la liberté de juger, & qui l'avoit fait, n'a pas balancé à rétracter son Jugement. Comment donc l'Archevêque de Cambray, qui est dans des circonstances bien moins favorables suivant lui-même, peut-il se flatter d'étouffer la voix de la vérité ?

Les préjugés que l'on avoit cités dans le Mémoire du Prince Frederic d'Auvergne, sont donc les plus décisifs que l'on ait jamais rapportés dans aucune affaire. Dans chaque Arrêt on voit le concours de toutes les Puissances réunies pour soutenir la Coadjutorerie; mais ces efforts rassemblés ont toujours été impuissans; parce que les Coadjutoreries ne se reglent que par des principes invariables, & ne dépendent ni d'aucune autorité, ni d'aucun consentement.

Qu'on ne nous vante donc plus l'autorité des dispenses en général, & en particulier de celle que l'Archevêque de Cambray a obtenue. On croit avoir démontré que les dispenses ne sont point arbitraires; qu'il y en a que le Pape ne peut jamais accorder, parce que les Canons le défendent; & qu'il y en a d'autres qu'il peut accorder à la vérité, mais seulement pour des causes canoniques. On croit avoir établi qu'à l'égard des Coadjutoreries en particulier, le pouvoir de dispenser étoit limité aux Prélatures; & qu'il étoit absolument interdit à l'égard des simples Prieurés; que les exemples de dispenses cités par l'Archevêque de Cambray n'avoient aucun rapport avec celle qu'il suppose avoir obtenue; enfin que lorsqu'on a présenté à la Justice des Coadjutoreries de la nature de celle dont il s'agit, elles ont été jugées abusives. Il faudroit donc proscrire cette dispense, si elle étoit aussi absolue que l'Archevêque de Cambray le suppose.

Seconde Proposition.
Le Pape n'a pas prétendu accorder une dispense exhorbitante.

Il est bien difficile d'annoncer d'un air de confiance dans un Mémoire, que le Pape a accordé une dispense qui contient une dérogation expresse aux dispositions canoniques; mais avant que de parler ainsi, il falloit prendre la peine de lire la Bulle, ou présumer que les autres succomberoient à la fatigue mortelle de la lire jusqu'à la fin: ce n'est pas un petit effort, mais on l'a fait, on l'a dû faire; & dans ce grand nombre de périodes éternelles, on n'y en a point trouvé qui contiennent cette précieuse dérogation aux dispositions canoniques. Il n'en étoit pas de même de la dispense que le Comte de Marsan avoit obtenue: quoique ce ne fût qu'une grace commune, usitée dans l'Eglise, cependant il y avoit une dérogation expresse à tout ce que les Conciles Synodaux, Provinciaux & Généraux, pouvoient établir de contraire à cette dispense

Dispense (a) : trouvera-t-on une pareille clause dans la Bulle de l'Archevêque de Cambray ?

D'ailleurs, le Pape paroît si peu avoir eu intention de faire grace personnelle à l'Abbé de Saint-Albin, en le dispensant de toute la sévérité des Canons, qu'il mande expressément à l'Official de Paris de vérifier toutes les causes de la Coadjutorerie, *verificatis priùs coram te narratis* ; qu'il charge sa conscience de l'établissement du Coadjuteur, *de quo conscientiam tuam oneramus* : si le Pape avoit prétendu suspendre l'autorité de toutes les regles en faveur de l'Abbé de Saint-Albin, il ne falloit point tant d'examen & de vérification, l'Official n'avoit plus qu'un ministere nécessaire ; mais ce n'est point ainsi que le Pape s'est expliqué.

Il n'y a rien dans toute la Bulle qui ne soit ordinaire & de style ; on n'a pas prétendu faire une Loi singuliere, & une disposition exorbitante en faveur de l'Abbé de Saint-Albin. Les clauses générales, telles qu'elles se trouvent dans toutes sortes de Bulles, embrassent celle-ci comme les autres ; il ne faut donc pas faire, pour ainsi dire, une classe à part de cette Coadjutorerie ; c'est bien en elle-même une chose exorbitante, mais le Pape l'a accordée comme une chose commune ; c'est ce qu'il faut bien distinguer, & ce que l'on affecte de confondre de la part de l'Archevêque de Cambray.

Et comment le Pape auroit-il prétendu faire une grace extraordinaire, accorder une dispense insolite, quand on ne lui a demandé qu'une Coadjutorerie que l'on a prétendu fondée sur des causes légitimes, quand on lui a fait entendre que l'Abbé de Lionne ne pouvoit plus, à cause de son grand âge de soixante-dix ans, & de ses infirmités, remplir toutes les fonctions auxquelles l'engage sa qualité de Prieur ? Qui n'auroit cru sur cet exposé qu'il s'agissoit d'un Monastere sur lequel l'Abbé de Lionne avoit toute Jurisdiction, & que la discipline réguliere périclitoit, si on ne donnoit un secours à celui qui en étoit le Chef ? Mais si on lui avoit dit que c'étoit un Bénéfice qui ne demandoit aucunes fonctions, dont le Titulaire & le Coadjuteur seroient également désœuvrés, qui n'avoit besoin tout au plus que d'un médiocre Intendant pour en percevoir les revenus qui se levent presque tous dans Paris, & aux environs, sans doute que le Pape

(a) *Non obstantibus quibusvis etiam in Synodalibus, Provincialibus, Generalibusque Conciliis editis & edendis.*

auroit refusé une grace, dans laquelle il auroit compris qu'il violoit toutes les regles de l'Eglise.

Il est vrai qu'on a ajouté que le Coadjuteur pourroit contribuer dans la suite à conserver les droits du Prieuré, à faire revenir par son crédit ceux qui avoient été aliénés; mais ce ne sont-là que des projets d'utilité temporelle, qui n'auroient pas touché le Pape, si l'on n'avoit pas commencé par dire que l'Abbé de Lionne ne pouvoit plus remplir toutes les fonctions auxquelles l'engage sa qualité de Prieur. Il y a donc une obreption & une subreption manifeste de la part de ceux qui ont obtenu la Bulle; il y a de la part du Pape une simple concession de style, renvoyée pour être consommée en connoissance de cause par l'Official; & par conséquent l'idée d'une dispense singuliere unique en faveur de l'Archevêque de Cambray, s'évanouit absolument.

Troisieme Proposition. *Inexécution de la Bulle.*

Enfin on a soutenu que si le Pape avoit pu donner une pareille dispense, & s'il l'avoit accordée, elle seroit infructueuse à l'Archevêque de Cambray, parce que la Bulle n'a pas été valablement exécutée par l'Official. On l'a fait voir dans le premier Mémoire du Prince Frederic; & pour en juger, il suffiroit de jetter les yeux sur l'Archevêque de Cambray : il y reconnoît lui même que les Bulles étoient adressées à l'Official pour la fulmination; qu'elles lui imposoient la charge de s'informer exactement des faits exposés dans la Supplique, & de la capacité du Sujet; mais après avoir rendu compte de cette double obligation de l'Official, il est obligé d'avouer que l'Official n'a accompli que la derniere : la Bulle n'a donc jamais été duement exécutée, & par conséquent la dispense tombe; car, sans fulmination valable, la Bulle est un vain titre qui ne contient qu'une commission sans effet.

Bulles ne sont titres, sans la fulmination.

Ce moyen même est d'autant plus décisif, que jamais la fulmination n'a été confirmée ni par Lettres-patentes, ni par les Arrêts d'enregistrement, lors desquels on a eu l'attention de la supprimer pour en cacher les vices essentiels; en sorte qu'on ne peut ici nous opposer le concours des Puissances; au contraire l'autorité même de la Bulle s'éleve contre la fulmination. Ainsi, & la prétendue dispense que l'on suppose dans la Bulle, & son exécution, tout est également condamnable; c'est un abus répandu dans tous les titres.

Les Lettres-patentes, dont on invoque l'autorité, ne peuvent pas couvrir tous ces abus, ni empêcher qu'on ne les fasse valoir; l'objet de ces sortes de Lettres n'est que de permettre dans le

Royaume l'exécution des graces que l'on peut avoir obtenues ; mais le Roi même, en les confirmant, ne prétend pas en changer la nature, & d'abusives qu'elles étoient, en faire des titres canoniques. Les Lettres-Patentes ne font que lever l'obstacle qui se trouveroit à l'exécution des Bulles ; elles permettent à un Sujet du Roi de s'en servir, quoiqu'émanées d'une Puissance étrangere ; c'est le seul effet qu'elles puissent produire ; les termes mêmes des Lettres-Patentes justifient cette proposition : *nous avons audit Exposant permis & accordé, permettons & accordons par ces Présentes signées de notre main, de jouir de l'effet desdites Bulles de Coadjutorerie, lesquelles nous avons agréées, approuvées & confirmées.* Ce n'est donc qu'une simple permission de jouir de l'effet des Bulles ; mais cette permission exclut-elle le pouvoir de les combattre ? C'est ce qu'il n'est pas même permis de penser.

Lettres-Patentes sur les Bulles, sont pour permettre aux Sujets du Roi de s'en servir.

Il est vrai que le Roi, pour fortifier cette permission, ajoute : *nonobstant tous Edits, Ordonnances & Usages de ce Royaume à ce contraires, auxquels, & aux dérogatoires des dérogatoires, nous avons dérogé & dérogeons par ces Présentes, pour ce regard seulement.* Mais cela est suivi immédiatement de cette clause importante : *pourvu qu'au surplus dans lesdites Bulles, il n'y ait rien de contraire aux droits de notre Couronne, franchises & libertés de l'Eglise Gallicane.*

Il ne faut pas, en suivant l'exemple de l'Archevêque de Cambray, s'attacher à une de ces clauses, & négliger l'autre ; elles se concilient parfaitement. Après avoir permis à l'Abbé de Saint-Albin de jouir de l'effet de ses Bulles, le Roi veut bien déroger aux Edits, Ordonnances & Usages du Royaume qui seroient contraires à cette permission & à ces Bulles ; mais il ne prétend pas pour cela déroger aux franchises & libertés de l'Eglise Gallicane ; ensorte que si la Bulle n'étoit contraire qu'à des Loix politiques du Royaume, le Roi, par l'autorité duquel elles subsistent, veut bien qu'on ne puisse pas les opposer à l'Abbé de Saint-Albin ; mais au contraire, si elles blessent la pureté des Canons pour lesquels veillent nos libertés, qui ne sont autre chose que l'attachement inviolable aux Canons, le Roi ne prétend pas qu'on les sacrifie à l'intérêt de l'Abbé de Saint-Albin.

Sens des clauses dérogatoires des Lettres-Patentes.

Il n'y a rien de plus sage que ces dispositions. Le Roi peut sans doute suspendre l'exécution des Loix qui se trouvent établies de sa seule autorité ; mais lorsque les Loix du Royaume ne sont que confirmer les dispositions des Conciles ; & les premiers principes de la discipline ecclésiastique : en ce cas, le Roi qui ne prétend jamais étendre sa puissance sur les régles de l'Eglise, respecte toujours ces monumens invariables, sur lesquels sont fondées nos libertés ; c'est ce qu'il a fait par ses Lettres-Patentes. Ainsi, loin d'imposer silence au Prince Frederic, elles lui conservent au contraire une entiere liberté de faire valoir les moyens qui naissent des Canons & de nos libertés.

Jamais le Roi n'entend dispenser des saintes régles canoniques.

Par-là tombe le grand argument de l'Archevêque de Cambray. Le Roi n'est-il pas le maître dans son Royaume ? Sans doute, c'est de quoi personne n'a jamais osé disconvenir ; mais il ne faut pas attribuer au Roi une volonté contraire à ses propres Lettres-Patentes. S'il avoit voulu que la Coadjutorerie de l'Abbé de Saint-Albin fût exécutée, sans qu'il fût permis de la combattre, auroit-il évoqué cette affaire à sa propre personne ? Auroit-il nommé des Commissaires pour l'examiner avec toute l'attention qu'elle exige ? Il n'y avoit qu'à imposer d'abord silence au Prince Frederic, il se seroit soumis avec respect ; mais puisque le Roi veut bien l'entendre, c'est une preuve qu'il est prêt à écouter la voix des Canons, & à en faire triompher l'autorité.

Comment donc, après cela, peut-on dire que la dispense dont il s'agit, affermie par le concours des Puissances, ne peut être attaquée sans témérité ? Le Pape, qui n'auroit pas pu accorder cette dispense, ne l'a pas fait, & a renvoyé à un Official pour en fonder les motifs & en discuter les causes, ce qui n'a jamais été exécuté : le Roi, qui a simplement permis de s'en servir, ne l'a fait que sous la condition que les Bulles n'auroient rien de contraire aux libertés de l'Eglise Gallicane. On a vu qu'elle étoit également contraire aux Canons, & à nos libertés ; il n'y a donc aucun titre qui puisse sauver un abus si sensible.

Réponses aux Objections proposées contre les moyens d'abus.

Si l'Archevêque de Cambray ne peut plus se mettre à l'abri d'une dispense qui rende toutes les Loix impuissantes, comme on croit l'avoir démontré, il ne reste plus qu'à faire connoître que son titre en lui-même est abusif, & pour cela de satisfaire aux objections qui ont été faites contre les différens moyens d'abus expliqués dans le premier Mémoire du Prince Frederic.

Le premier moyen d'abus est tiré de la qualité du Bénéfice ; c'est un simple Prieuré possedé en Commende, qui n'a aucune Jurisdiction, ce n'est point une Prélature pour laquelle seule les Coadjutoreries sont tolerées dans l'Eglise.

Suivant le Droit commun, dit l'Archevêque de Cambray, la

proposition est vraie ; mais dans le cas d'une dispense, elle est fausse. C'est une réponse que l'on croit avoir détruite, & sur laquelle il seroit inutile de s'étendre davantage.

Le second moyen est fondé sur le défaut des causes canoniques. Le Prieur Commendataire de Saint Martin-des-Champs n'a aucune Jurisdiction ; tout son droit se borne à la simple perception des fruits. De quel secours avoit-il besoin pour s'acquitter de cette fonction ?

C'est abuser, dit-on, ouvertement des termes & de l'esprit de la procuration de l'Abbé de Lionne, que de vouloir étendre le terme de fonctions qui s'y trouve aux fonctions sacerdotales, & à l'exercice de la Jurisdiction : l'Abbé de Lionne n'y parle ni de l'une ni de l'autre, mais seulement des fonctions auxquelles l'engage sa qualité de Prieur ; & quelles étoient ces fonctions ? C'étoit pour conserver les droits du Prieuré, faire revenir par son crédit ceux qui avoient été aliénés, & procurer le paiement des sommes dues par le Roi : c'est à quoi se bornent tous les soins qu'il destine au Coadjuteur, & cette cause est canonique, parce qu'il suffit qu'il ait utilité pour le Bénéfice. Or, il ne faut pas croire que l'utilité de l'Eglise se réduise seulement aux fonctions, elle consiste dans tout ce qui peut faire le bien & l'avantage du Bénéfice.

Ce que l'Archevêque de Cambray emploie pour sa défense, est précisément ce que le Prince Frederic a toujours pensé être un des fondemens les plus solides de son appel comme d'abus ; c'est en effet insulter aux régles & aux Canons de l'Eglise, de soutenir que dans l'établissement des Coadjuteurs, elle ait pensé à autre chose qu'au bien spirituel des ames soumises à la Jurisdiction de celui qui demande un secours de cette nature. L'Eglise a toujours proscrit les Coadjutoreries avec future succession, elle les a regardées comme contraires aux Loix fondamentales de sa discipline ; si elle s'est enfin déterminée à les admettre par la voie de dispense, ce qui l'a déterminé n'a été que le besoin des ames, qui est toujours son objet le plus précieux ; c'est en faveur de cet objet si cher qu'elle a bien voulu tempérer la sévérité de ses régles ; mais de prétendre que pour un vil intérêt temporel, elle ait consenti à laisser violer ses plus saintes Loix, on le répete, c'est insulter à sa sagesse.

Eglise ; par la considération des biens temporels des Bénéfices, ne s'écarte des Canons.

Jamais elle n'autorise les dispenses que quand elles sont nécessaires, & quand on n'a point d'autre voie pour parvenir au même objet qu'on se propose. Or, pour faire valoir les biens d'un

Bénéfice ; ou pour recouvrer ceux qui sont aliénés ; n'y a-t-il point de voie plus simple & plus naturelle que celle d'une Coadjutorerie ? Faut-il faire violence aux Canons pour une simple administration purement temporelle ? Un Intendant , un Homme d'affaires, un Solliciteur, voilà ce que l'on donne à un Commendataire qui a des intérêts temporels à faire valoir. Si de tels objets avoient pu seulement se présenter à l'Eglise, lorsqu'elle a toleré les Coadjutoreries, elle ne les auroit pas limitées aux Prélatures ; car il peut y avoir des biens à recouvrer, non-seulement dans les Prélatures, mais encore dans tous les Bénéfices inférieurs ; elle n'auroit pas exigé dans le Coadjuteur les mêmes qualités qui sont requises dans le Titulaire ; car pour recouvrer des biens, faut-il avoir des Ordres sacrés, l'étude, la science, les degrés que l'on demande à celui qui est revêtu du titre ? Un Clerc du Palais auroit toute l'aptitude à être un grand Coadjuteur : mais l'Eglise qui a pensé bien différemment de ce que l'Archevêque de Cambray lui attribue, n'a toleré les Coadjutoreries que pour les Prélatures, parce qu'il n'y a que ces Bénéfices qui ayent une Jurisdiction étendue, & de laquelle puisse dépendre le salut des ames : elle a voulu que le Coadjuteur eût toutes les qualités requises par les Canons dans le titulaire, parce qu'elle a voulu qu'il fût capable des fonctions les plus importantes attachées à ce titre, & que ce sont ces fonctions seules qui sont l'objet de la Coadjutorerie ; c'est donc abuser de la tolérance de l'Eglise, que de l'étendre à de simples Prieurés sans aucune Jurisdiction, sous prétexte qu'il y aura une administration temporelle à exercer.

Coadjuteur doit avoir les qualités que l'on exige du Titulaire.

Il falloit, dit-on, une personne de crédit pour faire revenir ces biens aliénés : autre illusion qui n'est pas moins facile à dissiper. La Justice n'écoute-t-elle donc que ceux qui ont l'avantage de jouir d'un crédit redoutable ? Les plus simples Bénéficiers n'obtiennent-ils pas tous les jours des Arrêts qui les rétablissent dans des biens usurpés ? D'ailleurs, ne diroit-on pas que la seule ressource du Prieuré de Saint Martin, pour avoir justice, étoit d'avoir l'Abbé de Saint-Albin pour Coadjuteur ; que l'Abbé de Lionne étoit sans crédit, & qu'après sa mort ce Bénéfice ne pouvoit tomber que dans des mains viles, ensorte qu'il dût devenir la proie de l'injustice & de l'oppression.

Si l'Archevêque de Cambray a obtenu un dédommagement de 20000 livres pour quelques fonds du Prieuré, enfermés dans le Parc de Meudon, l'Abbé de Lionne, ou le Prince Frederic d'Auvergne, n'auroient pas moins profité des circonstances favorables du tems pour obtenir la même justice. S'il est rentré dans une maison aliénée, & s'il a obtenu des Lettres de Terrier, ce sont des actes d'administration courante, qui sont plutôt l'ouvrage de ses Gens d'affaires, que de son crédit & de son zele. En un mot, ce ne sont pas-là des raisons, ce ne sont pas même des prétextes pour fonder une Coadjutorerie. Que ne nous dit-il aussi qu'il a fait faire des baux, & qu'il en a même augmenté la valeur par la faveur des tems, cela mériteroit bien encore d'entrer en ligne de compte pour grossir les objets, & multiplier les causes de sa Coadjutorerie.

Pour troisieme moyen d'abus, on a dit que l'Official n'avoit point fait la procédure nécessaire pour parvenir à une fulmination valable ; qu'il n'avoit point constaté les causes de la Coadjutorerie ; qu il n'avoit fait aucun Procès-verbal, aucune Enquête ; qu'il n'avoit point vérifié l'exposé, quoique cela lui fût expressément enjoint par la Bulle : ce moyen se trouve même reconnu par l'Archevêque de Cambray, qui expose la double obligation imposée à l'Official, & qui convient que la deuxieme seule a été remplie.

Il est singulier, dit-on, de proposer que la fulmination soit le titre du Coadjuteur ; il en est de la fulmination sur une Bulle, comme du *visa* sur une signature de Cour de Rome ; le *visa* n'est autre chose que le Jugement de l'Ordinaire sur la capacité du Pourvu . . . . il en est de même de la fulmination d'une Bulle; c'est la Bulle qui fait le titre, & la fulmination n'est que le Jugement de la capacité du Sujet.

Cette doctrine, quoiqu'enseignée avec présomption, est trop contraire aux principes, & à la nature même des actes, pour qu'on ne la rejette pas avec mépris. En effet, quel parallele entre une Bulle de Coadjutorerie, & une signature contenant une provision nécessaire ? La Coadjutorerie est une dispense exorbitante du Droit commun, que le Pape doit souvent refuser, & qu'il ne peut jamais accorder, si elle n'est fondée sur des causes canoniques : la simple signature au contraire est une grace nécessaire qui est due du jour de l'arrivée du Courier, suivant l'article 47 des Libertés de l'Eglise Gallicane; il n'est donc pas extraordinaire que le *visa* s'accorde sans aucune procédure, & sur la seule connoissance de la capacité du Sujet : mais quelle conséquence en tirer par rapport à une Coadjutorerie, qui doit être fondée en cause, pesée aux poids du Sanctuaire, *causâ*

Simple signature de Chancellerie Romaine est grace ; mais le Pape ne la peut refuser.

cognitâ : le Pape n'eſt pas Juge à Rome de ces cauſes ; il faut donc qu'il les faſſe juger par un Commiſſaire en France. Et comment les juger, s'il ne les examine pas ?

Auſſi, comme le *viſa* n'exige aucune procédure, il doit être donné par l'Evêque, ou par ſon Grand-Vicaire, qui exerce la Juriſdiction volontaire ; au lieu que la fulmination doit être faite par l'Official, comme ayant ſeul l'exercice de la Juriſdiction contentieuſe.

Au ſurplus, pour détruire le parallele par le titre même de l'Archevêque de Cambray, qu'il conſulte la Bulle, & il verra que le Pape y charge expreſſément l'Official de deux choſes ; l'une, de vérifier l'expoſé de la Supplique, c'eſt-à-dire, les cauſes de la Coadjutorerie, *verificatis priùs coram te narratis* : l'autre de s'informer de la capacité du Sujet ; comment donc peut-il dire après cela, que la fulmination n'eſt que le Jugement de la capacité du Sujet ? Il lui convient moins qu'à un autre de combattre ſon propre titre.

Enfin, on a dit que cette Coadjutorerie anéantiſſoit les droits des Collateurs, des Expectans, & du Roi même : quelles illuſions, s'écrie l'Archevêque de Cambray ? Comment le Collateur pourroit-il ſouffrir d'une Coadjutorerie qui ne ſubſiſte que par ſon conſentement ? Oui, ſans doute, il en ſouffriroit, parce que jamais ce conſentement n'eſt aſſez réfléchi, lorſque le droit de collation n'eſt point encore ouvert ; ſes ſucceſſeurs, du moins, y trouveroient la perte de leurs droits les plus éminens. N'en eſt-ce point aſſez pour faire regarder ces Coadjutoreries comme funeſtes aux droits des Collateurs ?

Qu'elles le ſoient aux droits des Expectans, c'eſt ce que l'on ne peut révoquer en doute ? Par exemple, s'il y avoit eu un Indult placé ſur l'Abbaye de Cluny, l'Indultaire n'auroit pas pu requérir le Bénéfice après la mort de l'Abbé de Lionne. Qu'on ne croie pas échapper à ce moyen, en diſant que les démiſſions pures & ſimples, les réſignations en faveur, & les permutations leur font le même préjudice ; car il y a une différence trop ſenſible. Dans toutes ces différentes manieres de diſpoſer, le Titulaire perd ſon Bénéfice, & on en trouve peu qui ſoient du goût de ſe dépouiller ainſi de leur vivant. Mais dans une Coadjutorerie, le Titulaire ne perd rien, quoique le Coadjuteur acquiere le titre ; ils le poſſedent tous deux ſolidairement : ainſi, pour frauder les droits des Expectans, il n'y aura perſonne qui ne prenne un Coadjuteur, puiſqu'il conſerve ſon titre, & tous les fruits

Coadjuteur poſſede ſolidairement avec le Titulaire.

fruits qui en dépendent, & qu'il ne fait que les transmettre après sa mort.

Enfin ces Coadjutoreries seroient funestes au Roi même, quoiqu'elles n'exécutent que son autorité; parce qu'il est facile, quand on est en faveur, de surprendre des Lettres-patentes dans un tems où les droits de collation qui peuvent appartenir au Roi, ne sont pas présens : quand les tems sont changés, le Roi qui voudroit exercer les droits de sa Couronne, s'en trouveroit privé par un consentement anticipé : c'est un renversement de tout l'ordre qui doit régner dans l'Eglise & dans l'Etat.

Ainsi tout est intéressé à conserver l'autorité des Canons & de nos Libertés : c'est la cause de tous les Corps du Royaume, du Parlement, des Universités, des Expectans; on ne doute pas que de si grands intérêts n'attirent toute l'attention des Juges, & ne prévalent sur les vains efforts de l'Archevêque de Cambray. Il ne lui reste qu'une considération qu'il érige en fin de non-recevoir, c'est le consentement de l'Archevêque de Vienne, collateur; c'est à quoi l'on va satisfaire.

Réponse à la prétendue fin de non-recevoir.

Par le consentement que l'Archevêque de Vienne a donné à l'exécution des Bulles de Coadjutorerie, il s'est lui-même privé du droit de conférer le Prieuré de Saint Martin, lorsqu'il viendroit à vaquer à la mort de l'Abbé de Lionne : c'est cependant ce droit auquel il a renoncé, qu'il a exercé depuis en donnant des provisions au Prince Frederic d'Auvergne son frere : donc la provision est nulle, le Prince Frederic d'Auvergne n'est pas recevable à s'en servir, il tire son droit d'un Collateur qui n'en avoit plus. Il n'est pas difficile de répondre à une fin de non-recevoir de cette nature, lorsque l'on consulte les regles : elle tomberoit encore bien plus facilement, si on pouvoit rendre compte simplement de toutes les circonstances du fait.

La Bulle de Coadjutorerie a été obtenue, elle a été fulminée sans que l'on ait pensé à demander le consentement du Collateur. Les Lettres-patentes ont été de même expédiées & enregistrées au Grand-Conseil, toujours avec le même mépris pour les droits de l'Abbé de Cluny. On s'est apperçu enfin qu'on l'avoit trop négligé; mais les choses étoient si avancées, & elles avoient fait tant d'éclat, que l'on n'eût pas souffert tranquillement que, par le refus du consentement demandé, tant de démarches & de titres fussent demeurés inutiles.

On vient donc présenter à l'Abbé d'Auvergne le 23 Janvier deux actes pour signer : l'un étoit un acte passé devant Notaire,

& l'autre, une Requête au Parlement. Cette multiplicité d'actes étoit fort inutile; mais quand on cherche à s'écarter des regles, on augmente les précautions. L'Abbé d'Auvergne, persuadé que le tems de peser la validité de ces actes n'étoit point encore venu, & qu'il n'étoit question alors que de plier sous la loi de la nécessité, signa tout ce qui lui fut présenté. On ne s'étoit servi pour ces actes, ni de son Notaire, ni de son Procureur ordinaire: comme ce n'étoit point son ouvrage, mais celui de l'Abbé de Saint-Albin, il employa tous ceux dont le ministere lui étoit dévoué.

On prétend que sur la Requête signée le 23, on a obtenu un soit montré au Procureur-Général du Roi, le premier Février, & que les Bulles & les Lettres-patentes ont été enregistrées par Arrêt du 7 Février. Il seroit à souhaiter que le fait de la présence de l'Abbé d'Auvergne au Parlement le jour même de cet enregistrement fût mieux établi par l'Archevêque de Cambray; il acheveroit de convaincre de l'entiere liberté avec laquelle agissoit l'Abbé d'Auvergne, puisqu'il auroit bien voulu s'honorer de la qualité de Solliciteur de l'Abbé de Saint-Albin. Ce dernier trait consommeroit la preuve de ce consentement libre, si bien déterminé dans son esprit, suivant les expressions du Mémoire de l'Archevêque de Cambray. Bien d'autres en penseront différemment; ils seront persuadés que l'on peut plier sans honte sous le crédit & l'autorité, pour se relever dans la suite en recourant à la Justice & à la Majesté Royale, devenue capable de juger sainement du passé.

Consentement de l'homme est plus ou moins libre, à proportion des passions.

Au surplus, il s'agit de parler ici le langage de la Jurisprudence, & d'examiner, suivant les regles, quel peut être l'effet du consentement que l'on oppose: les passions dont les hommes sont affectés peuvent donner plus ou moins de considération à un consentement de cette nature; mais la Loi, qui est invariable, & qui se conduit par des principes certains, ne peut pas balancer de même, & l'on va voir qu'elle le rejette nécessairement.

1°. Quel est donc l'effet que l'on veut donner à ce consentement, dont on fait tant de bruit? Ose-t-on prétendre qu'il rende la Coadjutorerie en elle-même canonique, ou si l'on soutient seulement que, quelqu'abusive qu'elle soit, le Collateur soit obligé de la souffrir, & même de la protéger? Ces deux partis doivent également révolter. Il est absurde de prétendre que ce que les Conciles ont expressément défendu, devienne permis & légitime, parce qu'un Collateur y a donné les mains. Le consentement à l'infraction de la Loi ne lui ôte pas son autorité ; & le titre qui lui est contraire n'est pas moins réprouvé, parce qu'il est soutenu du suffrage de plusieurs Parties.

Consentement à l'infraction de la Loi ne lui ôte son autorité.

Si le consentement ne peut pas rendre la Coadjutorerie canonique, dira-t-on que le Collateur a dû se faire une loi de soutenir l'abus auquel il avoit participé ? Dira-t-on que quand une fois on est engagé dans une route qui nous égare, il n'est pas permis de retourner sur ses pas, & qu'en un mot l'abus commencé doit nécessairement se consommer ? On frémit de pareilles propositions, & sur-tout lorsque c'est un grand Prélat qui nous force de les publier comme la suite nécessaire de sa défense.

Qui s'égare, doit retourner sur ses pas.

Si cela est, on peut impunément commettre toutes sortes d'abus ; & en prenant des précautions que le crédit rend toujours faciles, on ne craindra jamais l'autorité des Loix. Le Pape engagé par sa Bulle, le Roi par ses Lettres-patentes, l'Evêque par la fulmination de son Official, le Collateur par son consentement, les Cours du Royaume par leur enregistrement, toutes les Puissances, toutes les Parties ne pouvant réclamer, il faudra que l'injustice & l'abus triomphent nécessairement.

Voilà la conséquence inévitable de la prétendue fin de non-recevoir de l'Archevêque de Cambray : Mon titre est abusif, je le sais, il est proscrit par les Loix de l'Eglise ; mais je jouirai toujours, au mépris de ces Loix saintes, parce qu'il n'y a personne qui puisse me les opposer. J'ai eu soin de tout prévenir par des consentemens anticipés. Que les Canons fulminent contre mon titre, je ne crains point l'orage ; il n'y a personne qui puisse lancer la foudre.

2°. Si le consentement du Collateur est si puissant, il ne permettroit donc pas même à un Successeur de conférer au préjudice du Coadjuteur. L'Archevêque de Cambray est effrayé lui-même de cette conséquence, il n'oseroit prévoir un pareil événement, il en détourne sa vue. Mais pourquoi dans ce moment sa confiance l'abandonne-t-elle pour la première fois ? Ce titre cimenté par le concours de tant de Puissances, est-il donc si fragile, que l'événement le plus commun puisse décourager ceux qui le défendent avec tant de présomption ? Reconnoissons à ces alarmes l'illusion de la fin de non-recevoir qu'on nous oppose. Si le consentement de l'Archevêque de Vienne pouvoit affermir la Coadjutorerie, elle seroit inébranlable au milieu de toutes les révolutions ; mais puisqu'elle ne pourroit se soutenir contre un successeur, comme on peut dire que l'Archevêque de

Partie qui a donné un consentement abusif, ne s'y doit tenir.

Cambray le reconnoît par son silence, qu'on avoue donc qu'un pareil consentement ne peut effacer l'abus; & s'il ne peut l'effacer, qu'on avoue que celui même qui a donné le consentement, n'est point obligé de le respecter, puisque ce seroit respecter l'abus même.

3°. S'il s'agissoit entre les Parties d'un intérêt temporel & profane, on ne seroit pas surpris d'entendre opposer à une Partie le consentement qu'il a pu donner, parce que chacun peut disposer de son bien, & que l'on ne peut varier quand on a donné une fois un consentement libre. Mais en est-il ainsi dans des matieres de Droit public, où l'intérêt de l'Eglise réclame & force le Collateur de reconnoître lui-même la légéreté de son consentement ? Il n'y a personne qui ne puisse céder à la faveur & à l'importunité; mais il y a de la grandeur à se réformer soi-même, & à reconnoître la supériorité de la Loi. Les Papes ont bien voulu qu'on n'eût point d'égard à ce qui seroit obtenu du Saint Siege contre l'autorité des saints Décrets : pourquoi un Prélat inférieur n'auroit-il pas la même liberté de s'élever contre son propre ouvrage ? De-là cette maxime établie par Fevret, que l'abus une fois formé ne peut plus être couvert, & que le consentement privé des Parties ne lui peut préjudicier.

C'est ce qui a été jugé dans les Arrêts de 1642 & de 1700, où l'on trouvoit de pareils consentemens de la part des Collateurs. Le Chapitre de Metz, par un Statut solemnel de l'année 1611, avoit reglé que les Chanoines pourroient résigner leurs Bénéfices pour cause de Coadjutorerie. Sur ce fondement, Me Jean Dubois, Chanoine, se choisit un Coadjuteur en 1627, qui étoit le sieur Monterby : il fut reçu en cette qualité de Coadjuteur, & installé par le Chapitre. Dix ans après, Me Jean Dubois mourut; le sieur Grateloup, Chanoine en semaine, conféra le Canonicat à Me Gilles Quentin, qui appella comme d'abus du Statut & de la Bulle de Coadjutorerie. Quelle étoit la défense du sieur de Monterby, ou de celui qui le représentoit ? Que l'Appellant est non-recevable dans ses appellations comme d'abus, parce que Grateloup son collateur, est résignataire d'un qui a signé le Statut, & par conséquent tenu des faits de son résignant. On ajoutoit que Grateloup lui-même, qui avoit conféré à Quentin, étoit pourvu par Coadjutorerie, ensorte qu'il y avoit double fin de non-recevoir à son égard : la premiere, qu'il étoit résignataire d'un Chanoine qui avoit signé le Statut dont il étoit Appellant comme d'abus. Or on sçait que le Résignant &

le Résignataire sont regardés comme une seule & même personne. Ainsi, à proprement parler, l'Appellant comme d'abus étoit pourvu par un Chanoine qui avoit signé le Statut, & qui l'avoit fait, sans doute, dans toute la liberté qu'il pouvoit désirer. La seconde fin de non-recevoir étoit que le Chanoine Tournaire, qui avoit conféré, avoit été pourvu lui-même à titre de Coadjutorerie; ensorte que l'Appellant comme d'abus ne pouvoit attaquer le Statut, sans attaquer le titre même de son Collateur. Cependant ces fins de non-recevoir furent méprisées, & M. l'Avocat-Général Talon en expliqua la raison, qui fut que le consentement de toutes les Parties & le concours de toutes les Puissances n'empêchoient pas le défaut radical, le vice réel & la nullité du titre.

Dans l'affaire de la Chefcerie de Nantes, jugée par l'Arrêt du Parlement de Bretagne de l'année 1700, l'Appellant comme d'abus convenoit encore que le Chapitre, qui étoit collateur, avoit consenti: mais quelle étoit sa réponse? Le consentement, disoit-il, est inutile, parce qu'il est contre les Loix de l'Eglise. Voilà le seul moyen qu'il opposoit au consentement du Collateur; moyen qui parut décisif, & qui ne doit pas avoir moins de poids dans cette Cause, où l'on ose dire que la Coadjutorerie est encore plus contraire aux regles de l'Eglise, qu'elle ne l'étoit dans l'affaire de Nantes.

C'est ce que l'Abbé de Saint-Albin a reconnu, lorsqu'après la mort de l'Abbé de Lionne il a sollicité l'Archevêque de Vienne avec tant d'empressement pour avoir des provisions par mort. Ce Collateur alors avoit-il plus de droit que lorsqu'il a conféré le Bénéfice au Prince Frederic? Si les maximes que l'on établit aujourd'hui avoient quelque solidité, pourquoi demander des provisions à un Collateur qui avoit renoncé à en donner? Pourquoi chercher à se procurer un titre nul & vicieux? On voit bien que l'Archevêque de Cambray est bien éloigné de penser comme il parle, puisque ses démarches sont si contraires à ses écrits: mais il faut présenter des prestiges au Public, quand on n'a pas des prétextes, même spécieux, à lui proposer.

4°. On a déja dit dans le précédent Mémoire, que rien n'étoit plus commun dans les Tribunaux, que de voir des Parties reclamer elles-mêmes contre des actes auxquels elles avoient consenti: on en a cité un exemple fameux dans l'affaire de la Prévôté de Pignans. L'Archevêque de Cambray a eu la prudence de garder un profond silence sur le préjugé: qu'il soit permis de le rappeller. Le Roi étoit Collateur de ce Bénéfice, il en demanda lui-même l'union au Pape en faveur des Jesuites : cette union faite dans toutes les formes, fut confirmée par Lettres-patentes enrégistrées au Parlement de Provence sur les conclusions du Procureur-Général du Roi. Quelques années après cependant, on a vu ce même Procureur-Général du Roi appeller comme d'abus de la même union. Quelle fin de non-recevoir contre lui! Le Procureur-Général représente le Roi, & par conséquent on avoit droit de lui opposer que c'étoit le Roi lui-même qui avoit demandé l'union; que c'étoit lui qui l'avoit confirmée par ses Lettres-patentes, & qu'enfin les conclusions du Procureur-Général avoient consommé une approbation si authentique. Que de consentemens réitérés! Quelle liberté de la part de celui qui les avoit donnés! Cependant toutes ces considérations, qui ne se trouveront jamais dans des circonstances si puissantes, ne purent empêcher que la Loi ne prévalût, & qu'une union abusive en elle-même ne fût condamnée sur l'appel comme d'abus de celui même qui l'avoit obtenue.

Voilà un exemple singulier, que l'Archevêque de Cambray auroit dû entreprendre de combattre : mais comme il ne pense pas même à prouver les principes qu'il avance, il ne se fait pas aussi un devoir de détruire ce qu'on lui oppose. Il est bien plus facile de couler rapidement sur les difficultés, & d'en imposer, s'il étoit possible, par une certaine présomption qui paroît naître de la confiance, quoiqu'elle ne soit que le fruit du désespoir.

5°. Ce consentement qu'on nous oppose, tout impuissant qu'il est par lui-même, tombe encore, & se détruit de plus en plus par une circonstance qui ne permet pas même de le regarder comme un acte dont on puisse faire le moindre usage. Tout étoit consommé, lorsqu'on s'est adressé à l'Abbé d'Auvergne pour l'obtenir; la Bulle étoit non-seulement expédiée, mais fulminée par l'Official, confirmée par Lettres-patentes, enrégistrée au Grand-Conseil. Etoit-il tems après cela de demander un consentement tardif au Collateur? Ces titres étoient radicalement nuls, ils n'ont pas pu devenir légitimes par le consentement qui a suivi. Il n'y a point de Loi, dit-on, qui mette de différence entre le consentement qui précede & celui qui suit. C'est de quoi aucune personne instruite ne conviendra avec l'Archevêque de Cambray.

En effet, si l'on obtenoit une Bulle de Coadjutorerie sans le consentement du Titulaire, croit-on que la procuration qu'il donneroit depuis pût rendre la Coadjutorerie légitime, quoique si mal obtenue dans son principe ? Si on se faisoit pourvoir du Bénéfice d'un homme, comme vacant par démission ou résignation, & que la démission ou résignation ne fût faite qu'après les provisions, croiroit-on ces actes aussi utiles au Pourvu, que s'ils avoient été passés auparavant ? Non, sans doute ; un titre radicalement nul ne peut jamais devenir valable par ce qui survient depuis, c'est à la source qu'il faut remonter ; l'origine du droit doit être pure, sinon tout ce qui a suivi participe à la nullité primitive. Le Pape n'a pas pu donner un Coadjuteur sans le consentement des Parties intéressées, l'Official du moins devoit les appeller lorsqu'il a voulu procéder à la fulmination ; leurs droits méprisés ont rendu le titre vicieux dans son principe ; le consentement surpris depuis ne peut changer la nature des actes qui précedent ; il peut donner droit d'obtenir des titres plus légitimes à l'avenir, mais il ne peut réparer le vice réel qui est dans les titres antérieurs.

C'est ce qui est décidé par Dumoulin (*a*) sur la Regle *de Infirmis*, n. 45 & suivans, où il établit qu'une provision de Cour de Rome, faite sans le consentement du Patron laïc, est nulle, même quand il consentiroit depuis, à moins que le Pape n'eût conféré sous la condition de ce consentement : *ut quia dixit*, *accedente tamen consensu Patroni* ; mais lorsque le Pape n'a pas eu cette attention au droit du patronage laïc, son consentement donné depuis est inutile, parce qu'il ne peut pas purger l'abus du titre, & la subreption qui l'annulle radicalement.

Enfin, de quelque maniere qu'on regarde ce consentement, il ne peut jamais être d'aucune considération dans l'affaire. Si l'Abbé d'Auvergne en a connu tout le vice, c'est une preuve constante qu'il n'a pas agi avec cette liberté qui lui étoit si nécessaire en pareille occasion. S'il ne l'a pas connu, doit-on lui envier le retour sur lui-même, après de mûres réflexions qu'on ne lui avoit pas donné le temps de faire dans la précipitation avec laquelle on a exigé sa signature ?

On croit donc avoir écarté tous les prétextes que l'Archevêque de Cambray a employés, non pas pour défendre, mais pour sauver sa Coadjutorerie : l'abus manifeste de son titre ne peut être couvert, ni par une dispense que l'on attribue aux deux

(a) Non *convalescit collatio Papæ interim facta, nec si Patronus quidem ratum habeat, vel consentiat, quia quod ab initio propter ambitionem & obreptionem funditùs nullum est, nec ratificari, nec confirmari potest*. N. 52, *de Infirmis*.

Puissances, ni par le consentement du Collateur ; les Loix de l'Eglise reclameront toujours contre une nouveauté si dangereuse. Il ne reste aux Parties qu'à attendre avec respect la décision que le Roi doit prononcer sur une affaire si importante.

Eclairée par ses propres lumieres, & par les exemples de ses illustres prédécesseurs, Sa Majesté comprendra sans peine de quelle conséquence il est de maintenir dans toute leur vigueur les saintes Libertés de l'Eglise Gallicane ; elles sont ici menacées de la plus dangereuse atteinte qui leur ait encore été portée : plus elles sont demeurées inviolables dans le point qui nous divise, & plus le préjugé qui en affoibliroit l'autorité, seroit funeste.

Mais écartons des idées si injurieuses à la majesté du Souverain ; les commencemens d'un regne qui promet tant de merveilles, ne seront pas ternis par une plaie si profonde aux Canons & à la Discipline : le Roi, leur plus auguste protecteur, sçaura bien venger leur autorité méprisée, & leur faire rendre le respect & la soumission qui leur est dûe, en déclarant qu'il y a abus dans l'obtention de la Bulle, & ordonnant le rapport des Lettres-patentes.

OBSERVATIONS.

L'ARCHEVÊQUE de Cambray, dans son premier Mémoire, n'avoit pas gardé beaucoup de ménagemens pour les regles de l'Eglise, ni pour les maximes du Royaume ; mais on peut dire que dans le second il a porté les choses à des excès inouis parmi nous.

Premiere observation sur les principes des défenses.

Pour juger de l'étendue de la puissance du Pape, il se renferme dans une seule distinction entre le Droit divin & le Droit positif : il est assez rigide dans ses sentimens pour ne pas attribuer au Pape l'autorité de détruire les Commandemens de Dieu ; mais pour les regles établies par les Conciles, & qui composent le droit positif de l'Eglise, c'est une erreur, selon lui, de croire que le Pape n'en puisse dispenser. Son pouvoir à cet égard est général, absolu, indéfini, il ne peut être limité par aucune exception : & si on lui demande quel est le principe de la puissance du Pape dans ces occasions, il répond qu'il n'y en a point d'autre, si ce n'est qu'il est le maître de dispenser de toutes prohibitions,

bitions, qui ne sont fondées que sur le droit positif.

Pour fonder ces dispenses il ne faut plus de causes canoniques, il ne faut plus consulter l'utilité ni la nécessité de l'Eglise; toute cause est légitime, quand le Pape & le Roi ont bien voulu l'approuver. Enfin le consentement du collateur n'est plus même nécessaire dans les Coadjutoreries. La Bulle de Coadjutorerie est une provision sur résignation ; & comme il n'est pas douteux que le Pape peut admettre toute résignation en faveur, *spreto Patrono ecclesiastico* il s'ensuit que même le consentement du Patron ecclésiastique ne seroit pas necessaire.

Jamais les Ultramontains ont-ils porté plus loin les maximes qu'ils ont établies en faveur de la Cour de Rome, & contre lesquelles on s'est toujours élevé avec tant de force dans le Royaume? Ils n'ont pas prétendu que le Pape pût dispenser du droit divin ; c'est dans le pouvoir qu'ils lui ont attribué sur les Canons & sur la discipline de l'Eglise, qu'ils ont porté leurs idées à des excès que nous n'avons pas pu tolérer. Trop éblouis de l'éclat qui environne le Saint Siege, ils n'ont pas assez considéré que la véritable grandeur du Chef de l'Eglise consiste dans l'autorité qu'il a de faire exécuter les Canons, & dans l'inspection générale qui lui est confiée pour veiller à leur manutention.

Grandeur du Pape consiste dans l'autorité qu'il a de faire observer les Canons.

Ce sont ces mêmes excès tant condamnés dans les Ultramontains, que l'Archevêque de Cambray propose dans son second Mémoire pour principe de décision dans sa Cause. Si on excepte le droit divin, il n'y a rien dont le Pape ne puisse disposer arbitrairement. Pouvoit-on mieux faire sentir l'abus de la Coadjutorerie de l'Archevêque de Cambray, & le péril qu'il y auroit de l'autoriser, que de la défendre par des propositions si outrées?

On n'a jamais douté qu'il n'y eût des occasions où le Pape pouvoit tempérer la sévérité des regles, *pro varietate temporum, locorum & personarum*, comme parle le Docteur Duval cité par l'Archevêque de Cambray, & c'est en quoi consiste le pouvoir des dispenses légitimes, que l'Eglise Gallicane n'a jamais contesté au Pape : ainsi une regle saintement établie par les Canons, & qui étoit très-sage en elle-même, deviendroit funeste à l'Eglise, suivant les circonstances du temps, du lieu & des personnes. Il est de l'utilité, de la nécessité de l'Eglise de s'en écarter ; le Pape le peut faire : voilà le pouvoir légitime que les personnes éclairées ont toujours reconnu dans le chef de l'Eglise, & le Prince Frederic a été le premier à poser ce principe ; mais qu'abusant d'une vérité ſi conſtante, on étende le pouvoir du Pape à toutes ſortes de diſpenſes indiſtinctement contre le droit poſitif, ſans cauſe, ſans néceſſité, ſans prétexte, & ſur le ſeul fondement que le Pape eſt le maître, c'eſt parler le langage des Ultramontains les plus outrés, c'eſt introduire parmi nous une doctrine pernicieuſe : nos peres l'ont combattue avec zele & avec ſuccès; guidés par leurs exemples, nous n'aurons pas de peine à la proſcrire.

Il eſt vrai que l'Archevêque de Cambray, pour tempérer un peu l'excès de ſa ſuppoſition, ajoute que la diſpenſe émanée du Pape ſeul ne ſeroit pas ſuffiſante, & qu'il faut pour l'admettre qu'elle ſoit ſoutenue du congé & de la permiſſion du Roi, & c'eſt en quoi, ſelon lui, conſiſtent toutes nos libertés; mais quand une fois on a obtenu des Lettres-patentes ſur une diſpenſe, il n'y a rien qu'elle ne puiſſe introduire : il n'y a aucune partie du droit poſitif qu'elle ne puiſſe renverſer.

Nos libertés ne vont à donner au Pape un pouvoir que les Canons lui refuſent.

C'eſt faire injure à nos libertés de prétendre que leur uſage ne tend qu'à donner au Pape un pouvoir que les Canons lui refuſent. Eſt-ce donc là l'effet de ces ſaintes libertés tant vantées parmi nous, & ſi redoutables aux Ultramontains? On rougit d'être obligé de réfuter de telles propoſitions. Le pouvoir du Pape pour accorder des diſpenſes, eſt tiré des Canons mêmes de l'Egliſe, qui ont reconnu dans tous les tems qu'il y avoit des occaſions dans leſquelles il ſeroit néceſſaire de tempérer la ſévérité des regles, & qui n'ont pu reconnoître d'autre autorité pour le faire, que celle du Chef même de l'Egliſe; mais comme il y a dans la diſcipline, des points ſacrés & inviolables, dont il n'eſt jamais permis de s'écarter, ces mêmes Canons ont mis des bornes au pouvoir de diſpenſer; c'eſt ce qui produit la diſtinction néceſſaire des diſpenſes permiſes & des diſpenſes défendues.

En France on ne peut ſe ſervir de diſpenſes de Rome, ſi elles ne ſont juſtes, &, quoique juſtes, ſi le Roi ne les permet.

Le Pape, en accordant les premieres, uſe d'un pouvoir légitime; cependant, comme il pourroit arriver que l'exercice qu'il en fait ne conviendroit pas, dans de certaines circonſtances, à la tranquillité & à la police du Royaume, elles ne peuvent être exécutées en France ſans le congé & la permiſſion du Roi. A l'égard des ſecondes, que le Pape n'a pas le pouvoir d'accorder, elles ſont toujours néceſſairement abuſives, même quand elles ſeroient revêtues de Lettres-patentes qui permettroient de s'en ſervir, & c'eſt en ces deux points que conſiſtent également nos libertés : le premier, en ce que l'on ne peut uſer dans le Royaume des diſpenſes permiſes, ſans la permiſſion du Roi; & le ſecond, en ce que les dispenses défendues y sont indistinctement rejettées.

Le célebre Pithou n'a jamais rien enseigné de contraire à ce principe, & l'Archevêque de Cambray abuse manifestement de ses termes, lorsqu'il lui fait dire que nos libertés ne consistent qu'en ce que le Pape ne peut rien entreprendre dans le Royaume sans la permission du Roi. Il ne s'agit point de dispense dans le passage qu'on nous objecte ; on y parle seulement en général des libertés de l'Eglise Gallicane, & on y fait voir que ce ne sont point des privileges apostoliques, mais qu'elles procedent d'un attachement inviolable aux anciens Canons, contre lesquels le Pape ne peut rien entreprendre sans la permission au moins & du Roi & du Peuple ; mais dans cette idée générale on n'a pas pu approfondir la matiere des dispenses, ni donner une juste idée du pouvoir dont le Pape jouit à cet égard : & dans l'article 42, & dans le Commentaire de Pithou sur cet article, où l'on doit consulter le principe inviolable du Royaume sur cette matiere, on y verra que toute dispense, non-seulement contraire au droit divin & naturel, mais encore qui n'est point permise par les Canons, ne peut produire aucun effet dans le Royaume.

Ces trois sortes de dispenses sont mises dans la même classe ; & comme on ne peut pas dire qu'une dispense qui seroit contre le droit divin, dût être exécutée, si elle étoit confirmée par les Lettres-patentes, de même on ne peut pas dire qu'une dispense expressément défendue par les Canons, devienne légitime, parce qu'elle est suivie ou accompagnée de Lettres-Patentes. En effet, si les dispenses que les Canons défendent expressément d'accorder, devenoient légitimes par le congé & permission du Roi, ce seroit donc le Roi qui auroit l'autorité de déroger aux Canons, ce seroit donc de la puissance séculiere que le Pape emprunteroit le pouvoir de dispenser : propositions également injurieuses aux deux puissances. Nos Rois se sont toujours honorés de la qualité de protecteurs des Canons, mais ils n'ont jamais prétendu avoir droit de les abroger, moins encore de donner au Pape le pouvoir de le faire, quand les Canons lui lient les mains. Le pouvoir de dispenser doit résider dans le Pape, le Roi ne peut faire autre chose que de permettre l'exécution de la dispense : il faut donc que le pouvoir de dispenser soit établi dans son principe, pour que l'on puisse se prévaloir de la permission qu'on a obtenue d'exécuter la dispense.

Aussi toutes les fois que l'on présente dans les Tribunaux quelque dispense revêtue de Bulles & de Lettres-patentes ; l'unique objet auquel on s'attache est de savoir si la dispense en elle-même est légitime : en ce cas, le Pape ayant pouvoir de l'accorder, & le Roi ayant donné permission de l'exécuter, elle produit tout son effet ; si elle est au contraire défendue par les Canons, la dispense étant abusive dans son principe, par le défaut de pouvoir dans la permission du Pape, le congé & la permission du Roi, qui ne peut réparer ce vice radical, n'empêche pas qu'elle ne soit proscrite.

Explication de l'art. 22 de l'Ordonnance d'Orléans sur les dispenses de Rome.

Parlà, tombe l'équivoque que l'on veut faire naître sur l'article 22 de l'Ordonnance d'Orléans, qui défend aux Juges d'avoir égard aux dispenses octroyées contre les saints Décrets & Conciles, à peine de privation de leurs Offices, & aux Impétrans de s'en aider, s'ils n'ont de nous congé & permission : car il est évident que cet article ne s'entend que des dispenses permises; c'est-à-dire que le Pape a le pouvoir d'accorder, contre les dispositions canoniques. Elles ne s'exécutent en France que par le congé & permission du Roi; c'est pourquoi & les Juges ne peuvent y avoir égard, & les Impétrans s'en servir sans ce congé & sans cette permission ; mais jamais personne n'a pensé que le Roi ait voulu s'attribuer par-là le droit d'autoriser des dispenses, quoique défendues par les Conciles.

Quand au surplus on pourroit entendre cet article des dispenses défendues, il ne produiroit pas l'effet que l'Archevêque de Cambray lui attribue. Le Roi défend aux Juges d'avoir égard aux dispenses, & aux Impétrans de s'en servir, s'ils n'ont de lui congé & permission ; c'est-à-dire, que l'on ne pourra pas proposer une dispense en Justice, si elle n'est revêtue de Lettres-patentes ; mais quand elle sera revêtue de Lettres-patentes, les Juges n'ont-ils plus la liberté d'examiner si la dispense est légitime ; c'est ce que l'Ordonnance d'Orléans, ni aucune autre, n'a jamais établi. Les Lettres-patentes sont nécessaires pour une dispense, voilà ce que signifie l'art. 22 de l'Ordonnance d'Orléans ; mais qu'il soit nécessaire de déférer à la Bulle & aux Lettres-patentes, c'est ce que l'on ne peut soutenir sans troubler l'ordre judiciaire.

Les Juges ne peuvent avoir égard à une Bulle de Cour de Rome, ni les Impétrans s'en servir, si elle n'a été fulminée ; mais quand elle est fulminée, doit-on nécessairement y avoir égard ? C'est ce que l'on ne prétendra pas sans doute. Il en est de même des Lettres-patentes pour autoriser une dispense, il faut que l'autorité de l'Ordinaire dans la fulmination, & celle du Roi dans les Lettres-patentes, concourent avec celle du Pape dans la Bulle; mais tout cela suppose dans le principe une dispense légitime, sinon on n'aura égard ni à la Bulle, ni à la fulmination, ni aux Lettres-patentes.

En soutenant de tels principes, on ne croit pas s'écarter du respect qui est dû à l'autorité royale; non, on ne croit pas manquer au devoir essentiel qui lie le Sujet à son Souverain : ceux qui nous font de pareils reproches, ignorent-ils la différence essentielle que l'on a toujours faite entre les Édits, Déclarations & Lettres-patentes que le Roi adresse à ses Cours, de son propre mouvement, & pour la police publique de son Royaume, & les Lettres-patentes qui ne concernent que les intérêts des Particuliers, & qui ne sont accordées que sur leurs suppliques ? A l'égard des premieres, les Sujets n'ont point d'autre parti à prendre que celui de la soumission. A l'égard des autres, elles ne sont jamais regardées comme des marques éclatantes de la volonté du Souverain : il a toujours été permis d'en demander le rapport.

Lettres-patentes pour les Particuliers different des Edits, &c. sont sujettes à rapport.

Qu'on ne nous vante donc plus l'autorité des Bulles & des Lettres-patentes, comme si elles exigeoient une déférence si respectueuse, qu'il ne fût plus permis d'examiner la dispense en elle-même ? Ce n'est point par autorité que l'on décide du droit des Particuliers : si les graces qu'ils ont obtenues sont injustes par elles-mêmes, si elles sont abusives, elles sont toujours proscrites, même quand elles sont revêtues de ces caracteres éminens.

Ces dehors retranchés à l'Archevêque de Cambray, il ne lui reste plus qu'un titre si insoutenable, qu'il n'oseroit lui-même en défendre les dispositions : une dispense expressément défendue par les Canons, une grace que le Pape n'a pas le pouvoir d'accorder, parce qu'elle jette le trouble dans toute la discipline, & renverse les fondemens de la police ecclésiastique.

On ne répondra point à ce que dit l'Archevêque de Cambray, qu'une pareille Coadjutorerie n'est point défendue par le Concile de Trente, ce seroit perdre le tems à prouver l'évidence même ; mais on ne peut se refuser à une courte réflexion sur ce qu'il répond aux reproches qu'on lui avoit faits, d'avoir confondu dans son premier Mémoire l'exception avec le droit commun. On lui a fait voir que le droit commun consistoit en ce que les Coadjutoreries ne devoient avoir lieu pour aucun Bénéfice ; on lui a fait voir que si on les admettoit pour les Prélatures, c'étoit par voie d'exception, & non de droit commun. Il paroît étonné de ce qu'on appelle droit commun une chose qui n'existe pas : il dit que si cela étoit, il faudroit retrancher de la Langue le terme de Coadjuteur & de Coadjutorerie ; mais on avoue que l'on ne peut entendre, sans une surprise extrême, une pareille maniere de raisonner. Suivant l'Archevêque de Cambray, on ne pourroit jamais établir une proposition négative, comme contenant le droit commun, & la Langue n'auroit dû introduire aucun terme pour exprimer ce qui tombe dans l'exception. Il suffit de rappeller de telles idées, pour en faire sentir toute l'illusion.

Seconde observation sur les exemples.

Au défaut de principes propres à soutenir la Coadjutorerie de l'Archevêque de Cambray, il invoque le secours des exemples, il ne s'est pas trouvé bien jusqu'à présent de ceux qu'il a cherchés dans des matieres étrangeres : on lui a fait connoître les différences essentielles qui avoient fait admettre certaines dispenses, & qui devoient nécessairement faire rejetter la sienne ; c'est pourquoi se rapprochant des Coadjutoreries, il prétend avoir trouvé dans cette matiere trois exemples qui devoient autoriser celle qu'il a obtenue.

Le premier concerne l'Abbaye de Saint Claude en Franche-Comté : on prétend que les Religieux ont le privilege de résigner tous les Bénéfices de cette Abbaye, pour cause de Coadjutorerie. On seroit curieux de sçavoir où l'Archevêque de Cambray a trouvé les monumens sur lesquels il fonde ce chimérique privilege ; non-seulement ils n'en ont jamais joui ni prétendu jouir : on est parfaitement instruit au contraire qu'un Officier claustral de cette Abbaye ayant résigné son Office pour cause de Coadjutorerie, & étant depuis décédé, M. le Cardinal d'Estrées, comme Abbé de Saint Claude, conféra ce Bénéfice, comme vacant par mort, à un autre Religieux de la même Abbaye ; & que le Procès ayant été porté au Parlement de Besançon, entre le Coadjuteur & le pourvu par mort, ce dernier fut maintenu, & la Coadjutorerie déclarée abusive. Si c'est là l'exemple que propose l'Archevêque de Cambray, on n'aura pas de peine à s'y soumettre.

Le second est celui du Prieuré de Ruffey, situé en Franche-Comté. On prétend que la Coadjutorerie qui en avoit été obtenue par un Commendataire, a été confirmée, quoique le Collateur qui n'avoit point consenti que son Pourvu, & que le

Procureur Général du Parlement de Besançon fussent Appellans comme d'abus. Ce préjugé, à la seule proposition, ne prouveroit rien pour trop prouver; car enfin il n'y a personne qui ne reconnoisse que le défaut de consentement du Collateur auroit formé seul un obstacle invincible à la Coadjutorerie, l'Archevêque de Cambray en est convenu dans son premier Mémoire. La grace est toujours imparfaite, dit-il, si le Collateur n'y donne son consentement; il dépend de lui de l'accorder ou de le refuser: s'il le refuse, la dispense demeure sans exécution. Comment peut-il après cela objecter un Arrêt si contraire aux principes que la force de la vérité lui avoit d'abord fait reconnoître? Et si l'Arrêt étoit tel qu'il l'expose, ne faudroit-il pas l'attribuer aux usages particuliers de la Franche-Comté, pays d'obédience, où le Pape s'est maintenu dans des droits qui n'ont jamais été reconnus en France.

Franche-Comté, pays d'obédience.

Mais l'Arrêt paroît avoir un motif bien différent de celui qu'on lui attribue. Pour cela il faut observer qu'en Franche-Comté tous les Prieurés simples sont à la pleine & libre collation du Pape, comme les Prieurés conventuels sont à la nomination du Roi: cela est établi par d'anciens Indults renouvellés en différens temps. Il est vrai que les Collateurs François qui ont des Bénéfices de leur dépendance situés en Franche-Comté, prétendent que le chef-lieu n'y étant pas situé, ils devoient jouir de leur droit de collation, nonobstant ces Indults; mais cette prétention a été plusieurs fois condamnée par le Parlement de Besançon.

Pape a la libre collation des Prieurés simples en Franche-Comté.

Cela supposé, le sieur Joblot, Prieur de Ruffey, ayant résigné ce Bénéfice pour cause de Coadjutorerie en 1698, en faveur du sieur Barberot d'Autet, & étant mort en 1713, le sieur Commandeur de Chanteautiers, comme Prieur de Saint Marcel de Chalou, conféra ce Bénéfice à un Religieux de l'Ordre de Cluny: son Pourvu ayant trouvé une opposition de la part du Coadjuteur, appella comme d'abus des Bulles de Coadjutorerie au Parlement de Besançon. Le Commandeur de Chanteautiers intervint, se joignit à l'appel comme d'abus, demanda d'être maintenu dans le droit de conférer. La Coadjutorerie étoit si abusive, que le Procureur Général du Parlement de Besançon adhéra à l'appel comme d'abus: le Coadjuteur désespéra dès-lors de soutenir un titre si vivement attaqué.

Mais par un conseil prudent il trouva le moyen de conserver son Bénéfice: c'étoit un Prieuré simple, que le Pape seul avoit droit de conférer, suivant les Indults. La provision du Commandeur de Chanteautiers n'étoit d'aucune considération, puisqu'il n'étoit point Collateur. Le Coadjuteur s'adressa donc de nouveau à Rome; & le 7 Septembre 1716, près d'un mois après l'appel comme d'abus du Procureur Général, il obtint des Provisions du même Prieuré de Ruffey, comme vacant par la mort du sieur Joblot, dont il avoit été le Coadjuteur.

Ce nouveau titre ne laissoit plus lieu de douter de son droit, cependant le Pourvu par le Commandeur de Chanteautiers appella comme d'abus de ces nouvelles provisions, en supposant que le Commandeur avoit pu conférer le Bénéfice; mais comme cela étoit contraire aux Indults, le sieur Barberot d'Autet fut maintenu, en déclarant qu'il n'y avoit abus dans ses Bulles, & au surplus le Commandeur de Chanteautiers & son Pourvu furent déboutés des conclusions par eux prises aux Procès, c'est-à-dire, de la demande du Commandeur de Chanteautiers pour être maintenu dans le droit de conférer.

Il est évident par ce récit exact des circonstances, que ce qui a opéré la maintenue du sieur Barberot, a été la provision par mort, & non la Bulle de Coadjutorerie, quoiqu'on ait prononcé qu'il n'y avoit abus ni dans l'une ni dans l'autre. Si immédiatement après la mort de l'Abbé de Lionne, l'Archevêque de Cambray eût obtenu une pareille provision avant que le Collateur eût disposé du Bénéfice, en vain appelleroit-on aujourd'hui de sa Bulle de Coadjutorerie; cet appel comme d'abus, quoique légitime par lui-même, seroit devenu inutile à cause de la provision par mort, on n'y auroit aucun égard : ainsi l'exemple, loin de favoriser l'Archevêque de Cambray, prouve uniquement que le Coadjuteur lui-même reconnoissoit tellement la nullité de son titre qu'il n'avoit trouvé d'autre ressource qu'à obtenir une provision par mort.

Le dernier exemple est celui de la Coadjutorerie de l'Abbaye de Cluny; mais exemple si peu convenable, que l'on n'a pas osé le proposer d'abord, quoiqu'il fût parfaitement connu de l'Archevêque de Cambray. Cette Abbaye, quoique possédée en Commende, jouit à cause de sa qualité de Chef-d'Ordre, de toute la Jurisdiction spirituelle sur l'Ordre de Cluny : c'est donc une Prélature dont le Pourvu a des fonctions importantes à remplir, & jamais on n'a douté que de pareils titres ne puissent être donnés à des Coadjuteurs. Le Cardinal de Bouillon, qui avoit toujours joui de cette Jurisdiction, à l'exemple de ses prédécesseurs

Prédécesseurs, y a maintenu par un Arrêt célebre de 1705: l'Archevêque de Vienne l'exerce actuellement, jusqu'à convoquer les Chapitres généraux, & à présider, tant à ces Chapitres qu'aux difinitoires. Ce qui s'est passé depuis quelques jours dans le Prieuré de Saint Martin-des-Champs, où le Chapitre général de l'Ordre a été convoqué, en est une preuve sensible. On ne pouvoit prendre un tems moins propre à répandre de vains soupçons sur la Jurisdiction des Abbés de Cluny.

L'Archevêque de Cambray n'est donc pas heureux dans ses nouvelles découvertes; tous ces exemples se rétorquent contre lui-même, & la proposition que l'on a faite se trouve de plus en plus confirmée. Jamais il n'y a eu d'exemple en France d'une Coadjutorerie pareille à celle qu'il a obtenue, ou du moins, si l'on en a vu paroître un petit nombre de cette nature, elles ont toutes été solemnellement condamnées par les Arrêts. On en a rapporté deux du Parlement de Rouen, des années 1508 & 1518; deux du Parlement de Paris, l'un pour un Canonicat de Poitiers, & l'autre pour l'Aumônerie de Metz; il y en a aussi plusieurs du Parlement de Bretagne. La Jurisprudence de toutes les Cours, si opposée en tant de matieres, se réunit dans celle-ci: peut-on se flatter que par un Arrêt contraire à tant de décisions, on rendra arbitraires les principes qui ont été jusqu'à présent les plus constans.

Troisieme observation, sur le consentement.

Les principes ainsi rétablis, il est facile d'écarter la prétendue fin de non-recevoir tirée du consentement de l'Abbé de Cluny; l'Archevêque de Cambray qui rappelle sans cesse cette circonstance, passe bien rapidement sur ces principaux moyens qui ont été proposés pour en faire connoître l'illusion. On lui avoit demandé dans le dernier Mémoire du Prince Frederic, quel effet il prétendoit donner à ce consentement; s'il prétendoit qu'il rendît la Coadjutorerie canonique, ou s'il se contentoit de dire que, quelque abusive qu'elle fût, le Collateur fût obligé de la souffrir, & de la protéger? Il n'a pas osé dire que le consentement pût rendre légitime ce qui étoit abusif & vicieux par lui-même; mais il a soutenu avec confiance que le Collateur devoit souffrir la Coadjutorerie, quand même elle seroit abusive, lorsqu'il en a lui-même consenti, requis & poursuivi l'enregistrement & l'exécution. C'est-à-dire, en un mot, qu'un titre nul devient une Loi respectable pour le Collateur qui a consenti.

L'Archevêque de Cambray, qui soutient cette proposition, en a-t-il bien compris toutes les conséquences? Quoi! il n'est jamais permis de se réformer, il n'est jamais permis de réparer le mal que l'on a pu faire ? Quoi ! aux yeux d'un Collateur, l'autorité des Canons sera impuissante, & ne pourra balancer la force d'un consentement qu'il aura donné trop légerement ? Y a-t-il quelqu'un qui ne soit effrayé d'une telle proposition. On soutient au contraire que non-seulement le Collateur, dans ce cas, peut agir contre le consentement qu'il a donné, mais qu'il le doit; & que s'il y défère par un faux point d'honneur, il devient coupable d'une nouvelle faute qu'il ajoute à la premiere: c'est à lui que l'Eglise a confié l'exécution de ses réglemens; il ne lui est pas permis de souffrir qu'ils soient impunément violés.

Il n'est point ici question d'examiner dans quelles circonstances le consentement a été donné; qu'il ait été libre, réfléchi, persévérant, n'importe; il est contraire aux Canons, & dès-lors il n'est plus aux yeux de l'Eglise qu'un acte nul, & par conséquent il n'est pas permis au Collateur d'y déférer; les principes les plus communs de la morale, & les regles de Droit les plus constantes, concourent également pour établir cette maxime.

Devoir de tout Collateur de remplir les Bénéfices vacans.

Si donc la Coadjutorerie en elle-même est abusive, & que le consentement du Collateur ne fasse pas cesser l'abus, il est certain que le titre du Bénéfice est vacant, quoiqu'il soit détenu par un Possesseur injuste, & par conséquent le Collateur est dans une nécessité indispensable d'y pourvoir; car il n'est jamais permis à un Collateur de laisser vacant le titre d'un Bénéfice.

La seule chose qu'il y ait donc à examiner ici, est de sçavoir si la Coadjutorerie en elle-même est abusive; car si cela est, l'abus du titre entraîne nécessairement la nullité du consentement; & l'un & l'autre produisant la vacance du Bénéfice, rétablissent le Collateur dans le pouvoir, & même dans la nécessité de conférer. Par-là se rétorque contre l'Archevêque de Cambray, la fin de non-recevoir qu'il nous impose: l'Archevêque de Vienne n'a pas pu conférer, dit-il, parce qu'il a consenti; cela est vrai, si son consentement a pu remplir le Bénéfice: mais si le Bénéfice est demeuré vacant par nullité du titre, non-seulement l'Archevêque de Vienne a pu conférer; mais l'Archevêque de Cambray, qui n'a point de droit au Bénéfice, n'est pas même recevable à critiquer la provision du Collateur.

Ajoutons que cette proposition, dont l'Archevêque de Cambray se plaint avec tant d'amertume, ne lui fait aucun préjudice: si son titre est canonique, si le Collateur a pu y consentir, si son consentement est de quelque poids & de quelque autorité, rien n'empêche l'Archevêque de Cambray de le faire valoir. Il n'est point révoqué ; mais s'il est dans l'impuissance de s'en servir, si ces titres, par leurs vices essentiels, périssent entre ses mains, pourquoi l'Archevêque de Vienne n'a-t-il pas eu la liberté d'en donner un qui soit canonique, au Prince Frederic son frere?

Que l'Archevêque de Cambray ne se plaigne donc plus d'une provision qui ne le dépouille d'aucun de ses droits, qui lui laisse une liberté entiere de les exercer, & qui tout au plus ne fait que lui donner un Compétiteur, au lieu d'un autre qu'il auroit eu nécessairement. L'abus de la Coadjutorerie étoit trop connu pour qu'il n'eût pas excité plusieurs particuliers à impétrer le Bénéfice à Rome ; l'Archevêque de Cambray seroit demeuré sans défenses contre ceux qui l'auroient aussi obtenu ; le Collateur ordinaire a-t-il dû, sans utilité pour l'Archevêque de Cambray, abandonner au hasard de la course, un des principaux Bénéfices que l'Eglise a confiés à ses soins ?

Nulle fin de non-recevoir contre la provision des Collateurs ordinaires.

En un mot, il ne peut jamais y avoir de fin de non-recevoir contre la provision d'un Collateur, parce que c'est de sa part un acte nécessaire, un acte que l'Eglise exige de lui, & qu'il ne peut refuser. Pour sçavoir si cette provision doit produire son effet, il ne reste qu'à sçavoir si le Bénéfice est vacant. Or, une Coadjutorerie nulle & abusive ne peut devenir légitime par le consentement du Collateur, & par conséquent ne peut remplir le Bénéfice : donc elle ne peut faire obstacle à la provision du même Collateur.

C'est ce qui a été jugé par tous les Arrêts, & en particulier par celui de Pignan, dans lequel le Procureur Général, qui avoit requis l'enregistrement de la Bulle d'union & des Lettres-Patentes, a cependant fait juger que cette union étoit abusive. L'Archevêque de Cambray, pressé par cet exemple, se contente de répondre que l'union étoit abusive & contraire à nos libertés ; on en convient, & c'est précisément ce qui donne toute la force au préjugé qu'on lui oppose ; car sa Coadjutorerie n'est pas moins contraire aux Canons & à nos Libertés, elle doit donc être également proscrite, quoique soutenue de l'autorité d'une Bulle, de Lettres-Patentes, du consentement du Collateur, & d'un Arrêt d'enregistrement. Ainsi le consentement considéré en lui-même, & détaché de toutes circonstances, ne peut produire aucune fin de non-recevoir. De quelle considération seroit-il, si on s'attachoit à en relever les circonstances ? Mais les conjonctures dans lesquelles il a été donné, sont connues, il seroit inutile de s'étendre pour les faire valoir.

Quatrieme observation sur la tonsure.

Enfin, l'Archevêque de Cambray se vante d'avoir répondu à deux Mémoires qui concernent la tonsure : il dit que l'Abbé d'Auvergne n'auroit pas dû dissimuler qu'il a reçu la signification des Réponses de l'Archevêque de Cambray : il ajoute que le moyen établi dans ces deux Mémoires, est absurde dans le droit; que dans le fait, la notoriété publique ne permettoit pas de révoquer en doute sa naissance à Paris; & que s'il falloit quelque chose de plus pour défendre aux Mémoires particuliers de l'Abbé d'Auvergne, on faisoit imprimer la Réponse qu'on y avoit faite, mais que la difficulté n'en vaut pas la peine.

Le Prince Frederic n'a point dissimulé que l'Archevêque de Cambray eût répondu au premier des deux Mémoires concernant sa tonsure, puisqu'il a fait imprimer sa Réplique à cette Réponse; c'est dans cette Réplique qu'il a établi solidement les principes qu'il n'avoit fait qu'indiquer d'abord : on avoue que l'on n'a point parlé des Réponses de l'Archevêque de Cambray au dernier Mémoire, parce qu'on ne les a jamais vues, qu'on n'en a jamais entendu parler; on seroit curieux de les voir imprimées, puisqu'elles n'ont point été signifiées; on apprendroit avec plaisir à réformer les absurdités dans lesquelles on seroit tombé dans le droit, en disant que l'on ne peut être tonsuré par un Evêque étranger, sans démissoire de son propre Evêque; on verroit avec satisfaction les preuves de cette notoriété publique qui a accompagné la naissance de l'Abbé de Saint-Albin : le Prince Frederic ne parle, ne raisonne que sur les pièces produites.

Il voit un certificat dont l'Evêque du Mans a conçu une juste méfiance en baptisant l'Abbé de Saint-Albin, quoiqu'il parût par le certificat l'avoir déja été. Il voit que ce certificat n'est point daté de Paris, ne dit point que l'enfant soit né à Paris. Il voit enfin que cet enfant a été véritablement baptisé au Mans, ce que l'on affoiblit dans le Mémoire de l'Archevêque de Cambray, en supposant qu'on ne lui a administré que les cérémonies du Baptême; mais l'extrait baptistaire est fort différent, il parle de l'administration du Baptême même. Le Prince Frederic a donné une raison d'en conclure que l'Abbé de Saint-Albin n'a pu être tonsuré qu'à Paris, il a cru parler en cela le langage des Canons; avec de tels garans on craint peu de tomber dans l'absurdité.

Ainsi pour se résumer, les principes, les exemples, & les fins de non-recevoir que l'Archevêque de Cambray appelle à son secours, ne peuvent sauver l'abus de la Coadjutorerie : à l'égard de sa tonsure, le mépris apparent des moyens qu'on lui oppose, ne renferme au fond qu'un aveu sincere de l'impuissance où il est d'y répondre. Plus il affecte à cet égard un air de confiance, & plus on sent qu'elle n'est inspirée que par la crainte.

CLVI. *RÉPONSE.*

Le Mémoire se trouve au tome 1, page 219.

POUR les Religieuses de Maubuisson.

CONTRE la Dame de Chateaumorand.

POUR reconnoître combien il y a de solidité dans les motifs qui ont porté les Visiteurs de l'Abbaye de Maubuisson à prononcer la Sentence qui suspend de toutes ses fonctions la Dame de Chateaumorand, il faut faire réflexion qu'ils avoient à examiner sa conduite, non par les maximes du monde & les exemples corrompus du siecle, mais par la Regle de Saint Benoît, les Constitutions de l'Ordre, & les Statuts particuliers de la Réforme. Si elle est convaincue par des faits bien prouvés, d'avoir violé ces Regles & ces Constitutions dans tous leurs points, elle est indigne du rang qu'elle occupe, & n'a qu'à se louer de la modération des Visiteurs.

Or, sa Regle l'oblige de conduire sa Communauté avec bonté, avec charité, avec douceur ; & les Visiteurs ont trouvé qu'elle la gouvernoit avec une dureté impérieuse, qui alloit jusqu'à la tyrannie. La Regle l'oblige à porter sa Communauté à la piété & à la vertu par ses discours & par ses exemples ; les Visiteurs ont trouvé qu'elle ruinoit l'une & l'autre par des discours injurieux à la Réforme, & par une vie toute séculiere. La Regle l'oblige à assister aux Offices du jour & de la nuit ; les Visiteurs ont trouvé qu'elle n'assistoit jamais aux Offices de la nuit, & très-rarement à quelque Office du jour. Ses Bulles, en vertu desquelles elle est Abbesse de Maubuisson, l'obligent à embrasser la Réforme. Or, selon la Réforme, on n'use que de chemises de serge, & on s'abstient de l'usage de viande, hors le cas d'infirmité. On jeûne la plus grande partie de l'année ; les

Visiteurs ont trouvé que la Dame de Chateaumorand n'use jamais que de linge ; qu'elle ne pratique l'abstinence que le seul jour du Vendredi-Saint ; & que dans tous les autres temps, même ceux où l'Eglise prescrit l'abstinence & le jeûne au commun des Fideles, elle se fait servir en viande avec une abondance & une délicatesse scandaleuse. Enfin, au lieu de la mortification & de la pénitence, dont la Dame de Chateaumorand devroit faire profession, selon la Réforme, les Visiteurs n'ont trouvé dans toute sa conduite, que les marques d'une vie mondaine, que des actions d'une mollesse & d'une sensualité si excessive, qu'ils ne craignent pas d'avancer qu'il n'y en a pas d'exemple dans le siecle.

Lorsque les Visiteurs ont voulu s'instruire de l'état du temporel de la Maison, ils se sont bientôt convaincus par eux-mêmes de la mauvaise administration de la Dame de Chateaumorand. Par-tout, se sont présentés à leurs yeux dettes contractées, réparations à faire, revenus dissipés ; on n'en voit que trop les preuves dans le Mémoire des Religieuses : que pourroient donc faire des Visiteurs chargés de rendre compte à leurs Supérieurs, & à Dieu même, de l'usage de leurs pouvoirs, s'ils laissoient la Dame de Chateaumorand dans l'exercice de ses fonctions ? Elle alloit ruiner la discipline monastique d'une des plus fameuses Abbayes du Royaume, & achever de dissiper les biens qui lui furent donnés par le plus saint de nos Rois, dans le temps de sa fondation, & qui lui ont été conservés dans ces derniers temps, par la sagesse d'une sainte Princesse, son Abbesse. S'ils la suspendoient de ses fonctions, ils voyoient bien que c'étoit s'exposer à tous les effets de son ressentiment, & de celui de ses amis, & se mettre en butte à tous les discours calomnieux qu'on voudroit débiter de vive voix & par écrit contre leurs personnes; mais rien ne les a arrêtés : ils n'ont écouté que la voix de leur conscience ; & ne trouvant d'autre remede aux maux de l'Abbaye de Maubuisson, que de suspendre la Dame de Chateaumorand, ils ont prononcé la Sentence dont elle se plaint.

En vain la Dame de Chateaumorand les accuse-t-elle de passion & de cabale. Les personnes sensées ne se persuaderont pas aisément que des Visiteurs choisis par le Supérieur légitime ; que des Religieux d'une vertu éprouvée, qui, revêtus des premieres dignités de l'Ordre, ont gagné l'estime & la confiance de tout le monde, qui, envoyés pour visiter toutes les Abbayes de la Province de France, ont conservé & entretenu par-tout l'union & la paix : on ne se persuadera pas que de tels Religieux, sans aucun intérêt personnel, oublient tout d'un coup leur devoir & leur honneur, & se portent jusqu'à cet excès ; que d'allumer le feu de la discorde dans l'Abbaye de Maubuisson, & de soulever les Religieuses contre leur Abbesse. Le préjugé extérieur est donc favorable aux Visiteurs, & au jugement qu'ils ont rendu. Mais pour entrer dans la discussion particuliere du fond & des raisons qu'allegue la Dame de Chateaumorand, il n'y en a point dont elle tire plus d'avantage que des cartes de visites de 1714 & 1717.

Par rapport à la visite de 1714, elle fut inspirée par des ordres supérieurs. M. de Cîteaux n'y pouvant résister, se rendit à l'Abbaye de Maubuisson, en partit le lendemain, se contentant de dire en général que le temporel & le spirituel étoient sagement gouvernés par Madame l'Abbesse, & que toutes les Religieuses s'acquittoient dignement de leur devoir. Quel avantage la Dame de Chateaumorand peut-elle tirer d'une telle piece ? Si M. l'Abbé de Cîteaux étoit entré dans une connoissance exacte du temporel de l'Abbaye ; s'il s'étoit fait représenter les comptes ; s'il les avoit examinés ; & qu'il eût fondé sur cet examen exact le Jugement favorable qu'on lui attribue en faveur de l'Abbesse, il auroit sans doute arrêté ses comptes, comme ses prédécesseurs avoient fait dans de pareilles visites : c'étoit-là ce qui pouvoit pleinement justifier la Dame de Chateaumorand, parce que l'on verroit un jugement prononcé en connoissance de cause. Mais M. de Cîteaux ne s'est point fait représenter les comptes ; il ne les a point examinés ; il ne les a point arrêtés : l'auroit-il pu faire même en deux jours de tems ? Dans ces circonstances, n'est-il pas évident que s'il a dit en général que le temporel & le spirituel étoient sagement gouvernés, il n'a parlé ainsi que par une condescendance qu'il crut nécessaire dans la conjoncture des tems.

La Dame de Chateaumorand lui avoit déjà fait ressentir plus d'une fois quelle étoit l'autorité de ses Protecteurs. Un vénérable Religieux, nommé Dom Luce, âgé de plus de quatre-vingt-sept ans, étoit depuis dix-huit ans la consolation des Religieuses de Maubuisson. Il eut le malheur de n'être pas au gré de la Dame de Chateaumorand. M. de Cîteaux, sollicité de le rappeller, résista long-tems ; mais enfin il reçut d'en haut des ordres si précis, qu'il fallut céder : un autre Religieux qui y étoit en même-tems, eut peu après le même sort. Il ne faut donc pas s'étonner après cela si M. l'Abbé de Cîteaux a eu quelque ménagement pour la Dame Abbesse de Maubuisson en 1714; mais cette complaisance n'alla pas jusqu'à arrêter alors les comptes de la Dame de Chateaumorand; M. de Citeaux n'examina rien, n'arrêta rien; & par conséquent la Dame de Chateaumorand ne peut tirer aucun avantage de sa carte de visite de 1714; elle en tirera encore moins de la carte de visite de 1717, qui fait au contraire sa condamnation.

Les Visiteurs ayant examiné l'état de l'Abbaye pendant treize jours, n'eurent pas de peine à reconnoître de combien de maux elle étoit assiégée; ils en dresserent un Procès-verbal: s'il étoit sous les yeux du Conseil, il y trouveroit une peinture bien plus vive du mauvais gouvernement de la Dame Abbesse de Maubuisson, que celle qui en a été faite à l'Audience, & dans le Mémoire imprimé. Les Visiteurs touchés, comme ils le devoient être, de tous les désordres qui étoient venus à leur connoissance, crurent néanmoins devoir tenter les voies de la douceur, pour rappeller, s'il étoit possible, la dame de Chateaumorand à son devoir.

Dans cet esprit, ils engagerent la Communauté, contre laquelle la Dame Abbesse s'emportoit avec tant d'aigreur, à essayer de la fléchir par une soumission qui ne lui étoit pas due; les Religieuses demanderent à leur Abbesse pardon des fautes qui pouvoient leur être échappées contr'elle. Les Visiteurs, en leur ordonnant cette soumission, suivoient un point de la Regle prescrite par Saint Benoît, qui oblige les Religieux à se prosterner devant leurs Supérieurs, lorsqu'ils les voyent irrités contr'eux, quelqu'injuste que soit leur colere. *Si leviter senserit animum Prioris cujuscumque contra se iratum, vel commotum, mox sine morâ tandiu prostratus in terra, ante pedes ejus jaceat, satisfaciens usque dum benedictione sanetur illa commotio.* Les Visiteurs s'étoient flattés que cet abaissement volontaire de toute la Communauté toucheroit enfin le cœur de la Dame de Chateaumorand, & lui inspireroit des sentimens plus tendres pour ses Religieuses; mais au contraire il n'a fait que la rendre plus fiere & plus dure.

Soumission qu'exige la Regle de S. Benoît, en cas même d'injustice.

En même-tems que les Visiteurs travailloient à adoucir l'esprit de l'Abbesse de Maubuisson, ils travailloient aussi à arrêter le progrès du désordre qu'ils avoient remarqué dans son administration. Ainsi ils ordonnerent dans leur carte de visite, 1°. que l'on rendroit compte tous les ans du temporel de l'Abbaye, en présence

présence de douze Religieuses anciennes. 2°. Que l'argent, à mesure qu'on le recevroit, seroit mis dans un coffre fermant à trois clefs, comme cela s'étoit toujours observé sous Madame la Princesse Palatine; que Madame l'Abbesse auroit une de ces clefs, la Céleriere une autre, & une ancienne Religieuse la troisieme. 3°. Que Madame l'Abbesse auroit pour ses Religieuses la tendresse & la charité d'une mere, se souvenant qu'elle seroit traitée au Jugement de Dieu, comme elle auroit elle-même traité ses filles. Enfin, que cette Carte de visite seroit lue à chacun des Quatretems de l'année.

Ces Réglemens font-ils donc autant d'honneur à la Dame de Chateaumorand qu'elle voudroit le persuader? Pourquoi ordonner que tous les ans on rendra compte en présence de douze anciennes, sinon parce que depuis que la Dame de Chateaumorand étoit Abbesse, il n'y avoit eu aucun compte rendu à la Communauté, contre la disposition des Statuts de l'Ordre? Pourquoi rétablir l'usage du coffre à trois clefs, sinon pour empêcher que l'Abbesse ne disposât arbitrairement, comme elle avoit fait, de tous les revenus & biens de l'Abbaye? Pourquoi enjoindre à l'Abbesse d'user de charité envers ses Religieuses, si ce n'étoit pour réprimer sa dureté, sa hauteur, & cette tyrannie qu'elle avoit toujours exercée? Enfin, pourquoi statuer que la Carte de visite seroit lue quatre fois l'an, sinon pour obliger l'Abbesse à se remettre souvent devant les yeux des réglemens qu'on savoit qu'elle n'avoit que trop de disposition à oublier, & qu'en effet elle n'a exécutés en aucun point?

Que la Dame de Chateaumorand cherche donc ailleurs des témoignages de son innocence. Il est vrai qu'en 1717 les Visiteurs ne prononcerent aucune peine contre elle, se contentant alors de l'avertir & de lui prescrire des regles, ou plutôt de lui rappeller celles de l'Ordre; mais qu'en peut-on conclure? Que ceux qui avoient poussé si loin la patience & la douceur, en auroient fait encore usage, s'ils avoient vu dans la conduite, ou au moins dans les sentimens de la Dame de Chateaumorand, quelque disposition à en profiter.

La Dame de Chateaumorand tire encore avantage d'une lettre écrite par un vertueux Ecclésiastique, qui, averti qu'une Religieuse avoit débité quelque fausse nouvelle contre lui, souhaite que la calomnie qui regne par-tout, ne trouve point d'entrée dans l'Abbaye de Maubuisson. S'il est vrai qu'une Religieuse ait débité, il y a treize ans, une calomnie contre un saint Prêtre, s'ensuit-il qu'aujourd'hui presque toutes les Religieuses de Maubuisson calomnient leur Abbesse, quand elles se plaignent à leur Supérieur de sa vie séculiere & de sa mauvaise administration ?

Enfin la Dame de Chateaumorand cherche dans les défauts de forme quelque secours pour appuyer sa Cause ; mais on a fait voir qu'il ne s'agissoit ici que d'une simple suspense passagere qui ne donnoit aucune atteinte à son titre ; que ce n'étoit qu'une correction réguliere, pour laquelle il n'y avoit point d'ordre judiciaire à observer. On l'a prouvé par le *Nomasticon Cisterciense*, qui contient les Statuts de l'Ordre, par les Bulles de Boniface VIII, par le chapitre, *ea quæ de statu Monachorum* ; par le sentiment de la Glose, par les Lettres-patentes de 1599, & par l'Arrêt rendu en faveur de M. l'Evêque d'Autun contre l'Abbesse de Saint-Andoche.

Ce n'étoit point aux Religieuses de Maubuisson à prouver que dans ce cas il n'y avoit aucune formalité judiciaire à observer ; la Dame de Chateaumorand étant Appellante comme d'abus, c'est à elle à trouver quelque Loi qui prescrive ces formes. La Clémentine, qu'elle avoit citée, ne parle que du cas de la déposition, ce qui est absolument étranger. A l'égard du Bref d'Alexandre VII, il plaît à la Dame de Chateaumorand de lui donner un sens tout contraire à sa disposition.

Le Pape confirmant le pouvoir des Supérieurs pour corriger les Abbés réguliers, veut qu'on les assujettisse à la pratique des Statuts de l'Ordre, *Jurisdictionis suspensione, aliisque ecclesiasticis pænis & censuris, servato juris ordine*. Quel est le sens de ces termes, sinon que les Supérieurs appliqueront à la suspense, ou les autres peines & censures, suivant l'ordre de droit, c'est-à-dire, proportionnant la peine à la nature de la faute dont l'Abbé se sera rendu coupable, ne punissant par la déposition une faute légere qui ne mérite que la suspense, n'appliquant pas à une faute grave qui mériteroit la déposition, des peines d'un ordre inferieur ; mais gardant toujours l'ordre de droit, punissant par la déposition ce qui mérite la déposition, & par la suspense ce qui ne mérite que la suspense. Voilà le véritable sens de ces termes, *servato juris ordine* ; mais de prétendre que par-là on ait voulu dire qu'il falloit suivre des formes judiciaires, c'est une interprétation qui ne peut être admise, & qui est absolument contraire au texte ; interprétation condamnée d'ailleurs par toutes les autorités qui ont été citées de la part des Religieuses de Maubuisson, suivant lesquelles on doit procéder dans les Cloîtres *simpliciter & de plano, sine figurâ & strepitu Judicii.*

On oppose à ces textes la Clémentine, *sæpè contingit de verborum significatione*, dans laquelle le Pape expliquant ces termes, déclare que les Commissaires par lui nommés, sont à la vérité dispensés de suivre toutes les formes ordinaires, mais cependant qu'ils doivent chercher les preuves nécessaires, & admettre les défenses légitimes: *Non sic litem abbreviet quin probationes necessariæ & defensiones legitimæ admittantur.* Deux réponses vont faire tomber l'induction que la Dame de Chateaumorand voudroit tirer de cette Clémentine.

La premiere est qu'elle ne concerne point les Réguliers: elle est faite pour régler la conduite des Commissaires nommés par le Saint Siege; elle n'a aucun rapport à ces Jugemens rendus dans l'intérieur du Cloître, qui doivent être plus simples que tous les autres.

La seconde est que, quand on adapteroit la disposition aux Réguliers, on ne pourroit prétendre que les Commissaires de M. de Cîteaux se fussent écartés en aucune maniere de ce qu'elle prescrit, *probationes necessariæ, defensiones legitimæ admittantur.* Le Pape ne veut pas qu'on la condamne sans preuve, & sans avoir entendu les défenses que la Partie a à opposer; c'est aussi ce qui a occupé les Visiteurs de Maubuisson pendant deux mois entiers.

Par rapport aux preuves, en pouvoit-on rassembler de plus claires & de plus décisives? On demande à Madame l'Abbesse un compte de son temporel, elle présente des registres tenus par les Célerieres, dans lesquels elles ne se chargent en recette que des deniers qui leur ont été remis par la Dame de Chateaumorand. On examine ces registres, dans lesquels la recette est fixée à 301000 livres, & la dépense est portée à la même somme. On compare cette recette avec le produit des baux & des autres revenus de l'Abbaye, & l'on trouve que la recette auroit dû monter à 55000 liv. de plus. On compose un nouveau compte de la recette entiere, qu'on communique à l'Abbesse; on compte avec tous les fermiers & créanciers; on visite & on fait visiter tous les bâtimens par les Experts, on trouve des registres de quittances dont la fausseté paroît sensible; on justifie cette fausseté par le parallele de ces registres avec ceux que tenoit la Céleriere; on l'établit encore par les reconnoissances & les déclarations de

Rousseau Boucher, & de Bucquet Pourvoyeur. La Dame Abbesse n'a pu faire rétracter le dernier, elle a surpris du premier un désaveu qu'il rétracte aujourd'hui. Quel corps de preuves! Tous ces procès-verbaux, ces comptes, ces déclarations, sont signés des Parties & des Commissaires, *probationes necessariæ.*

A l'égard des défenses, la Dame de Chateaumorand en a fourni sur tous les articles. On soutient avec confiance qu'il n'y a pas une seule Ordonnance préparatoire, une seule piece, soit procès-verbaux, soit comptes, soit déclarations, qui n'ayent été communiqués à la Dame Abbesse, dont elle n'ait donné son récépissé, & auxquels elle n'ait répondu par différens Mémoires. Plusieurs de ces Mémoires ont été transcrits tout au long dans le procès-verbal de visite, les autres y ont été seulement joints. Ces Mémoires se trouvent encore dans le sac de la Dame de Chateaumorand; ils ont servi d'instruction à son Défenseur sur tout ce qui regarde le fait : la Dame de Chateaumorand n'a point été condamnée sans être entendue, *defensiones legitimæ.*

Quel est donc le défaut de formalité que l'on veut aujourd'hui opposer? La Dame de Chateaumorand n'insiste pas à prétendre qu'il fallût suivre les mêmes formes usitées dans les Tribunaux séculiers; elle se réduit aux termes de la Clémentine, *probationes necessariæ, defensiones legitimæ.* Mais ici les preuves ont été multipliées au-delà du besoin, la Dame de Chateaumorand n'a rien oublié pour sa défense : les Visiteurs ont donc été en état de prononcer, aucune Loi ni de l'Eglise ni de l'Etat ne leur prescrivoit d'autre forme.

On ne s'arrêtera pas aux autres prétendus moyens d'abus, ce n'est qu'une inutile répétition de ce qui a été solidement détruit dans le précédent Mémoire. On pourroit plus utilement retracer ici plusieurs faits que la nécessité de se réduire dans des bornes convenables a fait omettre; on verroit que la Dame de Chateaumorand a recu des remboursemens de rente pour le tiers des principaux qui étoient dûs : on verroit qu'elle se faisoit donner des quittances par les créanciers, non pas en les payant, mais en leur donnant des mandemens sur des fermiers, ce qui pouvoit changer la nature de la dette, & non pas l'éteindre, comme le sieur Curin l'a reconnu dans une déclaration qu'il a fournie dans le cours de la visite, & comme cela paroît encore par les mandemens que Rousseau, Boucher, a représentés depuis la visite. Tous ces faits ont été reconnus & prouvés depuis la visite. Le détail des désordres qu'elle a commis dans son gouvernement seroit infini, on croit en avoir assez instruit le Conseil, sans l'accabler d'une multitude de faits nouveaux; il y en a trop pour faire voir que jamais Ordonnance ne fut plus judicieuse ni plus nécessaire que celle dont est question, ni d'appel comme d'abus plus frivole que celui de la Dame de Chateaumorand.

CLVII. MÉMOIRE A CONSULTER.

Le sieur Cocuel de Vauxbuin, en qualité d'Intendant, a été chargé de l'administration des maison & affaires de M. Pelletier des Forts, depuis & compris 1717, jusques & compris le 11 Juillet 1740.

Il a présenté son compte, & par l'examen la recette s'est trouvée monter à 2927534 liv.

Et la dépense à 3013907 liv. 17 sols.

De maniere qu'il se trouve créancier de la somme de 87373 liv. 17 sols.

Ce compte étoit prêt d'être arrêté, lorsqu'on s'est avisé de lui faire une objection qui n'a que le mérite de la singularité.

Depuis 1717 jusqu'au mois d'Août 1733, le sieur Cocuel rendoit compte à M. des Forts, par Bordereaux sur feuilles volantes, de sa recette & dépense.

Nota qu'on n'en représente aucuns.

Au mois d'Août 1733, M. de Forts engagea le sieur Cocuel à tenir un registre, il y souscrivit.

Ce registre commence par ces mots, écrits de la main du sieur Cocuel en tête de la recette: en Juillet 1733 restoit en caisse . . . . 15862 liv. 5 s. 10 d.

Sur quoi à recevoir 15610

Sur ce même registre, à l'article de la dépense, le sieur Cocuel a aussi écrit de sa main:

La recette d'Août, y compris ce qui restoit en caisse en Juillet, monte à la somme de . . . . 16062 liv. 5 s. 10 d.

La dépense d'Août . . . . 4678 liv. 9 s.

Ainsi reste en caisse . . . . 11383 liv. 6 s. 10 d.

Sur quoi à recevoir . . . . 12610 liv. 10 s. 10 d.

Il faut observer qu'il n'y a jamais eu de compte soldé en regle entre feu M. des Forts & le sieur Cocuel.

Le compte ayant été présenté en 1741 par le sieur Cocuel à

Madame de Saint-Fargeau, & examiné article par article, on s'avise de lui objecter aujourd'hui qu'il faut changer la forme de ce compte ; que de son propre aveu il avoit en caisse au mois d'Août 1733, 15862 livres, sur quoi à recevoir 15610 liv. 10 sols 10 den.

Qu'ainsi il ne s'agit plus de compter en recette & en dépense que du mois d'Août 1733, puisque, selon lui-même, tous les comptes antérieurs à ce point de tems sont soldés, au moyen des observations qu'il a écrites sur son registre.

Notez que ces observations tombent purement & simplement sur la recette & dépense des sept premiers mois, 1733 uniquement, & n'ont point d'effet rétroactif sur les recettes & dépenses des années précédentes, parce qu'on ne reportoit pas d'une année sur l'autre : la preuve invincible en résulte des comptes qui sont sur le registre commun en Août 1733.

Le sieur Cocuel répond, 1°. qu'il n'y a jamais eu de compte arrêté entre feu M. des Forts & lui; que la preuve s'en tire de près de deux millions quatre cens mille livres de ses récépissés, qui se sont trouvés, tant entre les mains de M. des Forts, après son décès, qu'entre celles de Madame des Forts ; récépissés qu'il n'auroit pas manqué de retirer, s'il y avoit eu un compte soldé entr'eux.

En second lieu, qu'on ne divise point en matiere de compte, lorsqu'un comptable n'en a pas encore rendu; qu'il faut nécessairement partir, pour la recette & pour la dépense, du jour de son maniement.

Que la mention écrite sur son registre ne peut jamais passer pour une solde de compte, parce qu'il doit être fait double entre le commettant & le comptable ; que cette mention n'est donc autre chose qu'une note que le comptable fait quand il le juge à propos, pour connoître son état de caisse ; que c'est un usage généralement observé par tous ceux qui sont chargés du maniement des affaires d'autrui, & qui se piquent d'exactitude.

Que s'il avoit écrit de sa main sur son registre, M. des Forts m'est redevable de 200000 livres, & je n'ai en caisse que 11383 liv. 10 sols, sur quoi à recevoir 12610 liv. 10 s. 10 deniers, on ne l'en auroit pas cru, & qu'on auroit été en droit & recevable à lui demander le détail de sa recette & de sa dépense ; que l'affirmative n'est pas douteuse, qu'ainsi il faut que la loi soit égale.

On dira, peut-être, que depuis Juillet 1733 jusqu'en Janvier

1740, les comptes du sieur Cocuel sont visés & arrêtés, & que ses billets de recette ne se sont pas moins trouvés entre les mains de M. des Forts, ainsi que ceux des précédentes années; mais il répond que tout cela ne conclut autre chose, sinon qu'il n'y a jamais eu un compte en regle, parce que s'il y en avoit eu un, les billets de recette antérieurs & postérieurs à l'année 1733, ne se seroient pas trouvés entre les mains de Monsieur & de Madame des Forts, mais bien entre les mains du sieur Cocuel, qui les auroit retirés.

Sur ce registre, qui commence en Août 1733, on n'y trouvera aucune solution de compte à la fin de chacune année, nulle sorte de balance faite de la recette avec la dépense, &, qui plus est, rien qui indique que les recettes & dépenses, depuis & compris 1717 jusqu'en Août 1733, aient été arrêtées.

D'ailleurs, dans la rigueur, lisez l'article premier du titre 29 de l'Ordonnance de 1667.

« Seront toujours réputés comptables, encore que le compte » soit clos & arrêté, jusqu'à ce qu'ils aient payé le reliquat, s'il en » est dû, & remis toutes les pieces justificatives ».

Cette Loi, sans difficulté, est irrévocable, & égale entre les Parties.

Point de compte arrêté.

Le reliquat n'est point payé, ni arrêté.

Et les pieces justificatives ne sont point remises.

On a objecté au sieur Cocuel qu'il n'a fait inventorier, après le décès de M. des Forts, que son registre, & non ses cahiers de recette & de dépense, antérieurs à 1733.

Cette objection tombe d'elle-même, parce qu'il ne s'agissoit pas de l'inventaire du sieur Cocuel, mais de celui de M. des Forts, dans lequel le sieur Cocuel auroit pu se dispenser de faire inventorier son registre, qui le regardoit personnellement comme comptable.

L'objection de la minorité n'est pas proposable, on n'a jamais ouï dire que le privilege de la minorité s'étendît jusqu'à violer les regles les plus connues. Le sieur Cocuel ne doit qu'un compte; que ce soit à un majeur ou à un mineur, les regles sont les mêmes à cet égard, le mineur n'a pas plus de droit que son pere & son ayeul en avoient.

Ceci est une fin de non-recevoir ou de non-payer qu'on oppose au sieur Cocuel: question de savoir si on y est bien ou mal fondé.

Le ſieur Cocuel porte en recette plus de deux cens & tant de mille livres de plus qu'on ne lui a repréſenté de récépiſſés.

Dans ce qui forme ſa créance, il y entre la ſomme de trente-ſix mille livres pour vingt-quatre années d'appointemens.

M. des Forts aimoit ſi peu à compter, que le prédéceſſeur du ſieur Cocuel, qui a régi depuis 1707 juſques & compris 1716, n'a jamais rendu aucun compte : c'eſt un fait certain.

On demande au Conſeil ſon avis ſur le préſent Mémoire.

Le Conseil ſouſſigné, qui a vu le préſent Mémoire, Est d'avis que, n'y ayant aucun compte arrêté entre M. des Forts & le ſieur Cocuel, pour les années, ſoit antérieures, ſoit poſtérieures à 1733, il faut néceſſairement procéder à un compte général de la recette & dépenſe du ſieur Cocuel, d'autant plus que tous les récépiſſés qu'il avoit donnés à M. des Forts, ſe ſont trouvés entre les mains de M. des Forts ou de Madame ſon épouſe, comme les quittances des ſommes payées par le ſieur Cocuel ſe ſont trouvées entre les ſiennes.

Le regiſtre commencé en 1733, & ſur lequel ſe trouve la note qui fixe l'état actuel de la caiſſe, ne peut pas couvrir tout le paſſé, ni obliger le ſieur Cocuel de partir de cette époque ſans remonter au tems antérieur ; car outre qu'il n'y avoit point de compte pour le tems antérieur, & que le ſieur Cocuel ne pouvoit pas ſeul fixer ſon état & celui de M. des Forts, c'eſt qu'il ne paroît pas que c'ait été là l'objet de la note. Un comptable qui a pu faire de grandes avances, n'eſt pas obligé de ſe payer des premiers deniers de ſa caiſſe ; il peut les regarder comme appartenant à ſa caiſſe, ſauf à compter dans la ſuite, & c'eſt uniquement ce que paroît ſignifier la note du regiſtre. J'ai tant en caiſſe, a dit le ſieur Cocuel ; mais de ce qu'il y avoit tant en caiſſe, il n'en faut pas conclure qu'il ne lui fût rien dû par M. des Forts. On eſtime donc que cette note ne peut pas empêcher qu'on ne procede au compte général ; & que ſi par ce compte il paroît que le ſieur Cocuel fût en avance en 1733, comme depuis, la ſucceſſion de M. des Forts ne doive lui tenir compte de tout ce qui lui ſera dû.

Délibéré à Paris, ce....

CONSULTATION

CONSULTATION.

QUESTION

Concernant l'eau nécessaire à des Moulins.

LE CONSEIL soussigné, qui a vu les deux Mémoires, tant de l'Hôpital de la Ville d'Issoudun, que des Propriétaires des Moulins sur la riviere Forcée, sur les Questions proposées, est d'avis :

1°. Que les Propriétaires des Moulins sur la riviere Forcée ne peuvent se dispenser d'exécuter l'Arrêt de 1686 pour la construction de la Jauge ordonnée par cet Arrêt, & que la prescription qu'ils voudroient opposer ne peut être écoutée. Cet Arrêt fait un Réglement qui est fondé sur l'utilité publique, & qui a pour objet de faire cesser une entreprise faite par les Propriétaires des Moulins sur la riviere Forcée, en ce qu'ils avoient détourné les eaux de la riviere de Theols, pour les faire entrer dans la riviere Forcée, au préjudice de ceux qui avoient des Moulins sur la riviere de Theols. Le cours des eaux est de Droit public, & l'on ne prescrit point contre le droit de ceux à qui ces eaux appartiennent dans l'ordre de la nature ; tout ce qui a été fait pour changer le cours des rivieres, est une entreprise contre laquelle le droit public réclame sans cesse. Il est vrai que la négligence des Propriétaires des Moulins sur la riviere de Theols à faire exécuter l'Arrêt de 1686, est une preuve qu'ils n'ont pas un grand intérêt dans l'opération qui y est ordonnée, puisqu'ils ont été si long-temps sans la provoquer, quoiqu'ils eussent un titre si puissant en leur faveur ; mais enfin, que leur intérêt soit plus ou moins pressant, qu'ils ayent été plus ou moins actifs à le faire valoir, il est toujours certain qu'ils ont un titre, à l'autorité duquel il est impossible de résister, & auquel on ne peut opposer aucun laps de temps.

Le cours des eaux est de Droit public.

2°. Pour sçavoir si l'Hôpital d'Issoudun, comme Propriétaire du Moulin de Saint-Ladre, doit contribuer à l'établissement de la Jauge ordonnée par l'Arrêt de 1686, on croit qu'il n'y a qu'un point de fait qui soit décisif, c'est de sçavoir si ce Moulin de

Saint-Ladre a besoin du secours des eaux de la riviere Forcée pour tourner & travailler, ou si au contraire l'eau de la riviere de Theols suffit à son travail; dans ce dernier cas, il est certain que l'Hôpital ne pourroit être assujetti à contribuer aux ouvrages ordonnés par l'Arrêt de 1686, puisque ces ouvrages ne doivent tomber que sur ceux qui tirent de la riviere Forcée tout ce qui est nécessaire au travail de leurs Moulins; dans le premier au contraire il faudroit que l'Hôpital contribuât à ces mêmes ouvrages, puisqu'il ne pourroit se passer du secours de la riviere Forcée, & que tirant de cette riviere la même utilité que les autres, il seroit aussi sujet aux mêmes charges.

Quand une riviere est séparée en deux, & qu'elle se réunit après une certaine distance, les Moulins qui se trouvent au-dessous de la réunion, n'ont aucun intérêt que l'eau leur vienne par un canal ou par un autre; c'est le systême de la défense de l'Hôpital d'Issoudun, systême qui est incontestable dans le point de droit; mais est-il vrai & solide dans le fait? C'est ce qui est contredit. On prétend que, comme il ne vient au Moulin de Saint-Ladre qu'une petite partie de l'eau de la riviere de Theols qui s'en échappe par un bras fort foible, il n'auroit pas d'eau suffisamment, au moins pendant une partie de l'année, sans le secours de la riviere Forcée. Si cela est, il a intérêt de conserver le cours de cette riviere, il en profite, & par conséquent il doit porter sa part des charges imposées sur les Propriétaires des Moulins qui sont sur cette riviere. Comme on n'est pas d'accord sur ce point de fait dans les deux Mémoires opposés, il faut nécessairement l'éclaircir sur les lieux, & se rendre justice de part & d'autre, quand la vérité sera une fois constante en faveur de l'un ou de l'autre parti.

Tous les autres moyens proposés de part & d'autre ne peuvent former que des considérations qui ne seront jamais décisives par elles-mêmes, il faut en revenir au point capital & unique de sçavoir si le Moulin de Saint-Ladre peut, ou ne peut pas se passer de la riviere Forcée dans tous les tems de l'année.

Délibéré à Paris, ce . . . . .

REMARQUES DE M. COCHIN.

MATIERES CIVILES.

AVANTAGE INDIRECT. Toute acquisition que la femme paroît avoir fait pendant le mariage, appartient au mari, si l'on ne prouve que les deniers appartenoient à la femme. *L.* 51. *ff. de don. int. vir. & ux.* & *L.* 66, *Cod. eod.*

AUTORISATION. Une femme non commune par contrat de mariage & autorisée par toutes sortes de dispositions, ne peut donner dans la suite sans une autorisation spéciale. Arrêt du 27 Mai 1702, confirmatif de Sentence du Châtelet du 27 Juillet 1701. Arrêts d'Augeard, tom. 3, p. 319. Cependant les notes de Duplessis, Tr. de la Com. ch. 4, p. 389, disent qu'une pareille autorisation par contrat de mariage suffit.

BAUX A VIE faits sans deniers d'entrée produisent-ils des droits seigneuriaux? Rheims, art. 153, Meaux, art. 210, Blois, art. 123, décident que non. Brodeau, sur l'art. 78 de Paris, n. 31, rapporte un Arrêt du 29 Novembre 1607, qui a jugé la même chose. *Quid*, si la redevance est plus forte que le revenu? Cette distinction n'est pas proposée.

BAUX A FERME. Diminution pour les cas fortuits. Voyez Domat, liv. 1, tit. 4, §. 4 & 5. La Loi 9, §. 2, ff. *locati*, décide que, si le Fermier a renoncé à la diminution, il faut exécuter le bail.

BAUX A LOYER. Le Propriétaire, successeur à titre singulier, n'est point obligé d'entretenir celui de son Prédécesseur. *L.* 32, *ff. locati*, note de Godefroy. A moins que la maison ne soit spécialement hypothéquée au bail. Godefroy, *ibid.*

BILLET. Tom. 2 du Journal des Audiences, liv. 2, chap. 10. Arrêt du 4 Mars 1659, qui juge valable un billet en ces termes : *Je reconnois devoir & promets payer à M. de Nantouillet, la somme de 400 livres. Fait., &c.* On le prétendoit nul, parce qu'il n'étoit point dit, valeur reçue : mais cela fut condamné. *Je reconnois devoir* est une cause suffisante.

BILLET de la femme qui ne paroît que durant le mariage, quoique daté d'auparavant, le mari le doit-il payer ? Guerin, sur l'art 221 de la Coutume de Paris, dit, *continet chirographa*. Tronçon, *ibidem cédules & promesses*. De la Lande, sur Orléans, art. 126. M. le Camus, sur l'art. 220, cite un Arrêt du 28 Juin 1673, qui a condamné M. le Rebours, Conseiller au Parlement, à payer deux promesses faites par sa femme majeure avant son mariage. Le Brun, Traité de la Communauté, liv. 2, ch. 1, §. 5, n. 17 & 18, tient que ces billets sont nuls, par rapport à la femme même. Arrêt du 19 Août 1729, qui décharge le mari de la demande d'un pareil billet, sauf au créancier à se pourvoir sur les biens de la femme, après la dissolution de la communauté. Mais il faut convenir qu'il y avoit de violens soupçons de fraude. Du reste, cet Arrêt, en réservant au créancier son action sur le bien de la femme, rejette l'avis de le Brun.

Billet de 600 livres du fils d'Anne Versillac, au profit de la Demoiselle de la Brosse, Marchande Lingere, & promesse de la mere alors veuve, de payer en cas que son fils ne paye pas dans le terme d'un an, le tout sous seings privés, du 20 Octobre 1723. Contrat de mariage d'Anne Versillac avec Louis Charlier, le 28 Mai 1725. Sentence des Consuls contre le fils, 14 Juin 1726. Sentence contradictoire au Châtelet, le 12 Juillet 1729, contre le mari & la femme, qui les condamne à payer 570 livres restant du billet, *en affirmant par P. de la Brosse, & A. de la Chapelle sa femme, la date du billet sérieuse & véritable*. Appel. Moyens. Que le billet est suspect dans sa date ; qu'il peut avoir été fait depuis le mariage ; qu'il y a eu un état des dettes fait lors du mariage, où il n'est pas compris ; que le mari est donataire par contrat de mariage, & que ce seroit donner atteinte à la donation. Cependant par Arrêt du 4 Février 1730, à l'Audience de 7 heures, la Sentence a été confirmée.

Au contraire, le Mardi 11 Juillet 1730, Sentence de la Premiere des Requêtes, entre le Sieur Paris du Verney & le Marquis d'Herbouville, qui sur la demande en payement d'un billet de 12000 liv. fait par la Dame d'Herbouville avant son second mariage, met hors de Cour, & condamne le Demandeur aux dépens, Et Arrêt confirmatif rendu le premier Juin 1733, à la

Grand'Chambre, au rapport de M. Gossard, en réservant néanmoins l'action contre la femme après la dissolution de communauté. Sur quoi il faut observer que l'action n'avoit été intentée que depuis le mariage.

CHASSE. Voyez le Commentaire de la Coutume de la Rochelle, art. 3, pag. 68.

CLAUSE de jouissance en faveur du survivant des pere & mere dans le contrat de mariage de l'enfant, ne peut comprendre les propres. Il est vrai que l'enfant, pour jouir des propres, doit rendre ce qu'il a reçu du survivant; & en ce cas, on donne au survivant l'option, ou de reprendre ce qu'il a donné, auquel cas il ne jouit plus des propres, ni des meubles & acquêts; ou de laisser à l'enfant ce qu'il lui a donné, cas où le survivant jouit seulement des meubles ou acquêts. Jugé entre la Comtesse de la Mothe, Douairiere, & le Comte de la Mothe-Houdancourt son fils, par Arrêt du 4 Août 1729, qui a donné acte au fils de ses offres de renoncer à ce qu'on lui avoit donné, même à l'institution contractuelle; & en conséquence, ordonne que la mere feroit l'option. M. Gilbert de Voisins, Avocat Général, Me Aubry, Avocat de la mere, & moi du fils, depuis Maréchal de France.

CLAUSE codicillaire. Quand l'héritier institué meurt avant le Testateur, & que par là l'institution devient caduque, le fidéicommis dont cet héritier étoit grevé, subsiste. De sorte que l'héritier *ab intestat*, est obligé de restituer les biens au Fidéicommissaire, en réservant la quarte trébellianique. Arrêt du Parlement de Toulouse; Maynard, liv. 5, ch. 11; d'Olive, liv. 3, ch. 8. Voyez Domat.

COMMUNAUTÉ. Question. Si un revenu viager appartenant à l'un des conjoints lors du mariage, lui demeure propre; ensorte qu'après la dissolution, lui ou ses héritiers puissent reprendre sur la communauté, comme propre aliéné & sujet à remploi, ce qu'elle a reçu d'arrérages; ou si au contraire les arrérages échus pendant le mariage, sont des fruits qui tombent nécessairement en communauté; Jugé par l'Arrêt de la Comtesse de la Mothe ci-dessus, que les arrérages sont de simples fruits qui ne peuvent donner l'action de remploi. Par le contrat de mariage de la mere, M. l'Evêque du Mans, son frere, avoit promis de nourrir les conjoints, ou de leur payer mille écus par an. Il étoit mort vingt-cinq ans après, ayant toujours fourni les mille écus. Madame de la Mothe prétendoit de ce chef reprendre vingt cinq mille écus sur la communauté, elle en fut déboutée. Ainsi l'on jugea en même tems que la stipulation de propres, portée par son contrat de mariage, ne s'appliquoit point aux fruits annuels viagers, mais feulement au droit de les percevoir.

COMPROMIS. En 1714, Traité de fociété entre quatre Particuliers, avec claufe de faire régler toutes leurs conteftations par des Arbitres, à peine de 10000 liv. contre le contrevenant. En 1729, quatre Arbitres choifis par acte fpécial, avec claufe d'acquiefcer à leur jugement, fous les peines portées par le Traité de Société. Sentence arbitrale homologuée aux Confuls. Arrêt de défenfes. Oppofition. Arrêt qui leve les défenfes en donnant caution. Requête des Affociés, Intimés, à ce que les Appellans foient tenus de payer préalablement la peine du Compromis. Arrêt en la Grand'Chambre, 9 Mars 1733, qui joint la Requête à l'appel.

CONCUBINE. Nullité du legs qui lui eft fait. Arrêt de la Grand'-Chambre contre la Demoifelle Gardel, 21 Février 1727.

CONTRAINTE PAR CORPS. Pour dépens en matiere civile après les quatre mois, n'a lieu contre les femmes, ni contre les filles. Arrêt du Confeil d'Etat, 26 Juin 1671, rapporté dans le Journal du Palais, tome 1. Mais elle a lieu pour dommages & intérêts en matiere criminelle. Arrêt, *ibid.* du 5 du même mois.

CONTUMACE. Dans l'affaire du fieur de Beaurepaire, accufé de l'affaffinat du fieur de la Paintroliere, Arrêt le 24 Mars 1733, qui ordonne un plus amplement informé pendant un an; & 12 Août 1734, Arrêt qui décharge par Contumace. Julius Clarus, queft. 44, n. 8 & 10. Dupleffis, Traité des Mat. crim. chap. 2. Ayraut, Ordre judic. liv. 4.

DECRET VOLONTAIRE ne purge point la propriété. Pierre Maignan avoit acheté une maifon & héritages à Montmartre, avoit fait faire un Décret volontaire, & avoit payé le prix à des Créanciers oppofans & privilégiés; la veuve d'Adrien Bataille & la Demoifelle Enfroy ont demandé la nullité du contrat de vente & du Décret, attendu que les mêmes héritages leur avoient été vendus le 16 Septembre 1711. Il a été prononcé de même par Sentence rendue au Châtelet, le 18 Juillet 1742, & la Sentence confirmée par Arrêt du 5 Septembre 1744.

DEGRÉS de parenté fe comptent de deux manieres, l'une tirée du Droit civil, l'autre du Droit canonique. Dans le Droit civil, on compte chaque degré depuis une des Parties jufqu'au tronc commun : depuis ce même tronc commun jufqu'à l'autre Partie, leur Auteur commun non compris; ainfi s'il y a trois degrés d'un côté & deux de l'autre, cela fait des parens au cinquieme degré. Dans le Droit canonique, on ne compte les degrés que d'un côté, & du côté le plus éloigné. Dans les mariages, nous suivons le Droit canonique; & dans les successions, nous suivons le droit civil, pour déférer la succession au plus proche parent. Le Brun, des Successions, liv. 1, ch. 6, §. 1, n. 5. Guiné, à la suite de ses Traités de la représentation, &c.

DETTE de la succession d'un mineur. Voyez Henrys & Bretonnier, tom. 2, liv. 6, ch. 16, pag. 731.

Comment contribue l'usufruit, *ibidem.*

DOMICILE. Par une Déclaration du Roi, du 9 Avril 1707, enregistrée au Parlement, il est dit, qu'au décès des Gouverneurs, Lieutenans Généraux, Commandans des Provinces, ou des Villes, & autres Officiers qui forment l'Etat-Major des Places de guerre, les effets mobiliers par eux délaissés dans le lieu de leur résidence, seront employés par privilege à payer ce qu'ils doivent aux Marchands & Ouvriers, pour fournitures faites dans le lieu; que le prix leur en sera distribué par les Juges du même lieu, & que le surplus sera discuté & réglé devant les Juges du domicile naturel desdits Officiers, sauf aux Marchands & Ouvriers qui n'auroient pas été payés sur les effets mobiliers trouvés dans le lieu de la résidence, à se pourvoir avec les autres Créanciers, sur les autres biens, & devant le Juge du domicile. Cette disposition a été expliquée par une Déclaration du 3 Février 1731, & étendue aux Directeurs des Fortifications, Ingénieurs, & autres ayant des résidences fixes.

DONATION d'une somme de 100000 liv. sur les immeubles que l'on aura au jour de son décès, déclarée nulle par Sentence du 16 Juillet 1733, quoiqu'il y eût clause de garantie & réserve d'usufruit, pour tenir à titre de constitut & précaire. Je citois l'Arrêt de Guimier, de 1713, & celui du 31 Août 1716 pour une donation : c'étoit Instance d'appel à la Grand'Chambre, au rapport de M. de la Guillaumie, & il y eut partage d'opinions porté à la troisieme Chambre des Enquêtes, où l'opinion confirmative de la Sentence a passé tout d'une voix. L'Arrêt est du 11 Février 1735 en faveur d'Anne-Françoise-Elisabeth Hemard, veuve du sieur de Mareuil, contre les Dames de Gilliers & de Bretoncelles, Donataires.

Autre donation de 15000 livres au profit des mêmes Donataires, à prendre après le décès du même Donateur, sur les plus clairs & apparens biens de sa succession, pour en jouir du jour de son décès, aussi déclarer nulle par Arrêt de la Grand'Chambre, au rapport de M. Simonet, du 29 Août 1736. Mais pareilles donations faites avant l'Ordonnance de 1731 dans la Coutume de Nivernois, seroient valables, parce que cette Coutume, tit. des Donations, art. 5, admet les donations à cause de mort, par la faculté qu'elle donne de les révoquer.

La Dame Morand en fait une de 15000 liv. à son fils aîné, le 27 Décembre 1714, à prendre sur les premiers deniers qui proviendront des effets de sa succession, meubles & immeubles; qu'elle affecte & hypotheque dès à présent avec réserve d'usufruit à titre de constitut & précaire. Cette donation est déclarée nulle par Arrêt d'Audience de la Grand'Chambre, du 21 Mai 1737; infirmatif d'une Sentence du Châtelet. Moyen. Donner à prendre sur les biens de sa succession, est se réserver le droit de révoquer indirectement au préjudice du Donataire en aliénant, & aller contre les art. 273 & 274 de la Coutume de Paris.

Dot dont le mari a donné quittance sous seing privé depuis le mariage, quand il n'y a point eu de contrat de mariage. Basnage, sur l'art. 410 de la Cout. de Normandie, rapporte plusieurs Arrêts pour prouver que, quoiqu'en Normandie on ne puisse par contrat de mariage s'avantager sur les meubles, cependant quand le mari a reconnu par contrat de mariage avoir reçu de sa femme une dot en deniers, on s'en tient à cette confession, sans admettre la preuve du contraire. Il ajoute que, si le contrat de mariage n'est que sous seing privé, & n'a été reconnu devant Notaires que depuis la célébration, la reconnoissance du mari pourroit être combattue par des preuves que la dot n'a point été fournie, & il en cite un Arrêt du 5 Juillet 1677. Coquille, quest. 20, dit que la quittance donnée par le mari à la femme depuis le mariage, d'une dot promise par le contrat, ne vaut rien, si l'on ne prouve d'ailleurs d'où viennent les deniers. *Secùs.* Si la quittance a été donnée au pere, ou autre parent dotateur. Le Brun, de la Communauté, liv. 3, ch. 2, n. 46, p. 441, veut que l'on voye d'où procedent les deniers dotaux, quand la quittance a été donnée à la femme depuis le mariage. Bacquet, des Droits de Justice, ch. 15, n. 66, dit que la quittance donnée sous seing privé avant le mariage, ou pardevant Notaires depuis la célébration, peut être débattue, lorsqu'elle ne porte point numération d'especes en présence, soit des parens du mari, ou des Notaires.

Douaire. Une maison sur laquelle la femme a son douaire coutumier est licitée entre les héritiers du mari; elle s'oppose, & demande que l'on n'adjuge qu'à la charge du douaire. Arrêt du 3 Févr. 1609 qui l'ordonne, en infirmant une Sentence de Senlis.

Brodeau

Brodeau sur Louet, lettre T, n. 24. Voyez de Renusson, du Douaire.

EMANCIPATION doit être faite en Jugement par le pere présent en personne, & non par un Fondé de procuration. A Toulouse, on admet celles qui sont faites devant Notaires. Catelan, liv. 4, ch. 52. Il n'en est pas de même à Bordeaux. La Peyrere, lettre E, n. 6, où il décide aussi qu'elle ne se peut faire par Procureur, & en rapporte un Arrêt du Parlement de Bordeaux, de 1671. Bretonnier sur Henrys, liv. 4, quest. 13, est du même avis. Voyez Despeisses, tome 1, page 545.

EMPRISONNEMENT déclaré nul par Arrêt du 17 Août 1731. Le Baron du Caule devoit 160000 liv. au Vicomte de Melun, & y étoit condamné par corps, comme stellionataire. Arrêt sur Requête, qui permettoit de l'arrêter dans le Château d'Heuqueville, & par-tout ailleurs, parce qu'on avoit exposé qu'il étoit enfermé dans le Château. En vertu de cet Arrêt, il est arrêté dans l'appartement qu'il occupe chez un Baigneur. Faux exposé, point d'Enquête, ni de Procès-verbal préalable.

EXHÉRÉDATION. Dans l'ancien Droit c'étoit aux enfans à prouver qu'ils ne l'avoient pas méritée. L. 28, C. *Inoff. test.* & L. 30. Par le droit des Novelles, il faut exprimer le fait d'ingratitude dans le testament, & le prouver. *Nov. 115, cap. 3*, substituer toute la part d'un enfant, & s'il conteste, le réduire à sa légitime, c'est une sorte d'exhérédation qui doit être fondée en cause singuliere, sinon la substitution sera déclarée nulle. Ainsi dans les familles médiocres, où l'on ne peut substituer le bien d'un enfant dont la conduite a été dérangée, que pour le chagriner, la substitution est caduque. Arrêt du 31 Mai 1680, Journ. Aud. Voyez Bardet, tom. 2, liv. 8, ch. 16. Autre du mois de Juillet 1729 en faveur du sieur Durand, Tonnelier, contre le Tuteur de ses enfans, & Laideguive, Exécuteur testamentaire.

FAILLITE. Jugé que le Lieutenant Civil & le Lieutenant Criminel du Châtelet peuvent également connoître de la banqueroute que l'on prétend frauduleuse, & que c'est celui qui a prévenu qui demeure Juge. C'étoit le Lieutenant Civil qui avoit permis d'informer le premier. Sur l'information il avoit ordonné apposition de scellés, & un plus amplement informé ; depuis, le Lieutenant Criminel avoit décreté de prise de corps. Par Arrêt du Mars 1744, rendu à la Tournelle Criminelle, l'affaire a été renvoyée au Lieutenant Criminel, comme ayant décreté le premier. Cependant la prévention s'opere par la premiere

Ordonnance de l'un des deux Juges, plus ou moins rigoureuse; autrement l'un des deux, pour se réserver la connoissance, porteroit les choses à l'excès.

FOURCHES PATIBULAIRES. Pour les relever un an après qu'elles sont détruites, faut-il des Lettres-patentes? Article 123 de la Coutume de Troyes, & le Grand, *ibid.* Coutume de Bourgogne, titre 1, art. 8. Chopin sur Anjou, liv. 1, ch. 38, n. 3, & ch. 42, n. 3, & la Peyrere sur ce mot.

FRAUDE. Les donations faites en fraude des créanciers, nulles, suivant le titre *de his quæ in fraudem creditorum facta sunt ut restituantur*, ff. L. 6, §. 11, & L. 17, §. 1. Henrys, tome 2, liv. 4, quest. 4; Basset & Boniface.

GREVÉ DE SUBSTITUTION. Ses biens sont hypothéqués aux dégradations des biens de la substitution. Arrêt, 29 Mars 1675, qui a donné l'hypotheque du jour que le Grevé avoit vendu pour 18000 livres de bois de haute futaie. Journal du Palais, tome 1. C'est l'avis de Basnage, Traité des Hypotheques, page 60. Arrêt du Conseil 24 Janvier 1678, *ibid.* entre Messieurs de Vendôme & les créanciers de leur Maison.

HÉRITIER BÉNÉFICIAIRE est-il exclu par l'héritier pur & simple? Bretagne, article 572 rejette l'exclusion, tant en directe, qu'en collatérale. Paris, & plusieurs Coutumes, l'admettent en collatérale; d'autres n'en parlent point du tout. Question de sçavoir ce qui s'observera dans celle-ci? Il est déja certain que l'exclusion n'y aura point lieu en directe. Il semble que, suivant l'usage le plus ordinaire du Pays coutumier, l'exclusion y devroit avoir lieu en collatérale, néanmoins de puissantes raisons y résistent. 1°. L'exclusion est contraire au Droit Romain qui a établi le bénéfice d'inventaire, & effectivement on ne la connoît point en Pays de Droit écrit. 2°. Les plus sçavans Auteurs conviennent que c'est l'ignorance des anciens Praticiens qui l'a introduite dans nos Coutumes. Le Président Faber, *de erroribus Pragmat.* Décade 2, Erreur 5, n. 29; D'Argentré sur Bretagne, 514 de l'ancienne, 572 de la nouvelle; Basnage, sur l'art. 90 de Normandie; Le Brun, des Succes. titre du Bénéfice d'inventaire; Auzanet, sur Paris, 352 & suivans; & M. le Camus sur le même article, décident contre l'exclusion dans les Coutumes où il n'en est point parlé. *Et adhuc sub Judice lis est*, dans la Coutume de Poitou, entre Madame de Blainville, & Monsieur & Madame de Saint-Georges. *Nota.* Depuis jugé par Arrêt du 1731, qu'il n'y a point d'exclusion.

HÉRITIER LÉGATAIRE. Sont des qualités incompatibles en collatérale relativement aux co-héritiers ; mais l'héritier *ab intestat* peut valablement être substitué à un légataire particulier, parce que le legs particulier enlevant à la succession la chose léguée, les co-héritiers n'ont point d'intérêt dans la question de sçavoir à qui cette même chose passera après la mort du légataire, ou au substitué, ou à l'héritier du légataire. Jugé pour M. le Pilleur, contre Madame Faure sa sœur, tous deux héritiers *ab intestat* de la Dame Paviot leur tante. Elle avoit légué 60000 liv. à la fille de Madame Faure, à prendre dans la part de sa mere ; & en cas que la légataire mourût avant sa majorité, ou son établissement, ordonné que ces 60000 liv. appartiendroient à M. le Pilleur, auquel cas la Testatrice lui en faisoit don & legs. Le cas étant arrivé, M. le Pilleur a demandé l'ouverture de la substitution des 60000 livres contre Madame Faure, comme héritiere de sa fille. Sentence des Requêtes du Palais qui l'a débouté ; mais sur l'appel, Arrêt à l'Audience de la Grand'Chambre, le 14 Mars 1730, qui, en infirmant, a déclaré la substitution ouverte, & ordonné la délivrance des 60000 livres. Plaidant M. Aubry pour Madame Faure, moi pour M. le Pilleur, & M. l'Avocat Général Gilbert de Voisins.

HÉRITIER LIGNAGER. Il prétend ne devoir contribuer au paiement des legs, qu'à raison des portions disponibles qu'il recueille, & non à raison de la totalité des propres. Son moyen est, que comme on ne peut léguer que les portions disponibles, on ne peut prendre les legs sur les portions non disponibles. On répond que l'héritier a la liberté de s'en tenir aux quatre quints des propres, auquel cas seulement la Coutume le décharge de toute contribution aux legs ; mais quand il prend les propres en entier, la Loi veut qu'il contribue à proportion de son émolument. Ainsi jugé par Sentence de la Seconde, le 30 Mars 1744, plaidant M. Gueau de Reverseaux pour les héritiers des propres, & M. du Vaudier pour les héritiers des meubles & acquêts. Il s'agissoit de payer les 80000 liv. à quoi avoit été réduit le legs universel fait aux Freres de la Charité par le sieur de Villiers.

IMPUTATION. Un créancier qui reçoit de son débiteur, sans faire d'imputation expresse, est obligé d'imputer sur le principal avant que d'imputer sur les intérêts, quand les intérêts ne sont dus qu'en vertu d'une condamnation ; mais quand les intérêts sont dus de droit, l'imputation se fait d'abord sur les intérêts. Domat, p. 1, liv. 4, sect. 4, n. 5, ne fait pas cette distinction.

INSTITUTION CONTRACTUELLE. Le pere qui a marié son fils, comme aîné & principal héritier, n'en a pas moins la liberté d'aliéner une Terre, & en ce cas le fils aîné n'a point de récompense pour le droit d'aînesse qu'il auroit eu dans la Terre. C'est ce qui a été réglé par M. le Chancelier d'Aguesseau, contre M. le Président de Lamoignon, en faveur de M. son frere & de Madame sa sœur. Voyez Coutume d'Auvergne, tit. 14, art. 29. Coutume de Bourbonnois, art. 220 & 222. Dumoulin, *ibid.* Ricard, des Donations, part. 1, n. 1061, où il rapporte un Arrêt dans l'espèce ci-dessus; & le Brun, des Successions, liv. 3, ch. 2, n. 18.

Celui qui a été ainsi institué ne peut pas dans la suite être chargé de substitution. Voyez Henrys, tome 1, liv. 5, chap. 4 & 59, tome 2, liv. 6, quest. 3. Brodeau sur Louet, lettre S, n. 9. Le Brun, des Successions, liv. 3, ch. 2, n. 18 & 27. Coquille, sur le titre des Donations, article 12. Fernand des Successions convent. Du Perrier, quest. liv. 2, quest. 16. Catelan, tome 1, liv. 2, ch. 13 & 44; tome 2, liv. 1, ch. 6. Ainsi jugé pour M. le Duc de Villars, par Arrêt du confirmatif d'une Sentence des Requêtes du Palais, qui a déclaré nulle la substitution faite par le testament de M. le Maréchal de Villars, son pere, attendu qu'il l'avoit marié comme son fils unique & principal héritier.

INTÉRÊTS du prix d'un fonds dû au vendeur peuvent-ils être mis en capital qui produise de nouveaux intérêts? En général, les intérêts d'une somme mobiliaire ne produisent point d'intérêts. Voyez Domat, p. 2, liv. 3, tit. 5, §. 1, n. 9 & 10. Sur la question particuliere des intérêts du prix d'un fonds; Graverol sur la Roche-Flavin, liv. 6, tit. 54, Arrêt 3, décide qu'ils n'en peuvent produire d'autres, quoiqu'on en ait fait compte, & qu'on les ait ablotés dans le même contrat, *& sic à me consultum*, 24 Décembre 1713. Mais plusieurs au Palais pensent le contraire.

INTERROGATOIRE DES ACCUSÉS. Arrêt de Réglement, 20 Septembre 1731, portant que les Officiers du Châtelet seront tenus d'interroger avant le Jugement, les Accusés contre lesquels il y aura eu Réglement à l'extraordinaire, encore qu'il n'y ait point de conclusions à peine afflictive; & les oblige à instruire une contumace contre les Accusés refusant de paroître.

INTERROGATOIRE sur faits & articles. Voyez le titre ff. *de Interrogationibus*, le titre, *de Confessis in 6°.* l'Ordonnance de 1539, art. 37; celle de 1667; Peleus, Arrêt de 1604; Bardet, Arrêt du 9 Août 1638, & Arrêt du 18 Décembre 1677.

INVENTAIRES. Les Officiers du Seigneur en ont la confection & l'apposition des scellés, à l'exclusion des Officiers Royaux ; & ce droit de Justice appartient au moyen Justicier, comme au haut Justicier. Actes de notoriété de M. le Camus, page 145. Arrêt, 2 Janvier 1630. Bardet, tome 1, liv. 3, ch. 79. Autre du Grand-Conseil, en 1724, en faveur des Dames de Saint-Cyr, contre le Bailliage d'Estampes.

LEGS de tous les meubles, de quelque nature qu'il soit, ne comprend ni l'argent monnoyé, ni les actions. Ricard, des Donations, part. 2, n. 180.

LEGS des meubles meublans, comprend la vaisselle d'argent & non les livres. L. 3, ff. *Suppellect. Leg.* L 9. *eodem.* Arrêt, 27 Avril 1626. Bardet & Duffresne.

LEGS PIEUX. Ceux d'un testament nul dans la forme essentielle, sont-ils dus ? M. Domat, Loix civiles, tome 3, tit. 1, §. *in fine*, établit qu'ils ne sont point exceptés des regles générales. Basnage, sur l'article 412 de Normandie, en dit autant. Voyez la Peyrere, lettre T, n. 45, Mornac sur la Loi 10, ff. *inoffic. test.* cite plusieurs Arrêts qui ont jugé nuls des legs pieux, parce qu'il manquoit au testament une des formes prescrites par la Coutume.

MAIN-MORTE. Déclaration du Roi pour le ressort du Parlement de Metz, qui regle la forme dans laquelle on pourra faire de nouveaux établissements de Communautés, & qui défend aux Gens de main-morte d'acquérir des biens-fonds, sans permission du Roi par Lettres-Patentes enregistrées, ni même des rentes sur Particuliers, mais seulement sur les Etats, Villes & Communauté. Premier Juin 1739, enregistrée le 6 Juillet suivant.

MAJORITÉ est de deux sortes, l'une parfaite à 25 ans, l'autre réputée dépendante des Loix & Coutumes de chaque Province. Dumoulin, sur l'article 444 d'Anjou, & 37 de Lille, dit que l'acte passé en majorité réputée, n'est pas nul, mais qu'on peut se faire restituer. On ne donne point de Curateur au majeur de majorité réputée. *Inst.* §. *invitus de Curatoribus*, *L. si Curatorem*, *C. de in integr. restit.* Boniface, Arrêt du 8 Mars 1643.

MARÉCHAUSSÉES. Pouvoir du Grand-Conseil sur les Officiers de Maréchaussées, & dans quel cas, avec distinction de ceux où il faut se pourvoir à la Connétablie. J'ai fait un Mémoire qui rassemble ce qu'il y a de plus important dans Neron, & dans le Recueil des Edits concernant les Maréchaussées.

MARIAGE *in extremis*. Voyez l'Edit de 1639, la Déclaration de 1697, M. de Hericourt sur les Dispenses, page 461.

Mineurs. La vente de leurs biens est nulle, s'il n'y a eu des publications & des affiches. Arrêt du 9 Avril 1630. Dufresne, liv. 2, ch. 71. Arrêt pour l'Hôtel de Marsan, contre M. de Matignon, renouvelle ce Réglement.

Leurs biens ne changent point de nature pendant leur minorité, suivant l'art. 94 de Paris. Mais on a demandé si le Mineur à qui l'on a remboursé une rente, laissant pour héritiers des propres un autre Mineur, les deniers provenus du remboursement seront encore propres à ce second Mineur? S'il vient aussi à décéder en minorité, sera-ce l'héritier des propres qui recueillera ces deniers, ou l'héritier des meubles? Jugé que la fiction de propres se soutient en la personne du second Mineur, & que c'est son héritier des propres qui lui succede dans le prix du remboursement fait au premier Mineur. Arrêt de la Grand'Chambre, du Mars 1744, au rapport de M.

Offices. Sont-ils propres de disposition? L'Arrêt de 1692, rapporté au tome 5 du Journal des Audiences, a jugé que non. On avoit mandé des Députés des Chambres, qui furent tous de l'avis contraire; mais Messieurs de la Quatre ayant été pour la liberté de la disposition, cet avis l'emporta. Depuis, la question s'étant présentée à la Grand'Chambre, au rapport de M. l'Abbé Pucelle, on a jugé que les Offices étoient propres de disposition par Arrêt du 9 Février 1709. La même Jurisprudence confirmée par Arrêt du 5 Mars 1714, qui a jugé qu'une Charge étoit propre, quoiqu'elle n'eût pas passé du pere au fils, mais que le pere l'eût achetée pour son fils, & la lui eût donnée depuis. Même Arrêt contre le sieur Pinsoneau & la Dame Guichon, en faveur du sieur Godeheu, au Rôle de Paris, 1731.

Offices militaires ou de la Maison du Roi, suivant l'Édit de 1653 & de celui de 1678, ne sont point sujets à rapport, ni à partage, pas même leur valeur ou la récompense de ce qu'ils ont coûté. Mais un pere qui achete une pareille Charge à son fils, peut-il par-là le gratifier indirectement, au préjudice des autres enfans? Un mari qui en a acquis une pendant la communauté, & qui l'a payée avec des deniers de la communauté, n'en doit-il point récompense? Plusieurs ont cru que non. Mais on pratique au contraire que le prix fourni par le pere, se rapporte par le fils en partage de succession; & que le mari, en partage de communauté, donne récompense de la somme fournie par la communauté, autrement la Loi d'égalité en partage seroit fraudée. L'effet des Edits est que, quelque profit que le fils ou le mari puissent faire en revendant l'Office, ils n'en doivent rien à leurs co-partageans ; mais les deniers originairement fournis par le pere ou par la communauté, doivent toujours être comptés dans la masse de la succession ou de la communauté. Jugé par Arrêt du 18 Juin 1712, confirmatif d'une Sentence du Châtelet, contre Jacques Gourlade, qui pendant sa communauté avoit été pourvu des Charges de Sommier & Ayde de Gobelet. Il ne paroissoit aucun prix payé ; mais les enfans héritiers de leur mere, ayant demandé récompense des deniers pris dans la communauté, le pere n'en fut déchargé qu'en affirmant qu'il n'avoit pris aucuns deniers dans sa communauté pour l'acquisition. Par-là on jugea que s'il n'affirmoit pas, il en devoit récompense. *Et sic à me consultum*, le 18 Février 1718, avec MM. de la Vigne, du Hamel, Pothouin, Deniau & Guillet de Blaru, contre M. le Duc de Chastillon, qui avoit acheté pendant sa communauté la Charge de Mestre de Camp Général de la Cavalerie ; & qui avoit tiré de sa communauté 95000 liv. pour la payer.

PARTAGE est inévitable. Le co-héritier, le co-propriétaire ne peut refuser de venir à partage de la chose commune. L. 1, ff. *fam. ercis.* L. 14, §. 2, L. *ult. C. comm. divid.* Jugé pour Madame Guiné, contre Madame Pelletier de la Houssaye sa sœur ; que, quoiqu'il y eût un ancien Procès pour la principale Terre de la succession, & qu'on en pût perdre la propriété avec de grandes restitutions de fruits, cependant il n'étoit pas permis de refuser le partage demandé par Madame Guiné. Arrêt du Février 1728, ordonne le partage en infirmant une Sentence des Requêtes du Palais, qui avoit dit que les Parties en viendroient dans deux ans.

PARTIE CIVILE ne peut intervenir dans une demande en cassation d'une Sentence de compétence. Arrêt du Grand-Conseil, 19 Décembre 1726.

PRELATION, autrement Retrait féodal des Pays de Droit écrit, doit être exercé dans l'an, à compter du jour de l'exhibition ; & dans les trente ans, s'il n'y a point d'exhibition. Voyez Automne sur l'art. 85 de la Coutume de Bordeaux. Catelan, liv. 3, tit. 9, 10 & 11.

PRESCRIPTION nuit-elle à celui qui est appellé à une substitution ? Il faut distinguer entre les immeubles réels, corporels ou incorporels, comme rentes foncieres & les actions mobiliaires : cette derniere nature de biens se prescrit utilement. D'Olive, qu. not. l. 4, ch. 17. Catelan, l. 7, ch. 4. A l'égard des fonds réels,

Papon, liv. 12, tit. 3. Cambolas, liv. 4, ch. 27, & Dumoulin, Conf. 26, sont pour la prescription ; mais l'opinion contraire a prévalu. D'Olive & Catelan, *ibidem*. Maynard, liv. 8, ch. 35. Carondas, Réponses, liv. 4, ch. 27. Peregrinus, article 41, n. 16. Fusarius, *de Subst.* quest. 528. Et il semble que l'on doit juger des fonds réels incorporels, comme des corporels, aussi-bien dans cette matiere que dans les autres.

PROPRES. M. Ferrand abandonne à sa fille en paiement de ce qu'il lui devoit du chef de sa mere & de la tutelle, la Terre de Villemilan pour 84500 liv. Elle meurt, & fait l'Abbé de Bouillé, son légataire universel : l'héritiere des propres réclame les quatre quints de Villemilan, comme propre paternel. Jugé que c'est un acquêt qui entre pour le tout dans le legs universel. Arrêt du 15 Juillet 1746, sur les conclusions de M. Joly de Fleury, Avocat Général.

Quand un des co-partageans cede sa part pour une rente que son co-héritier lui constitue rachetable d'une somme fixe, jugé que la rente est un acquêt disponible pour le tout. Sentence de la premiere des Requêtes, 19 Décembre 1726, en faveur de M. Bertin de Blagny, Maître des Requêtes, contre son frere, Trésorier des Parties casuelles.

Jugé par Sentence de la seconde des Requêtes du Palais, le 17 Juillet 1718, pour le sieur du Martray, contre le sieur de Gaillardbois, que quand un défunt a vendu une maison de campagne qui lui étoit propre, à la charge d'une rente fonciere non rachetable pendant sa vie, mais rachetable après son décès, cette rente est un acquêt dans sa succession, parce que stipulée rachetable, ce n'est plus une vraie rente fonciere.

On ne peut plus dire que le défunt eût un droit de propriété sur le fonds même, puisque c'étoit un droit résoluble en deniers à son décès. Aussi ne seroit-il point dû de droits seigneuriaux pour la vente d'une pareille rente, au lieu qu'il en est dû pour vente de rente fonciere ; de même que les droits seigneuriaux sont dus pour toute vente d'héritages à charge de rente rachetable.

PROPRES DES MINEURS. Dans la Cause du sieur de Montigny, & Consorts, héritiers des propres de la D^lle^. de Turmenie, contre la D^me^ de Champigny, héritiere des meubles & acquêts, où je plaidois pour les Collatéraux, & M. le Roi pour la mere : jugé à la Trois, le Mercredi 13 Fév. 1737, que l'Office de Maître de la Chambre aux Deniers, qui s'étoit trouvé dans la succession du pere de la défunte, & qui avoit été vendu par son Tuteur, sur avis

avis de parens homologué au Châtelet, avec délégation du prix pour payer les dettes contractées par le pere, à raison de la charge même, n'étoit pas perdu pour les héritiers des propres paternels, quoique dans le fait on eût employé 250000 liv. de ce prix à payer les dettes du pere pendant la vie de la mineure. L'Arrêt a donc jugé que c'étoit un cas où s'appliquoit l'article 94 de la Coutume de Paris, puisqu'il a ordonné que dans le partage à faire entre la mere & les parens paternels, le prix entier de l'Office seroit employé, c'est-à-dire, les 515000 livres, prix de la vente; & que les 250000 livres de dettes payées sur le même prix, seroient pareillement employées dans le passif avec les dettes existantes: pour toutes lesdites dettes être payées par contribution entre tous les héritiers de la mineure, à proportion de l'émolument. Selon cette décision, la mere contribuant aux 250000 liv. de dettes payées, mes Parties, héritiers des propres, ont trouvé dans cette contribution la récompense du propre aliéné.

Dans les Coutumes de subrogation, pour donner valablement tous ses acquêts, suffit-il d'avoir un tant soit peu de propres? Dumoulin sur l'article 49 d'Angoumois, *non intelligitur de vili cespite terræ*. D'Argentré sur Bretagne, 219, est de même avis; ainsi que Louet & Brodeau, lettre P. n. 45. Le Commentateur de la Coutume de la Rochelle estime au contraire que le propre modique suffit. Dans la Coutume de Poitou, lorsque le propre est modique, les enfans ont la faculté de se tenir au tiers de tous les immeubles, tant propres qu'acquêts, article 208; par conséquent lorsqu'ils usent de cette faculté, ce n'est plus subrogation des acquêts aux propres: car, en cas de subrogation, la réserve coutumiere en Poitou est des deux tiers.

Rachat de rencontre. C'est quand après une mutation qui a donné ouverture au relief ou rachat, il arrive une seconde mutation dans la même année. Sept Coutumes des bords de la Loire en parlent; Orléans, art. 17 & 139; Blois, 92; Maine, 133; Anjou, 123; Touraine, 137; Lodunois, titre 14, art. 11; Poitou, 184. Elles portent qu'à l'ouverture du second rachat le premier finit; en sorte que pour le premier le Seigneur n'a pas l'année entiere, mais seulement les fruits intermédiaires. *Quid Juris*, dans les Coutumes qui n'en parlent pas? Voyez Dumoulin, art. 33 de la Coutume de Paris, gl. 1, n. 113; d'Argentré, article 76 de l'ancienne Coutume de Bretagne, note 8, n. 4; & l'Arrêt du 20 Mars 1662; Journ. Aud. tome 2, liv. 4, ch. 52.

RECÉLÉ ET DIVERTISSEMENT. Quelle en eſt la peine ? Voyez L. 6, ff. *de his quæ ut indignis auferuntur*; L. 48, ff. *ad S. C. Trebellianum*; & les Notes ſur Dupleſſis, de la Communauté, livre 2, ch. 3, où la queſtion eſt amplement traitée.

RECONNOISSANCE. Une ſeule ancienne, quand elle a été ſuivie de poſſeſſion, ſuffit pour établir une charge ſur un héritage. Guy-Pape, queſt. 272, & Ranchin, *ibid.* Dumoulin, art. 8 de la nouvelle Coutume de Paris, n. 86 & 90; Coquille ſur Nivernois, ch. 7, des Rentes, art. 8, & dans ſes Queſtions, ch. 53; d'Argentré, page 382; la Rocheflavin & Graverol, des Droits Seigneuriaux, ch. 1, art. 7.

RENTES CONSTITUÉES. Aujourd'hui néceſſairement rachetables de leur nature, ſuivant la Bulle de Pie V, 1569, au lieu qu'avant cette Bulle la faculté de rachat étoit ſeulement permiſe, aux termes des Bulles de Martin V. & de Calixte III, inſérés dans les Extravagantes connues ſous le titre *de empt. & vendit.* mais ſelon le Droit le plus ancien elles étoient non rachetables, comme les foncieres, parce qu'elles opéroient en quelque maniere la vente du fonds ſur lequel elles étoient aſſignées : auſſi ne conſtituoit-on point de rente à prix d'argent, ſans aſſignat ſur un fonds ſpécial; on en payoit les droits ſeigneuriaux, comme d'une vente; on ne s'oppoſoit point au décret, &c. Voyez Dumoulin, des contrats uſuraires, au n. 128. Il convient qu'autrefois, quand les rentes étoient conſtituées à un denier moins avantageux au créancier que le taux ordinaire, on les pouvoit ſtipuler non rachetables. Sur cette doctrine, confirmée par la note de M. de Lauriere ſur l'Ordonnance de 1320, page 746 des Ordonnances des Rois de la troiſieme Race, par ſon Traité du Tenement de cinq ans, & par l'Edit de 1708, pour les Rentes de Dauphiné, étant conſulté au ſujet d'une rente en bled créée en 1348, j'ai répondu, le 23 Décembre 1727, qu'elle étoit non rachetable; & Meſſieurs Guyot de Cheſne, Berroyer, Tartarin, Nouet, de la Vigne, Capon & Chevalier ont ſouſcrit. Ainſi jugé depuis par Arrêt du mois de Décembre 1740, pour une rente en bled dûe à l'Abbaye de Reconfort en Nivernois, ſur les moulins dépendans de la Terre du Lys. Le titre originaire n'en étoit pas rapporté, mais on prouvoit qu'elle remontoit à 1282.

Suivant le domicile du créancier, ſans excepter celles qui s'acquierent ſur les Pays d'Etats. Arrêt du 23 Février 1741, juge que dans la ſucceſſion de Madame la Ducheſſe d'Hoſtun, des rentes ſur les Etats de Bourgogne appartenoient, comme propres maternels, à la Dame Berthelot de Pleneuf son ayeule maternelle; à l'exclusion du Marquis de Prie qui étoit le pere, & qui prétendoit les recueillir comme meubles, suivant la Coutume de Bourgogne.

Rentes foncieres ne se purgent point par décret en plusieurs Coutumes. Bretagne, titre des Appropriences; Châlons, article 149; Troyes, 127; Anjou, 486; Maine, 489; Normandie, 578.

Représentation. Dans la Coutume de Paris & autres, le mâle exclut la femelle des Fiefs eu collatérale; mais lorsque le défunt a laissé des sœurs & un neveu fils d'un frere, il n'y a point d'exclusion; les tantes & le neveu viennent concurremment aux biens, même féodaux. *Quid*, si le défunt a aussi laissé une niece fille d'une sœur? On vouloit que la niece fût excluse par le neveu. Jugé au contraire dans la succession du sieur Lejuge, Fermier Général, pour le fief de Bagnolet, par Sentence de la Premiere des Requêtes, que la niece doit concourir; parce que si elle est admise avec des tantes qui l'auroient excluse sans le droit de représentation, le neveu, qui n'a pas plus de droit que ses tantes, ne peut l'exclure. Ainsi consulté par M. Tartarin & moi, pour la Coutume de Vermandois.

Représentation a l'infini. Dans ces sortes de Coutumes, pour juger des droits des représentans, on ne considere que ceux du représenté ou de la souche. La succession collatérale se gouverne comme la directe, dans laquelle on ne succede jamais que par souches. Sur ce motif jugé par Arrêt de la Grand'Chambre, au rapport de M. l'Abbé le Moine, le 17 Juillet 1726, dans la Coutume de Touraine, que des nieces roturieres venant à la succession d'une tante, par représentation de leur mer e noble, devoient jouir des prérogatives attachées à la noblesse de leur mere, & par-là exclure les autres qui représentoient une sœur puînée. Les Dames Falloux & Menage contre la Dame de Racapé, qui perdit sa Cause.

Dans les Coutumes de représentation à l'infini, qui préferent les mâles aux femelles pour les Fiefs; question de sçavoir si un mâle, chef de ligne, ayant transmis le Fief à ses descendans, les mâles entr'eux excluront les femelles? Je ne le crois pas, parce qu'entre les descendans on suppose que le chef de ligne a recueilli, & que l'on partage comme si c'étoit en directe. Voyez Dumoulin sur l'art. 148 de la Coutume de Paris; la Consultation ou Mémoire de Duplessis pour les sœurs de Claude de Meulle;

l'Arrêt du 26 Juillet 1672, Journ. Pal. & Guiné, de la Repréſentation, Coutume de la quatrieme claſſe.

Retrait lignager. Dans les Coutumes mêmes où le plus proche parent lignager a la préférence ſur le plus éloigné pour l'exercice du retrait, le plus proche ne peut pas exercer le retrait ſur le plus éloigné qui eſt acquéreur. Jugé pour le Comte de Surgeres, acquéreur des Terres de Saint-Felix & de la Longraine, ſituées dans la Coutume de la Rochelle, contre le Marquis de Montandre, plus proche parent que lui de Lucie de la Rochefoucauld, vendereſſe, par Arrêt du 1728. *Et ſic à me conſultum* le 18 Juin 1727. Voyez le Commentaire de la Coutume de la Rochelle ſur l'article 29. On avoit demandé des actes de notoriété, mais ils n'avoient rien décidé.

Pour les héritages allodiaux, l'année du retrait court du jour de la publication du contrat faite au Siege Royal de leur ſituation. C'eſt la diſpoſition de l'art. 132 de Paris. On a demandé ce qui ſe devoit obſerver dans les Coutumes qui n'en parlent pas. Jugé qu'il falloit ſuivre cet article. Arrêt 19 Juin 1725, pour la Coutume de Meaux, portant qu'il ſera lu à l'Audience du Bailliage de Meaux, pour ſervir de Réglement.

Sécretaire du Roi, *& autres exempts des droits ſeigneuriaux dans la mouvance du Domaine.* On a ſouvent agité la queſtion de ſçavoir ſi ceux qui ſont exempts, tant en vendant qu'en achetant, le ſont indiſtinctement dans toutes les Coutumes, c'eſt-à-dire, s'ils ſont exempts en vendant en Coutume où les droits ſont dus par l'acquéreur, & exempts en achetant en Coutume où les droits ſont à la charge du vendeur. Quelques-uns ont eſtimé que cela ſe devoit entendre diviſément, autrement dit, que l'exécution n'opéroit que quand on étoit débiteur perſonnel, ſuivant la Coutume; mais les Arrêts du Parlement & du Conſeil ont jugé le contraire, & l'Edit des Sécretaires du Roi, du 24 Décembre 1575, paroît le fondement de cette Juriſprudence. C'étoit le tems de l'ancienne rédaction de la Coutume de Paris, qui chargeoit le vendeur de payer les droits; cependant l'Edit déclara exempts les Sécretaires du Roi qui avoient acquis, ſoit par autorité de Juſtice ou même par contrat volontaire, pourvu qu'il y eût eu la ſtipulation de francs deniers au vendeur. Les Arrêts intervenus ont encore plus été pour le privilege depuis cet Edit.

Premier Mars 1662, Arrêt du Conſeil qui décharge des droits

ſeigneuriaux un non privilégié qui avoit acquis une maiſon à Paris de M. le Maréchal d'Aumont, privilégié comme Chevalier de l'Ordre, parce que M. le Maréchal s'étoit chargé de l'acquitter des lods & ventes. 23 Septembre 1681, autre dans le cas d'une adjudication faite à M. de Sainte-Foi, Maître des Requêtes, de la Terre de Tourny, Bailliage de Vernon, quoiqu'en Normandie les droits ſoient dus par le vendeur. 8 Mai 1696, autre en faveur de la Dame de Bieule, veuve d'un Chevalier de l'Ordre, qui avoit vendu au ſieur de Roquefort la Terre de Carbonnet en Languedoc, où les droits ſont dus par l'acquéreur.

Et cette regle a été conſacrée par l'Edit du mois de Mars 1727, en faveur de l'Ordre du Saint-Eſprit: art. 2, « qu'ils demeurent » exempts de nous payer aucuns droits ſeigneuriaux des terres ou » héritages qu'ils vendront ou acquéreront, mouvans de Nous » ou de notre Domaine; ſans qu'à quelqu'occaſion que ce ſoit, » ni ſous prétexte de différentes diſpoſitions des Coutumes, il » puiſſe être aucune choſe demandée aux Prélats, Chevaliers & » Commandeurs, ni à ceux de qui ils auront fait leſdites acqui- » ſitions, ſoit que par les Coutumes les droits ſoient dus par les » vendeurs ou acquéreurs ».

Le privilégié jouit de ſon exemption, non-ſeulement quand c'eſt lui qui, ſoit en vendant ou en acquérant, eſt tenu des droits, ſuivant la Loi du pays, mais encore quand par le contrat il s'eſt chargé d'en acquitter ou ſon vendeur ou ſon acquéreur. 20 Juin 1704, Arrêt du Conſeil pour le Marquis de Gardes, qui avoit vendu la Terre de la Terraſſe en Dauphiné, à M. de la Coſte, Préſident du Parlement de Grenoble. Premier Septembre 1711, autre pour M. le Maréchal de Villeroy, Chevalier de l'Ordre, qui avoit vendu la Terre de la Guerche en Bretagne, à Meſſieurs ſes fils non privilégiés, & s'étoit chargé des droits. Par Sentence du Préſidial de Rennes, du 2 Juin 1711, les acquéreurs avoient été condamnés à payer les droits au Domaine: M. le Maréchal les en fit décharger. 30 Mai 1718, pareil Arrêt au profit du même Maréchal, qui avoit vendu au ſieur Olivier de Senoſan les Terres de Falavier, Colombier & Saint-Laurent-de-Muret en Dauphiné, avec clauſe de l'acquitter des droits.

Et c'eſt la Juriſprudence qu'a adoptée le Parlement. Arrêt du 1736, en faveur de M. le P. Préſident Pelletier, qui avoit vendu au Marquis de Segur la Terre de Villeneuve-le-Roi, avec promeſſe de l'acquitter des droits, ſauf à faire valoir ſon privilege, comme Membre du Parlement. L'Arrêt déboute le Fermier du Domaine de sa demande contre M. de Segur, dont M. Pelletier avoit pris le fait & cause.

SÉPARATION D'HABITATION. L. 8, C. *de Repudiis*, Nov. 117; cap. 9 & 14; cap. *ex transmissa*; & cap. *Litteras de restitutione spoliatorum*. Brodeau, lettre S, n. 16; d'Argentré sur Bretagne, 429, gl. 5. Arrêt de la Dame d'Effiat, 1 Mars 1664, confirmé sur requête civile au mois de Mars 1666. Journ. Aud. tom. 2, liv. 5, chap. 23; liv. 6, chap. 18; autre du 16 Juillet 1695, tom. 5; de Renusson, de la Communauté, p. 1, ch. 9, n. 44; le Brun, de la Communauté, liv. 3, ch. 1, n. 14; Basnage, sur l'article 391 de Normandie.

SUBSTITUÉ : doit le relief au Seigneur pour les biens qui lui vont après la mort d'un collatéral, quoique ce soit une substitution faite par son ayeul, parce qu'il tient la possession *à gravato*, en même-tems que la propriété vient *à gravante*. Arrêt de Régl. sur les conclusions de M. l'Avocat Général d'Aguesseau, à présent Conseiller d'Etat, 20 Mai 1727, contre le Marquis d'Effiat.

Peut vendre les biens pour payer les dettes, sans décret même du Juge. Peregrinus, art. 40, n. 18; Ricard, des Substitutions, part. 2, additions au ch. 13.

SUBSTITUTION ne se peut faire par testament en Auvergne; article 50.

Fidéicommissaire se convertit en vulgaire, quand l'institué meurt avant le testateur. Henrys, tome 1, liv. 5, chap. 4, quest. 22, page 726.

Si sine liberis decesserit emporte-t-elle disposition? ou bien les enfans dans la condition, sont-ils censés dans la disposition? Conseil 35 de Cujas, Conseil 51 de Dumoulin; Ricard, des Substitutions, ch. 8, §. 1; la Peyrere, lett. S, n. 53, 101 & 109.

Sur le nombre de degrés, le même, *ibid.* n. 92.

En cas que l'institué ne dispose pas, lui laisse toute liberté de disposer, & le fidéicommissaire ne profite que de ce qu'il a bien voulu ne pas aliéner. Peregrinus, *ibid.* n. 45. c'est à-peu-près la même chose que ce que l'on appelle *fideicommissum de eo quod supererit*; cependant en cas de disposition de la totalité, le fidéicommissaire a la détraction du quart au moins. Authent. *contrà C. ad Trebellianum*.

Feite au profit d'un collatéral & de ses descendans, quand ils l'ont recueillie, ne forme que des acquêts dans la personne du dernier substitué, quoiqu'il ait succédé à son pere, qui avoit de même succédé à son pere, & ainsi en remontant jusqu'à l'institué.

Arrêt, 17 Mars 1718, en faveur de la Comtesse de Bouligneux, contre les sieurs de Medavi & de Putange, à la Seconde des Enquêtes, au rapport de M. de Vrevins. L'Arrêt adjuge la Terre de Bouligneux à Madame de Bouligneux, comme héritiere des meubles & acquêts de son fils, dernier substitué, à l'exclusion de Messieurs de Medavi & de Putange, qui étoient ses héritiers des propres.

TENEMENT de cinq ans, est une prescription établie par les Coutumes d'Anjou & du Maine en faveur du tiers-acquéreur qui ayant joui de bonne foi pendant cinq ans sans trouble & sans inquiétation, est à couvert de toute charge & hypotheque dont l'héritage étoit tenu, pourvu qu'elle fût créée depuis trente ans; car pour les hypotheques & charges dont la création remonte à plus de trente ans, il faut au tiers-acquéreur, dans ces deux Coutumes, dix ans au moins, comme dans les autres pays. Maine, 437, 499, Anjou, 422, 437, 503, Voyez du Pineau & Brodeau. Deux exceptions: 1°. en rente fonciere ou seigneuriale: 2°. quand l'acquéreur a été averti expressément par le contrat, que l'héritage étoit tenu de telle charge; car alors il n'y a plus de bonne foi.

TESTAMENT a été jugé valablement fait par Lettres missives, quoique sans date de jour ni de mois. Arrêt, 28 Juin 1678. Journal Pal. *Secùs*, depuis la célebre Ordonnance du mois d'Août 1735, article troisieme. L'héritier qui l'a approuvé, en recevant un legs ou autrement, n'est plus recevable à l'attaquer, quoique nul dans sa forme. Henrys, tome 1, liv. 5, ch. 1, quest. 1, à la fin, où il cite beaucoup d'autorités.

TESTAMENT commun du mari & de la femme est révocable par le survivant, relativement à sa succession particuliere, pourvu qu'il n'y ait aucun avantage à lui fait par le prédécédé, dont il ait profité. Brodeau sur Louet, lett. T. n. 10; Richard, du Don mutuel. *Et sic à me consultum.*

TIERS-DÉTENTEUR assigné en déclaration d'hypotheque par ceux qui ont obtenu des Arrêts contradictoires contre son vendeur, ne peut former tierce-opposition à ces Arrêts, quoique son acquisition y soit antérieure. Arrêt, 31 Mai 1726, en faveur des Sieur & Dame de Massol, contre M. le Président Amelot & le Comte de Tavannes. On prétendoit appuyer l'avis contraire sur ce que le tiers-détenteur étoit propriétaire avant les Arrêts, & qu'étant évincé il ne s'y oppose que *viâ exceptionis*; ce qui paroît fondé sur la Loi 3, ff. *de pign. & hyp.* sur la Loi 5, C. *eodem*; sur la note de Godefroy, *ad hanc*, L. & sur un Arrêt de Papon, du 20 Mai 1559; qui a jugé en faveur du tiers-détenteur.

TUTEUR. En Normandie les nominateurs sont garants de sa gestion. Cette garantie se trouve dans le Droit, L. 1, §. 11, ff. *magist. conven.* Les articles placités y sont formels, & Basnagne, sur l'art. 5 de la Coutume, en rapporte un Arrêt du mois de Février 1663, dans un cas où le tuteur n'étoit devenu insolvable que depuis l'élection. *Quid*, si c'est un Bourgeois de Paris qui a été nominateur dans une tutelle faite en Normandie? Cette question mixte ayant été proposée aux Consultations de la Bibliotheque le premier Avril 1719, le grand nombre des Avocats fut pour la garantie.

Ne peut accepter un transport sur son mineur, même après la tutelle finie. Nov. 72, ch. 5. En conséquence, s'il y a eu une remise faite par le cédant, ce bon marché tourne au profit du mineur.

MATIERES ECCLESIASTIQUES.

ABSENT. Les provisions que lui donne l'Ordinaire, demeurent en suspens jusqu'à ce qu'il ait accepté ou refusé; en attendant elles sont par conséquent bonnes, & lient les mains au Pape. Cap. *Si tibi absenti de Præbend. in 6°.* Dumoulin sur ce chapitre & sur la regle *de Infirmis*, n. 72.

ABSOLUTION. Le Supérieur régulier peut absoudre son Religieux de l'excommunication encourue pour avoir blessé un Prêtre *intrà septa Monasterii.* Cap. *Cùm illorum de sentent. excom.* Les Brefs de Pénitencerie suffisent pour les crimes cachés, parce qu'ils ne concernent que le for intérieur.

ABUS. Sentence rendue à l'Officialité de Rouen sur la plainte de la Dame de Maigremont contre le Curé de Neuville-aux-Bots, qui avoit affecté de la passer à la communion, où le Curé est condamné à une réparation, avec dépens; & faisant droit sur les conclusions du Promoteur, condamne le Curé en d'autres peines pour certains faits, avec permission d'informer sur d'autres. Le Curé prétend que la Partie civile doit répondre de toutes les dispositions de cette Sentence; elle soutient que ce qui a été requis par le Promoteur ne la regarde pas. Arrêt de la Tournelle criminelle, 15 Mars 1727, dit qu'il n'y a abus dans la partie de la Sentence qui regarde la Partie civile; & avant faire droit sur le surplus, ordonne que l'Archevêque de Rouen sera mis en cause.

AGE. Le Concile de Basle demande vingt-deux ans pour les Dignités

Dignités & Prébendes, & ne fixe rien pour les Canonicats ; il dit seulement que l'Evêque marquera un certain nombre de Canonicats dont les Pourvus devront être Prêtres, le nombre de Diacres & le nombre de Sous-diacres. Mais jusqu'à ce que cette distribution soit faite, quel âge faut-il pour être Chanoine ? Quatorze ans, suivant le Droit ancien. Fagnan sur le chap. *cùm in cunctis*, *de Electione* ; Van-Espen, p. 2, tit. 19, ch. 1 ; & regle 17 de Chancellerie.

APPROBATION. Les Réguliers ne peuvent confesser sans celle de l'Evêque diocésain. Tome premier des nouveaux Mémoires du Clergé, p. 672 & suivantes.

ARTOIS. N'est sujet à la discipline du Concile de Trente, mais aux regles générales du Royaume. Jugé par Arrêt du 12 Janvier 1660, en faveur de l'Abbé de S. Vaast, qu'il n'est pas obligé de donner les Cures au concours. Cause où M. l'Avocat-Général Talon établit le principe, que depuis le retour de l'Artois sous la domination du Roi, on n'y devoit plus suivre le Concile de Trente ni celui de Cambray, quoique la Province y eût été soumise auparavant.

BÉNÉFICES. Le Chapitre, *cùm singula*, *de Præbendis in 6°*. oblige de conférer les Prieurés & autres Bénéfices aux Religieux profès des Monastères dont ils dépendent, *nisi canonicè transferantur*. Voyez la Glose & la Clémentine, *de supplendâ negligentiâ Prælat*. Dumoulin sur la regle *de Infirmis*, n. 452 & suivans, dit que la disposition du chap. *cùm singula*, est nouvelle, contraire à l'ancien Droit, & qu'il suffit d'être transféré au bout de six mois. M. Louet, *ibid.* se plaint des translations qui ne se font que par les provisions, quoique autorisées par divers Arrêts du Grand-Conseil. M. Vaillant, *ibid.* dit que la collation opére par elle-même la translation, quand le Pourvu est du même Ordre. Loix Eccles. p. 2, ch. 2, n. 22.

BIGAMIE. Cette accusation ne subsiste plus, quand il y a abus dans le premier mariage. Jugé par Arrêt rendu le en faveur du sieur Mahudel, Médecin accusé, contre M. le Procureur Général, accusateur.

BOIS TAILLIS Sur la question de savoir si les héritiers d'un Abbé Commandataire peuvent demander les feuilles de son tems, lorsque l'on coupe un taillis qui n'est point distribué en coupes annuelles, & dont la totalité se coupe de vingt ans en vingt ans. Jugé le 5 Janvier 1736, par Sentence arbitrale rendue par Messieurs de la Vigne, Duhamel, Guillet de Blaru, Lemerre & moi, en faveur des héritiers de M. le Cardinal Gualtieri, contre M. de Fitzjames, Abbé de Saint Victor. On alléguoit pour M. de Fitzjames, le traité du partage des fruits de M. du Perray, & l'Arrêt de 1698 qu'il y rapporte. Pour les héritiers on citoit Coquille sur Nivernois, ch. 24, art. 10; Bacquet, le Brun, &c. une Sentence des Requêtes du Palais de 1711, au rapport de M. Hardy, & des Transactions particulieres. Notre motif de décision a été que les fruits de l'année de la vacance se partageant, *pro rata temporis*, il en falloit user de même pour les feuilles du taillis en question. Que tout Bénéficier supportant les charges, son usufruit étoit onéreux, & ressembloit à celui du mari, qui, suivant les Loix *fructus & divortio*, ff. *sol. matrim.* auroit de même, à proportion du tems qu'a duré le mariage, les feuilles d'un bois de même qualité qui se trouveroit dans les propres de sa femme. Que M. de Gualtieri, nommé en 1716, n'ayant eu que deux feuilles dans la coupe faite en 1718, composée de vingt feuilles, il étoit juste que sa succession eût les feuilles des années pendant lesquelles il a possédé. Enfin, que l'équité ne permettoit pas de donner au nouveau Bénéficier, en un an, les fruits des dix-huit dernieres années de son prédécesseur.

Bretagne. Est-elle sujette à l'Indult du Parlement de Paris? Voyez un Mémoire.

Le Pape y jouit-il de l'alternative en vertu des regles de Chancellerie, ou d'un compact fait au Concile de Constance? Voyez de même un Mémoire.

Chanoine. Dans les Eglises où le Chanoine en semaine a droit d'indiquer au Chapitre les Sujets qui doivent être nommés aux Bénéfices, si le Chapitre admet une permutation, sans consulter le Chanoine en semaine, & sans son consentement, ce Chanoine peut nommer par mort, en cas que l'un des Permutans ne survive pas deux jours francs à l'insinuation des provisions. Arrêt de la Grand'Chambre, 17 Décembre 1726, pour un Canonicat de l'Eglise de Nesle.

Chapelle. Curé maintenu dans le droit de faire l'Office dans une Chapelle de sa Paroisse, le jour du Patron de cette Chapelle. Son moyen, la possession. On répondoit qu'il n'y avoit fait le Service qu'en cas de légitime absence ou d'empêchement du Titulaire; cependant, à titre de louable coutume, le Curé maintenu par Arrêt de la Grand'Chambre du 7 Août 1726. Je plaidois pour le Titulaire de la Chapelle, M. Aubry pour le Curé, & M. d'Aguesseau, alors Avocat Général, fut aussi contre moi.

Chasse. Un clerc qui continue de chasser après les défenses qui lui en ont été faites, peut être suspendu des fonctions de ses Ordres. Voyez le titre *de Clerico venatore*, aux Décretales.

Chevalier de Saint Lazare. Un Bénéficier qui entre dans cet Ordre, peut conserver les Bénéfices qu'il avoit auparavant. Cet Ordre n'a rien d'incompatible avec l'état ecclésiastique, on n'y fait point de voeux. Ainsi consulté par M. Nouet, 20 Janvier 1721; & par M. Capon, le 4 Février.

Coadjuteur. J'ai amplement traité cette matiere par des Mémoires imprimés pour le Prieuré de S. Martin-des-Champs. Le chapitre unique *de Clerico ægrot. in 6°.* met les Coadjutoreries au nombre des Causes majeures réservées au Pape seul. Le Concile de Trente, *sess. 25, de reformat. cap. 7*, dit qu'elles ne seront données par le Pape qu'en connoissance de cause, & suppose par-là que le Pape seul en peut donner; néanmoins dans l'ancienne discipline, l'élection du Coadjuteur se faisoit comme celle du Titulaire, & étoit confirmée par le Métropolitain. C'est ainsi qu'on en usa pour Valere, successeur de Saint Augustin. On le voit encore dans la lettre de Saint Grégoire à Etherius, Archevêque de Lyon, rapportée dans le chapitre *Quamvis, Causa 7, quæst. 1*; & dans un Canon du Concile de Meaux, tenu en 845; ce qui fait, suivant Van-Espen, qu'en Flandres, l'Evêque confirme les élections qui se font dans les Abbayes soumises à sa Jurisdiction, quoiqu'on élise ceux qui sont nommés par le Roi. Ainsi il faut dire que l'Evêque, dans les Monasteres qui lui sont soumis, a droit de confirmer les Coadjuteurs que l'on donne aux Abbés.

Collateurs laïcs peuvent unir, de leur seule autorité, les Bénéfices de leur collation. Le Prestre, cent. 2, ch. 67. Charte du mois de Février 1330, portant union par le Roi d'un Canonicat de l'Eglise de Poissy à l'Eglise de Joyenval. Preuves des libertés de l'Eglise Gallicane, ch. 36, n. 41. Prébende de Maubuisson unie à la Fabrique par Lettres-patentes du mois de Décembre 1604. Enfin la Sainte-Chapelle de Viviers en Brie, unie à la Sainte-Chapelle de Vincennes.

Collation de l'Ordinaire, quoique nulle, empêche la prévention du Pape. Cette maxime triviale n'est pas vraie, si on l'entend, non des nullités relatives, mais des absolues. Dumoulin, *ad reg. de infirmis resig.* n. 72, veut, pour empêcher la prévention, une nullité qui ne soit que relative; donc, si elle étoit absolue, elle ne lieroit pas les mains au Pape. C'est le sentiment de M. le Merre, tom. 10, page 818, & de M. de Héricourt.

COMMENDE. On peut conférer en Commende un Office claustral. Arrêt du Grand-Conseil, 31 Mars 1705, pour le sieur Chaix, pourvu à Rome en Commende de la Sacristie de Connexe, contre le sieur de Kaylus, Prieur. Voyez l'Indult du Cardinal de Lorraine, 1530.

CURÉ. Pour être pourvu, faut-il qu'il soit dans les Ordres sacrés? Non, la simple tonsure suffit, avec possibilité d'être Prêtre dans l'an. Le chapitre *prœterea, de ætate & qualitate præficiendorum*, exige le Sous-diaconat, mais admet *dispensativè* ceux qui sont dans les Ordres mineurs. Voyez cap. *licèt Canon. de electione in 6°.* cap. 2, *de instit. in 6°.* cap. *si pro Clericis de Prœbend. in 6°.* Rebuffe, *prax. Benef. de non promotis intrà annum*, n. 45, donne deux ans pour se faire promouvoir à la Prêtrise; mais cet avis n'est point suivi. Perard Castel, tome 2, quest. 5, p. 88; Panorme sur le ch. *dudum de electione*; Van-Espen, p. 2, tit. 19, ch. 3, n. 11, ou page 792.

CURÉ PRIMITIF poursuivi en cette qualité pour le paiement de la portion congrue, peut demander acte de ce qu'il a abandonné la qualité, & les domaines & revenus originairement appartenans à la Cure, au moyen de quoi il est déchargé de la portion congrue. Arrêt de la Grand'Chambre, plaidans MM. Nouet & Thevard, 21 Janvier 1695.

DATE DE ROME. Deux étant en concours, un des impétrans fait expédier sa signature dans l'année, l'autre ne fait pas même pousser sa date au Registre. Question de savoir si un tiers à qui l'Ordinaire aura fait provision au tems, profitera du concours, c'est-à-dire, pourra opposer à la signature de Rome qu'il y avoit date retenue par un autre le même jour. Arrêt, Grand-Conseil, Février 1717, au rapport de M. de Breget pour la Cure de Saint Cyr de Sargé, en faveur du sieur Tenguet que je défendois contre le sieur Joubert. Et pareil Arrêt à la Grand'Chambre le 20 Mai 1745, M. Gilbert le fils, Avocat Général, portant la parole pour une Dignité de l'Eglise Métropolitaine d'Auch.

DECRET D'AJOURNEMENT PERSONNEL contre un Prêtre par l'Official, ne le suspend de droit des fonctions de son Ordre; il faut que la suspense soit prononcée par le Decret même, ou séparément. Journ. Pal. tom. 2, p. 775.

DECRET DE PRISE DE CORPS., rend incapable d'être

pourvu de Bénéfices. Arrêt, quatre Mars 1673, *ibidem.*

DÉMENCE du Bénéficier ne donne à son curateur droit de résigner le Bénéfice en faveur, pas même par avis de parens ni sous réserve de pension. Dumoulin sur Paris, art. 1, gl. 1, n. 74. Ainsi jugé par Arrêt du Grand-Conseil du 21 Mai 1726, au profit du sieur le Brasseur, Indultaire, pourvu *per obitum* du Prieuré de Bazainville, membre de Marmoutier, pour qui j'étois, contre le sieur Dazy, pourvu sur la résignation du curateur de l'Abbé le Cocq, pour qui M. Aubry m'opposoit triennale paisible possession commencée du vivant du Résignant.

DÉMISSION de Bénéfice sous signature privée est nulle. Arrêt de la Grand'Chambre, 2 Décembre 1727, plaidans MM. Normand & de Laverdy.

DÉPORT confirmé en faveur des Curés & Archidiacres qui en étoient en possession. Plusieurs Arrêts au Glossaire du Droit François sur ce mot; Fevret, de l'abus, liv. 4, ch. 3; Louet & Brodeau, lett. D. n. 62; anciens Mémoires du Clergé, tome 1, page 185.

DERNIER ÉTAT du Bénéfice décide dans la complainte entre les Pourvus. Cap. *Consultationibus*, *de jure Patronatûs*; cap. *cum olim*, *de causâ proprietatis & possessionis*; cap. *cum Ecclesia Sutrina*, *ibidem*. Arrêt, 25 Février 1665. Soëfve, tom. 2, cent. 3, chap. 46, maintient le Pourvu par M. de Guise, & cependant maintient M. le Prince de Condé dans le droit de nommer à l'avenir. *Quid*, s'il survient une vacance depuis la contestation engagée entre les Patrons? Alors il ne faut plus consulter le dernier état. Ainsi décident la Glose sur le chapitre *ex litteris de jure Patronatûs*, in verbo *antequam*; & sur le chapitre 2, *de in integr. restit.* Rochus de Curte, de Roye & de Hericourt; Loix Ecclés. droit de Patron, n. 35; Arrêt pour le Prieuré de Cornillon, 30 Septembre 1642; Arrêt du Port-Dieu, rendu au Grand-Conseil le 5 Fevrier 1700; Arrêt du 15 Janvier 1727, pour le Doyenné de Carignan, qui maintient le sieur Marchal, nommé par le Prince de Carignan, & ordonne plus ample contestation entre M. le Procureur Général pour le Roi, & M. le Prince de Carignan, sur le droit de nomination.

DÉSERTION ou non-résidence ne fait vaquer le Bénéfice de droit; il faut des monitions. Chapitre *ex pacto*, & chapitre *Clericos*, *de Clericis non residentibus*.

DETTES du mineur Bénéficier qui vient à décéder. Voyez Henrys & Bretonnier, tome 2, liv. 6, quest. 16. Comment l'usufruit y contribue.

Dévolut. Quiconque attaque un possesseur d'an & jour dans un Bénéfice, soit pour incapacité ou pour nullité de titres, est Dévolutaire. Regle de Chancellerie, *de annali possess.* la Peyrere, lettre P. n. 53, page 308.

Le Titulaire, quoiqu'incapable, peut résigner tant que le Dévolutaire n'a pas intenté son action; & si la résignation est admise auparavant, elle a la préférence. Molinæus, *de Public. n. 202 & seq. de verissim. not. n. 216*; Arrêt, 24 Mai *1696*. Journ. Aud.

Dévolution. Jugé à la Grand'Chambre, sur les conclusions de M. l'Avocat Général d'Ormesson, que le Collateur ordinaire ayant laissé passer les six mois que lui donne le Concile de Latran, n'est pas privé de son droit pour cette fois, s'il en use avant son Supérieur, & que la dévolution acquise au Supérieur ne fait qu'établir un concours entre lui & l'Ordinaire, de façon qu'ils peuvent réciproquement se prévenir. Interprétation du Concile de Latran, nouvelle, & contraire à ce qu'on a toujours pensé & observé depuis cinq siécles. Si elle fait Jurisprudence, le Grand-Conseil s'y conformera-t-il?

Dignités. Pour en être pourvu dans les Eglises Cathédrales, ou de la premiere Collégiale, il faut être gradué en Théologie ou en Droit Canon. Edit de *1606*, article 31. Question: s'il faut avoir les degrés au jour de la provision, ou s'il suffit de les avoir au jour du *visa*, ou au jour de la prise de possession? Rebuffe sur le Concordat, titre *de Collat.* in verbo *modo præmissos qualificatis*, dit: *Nec sufficeret habere gradum post collationem.* Arrêt, 13 Avril *1690*, Journ. Aud. A Toulouse il suffit d'avoir le degré quand on obtient le *visa*. Catelan, liv. 1, chap. 34. M. le Merre, nouveaux Mémoires du Clergé, tome 2, p. 1755, cite plusieurs Arrêts pour & contre. Par les derniers & les plus précis, il suffit d'avoir le degré avant la prise de possession. M. de Hericourt, Loix Ecclésiastiques, dit qu'au Grand Conseil il suffit d'être gradué avant la contestation. Le 19 Décembre 1724 j'ai été d'avis, avec Messieurs Capon, Guillet de Blaru & Chevalier, qu'avant la prise de possession c'étoit assez. Semblable Consultation du 29 Avril *1726*.

Dixme inféodée. Il n'y faut que la possession immémoriale prouvée par des titres, comme contrats de vente, partages, transactions, ou autres, & il n'est pas nécessaire de rapporter un aveu de cent ans avant la demande. Jugé au Grand-Conseil le 9 Septembre *1723*, pour la Dame Marquise de Belleforiere, Cause où j'ai fait un Mémoire imprimé. Et par Arrêt contradictoire à l'Audience du 9 Juillet 1726, pour le sieur Hennequin contre le Curé de Fleuriel.

Expectans. C'est l'ordre de l'expectative qui décide entre eux, & non la date de la requisition, ni de la provision obtenue librement : principe certain par rapport aux expectatives qui ont le Decret irritant comme l'Indult. Par rapport aux expectatives qui n'ont pas le Decret irritant, c'est-à-dire, par rapport au Joyeux-avenement & au serment de fidélité, un Arrêt du Grand-Conseil, du 31 Août 1645 sembloit avoir jugé en faveur de la premiere requisition ; mais le même Tribunal a depuis jugé plusieurs fois que c'est toujours l'ordre de l'expectative qui décide. Que l'Evêque confere librement au Brevetaire du serment de fidélité, avant la requisition du Brevetaire du Joyeux-avenement, il n'importe ; le Brevetaire du Joyeux-avenement est maintenu, non par la force du Decret irritant qu'il n'a pas sur une collation libre, mais par la supériorité de son expectative, qui décide en matiere de collations forcées.

Franche-aumône. Ce que l'Eglise possede de tems immémorial, sans avoir reconnu aucun Seigneur, est franc, & on ne la peut obliger d'en passer déclaration, ni de payer aucun cens, ni de fournir homme vivant & mourant. Coutume de Normandie, article 141 ; Poitou, 108, hommage de dévotion ; Bacquet, du droit d'amortissement, ch. 56, n. & 60 ; Arrêt du Grand-Conseil, 19 Janvier 1717, pour l'Ordre de Malthe, contre les Minimes de Vitry-le-François. En ce cas, l'Ecclésiastique n'est tenu de donner au Seigneur qu'une déclaration seche pour fixer la consistance de ce qu'il possede librement, afin de ne pas confondre avec l'ancien domaine du Bénéfice, de nouvelles acquisitions sujettes aux charges de la Seigneurie. Arrêt rendu le douzieme Juin 1731 à la Cinq, pour le Frere Carcireux, Chanoine Régulier de Sainte Genevieve, Curé de Nibelle, Coutume d'Orléans, contre M. le Comte de Saint-Florentin, au rapport de M. Chevalier, qui juge en termes très-précis que pour le cens, le Seigneur doit justifier de titres par lesquels l'Eglise l'ait reconnu, sinon débouté de sa demande, en lui donnant seulement une déclaration seche.

Fondation laïque. Un Bénéfice qui par cette fondation est à l'élection d'un Chapitre & à la confirmation d'un Prieur, ne se peut résigner en Cour de Rome. Jugé par Arrêt de la Grand'-Chambre, du 3 Août 1728, pour le Doyenné de Moulins, sur intervention de M. le Comte de Charollois, comme Duc de Bourbonnois; au lieu que tout Bénéfice électif-confirmatif par les statuts ou usages d'une Eglise, se peut résigner *in favorem*, & est sujet à la prévention du Pape. Voyez entr'autres l'Arrêt du 19 Décembre 1630, au premier tome de Bardet, pour le Doyenné de Bar, où sont établis les principes, & plusieurs autres Arrêts.

GRADUÉ. Pour jouir des prérogatives accordées à cette qualité, ce n'est pas assez d'avoir des degrés, il faut encore qu'ils aient été obtenus après avoir étudié dans une Université approuvée, l'espace de tems marqué. Avec des degrés, sans tems d'étude, on ne conserve point un Bénéfice pour lequel il faut être gradué : la possession même triennale n'y met point à couvert du trouble. Arrêt célebre du pour la Théologale de Senlis. Non seulement il faut rapporter les certificats de tems d'étude; mais c'est peu de s'en faire délivrer après l'obtention des Lettres de degrés, il faut les avoir représentés à l'Université, pour obtenir ses Lettres de degrés. Arrêt du Août 1729 pour le sieur Belleval, pourvu par mort de la Prévôté de Montpellier, contre le sieur Brosseau, Résignataire, Ordonnance de Blois, articles 83 & 85; Ordonnance de Louis XII, Juin 1510, articles 8 & 9; Bouchel, Bibliotheque du Droit François, tome 3, page 727; Statuts de l'Université, de 1452; Arrêt de Réglement du 20 Septembre 1577, article 15; dans Fontanon, tome 4, page 431; Statuts de 1598, article 4 & suivans; Rebuffe, Traité des nominations, quest. 1.

Qui, du plus diligent ou du plus ancien, aura la préférence dans un mois de faveur, où le Collateur a gratifié un incapable? M. Louet sur le n. 451 de la regle, *de public. diligentiori dabitur victoria*; & M. Vaillant, *ibidem*, parlant de la Jurisprudence du Grand-Conseil, *Beneficium debetur antiquiori.*

Son ancienneté se compte-t-elle du jour que l'Université de Paris a délibéré de lui accorder des Lettres de nomination, ou du jour qu'elles ont été expédiées par le Greffier? Dissertation de M. le Mere, tom. 10, p. 412. Le 25 Juillet 1731 j'ai donné une Consultation pour le Curé de Saint Godard de Rouen, où j'ai été pour remonter à la date de la Délibération de l'Université, & le Parlement de Normandie a rendu Arrêt conforme le 2 Juillet 1732.

Ayant été quarante-un ans sans réitérer son nom & surnom en tems de Carême, n'a pas pour cela perdu son expectative; mais s'il s'il les réitere après cela, il peut requérir un Bénéfice dans l'année de cette réitération. Question jugée par Arrêt du 7 Février 1730, conforme aux conclusions de M. l'Avocat Général Chauvelin, en faveur du sieur Joiron, ma Partie, contre les sieurs Debacq & Porlier, pour qui plaidoient Messieurs Aubry & Huart, au sujet d'un Canonicat d'Amiens.

Arrêt qui décide aussi que, pour juger de la réplétion de ce Curé par un Bénéfice obtenu *in vim gradûs*, il falloit considérer la valeur du Bénéfice au tems où il le possédoit; & que l'ayant résigné dans un tems où le revenu n'opéroit pas réplétion, il ne pouvoit être censé rempli, quoique le Bénéfice eût augmenté depuis, & fût devenu suffisant pour la réplétion dont il s'agissoit.

Les Religieux des Congrégations réformées peuvent prendre des degrés dans les Universités, pourvu qu'ils étudient avec permission de leurs Supérieurs.

Qui a obtenu ses degrés étant Séculier, & fait depuis profession, ne perd ni ses degrés, ni son tems d'étude. Rebuffe sur le Concordat, §. *Volumus*; Guimier sur la Pragmatique, §. *Illi vero*; nouveaux Mémoires du Clergé, tome 10, page 510, où le Merre dit que pour plus grande sûreté, il doit prendre de nouvelles Lettres de nomination, comme Régulier. Ce qu'il y a de certain, est qu'il doit instruire le Collateur de son changement d'état, puisqu'il est devenu incapable de Bénéfices séculiers.

INCOMPATIBILITÉ. Il n'y en a point à posséder une Cure & un Canonicat *sub eodem tecto*. Le chapitre *de multâ, de Præb.* ne déclare incompatibles que deux Cures, deux Canonicats ou deux Bénéfices de même nature dans la même Eglise. Petr. Rebuff. *Praxis Benef. de dispens. rat. ætat. & ad duo Benef.* in verbo *Incompatibilis*; Arrêt, premier Août 1673, Journ. des Aud. pour la Cure de S. Paul de Lyon.

INDULT qui n'est point encore revêtu de Lettres-patentes, met-il en état de conférer en Commende? Déclaration de François I, de 1536, aux preuves des Libertés, ch. 24, n. 26. M. Louet, *ad regulam de Infirmis*, n. 210; M. Vaillant, *ibid.* Arrêt du Grand-Conseil, 9 Avril 1710, pour le sieur le Vayer, nommé par l'Abbé Pelletier, contre Dom Jourdain, a maintenu le sieur le Vayer, quoique la nomination de l'Indultaire fût antérieure aux Lettres-patentes.

JOYEUX-AVENEMENT n'a point le Decret irritant; en conséquence le Pourvu par le Chapitre une heure après la mort, a été maintenu, à l'exclusion du Brévetaire, qui n'avoit requis que six heures après la mort. Arrêt du Grand-Conseil rendu le 12 Mai 1727 en faveur du sieur Solle, pourvu d'un Canonicat d'Auch, contre le sieur Fourneau; autre du 6 Décembre 1729, qui juge de même pour un Canonicat de l'Isle-Jourdain, que le Decret irritant ne peut avoir lieu; & en conséquence maintient le Pourvu par le Collateur, en condamnant seulement le Chapitre à conférer au Brévetaire le premier Canonicat vacant. Messieurs les Gens du Roi ayant plusieurs fois inutilement conclu au Decret irritant, prirent cette fois le parti de requérir que le Chapitre fût condamné à payer en attendant une pension au Brevetaire; mais le Grand-Conseil n'eut point d'égard à ce requisitoire.

Mariage est nul & abusif, quand il n'est pas célebré par le propre Curé, suivant la Déclaration de 1639, & l'Edit du mois de Juillet 1697. Arrêt du 19 Juillet 1731, pour le sieur de Sansom de Lorcheres & autres parens collatéraux, Appellans comme d'abus du mariage de Jacques-Joseph de Sansom de Milon, qui s'étoit marié le 9 Février 1705, âgé de vingt-huit ans, à Diest en Brabant, avec Marie-Anne Legrand, Comédienne. On prétendoit que sans aucun bien, il s'étoit vu obligé, pour vivre, de se jetter dans une troupe de Comédiens de Campagne; & que menant cette vie errante, & n'ayant plus par conséquent de domicile, il avoit eu la liberté de se marier où il s'étoit rencontré. M. Normant plaidoit pour l'enfant né de cette union, & moi pour les collatéraux. L'Arrêt, conformément aux conclusions de M. l'Avocat Général Chauvelin, dit qu'il y avoit abus, & fit défenses à ce fils de prendre le nom & armes de son pere.

Monitoires peuvent-ils être décernés par les Chapitres ou Monasteres qui ont Jurisdiction spirituelle? Il y a, tome 3 du Journal des Audiences, liv. 2, chap. 18, un Arrêt du 4 Juillet 1668, qui défend à l'Abbé de Sainte Genevieve d'accorder monitoires, sinon dans les Causes qui lui seront renvoyées par Arrêt ou Sentence du Tribunal séculier. Mais cela est de droit; il faut un Jugement qui ordonne que le monitoire sera obtenu, même de l'Evêque, *ibid.* liv. 3, chap. 23: autre du 30 Décembre 1669, qui maintient le Chapitre de Roye, contre l'Evêque d'Amiens, dans le droit de décerner des monitoires, ch. 28: autre du 10 Décembre 1680, pour le Chapitre de S. Furcy de Peronne.

Notification des Gradués se fait d'une maniere singuliere dans certains Dioceses. A Angoulesme, par exemple, pour notifier à l'Evêque, ce n'est point un Notaire apostolique qui se transporte avec deux témoins & le Gradué, ou son Fondé de procuration, & il ne se fait point de Procès-verbal; mais le Gradué ou son Procureur va au Secrétariat, représente les originaux de ses titres & en laisse copie, dont le Secretaire lui donne acte : cela est autorisé, j'en ai vu des exemples. On demande si en ce cas il faut deux témoins dans l'acte du Secretaire? Ce n'est pas l'usage. Voyez l'Arrêt du 4 Août 1707, où M. Joly de Fleury, à présent Procureur Général, soutint la nécessité de deux témoins; mais je ne vois point que cela ait été jugé. Journ. Aud.

Qui n'est faite que depuis la vacance du Bénéfice, donne-t-elle droit de le requérir, tant que l'on n'y a pas encore pourvu? Guimier & Rebuffe sur le §. *Item voluit* de la Pragmatique; Theveneau sur les Ordonnances, pag. 210; Notes de M. le Merre, tom. 10 des nouveaux Mémoires du Clergé, pag. 369; Arrêt, 26 Février 1681, pour la Cure de Porcean, Journ. Aud. mais il est dans une espece singuliere. Au Grand-Conseil, par Arrêt du 27 Mars 1724, jugé que Dom de la Rue avoit pu requérir le Prieuré de Truget, vacant dès le 8 Juillet, quoiqu'il n'eût notifié que le 10, & le maintient par préférence à Dom de la Tour-Saint-Superi, pourvu par le Collateur ordinaire le 21.

ORDRE. Sacrement qui, non plus que le Baptême, ne se réitere pas. *Distinct.* 4, *cap.* 107, & *Distinct.* 68; M. Fleury, Inst. au Droit Eccléf. liv. 2. ch. 4. Mais quand on doute de la validité de l'Ordination, il en faut faire une nouvelle.

PATRON. Si l'on peut se démettre entre ses mains. De Roye, ch. 31 des Prolégomenes; Journal du Palais; Arrêts, 22 Juin 1672, & 12 Août 1695. L'usage est pour le Patron.

La permutation faite sans le consulter est nulle, quand un des co-permutans vient à décéder, à moins qu'il n'ait survécu deux jours francs à l'insinuation des provisions. Arrêt de la Grand-Chambre, 17 Décembre 1726, pour un Canonicat de Nesle.

PÉCULE. Le Religieux qui l'a acquis peut-il, sans le consentement de ses Supérieurs, vendre un fonds qui en fait partie? Non. Arrêt dans Bardet, tome 2, liv. 2, ch. 24, qui ordonne que les deux tiers d'une somme de 14000 livres, déposée par le Prieur titulaire de Saint Jacques de Provins, seront délivrés à la Communauté, pour être employés en fonds dont le Prieur jouira, & lui adjuge seulement l'autre tiers. Arrêt du Grand-Conseil, 30 Juin 1668, qui adjuge à l'Ordre de Malthe la propriété d'une

Bastide près Marseille, acquise & revendue par un Chevalier. Recueil des privileges de Malthe. Et quand tout consiste en effets mobiliers considérables, le titulaire n'en a pas une entiere disposition. Louet & Brodeau, lettre R, n. 42; Coquille sur Nivernois, ch. 34, art. 21.

Le Couvent n'y succede pas seul. Autrefois les Abbés Commendataires n'y avoient aucune part, excepté les Cardinaux, à qui on accordoit tous les droits des Abbés réguliers. Aujourd'hui, les Commendataires, quels qu'ils soient, ont leur part. Chopin, *de sacra Politia*, liv. 2, titre 8, n. 13; Mornac, *ad L. 3*, ff. *de minor.* L. 4; Boërius, décis. 224; Brodeau, *ibid.* Bibl. Can. Bengeus & Pinson, *de peculio Monach.* Boniface, tome 3, liv. 7, titre 3, ch. 1, Traité du Pécule des Religieux Curés.

Pension. Le Résignataire ne peut en demander la réduction. Chopin, *de sacra Pol.*, liv. 2, n. 15; Maynard, liv. 1, ch. 63; Louet, lettre P, n. 30 & 32; Henrys, tome 1, liv. 1, chap. 2, quest. 4; Définitions canon. p. 611.

Le Résignataire du Résignataire en peut-il demander la réduction? Arrêt du Grand-Conseil, 12 Juin 1723, qui le déboute en faveur de M. de Montagnac, Conseiller honoraire au Parlement. Diction. des Arrêts, lettre P, page 77.

Le Possesseur de deux Bénéfices incompatibles ne peut s'en réserver une sur celui de ses deux Bénéfices qu'il resigne; du moins la pension paroît-elle contraire au Réglement du 16 Juin 1664, quand le Bénéfice incompatible que l'on résigne est une Cure. Mais comme ce Réglement n'étoit qu'en attendant une Déclaration du Roi qui étoit demandée, & que le Roi par sa Déclaration de 1671 s'est contenté d'exiger quinze ans de service pour retenir pension sur une Cure, les Canonistes ont été depuis partagés sur la question, & aujourd'hui pension est autorisée, notamment par Arrêt en faveur de M. Boucher, Conseiller-Clerc, Chantre de Saint Honoré, confirmatif de Sentence des Requêtes du Palais.

Portion congrue étoit autrefois de 120 livres. Ordonnance de Charles IX, 16 Avril 1561, art. 9, dans Néron, page 349.

Prieuré. Beaucoup doivent des droits de table abbatiable aux Eglises dont ils relevent, & le Grand-Conseil répute ces droits imprescriptibles; on ne peut en demander les arrérages au titulaire, qu'à compter depuis sa prise de possession. Louet & Brodeau, lettre A, n. 15. Arrêt du Grand-Conseil, 11 Décembre

1725, entre le Curé de Polignac & les Jesuites du Puy, College auquel est uni le Prieuré de Polignac, condamne le Curé à payer vingt-neuf années d'arrérages de cens dû sur le Presbytere, & les arrérages échus depuis sa prise de possession, quant à une redevance de trois cens œufs dont sa Cure étoit chargée.

PROVISION. Jugé au Grand-Conseil, par l'Arrêt du mois de Janvier ou de Février 1727, pour le Curé d'Acteville, dépendant de Montivilliers, que la provision donnée au sieur Savari par l'Abbesse, sous signature privée, sans qu'il en fût resté minute, étoit valable, contre le sieur Abbé Ozenne, Indultaire.

RÉGALE. Le Roi, quand il confere sur ce genre de vacance, ne sçauroit être tenu de se conformer au nouveau Droit concernant l'âge nécessaire, & peut conférer un Canonicat de Cathédrale à un enfant de sept ans. Ruzée, Privil. 24; Probus, quest. 55, n. 2.

RELIGIEUX titulaires sont sujets à être renvoyés par les Supérieurs dans des Communautés de l'Ordre, sans pouvoir résister sous prétexte de résider dans leurs Prieurés. Ch. 3, n. 4, *de Capellis Monachorum*; Clementine, *ne in agro*. La Déclaration du Roi de 1680, pour le rétablissement des Conventualités, a quelque rapport aux principes de cette discipline monastique.

Ne peuvent disposer des fruits de leurs titres. Voyez tous les textes qui condamnent l'esprit de propriété; le chap. *cùm Monasterium*, *x. de Stat. Monach.* la Bulle de la Congrégation de Chesal-Benoist. Ainsi jugé au Grand-Conseil contre les Religieux de Cluny anciens. Arrêt, 10 Décembre 1657, contre ceux de l'Abbaye de Moutier-neuf de Poitiers; 16 Novembre 1682, contre les Religieux du Prieuré de Tuvan; & par Arrêt du 13 Décembre 1707, pour les Bénédictins Anglois de Paris: & la Déclaration du mois de Février 1720 paroît confirmer cette maxime, puisqu'il y est dit que les déclarations de biens enjointes aux Bénéficiers, seront faites, quant à celles des Religieux de Congrégations réformées, par les Prieurs des Maisons qui jouissent de ces Bénéfices.

REPLÉTION. L'Edit de 1606 dit qu'un Gradué est rempli par un Bénéfice de 400 livres obtenu *in vim gradûs*, & de 600 liv. *aliundè*; mais dans les Tribunaux où cet Edit n'est point enregistré, du nombre desquels est le Grand-Conseil, 400 livres, à quelque titre que ce soit, suffisent pour la replétion. C'est que ne connoissant point l'autorité de l'Edit de 1606, ils remontent à celle du Concordat, qui fixe la réplétion à une somme que nous avons évaluée à 400 liv.

Jovet, *in verbo* Gradué, article premier, dit qu'au Grand-Conseil l'usage est que 400 livres suffisent. Perard Castel, Défin. canon. page 330; l'Abbé Fleury & M. de Héricourt, que 400 liv. suffisent.

Résignation en faveur. M. de Corberon, Plaidoyer 27, dit que le Pape est obligé de les admettre; que ce sont des collations forcées, & que c'est pour cela que Sa Sainteté est obligée de les admettre en tous mois. Question: Si ce sont des collations forcées en pays de Concordat Germanique.

Réitérée en faveur de la même personne dans les trois ans de la premiere procuration *ad resignandum*, est inutile, & ne proroge point le délai de la regle *de publicandis*. Voyez Dumoulin sur cette regle.

Est nulle, si le Résignataire laisse passer les trois ans établis par l'Edit du Contrôle, art. 20 de cet Edit, art. 3. de la Déclaration de 1646. Arrêt du Grand-Conseil du 11 Mars 1687, Journ. Pal.

Le Résignant n'est dépossédé que par la prise de possession du Résignataire; en conséquence j'ai donné le 31 Mars 1713 l'avis qui suit: Pierre résigne son Bénéfice à Jean, qui, après la résignation admise en Cour de Rome, meurt sans avoir pris possession; Jacques se fait pourvoir sur la mort de Jean: ensuite Pierre, Résignant, vient à décéder, & Paul se fait pourvoir sur cette mort. Contestation entre Jacques, pourvu sur la mort du Résignataire, & Paul pourvu par celle du Résignant. J'ai répondu que la provision de Paul étoit la bonne, parce que le Bénéfice n'avoit vaqué qu'au décès du Résignant. La raison est qu'en résignation en faveur, le Résignant n'est dépouillé que par la prise de possession de son Résignataire.

Et, en effet, par sa procuration pour résigner, il ne s'est dépouillé que conditionnellement, autrement dit, qu'à condition que son Bénéfice passeroit au Résignataire; ainsi le Résignataire n'entrant point en possession, la résignation n'est point effectuée, & par conséquent le droit du Résignant demeure dans son entier. C'est la doctrine de tous les Auteurs. Flaminius Parisius, *lib. 1, quæst. 3, n. 43 & seq.* Chopin, *de sacra Polit. lib. 1, tit. 8, n. 8.* Brodeau sur M. Louet, lettre B, n. 13, rapporte deux Arrêts qui ont jugé que le Bénéfice vaquoit par le décès du Résignant, &

non du Résignataire; l'un du 2 Mars 1613, pour la Cure d'Aubenton, Diocèse de Laon ; l'autre du 29 Juillet 1619, pour la Prévôté de l'Abbaye de Saint-Benoît sur Loire.

Objection. Suivant l'article 20 de l'Edit du Contrôle, quand une fois la démission pure & simple entre les mains du Légat ou de l'Ordinaire est admise, le droit du démettant est anéanti sans retour. Il en doit donc être de même en résignation en faveur ; dès que le Résignataire y a consenti expressément ou même tacitement, le le consentement doit dépouiller le Résignant de tous ses droits c'est ce qu'enseigne Dumoulin, *ad reg. de publicandis*, n. 249. Je réponds que par l'Edit même il y a plusieurs exceptions à cette décision de Dumoulin. 1°. Si le Résignataire ne prend pas possession dans les trois ans, ses provisions sont nulles, & le Résignant ne peut plus lui résigner, *ibidem*, art. 28. 2°. S'il prend possession dans les trois ans, mais après que les six mois sont écoulés, en ce cas son droit est caduc, supposé que son Résignant vienne à décéder avant les deux jours francs ; auquel cas il y a vacance du Bénéfice par mort du Résignant, *ibidem*, art. 17.

Quid, si le Résignataire, après avoir accepté, vient à mourir dans les six mois sans avoir pris possession ? Suivant l'Edit, il semble que le Bénéfice vaque par sa mort; mais suivant l'Arrêt d'enregistrement, il semble au contraire que le Résignant ne soit dépouillé que par la prise de possession du Résignataire.

SACREMENS. Le Curé a-t-il droit de les administrer à des Religieuses & autres personnes vivant dans une Communautés de Filles de sa Paroisse? Arrêt, 5 Mai 1689, rapporté dans le Recueil des Curés, page 48 de la troisieme Partie, qui donne ce droit aux Curés sur les Tourieres & autres Domestiques qui ne sont point renfermés dans l'intérieur des Couvens.

SUCCESSEUR n'est point obligé de justifier des titres & capacités de son prédécesseur qui a joui paisiblement jusqu'à sa mort, pas même le Résignataire, quand le Résignant a eu possession paisible de plusieurs années. Non-seulement il est dispensé de prouver la capacité de son Résignant, mais ce seroit en vain qu'un concurrent la prouveroit vicieuse. Molinæus, *ad reg. de public.* n. 43 & 203. Le sieur Gressin avoit été pourvu par Signature de Cour de Rome du Prieuré-Curé de Monceaux, sur résignation du sieur Tragin, pourvu à condition de faire Profession dans l'Ordre des Chanoines Réguliers. On soutenoit que le Résignant n'avoit pu résigner, faute d'avoir rempli la condition. Arrêt du Grand-

Conseil, 19 Septembre 1725, qui maintient le Resignataire; parce que le Résignant avoit joui long-tems, & étoit mort paisible possesseur.

SUPÉRIEUR RÉGULIER. Son élection se peut-elle faire par voie de compromis entre les mains d'un seul? L'afirmative ne peut souffrir de difficulté. Voyez la glose sur le chap. *Quia propter*, & sur le chap. *Gratum 2, x. de postulatione.*

Objection. Le Concile de Trente veut que dans l'élection des Réguliers les suffrages soient pris secrettement; mais cela s'entend dans le cas du scrutin, & n'exclut pas la voie de compromis, comme l'établit Gonzalès, *Causamque, de electione*, & suivant Tamburinus & Garcias. Voyez Perard Castel, Mat. Bénéf. tome 1, p. 124.

UNION. Quelles formalités on y doit observer. Voyez le Mémoire pour le Prieuré de Saint Geomes de Langres.

De Bénéfice d'une Congrégation exempte faite au Séminaire d'Angoulême par l'Evêque, sans appeller le Général de la Congrégation. Arrêt du 17 Août 1733, dit qu'il n'y a abus.

Arrêt du Conseil d'Etat, 5 Août 1670, qui juge que les trois Abbayes de Chancelade, Sabanceaux, Verteuil, & les deux Prieurés de Saint Cyprien, Diocese de Sarlat, & de Notre-Dame, Diocese de Cahors, ne feront point corps de Congrégation; leur fait défenses de s'établir dans aucune autre Maison de Chanoines Réguliers de Saint Augustin; déclare que ces cinq Maisons ne pourront être unies à la Congrégation de France, en vertu des Sentences du Cardinal de la Rochefoucault, des 28 Mars 1635, & 29 Octobre 1637. Bref d'Alexandre VII, du 23 Août 1666, & Lettres-patentes sur icelui enregistrées le 29 Mars 1667, dont le Supérieur Général de la Congrégation de France ne pourra se servir contre les cinq Monasteres en général, ni contre aucun d'eux en particulier.

DISCOURS

DISCOURS

PRONONCÉ AU GRAND-CONSEIL le 23 Février 1717, en présentant les Lettres de M. le Chancelier D'AGUESSEAU.

MESSIEURS,

PLUS frappé du danger des Places éminentes que de leur splendeur, le Sage, sans négliger de s'en rendre digne, ne souhaite point d'y parvenir ; & lorsque forcé d'en accepter une, il n'y monte qu'avec crainte, une modestie si louable & si rare excite les acclamations les plus générales. A cette idée on se rappelle ce qui s'est passé le jour que M. d'Aguesseau a été revêtu de la premiere Dignité du Royaume : lui seul étoit effrayé de tant de grandeur ; tandis que la regardant comme le juste partage d'un mérite aussi consommé, nous nous sommes livrés aux transports de la joie la plus sincere.

S'il m'étoit donné, MESSIEURS, de rendre le portrait que chacun de vous s'est fait de ce Magistrat incomparable, que les yeux de l'Assemblée qui m'environne en seroient enchantés ! Souffrez cependant que je suive sous vos auspices les mouvemens de mon zèle. Déja même je sens que la supériorité de mon objet m'inspirera des pensées & des expressions au-dessus de ma portée ordinaire. Je me flatte du moins que tout occupés du Chancelier & de ses vertus, vous excuserez l'Orateur & ses défauts.

Son éloge n'a pas besoin qu'on y fasse entrer les services que ses Ancêtres ont rendus à la Patrie ; laissons cette ressource à ceux qui n'ont à traiter qu'un sujet stérile. Pour moi, dans le champ fécond & orné que j'ai à parcourir, je ne veux que des richesses produites de son propre fonds. D'ailleurs la mémoire de ceux qui se sont distingués dans la Robe, est toujours florissante en ce lieu ; mais vous ne me pardonneriez pas, MESSIEURS, de passer sous silence l'illustre Magistrat à qui M. d'Aguesseau doit le jour. Vous exigez que je renouvelle ici les hommages que

Antoine d'Aguesseau Maître des Requêtes, Président du Grand-Conseil, & depuis Premier Président du Parlement de Guyenne, ayeul.

François d'A.

gueſſeau, Maître des Requêtes, & Préſident du Grand-Conſeil, oncle.

vous lui avez rendus tant qu'il a été à votre tête, & que je célèbre cet amour de la vérité ; ce talent de l'inſinuer, ce courage de la ſoutenir, qui l'ont comblé d'honneur, ſoit dans les Provinces qu'il a rétablies, ſoit dans les Conſeils les plus ſecrets du Souverain. Sa félicité a été de renaître dans un fils, modèle parfait de la Magiſtrature, comme celle du fils, de trouver en lui les plus grands exemples de vertu : comment donc aurois-je pu diviſer une ſociété ſi intime des rares qualités ?

Iſſu de ces reſpectables Confidens de la Juſtice, que ne promettoit point un enfant, curieux dès le premier âge de tout ce qui rend digne de la ſervir. Dès qu'il parut dans les fonctions du Miniſtere public, ſes premiers eſſais firent comprendre avec quelle rapidité il fourniroit ſa carriere. Il marcha bientôt ſur les traces des Talons & des Bignons. Il étoit d'autant plus ſûr du ſuccès de ſes concluſions, qu'exempt de cette vanité qui veut toujours faire prévaloir ſon ſentiment, il avoit ſouvent réformé le ſien ſur des réflexions judicieuſes ; & que ſimplifiant & approfondiſſant les diſſertations des Parties, il trouvoit la plûpart du temps une raiſon déciſive qui leur avoit échappé.

Talens néceſſaires à un Avocat Général.

Une pénétration qui ſaiſiſſoit ſans effort le nœud de la Cauſe la plus embarraſſée, un jugement qui la diſpoſoit dans l'ordre le plus clair, une érudition qui en écartoit tous les doutes, une éloquence qui y répandoit l'utile & l'agréable, lui attiroient un monde infini. Vous qui avez éprouvé ce puiſſant ſecours de ſa parole, que ne vous eſt-il permis de joindre vos ſuffrages à la mienne ! Les accens confus de votre reconnoiſſance vaudroient la louange la plus étudiée. Et vous-mêmes, MESSIEURS, n'êtes-vous pas témoins que, tout jeune encore, il a paſſé pour le premier, non-ſeulement des Orateurs & des Juriſconſultes, mais auſſi des Magiſtrats ? C'eſt que ſon unique but étoit de faire triompher l'équité, & que l'art brilloit moins dans ſes diſcours que la beauté parfaite de ſon ame.

Pour la mieux connoître, ſuivons-le dans l'intérieur de ſa maiſon, dans cette vie privée, où l'homme de diſtinction n'étant plus en ſpectacle à la multitude, quitte le maſque & la contrainte. Là je vois un éloignement abſolu de ce faſte qui dégrade la Magiſtrature, des mœurs qui rameneroient l'âge d'or, ſi la corruption n'avoit pas gagné par-tout ; un merveilleux concert de penſées & de deſſeins, avec une femme qui, par l'égalité de ſon caractère, les graces de ſon eſprit & la bonté de ſon cœur, partage avec lui l'eſtime la plus univerſelle.

Unanimes en tout, ils se sont sans doute accordés sur l'obligation de veiller par eux-mêmes à l'éducation de leurs enfans. Ni les occupations de M. d'Aguesseau, ni la capacité des personnes qui le secondoient, ne l'ont dispensé d'être le guide assidu de sa famille. Puisse cette postérité formée à la vertu par de si habiles mains, être aussi utile à l'âge suivant qu'il l'est au nôtre! Que ces traits domestiques sont aimables! Que je me plairois, MESSIEURS, à les contempler tous! Moins brillans, si l'on veut, ils n'en sont pas moins instructifs. Mais la Charge de Procureur Général, qui vient récompenser à trente-deux ans ses travaux, lui en présente de toute espece. Et comment en embrasserai-je en peu de mots le nombre & la variété?

Devoirs d'un Procureur Général.

Le Procureur Général du Parlement de Paris doit étendre ses soins sur presque tout le Royaume. Il est l'Homme du Roi, du Peuple & de l'Eglise de France. Homme du Roi, c'est à lui de soutenir l'indépendance de nos Monarques, les prérogatives de leur onction sainte, les droits incommunicables de leur Couronne. Organe des vœux du Peuple, c'est à lui d'instruire les Juges, d'entretenir le bon ordre, de procurer l'abondance, de protéger l'indigent, le foible, l'orphelin; de purger la société de monstres qui l'alarment & la détruisent. Défenseur de notre Eglise, c'est à lui d'en réclamer les libertés, ces droits précieux que nous devons regarder comme le plus bel héritage de nos peres; puisqu'en nous affranchissant d'un joug que nos voisins ont subi, elles nous reportent aux tems fortunés de l'Eglise naissante & à la pureté des anciens Canons.

Nature des Libertés de l'Eglise Gallicane.

Une énumération beaucoup plus exacte des fonctions de cette Charge, seroit l'abrégé de ce qu'a journellement accompli M. d'Aguesseau, tant qu'il l'a occupée. Appliqué sans relâche aux différentes parties d'un si vaste & si pénible Ministere, la présence d'esprit qui exigeoit l'une, ne l'a jamais distrait de l'autre; au contraire, MESSIEURS, plus le nombre en augmentoit, plus il redoubloit de vigilance. Il passoit avec plaisir du soin des affaires publiques à la discussion des particulieres. L'attention que s'attirent par eux-mêmes les grands intérêts, il la donnoit par devoir aux plus petits; & loin de paroître surchargé, ou de perdre la sérénité de son ame, on auroit dit qu'elle se multiplioit en autant de facultés qu'elle avoit d'objets à traiter.

Croiroit-on qu'il trouvoit encore le tems de converser avec un cercle de vrais amis & de gens de Lettres? C'est dans ces entretiens familiers qu'on a mille fois admiré en lui un fond de science dont n'approchent pas les hommes dont la vie est une étude continuelle. La nature se plaît à produire d'âge en âge de ces génies dans lesquels tous ses dons paroissent rassemblés, mais peut-être n'y en a-t-il jamais eu qui y ait joint autant de culture que M. d'Aguesseau. Persuadé que l'esprit est frivole sans la science, & que la science humaine s'égare, si celle qui vient du Ciel ne la retient, il ne cesse de puiser dans ces deux sources les grands principes dont nous le voyons faire en toute rencontre un si excellent usage. Pardonnez, MESSIEURS, si j'ai un peu perdu de vue le Procureur Général pour vous parler du Savant : c'est que personne n'en mérite mieux le titre dans l'Univers entier. Je reviens à une Magistrature qui l'immortalisera.

Nécessité de l'étude.

A la conduite qu'il y a tenue, vous avez conçu que l'amour du devoir étoit son caractere distinctif; & jusqu'où cette disposition de son cœur ne vous l'a-t-elle pas rendu estimable, dans la conjoncture critique où vous l'avez vu prêt à tout sacrifier à la loi du devoir? Que la plupart des gens en place, intérieurement amis de la vérité, n'ayent pas la force de se déclarer pour elle; que dans plusieurs sa lumiere innée soit obscurcie par la cupidité; qu'il y en ait qui osent la combattre, & qui tâchent d'établir leur crédit sur ses ruines, il la suivra, il la publiera, il la défendra lui seul, s'il le faut. La calomnie a l'art d'indisposer contre lui un Roi vraiment grand, mais préoccupé. Les flots de la cabale s'irritent, le souffle de l'erreur se déchaîne; sa perte est résolue, annoncée, préparée : loin que sa constance ou sa tranquillité diminuent, il goûte même la douceur de l'espérance.

Amour de la vérité.

L'orage s'est dissipé de lui-même, & à l'instant le digne Magistrat s'est vu accueillir de la bienveillance d'un Prince que le Ciel avoit réservé pour mettre fin à nos malheurs. C'étoit peu, MESSIEURS, que ce Héros eût soutenu contre l'Europe liguée, la gloire d'un sang dont il semble que tous les Maîtres du monde doivent sortir; c'étoit peu que dans les amusemens de sa retraite il eût percé avec une sagacité prodigieuse les mysteres des Sciences & des Arts, la Régence d'un superbe Empire étoit le seul ouvrage proportionné à son génie : aussi nous fait-il entrevoir, du sein même de nos calamités, les douceurs qu'il nous prépare, & nous les fait-il même goûter d'avance, destructeur de tout ce qui s'oppose à l'utilité commune, & inventeur de tout ce qui peut y concourir.

Si l'auguste Régent a différé de mettre M. d'Aguesseau dans cette classe de citoyens recommandables, avec lesquels il a bien voulu partager son pouvoir, c'est qu'il a desiré que le poste convînt à tant de talens & de lumieres. La mort d'un Chancelier, dont l'expérience acquise dans des Emplois de tout genre, auroit su, si les tems avoient été moins nébuleux, faire observer les Loix du Royaume au-dedans, & en faire redouter les armes au dehors, a offert au discernement du Prince l'occasion qu'il attendoit. Dire que le choix s'est fait du propre mouvement de S. A. R. est, MESSIEURS, renfermer dans un mot tout ce que pourra publier, à la louange du nouveau Chancelier, l'éloquence des Orateurs. M. Voisin.

Ils diront qu'il étoit juste qu'un Magistrat si savant & si équitable devînt lui-même la Loi vivante dont on écoutât désormais les préceptes ; que parvenu à la plus haute perfection dont l'humanité soit capable, le rang le plus sublime lui appartenoit ; que s'étant voulu immoler pour la Justice, elle ne pouvoit se dispenser de le placer devant le Trône à côté d'elle. Mais un éloge que lui-même doit agréer, est que les ressorts de la brigue & de la politique n'ont pas eu la moindre part à son élévation ; ses vertus & ses services ont été les seuls protecteurs auprès d'un Héros dont les pas sont mesurés par la sagesse, & les faveurs réservées au mérite.

Quelle satisfaction, MESSIEURS, de voir la dignité de Chancelier de France donnée au Magistrat que toute la France y avoit nommé ! Ministre fidele, il apprendra à un Roi, qui est notre espérance la plus chere, que le Souverain le plus puissant est celui à qui tout est soumis par amour. Il lui fera concevoir combien le titre de *Bien-aimé* est préférable à tous ceux que la flatterie a imaginés. Il le fera souvenir que son auguste Bisayeul, après avoir mérité le nom de *Grand* par les conquêtes les plus glorieuses, lui a recommandé en mourant d'éviter les guerres & de vivre en paix tant qu'il pourroit. Ces semences versées dans un cœur dont les affections royales se développent déjà, malgré sa tendre enfance, porteront leurs fruits ; & les Sujets, en les recueillant, ne pourront célébrer les bienfaits du Roi, sans penser aux conseils de son Chancelier.

Ne doutez point, MESSIEURS, que, Chef de tous les Tribunaux de la Justice, M. le Chancelier n'accorde au Conseil la distinction qui lui est due. Outre les nœuds héréditaires qui l'attachent à cette auguste Compagnie, il y voit un Premier Président aussi respectable par son zèle que par sa naissance ; il a éprouvé le savoir & l'intégrité des Magistrats qui la composent :

personne ne connoît mieux que lui le poids des oracles qui partent de ce Sanctuaire. Tout vous répond qu'il contribuera de tout son pouvoir à maintenir vos priviléges, & à vous concilier la faveur du Prince. C'est ainsi, MESSIEURS, qu'un événement qui est le gage certain du bonheur de la France, sera la source du vôtre, & que vous aurez sujet de joindre à la vénération de tous les Ordres les sentimens de la plus vive reconnoissance.

Fin du Tome sixiéme.

TABLE GÉNÉRALE DES MATIERES.

[*Le Chiffre romain indique le Volume, & le Chiffre arabe la Page.*]

A.

Son

B.

Au

C.

Dont

D.

D'un

La

F.

Mais

Et

H.

Institué

I. J.

L.

M.

Ses

N.

O.

P.

N'est

Q.

Appoſé

Le

T.

Négligées

V. U.

Avec

Fin de la Table générale des Matieres.

TABLE GÉNÉRALE DES DÉCISIONS

De la plus grande partie des Affaires contenues dans les six Tomes des Œuvres de M. Cochin.

Par ordre chronologique.

XXVII. *Procès, tome 1, page 441.*

Délibéré ordonné, mais il n'a pas été jugé, les Parties se sont conciliées.

XXVIII. *Cause aux Requêtes du Palais, tome 1, page 453.*

Jugé en faveur du Mémoire; & sur l'appel de M. le Comte d'Evreux, Arrêt du 16 Mars 1728, qui appointe au Conseil.

LIII. *Réponse dans l'Instance d'appointé au Conseil, tome 3, page 15.*

Jugé aux Requêtes du Palais en faveur du Mémoire. Sur l'appel interjetté par le Comte d'Evreux, Arrêt du 16 Mars 1728, qui appointe au Conseil. *Voyez* tome 1, page 453, nomb. 28.

XXIX. *Cause à la Grand'Chambre, tome 1, page 504.*

Arrêt de la Grand'Chambre du 27 Avril 1728, sur l'appel interjetté de l'appointement par le Prince de Carignan, qui ordonne le rapport d'Experts, sans préjudice du droit des Parties au principal.

XLIX. *Cause, tome 2, page 369.*

Premier Arrêt du 23 Juin 1728, qui ordonne la continuation de la procédure contre le Marquis d'Hautefort.

Second Arrêt du 13 Mars 1729, qui, sur la demande du Marquis d'Hautefort, à fin de permission de faire entendre de nouveaux témoins, joint la demande aux appels respectifs.

Troisieme Arrêt du 2 Avril 1730, qui annulle la procédure du Marquis d'Hautefort; ordonne la continuation de celle de la Demoiselle de Kerbabu, & lui adjuge 20000 liv. de dommages & intérêts, la suppression des Mémoires imprimés, & des dépositions imprimées des témoins.

Quatrieme Arrêt du 29 Mars 1732, qui déboute la Demoiselle de Kerbabu de ses plaintes, avec 2000 liv. de dommages & intérêts envers le Marquis d'Hautefort, & aussi en des dommages & intérêts envers différens Particuliers, sauf à elle à se pourvoir sur ses demandes à fins civiles: permet au Marquis d'Hautefort de faire imprimer l'Arrêt.

XCVII. *Cause à la Grand'Chambre, tome 4, page 222.*

Arrêt du 5 Août 1728, qui, sur les défenses demandées par le sieur Rapalli, remet au lendemain de Saint-Martin, toutes choses demeurantes en état; & par Arrêt du 20 Décembre 1728, la Sentence de la Primatie de Lyon déclarée abusive.

XXXI. *Cause aux Requêtes du Palais, tome 1, page 539.*

La preuve admise par Sentence de la seconde des Requêtes du Palais, du 23 Février 1729.

XXXII. *Instance à la Grand'Chambre, tome 1, page 573.*

Arrêt de la Grand'Chambre du premier Juillet 1729, sur appointement, en faveur du Mémoire.

XXXIII. *Instance à la Grand'Chambre, tome 2, page 1.*

Arrêt de la Grand'Chambre du 15 Juillet 1729, sur appointement, l'appellation au néant, délivrance des legs: l'année d'exécution testamentaire ne commencera à couri[illegible]ue du jour de l'Arrêt.

XXXVI. *Cause à la Tournelle Criminelle, tome 2, page 52.*

Arrêt de la Tournelle Criminelle, du premier Février 1730, les appellations respectives au néant; émendant sur l'extraordinaire, hors de Cour, le scellé levé, icelui préalablement reconnu.

XXXIX. *Cause, tome 2, page 182.*

Arrêt du 14 Mars 1730, en faveur du Mémoire.

XXXVIII. *Cause à la Grand'Chambre, tome 2, page 73.*

Arrêt de la Grand'Chambre du 9 Août 1730, qui sur le présent incident renvoie devant Monsieur le Lieutenant Civil; ordonne que la Dame Martin sera tenue de se retirer dans une Communauté, où elle pourra se faire assister de Conseil, & 600 livres de provision.

LXXXIV. *Procès principal, tome 3, page 609.*

Arrêt du 9 Août 1730, en faveur du Mémoire.

XLVIII. *Affaire à la Cour des Aydes & à la Chambre des Comptes, tome 2, page 321.*

Arrêt du 29 Février 1731, en faveur du Mémoire; la donation universelle portée par le contrat de mariage, nulle, ensemble le contrat de vente de 87480 livres de principaux de rentes sur l'Hôtel-de-Ville. On a laissé à la Dame Hamelin la rente viagere.

XLII. *Cause à la Grand'Chambre, tome 2, page 230.*

Arrêt de la Grand'Chambre du 16 Mars 1731, contre le Mémoire.

XLIII. *Cause à la Grand'Chambre, tome 2, page 240.*

Jugé par Arrêt de la Grand'Chambre en faveur du Mémoire, & que le conseil que les enfans avoient fait donner à leur mere étoit nécessaire, le défaut de conduite ayant été avéré.

XI. *Cause à la Grand'Chambre, tome 1, page 143.*

Arrêt de la Grand'Chambre du 19 Juillet 1731, en faveur du Mémoire.

XXXV. *Cause à la Grand'Chambre, tome 2, page 34.*

Arrêt de la Grand'Chambre du 20 Juillet 1731, contre le Mémoire.

XLV. *Instance à la Grand'Chambre, tome 2, page 266.*

Jugé en faveur du Mémoire, la Sentence de séparation de biens confirmée.

XLVII. *Instance au Conseil, tome 2, page 293.*

L'affaire a été conciliée.

LXI. *Cause à la Grand'Chambre, tome 3, page 160.*

Arrêt de la Grand'Chambre du 3 Février 1733, contre le Mémoire.

LXII. *Cause à la Grand'Chambre, tome 3, page 177.*

Arrêt de Réglement du 16 Mars 1733, en faveur du Mémoire.

LXIV. *Cause à la Grand'Chambre & Tournelle assemblées, tome 3, page 207.*

Arrêt du 24 Mars 1733, contre le Mémoire.

LXVI. *Cause à la Grand'Chambre, tome 3, page 253.*

Arrêt du 9 Juillet 1733, qui confirme la Sentence des Requêtes du Palais, & adjuge les biens à la Dame de Champigny, comme acquêts.

LXVIII. *Instance, tome 3, page 291.*

Arrêt du 15 Avril 1734, qui sur les 320000 livres n'adjuge que 240000 livres, avec les intérêts depuis la demande en séparation.

LXXII. *Procès aux Enquêtes, tome 3, page 389.*

Arrêt du 24 Mai 1734, en faveur du Mémoire.

LII. *Cause en la Cour des Aydes, tome 3, page 1.*

Jugé contre le Mémoire.

LVII. *Instance, tome 3, page 81.*

Après en avoir délibéré, déclare la Partie de Cochin non-recevable dans sa demande en nullité de la Transaction du 12 Septembre 1640; déclare, en tant que de besoin est, les Arrêts exécutoires contre la Partie de Cochin; & sur la demande de la Partie de Simon, du paiement de la somme de 304004 liv. 10 sols 3 deniers, appointe en droit & joint à l'Instance pendante au rapport de M. Louis Seguier, aux dépens, le 5 Août 1740.

LXXV. *Cause à la Grand'Chambre, tome 3, page 423.*

Arrêt du 14 Décembre 1734, en faveur du Mémoire.

LXXVI. *Cause aux Requêtes du Palais, tome 3, page 437.*

Sentence de la seconde Chambre des Requêtes du Palais, du 24 Janvier 1735, contre le Mémoire.

LXVII. *Cause à la Grand'Chambre, tome 3, page 449.*

Arrêt du 25 Janvier 1735, en faveur du Mémoire.

LXXIX. *Cause aux Requêtes du Palais, tome 3, page 471.*

Délibéré ordonné, mais les Parties ont transigé.

LXXXVI. *Cause aux Requêtes de l'Hôtel, tome 3, page 648.*

Arrêt du 16 Mai 1735, en faveur du Mémoire.

XCVIII. *Cause à la Seconde des Requêtes du Palais & à la Grand'Chambre, tome 4, page 243.*

Sentence sur Délibéré de la Seconde des Requêtes du Palais, du 21 Mars 1735, en faveur du Mémoire, confirmée par Arrêt de la Grand'Chambre du 24 Avril 1736.

LXXX. *Cause à la Premiere des Requêtes du Palais & à la Grand'-bre, tome 3, page 496.*

Sentence de la Premiere des Requêtes du Palais, qui déclare que les testamens d'Hercule & d'Honoré ne contiennent point de substitution, ordonne l'exécution de la Sentence précédente, & que la liquidation sera continuée; mais sur l'appel du Prince & de la

Princesse d'Ysenghien, Arrêt d'appointement au Conseil, du 29 Mars 1735.

Nota. A la Table particuliere du Tome 3, au lieu de LXXXV. Instance au Grand Conseil, page 636, *lisez* LXXXIII.

LXXXIII. *Cause à la seconde Chambre des Enquêtes, tome 3, page 595.*

On croit que cette Affaire a été arrangée, d'après la publication faite au Châtelet le 17 Juillet 1733, de l'Arrêt de Réglement, en faveur de Me Tauxier, du 14 Mars 1731.

LXXXVII. *Cause à la Grand'Chambre, tome 3, page 676.*

Arrêt du 14 Juillet 1735, en faveur du Mémoire.

XCI. *Procès à la Seconde, tome 4, page 97.*

Les Parties ont transigé.

XCII. *Instance au Grand Conseil, tome 4, page 143.*

Arrêt du . . . . en faveur du Mémoire.

CXVI. *Procès à la Troisieme Chambre des Enquêtes, tome 4, page 690.*

XCV. *Cause à la Grand'Chambre, tome 4, page 204.*

Arrêt du 16 Mars 1736, qui déclare le mariage incapable des effets civils, sauf aux enfans à se pourvoir pour des alimens, & à sa veuve pour la restitution de sa dot; fait délivrance du legs universel, en affirmant n'avoir point promis de le remettre directement ni indirectement à la veuve ni aux enfans, ou autres personnes prohibées.

XCVIII. *Cause aux Requêtes du Palais & à la Grand'Chambre, tome 4, page 243.*

Sentence sur Délibéré de la Seconde des Requêtes du Palais, du 21 Mars 1735, en faveur du Mémoire, confirmée par Arrêt du 24 Avril 1736.

XCIX. *Cause à la Grand'Chambre, tome 4, page 276.*

Arrêt de la Grand'Chambre du 17 Mai 1736, qui admet la preuve.

CIV. *Cause à la Grand'Chambre, tome 4, page 400.*

Sentence de la Seconde des Requêtes du Palais, du 25 Juin 1736, contre le Mémoire; sur l'appel, appointement au rapport de M. Severt.

C. *Instance de Requête civile au Grand-Conseil, tome 4, page 287.*

Arrêt du Grand-Conseil du 18 Août 1736, au rapport de M. Mansion de Candé, qui déboute les créanciers de toutes les Requêtes civiles contre les Arrêts qui ont précédé 1675, celles contre l'Arrêt du 7 Septembre 1675, & contre les Arrêts suivans, entérinées sur le fondement de la nullité de la procédure faite contre les représentans Françoise de Beuil, Comtesse de Lusignan, & Jean de Beuil de Perieu, Jésuite.

CXXIV. *Cause à la Grand'Chambre, tome 5, page 110.*

Arrêt du 11 Avril 1740, en faveur du Memoire.

CXXXIII. *Cause à la seconde des Requêtes du Palais & à la Grand'Chambre, tome 5, page 324.*

Sentence sur Délibéré, qui déclare nulle la quittance de dot de 40000 livres, & Arrêt confirmatif du premier Septembre 1740.

CXXV. *Cause à la Grand'Chambre, tome 5, page 122.*

Arrêt du 7 Septembre 1740, contre le Mémoire.

CXXVI. *Cause à la Grand'Chambre, tome 5, page 133.*

Arrêt du 10 Décembre 1740, en faveur du Mémoire.

CXXVII. *Instance aux Requêtes du Palais, tome 5, page 141.*

Appointé.

CXXXVI. *Cause à la Grand'Chambre, tome 5, page 598.*

Arrêt de la Grand'Chambre du 10 Mars 1741, contre le Mémoire.

CXXXIV. *Cause à la Grand'Chambre, tome 5, page 340.*

Arrêt du 8 Mai 1744, contre Monseigneur le Duc d'Orléans.

CXXXV. *Cause à la Grand'Chambre, tome 5, page 420.*

Cette Affaire n'a pas été jugée au Parlement, mais au Conseil privé.

CXXXIX. *Cause, tome 5, page 651.*

Jugé contre la Requête & le Mémoire par Arrêt du 19 Juin 1744, plus amplement informé *usquequò*.

CXLVI. *Cause à la Grand'Chambre, tome 6, page 41.*

N'a pas été jugée pendant la vie de la Marquise de Pont-du-Château: elle décéda le 27 Février 1745. Avant son décès elle avoit fait un testament, par lequel elle avoit institué Messire Nicolas de Bouillé, Chanoine de Lyon, son légataire universel; & par Arrêt de l'Audience de la troisieme Chambre des Enquêtes, rendu sur Délibéré, & sur les conclusions de M. le Procureur Général, alors Avocat Général, le 28 Mars 1746, le légataire universel a été jugé recevable à reprendre la Cause d'appel sur l'action en séparation d'habitation.

CXLV. *Cause à la Grand'Chambre, tome 6, page 1.*

Arrêt du 8 Août 1737, qui appointe au Conseil; & sur cet appointement, Arrêt du 28 Août 1745, au rapport de M. Severt, par lequel M. le Duc de Richelieu & le tuteur à la substitution sont déclarés non-recevables & mal fondés en leur demande en nullité des contrats de 1655; en conséquence, sur toutes les demandes en garantie, sommations, contre-sommations & dénonciations, met les Parties hors de Cour, dépens compensés; sauf à M. le Duc de Richelieu & au tuteur à se pourvoir, si bon leur semble, pour raison du défaut d'emploi, si aucun y a, du prix de la vente de 1655, défenses des Parties intéressées au contraire: M. le Duc de Richelieu & le tuteur sont condamnés en tous les dépens envers toutes les Parties, tant en demandant, défendant, que des sommations & dénonciations.

CLIV. *Instance au Conseil, tome 6, page 216.*

Par transaction, l'Evêque de Soissons est reconnu pour Supérieur de tout ce qui releve de la Jurisdiction de Compiegne, à condition que le Grand-Prieur, ou son représentant, sera Grand-Vicaire réel, perpétuel & irrévocable de l'Evêque dans toute la Ville & Fauxbourgs de Compiegne; lequel Prieur ne pourra délivrer aucunes provisions par écrit, qu'elles ne soient contre-signées par un Secrétaire nommé par l'Evêque, à peine de nullité, & scellées du Sceau de l'Evêque.

Fin de la Table générale des Décisions.

APPROBATION.

J'AI lu par ordre de Monseigneur le Chancelier, le dernier Volume des *Œuvres de M. Cochin*, & je crois que le Public sçaura gré à l'Editeur de l'avoir mis à portée, par une bonne Table des Matieres, de réunir & d'appliquer à son profit les richesses répandues dans cette collection. A Paris ce 13 Juin 1755.

ROUSSELET.

[illegible] *Lyfo*[illegible] *ex Cluyff.* [illegible]

Per tuto[illegible] l'Evêque de Soi[illegible]
ent de [illegible] de [illegible] *Jurid*[illegible]
[illegible] *Joannopoli*[illegible]
[illegible] de l'Evêque [illegible] la [illegible]
lequel [illegible] nous délivrer encore [illegible]
[illegible]
nulité, [illegible] de [illegible]

Fin de la Table générale.

APPROBATION.

J'AI lu par ordre de Monseigneur le Chancelier [illegible] des *Œuvres de M. Cochin*, & je crois que [illegible] l'Edition de [illegible] portée, par [illegible] de rendre [illegible] profit [illegible] cette collection. A [illegible]

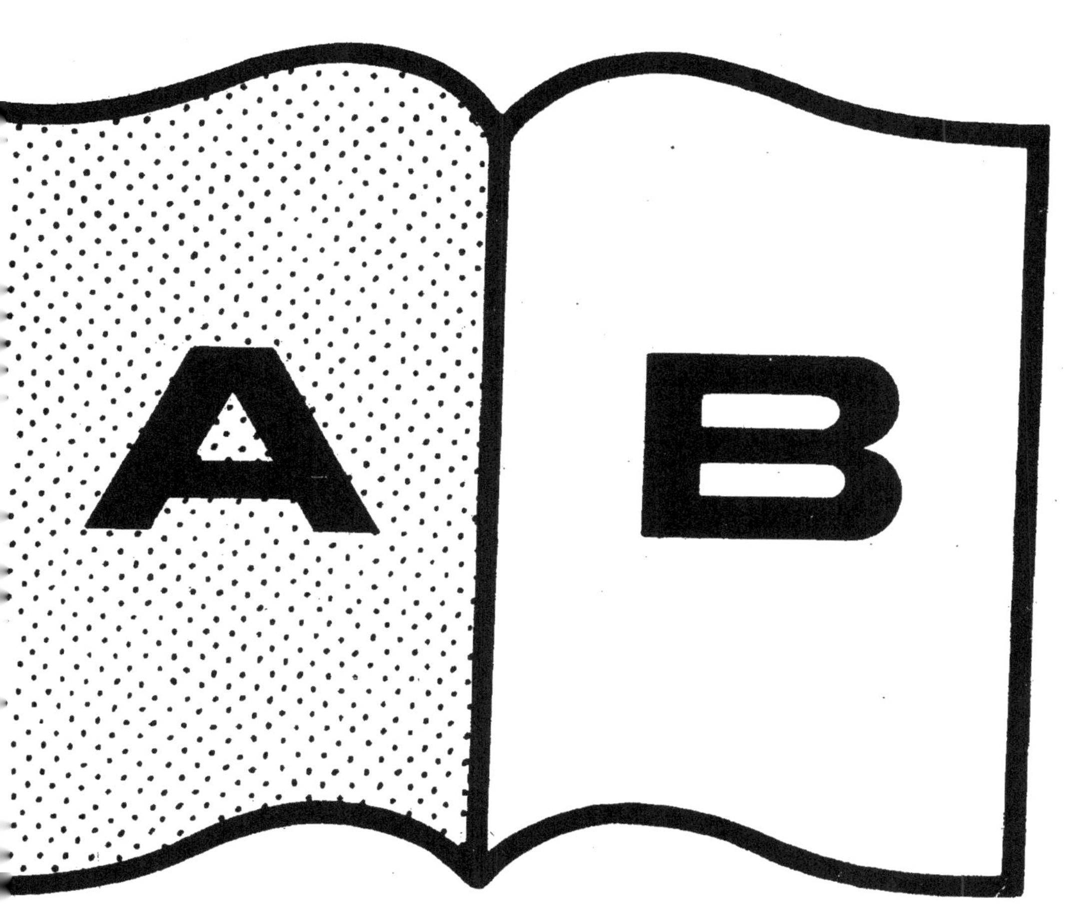

Contraste insuffisant

NF Z 43-120-14

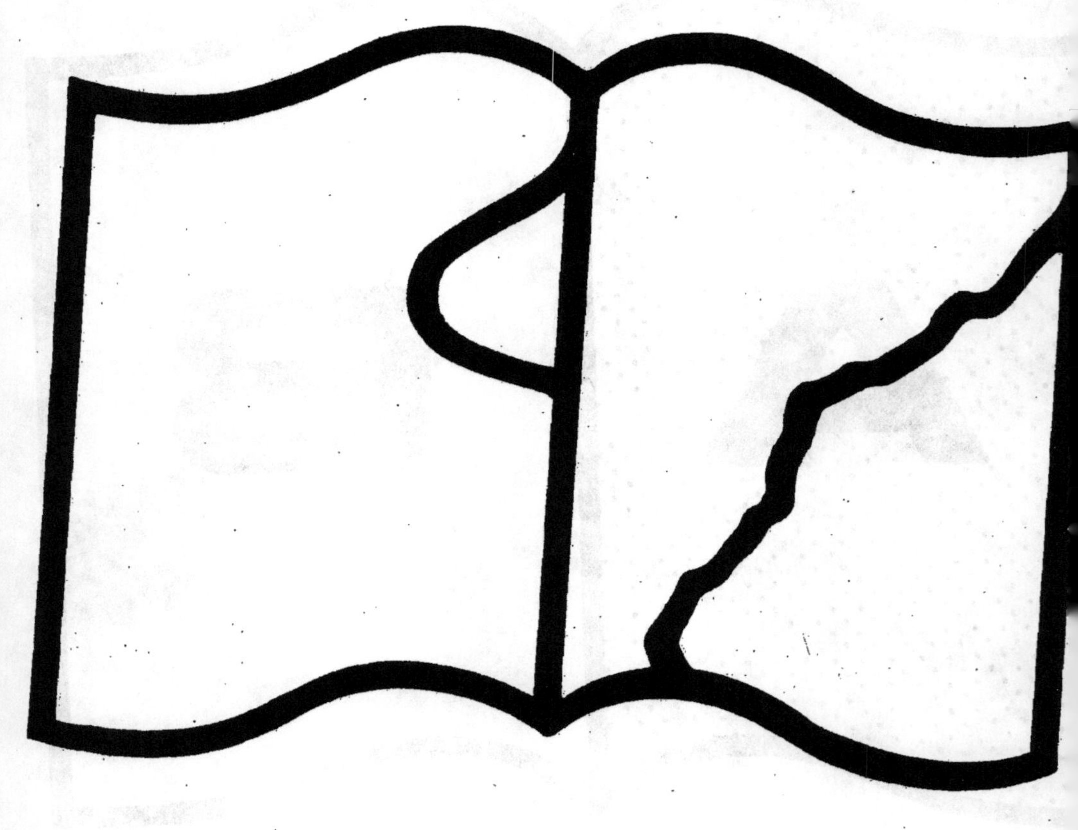

Texte détérioré — reliure défectueuse

NF Z 43-120-11